两希文明哲学经典译丛

包利民 章雪富 主编

柏拉图的神学

[古罗马] 普卢克洛 著

石敏敏 译

Philosophical Classics of Hellenistic-Roman Times

中国社会科学出版社

图书在版编目(CIP)数据

柏拉图的神学/(古罗马)普卢克洛著;石敏敏译.—北京:
中国社会科学出版社,2018.2

(两希文明哲学经典译丛/包利民 章雪富主编)

ISBN 978-7-5203-0698-0

Ⅰ.①柏… Ⅱ.①普…②石… Ⅲ.柏拉图(Platon 前427-
前347)—神学—哲学思想—研究 Ⅳ.①B502.232

中国版本图书馆 CIP 数据核字(2017)第163808 号

出 版 人	赵剑英
责任编辑	凌金良 陈 彪
责任校对	石春梅
责任印制	张雪娇
出 版	中国社会科学出版社
社 址	北京鼓楼西大街甲158 号
邮 编	100720
网 址	http://www.csspw.cn
发 行 部	010-84083685
门 市 部	010-84029450
经 销	新华书店及其他书店
印刷装订	环球东方(北京)印务有限公司
版 次	2008 年1 月第1 版
	2018 年2 月第2 版
印 次	2018 年2 月第1 次印刷
开 本	650×960 1/16
印 张	40.25
插 页	2
字 数	559 千字
定 价	119.00 元

凡购买中国社会科学出版社图书,如有质量问题请与本社营销中心联系调换
电话:010-84083683
版权所有 侵权必究

2016年再版序

我们对哲学的认识无论如何都与希腊存在着关联。如果说人类的学问某种程度上都始于哲学的探讨，那么也可以说，在某种程度上我们都是希腊的学徒。这当然不是说希腊文明比其他文明更具优越性和优先性，而只是说人类长时间以来都得益于哲学这种运思方式和求知之道，希腊人则为基于纯粹理性的求知方式奠定了基本典范，并且这种基于好奇的知识探索已经成为不同时代人们的主要存在方式。

希腊哲学的光荣主要是与苏格拉底、柏拉图和亚里士多德联系在一起。这套译丛则试图走得更远，让希腊哲学的光荣与更多的哲学家——伊壁鸠鲁、西塞罗、塞涅卡、爱比克泰德、斐洛、尼撒的格列高利、普卢克洛、波爱修、奥古斯丁等名字联系在一起。在编年史上，他们中的许多人已经是罗马人，有些人在信仰上已经是基督徒，但他们依然在某种程度上、或者说他们著作的主要部分仍然是在续写希腊哲学的光荣。他们把思辨的艰深诠释为生活的实践，把思想的力量转化为信仰的勇气，把城邦理念演绎为世界公民。他们扩展了希腊思想的可能，诠释着人类文明与希腊文明的关系。

这套丛书被冠以"两希文明哲学经典译丛"之名，还旨在显示希腊文明与希伯来文明的冲突相生。希腊化时期的希腊和罗马时代的希腊已经不再是城邦时代的希腊，文明的多元格局为哲学的运思和思想的道路提供了更广阔的视域，希腊化罗马时代的思想家致力于更具个体性、时间性、历史性和实践性的哲学探索，更倾心于在一个世俗的世界塑造一种盼望的降临，在一个国家的时代奠基一种世界公民的身份。在这个时代并且在后续的世代，哲学不再只是一个民族的事业，更是人类知识探索的始终志业；哲学家们在为古代哲学安魂的时候开启了现代世界的图景，在历史的延续中瞻望终末的来临，在两希文明的张力中看见人类更深更远的未来。

十年之后修订再版这套丛书，寄托更深！

是为序！

包利民　章雪富

2016 年 5 月

2004年译丛总序

西方文明有一个别致的称呼，叫做"两希文明"。顾名思义是说，西方文明有两个根源，由两种具有相当张力的不同"亚文化"联合组成，一个是希腊—罗马文化，另一个是希伯来—基督教文化。国人在地球缩小、各大文明相遇的今天，日益生出了认识西方文明本质的浓厚兴趣。这种兴趣不再停在表层，不再满意于泛泛而论，而是渴望深入其根子，亲临其泉源，回溯其原典。

我们译介的哲学经典处于更为狭义意义上的"两希文明时代"——即这两大文明在历史上首次并列存在、相遇、互相叩问、相互交融的时代。这是一个跨度相当大的历史时代，大约涵括公元前3世纪到公元5世纪的800年左右的时间。对于"两希"的每一方，这都是一个极为具有特色的时期，它们都第一次大规模地走出自己的原生地，影响别的文化。首先，这个时期史称"希腊化"时期；在亚历山大大帝东征的余威之下，希腊文化超出了自己的城邦地域，大规模地东渐教化。世界各地的好学青年纷纷负笈雅典，朝拜这一世界文化之都。另一方面，在这番辉煌之下，却又掩盖着别样的痛楚；古典的社会架构和思想的范式都在经历着剧变；城邦共和体系面临瓦解，曾经安于公民德性生活范式的人感到脚下不稳，感到精神无所归依。于是，"非主流"型的、非政治的、"纯粹的"哲学家纷纷兴起，企图为个体的心灵宁静寻找新的依据。希腊哲学的各条主要路线都在此时总结和集大成：普罗提诺汇总了柏拉图和亚里士多德路线，伊壁鸠鲁/卢克来修汇总了自然哲学路线，怀疑论汇总了整个希腊哲学中否定性的一面。同时，这些学派还开出了与古典哲学范式相当不同的、但是同样具有重要特色的新的哲学。有人称之为"伦理学取向"和"宗教取向"的哲学，我们称之为"哲学治疗"的哲学。这些标签都提示了：这是一个在剧变之下，人特别关心人自己的幸福、宁静、命运、个性、自由等等的时代。一个时代应该有一个时代的哲学。那个时代的哲学会不会让处于类似时代中的今人感到更多的共鸣呢？

另一方面，东方的另一个"希"——希伯来文化——也在悄然兴起，逐渐向西方推进。犹太人在亚历山大里亚等城市定居经商，带去独特的文化。后来从犹太文化中分离出来的基督教文化更是日益向希腊—罗马文化的地域慢慢西移，以至于学者们争论这个时代究竟是希腊文化的东渐、还是东方宗教文化的西渐？希伯来—基督教文化与希腊文化是特质极为不同的两种文化，当它们最终遭遇之后，会出现极为有趣的相互试探、相互排斥、相互吸引，以致逐渐部分相融的种种景观。可想而知，这样的时期在历史上比较罕见。一旦出现，则场面壮观激烈，火花四溅，学人精神为之一振，纷纷激扬文字、评点对方，捍卫自己，从而两种文化传统突然出现鲜明的自我意识。从这样的时期的文本入手探究西方文明的特征，是否是一条难得的路径？

还有，从西方经典哲学的译介看，对于希腊—罗马和希伯来—基督教经典的译介，国内已经有不少学者做了可观的工作；但是，对于"两希文明交汇时期"经典的翻译，尚缺乏系统工程。这一时期在希腊哲学的三大阶段——前苏格拉底哲学、古典哲学、晚期哲学——中属于第三大阶段。第一阶段与第二阶段分别都已经有了较为系统的译介，但是第三阶段的译介还很不系统。浙江大学外国哲学研究所的两希哲学的研究与译介传统是严群先生和陈村富先生所开创的，长期以来一直追求沉潜严谨、专精深入的学风。我们这次的译丛就是集中选取希腊哲学第三阶段的所有著名哲学流派的著作：伊壁鸠鲁派、怀疑派、斯多亚派、新柏拉图主义、新共和主义（西塞罗、普鲁塔克）等，希望向学界提供一个尽量完整的图景。同时，由于这个时期哲学的共同关心聚焦在"幸福"和"心灵宁静"的追求上，我们的翻译也将侧重介绍伦理性—治疗性的哲学思想；我们相信哲人们对人生苦难和治疗的各种深刻反思会引起超出学术界的更为广泛的思考和关注。另一方面，这一时期在希伯来—基督教传统中属于"早期教父"阶段。犹太人与基督徒是怎么看待神与人、幸福与命运的？他们又是怎么看待希腊人的？耶路撒冷和雅典有什么干系？两种文明孰高孰低？两种哲学难道只有冲突，没有内在对话和融合的可能？后来的种种演变是否当时就已经露现了一些端倪？这些都是相当有意思的学术问题和相当急迫的现实问题（对于当时的社会和人）。为此，我们选取了奥古斯丁、斐洛和尼撒的格列高利等人的著作，这些大哲的特点是"跨时代人才"，他们不仅"学贯两希"，而且"身处两希"，体验到的张力真切而强烈；他们的思考必然有后来者所无法重复的特色和原创性，值得关注。

这些，就是我们译介"两希文明"哲学经典的宗旨。

另外，还需要说明两点：一是本丛书中各书的注释，凡特别注明"中译者注"的，为该书中译者所加，其余乃是对原文注释的翻译；二是本译丛也属于浙江大学跨文化研究中心系列研究计划之一。我们希望以后能推出更多的翻译，以弥补这一时期思想经典译介之不足。

包利民　章雪富
2004 年 8 月

目 录

2016年再版序 | 1

2004年译丛总序 | 1

中译本序 | 1

第一卷

第一章 | 1

前言，阐明了本文所讨论的范围，以及对柏拉图本人和接受他哲学的人的赞美。

第二章 | 3

什么是本文的讨论方式，以及读者必须预先具备的条件。

第三章 | 5

根据柏拉图，一个神学家是怎样的人，他从哪里开始研究，一直上升到怎样的实在，他特别根据灵魂的何种能力得活力。

第四章 | 9

根据柏拉图讨论的神学理论划分的神学类型或样式。

第五章 | 13

主要从哪些对话可以呈现出柏拉图的神学；每篇对话向我们谈论的是哪一等级的神。

第六章 | 15

一种反对观点：反对从众多对话归纳出柏拉图的神学，理由是这样的神学既不完整，又被分割为细小的部分。

第七章 | 18
引用一篇对话，即《巴门尼德篇》，作为柏拉图完整的神学理论，驳斥前述异议。

第八章 | 19
列举关于《巴门尼德篇》的各种不同观点，以及对这些观点的分类驳斥。

第九章 | 20
驳斥那些声称《巴门尼德篇》是逻辑学对话的人，以及那些认为文中的讨论是纯粹争论式的人。

第十章 | 24
那些断言《巴门尼德篇》的假说是关于事物之原理的人有几分正确，必须从我们的导师[叙利亚努]的理论为他们作补充。

第十一章 | 28
关于第二假说的推论的许多实证，以及从神圣等级看它的分类。

第十二章 | 33
假说的目的，表明它们彼此之间的关联，以及它们与事物本身的一致性。

第十三章 | 35
什么是柏拉图在《法律篇》中阐述的关于诸神的共同法则。兼论诸神的hyparxis、神意和他们永恒的完全。

第十四章 | 42
《法律篇》怎样论述诸神的hyparxis，讨论通过什么中介回想真正存在的诸神。《法律篇》怎样表明诸神的神意，在柏拉图看来什么是他们的神意的类型。

第十五章 | 47
同一篇对话[《法律篇》]通过什么论证表明诸神永恒不变地[为万物]提供给养。

第十六章 | 49
什么是《国家篇》所阐述的关于诸神的基本原理，以及它们彼此之间的顺序。

第十七章 | 50
什么是诸神的圣善，为何说诸神是一切善的原因；从每个实在看，恶本身是诸神装饰、安排的。

第十八章 | 54
什么是诸神的不变性；同时也表明什么是他们的自足和漠然不动；我们该如何理解他们拥有一种恒定不变的实存。

第十九章 | 58
什么是诸神的单一性；为何在他们是单一的东西在二级种类显为多样。

第二十章 | 60
什么是诸神的真理是；谬误从哪里进入二级种类对神的分有之中。

第二十一章 | 62
根据《斐德若篇》关于神圣之物的原理推出，凡是神圣的事物就是美丽的、智慧的和良善的。

第二十二章 | 63
讨论关于[诸神的]善的信条，考察《斐莱布篇》中善的要素。

第二十三章 | 65
什么是神的智慧，从柏拉图可以得出什么是它的要素。

第二十四章 | 66
柏拉图所阐述的神圣的美及其要素。

第二十五章 | 68
什么是将善、智和美结合起来的三一体，柏拉图为我们理解这一理论提供了什么帮助。

第二十六章 | 70
论《斐多篇》关于某种不可见的本性阐述的基本原理。神圣本性是什么。什么是永恒者和可理知者，什么是他们彼此之间的顺序。

第二十七章 | 73
什么是统一、不灭的东西，如何显现神圣本性中实存的同一性和非生者。

第二十八章 | 76
为何诸神中显现出父因和母因。

第二十九章 | 77
论神圣的名称，《克拉底鲁篇》所阐述的它们的正确性。

第二卷

第一章 | 79
根据对"一"和多的理智性构想，讨论引向万物之超越本质原理的一种途径。

第二章 | 86
展现"一"之实在的第二种途径，表明它独立于一切有形的和无形的本质。

第三章 | 92
通过许多论证确认同样的事，表明"一"的难以领会的实在。

第四章 | 97
驳斥那些说在柏拉图那里第一原理不是超越理智的人，引用《国家篇》、《智者篇》、《斐莱布篇》、《巴门尼德篇》证明"一"的超越本质实在。

第五章 | 101
根据柏拉图，上升到"一"有哪些方式；方式有两种：一种通过类推，另一种通过否定。同样，柏拉图在哪里讨论这两种方式，通过什么主题讨论。

第六章 | 103
柏拉图通过什么以及多少名称阐述不可言喻的原理，他为何要通过这些以及如此多的名称阐述。这些名称如何与上升方式一致。

第七章 | 105
什么是《国家篇》通过将第一原理比作太阳所得出的论断；另外还有哪

里表明，如何表明它是善，是最绚丽的存有。太阳为何是善的儿子；根据每个等级的神圣种类有一个元一类似于第一原理。为何第一原理就是万有的原因，其本身先于权能和活力。

第八章 | 110

什么是柏拉图在致狄奥尼索斯的书信里所说的第一位王。关于那篇书信所讨论的第一神的告诫。

第九章 | 114

什么是[那篇书信]关于第一位王所阐述的三个概念。为何万物都是关乎他的。为何万物都是为着他的缘故。为何他是一切美的事物的原因。这些概念的顺序是怎样的。它们是从哪些假说得出来的。

第十章 | 116

在《巴门尼德篇》的第一假设中，柏拉图如何阐述"一"的理论，为此他如何使用否定法。为何否定是这些且这么多。

第十一章 | 118

为何必须通过否定法进入关于"一"的理论。灵魂有什么品质最适合作这种讨论。

第十二章 | 119

展现"一"，通过否定性推论表明，根据《巴门尼德篇》阐述的等级，它独立于存有的一切等级。

第三卷

第一章 | 125

（1）讨论了事物共有的一原理之后，接下来就要讨论神圣等级，表明这样的等级有多少，它们是怎样彼此分别的。
（2）诸神据以获得实在的统一体的多，在"一"之后存在。
（3）在发现神圣等级的多之前应当表明有多少特例存在；连续叙述关于这些特例的理论。
（4）所有统一体都是可分的。唯有一个"真正"超越本质的一；其他所有统一体都被本质分有。

第二章 | 132

（5）对邻近"一"的统一体的分有发展为较单一的实在；对那些远离"一"的统一体的分有发展为复合性的实在。
（6）什么是分有神圣统一体的种类，什么是它们彼此之间的顺序。存有是这些种类中最古老的，生命第二，理智第三，灵魂第四，身体最后。神圣统一体也有许多等级。

第三章 | 140

（7）再论关于"一"的理论；讨论后于"一"的双形原理。
（8）后于"一"的万物之两原理是什么；在《斐莱布篇》中苏格拉底为何称它们为界限和无限；它们使什么事物成为存有。

第四章 | 143

（9）从两原理产生的第三者是什么。在《斐莱布篇》中苏格拉底为何称之为混合者。它不是别的，就是原初的存有。这存有怎样源于两原理，又怎样源于"一"。

第五章 | 147

（10）为何也可以从形象推出，由界限和无限构成的第一者就是存有。这如何证明。为何界限和无限都是两方面的，一方面存在于存有中，另一方面先于存有。

第六章 | 149

（11）三一体是什么，在《斐莱布篇》中苏格拉底称它内在于一切复合物中。

第七章 | 150

（12）论共同的第一个可理知的三一体；第二个三一体怎样类似于第一个生发出来。

第八章 | 151

（13）什么是第二个可理知三一体；对它更准确的阐释，由支配者、被分有者和具有混合体特性者构成。

第九章 | 153

（14）什么是第三个可理知三一体；什么是那支配的事物，什么是分有者。最后，讨论这三种三一体的区别。

第十章 | 155

（15）《蒂迈欧篇》如何阐述可理知的三一体。关于生命体本身的许多告诫，表明它占据智能的第三等级。

第十一章 | 157

（16）许多证据表明永恒按照可理知者的中间等级存在。

第十二章 | 159

（17）永恒所居住的一是可理知者的顶点。

第十三章 | 160

（18）根据蒂迈欧的理论论述所有可理知的等级。更精确地阐释可理知三一体的特点。

第十四章 | 164

（19）论可理知的形式，展现它们特性的理论。为何它们是四个，它们据什么原因存在。

第十五章 | 166

（20）根据《智者篇》的什么论述可以发现三个可理知等级，即在《智者篇》的那一部分表明什么是"一存有"，什么是"整体"，什么是"全部"。

第十六章 | 169

（21）概述关于可理知三一体所讨论的内容。柏拉图的告诫，可以把它们分为父亲、权能和理智。

第十七章 | 173

（22）《斐德若篇》为何说每个神圣事物都是美的、智慧的、善的。什么是柏拉图关于它们所阐述的三要素。如何根据这些接受可理知三一体的合一和分离。

第十八章 | 174

（23）巴门尼德如何在第二假设中阐述诸神的多。我们该如何讨论他们的每一个等级，以及为此利用那一假说的推论。

第十九章 | 176

（24）根据巴门尼德，什么是第一个可理知三一体。他从哪里开始教导这三一体，以及到哪里结束。

第二十章 | 178

（25）什么是第二个可理知的三一体。继第一个三一体后巴门尼德如何阐述它。关于它的讨论已经进展到什么程度。

第二十一章 | 180

（26）什么是第三个可理知的三一体。巴门尼德如何通过第三个推论阐释它。

第二十二章 | 182

（27）总论三个推论，由此描述了可理知者的三个等级。为何通过这些推论有可能解决最困难的神学疑问。

第二十三章 | 187

（28）展现可理知的诸神，同时表明可理知者本身与善的统一，以及他们独立的 hyparxis.

第四卷

第一章 | 189

可理知且理智的神有什么特点。他们如何显明不可分的生命，如何与可理知的神相一致。

第二章 | 192

可理知且理智的神如何依据可理知的神而存在。他们如何与可理知的神沟通。

第三章 | 194

可理知且理智的神按三分法可有哪些分类。这些三一体与可理知的三一体相比有什么区别。

第四章 | 196

在《斐德若篇》中苏格拉底如何引导我们走向这一等级的诸神。

第五章 | 197

不可将天和[《斐德若篇》阐述的]天体循环理解为与可感知者相关；柏拉图本身有许多告诫，说明必须将这些归于第一等级的天。

第六章 | 199

天外之所不是纯粹可理知的；从[《斐德若篇》]对它的阐述表明，它分有可理知的等级，就如在理智者中。

第七章 | 201

苍穹之下的拱门是可理知且理智的神的界限，它的特征可以表明这一点。

第八章 | 202

柏拉图为何从诸神这一等级所包含的中间者描述这些神，并根据这中间者的习性阐述两端的名称。

第九章 | 203

柏拉图阐述上升到可理知者的方式等同于入会者进入奥秘的方式。

第十章 | 206

什么是天外之所。它如何从最初的可理知者发出。它为何在理智者中间是至高无上的。柏拉图如何表明它多产的能力。

第十一章 | 208

柏拉图指明了可理知者和理智者的顶端具有不可知的特点，他为何同时既以肯定方式又以否定方式阐释它。

第十二章 | 210

什么是天外之所的否定。它们产生于神圣等级。哪类否定指明没有颜色者，哪类指明没有形状者，哪类指明没有接触者。

第十三章 | 213

什么是柏拉图所断定的属于天外之所的事物，他根据什么可理知特性把肯定的记号归于它。

第十四章 | 214

什么是德性三神即知识、自制和正义的天外之所，什么是它们的彼此顺序，什么是它们各自传递给诸神的完全。

第十五章 | 215

什么是真理的大草原，什么是草地。什么是可理知营养的合一形式。什么是从这种可理知食物中分离出来的诸神的双重营养。

第十六章 | 217

许多告诫表明天外之所是三一性的。什么是它里面的三位格的记号。

第十七章 | 219

阿德拉斯提娅是谁。什么是阿德拉斯提娅之法。她位于天外之所。她为何这样做。

第十八章 | 220

概述关于天外之所所说的内容，展现它的特性。

第十九章 | 221

证明可理知且理智的神里面有连续包含的等级。所以必须有三个相连的整体之原因。

第二十章 | 224

根据柏拉图，天体循环等同于连接性等级。

第二十一章 | 225

我们如何从柏拉图关于连接性的神的三分法学说中得到帮助。他为何特别崇敬这三一体的合一。

第二十二章 | 228

什么是《克拉底鲁篇》关于天的神学。如何能通过推理过程从它推断出中间的可理知且理智的神。

第二十三章 | 230

完全受神默示的阐释者界定天下的拱门是某种特定的等级。我们的导师以非常正确的方式阐释它。

第二十四章 | 231

从柏拉图对天下拱门的阐述，从提升到这里的灵魂可以得到许多告诫，表明它的特性是促进完全。

第二十五章 | 234

什么是柏拉图在天下拱门所阐述的属于完善性等级的三一体。

第二十六章 | 235

什么是灵魂脱离身体进入可理知且理智的三一体的上升。什么是最有福的"telete"、"muesis"和"epopteia"。什么是整全、单一、不动的视像。什么是这整个上升的目标。

第二十七章 | 236

柏拉图如何在《巴门尼德篇》中根据可理知者阐明可理知且理智的等级。什么是这些等级的神学中共同的东西和不同的。

第二十八章 | 238

可理知且理智的数如何从可理知者生发出来。它在何处区别于可理知的多。

第二十九章 | 240

圣数如何装饰全体存有。什么是根据数的分类象征性地表明的圣数的权能。

第三十章 | 243

巴门尼德在论到数的话中如何阐释[第一个数的]阴性的、生产性的特点。

第三十一章 | 245

我们如何在关于数的阐述中发现可理知者和理智者的顶端的三一划分。

第三十二章 | 247

应当把数置于生命体本身之前,还是在生命体本身里面,或者在它之后。

第三十三章 | 249

巴门尼德从哪里开始谈论数。他对数的谈论进展到什么程度。他如何阐明数的不同等级。

第三十四章 | 250

什么是圣数中的不可知。什么是它们里面的生产性事物。从柏拉图在别处关于数的论述得出关于这些事的告诫。

第三十五章 | 252

巴门尼德如何通过"一"、"整体"和"有限"阐述中间等级的可理知者和理智者。它们有什么特点。

第三十六章 | 255

巴门尼德从哪里开始谈论这个等级。他对这个等级的谈论进展到什么程度。他又怎样阐明它里面的三个元一，与《斐德若篇》的讨论相一致。

第三十七章 | 256

巴门尼德如何阐释第三等级的可理知者和理智者。他怎样表明它具有的促进完全的特性，和三一分法。

第三十八章 | 257

从巴门尼德的推论得出一个告诫，什么是三个可理知且理智的三一体的合一。

第三十九章 | 258

通过巴门尼德在讨论可理知且理智的神时所阐述的推论顺序，我们可以得出到多少神学教义。

第五卷

第一章 | 260

理智等级如何产生于可理知且理智的诸神。他们根据什么特性存在。

第二章 | 262

什么是理智的神的分类。这一等级的神中的七一组的进展。

第三章 | 265

根据柏拉图，谁是三位理智的父。什么是三个纯洁的元一。第七位神，也就是谁是与两个三一体共列的神。

第四章 | 268

如何从柏拉图的作品中通过推论过程推出理智神发展成七个七一组。

第五章 | 269

根据《克拉底鲁篇》的神学，谁是大能的萨杜恩。他为何在某一方面是可理知的，在某一方面是理智的。也讨论了理智与可理知者的合一以及两者分离的教义。

第六章 | 272

什么是萨杜恩王国。在《政治家篇》中柏拉图以什么方式阐述它。它是世界的什么原因，是尘世的神的什么原因，是部分性灵魂的什么原因。

第七章 | 273
什么是灵魂的萨杜恩的生命。爱利亚客人所阐述的这种循环有什么特点。

第八章 | 275
为何说灵魂靠可理知者得滋养。出于不同可理知者的营养有什么不同。

第九章 | 277
伟大的萨杜恩促成哪些等级管理整体。同时也揭示谁是《高尔吉亚篇》所阐述的萨杜恩的理智。

第十章 | 279
为何神学家们特别指出这位神[萨杜恩]是不可感知的,或者说是不会老的。柏拉图怎样描述他的这种特性。

第十一章 | 280
谁是赐予生命的女神。她为何是萨杜恩和朱庇特的王国的收集者。她拥有什么等级与这两个王国相连合。

第十二章 | 283
谁是理智神中的第三位父。他如何从先于他的原因生发出来。他是宇宙的得穆革。

第十三章 | 285
证据表明宇宙的整体得穆革是理智神的第三位父。

第十四章 | 286
答复那些说在柏拉图看来有三个得穆革的人,通过许多论证表明得穆革元一先于[得穆革]三一体,处于理智者的第三等级。

第十五章 | 289
蒂迈欧特别阐述了得穆革的特性,称他为理智。这与第三位理智父相关。

第十六章 | 291
要发现得穆革的特性为何需用另外的方式演绎。为何得穆革在《蒂迈欧篇》里被称为创造者和父。其中也清楚地表明,根据柏拉图,哪里是父的,哪里既是父的又是创造的,哪里既是创造的又是父的,哪里只是创造的。总之,创造者与父有何分别。

13

第十七章 | 296
为何跟随蒂迈欧,用第三种方式可以洁净我们关于得穆革元一的观念。

第十八章 | 298
对《蒂迈欧篇》中得穆革的话的神学解释,清楚地推进我们关于得穆革的活力思想

第十九章 | 302
得穆革对可分灵魂的第二次讲话是什么。它与前一次讲话的区别是什么。如何在这点上界定灵魂之生命的全部尺度。

第二十章 | 304
遵循蒂迈欧的理论,概述关于得穆革的全部讨论。

第二十一章 | 307
从《克拉底鲁篇》的论述引出告诫,柏拉图把创造归于朱庇特。

第二十二章 | 308
从《克拉底鲁篇》关于朱庇特的创造所说的话引出告诫。其中也从名称表明神学与《蒂迈欧篇》里得穆革的安排是一致的。

第二十三章 | 312
从《斐莱布篇》表明的内容引出关于朱庇特的创造的告诫。也表明什么是高贵的灵魂,什么是高贵的理智。

第二十四章 | 314
引用《普罗泰戈拉篇》关于政治学的讨论来表明同样的事。

第二十五章 | 317
引用《政治家篇》关于[宇宙的]双重循环的论述,表明在柏拉图看来,朱庇特是宇宙的得穆革和父。

第二十六章 | 320
引用《法律篇》关于类推的论述说明同样的事物,即它是朱庇特的论断。

第二十七章　| 322

朱庇特如何作为生命体本身里面的原因而存在，生命体本身如何在朱庇特里面。

第二十八章　| 324

蒂迈欧为何认为得穆革是不可知的，不可言喻的。

第二十九章　| 326

蒂迈欧认为应当把生命体本身称为什么，为何认为它是可知的，而得穆革是不可知的、不可言喻的。

第三十章　| 328

关于《蒂迈欧篇》中的碗槽，这种神学教导哪些是它里面混合的种，它为何是灵魂的本质的原因。

第三十一章　| 331

《蒂迈欧篇》的碗槽是源泉。从柏拉图讨论灵魂的原理和源泉的作品引出的告诫。

第三十二章　| 333

三个赐予生命的源泉与得穆革并列，《蒂迈欧篇》的讨论表明了这一点，这三个源泉就是灵魂的源泉、德性的源泉和本性的源泉。

第三十三章　| 335

关于纯洁无污的诸神的告诫；在柏拉图看来有这样的神，什么是他们的本质特性。

第三十四章　| 337

根据柏拉图，关于纯洁无污的神的实在有更明显的证据。

第三十五章　| 339

通过许多论据告诫为何在柏拉图看来命名纯洁无污的神是正确的。其中也阐述了什么是他们的合一、分离和特性。

第三十六章　| 342

关于理智者的第七个元一，如何从柏拉图的神秘论断中获得一些帮助。

第三十七章 | 344
柏拉图在《巴门尼德篇》中如何阐述理智神的顶端。

第三十八章 | 347
巴门尼德怎样展示理智世界的中间等级,通过什么记号展示。

第三十九章 | 350
巴门尼德如何界定理智者的第三等级,通过什么特性界定。

第六卷

第一章 | 354
支配等级的神与理智的神相一致。源泉和原理的划分可以从柏拉图作品中的灵魂论表现出来。

第二章 | 356
支配神是如何源起的。什么是只属于这些神的超越尘世的特性。

第三章 | 359
什么是支配神的特性。同化是他们专有的特点。同化的原因如何先在地显现在得穆革中;又是如何在可理知的范型中的。

第四章 | 364
同化神有什么权能。什么是他们的活力。有多少种善由他们传递给世界,传递给一切尘世的种类。

第五章 | 367
什么是同化神的分类。关于他们的讨论的最伟大部分是关于他们的中间等级的讨论。

第六章 | 368
许多证据表明,不仅根据柏拉图也根据其他神学家,有一位得穆革先于三位得穆革。

第七章 | 370
朱庇特是双重的;一方面,先于萨杜恩的三个儿子,[另一方面是三个儿子中的一个。]三子如何源于萨杜恩,和一位朱庇特。

第八章 | 372

根据柏拉图，得穆革元一先于萨杜恩的三子存在。从《政治家篇》和《法律篇》的论述来证明这一点。

第九章 | 376

从《高尔吉亚篇》和《克拉底鲁篇》的论述引出对同一问题的更明确的告诫。

第十章 | 379

三得穆革是谁，什么是他们彼此之间的顺序。同样，什么是他们的进程，他们如何围绕世界的分类。

第十一章 | 381

什么是诸神中赋予生命的三一体。我们可以从柏拉图论述这三一体的合一和分离的哪些作品中得到帮助。

第十二章 | 386

什么是支配神的回转三一体是；什么是它所包含的元一。其中也表明阿波罗与太阳的合一性；表明我们为何可以从关于阿波罗的讨论得出关于太阳等级的理论。

第十三章 | 392

什么是纯洁等级的支配神。从柏拉图的作品可以得出关于这一等级的什么概念。

第十四章 | 394

巴门尼德怎样得出关于支配神的结论，与得穆革等级相一致。他通过相似和不相似描述他们的整个等级。

第十五章 | 396

什么是既超越尘世又属于尘世的神。他们如何通过自己的中介保存从得穆革生发出来的神的连续性。

第十六章 | 398

自由神是如何被标示出来的？他们如何既因其自由的特性独立于宇宙，又与尘世的神并列。

第十七章 | 401
从自由神的本质看，他们有什么共同的权能和共同的活力。

第十八章 | 405
关于《斐德若篇》论到的十二首领或统治者，他们有一个自由等级。

第十九章 | 407
许多更清楚的证据表明伟大的首领朱庇特以及整个十二位首领都是自由的。

第二十章 | 410
从先在的原因解释自由神里面的十二这个数是从哪里来的。

第二十一章 | 411
自由的首领怎样分为两个元一和一个十。他们的一种分类是什么。

第二十二章 | 413
关于十二位神中的每一位的神学，从他们治理的对象展现他们的特性。

第二十三章 | 415
关于《国家篇》所论到的命运女神之母。同时论述命运三女神。什么是她们彼此的关系。什么是她们通过神圣符号所得的权能。什么是她们的活力。柏拉图如何描述自由的特性。

第二十四章 | 421
巴门尼德如何在论到同化神之后随即形成关于自由神的结论。他如何通过"接触"和"不接触"描述他们的等级。

第七卷

第一章 | 425
一般性地论述尘世的神，他们产生的源头，他们的等级、权能以及领域。

第二章 | 427
论尘世神的划分和辖地。

第三章 | 431

尘世的神与超越尘世的神的区别不在于趋向形体的习性，等等。诸神的神意不受空间限制。它渗透万物，就象阳光，充满一切能接受它的事物。

第四章 | 434

可见的天体在什么意义上是神。天体以非同寻常的方式与诸神无形的本质结合。可见的神与可理知的神连接。完全无形的神与可感知的神通过各自以"一"为特征的本质结合。

第五章 | 437

尘世神的本性从《蒂迈欧篇》里得穆革对他们的说话中显现出来。什么是在普洛克罗看来讲话的整体思想。

第六章 | 441

得穆革靠他说话中的第一段在众多尘世神中成就了什么。得穆革的话是对灵魂和生命体的合成者，即神圣的、分有灵魂的生命体说的。"我是你们的得穆革和父亲"等等话的含义。

第七章 | 445

得穆革的话"一切复合物都是可分解的，但想要分解那优美和谐而结构匀称的事物，乃是邪恶者才有的特性"所表明的含义。

第八章 | 449

得穆革接下来对尘世神所说的话。原初不朽与次级不朽的分别，原初不可分解与次级不可分解的不同。尘世神既不是原初不朽的，也不是原初不可分解的。

第九章 | 452

得穆革对尘世神说："因而现在你们要知道，我对你们所说的话就表明了我的愿望。"这句话所表明的含义。

第十章 | 456

阐述得穆革讲话的其余部分。

第十一章 | 458

下级神是谁，为何这样称呼他们。

第十二章 | 461
进一步从《蒂迈欧篇》推导并阐明的关于尘世神的创造的重要细节。

第十三章 | 463
这些细节的继续拓展。

第十四章 | 466
单独讨论天上神的特性。为何一个恒星领域包含大量星辰，而每个行星领域只带动一个星旋转。每个行星领域有大量卫星，类似于恒星的合唱队，有各自特有的旋转运动。

第十五章 | 469
阐明月亮、水星、金星和太阳的本性。

第十六章 | 473
摘录尤利安皇帝对主神太阳的演说。

第十七章 | 477
摘录普洛克罗对柏拉图《克拉底鲁篇》的MS版注释中关于阿波罗的讨论，其中阐明了这位神的主要权能。

第十八章 | 481
以上注释展示的是缪斯的本性。

第十九章 | 484
马尔斯、朱庇特、萨杜恩的本性。七大行星神分别以什么方式成为生命体，怎样源于更神圣的灵魂，为宇宙提供了哪类完全。

第二十章 | 486
天上的所有神都是仁慈的，并且以同样的方式成为善的原因。对他们的分有，以及质料与非质料势力的结合，导致二级种类中有丰富的差异性。

第二十一章 | 488
普洛克罗对《蒂迈欧篇》的注释揭示了米纳娃的本性。按杨布利柯的解释，这位女神的雕像所佩带的长矛和盾牌表示武装。关于这位女神的尘世辖地的论述。

第二十二章　| 493

普洛克罗对柏拉图《蒂迈欧篇》的注释所揭示的大地这位伟大尘世神的本性。

第二十三章　| 497

为何说大地是最古老的,是诸天中第一位神。

第二十四章　| 500

论地上(月下)神的本质。在《蒂迈欧篇》中柏拉图是如何论述他们的。

第二十五章　| 503

地上神被安排在哪里。柏拉图接下来的话所表明的含义。

第二十六章　| 506

更充分地阐明地上神的本性。论精灵的等级。关于生灭界的每个创造者,有一群合作的天使、精灵和英雄,他们保留着创造它们的元一的称号。

第二十七章　| 510

毕达哥拉斯在《圣言》中所说的。什么是关于法涅斯、尼克特、乌拉诺斯、萨杜恩、朱庇特、巴克斯的奥菲斯传统。柏拉图不是从法涅斯和尼克特开始,而是以天和地为开端展开地上诸神的神谱。他为何这么做。

第二十八章　| 512

论天和地两原理。他们分别是什么,尤其是关于天的权能。

第二十九章　| 514

阐明地的整个理论。也论及大洋神和忒提斯的理论。他们的原因在理智神领域,也同样在可感知的宇宙中。

第三十章　| 519

阐述福耳库斯、萨杜恩和瑞亚的理论。

第三十一章　| 524

阐述地上朱庇特和朱诺的本性。为何柏拉图把作为生灭界的创造者的诸神包括在这个九一组中,即天神、地神、大洋神、忒提斯、福耳库斯、萨杜恩、瑞亚、朱庇特和朱诺中。

21

第三十二章 | 528

柏拉图为何说地上的神"随己愿变为可见的"。关于统治生灭界的诸神的一般论述。

第三十三章 | 530

论顶端或者一切尘世神的元一，巴克斯。论直接分有巴克斯理智的尘世灵魂。

第三十四章 | 534

柏拉图在《巴门尼德篇》中是怎样描述尘世神的。

第三十五章 | 537

对柏拉图在《斐德若篇》中关于波瑞阿斯、俄里蒂亚、肯陶洛斯、喀迈拉、戈尔工、帕迦索斯、提丰、阿刻罗俄斯以及宁芙的论述的发挥。

第三十六章 | 541

柏拉图关于潘、塔尔塔鲁斯、普罗米修斯、卡德摩斯和塞壬的论述所阐释的含义。

第三十七章 | 544

对柏拉图关于自然、命运和时运的神学思想的发挥。

第三十八章 | 549

根据柏拉图的神学，时、日、夜、月、年是什么样的神。

第三十九章 | 554

对神圣灵魂等级的讨论，他们总是分有诸神，因而得以神化。

第四十章 | 559

普洛克罗对爱神本性的阐述，摘自他对柏拉图《大希庇亚德篇》的MS版注释。

第四十一章 | 562

继续讨论同一个主题。

第四十二章 | 564

更充分地展现精灵的本性。摘录普洛克罗的《大希庇亚德篇》注释中对这个主题的论述。

目录

第四十三章 | 567
论被分派管理人类的精灵。

第四十四章 | 571
论苏格拉底的精灵。这位精灵的特性；它属于阿波罗序列。

第四十五章 | 573
普洛克罗对柏拉图《克拉底鲁篇》的MS版注释里关于精灵的重要信息。也摘录奥林庇奥多鲁斯对柏拉图《斐多篇》的MS版注释里的论述。

第四十六章 | 577
阐述具有英雄特点的那些人的灵魂的本性。柏拉图在《克拉底鲁篇》中怎样论述这些灵魂。普洛克罗对那篇对话的MS版注释里阐述的柏拉图的含义。

第四十七章 | 584
柏拉图在《巴门尼德篇》中如何表明作为诸神的永远侍从的三个种类。

第四十八章 | 586
普洛克罗阐述柏拉图在《蒂迈欧篇》里关于世界的神性——就整个世界是一位神而言——的论述。

第四十九章 | 590
进一步阐述普洛克罗对同一主题的讨论。

第五十章 | 595
普洛克罗阐明柏拉图的话"他把天（即世界）造为一个圆球，唯一的、单独的圆球，使圆球做圆形旋转"的含义。

第五十一章 | 599
柏拉图在《蒂迈欧篇》中关于世界的名称的讨论，普洛克罗的阐述。

译名对照表 | 601

中译本序

普洛克罗（公元410或者412—485年）[①]是公元5世纪的新柏拉图主义者。其时，新柏拉图主义内部已经出现两个有着明显差别的发展趋势，一是把柏拉图及其柏拉图主义哲学系统化，形成纯柏拉图主义的思想体系，二是把柏拉图主义与其他哲学主要是亚里士多德哲学结合，形成亚里士多德主义化了的新柏拉图主义。普洛克罗是前者的代表，辛普里丘则是后者的代表。在柏拉图学院之外，还有基督教的新柏拉图主义，这是非学园的基督教的柏拉图主义传统，代表人物有卡帕多西亚教父和奥古斯丁。卡帕多西亚教父的思想出现在普洛克罗之前，奥古斯丁则与普洛克罗基本是同时代人。不同类型的新柏拉图主义相互影响，共同推进了古代晚期的思想进程，形成了古代晚期西方思想的综合性特质。

一

在古代晚期，基督教与希腊哲学之间不再是单向度的思想发生关系。希腊哲学不再是发生的主导方，基督教也不再只是接受方。普洛克罗是

[①] 近期汉语学界较仔细探讨普洛克罗文本的有谭立铸"基督教的信仰：论证抑或叙述？从普罗克鲁斯眼中的柏拉图神学入手"（见于《香港汉语基督教文化评论》第27期2007年秋季号）。

在回应基督教言说方式中塑造其所谓的神学，基督教思想叙事方式是普洛克罗发展其哲学言说的内在要素，因为古代晚期的思想主导方是基督教。阅读普洛克罗的著作时，需要从柏拉图主义传统和基督教的互动关系中去理解。普洛克罗以神学模式诠释柏拉图哲学，不能不说有基督教的影子。普洛克罗认为宇宙演化是三一体地展开的，三一体是神圣世界的结构性特征，这都可能受了基督教三位一体神学的影响。当然，普洛克罗演绎其思想时，确是从柏拉图的著作尤其是《蒂迈欧篇》的几何学说和《巴门尼德篇》的理念论出发。《蒂迈欧篇》认为宇宙是由几何图形演化构成，而宇宙图形的基本模式是三角形（三一体），其背后是毕达哥拉斯主义的影响。毕达哥拉斯主义是普洛克罗的《柏拉图的神学》的基本观念，而影响普洛克罗将柏拉图的《蒂迈欧篇》的毕达哥拉斯学说运用于柏拉图全部著作，则可能渊源于基督教神学的挑战，因为这时期的基督教神学家主要都是柏拉图主义者或者新柏拉图主义者。

普洛克罗对基督教思想也有深远的影响。在早期基督教思想家中，托名亚略巴古的狄奥尼修受普洛克罗影响甚深。普洛克罗阐述了神圣阶梯的思想，托名亚略巴古的狄奥尼修则在基督教的思想框架内发展了这一学说。在此之前，普罗提诺已经有神圣阶梯的初步想法。当普洛克罗称他自己有关柏拉图的言说是神学的言说时，他已经在使用普罗提诺思想的模式。因此普洛克罗否定这样的指责，即批评他毫无章法地搜集和堆砌柏拉图著作的资料。普洛克罗认为他有整体性理念，在互释互证柏拉图的对话时有整体性框架。这个说法是准确的，《柏拉图的神学》一书的思想内核应该就是神圣阶梯学说。在否定哲学方面，普洛克罗也承继普罗提诺，本书反复提到的 hyparxis 与普罗提诺的太一学说就有较密切的关联。中文翻译很难找到确切对应 hyparxis 的翻译，它的意思是"任何事物的最高点"。普洛克罗称太一为本体的 hyparxis，这是指太一之上已经没有本体，太一的 hyparxis 只能存在于寂静 (silence) 里面。普洛克罗还指出任何神圣事物都有 hyparxis，这主要是为了更好地解决流溢说，把流溢说作为一种内在性要理，以解释神圣阶梯间的内在连续性。普洛克罗的这个思想原理是新柏拉图主义宇宙观的重要发展，它为新柏拉图主义的心理学提供更严密的本体论基础，即何以静默是一种与内在性和神圣性直接相关的联结。这也影响托名亚略巴古的狄奥尼修，他很注意守护静默的神圣性。普洛克罗的哲学还对中世纪神秘主义和神圣阶梯学说以及文艺复兴的人文主义思潮产生过影响。由此而论，普洛克罗不仅是柏拉图主义在古代晚期的高度综合，他的思想充满活力，在某种程度上影响了基督教和西方思想传统。据此还可以说，影响中世纪和文艺复兴的不是单纯古典希腊意义上的柏拉图哲学，而是新拉图主义化了的柏拉图哲学。

二

《柏拉图的神学》是普洛克罗最重要的著作之一。依照普洛克罗的看法，本书可以分为三部分。第一部分讨论柏拉图关于诸神的普遍看法和分布在对话录中的神学原理（本书第一和第二卷）。第二部分讨论诸神的全部等级以及不同等级的神的不同特点（本书第三、四和五卷）。第三部分讨论不同对话录中柏拉图对于不同位置的神的赞美（本书的第六和七卷）。本书的第七卷已经佚失，现在的内容是英译者根据留存下来的残篇补缀而成。

普洛克罗称本书为神学，是因为本书以希腊诸神为讨论对象。本书可以名副其实地称为"柏拉图"的神学，因为所论的诸神与柏拉图的对话录都有关系。最重要的是，普洛克罗秉承柏拉图及柏拉图主义的理性主义传统，从理智性关联分析诸神的存在。虽然普洛克罗分析时毫无疑问加入了许多小亚细亚和罗马帝国的有神论，然而希腊理性主义的精神仍然是其脉络和精彩所在。

什么是普洛克罗所谓的"柏拉图的神学"呢？在两个地方，普洛克罗有专门的论说。本书第一卷讨论了柏拉图不同对话录的不同神学方法；第七卷依据神学对象所涉及的不同神圣等级指出三种不同层次的神学（第四十五章）。两者之间的侧重点虽然有所不同，然而基本观点差别不大。普洛克罗认为，神学是理智地探讨事物的最初的和完全自足的原理，是关于神的学科（本书第一卷第三章）。简言之，神学是体现理智之本质的学问，它的对象是神，它的方法是运用理智的方式。

那么神学探讨方式为什么非得是理智方式呢？在普洛克罗看来，神学所展示的关系是理智性关系。理智性并不是今天意义上的理智或者理性，即所谓的合乎逻辑的严密性，而是就实在性说的。透过实在性所体现出来的理智性的神的流溢，表现为理智探讨方式的无形体性，或者说正是理智、也唯有理智才指向那种无形体性本身（本书第一卷第三章），因为如果理智指向有形体性的事物、并且理智本身是形体性的存在，它所探讨的就不是神，而是现象世界。由此神学是讲论神的特殊方式，它不是叙事，不是仪式，不是实践，而是知识论。然而反过来说，这种知识论本身是一种生活方式。由于普洛克罗所谓的神学强调讨论对象（理智神）和谈论方法（理智性实在）的合一，谈论就不只是没有实在性的谈论，而是一种生活、一种内在性的展示、一种关联性的介入。这就诠释了神学与生活的关系、或者说神学在生活中的视界。普洛克罗对神学的界定是从理论理性把握实践理性，把理论理性定位在实践智慧的层次。这既可以说是普洛克罗对于柏拉图神学的精彩转化，也可以说体现了晚期希腊哲学和早期基督教神学的一致性趋势。

那么，理智性言说是否成了神学的支配性方式，或者说神学言说是否必须是理智性的？于普洛克罗而言，答案是肯定的。普洛克罗认为神学其实是第一哲学，如此而论神学是形而上学的另一个名词。希腊形而上学的言说方式在这里取得了它的绝对优势，这就是借用超越性之名指超越性之实，用亚里士多德的话说就是思与在的同一。这个超越性之名基于理智世界和感觉世界的分野，它所指向的是无形体性的实在。在柏拉图和普洛克罗的语境中，所谓的无形体性不是与一切人的理智形式绝对脱离了关系的无形体性，柏拉图和普洛克罗坚持理智的无形体性在神人之间的共有普遍性。由此，以哲学之名所借助的神学方法其实最终只是自我救赎的表述。这也正是希腊延续在西方形而上学之思即非宗教性言说的人文主义根源。无论它以怎样的形态出现，它都只是希腊的。希腊思想之于基督教的抗拒其实也表现在普洛克罗本书写作中试图发展的一种张力中。普洛克罗在面对基督教神学的叙事模式时，试图发展柏拉图思想的以知为主导的神学言说，驱逐神学言说中具支配性的信仰生活模式。由此可以看到基督教思想家借助希腊哲学展开神学言说时，他们没有单纯使用希腊性言说，其犹太—基督教的言说模式反使希腊哲学感受到深刻的危机。

三

普洛克罗在使用知识论模式综合柏拉图对话录并发展其神学时，是感受到基督教运用希腊哲学言说方式的压力的。显然，早期基督教神学尽管使用希腊哲学表述圣经的叙事，然而他们仍然对这种共有的普遍性（理智性言说的适用性）持保留态度，或者可以说他们限定了理智性言说的共有普遍性。他们不是直接用"以信求知"的方式限定这种共有的普遍性，而是指出理智性言说运用的有限性、即指出理智的否定性以限定理智的普遍性。无论斐洛、奥利金还是卡帕多西亚教父，还是拉丁基督教的思想家德尔图良和奥古斯丁，都注意到希腊哲学之于神学言说的贡献不仅在于理智性言说所具有的普遍性，而且还显示理智性言说的有限性。只不过拉丁教父以显性的限定对抗希腊哲学的言说张力，希腊教父则以隐性的限定对抗希腊哲学的辩证言说。显性的限定是通过正面确立圣经叙事中自我启示的神的叙事性模式，隐性的限定则通过划分第一哲学的有限性建立神学。斐洛是隐性的限定性言说的倡导者，奥利金则似乎迷失在柏拉图的神学模式中，卡帕多西亚教父则作了清楚的纠正。当理智思辨的终点显示的却是理智的无知时，基督教思想家意识到：希腊神学知识论必然显示其思辨的有限性，展示依据理性自我所显示的思想必然是封闭的。当早期基督教神学家采用希腊哲学的思辨以展示基督信仰的严密性和精致性（合乎希腊性）时，反倒显明了希腊哲学精致性思辨的破绽。

普洛克罗显然不认可基督教思想家所指出的希腊哲学或者说神学叙事的有限性，他试图在基督教的话语性脉络和方法论压力中发展希腊神学的叙事空间。普洛克罗认为，柏拉图神学始终要探讨"是什么"，知识论则探讨"如何是"。柏拉图的神学结合了"是什么"和"如何是"，这就是神学言说的基本方式。普洛克罗关于神学的分类都指向这种方式，如辩证法式的（《智者篇》《巴门尼德篇》）、数学表达式的（《蒂迈欧篇》）、象征式的（奥菲斯教、《普罗泰戈拉篇》）和神话式的神学表述（《高尔吉亚篇》《斐德若篇》《国家篇》的某些部分）都指向"什么"，即这个谓词（"是"）的"实现"（亚里士多德的术语）。"柏拉图的神学"正是要呈现"是"（存有）的"实现"即"是"（存有）的知识论。就希腊哲学来说，"是"（存有）的问题已经清楚，只是在如何呈现"是"（存有）上有争论。柏拉图、中期柏拉图主义和新柏拉图主义建立了"是"（存有）的呈现方式，普洛克罗在这条神学知识论的路上继续推进其呈现方式，这就是他所谓的理智性神学方法。早期基督教主要也是循着"是什么"或者说循着实体方式继续其神学思路的，从这个角度来说两者有相似性。然而当基督教思想家从实体观探讨神的自有永有的真实性时，不等于这必只是希腊的，只能说他们同属于古典思想范式，因为他们都是依据认识实体确定自己生活和经验的意义。

由此，普洛克罗的希腊神学思想方式必然与希腊基督教神学之间存在张力，毕竟后者不是纯粹按照希腊神学的思辨方式展开，而有希伯来（犹太—基督教）传统寻求理解的独特的理智性方式。希伯来（犹太—基督教）的神学言说历史理性地使用哲学思辨，希腊神学的思辨方式则纯粹地运用哲学思辨。然而真正形成冲突的并不是他们思辨的理智性形式，而是他们探究对象的差别，就是希腊的实体论与希伯来的主体论的差别。希腊哲学（神学）把"存有"视为客体性的实体，而希伯来（犹太—基督教）则把"存有"视为主体性的实体。尽管希腊基督教神学家也使用希腊哲学（神学）的思辨方式，然而他们肯定感受到两种不同对象所引致的思考方式的根本冲突，这种希腊基督教神学所包含的主体性实体言说的内涵，反过来则又影响到普洛克罗。当希腊基督教思想家循着柏拉图的方式探讨"神是什么"的时候，他们也包含"神是谁"的追问，这意味着基督教神学在使用希腊哲学时已经有所转换，因为它内蕴了纯粹犹太—基督教传统的方式。当普洛克罗感受到早期基督教神学使用希腊传统却令希腊向着希伯来方式转向时，他觉得有责任复兴柏拉图神学的纯正希腊传统。

即使如此，普洛克罗还是无可避免地受到基督教的影响。在他推进新柏拉图主义者普罗提诺的否定哲学时，以一种给希腊哲学思考留存本体性思考的否定形式，为"实体性"探究留下"主体性"的空间。这可以解释否定神学何以在早期基督教和中世纪不断出现的原因。否定神学以一种希腊方式指向非希腊，从"是什么"转向"谁"。否定哲学（神学）把"谁"的问题清楚地显示为知识论究问的难题。普洛克罗及新柏拉图主义的否定哲学（神学）是从希腊传统对于早期基督教神学言说方式的反思性回应，包含了早期基督教思想家借助于柏拉图或者普洛克罗的神学知识论模式时的质问：希腊罗马思想是否已经真的明白了"存有"？换言之，它真的明白"谁"的问题吗？这就是古代晚期思想的"希腊之思"与"非希腊之思"的冲突，即雅典和耶路撒冷的冲突，使得柏拉图主义的希腊之思不断呈现思辨的界限。这大概是今天阅读普洛克罗这部著作的现代性意义所在。由此，当我们进入古典传统时，可以窥见那种被现代性反诘、事实上却是反诘现代性的古典思想的坚硬维度。

《柏拉图的神学》一书篇幅庞大，内容复杂，综合性强。翻译此书难度不小，许多译法没有先例可循，相信定有不少需要完善的地方，恳请学者和读者指教。本书依据英文本 The Theology of Plato (English translated by Thomas Taylor, published by The Prometheus Trust, 1995)，由浙江工商大学的石敏敏博士译出。

章雪富

2004 年 10 月

第一卷

第一章

前言，阐明了本文所讨论的范围，以及对柏拉图本人和接受他哲学的人的赞美。

我最亲爱的朋友伯利克里（Pericles）啊，在我看来，柏拉图的整个哲学体系最初是通过高级本性的善意展现出来的，它将隐藏在他们里面的理智（intellect），和与存有（beings）共在的真理向素谙生产（generation）的灵魂绽露出来（因为让灵魂分有如此卓越而伟大的善是合乎情理的）；然后，在获得完全之后，可以说，又重新回到自身里面，向许多宣称从事哲学研究的人，热切渴望探求真存有（true being）的人隐形①，然后再次显现出来。我特别想到的是，这一关于神圣问题的神秘学说，完全建立在某种神圣根基上、永远与诸神本身同在的教义，是藉着一个人②向暂时能够欣赏它的人显现的，这人，我完全可以称之为那些真正奥秘——灵魂脱离地上的区域之后就被引入这些奥秘——的第一位导师和解说

---

① 这是一个显著的历史事实，柏拉图哲学在它伟大的主人死后，以某种方式消失达许多世纪之久。它的深刻影响在普罗提诺之前并没有广泛渗透，而普罗提诺出生在公元后250年。

② 指柏拉图。

者，也是最早解释那些完整而稳定的景象的导师，人只要分有这样的景象，就真正拥有了快乐而幸福的生活。事实上，这种哲学最初就是从他这里阐发出来的，显得如此可敬又不可思议，似乎确立在神圣庙宇里，并且隐藏在它们的密室里，虽然许多定期进入这些圣地的人并不知晓，却尽一切可能通过某些真正的祭司，以及拥有与这种神秘事物的传统相对应的生活的人，全力显现出来。对我来说，这整个地方也变得金碧辉煌，耀眼夺目的神圣景象处处都可以看见。

那些阐释柏拉图"epopteia"（或神秘思考）的人，已经向我们展现了对神圣问题的极其可敬的描述，而且获得了与他们的导师类似的本性；我得说，这些人首先就是埃及人普罗提诺（Plotinus），其次是接受了他的理论的人，我指的是亚梅利乌（Amelius）和波菲利（Porphyry），再次是那些如同按这两位而造的健硕雕像的人，即杨布利柯（Iamblichus）和塞奥多鲁（Theodorus）[1]，以及继这些人之后，加入这一神圣合唱团，以受圣灵感动的心全力以赴研究柏拉图理论的人。那在诸神之后引导我们走向一切美善之物的人[2]，以一种纯洁无污的方式在自己的灵魂深处从这些人接受了最真实、最纯粹的真理之光，使我们分有柏拉图哲学的所有其他部分，把他从那些前辈获得的神秘信息传授给我们，使我们与他一道产生神圣的激情，热烈讨论关于神圣问题的神秘真理。

我们从这个人受益匪浅，所以，应当做出相应的回报，尽管要完全报答，那是一生一世也报答不完的。无论如何，我们不能只从别人接受柏拉图哲学的超绝之善，还应当将包含那些神圣观点的不朽作品传给后代，我们已经亲耳聆听这些观点，并一直在迄今为止最完全、达到了哲学之顶点的导师的指导下，尽最大努力效仿这些观点；但是我们或许应当祈求诸神，求他们点燃我们灵魂里的真理之光，恳请高级种类的帮助

---

[1] 这两位哲学家都是波菲利的学生。关于杨布利柯，尤利安皇帝（Emperor Julian）说，他在时间上诚然后于柏拉图，但在天资上一点不比柏拉图逊色。

[2] 指他的老师叙利亚努（Syrianus）。

和协助，让他们引导我们的理智走向完全、神圣、崇高的柏拉图理论的目标。我想，凡是分有智力的，哪怕只有一丁点儿，都会从神开始自己的事业，尤其是在阐述关于神的问题上，因为若不这样，若不是藉着神的光得完全，我们就不可能理解神圣本性，若不在他们的指导下，就不可能把神圣本性显现给别人，避免众说纷纭的意见，和语词所固有的歧义性，同时保存神圣名称的含义。有鉴于此，同时也为了遵循柏拉图《蒂迈欧篇》里的告诫，我们首先把诸神确立为关于神的理论的导师。但愿他们听到我们的祷告之后能垂怜、惠顾我们，慈悲地俯近我们，引导我们灵魂里的理智走向柏拉图的维斯塔（Vesta），走向这种艰难而崇高的思索；一旦到达那里，我们就能领受关于他们的全部真理，获得我们所酝酿的关于神圣问题的设想的最好结果，因为我们渴望了解与他们有关的事，考察别人关于他们的研究，同时也尽我们所能自己探索他们。

第二章

什么是本文的讨论方式，以及读者必须预先具备的条件。

以上所述就算为序。不过，我必须说明所论及的理论是什么类型的，应该指望它会是什么样的理论，聆听它的听众应当具备什么条件，好叫他经过适当的调整，可以走近，不是走近我们的讨论，而是走近柏拉图的能提高智性水平的神圣哲学。没错，我们应当根据讨论的不同形式对听众提出相应的能力要求，就如在奥秘里，那些精于这类问题的人，先前已经预备了接受神的能力，不会为了追求神圣者的显现而总是使用同样的没有生命的个别事物，也不会使用任何动物或任何人，而是从中拣选出本性上能分有神圣光照的动物或人，只把它们引入到所说的神秘仪式之中。

所以，我首先将本作品分为三个部分。开头部分思考柏拉图所概述

3

的关于诸神的所有共同观念,以及分布在各处的神学原理的力量和威严;中间部分思考诸神的全部等级,列举不同等级的神的特点,按柏拉图的方式界定他们的进程,把一切归类于神学家们的各种假说;最后部分讨论柏拉图在不同作品中赞美的处于不同位置的神,不论是超越尘世的神,还是尘世的神,并把关于他们的理论纳入到整个神圣等级之中。

同样,在本作品的每个部分我们都追求清晰、准确、简练,而不是相反。对于通过符号表述的事,我们将转换为关于它们的清晰理论;对于藉着形像(image)表述的,我们就传送到它们的原型上。以较为肯定的方式写的,我们将用因果推论加以查验;以实证方式写的,我们要加以考察研究。此外,我们还要解释它们所包含的真理的样式,并使它为听众所了解。对于以谜的方式提出来的事,我们会在另外地方找到它的明白含义,不是从别的学说中,而是从最真实的柏拉图作品中。关于听众立即想到的事,我们要思考事物本身的一致性。通过所有这些细节,一个完整的柏拉图神学体系就向我们呈现出来,与它一同呈现的还有那贯穿整个神圣思考过程的真理,以及产生出这一神学的全部美和这一理论的神秘演绎的那个理智。所有这些,如我所说的,就是我在本作品要讨论的内容。

而这种教义的听者应是具备道德品质的人,通过美德遏制灵魂中一切卑鄙、不和谐的活动,并使它们与理智的审慎形式协调起来的人。如苏格拉底所说,让纯洁的人接触不洁的人是不当的。凡是道德上恶的人都是不洁的,相反,凡是道德上善的人都是纯洁的。另外,这种教义的听者也必须在一切逻辑方法上受过训练,思考过许多关于分析、分类及其对立面的无可指责的观念,在我看来,这是与巴门尼德对苏格拉底的劝告一致的。因为在论述中若没有这样一种争辩,就很难甚至不可能认识神圣种类(divine genera),以及确立在它们里面的真理。此外,他必须精通物理学。他若能熟悉自然科学家(physiologists)的各种不同观点,并以某种方式在影像中探索众存有(beings)的原因,就能更轻松地获得独立的本性和原初的本质。因而本作品的读者，如我所说的，不可不知道包含在现象中的真理，也不可不熟悉博学的路径，以及这些路径所包含的各种学科，藉着这些我们就能获得关于神圣本质的更抽象的知识。当然，所有这些必须在领导者即理智里联合起来。同样，我们的听者若是要分有柏拉图的辩证法，深思那些独立于有形权能（powers）的无形活力（energies），渴望通过智性与理性的联合来思考 [真] 存有，就必须真诚地致力于对神圣而可敬之原理的阐释，按着神谕使他的灵魂充满深层的爱；因为如柏拉图在某处所指出的，要领会这一理论，不可能找到比爱更好的助手了。

他还必须在贯穿万物的真理上得到训练，必须激发他的心眼去看真实而完全的真理。他必须将自己建立在牢固稳定、不可动摇、安全可靠的神圣知识上，必须保证不敬仰任何别的东西，甚至不注意别的事物，以一种勇猛的推理之力，永不疲倦的生命之能，匆匆奔向神圣之光；总而言之，他必须为自己提供这样一种活力和宁静，使他能够成为苏格拉底在《泰阿泰德篇》里所描绘的合唱团领唱一样的人。这就是我们的宏伟假设，也是关于它的讨论类型。但是在开始叙述所提出的问题之前，我希望谈谈神学本身，它的不同类型，以及柏拉图赞成哪些神学形式，拒斥哪些神学形式；这些问题解决了，我们就可以更轻松地了解后面的东西，那不过是证明本身的辅助性手段。

第三章

根据柏拉图，一个神学家是怎样的人，他从哪里开始研究，一直上升到怎样的实在，他特别根据灵魂的何种能力得活力。

凡是对神学有所涉猎的人，都把本性上处于最先位置的事物称为神，指出神学就是讨论与这些神有关的问题。诚然，有些人认为某种有形的本质是唯一具有存在的东西，而把整个无形者的种列为与此本质相关的第二层次，认为万物的原理具有一种有形的样式，表明我们身上使我们知道这些原理的习性也是有形的。但另一些人认为所有形体都是从无形者来的，并清楚地规定最初的 hyparxis[①]在灵魂里，是灵魂的能力，他们（在我看来）把最善的灵魂称为神；把讨论并认识这样的神的学科称为神学。还有人认为多样的灵魂是从另一个更古老的原理生发出来的，确定理智是整体的领导者，这些人断言，最好的结果是灵魂与理智的合一，认为生命的理智形式是一切事物中最可敬的。他们无疑也认为神学与对理智本质的探讨是一回事，两者没有分别。因此，如我所说的，所有这些人都把事物最初、完全自足的原理称为神，把关于它们的学科称为神学。

然而，唯有柏拉图在关于神的叙述中论到原理时鄙弃一切有形之物。因为我们知道，任何可分的、有时间性的事物本性上既不可能生产自己，也不可能保存自己，只能依靠灵魂和灵魂所包含的运动拥有自己的存有、活力和被动性。而柏拉图表明，灵魂的本质比身体更为古老，是从某种理智实在（intellectual hypostasis）垂溢下来的。凡是按着时间运动的，就算是自我推动的，诚然比被他者推动的事物具有更多的支配性，但仍然后于永恒运动。由此他表明，如我们说过的，理智是身体和灵魂的父亲和原因，而万物既围绕它存在，也围绕它运动，分配给它们的是一种熟悉各种变化和进化的生命。

但是柏拉图提出另一种完全独立于理智、更抽象、更难以言喻的原理，一切事物，即使你认为是最末端的事物，也必然从它获得某种存在性。因为并非所有事物都必然倾向于分有灵魂，其实唯有那些自身中分得或清晰或模糊的生命的事物，才分有灵魂。同样，并非所有事物都能拥有理智和存有，唯有那些按形式而存在的事物才能如此。然而，作为万物

---

① Hyparxis 就是任何事物的最高点，或者可以说是事物本质的花蕊。

之原理，必然要为万物所分有，不可遗弃任何事物，因为它是一切事物，无论如何总有一定存在性的事物的原因。柏拉图凭借神圣力量找到了这种所有整体的第一原理，比理智更卓越，隐藏在不可企及的隐秘之处；他又提出三个原因和元一（monads），表明它们在形体之上，这原因或元一就是灵魂、第一理智和高于理智的合一（union）；然后从这些原因或者元一引出各自固有的数，一多是统一的，第二个是理智性的，第三个是灵魂的。因为每个元一都是与其自身并列的那个多的头。正如柏拉图将身体与灵魂结合，同样，他也将灵魂与理智形式结合，理智形式又与存有者的统一性（unities of beings）联合。然后他使万物都转向一种不可分有的统一。回到这个统一之后，他认为自己已经获得了整体论的最高目标，这就是关于诸神的真理，它素谙存有的统一性，它讨论这些统一性的进程和特性，存有与它们的联系，以及从这些具有"一"性的[①]实在（unical hypostases）中垂溢下来的各种形式。

他教导我们，关于理智、形式和围绕理智转动的种的理论，后于研究神本身的学科。再者，理智论领会的对象是可理知者，以及灵魂能够凭着理智的流溢性活动（projecting energy）认识的形式，而超越理智论的神学研究的是神秘而不可言喻的 hyparxis，探索它们的彼此分离，以及它们如何从万物之因中显现出来。因此在我看来，灵魂的理智属性能够领会理智形式，以及存在于它们中的差异，但这顶端，如他们所说的，这理智之花，hyparxis，则与存有的统一性结合，并凭着这些统一性与所有神圣统一性的玄妙合一（occult union）结合。既然我们包含许多灵智力量（gnostic powers），那么只要依靠这种能力，我们就必然能与这种玄妙的合一结合，并分有它。神这个种不可能靠感官感知，因为它脱离一切形体，也不可能靠意见和 dianoia[②] 来领会，因为这些东西是可分的，

---

① 即具有"一"的本性的。
② 即理性的推论活动，或者说灵魂进行科学推论的能力。

并与各种各样的问题纠缠在一起；通过智性与理性的结合也不行，因为由此得来的知识属于真存有，而神的 hyparxis 立足于存有之上，是按所有整体的一本身而定的。因而，我们只能说，即便承认对某种神性可以有所认识，那也必是靠灵魂的 hyparxis 领会的，并通过这个 hyparxis 尽可能为人所了解。我们说，无论何处，事物总是同类相知，即感官感知可感之物，意见认识意见对象（doxastic），推论活动（dianoia）指向推论对象，理智领会可理知之物。所以，完全统一的本性必然由"一"（The One）来认知，不可言喻之物只能由不可言喻者来把握。

事实上，苏格拉底在《大希底亚德篇》（First Alcibiades）里说得非常正确，灵魂进入自身之后就能看见其他一切，并且使自己神化。因为一旦靠近她自己的合一，走进全部生活的核心，把她所包含的各种各样名目繁多的能力放在一旁，她就升到了最高的观察台，俯瞰存有。就如在最神圣的奥秘里，他们说，神秘学家首先遇到的是多样、多形的族类[①]，它们在神之前霍然出现；但是一进入圣殿的内层部分，坚固、受到神秘仪式保护的部分，他们就真正地在心里接受神圣光照，脱去自己的衣服——他们会这样说——穿上神圣的本性；同样，在我看来，在思考整个整体时情形也是如此。当灵魂凝视后于自己的事物时，看到的是存有的影子和形像，但当她转向自己，就形成自己的本质和她所包含的理性。一开始，可以说，她确实只看见她自己，但当她更深入地认识自己之后，就在自身中发现了理智，也看见了存有的等级。然后，当她进入自己里面的隐秘之处，进入——可以说——灵魂的密室、内殿，闭上眼睛，就意识到神的种，以及存有的统一性。从灵魂的意义上说，所有事物都在我们里面，通过刺激我们所包含的各种整体的能力和影像，我们自然就能够知道万物。

使用我们活力（energy）的最好方法就是使它伸展到某种神性本身，

---

① 即邪恶精灵。

让我们的各种能力（powers）休息，唯独让我们的活力围绕这神性合拍地旋转，激发灵魂里的整个多进入到这种合一里，把所有这些事物当作后于"一"的事物弃之一旁，与那不可言喻、超越一切者同座、联合。对灵魂来说，她必然要走向上升之旅，一直到达事物之原理；到了那里，看见那里的处所之后，又从那里下降，穿越存有；再形成形式的多样性，探索各种形式的元一和它们的数，从理智上理解它们是如何从各自的统一中垂溢下来的，然后我们可以认为她拥有关于神圣本性的最完全知识，以始终如一的方式认识诸神进入存有的各个进程，以及围绕诸神的存有的各种特点。根据柏拉图的定义，这样的灵魂就是我们的神学家，而神学就是这样一种习性，展示诸神的 hyparxis 本身，将他们不可知的、具有一之本性的光与他们分有者的特性相区别，从后者推测出前者，并显示这样的活动是与这种活力完全相配的，因为它既是神圣可敬的，同时又囊括万物。

第四章

根据柏拉图讨论的神学理论划分的神学类型或样式。

这就是对第一理论的完整理解。接下来我们必须阐述柏拉图是依据什么方式来教导我们关于神圣本性的神秘概念的。他显然并不是每一处都追求同一样式的神学理论，而是各有千秋，有时候是根据某种神能（deific energy），有时候是按辩证法的方式，来展开关于神性的真理。有时他用象征方式展现它们不可言喻的特性，有时根据形像重新呈现它们，并在形像中发现整体的最初原因。在《斐德若篇》里，他受到宁芙（Nymphs）[①] 的默示，把属人的智力换成一种更好的迷狂，以非凡之口揭

[①] 指居住在山林水泽的仙女。

示了许多关于理智神的神秘教义，许多关于无拘无束的宇宙统治者的教义，他们领着大量尘世的神朝上走向可理知且与[世俗之]整体分离的元一。但他更多地谈到那些被分派给世界的神，赞美他们的智力活动，属世的构造，他们灵魂里未受污染的预见和管理，以及苏格拉底在那篇对话里热情洋溢地[或者说按照被神灵感动的活力，神能]谈到的其他问题，同时如他清晰地论断的，把这种迷狂归于那一地方的诸神。

但是在《智者篇》里，他以辩证的方法论述存有，和独立于存有的"一"之实在，并且质疑那些比他本人更早的人，表明所有存有是怎样从它们的原因，从最初的存有垂溢下来，而那存有本身分有独立于全部事物的统一，所以它只是一个被动的一，不是"一"本身，它服从于并统一于"一"，但不是原初的一。同样，在《巴门尼德篇》里，他通过第一组假设，用辩证法揭示了存有从"一"和一的"超然性"展开的进程，而且如他在这篇对话里所说的，这是按照这种方法的最完全的分法显示的。另外，在《高尔吉亚篇》里，他记载了关于三位德穆革[或创造者]以及作为创造者各自分管的领域的神话，这其实不只是一个神话，也是真实的历史。在《会饮篇》里，他论到爱的合一。在《普罗泰戈拉篇》里，论到可朽的生命体从诸神的分离；以象征的手法把关于神圣本性的真理隐藏起来，以至于仅仅将他的思想显现给最真诚的听众。

如果你愿意，我还可以提到借助于数学表述的理论，以及从伦理学或物理学角度对神圣问题的讨论，《蒂迈欧篇》里有许多这样的思考，在《政治篇》的对话里也有许多这样的论述，还有许多分散在其他对话里；同样，你若渴望从形像了解神圣问题，这种方法也会向你显明出来。因为所有这些都预示着神圣事物的权能。比如，《政治家篇》里的形像预示天上的构造。而《蒂迈欧篇》里按几何比例描述的五种元素，则以形像方式代表立足于宇宙各部分之上的诸神的特性。这篇对话里对灵魂本质的分析预示着神的整个等级状况。

我还没有说到柏拉图构建了各种政体，将它们比作神圣本性，比作整个世界，用世界所包含的权能装饰它们。所有这些都是通过将可朽事物与神圣事物的类比，以形像的方式向我们展现出神圣本性的进程、秩序和构造。这就是柏拉图所使用的神学理论的样式。

　　从以上所说，可以清晰地看出，这些样式在数量上必然非常之多。因为那些以某种象征方式讨论神圣问题的人，不是从符号和寓言意义上讨论，就是通过形象方法讨论。而那些坦率地表达自己的概念的人，有些根据科学构建讨论，有些根据从诸神得到的启示讨论。凡是想要通过象征方式表明神圣问题的，就属于奥菲斯派（Orhpic），简言之，与那些写作神话寓言的人同为一派。而凡是借助于形象讨论神圣问题的人，则属于毕达哥拉斯学派。因为数学就是毕达哥拉斯学派创立的，目的是获得对神圣问题的一种回忆，他们把数看作形象，努力通过这些形象解答神圣问题。他们根据历史学家的证据，认为数和形都是属于神的。而入迷者，或者在神圣启示控制下的人，从真理本身显示关于神的真理，很显然属于最高级别的传授者。因为这些人认为不应当通过某些遮蔽物向他们的挚友显示神的秩序或神的特性，而应在神本身的感动之下直接显示他们的权能和数目。但是，从知识角度讨论神圣问题，这是柏拉图哲学特有的杰出传统。因为在我看来，我们所知道的那些人中，唯有柏拉图系统地分析了神圣种类的常规进程，他们彼此的差异，整个等级的共同特性，以及各自独有的特性，并将这些分门别类。我们只要拿出《巴门尼德篇》里的优先证据，和它所包含的各种分类，这一点就可不证自明了。

　　现在我们要注意，柏拉图并没有接受戏剧作品中所有的神话故事，只是接受那些与美和善相关的故事，与神圣本质不冲突的故事。那种通过猜测表述神圣问题的神话学形式非常古老，它用大量遮盖物把真理隐藏起来，并采取一种类似于自然的方式讲述，关于可理知者演绎出可感知的故事，关于非质料者编造出质料性的故事，对不可分割者添加可分割的情节，给完全真实的事物提供虚假不实的成分。但是柏拉图拒斥古

11

代诗人倾向悲剧性的神话样式，这些诗人认为应当建立一种关于神的神秘神学，于是就设想出诸神的漫游、分裂、争吵、破裂、强奸、通奸，以及许多其他关于神性之真理的种种符号，这种神学就是借用这样的符号来隐藏真理；他拒斥这种形式，认为无论从哪一方面它都与博学格格不入。而那些关于神的神话学意义上的论述，他认为更有说服力，更适用于真理和哲学气质，因为它们指出，神圣本性是一切善的原因，不是任何恶的原因，它没有任何变化，永远保守自己的秩序不变，在自身中包含真理的泉源，但永远不会成为欺骗他者的原因。这样的神学样式，就是苏格拉底在《国家篇》表述的神学。

因此，柏拉图的所有神话寓言一方面保证真理隐而不露，另一方面，就是它们的外在显现的器官，也并非与我们关于诸神的非专业但合乎常情的预想不相吻合。它们都带着尘世结构的形象，既有与神性相配的显性之美，也有比这更神圣的美确立在诸神隐秘的生活和权能之中。这是关于神圣问题的一种神话学形式，它透过表面的不合法、非理性、混乱无序，进入秩序和规范，并把美和善的结合看作它的范围。

还有另一种样式是他在《斐德若篇》里讲到的。这种样式要求处处保存神学性质的神话，不掺杂自然叙述，并且务必小心，无论如何不可将神学和自然（物理学）理论彼此混淆或交换。因为正如神圣本质是独立于整个自然的，同样，关于诸神的讨论也完全应当独立于物理学上的专题论述。因为他说，这样的一种结合是非常牵强附会的，何况把身体上的激情作为神话学推测的目的，那是平庸之辈的工作，比如，通过他 [虚假] 智慧，认为喀迈拉（Chimera）①、戈尔工（Gorgon）② 以及诸如此类的东西就是物理学上的假想物。苏格拉底在《斐德若篇》里指责这种神话学的方式，指出主张这种方式的人以神话的形式说，俄里蒂亚（Orithya）

---

① 希腊神话中喷火怪物，前半身像狮子，后半身像蛇，中部像羊。——中译者注。
② 指海神福耳库斯（Phorcus）的三个女儿，她们的头发是毒蛇，嘴里长着野猪的长牙，身上还长着翅膀。——中译者注

与风神波瑞阿斯（Boreas）嬉耍，被推下岩石，其寓意没有别的，不过是说俄里蒂亚这个凡人被爱上她的波瑞阿斯抢走了。然而，在我看来，关于诸神的神话叙述应当常常包含比表面含义更可敬的深层意义。所以，如果有人对我们说，柏拉图的神话是自然层次上的各种假说，是一些关乎尘世事务的假说，那么我们必须指出，他们完全偏离了哲学家的意图；事实上，唯有这样的假说——它们以某种神圣的、无形的、独立的实在（hypostasis）为研究领域，并且以此为目标来构建并分析神话，使之适合于我们对神圣问题的与生俱来的期望——才能解释这些神话中所包含的真理。

第五章

主要从哪些对话可以呈现出柏拉图的神学；每篇对话向我们谈论的是哪一等级的神。

以上我们已经列举了柏拉图神学的各种样式，表明了怎样构建、分析神话才适合关于神的真理。接下来我们要思考，我们认为从哪里，主要从哪些对话可以收集柏拉图关于神的教义，通过什么类型或样式的思考，可以分辨他的真实作品，区别于那些归于他名下的赝品。

我可以说，关于神的真理渗透柏拉图的所有对话，第一哲学的思想，庄严、清晰、神奇的见解散布在他的所有作品中，只是有些比较隐晦，有些显得比较明显；这些观念激发那些无论如何都能分有它们的人，去探索神的无形、独立的本质。正如在宇宙的各个部分，在自然本身中，世界万物的得穆革，确立了神不可知的 hyparxis 的相似物，好叫万物都转向神圣本性，通过与它的联盟归向它，同样，我认为柏拉图的神圣理智把神的观念编织在他的所有作品中，没有哪一处不提到神性，以便从它们整体获得对大全的回忆，并把它传授给真正热爱神圣事务的人。

当然，如果需要从众多对话中挑出最主要的讨论神的神秘知识的对话，陈列在读者面前，那么我列出以下这些篇目，相信不会有错：《斐多篇》、《斐德若篇》、《会饮篇》、《斐莱布篇》，以及《智者篇》、《政治家篇》、《克拉底鲁篇》、《蒂迈欧篇》。因为我可以说，所有这些对话通篇都充满了柏拉图的神圣学科。另外，我应当在这些对话之后列出第二层次的作品，《高尔吉亚篇》里的神话、《普罗泰戈拉篇》里的神话，还有《法律篇》里关于神意的论述，《国家篇》第十卷里关于命运之神或者命运神之母亲，或者宇宙循环所做的论述。你若愿意，还可以把那些书信列为第三层次的作品，通过这些作品我们能够了解关于神圣本性的学科究竟是什么。所有这些作品都提到了三王，还有其他与柏拉图理论相配的神圣教义。因而，我们必须集中研究这些篇目，探究各个等级的神。

从《斐莱布篇》我们可以了解，这是一门关于事物的一个善、两个第一原理，以及从中展现出来的三一体的学科。你可以看到，柏拉图在那篇对话里向我们清晰地阐述了所有这些。但从《蒂迈欧篇》，你可以获得关于可理智者的理论，关于得穆革之一的神圣叙述，关于世界诸神的最完备的真理。从《斐德若篇》，你可以获得整个可理知的且理智的种（the intelligible and intellectual genera）的科学知识，了解自由之神的等级，这些等级直接建立在天体环行之上的区域。从《政治家篇》你可以获得关于天体构造的理论，宇宙不稳定的周期，以及造成那些周期的理智上的原因。从《智者篇》你可以了解月下区域（sublunarg）的整体形成，分配给月下区域并掌管它的各种生产和毁灭之诸神的特点。而从《会饮篇》、《克拉底鲁篇》、《斐多篇》，我们可以看到，柏拉图就各个神阐述了许多与神圣问题相适应的观点。因为这些对话每一篇都或多或少讲到神的名称，那些精通神圣事务的人可以轻而易举地从这些名称推测出各位神的特点。

然而，我们必须表明，每个教义都是与柏拉图的原理，和神学家们的神秘传统相一致的。整个希腊神学是奥菲斯教的神秘主义传统的后裔；毕达哥拉斯首先从阿格劳菲姆（Aglaophemus）了解诸神的纵酒狂欢，然后柏拉图从毕达哥拉斯和奥菲斯教的作品中接受了关于神的一种非常完美的知识。在《斐莱布篇》里，柏拉图把关于两大原理[有限和无限]的理论归于毕达哥拉斯学派，说他们是与神同住的，是真正神圣的。因此，毕达哥拉斯学派的菲洛劳斯（Philolaus）为我们留下了关于这两大原理的许多可敬的观念，揭示了它们进入存有的共同进程，和它们对事物的分别构造。而在《蒂迈欧篇》里，柏拉图在力图教导我们月下诸神及其等级的知识时，开始赞美神学家，称他们为诸神之子，认为他们是关于那些神之真理的父亲。最后，他描述了从各整体出来的月下诸神的等级，与从整体产生的理智王的进程是一致的。另外，在《克拉底鲁篇》里，关于神的发展顺序（order of the divine processions），他遵循神学家们的传统。但在《高尔吉亚篇》里，关于三一体的得穆革，他采纳荷马的信条。总而言之，他每一处关于诸神的讨论都符合神学家的原理，尽管拒斥神话故事里的悲剧部分，但确立了与神话作者们一致的第一理论。

第六章

一种反对观点：反对从众多对话归纳出柏拉图的神学，理由是这样的神学既不完整，又被分割为细小的部分。

也许有人会反对我们，说我们没有正确地展现柏拉图分散在各处的神学思想，说我们只是努力从各篇对话罗列各不相同的细节堆砌起来，似乎我们只热心于收集许多零散的东西，把它们合成一体，而不是从同一个源泉引出它们。果真如此，那么我们纵然可以将不同的教义归给柏拉图的不同作品，却绝不可能有一种优先的神论，也不会有哪篇对话向我们呈现神圣的种（divine genera）的全面而完整的发展过程，以及他们彼此和谐共存的图景。这样一来，我们倒类似于那些因为缺乏一个先于部分的整体，就力图从部分中获得整体，从不完全的事物中编织出完全之物的人，其实正好相反，不完全者应当在完全者里面拥有其形成的首因。比如，《蒂迈欧篇》将教导我们关于可理知者的理论，《斐德若篇》显然向我们呈现关于第一理智等级的系统阐述。那么理智者（intellectuals）与可理知者（intelligibles）的协调配合在哪里呢？出于第一种类的第二种类的生产或形成是什么呢？简言之，神圣等级从万物的统一原理开始的进程是怎么发生的，"一"与绝对完全的数之间的等级是如何在诸神的产生中填满的？这些我们都无法表明。

再进一步，也许有人质问，你所夸口的关于神圣种类的知识的可敬性在哪里呢？如果把这些从许多地方收集起来的教义称为柏拉图神学，那是可笑的，何况，如你所承认的，它们是从外来名称引入柏拉图哲学的；你也不可能表明关于神圣种类的一个完整的真理体系。或许他们还会说，某些比柏拉图小的晚辈已经在其作品中阐述了一种完全的神学样式，并传给他们的弟子。因此，你能够从《蒂迈欧篇》引出一个关于自然的完整理论，从《国家篇》或《法律篇》里提出有关方法，能构建一种哲学的方法的美妙教条。但是你只要忽视了柏拉图最重要的作品，包含第一哲学的全部好处，可以称为整个理论的顶点的作品，就会失去关于存有的最完全知识，除非你完全头脑发昏，以至夸口神话故事，尽管对这类事物的分析充满很大的可能性，但没有实证性。此外，神话故事也只是偶然出现在柏拉图的对话里，如《普罗泰戈拉篇》里的神话，是为了政治学的缘故，为了证明它才插入的。同样，《国家篇》里的神话是为了说明公正，在《高尔吉亚篇》则是为了讨论自制而加进去的。柏拉图把神话故事与伦理信条的研究结合起来，不是为了神话，而是为了这样的主导构想，即使我们不仅可以通过争辩说理训练灵魂的理智部分，而且灵魂的神圣部分还可以凭着它与更神秘问题的通感，更完全地认识存有。

对别的论述，我们可能显得与那些被迫接受真理的人差不多；但对神话，我们是以不可言喻的方式感受的，并引出我们的正确见解，崇敬神话中所包含的神秘信息。

因此在我看来，蒂迈欧的想法是非常恰当的，他认为，我们应当像神话创作者这些如同神的人一样展示神圣的种，同意他们始终从第一种类引出二级种类的做法，尽管这些人（神话作者）只是这样说，并没有提供任何证明。因为这类论述不是论证性的，而是鼓动性的，当初古人发明它不是出于必需，而是为了劝导，不是关注纯粹的知识，而是与事物本身产生交感。如果你愿意不只是思考神话的原因，还思考其他神学信条的原因，就会发现，这样的原因散布在柏拉图的对话里有些是出于伦理学上的考虑，有些则出于物理学的考虑。在《斐莱布篇》里，柏拉图为快乐和理智生活的主题讨论了界限和无限。因为我想，前者是后者的属（species）。在《蒂迈欧篇》，关于可理知神的讨论是为所提出的自然科学服务的。因此，任何地方，形像都应当从范型了解，并且质料事物的范型应当是非质料的，可感知者的范型应是可理知的，物理形式的范型应是独立的。

同样，在《在斐德若篇》，柏拉图为了表述情爱的迷狂，展现了天外的境界，天穹的深邃，以及天界的重重等级，灵魂产生回忆的方式，从地上升到这些地方的通道。但是我可以说，通篇的主导目的或者是物理上的，或者是政治上的，同时，所引出的关于神圣种类的观念或者是为了创造，或者是为了完全。因而，像你这样的理论，既不能表明整体本身，也显示不出完全性，也没有抓住柏拉图作品里居优先地位的作品，所有这些要素都没有，相反，是曲解的，不是自然产生的，所包含的不是真正的内在次序，而是偶然的外加次序，就如戏剧里编造的那样，怎么可能再受人尊敬，具有超凡脱俗性，应当首先加以研究呢？这些就是对我们的构想可能提出的反对意见。

17

第七章

引用一篇对话,即《巴门尼德篇》,作为柏拉图完整的神学理论,驳斥前述异议。

对这样的异议,我要做出合理而清晰的回答。我得说,柏拉图关于神的论述处处与古代的传说相吻合,与事物的本性相一致。有时候为了探求事物的原因,他将它们归结为教义的原理,从原理沉思该事物的本性,就如同从瞭望台俯瞰;有时候则确立神学知识作为主导目标。比如,在《斐德若篇》里,他的主题是可理知之美,所有美的事物都从这种美分有美;而《会饮篇》的主题是关于情爱。

如果必须从柏拉图的某一篇对话里概括出完备的、整全的、系统的,甚至是十全十美的神学,我恐怕会说出自相矛盾的话,能向朋友们显示的也唯有这样的话。然而,我们既然已经展开这样的论述,也驳斥了我们的对手,就应当有胆量说,《巴门尼德篇》及其包含的神秘观念必能满足你的所有欲望。因为在这篇对话里,整个神种是从第一因一步一步源发出来的,也表明了他们是相互关联和彼此依赖的。那些处于最高位置的神,与"一"相关,具有原初本性,被赋予一种具有"一"性的、玄妙的、单一的 hyparxis;而那些位于最低处的神,则具有多样性,被分成许多部分,数量上非常繁多,但权能上比更高层次的神逊色;还有以某种适宜的比例处于两者之间的神,相比于他们的原因,是复合的,但比起他们自己所生的后裔,则较为单一。简言之,神学的全部教义都在这篇对话里完整地表现出来,整个神圣等级也显得和谐连贯。所以,这不是别的,这就是可赞美的诸神的产生,就是每种存有从不可言喻、不可认识的整体之因的形成。因此,《巴门尼德篇》在热爱柏拉图的人心中点燃了完整而完全的神学之光。除此之外，前面提到的对话也有部分涉及关于诸神的神秘知识，我可以说，它们全都分有神圣智慧，激发我们自发地产生关于神性的观念。应该说，这一神秘学科的各个部分分散于所有这些对话中，而这些对话里的神学思想又集中于《巴门尼德篇》里统一而完美的理论。因为在我看来，我们可以在完全者里面消除不完全，在整体中消融部分，可以揭示出事物吸收的原因，按柏拉图《蒂迈欧篇》的说法，原因就是事物的解释者。这就是我们对可能提出的异议的回答，由此我们也把柏拉图的（神学）理论归于《巴门尼德篇》，正如所有人，就是最愚钝的人也承认的，《蒂迈欧篇》包含他的整个自然哲学。

第八章

列举关于《巴门尼德篇》的各种不同观点，以及对这些观点的分类驳斥。

我这样说似乎给自己招来那些想要研究柏拉图作品的人的双重反对。因为我知道有两类人会反对以上所说。一类人认为不应当在《巴门尼德篇》中探求别的目标，只能认定是对立观点的操练，也不应当在这篇对话里插入一大堆神秘的理智教义，那是与它的本意格格不入的。还有一类人，比这些人要可敬，是热爱形式的人，他们主张《巴门尼德篇》中有一个假说是讲第一位神的，另一个是讲第二位神和理智种类的整体，还有一个假设是关于理智种类之后的种类，至于它们是灵魂，是比灵魂更高级的种，还是别的存有，我们不加讨论，因为对这些具体问题的考察与本文无关。

由此这些人分出了其中的三个假设。但是他们认为不应当忙于讨论神的多、可理知者、属理智的种、超俗和世俗的事物，或者通过划分来展现它们，或者埋头探究它们。因为在他们看来，柏拉图虽然在第二个假设里讨论了理智存有，但理智的本性是一，单纯而不可分。所以，拥护我们前面所说的关于《巴门尼德篇》的观点的人，必须驳斥这两类人。当然对这两类人的驳斥不是同等的。那些把《巴门尼德篇》作为逻辑操练的人，还受到那些信奉神圣解释方法的人的抨击。那些没有阐明众多存有和神性等级的人，诚然如荷马所说，在各方面都是受人尊敬的、灵巧的人，但是为了柏拉图的哲学，我们必须对他们提出质疑，以便跟随我们的引领者走向最神圣而神秘的真理。同样，就我们的目标来说，也应当叙述在我们看来与《巴门尼德篇》的假设有关的真理，这样才有可能通过推论过程，获得完整的柏拉图神学。

第九章

驳斥那些声称《巴门尼德篇》是逻辑学对话的人，以及那些认为文中的讨论是纯粹争论式的人。

首先，我们来考虑第一类人，就是那些把这篇对话的目标从追求事物的真理降低到逻辑操练上的人，看看他们是否有可能与柏拉图作品的主旨吻合。众所周知，巴门尼德决定要把辩证方法应用到现实（reality）之中，为了这个目标，他草草地以类似的方式把它运用到每一个有真实存有的事物中，比如相同、相异、相似、不相似、运动、永恒等等；同时劝告那些想要以某种常规方法发现这些事物之本性的人投身于这种操练，就如同投身于伟大的比赛。他还指出，这样的事对像他这样年事已高的人来说绝不是一件轻松的工作，他把自己比作伊彼库斯[①]笔下的那匹

[①] 伊彼库斯（Ibycus），公元前6世纪希腊抒情诗人。——中译者注

老马，用各种论证表明这种方法是严肃的工作，不是由单纯的词语构成的竞赛。因此，我们怎么可能把那些概念——伟大的巴门尼德主导了围绕这些概念的谈话，指出这些概念必须予以极其严肃的讨论——归属于空洞的争论呢？同样，怎么能设想一个年迈的老人会忙于单纯的语言游戏，像他这样热爱沉思事物之真理，认为其他一切事物都是没有真正的存在，然后上升到存有本身这个高耸的瞭望塔上的人，怎么可能花那么多的精力研究这样一种方法？事实上，凡承认这一点的人，必会认为柏拉图在这篇对话里对巴门尼德的形象作了讽刺性的描写，所以把他从灵魂里最富理智的视野降低到幼稚的争论上。

但是你若愿意，让我们再进一步思考，巴门尼德展开这样的讨论究竟希望达到什么目的，准备谈论什么主题。从他的理论来看，他要说的岂不就是存有，以及一切存有的统一性？他对此竭尽全力，只是普通人看不出他的构思；同时他激励我们把众多存有集中到一个不可分的合一中。这样说来，如果这是一存有，或者是最高者，是完全超越于亲近意见的理论之上者，那么把关于可理知者的教理与关于意见对象的讨论混淆起来，岂不是荒唐可笑的？其实，这样一种论述形式不适用于关于真存有的假设，追寻隐晦不明、分离独立的原因的理智活动也与辩证法的操练不协调，它们是彼此不同的，因为理智超越于意见之上，如蒂迈欧告诉我们的；不仅蒂迈欧这样说，受神明启示的亚里士多德也在讨论这样一种能力时，劝告我们不要研究向我们完全隐藏的事，也不要考察一目了然的事。

巴门尼德既然把关于存有的学科置于那些以为感觉先于理智的人看来是真理的东西之上，就绝不可能把关于意见对象的知识引荐给理智性的事物，因为这种知识是可疑的，可变的，不稳定的；他也绝不会用这种信念性的（doxastic）智慧和空洞的争论来思考真正的存有。形式多变的知识与单一的知识不协调，多样性与统一性不一致，意见的对象与理智的对象不可同日而语。

再者，我们也不可忽视，这样的讨论方式与巴门尼德的论述内容是格格不入的。他讨论的是一切存有，阐述的是所有整体的秩序，它们始于"一"、最后又归于一的整个进程。而争辩性的方法与科学性的理论相去甚远。若非要说巴门尼德只关心对立观点相互论辩的操练，那岂不是说柏拉图必定把一种不协调的假设归于巴门尼德，并且他是为了这种操练中所应用的能力，而引出这整个逻辑推演？事实上，我们可以看到，在其他对话中，柏拉图按照每个哲学家的独特宗旨，把不同的假设归给他们。由此，分给蒂迈欧的是自然论，分给苏格拉底的是讨论共和制的理论，给爱利亚客人的是存有论；给女祭司狄奥提玛的是情爱论。后来的对话每一篇都把自己限制在那些与对话中的主要人物的作品相适合的论述上。而唯有巴门尼德，虽然在诗歌中向我们展现智慧，在考察真正存有中表现出勤勉不倦，却在柏拉图的布景中成为引导幼稚思考的人。这种意见无异于指责柏拉图在模仿上缺乏一致性，尽管他本人指责诗人，说他们把众神之子写成爱钱如命者，把他们的生活描绘成受制于情欲的生活。所以，我们怎么能把对意见对象的空洞论述归给引导追求存有之真理的人呢？

如果说我们没有必要长篇累牍地论证，而应让柏拉图本人来为所提出的讨论作见证，那么，如果你愿意，我们就引用《泰阿泰德篇》和《智者篇》里的记载吧。因为从这两篇对话可以明显我们的观点。在《泰阿泰德篇》里，苏格拉底被一个年轻人激发，批驳那些主张存有不动的人，抨击巴门尼德所持有的一个类似观点，同时确定原因。他说："巴门尼德就是这样的一个人，我对他比对任何人都要尊敬。在我还很年轻的时候，就已经与他相识，而当时他年事已高，在我看来，他非常高贵，拥有某种深邃。所以我担心我们会听不懂他所说的话，更担心会跟不上他的思想。"由此我们可以非常恰当地认为，所提出的讨论不在于逻辑操练，不是把这种操练作为全文的目标，而是讨论事物的第一原理，是关于第一原理的知识。苏格拉底若只利用这样一种力量，而忽视事物的知识，那怎么可能证明巴门尼德的谈话包含某种深邃的深度？如果是采取一种按意见对象展开的方法，与理性相反的方法，从而编造出这样的论述，那有什么值得尊敬的？

再者，在《智者篇》里，苏格拉底激励爱利亚客人接受他所提出的对事物的清晰演绎，表明他现在已经适应更为深奥的讨论。他说："对于一个你能够用提问的方法向任何人证明的主题，你通常是否会发表长篇大论的议论？所谓提问法我指的是巴门尼德以前用过的讨论法，他在提问的同时还加上非常美妙的理由，我年轻时听过这样的讨论，而当时的他已经很老了。"苏格拉底既认为巴门尼德的论证非常美妙，包含非常深邃的深度，我们有什么理由不相信他的说法，为什么要降低巴门尼德的讨论，非要把它从本质和存有上拉开，转变为一种粗俗、琐碎、空洞的争论，既无视这种谈论只适合于年轻人，也不考虑关于"存有"的假说是以"一"为标志的，更不要说其他与这种观点相左的证据？

当然我也承认，提出这种假说的作者也应当考虑辩证法的力量，如苏格拉底在《国家篇》里所展现的——他说，它就像防御围栏，包围所有知识，把那些使用它的人提升到"至善本身"，最初的一，使心眼洁净，确立在真正的存有和万物之统一原理里面，最后知识终于不再是假设的事物。既然辩证法的这种力量如此之大，这条道路的终点如此宏伟，那就不应把关于意见对象的观点与这种方法混为一谈。因为前者关乎人的意见，后者被庸俗者称为绕口令。一个完全缺乏规范的科学性，另一个是这些知识的防御围栏，通过这些知识就可到达它。另外，信念的推论方法以显然的东西为自己的目标，而辩证法力求到达一本身，为此常常使用上升的台阶，最后达到"至善"的美好顶点。

因此，我们绝不可以把建立在最精确的知识中间的方法降低为信念上的论证。因为单纯的逻辑方法只掌握证明的幻影，是第二性的东西，只沉溺于争辩性的讨论；而我们的辩证法，基本上把划分和分析作为最初的知识来使用，认为它们是对存有从"一"出来、又返回到"一"的

23

进程的模仿。但它有时也使用定义和实证，定义法先于实证法，区分法则先于定义法。相反，信念的方法缺乏无可争议的实证推论。因此，这两种力量岂不是必须相互分离的？巴门尼德的讨论使用了我们的辩证法，怎么可能只是空洞、单纯的争论？它必是以存有本身为目标，而不是以那显见之物为目标来构造它的推论过程的。对于指责我们的假说的人，这样的回答该很充分了。倘若这样的回答都不能令他们信服，那我们也不必再徒劳地劝说他们，直接叫他们自己去思考就得了。

第十章

那些断言《巴门尼德篇》的假说是关于事物之原理的人有几分正确，必须从我们的导师 [叙利亚努] 的理论为他们作补充。

剩下来的争辩对我来说更大，也更难，因为争辩的对手是那些热爱沉思存有的人，他们期望关于第一因的知识是柏拉图《巴门尼德篇》里所提出的假说的目标。如果你愿意，我们要用大量更为有名的论证来完成这一争辩。

首先，我们要确定我们批驳他们的目的是什么。我想，这将使柏拉图关于神性的神秘理论得到最大程度的显明。我们已经在注释《巴门尼德篇》时表明，巴门尼德在这篇对话里讨论了九个假说。前五个假说认为"一"存在，由此可以推断，一切存有、每个整体的中介、事物发展的终点，都是存在的。但随后的四个假说提出"一"不存在，根据辩证法的训导，取消"一"，一切存有，以及具有某种表面存在的事物，必然全都毁灭，从而自己驳斥了这样的假说。有些假说显然囊括一切符合理性的事，但有些（如果我可以这样表述）推导出完全不可能的事；在我看来，我们的一些先辈已经意识到这种情形必然出现在这些假说之中，所以认为应当在他们研究这篇对话的专题论文中讨论这一问题。

关于第一个假说，几乎所有人都一致认为，柏拉图是借此赞美所有整体的超本质原理，它是不可言喻的，不可认识的，在一切存有之上。但对这个假说之后的其他假说，没有人以同样的方式加以解释。早期的柏拉图主义者，以及那些继承普罗提诺哲学的人都主张，这一假说里有一个源自事物的超本质原理的理智本性自我呈现出来，并努力与理智的一个全备的权能相协调，这样的结论是从这一假说推导出来的。而引导我们走向神的真理的那位领路人，柏拉图的言谈者（用荷马的术语），在写给朋友们的作品中，把早期哲学家的理论中含混不清的东西变为含义明确的表述，把混乱不堪的等级整理为一个理智等级；我们的这位引路人，在论涉此题目的论文中呼吁我们对结论采用一种独特的分类法，把这种分类法应用到神圣等级上，将显现出来的最初、最单一的事物与最初的存有对应，将中间层次的事物与中间的种类统一，与各自在存有中所分得的等级对应；而最末的、多样的，与最终的进程对应。存有的本性并非就是一、单一和不可分，就如在可感知者领域，大能的天是一，但它在自身中包含大量形体；一有机地包含多，多里面又有一种进展次序。就可感知者来说，有些是第一的，有些是中间的，有些是末后的；就先于它们的灵魂来说，从一个灵魂生出许多灵魂，有些放在较近的地方，有些放在离它们的整体较远的地方，还有的充满两极之间；同样，毫无疑问，在全真的存有中间，那统一而玄妙的种也必然确立在所有整体的那一首因之中，而其他的，有些发展为整个多和一个整体的数；有些也包含这两者的结合，处于中间位置。另外，我们绝不可以把第一种类的特点与第二种类对应，也不可将那些拥有从属等级的，与那些具有"一"性的事物对应；因为这些事物必然有各不相同的权能，在这样的进程中，必然有一个真存有的等级，也有一个第二种类从第一种类呈现出来的过程。

总而言之，依据"一"而存在，或者以"一"为标志的存有，确实是从先于存有的一中流溢出来的，但同时生发了整个神圣的种，即可理知的、属理智的、超越尘世的，以及一直发展到尘世等级的。我们的导师还认为，每个推论都指明一种神圣特性。虽然所有推论与"一存有"，或者以"一"为特征的存有的整个进程对应，但在我看来，有些推论与有些假说的吻合程度胜过其他对应者，这绝没有什么可惊奇的。因为表示某些等级的特点的事物，并不必然属于所有神；而属于所有神的，无疑有更大的理由与每一位神同在。因此，我们若是认为柏拉图只是偶然地划分出了神的等级，而不清楚地表明，在其他对话里，他展现神从至高处展开到最低处的进程，有时用灵魂的神话方式，有时用神学方式，那么我们把这样一种对存有的划分以及对"一"之进程的划分归于他是荒谬的。但是我们如果能从其他对话表明，他（如在本文的论述中将表明的）从某个方面展现了神的整个王国，而在他最神秘最难理解的作品中，他凭借第一假说阐述独立于整个存有的种、存有本身、灵魂的本质、形式及质料的一的超验性，在这样的作品中却不提到神的层层进展和他们有序的划分，这怎么可能呢？若说只应当沉思末后的事物，那我们为何要在一切事物之前触及第一原理？我们若是认为应当阐明相应假说的多，那为何忽略神的种类及其所包含的划分？或者说，我们既然要呈现存在于最先事物与最后事物之间的种类，那为何不去认识神圣存有——他们就存在于"一"与各方面都被神化了的种类之间——的全部等级？所有这些细节都表明，关于神圣事物的知识的整个论述是有缺陷的。

再说，苏格拉底在《斐莱布篇》呼吁那些热爱深思存有的人使用这种分类法，希望他们常常探求整个等级的一（monads）、二（duads）、三（triads），或者从这些数流溢出来的其他数。若说这样的论断是正确的，那么毫无疑问，《巴门尼德篇》这样一篇使用了整套辩证方法、讨论以"一"为特征的存有的对话，既不可能沉思"一"的多，也不可能停留在存有的一个元一里，总之，不会立即将第一存有的整个多引入超越于一切存有的"一"中，而必然会在第一等级展示具有玄妙存在、与一联合的存有，在中间等级展现那些按进程存在的神，他们比完全合一的东西有更多可分性，但比进展到末端的事物有更完全的合一性；再在最低等级展现按最末的权能存在的事物，以及具有神化本质的事物。因此，若说第一个假说是关于超越于一切多的"一"，那么无疑第二个假说就不应以一种含糊不定的方式阐述存有本身，而应当讨论存有的所有等级。因为这种分类法不允许我们马上把整个多引入"一"，如苏格拉底在《斐莱布篇》里教导我们的。

另外，我们可以从实证法表明我们所说的是真理。因为最先的推论是从最小、最简单、最为人所知，可以说普通的观念直接显明出来的。而其后的那些推论则通过数量更多、也更为多样的观念显明出来，最后的推论则完全是合成的。因为他常常用最先的推论协助证明那些随后的推论，在这些推论的彼此关联中，向我们呈现几何学或其他学科所遵守的规则的理智范型。因而，若说这些论述带着它们所阐释之事物的形象，而且因为它们就是在论证中展开的层层演进，所以这形象必然包含所阐述之事物的等级，那么在我看来，源于最单一之原理的事物必然在任何方面都具有更为原初的性质，必被安排与"一"联合，而那些总是增多，通过各种各样的证明推演出来的事物，必然离开"一"的存在更远一些。

有两个推论的证明必然包含先于这两个推论的推论，而那些包含源初的、自发的、单一的观念的推论，并不必然与合成观念联合，合成观念是通过更多的中介展现的，离存有的原理距离遥远。因而，显然有些推论表明更神圣的等级，有些表明较次级的等级；有些表明更合一的，有些表明更多样的；有些表明更一致的，有些表明有多种进程的。证明一般都出于原因和最初之事，因而，若说第一推论是第二推论的原因，那在大量推论中必有一类是原因，另一类是被引起的事物（结果）。因为确实的，使一切事物混成一团，模模糊糊地把它们看作同样的东西，这既不符合事物的本性，也与柏拉图的理论不一致。

第十一章

关于第二假说的推论的许多实证，以及从神圣等级看它的分类。

因而，我们要从另一角度讨论这个问题，并用推理的力量来审视，事无巨细，全都一一阐述。你若愿意，不妨这样认为，这第二个假说的推论是关于真存有的，我们首先愿意承认这一点。但由于这是多，所以不是单纯的一本身，如先于一切存有的"一"；存有就是那顺从于"一"的事物，如爱利亚客人在《智者篇》里告诉我们的；而且我们的对手对此也普遍承认，他们确认第一者是"一"，理智是"一——多"，灵魂是"一和多"，身体是"多和一"。这一点已经说过上千次了，我的意思是说，在真正的存有中有多与一的联合。那么他们是否会说，这些事与整个存有统一，但与它的部分不一致，或者认为既与整体一致，也与部分一致？再者，我们要问他们，他们是把所有事物归于存有的各个部分，还是认为不同的事物属于不同的部分？

如果他们认为每个部分应当单独与存有整体一致，那么存有就由非存有，即可动者，和不动者，即永恒的事物，以及丧失了永恒性的事物构成，也就是说，一切事物都由其对立面构成，那我们就不能再认可巴门尼德的论述。他说，在某种意义上，"以一为特征的存有"的各部分就是整体，每一个部分以类似于整体的方式是一和存有。如果我们把一切事物归于每个部分，就没有任何东西我们不能使之成为万物的，那么存有的最高点，最杰出的一，怎么能够包含一个整体和一个不可思议的部分之多？它怎么可能同时包含全部的数、形、运动、永恒，也就是说一切形式和种类？因为这些东西是彼此相异的，以上假说岂不是在主张不可能的事。也就是说，靠近"一"的事物，与远离"一"的事物将被同样地多样化，位居第一的并不比那末后的更少一点多性；同样，位居末后的事物也不比第一的少一点一性，位居中间的事物与两端的也没有任何分别。

所以，不应当把所有这些推论单单归于整体，也不可认为所有事物以同样的方式存在于存有的所有部分中。既如此，我们就只能说，不同的推论必然与不同的事物相统一。而在列举推论的时候，必然或者是杂乱无章的，或者是按序排列的；如果他们说它们是杂乱无章的，这样的说法既不符合辩证法，也不符合这种总是从第一的事物引出第二的事物的证明样式，也与柏拉图的理论不吻合，因为他的研究总是伴随着事物的顺序。如果他们说推论是有序的，那么我想，他们必然或者从按本性是第一的事物开始，或者从末后的事物开始。若是从最末的事物开始，那么"以一为特征的存有"就是最末者，而那按时间运动的事物则是最初者。当然这是不可能的。因为分有时间的事物，必然首先要分有最初的存有。而分有最初存有的并不必然分有时间。因而最初的存有超越于时间之上。如果柏拉图是从最初存有开始，终于那分有时间者，那他就是立在神的高度从真存有的第一部分演绎到最末部分。因此，第一组推论必须归于第一等级，同样，中间的推论归于中间的等级，而末后的显然归于最后等级。因为如我们的论述所表明的，不同的推论必然分配给不同的事物，并且这种分配必然始于最高的事物。

同样，在我看来，这些假说的顺序也充分论证了我们所主张的真理。在我们，独立于一切多的"一"归于第一等级，一切论证都从这里开始演绎。它之后的第二等级是关于真存有，以及它们都分有的统一性。第三等级是关于灵魂的。那么它是不是关于每个灵魂呢？在回答这个问题时，我们要注意，我们的导师叙利亚努已经很好地表明，关于整体灵魂的讨论包含在第二个假说里。因而，既然这三个假说的等级是按事物的本性提出来的，那么显然，第二个源于第一个，第三个源于第二个。对于那些不擅长于这类讨论的人，我可以提问，还有什么比以"一"为特征的存有，就是第二个假说的第一组推论所阐明的存有更紧密地与"一"

联合的？还有什么比那分有时间，那可分的，就是这假说所显示的最后之物，更紧密地与灵魂联合的？因为部分灵魂的生活与整体灵魂的一样，都取决于时间。第一存有就是最初分有"一"的东西，它通过与存有的联合，相对于不可分的一来说，有一个多出来的hyparxis。如果这假说是中间的，而我们又恰当地将最高的推论与最高的事物相对应，那么毫无疑问，我们就要把中间的推论与中间的事物对应。这假说始于第一存有，穿过它之后的所有种类，最后抵达分有时间的事物。

进一步说，从那些精通神圣问题的柏拉图阐释者的共同信条中，我们也可以证明以上所说的同样观点。普罗提诺在他的《论数》（*On Numbers*）里提出这样的问题，是存有先于数，还是数先于存有，然后明确指出，最初存有先于数，它生出神圣的数。若说他的这一论断是正确的，存有生出最初的数，数是由存有产生的，那么就不应混淆这些种类的等级，也不可将它们纳入同一个假说；考虑到柏拉图单独提出最初存有，单独提出数，所以也不可将这些推论全都归于同一等级。因为原因和结果绝不可能拥有同样的权能，或者属于同样的等级；它们乃是彼此有别的事物，关于它们的研究也是各不相同的，无论是它们的本性，还是它们的定义，都不是一，也不是同。

普罗提诺之后，波菲利在他的《论原理》（*On Principles*）里通过大量杰出的论证指出，理智是永恒的，同时它在自身包含先于永恒的东西，通过这种东西它得以与"一"结合。因为"一"超越于一切永恒，而永恒者在理智中位于第二，甚至第三的等级。在我看来，永恒必然确立在中间等级，处于先于永恒者与永恒者之间。然后从它生出此后的一切。同时，从以上所说可以基本上收集到这样的信息，理智在自身包含某种优于永恒者的东西。承认这一点之后，我们可以询问提出这一论断的人：这优于永恒者的东西是否不仅以"一"为特征，而且既是一个整体，又是所有部分，既是一切多、数和形，即是运动的，又是那永久不动的；或者我们应当把某个推论归于它，其他的就不能归于它？我们知道，所有这些不可能都与那个先于永恒的本性吻合，因为每个理智活动，以及永久性都确立在永恒之中。但我们若是把某个推论归于它，其他的不归于它，那么显然，必须对理智里的其他等级做出考察，也必须把每个推论归到特别适合于它的等级里。要知道，理智不是数上的一，不是一个原子，如有些古人所认为的那样，而是在自身里包含着第一存有的整个演化过程。

继这两位之后对我们的目标有利的第三位是圣杨布利柯，他在《论诸神》（Concerning the Gods）中指责那些把存有的种放在可理知者领域的人，因为可理知者的数和多样性离一更为遥远。然后他告诉我们应该把这些种放在哪里。因为它们是在理智等级的末端由存在于这一等级的诸神创造的。至于存有的种为何既属于可理知者，又不属于可理知者，读到后面就会明白。如果按照他对神圣等级的安排，可理知者独立于存有的种，那它们岂不更独立于相似和不相似，相等和不相等。因此，每个推论不应以类似的方式容纳所有事物，以至于把它们归于整个可理知者领域，或者理智等级。总而言之，从这些最杰出的阐释者的论述来看，应当认为，当他们按自己的理论进行哲学探讨时，不论是神圣等级的多，还是柏拉图论证的多，都是按某种有序的级别依次展开的。

除了以上所说，我们还可以指出，若是基于别的假说，就不可能对这个话题上呈现出来的许多疑问获得理性的答案，只会愚蠢地把草率而虚妄的东西归于柏拉图的这篇对话。首先，为什么就是这么多推论，就是文中提出的十四个，不是更多，也不是更少？我们若不联系事物本身来分配它们，对于为什么就这么多推论的原因，我们就无法确定。其次，推论的顺序若不是协同存有的进程展开，我们也不可能找到各个推论彼此这样排列的原因，不知道为何有些在前，有些在后。最后，为何有些推论从直接显示的事物为人所知，而有的从依次展开的证据为人所知？因为"一"是个整体，又包含部分，这是从存有，就是以"一"为特征的存有显明出来的；而它在自身中和在他物中的实存（subsistence），拥有形状之后，被放在一个最接近的等级里，是由整体和部分得到证明的。或者，为何有些事物常常由前面表明的两个方面证明，有的只由其中之一证明？我们若不遵循事物本身的顺序，表明这整个假说是一种辩证法上的安排，从至高处源出，经过所有中间的种，一直进展到第一存有的终端，就会对这些问题一无所知，既不能科学地思考它们的数，也不能科学地思考它们的等级。

另外，我们若说，所有推论都只是在三段论推演上的证明，那我们与那些主张这整个讨论不过是信念上的论证，只在于单纯的文字游戏的人有什么分别呢？而若说它不只是三段论演绎，还是实证性的，那么毫无疑问，中间者应是结论的原因，并且本质上先于结论。因而，就我们从前面提出的理由得出结论，那些随后的事物，即论证所涉及的事物的中介，也必然有一个类似于存有的等级，它们的后代必然是从属之事物的原因，是二级事物的生产者。这一点若得到承认，那我们怎么还能认定它们全都具有同样的特性和本质呢？因为原因与从原因所生的事物当然是彼此分离的。

另外，还会出现这样的情况，即那些主张全部论证都在探寻同一个本性的人根本无法明白，为何在前三个推论中"一"始终未与存有分离，到了第四个推论才首次分离；而在后面的所有推论中，"一"被作为自有者加以研究。由此岂不可以说，这些等级必然是互不相同的？那因拥有一种玄妙而未分之实存（undivided subsistence）而毫无区分的，必然更紧密地与"一"联合，而那有分别的，则远远离开了事物的第一原理。

再者，你若愿意思考论证的多和假说的范围，岂不更应认为它与它后面的事物是不同的，你也不可能从中看出它是关于同一个不可分的本性。关于神圣问题的推论浓缩在较主要的原因上，因为在这些原因中，玄妙的多于明了的，不可言喻的多于不可知的。但随着它们进展到与我们的本性更接近的神圣等级，就逐步展开，变得多样。因为越是与那不可言喻的、未知的、独立位于不可企及之处的东西紧密联合的，就越是获得语言无法描绘的 hyparxis。相反，进展得越远的，就越为我们所知，也越比具有居先存在的事物更明显地显现为幻象。

由此，这一点得到了充分证明。不过，第二个假说必然是阐述整个神圣等级的，它应当从至高处，从具有"一"性的最单一者开始，发展到整个多，展现神圣本性的全部数目，也就是真存有的等级终止的地方，这数目确实是在诸神的统一性下分散出来的，同时也是协同它们玄妙而不可言喻的特性而分离出来的。因而，如果我们承认这一点没错，就可以推出，神圣等级的连续性，第二种类从第一种类的发出，都必然是从这一假说与整个神圣的种的特性一同呈现出来的。事实上，它们彼此的结合，由尺度而产生的差别，以及在其他论到真存有之真理的对话里可以找到的辅助者，或者它们所包含的统一性，全都应当归于这一假说。这里，我们可以根据神学知识来思考诸神的总体进程和他们的全备等级。如我们前面所表明的，《巴门尼德篇》全文都是关于事物之真理的讨论，不是无谓的文字演绎，所以毫无疑问，它所讨论的九大假说使用的是辩证方法，思考的却是神学，它们所涉及的事物和种类必然或者位于中间，或者位于末后。只要巴门尼德承认这篇论文是讨论"一"，它如何相对于它自身而存在，如何相对于其他事物而存在，那么显然，对"一"的沉思必然始于那一切事物中最高的，终于一切事物中最末的。"一"的 hyparxis 源于至高处，一直进展到最卑微的事物之实在。

第十二章

假说的目的，表明它们彼此之间的关联，以及它们与事物本身的一致性。

然而，既然第一假说是通过否定来证明事物之第一原理具有不可言说的超绝性，表明他独立于一切本质和知识，那么显然，这假说之后的假说，与第一假说最接近的假说，必是阐明诸神的整个等级的。巴门尼德并非只是假设诸神的理智的、本质的特性，还通过这整个假说阐述他们的 hyparxis 的神圣特点。那分有存有的一，不就是那个在一切方面都神圣，使一切事物与不可分之一联合的一吗？正如身体藉它们的生命与灵魂结合，灵魂凭借它们的理智部分延伸到整体理智和第一智能（intelligence），同样，真存有凭借它们所包含的"一"还原为一个独立的合一，且与这第一因共存于未生发的合一（unproceeding union）中。

因为这假设始于那"一存有"，或者"以一为特征的存有"，把可理知者的顶端确立为"一"之后的第一者，终于分有时间的一个本质，把神圣灵魂推演到神圣等级的末端，所以第三个假说必然通过各种推论来证明部分灵魂的整个多，以及它们所包含的多样性。独立而无形的实在就进展到这里。

随之而来的是那因形体而可分、同时与质料不可分的种类，第四假说叙述它是从诸神高高地垂溢下来的。最后的假说（第五假说）关乎质料的产生，不论这质料被认为是一，还是多，这一假说根据它与第一者的相异的样式（dissimilar similitude），用否定法来证明它。但事实上，否定有时意指缺乏，有时意指一切生成物的独立的原因。最令人惊异的是，最高的否定是最好的显明，只是有些以卓越的方式显明，有些从缺乏方面来显明。但是这两种否定都是肯定，一个是按例证的方式，另一个是按某个形象的方式。而中间者对应灵魂的等级，因为它是由肯定推论和否定推论组合而成的。而且它拥有的否定是与肯定同等的。它不是仅仅像质料的本性那样成为多，也不拥有偶性的一；它所包含的"一"，虽然还是一，但与运动和多共存，并且可以说，在其进程中被本质吸收了。以上这些假说根据"一"的 hyparxis，阐述了一切存有，包括可分的和不可分的，还阐明了所有整体的原因，包括独立自存的，和存在于事物本身之中的。

除了这些，还有另外四个假说，这些假说表明，取消"一"，一切事物都必然彻底毁灭，不论是存有，还是生成中的事物，再也不会有哪个存有拥有存在。他这样假设是为了证明"一"是存有和保存的原因，凭借着它万物才能分有存有之本性，每一事物拥有的 hyparxis 都是从"一"垂溢下来的。总而言之，我们按三段论推理从一切存有得出这一结论，如果"一"是（is），万物就共同存在，直到最末的实在；它若不是（is not），那就没有存有能够存在。因而，"一"既是万物的实在之因，也是万物的保存之因；巴门尼德本人也在对话末尾得出这一结论。关于《巴门尼德篇》的假说，它的分类，对它各部分的思考，我们已经在我们对那篇对话的注释中作了充分论述，所以没有必要再在本文中对这些细节作长篇大论的叙述。但是从以上所述，可以知道我们该从哪里呈现整个神学体系，从哪些对话可以把分散为各部分的神学整合为一，所以接下来我们要讨论柏拉图的普遍信条，也即与神圣问题相适合，并延伸到所有神圣等级的教义，也要表明每个教义他都是按照最完全的知识界定的。因为普遍的事物总是先于个别的事物，从本性上说，普遍的也更为人所知。

第十三章

什么是柏拉图在《法律篇》中阐述的关于诸神的共同法则。兼论诸神的 hyparxis、神意和他们永恒的完全。

首先，我们要呈现《法律篇》里所证明的事物，思考它们如何在神的真理问题上带了头，为何是关于神性的所有神秘观念中最古老的。我们知道，柏拉图在这篇作品里论述了三件事：有神；他们的神意伸展到万物；他们按公正原理管理万物，不受任何邪恶本性影响。

这些在整个神学理论中占据第一等级，这一点是非常清楚的。试想，还有什么比众神的 hyparxis，或者比始终如一的神意，或者永恒不变的权能更具有优先性呢？诸神借此生出整齐划一的二级种类，以一种纯粹的方式自我保存，并使所生的种类归向它们自己。神诚然治理万物，却不受次级种类的任何影响，也不因他们的神意所延及的事物的多样性而有所变化。相反，只要我们努力通过一种推论过程掌握柏拉图论述他们的科学方法，就将知道这些事物是怎样按本性界定的。但是在这些之前，我们要首先考察柏拉图通过怎样无可辩驳的论证，证明有神存在，然后思考与这一教义相关联的问题。

在所有存有中，必然有些只是推动，有些只是被推动，还有些处于两者之间，既是推动的，又是被推动的。关于这最后者，必然或者推动他者，自己也被他者推动，或者是自动的。这四个实在也必然被置于一个有序系列，一个挨着一个。而那只是被动承受的，则依赖于另外的初因；那推动他者，同时也被他者推动的，先于前者；那自动的，则在前两者之上，从自身为开端，通过自己的运动把被推动的表象（the representation of being moved）分给其他事物；那不动的，在一切之前，不论是分有生产活动的，还是分有被动活动的。每个自动的事物，由于在生命的转变和间断中拥有自己的完全，所以依赖于另一个更前面的原因，这原因总是以某种相似的方式，根据同一性而存在，它的生命不是在时间里，而是在永恒里。时间是永恒的一个形象。

因而，若说凡是被自己推动的，都是按时间而动的，而运动的永恒形式超越于那在时间中展开的形式，那么自动的种类必在存有的等级中位居第二，而不是第一。而那推动他者，同时也被他者推动的，必然是从自动的种类中垂溢下来的，不仅这一个如此，凡是他动的结构都如此，如雅典客人所证明的。他说，如果一切事物都静止不动，那么除非自动者在事物中有一种存在，否则就不会有那最初被推动的事物。因为那不动的，按其本性绝不会变成被动的，也不会有那最初被动的；而他动者缺乏另一种推动的权能。因而，唯有自动者，能以自己的活力（energy）为开端，用第二等级的方式既推动自己，也推动他者。因为这样的事物能把被推动的权能分给他动的种类，就如不动者把运动的权能给予一切存有。第三，那完全被动的，必首先是从那被另一个推动、又推动他者的事物垂溢下来的。因为无论是被动事物系列——这系列以有序的方式从至高事物延伸到末后事物——还是其他事物，都必然充满各自特有的媒介。

所以，所有形体都属于那些本性上完全被动的事物，是被动的。它们由于拥有一种赋有间断性的实在，又分有广延和体积，所以不能生产任何东西；凡能生产和推动他物的，本性上能使用一种无形的权能进行生产和推动活动。

就无形的种类来说，有的是随形体可分，有的独立于这种可分性，不随这些末后事物而可分。因而，那些随形体之体积而可分的无形者，不论以性质存在，还是以质料形式存在，都属于被他者推动、同时又推动他者之物。之所以这样，是因为它们拥有某种无形的分配物，分有一种推动权能；但是又因为它们随形体而可分，失去了靠近自己的权能，与它们的对象一同被分割，因对象而充满迟缓呆滞，所以缺乏一种推动性，这种本性不是处于外在的位置上，而是实在自身里拥有的。那么，我们能从哪里获得那自我发动的？因为事物若是扩散到拥有体积或间隔的种类，或者被分成体积和间隔、并依赖于它们而存在的种类，这样的事物必然或者是完全被动的，或者是通过他者发动的。但是，如我们前面所注意的，自动的本性必然先于这些事物，因为它完全确立在自身之中，而不是在他者之中，它的活力也固定在自身里面，不在异于自身的他物里面。因而，有一个种类是独立于所有形体的，包括天体和这些完全可变的元素构成的，形体最初就是从这些元素获得被推动的权能。如果必须揭示这样的一种本质——通过向他动的种类呈现，把自动的表象给予它们——是什么（正确跟随苏格拉底，思考事物的目的是什么），那么我们该将从自身被推动之事物的权能归于以上所提到的哪个种类？所有没有生命的事物都是完全他动的，不论它们遭受什么，都要在某种外在的推动力的强迫下适应于所遭受的东西。因此，结论只能是：有生命的种类必然拥有这种表象，它们是第二层次上的自动者，它们里面的灵魂最初推动自己，并被自己推动，然后灵魂通过一种源于自身的权能，从自身把这些生命种类自我推动的一种表象分给它们，正如它把生命分给身体一样。

若说自我发动的本质比他动的本性远为古老，而灵魂是最初的自动者，自动的形象是从灵魂分给身体的，那么灵魂必在身体之外，而每个身体的运动必是灵魂的产物，是它所包含的运动的后代。因此，整个天及其包含的拥有各种运动、并按本性被这些各不相同的运动推动的所有形体（因为环行是每个天体天生的运动）就必然有支配性灵魂（ruling souls），它们本质上比形体更古老，是在自身中发动的，以被推动的权能（the power of being moved）从天上高高地光照形体。因此，这些按有序方式安排整个世界及其包含的各个部分的灵魂，把被推动的权能分给每个自身缺乏生命的有形事物，以运动的原因激发它们，这样的灵魂，必然或者顺从理性推动一切事物，或者以相反的方式推动事物，而主张后者显然是不当的。因为这个世界及其里面的一切是按有序方式安排的，是按本性被同等地、永久地推动的，如证据所表明的，部分是数学上的证据，部分是物理学上的讨论，这样的世界若真的是从某个非理性灵魂——推动自己也推动其他事物的非理性灵魂产生出来的，那么无论是周期的顺序，是限于一个原因的运动，是形体的位置，还是别的事物，或者那些按本性产生的事物，都不会有一个稳定的原因，能以某种有序的方式，按恒定不变的存在同一性分配每一事物的原因。因为每个非理性的东西，天生就适合装饰上不同于自身的事物，是模糊不定的，在其自己的本性中是未装备的。把整个天、按理性转动的环行，以及所包含的恒定不变的同一性，交给这样的一个东西，绝不适合事物的本性，也不符合我们未经训练的日常观念。反之，如果有一个理智灵魂，利用理性管理万物，一切被永久推动的事物都在这样的灵魂治理之下，宇宙整体中没有哪个事物缺乏灵魂［若丧失了这样的一种权能，就没有哪个形体是可敬的，如狄奥法拉斯图（Theophrastus）在某处所说的］，果真如此，那它拥有的这理智的、完全的、仁慈的权能，是依据分有而来，还是依据本质而来？若是按本质拥有的，那么每个灵魂必然就是这种灵魂，因为凡是依据自己本性的，就是自动的。若是依据分有而来，那必有另一理智存在于活力之中，它比灵魂更古老，本质上拥有理智活动，并凭它的存有在自身中预先占有关于整体的统一知识。同样，按理性显明本质的灵魂必因分有而拥有与理智相关的事物，理智本性也必然具有两重性，一个原初地存在于神圣的理智本身之内，另一个从这个源出，作为二级理智存在于灵魂之内。你若愿意，此外还可以加上显现在身体上的理智之光照。试想，这整个天，无论球形的，还是环形的，是从哪里来的？它缘何按某种确定的顺序作同一的环行？它若不分有理智的特别构成，怎么可能总是分有同样的观念和本性不变的权能？灵魂诚然是运动的供应者，但是显然，使事物牢固确立的原因，使被推动之物不定的变化还原为同一性的原因，以及使生命限定在一个理性之内，使循环与恒定不变的同一性共存的原因，必定高于灵魂。

　　因而，形体以及整个可感知种类属于他动的事物。而灵魂是自动的，把一切有形的运动连接在自身里面；而在灵魂之先的是不动的理智。我说理智不动，希望不要有人以为我的意思是指它类似于那呆滞、缺乏生命、没有呼吸的事物，而是说它是一切运动的主因；你若愿意，也可以称之为一切生命的源泉，既是那转向自身者的源泉，也是那以他物为自己的实在者的源泉。因着这些原因，蒂迈欧还把世界称为一个充满灵魂和理智的生命物；他说，世界是一个与自己的本性一致的生命物，出于灵魂的生命渗透于它；生命之所以分布在它的周遭，是因为存在于它里面的神圣灵魂显现出来，使它生机勃勃，或者赋有灵魂；也因为它是由理智支配的，所以赋有理智。总之，生命的供给，灵魂的统治，理智的分有，把整个天连接起来，并规范它（的活动）。

然而，这理智若是本质上的理智，——由于蒂迈欧表明理智的本质就是它的理智活动，称之为神圣的；他说，灵魂接受一个神圣的理智，引导一种正当而智慧的生活——果真如此，那么整个世界必然是从它的神圣性里垂溢下来的，运动诚然是从灵魂向这个宇宙显现的，但它永久的稳定性和存在的同一性则是从理智而来的，它的合一，它的协同和感应，以及它十分完备的尺度，必然源于那个统一（unity），它使理智成为一，灵魂成为一，每个存有按各自的本性成为完整而完全的，而每个带着各自固有本性的完全处于第二等级的事物，从一个始终确立在它之上的等级分有另一种更杰出的特性。凡是有形的，都是他动的，从灵魂获得自动权能的表象（representation），通过它成为一个生命物。而灵魂是自动的，按理智分有生命，按时间供应活力，因它与理智亲近，故拥有一种永不枯竭的活力，一种永远警醒的生命。理智在永恒中拥有自己的生命，本质上始终存在于活力之中，将它一切稳定的理智活动同时固定在理智里，因着先于它自身的那个原因而成为完全神圣的。如普罗提诺所说，它有双重活力，一些如同理智，另一些如同喝醉了琼浆。他还在另外地方指出，这理智，就那先于它自身且不是理智的东西来说，是一位神；同样，灵魂，就它的顶端，也就是高于灵魂的顶端来说，是理智；身体就它那先于身体的权能来说，是灵魂。

因而，如我们所说的，所有事物都是借着理智和灵魂的中介从"一"垂溢下来的。理智诚然有统一的形式，灵魂却有理智的形式，而世界的形体也是有生命的。一切事物都与先于自己的东西连在一起。至于这些事物之后的种类，也都享有那神圣者，只是前者更靠近一些，后者离得更远一些。神性（divinity）确实先于理智，因为它原初就带有一种理智本性，但理智是最神圣的，因为它先于其他事物而得神化。灵魂就它需要一种理智中介来说，也是神圣的。至于分有这种灵魂的形体，虽然还是形体，也成为神圣的，因为神圣之光从天上照耀下来，渗透到最末的属地。当然形体还不完全是神圣的。而灵魂因为仰望理智，按自身生活，基本上是神圣的。

对各个领域和它们所包含的形体，我的推论也是一样的。因为所有这些都仿效整个天，都分有一个永久的领域。至于地上的元素，虽然并不完全拥有本质的运动，但在宇宙中遵循各自的整体性，在自身中包含部分生命。每种整体都有后于自己、更加不完全的本质。因此，如在天上，星辰的数目与整个天穹一起出现，在地上，不完全的地上生命的多与它们的整体性共存。同样，在我看来，在存在于两者之间的整体中，每种元素也必然充满相应的数目。试想，若不是居间的本性与两极的类似，在两极中，先于部分存在的整体怎么可能与部分安排在一起？

既然每个领域就是一个生命，并且总是以同样的方式得以确立，使宇宙成为完整的整体，那么就它确实拥有生命来说，它必始终原初地分有灵魂，就它保存自己在世界的秩序不变来说，它必被理智包含，而作为一和一个整体，作为它自身各部分的领袖和统治者，它必被神圣的一照亮。因此，不仅宇宙，它的各个永恒部分也是有生命的，被赋予了理智，并尽最大可能与宇宙相似。这些部分每一个就其多样性来说，就是一个宇宙。简而言之，确实有一个有形的宇宙整体，但这整体下面有许多依赖于它的其他整体；有一个宇宙灵魂，其他灵魂在它之后，与它一同以一种有序的方式纯洁无污地安排宇宙的各个部分；有一个理智，和属于它的一个理智数目，被这些灵魂分有；有一神，同时相互关联地包含所有世俗的和超越尘世的种类，还有大量其他的神，分有理智本性的神，还有从这些神垂溢下来的灵魂，以及世界的所有部分。因为我们不可设想，自然的各个产物是与自身类似之物的生产者，尘世存有的整体和第一位更不可能在自身里引申出这类生产的范型。相似者比不相似者更容易联合，更自然地适应于原因的理性（reason of cause），同样，相同的比不同的，有限定的比无限定的更容易联合，更与原因对应。不过，对这些事，我们要在后面做出精确考察。现在，我们要把注意力指向《法律篇》里表明的第二级事物，即诸神按神意同时眷顾整体和部分；我们还要概述柏拉图关于诸神之神意的无可指责的观念。

第十四章

《法律篇》怎样论述诸神的 hyparxis，讨论通过什么中介回想真正存在的诸神。《法律篇》怎样表明诸神的神意，在柏拉图看来什么是他们的神意的类型。

从以上所述，每个人都可以清楚地看出，诸神作为一切运动的原因，有些是本质性的，有活泼生命的，依据一种自动的、生命自发（self-vital）、自有活力（self-energetic）的权能。有些则是理智性的，凭着他们的那个存有激发所有二级种类获得生命之完全，这是从所有二级及三级的运动进程的源泉和原理来说的。有些是"一"性的，或以统一为特点的，依照一种原初的、全备的、不可知的活力之权能，通过分有使自己的整个种神化，他们是一类运动的引导者，但不是另一类运动的原理。还有些神按照位置或性质给二级种类提供运动，但本质上是他们自己的运动的原因。一个事物如果是其他事物的本质的原因，那它必然远远先于它自身特有的活力和完全的原因。再进一步说，那自动的事物也是运动的原理，灵魂把存有和生命分给世上的每一物，不仅局部运动和其他类型的运动从灵魂而来，进入存有的进程也从灵魂而来，并且以更大优先性从一种理智本质而来，这种理智本质把自动本性的生命系于自身，从原因来说先于一切短暂的活力。运动、存有和生命则从更大程度上源于一种具有"一"性的 hyparxis，它相互关联地包含理智和灵魂，是整个善的源泉，并且一直伸展到最末的事物。诚然，并非世界的所有部分都能分有生命，也不能都分有理智和某种灵智权能，但一切事物都分有"一"，甚至质料本身，包括整体和部分，按本性存在的事物和逆性存在的事物，都分有"一"；没有哪个事物丧失这样的一种原因，若有哪个事物不分有"一"，就不可能分有存有。因而，既然诸神在不为人所知的自我领会中产生万物，包含万物，那么在这些领会中怎么可能没有一种关乎万物的神意？它以神圣方式渗透万物，一直抵达最不完全的种类。结果应当享有产生它们的原因的眷顾关怀，这是放之四海皆准的道理。而一切他动者都是自动者的产物。存在于时间中的事物，或者在时间的整体中，或者在时间的某一部分里，都是永恒种类产生的结果；因为那永远"是"的，就是那有时存在之物的原因。神圣的、具有"一"性的种，因为把实存给予一切多样性的种类，所以在存在上先于它们。总之，没有哪种本质或者权能的多，不是从"一"获得它的产生的。因而，所有这些必然分有在先原因的神意，也就是说，从灵魂神获得生命，按着时间性的周期运行；从理智神分有同一，同时分有形式的一种稳定状态；又从第一等级的神接受合一、尺度和善的分配。因此，情形必是这样，或者这些第一神知道对自己的产物的眷顾和关爱是他们的本性使然，他们不仅要把实存赐给二级存有，供给它们生命、本质和合一，还应当预先在自身里面包含它们所具有的诸善的最初原因，或者他们虽为神，却对正当和适宜之事一无所知，而主张这一点显然是不合情理的。

试想，那些作为美或善的原因，分有"至善"之本性所界定的 hyparxis 的神，怎么可能不知道美善之物呢？他们若是无知的，那灵魂就不能按理智治理宇宙，理智也不会被带入灵魂，把灵魂作为一个媒介；且不说这些，首先诸神的统一性就不能在自身里浓缩性地包含所有知识，而通过前面的证明，我们已经承认他们确实包含所有知识。因而，他们既然并非没有知识，作为世界一切事物的父亲、引导者、治理者，出于神意眷顾他们所治理的、跟从他们的、由他们产生的、与他们相关的事物，那么我们是该说他们知道与本性相合的法律，成全这一法律，还是说由于他们低能,对自己的所有物或产生物——这两种称呼你愿意采用哪一种,这与目前的讨论没有任何因果关系——没有出于神意的关怀?他们若是因为缺乏权能而忽视对整体的监管,那么是什么原因导致这种缺乏?事实上,他们不是从外面推动事物,本质的原因也不是别的事物,正是他们担当对所产生之物的管理,只是他们治理万物就好像是从船尾开始的,他们自己提供存有,自己包含生命的尺度,自己分配给事物各自的活力。

另外,他们是没有能力同时顾及所有事物,还是不会让任何部分缺乏他们的神意关怀?如果他们并非世上一切事物的监护者,那他们的神意管理是否只临到大的事物,而忽视小的事物?或者相反,他们关注小的事物,却忽视对大的事物的关心?如果我们认为他们缺乏权能,对大的、小的所有事物都没有神意眷顾,那么我们在把大的事情,即产生万物,归于他们的同时,能拒不承认由此必然推出的结论,即对自己的产物有一种神意眷顾吗?因为产生大事物的权能有责任以适当的方式安排好小的事物。另一方面,如果他们是小事物的监护者,而忽视大事物,那这种神意模式怎么可能是正当的?凡是与某物更紧密相连、更相似的,本性上就更可能、也更应当分有那事物给予它的善。然而,如果诸神认为最初的尘世本性值得他们眷顾,配得那种以他们为源泉的完全,但无法将他们的眷顾延伸到末后的事物,那么阻止诸神的临在贯穿到一切事物的东西是什么呢?什么东西能挡住他们毫无偏私、丰富充足的神能呢?那些有能力影响大事物的,怎么可能无法管治小事物呢?或者那些产生最小事物之本质的,怎么可能因为缺乏权能而不能主宰它们的完全呢?凡此种种,都是与我们天生的观念相悖的。因此,我们只能说,诸神必然知道正当和适宜之事,他们必然拥有一种与其自身本性之完全相适应的权能,与管理事物之整体相适应的权能。既然他们知道与自然本性相合的事,而这对于那些作为万物之生产原因的事物而言,就是关心万物,和权能的丰盛——果真如此,那么他们就不缺乏这种神意眷顾。除了以上所说,他们里面是否还有一种神意的意志(a will of providence)呢?

或者他们的知识和权能都独独缺乏这种意志？事物是否也因此就失去了他们的神意看护？试想，如果他们明明知道什么是自己该做的，也能够成就这样的事，却不愿意为自己的产物提供，那他们必然缺乏良善，他们无私的丰盛就会枯竭，而我们也只能废除表现他们的本质的 hyparxis。我们知道，诸神的存有是由善规定的，在这个意义上他们拥有自己的存在。而为事物提供从属本性，就是授予它们某种善。因而，我们怎么可能剥夺诸神的神意，却不同时剥夺他们的善？我们若推翻他们的善，岂不就是在不知不觉中推翻了他们的 hyparxis，就是我们由前面的证明所确立的 hyparxis？因此必须承认，从每种美德来说，诸神是善的，这是由他们的存有本身得出的一个结论。再者，由此也得出，他们没有因懒惰或无能或无知，从二级种类收回神意眷顾。我想，还可以由此推出，他们有最杰出的知识，纯洁无污的权能，无私而丰盛的意志。由此显然，他们为全体事物提供善，凡是对善有需求的，他们不会忽略任何一个。

不过，任何人也不可以为，诸神把这样的神意惠及二级事物是出于忙碌、勤劳的本性，或者是他们独特的超验性使然。因为那种超验性使他们远离凡人的窘境；他们是不会让管理上的麻烦来玷污他们的幸福的。事实上，即便是良善人的生活，也伴随着轻便，没有什么干扰和痛苦（更何况神了）。要知道，所有的劳苦和干扰都源于质料的妨碍。而诸神的神意，若是需要界定它的样式，必须承认，它是自发的，未受污染的，非质料的，不可言喻的。诸神治理万物不是通过考察什么是适宜的，不是靠模棱两可的推论探索各物的好，不是靠外在地看得出结论，就像人那样对自己的事务深谋远虑；神乃是在自身里对事物整体的尺度有预先的设想，从自身里产出各物的本质，同时朝向自己，引导万物在一条寂静的小路上按各自的存有走向完全，使它们充满善。同样，他们也不是按类似于自然的方式生产，只靠自己的那个存有供给能量，而不伴随深思熟虑的选择；也不像部分的灵魂那样联合意志来提供能量，自身缺乏本质性的生产；事实上，他们将这两种方式合而为一，他们诚然能够靠自己的存有实现目标，但他们的本质也有能力，也能生产万物，他们在其无私而丰盛的意志里包含生产的原因。这样说来，神意——无论是整体灵魂的神意，是理智本质的神意，还是众神自身的神意——的成全，哪里有什么忙碌劳苦，什么困窘麻烦，或者伊克西翁（Ixion）[①]式的惩罚？我们难道能说，分给任何方面的善对诸神来说是辛苦的事吗？凡是与本性相合的，对任何事物来说都不是辛苦的。比如，传热对火不是辛苦之事，制冷对雪不是辛苦之事，总之，按各自特有的权能发挥能量对任何形体都不是辛苦之事。就形体之前的本性来说，滋养、生产、增长，对哪一个也不是什么劳苦之事。因为这些原本就是本性的作为。就先于本性的灵魂来说，也不是它的劳苦之事。这些灵魂确实从谨慎的选择中产生许多活力，也从它们的那个存有产生许多活力，并且只要这存有出现，就成为许多运动的原因。所以，若说传递善是符合诸神的本性的，那么神意安排也符合本性。我们必须说，这些事是诸神只依靠自己的存有轻而易举地成就的。如果这些事不符合本性，那诸神也必然不是本性上的善。这本性之善是其他善的供应者，正如生命是另一生命的源泉，理智是理智光照的源泉一样。凡是在各自本性中有原初实存的事物，就是那有二级实存的事物的生产者。

　　我得说，柏拉图神学特别引人注目的优点就是这一点。根据这一点，诸神的独立本质不会因为神意对次级事物的眷顾而转向二级本性，他们的神意在万物中的显现也不会因为他们纯洁无污地超验于全体事物而有所减损；同时，这样的神意还使他们有一个独立的实存，未混合任何次级本性的存有，也是延及万物的存有，并且使他们关照、装备自己的后代。因为他们渗透万物的方式不是有形的，就像光穿越空气，也不随形体而可分，如本性那样，也不转向次级本性，如部分的灵魂那样；它乃是独

[①] 希腊神话里的人物，拉庇泰王，因莽撞地追求天后赫拉的爱，而被宙斯缚在地狱永不停转的车轮上受罚。

立于形体,绝不偏向形体,是非物质的,未混合的,不受限制的,统一的,原初的,独立的。总之,我们现在设想的诸神的神意,必然就是这样的一种神意。这显然与诸神的各个等级相吻合,因为一般认为,灵魂以一种方式为二级种类供应,理智以另一种方式供应。但是先于理智的神是按超越于理智和灵魂两者的超验性发挥他的神意的。就诸神本身来说,地上之神的神意不同于天上之神的神意。就超越于世界之上的诸神来说,因为有许多等级,其神意的模式也按各自的等级各不相同。

第十五章

同一篇对话[《法律篇》]通过什么论证表明诸神永恒不变地[为万物]提供给养。

至于第三个问题,我们要与前面的问题联系起来,考察我们为何必须假设神是正确无误、正直无私的,他们按公正原理行一切事,在对万物的神意眷顾中,在人事变迁中,绝不会对公正的界限或它坚定不移的正直有丝毫破坏。我想,每个人都清楚地知道,任何地方,凡按本性治理的,总是尽一切可能关心被治理者的幸福,由此成为被治理者的领袖,指引它们走向最美好的事物。指挥水手和船只的引航员除了保证船上的那些航行者以及船只本身的安全这一目标之外,没有别的更好的目标,医生作为病人的看护者,竭尽全力就是为了使他关心的对象恢复健康,无论是给他们截肢,还是督促他们服用清肠的药物。没有哪个将军会说,他向往的目标不是士兵们的自由,也没有哪个保卫者会说,他追求的目标不是那些被保卫者的自由。凡是作为某些人的领导或监护人的,没有哪个会力图破坏那些跟随他的人的利益,他所追求的事业就是他们的福利,他的目标就是以适当的方式安排属于他所管理的臣民的一切事物。

47

因而，我们若是承认诸神就是全体事物的领头者，他们的神意延及万物，因为他们是善的，拥有每一种美德，那么他们怎么可能忽视他们的神意所指向的对象的福祉呢？或者说他们怎么可能在考虑次级种类时不如别的领头者呢？要知道，神总是朝向那更好的事物，并把这一点作为他们管理的目标，而其他领头者因为被堕落者的礼物败坏了，忽视人类的善，信奉邪恶，而不是美德。

一般地说，无论你愿意称神为领头者、统治者、保护者、父亲，神圣本性必不会缺乏这些名称中的任何一个，因为一切可敬、可尊的事物最初就存在于这些名称之中。因此，这里确实也有一些事物本性上比另一些更可敬和可尊，因为它们表现出一种与神极端相似的属性。不过，还有什么必要在这个话题上进一步谈论呢？我想，我们就是从那些在神圣问题上显出智慧的人身上也可以看到可敬的父亲的、保护人的、统治者的领导权能。试想，那按本性存在的神的形像，尚且关注与他们相适应的目标，按神意照顾他们所管理的事物，而神本身拥有全体善、真正而真实的美德以及纯洁的生命，却不管人的美德和邪恶，这如何可能？若是按着这样的假设，那怎么可能承认他们成功地在宇宙中展现了美德，击败了邪恶？他们受到堕落者的崇拜，岂不也由此败坏了公正的尺度，摧毁了坚守正道的知识的界限，使恶的礼物显得比美德的追求更可贵？这种神意既不利于这些引导者，也不利于那些跟随他们的人。因为（在这样的神意下，）那些已经变恶的人就不可能再从罪解脱，他们总是力图抢先霸占公正，歪曲功过尺度。这就必然导致一种不合情理的主张，即：诸神把他们神意所惠及的对象的恶作为最终目标，忽视对象的真正得救，因而只是相似之善的原因。果真如此，这个宇宙和整个世界也将充满混乱和无法消除的动荡，里面全是败坏，到处是管理混乱的城邦所特有的那种嘈杂。然而，要让部分比整体，人事比神事，形像比原型在更大程度上得到符合本性的治理，这岂不是完全不可能吗？

因此，若说人在治理人的过程中关注他们的福利，对有些人尊敬，使有些人蒙羞，任何地方都按美德尺度对恶行做出正确指引，那么神岂不更是必然如此，岂不就是全体事物的恒定不变的治理者？人是因与神相似才分得这种美德的。但我们若是承认破坏自己臣民的安全和幸福的人，是在更大程度上效仿神的旨意，那我们同时就无知地彻底推翻了关于神的真理，以及美德的超然性。我想，每个人都很清楚，与神相似的东西，比那些因没有相似性只有差异性而被剥夺了神的东西更幸福。因而若是在人中间，纯正的、坚定不移的神意是可敬的，那么神无疑在大得多的程度上是可敬的。相反，若说在神，可朽的礼物比公正的神圣尺度更受人尊敬，那么在人也同样，地上的礼物比奥林比斯山神的恩赐更可贵，罪恶的奉承比美德的作为更光荣。因而，柏拉图考虑到最完全的幸福，在《法律篇》里通过这些证明向我们阐明神的 hyparxis，他们惠及万物的神意眷顾，他们永恒不变的神能；这些东西是所有神共有的，但在关于他们的理论中是最主要的，是第一位的。因为这三一体显然贯穿全部神圣等级，一直到最不完全的种类，是以神圣的方式从神的玄妙之种生发出来的。这个三一体就是：一个统一的 hyparxis，一个按神意关照所有二级种类的权能，以及一个坚定不移、永不改变的理智，它们存在于先于世界又在世界之中的所有神里面。

第十六章

什么是《国家篇》所阐述的关于诸神的基本原理，以及它们彼此之间的顺序。

从另一原理我们可能会理解《国家篇》里的神学证明。这些证明是所有神圣等级共有的，也延及所有关于神的讨论，与前面所述密不可分地联合起来向我们阐明真理。在《国家篇》第二卷里，苏格拉底为神话学诗人描述了某些神学类型，劝告弟子要远离那些悲剧性的学科；有些人不加拒斥，把它们引到神圣本性中，如面纱一样把关于神的玄妙奥秘掩藏在里面。因而，如我所说的，苏格拉底在叙述神圣故事的类型和法则——这些故事既提供这种明显的含义，也提供隐秘的内在见识，这种见识把关于诸神的故事里那些美好而自然的东西看作自己追求的目标——时，首先认为应当按我们对神及其美善的正当观念，表明他们是一切善的供应者，任何时候也不是导致任何存有为恶的原因。其次，他说，他们本质上是恒定不变的，既没有多样的形式，让人受骗，叫人着魔，也不是最大的恶，即虚谎——包括行为和言语上的虚谎——的创造者，不是任何过错和愚拙的创造者。这就是两条法则，前者有两个结论，即神不是任何恶的原因；他们是一切善的原因。第二条法则也以类似的形式得出另外两个结论，即：每个神圣本性都是不变的；都远离虚假的、不真实的多样性。因此，一切被证明的事物都依赖于三个关于神性的共同观念，即依赖于关于它的善性、不变性和真理性的观念。善最初的、不可言喻的源泉在于神；也在于永恒，它是一种具有恒定不变的实存之同一性的权能的原因；还在于第一理智，就是存有本身，以及真存有中的真理。

第十七章

什么是诸神的圣善，为何说诸神是一切善的原因；从每个实在看，恶本身是诸神装饰、安排的。

因而，那具有自身的 hyparxis，整个本质限定在善里，凭自己的存有生产万物的，必然是一切善的生产者，而不是任何恶的生产者。若有某物原初是善的，但不是神，那有人也许可以说神诚然是善的一个原因，但他并没有把每一种善分给存有。然而，不仅每个神是善的，而且那原初是统一而仁慈的，就是神，（那原初是善的，不可能是神之后的第二者，因为任何地方，凡具有第二实存的事物，都是从原初存在的事物中接受其 hyparxis 的特性的）——果真如此，那神必然是善的原因，是所有进入第二等级，以至于最末事物的善的原因。就如生命之因的权能给予一切生命以实存，知识之因的权能产生一切知识，美之因的权能产生一切美的事物，包括话语的美，现象的美，总之，每种原初之因从自身产生一切类似物，并把按某种形式存在的事物的统一实在连接于自身——同样，我想，最重要的第一善，统一的 hyparxis，在自身中并围绕自身确立众善的原因，同时包含众善。没有哪种善的事物不从它拥有这种权能，也没有哪种转向它的仁慈之物不分有这种原因。一切善都是从那里产生的，从那里得完全和保存；普遍的善的系列和等级依赖于那一源泉。借着同样的 hyparxis 之因，诸神是一切善的供应者，但他们不供应任何恶。因为那原初是善的，给予一切从它而来的善以实存，但不是与它相反之物的原因；就如那生产生命的，不是缺乏生命者的原因，那生产美的，独立于缺乏美的、畸形的东西，不是它的原因。因此，关于那最初构建善的，不可以为它是对立产物的原因，而要断定从它而来的众善之本性是纯净的、未混合的，和始终如一的。

众善的神圣原因永恒地确定在自身之中，把一种无私、丰盛的对善的分有传给一切二级种类。而它的分有者，有些以不朽的纯洁保存分有物，在纯洁无污的胸膛接受与自己相应的善，从而通过一种丰富的权能必然地拥有与它们相适应的一分善。而那些被安排在全体事物之末位的种类，诚然也按其本性完全享有神的良善，因为完全没有善的事物是不可能拥有存有，也不可能一开始就存在的；但接受了这种分流（efflux）之后，既没有将渗透到它们的恩赐保存在纯洁、未混合状态，也没有保守它们应有的善安然不动，保持恒定的同一性，而是变得软弱、偏私，成为物质性的，充满其对象的那种了无生气的特点，所以，它们向秩序

51

展现的是无秩序，向理性展现的是非理性，向美德展现的是它的反面即邪恶。至于各种整体的种类，每一个都远离这种悖逆，它们中较为完全的，总是按照本性进行管辖。而不完全的部分种类总是由于权能的减小而分叉为多样、部分和间隔，对善的分有诚然模糊不清，但总算混合了善，没有成为对立面，并且对立面被这种混合体所制服。因为这里不可能只有纯粹的恶存在，而完全没有善；尽管某个事物对部分来说可能是恶的，但对整体、对宇宙来说，是完全善的。宇宙是永远快乐的，永远由完全的部分和按自然方式存在的事物构成。凡是非自然的，对部分的种类来说就始终是恶的，这些种类中有畸形、不对称、反常，以及诸如此类的；而对宇宙来说，非自然者有它特有的完全，也是不可朽坏、不可毁灭的。

　　凡是被剥夺了善的，就它本身和它自己的实存来说，本性的低能实在已经使它丧失了自己，但对整体来说，就它是宇宙的一个部分来说，它仍然是善的。因为不论是生命的缺乏，还是畸形和过渡，都不可能在宇宙整体中找到立足之处，它的整个数目始终是完全的，是由整体的良善联结起来的。生命无处不在，存在无处不显，一切都是完全的，因为每个事物使整体得以成就。因而，如我们所说的，神是善的原因，恶的虚幻存在不是出于权能，而是出于那接受神之光照的种类的软弱无能。恶也不存在于整体之中，只在部分事物里，且也并非存在于所有部分事物中。在不完全的部分性种类和部分性理智之中，第一的种永远是善性的（boniform）。而它们的中介，那按时间活动的事物，把对善的分有与时间中的变化和运动联系起来，就无法保持神的恩赐不动、统一、单纯；它们的多样性使这种恩赐的单一性变得模糊不清，它们的多种形式使它的统一性遭到破坏，它们的混合使它的纯粹性和不灭性消失殆尽。它们不是由不灭的第一个种构成，也不拥有单一的本质，没有统一的权能，而是由与这些相反的事物构成的，如苏格拉底在《斐德若篇》里的某处所说的。最末的不完全种类，也就是物质性的事物，在较大程度上损坏它们特有的善。它们混合了生命的虚无，拥有类似于影子的实存，充满大量非实体（non-entity），由彼此敌对的事物构成，包含变化不定、在整个时间进程中不断分散的情形，所以它们的所作所为无时无刻不在表明，它们被交给了败坏、不对称、畸形、各种变动不居，不仅像先于它们的种类那样在活力上扩展，还在它们的权能和活力中充满非自然的东西，充满物质性的软弱。因为定居于异处的事物，依靠同时引入整体和形式来管辖从属本性；但又从它们特有的整体性退回到那部分性的事物，分有可分性、软弱性、争战和分离，导致生产，所以它们必然经历各不相同的变化。因此，并非每个存有都完全是善的，否则就不会有形体的灭亡和生育，也不会有灵魂的洁净和惩罚。整体之中也没有哪种恶存在，否则，如果构成世界的最主要部分是不完全的，那它就不可能是一位有福的神。神不是众恶的原因，相反，他们是善的原因；恶是从接受善的事物的软弱无能中产生的，那是末位事物的一种实存。部分性种类中有一种虚幻实存的恶也不是未与善混合，它在某一方面分有善，它的存在受到善的阻止。总之，完全缺乏一切善的恶不可能有实存。恶本身甚至在那无论哪一方面都没有存在的事物之外，正如善本身在那完全存有的事物之外。在部分性种类中的恶并非处于混乱状态，因为就是这恶，神也使它服务于善的目标，因此公正能洁净灵魂，使它除去败坏。而另一等级的诸神则除去了形体里的堕落。无论如何，一切事物都尽最大可能归向至高神的善。整体一方面保持在各自特定的界限之内，也属于完全而仁慈的存有的种，同时又以某种恰当的方式装备、安排着部分的、不完全的种类，使它们服务于整体的成全，呼吁它们朝上向美，使自己得改变，只要它们能够分有善，就能在各方面享受所分有的那份善。

对它们来说，没有比神按定量分给它们后代的东西更大的善了；所有事物，各自独立，又共为一体，都接受了这样的一份善，按各自所能分有的量分有善。如果有些事物分多一点的善，有的分少一点的善，那必是因为接受者的权能和分配的标准有不同。因为不同的事物按其本性适合于不同的存有。而神总是扩充善，就如同太阳总是发光一样。不同的事物因自己的等级不同，接受光的能力就不同，每个事物都尽自己所能接受最多的光。对所有事物都按公正原理来引导，善不拒斥任何事物，而是按适当的分有界限向每个事物呈现。如雅典客人所说，所有事物都处于美好状态，都是神安排的。因此谁也不可说，恶有本性上的优先生产原理，或者有恶的理智范型，就如同有善的生产原理和范型那样，或者说众神里有一个邪恶灵魂，一个生产恶的原因；也不可引入针对第一善的暴乱和永久战争。所有这些都与柏拉图的理论格格不入，与真理相差十万八千里，滑入了野蛮人的愚昧和巨人族的神话学。即使有人为了隐晦地谈论神秘的故事，设计出这类事物，我们不会对他们用来暗示寓意的表面结构作任何更改，但对那些事物的真理性必须做出考察，同时柏拉图的理论必须由纯洁的灵魂真诚地接受，必须保持它不受任何玷污，不与相反观点混合。

第十八章

什么是诸神的不变性；同时也表明什么是他们的自足和漠然不动；我们该如何理解他们拥有一种恒定不变的实存。

接下来，我们要根据柏拉图的叙述，考察神的不变性和单纯性，这两者各自的本性是什么，它们两者如何显得适合于神的 hyparxis。神独立于全体事物，但如我们说过的，使事物充满善，他们自身是全善的；他们每一个都按各自固有的等级拥有那最杰出的事物；整个神的种都因丰盛的善而分有一种优势。这里我们又必须反驳那些以可分的方式解释神里最杰出之事的人，他们说，如果第一因是最杰出的，那后于第一因的就不是最杰出的。他们又说，因为被产生者必然低于生产者。他们说的这一点没有错，因为在神里面，必须保持原因的等级不混乱，要分开界定他们进程中的第二和第三层次；但是随着这种进程的展开，随着光从第一位流溢到二级事物，每位神里的最杰出部分也必须得到详尽考察。每位神在他自己特有的属性里分有一种超然性，那是最初的、完全的善。其中的一位——我们可以谈论已经了解的一些事——分有这种超然性，是最杰出的，拥有预言能力；另一位是得穆革，还有一位是作为的成全者（perfector of works）。蒂迈欧向我们指出这一点，时时把第一位得穆革称为最好的原因。他说，世界是所有生成之物中最美的，创造它的工匠是最好的原因；但是可理知的范型，也就是最美的可理知者，在这位得穆革之先。他作为得穆革的范型，当然是最美的，也是最杰出的；而宇宙的创造者和父，作为一位得穆革神，也是最杰出的。在《国家篇》里，苏格拉底论到神，非常恰当地指出，每位神都是最美、最杰出的，始终在其自己的形式里保持一种实存的单纯性。每位神虽然都是自己等系列里的第一位和最高者，但不独立于自己的等级，而是包含自身固有权能的福祉和快乐。他既不会把自己的当下位置与更差的等级交换，因为那拥有一切美德的，转变成坏的状态，岂非不合法；他也不可能进入更好的等级。哪里还有什么比最杰出的事物更好的呢？每位神都依照自己的等级保持现状，如我们说过的，而且诸神的每个种也都如此。

因此，每个神性必然是确定不变的，永远以自己所熟悉的方式保持原状。由此可见，神的实存是自足的、纯洁未污的、具有恒定不变的同一性。既然他们拥有自己本性中最好的，不会再变为更好的存在状态，他们就是自足的，不缺乏任何善。既然他们不会在任何时候变为更坏的状态，也就始终保持纯洁无污，确立在自己的超验性中。同样，既然他们保卫着自己的完全性不变，他们就永远存在于恒定不变的同一性中。至于神的自足是什么，他们的不变性是什么，他们存在的同一性是什么，我们要在下面做出思考。

世界被认为是自足的，因为它的实存出于完全之物，因而是完全的，是出于整体的一个整体；因为它从自己的生父获得一切适当的善充

55

满自身。但这种完全和自足是可分的，可以说是由联合为一的许多事物构成的，并从独立的原因分有全部原因。神圣灵魂等级也被认为是自足的，因为充满适当的美德，并总是保存自己福祉的尺度，毫无缺乏。但这里的自足也同样缺乏权能。因为这些灵魂没有指向同样的可理知者的理智活动；它们乃是按时间活动，在整个时间过程中实现它们沉思的完全。因而，神圣灵魂的自足与它们生命的整体完全并不是同时呈现的。再者，理智世界也被认为是自足的，因为它的整个善确立在永恒之中，同时包含它的整体幸福，不缺乏任何东西，因为全部生命和全部智能（intelligence）都与它同在，没有什么是缺乏的，它也不需求任何东西。但是它只是在自己的等级中是自我充足的，并不具备神的那种自足。每个理智都是善性的，但不是善本身，也不是原初的善；每位神才是一、hyparxis 和善。只是 hyparxis 的特性改变每个善的进程。有一位神是一种完全的善，另一位是与整体事物相关的一种善，再一位是一种集合的善。每一种善都完全是自我充足的善。或者可以说，每一种都是拥有自足性和完全性的善，既不根据分有，也不依据光照，而是依据如其所是的事物本身之存有。理智因分有而自足，灵魂因光照而自足，而这个宇宙，因与某个神圣本性相似而自足。唯有神自己，是通过自己且因着自身而自足，充满自身，或者说作为一切善的充足而存在。

  关于神的不变性，我们能说它是哪一类的不变性呢？它就像[按本性]作环行运动的形体的不变性吗？这种不变性既没有接受任何来自低级本性的东西，也没有充满源于生成的变化，以及出现在地上（月下）区域的混乱；天体的本性原就是非质料的，不变的。但是这种不变诚然伟大而可敬，也只能在有形的实在中如此，比起神性来就低一等了。每个形体既拥有自己的存有，同时也拥有源于另外在先原因的永久不变性。神的不动和不变也不是灵魂的不变。因为灵魂在某个方面与形体交通，是一种不可分之本质的媒介，也是一种被形体所分的本质的媒介。理智本质的不变性也不能等同于神的不变性。理智是不变的、不动的，未与二级种类混合，这是因为它是与神合一的。就它是统一而言，它是这样的事物，但就它是多样而言，它在自身中有某种较为杰出的东西，也有某种从属的东西。唯有神完全根据存在的这种超验性确立自己的一，是不变的主宰，是原初的、不动的。在他们，没有什么不是一和hyparxis的。正如火彻底毁灭一切与它不相适合、具有相反权能的事物，光驱逐一切黑暗，闪电穿越万物，自身却未有一点污染；同样，神的一统含所有多，毁灭所有倾向于分散和全然分离的事物，自身未有任何变化。他们神化每一个分有他们的事物，却不从他们的分有者接受任何东西，不因分有而减损自己固有的一。

因此，神无处不在，同时独立于一切事物，包含一切，却不为他们所包含的任何一个事物征服；他们不与任何事物混合，也不受污染。另外，这世界被认为是以不变的同一性存在，就它分有一个自身的等级而言确实如此，这等级始终保存着，不会分解，但同时，由于它拥有一种有形样式，它并非缺乏变化，如爱利亚客人指出的。灵魂等级也被认为获得一种始终确立在同一性中的本质，这话说得一点没错，因为从本质说它是完全不动的，但它有活力进入时间，如苏格拉底在《斐德若篇》里所说的，在不同的时候它理解不同的可理知者，它的理智进程就接受不同的形式。除此之外，备受尊敬的理智被认为与不变的、永恒的同一性共存，共领会，它的本质、权能和活力直接确立在永恒之中。然而，由于它的理智活动是多，可理知的类和种是多，所以，理智中不仅有不变的同一性，也有实存的差异性。差异与同一同体存在。不仅有形体运动的漫游，灵魂阶段的漫游，还有理智本身的漫游，因为它把自身的智力变成多，发展出可理知者。灵魂发展出理智，理智发展出可理知者，如普罗提诺某处论到可理知对象时恰当指出的。这些就是理智的漫游，是它合法产生的。因而，我们若是说，存在的永恒同一原初只能存在于神中间，尤其可以说是他们内在固有的，那我们绝不会偏离真理，恰恰是与柏拉图一致的。他在《政治家篇》里说，一种永恒不变的存在之同只与最神圣的事物相关。因而神把这种同一性的原因包裹在自身里面，以不变的同一性守卫他们固有的、按他们自己的不为人知的一建立的 hyparxis。这就是神的不变性，包含在自足性、漠然不动性（impassivity）和同一性之中。

第十九章

什么是诸神的单一性；为何在他们是单一的东西在二级种类显为多样。

接下来，我们要思考诸神拥有的单一性有什么权能。苏格拉底在论到神性的讨论中补充了这一点，他不承认神是那多样的、多形的、在不同时间有不同表现的事物，而认为神是统一的、单一的。他说，每位神都在自己的形式里保持单一。那么关于这种单一性我们能得出什么结论呢？那就是：它不是数上的一。数上的一是由许多事物构成的，是丰富的混合物。只是就它明显具有一种共同形式来说，才显得是单一的。神的单一性也不是按某种安排好的类或种存在于许多事物的单一性。这些事物诚然比它们内在于其中的个体要单纯，但充满多样性，与质料交通，接受质料本性的差异性。它也不是自然的形式，自然因形体而可分，接近有形物体，对从属于它的复合物发出许多权能，诚然比形体单纯，但具有一种混合了形体之多样性的本质。它也不是灵魂的单一性。因为灵魂如媒介存在于一种不可分本质和一种因形体而可分的本质之间，与这两极交通。因着它本性中的多样性，它与从属之物联合，但它的头确立在高处，因此它是特别神圣的，与理智联合。

诸神的单一性也不是理智的单一。每个理智都是不可分的，统一的，但同时它拥有多和进程；由此，显然，它有一种倾向于二级种类、倾向于自身的习性，且是围绕自身的习性。它也在自身之中，不只是单一，而且是多样，所以如人们所说的，它是一一多。它分有从属于最初单性的一种本质。而诸神有其完全界定在一的单一性中的 hyparxis，就他们是神来说，完全独立于一切多，超验于一切分割和间隔或倾向于二级种类的习性，也超越于一切复合。他们确实处在不可企及的地方，在全体事物之上扩展，永恒骑乘在存有之上。但是光从他们出来照在二级种类上，在许多地方与他们的分有者混合，这些分有者是合成的，多样的，充满与他们类似的某种特性。因此，若说诸神在超验性上精炼为一种单一性，他们一出现，各种各样的幻影就荡然无存，那谁也不必吃惊；若说他们是单一，而表象是多样，如我们在最完全的奥秘里了解到的，也同样无需惊异。自然和得穆革理智伸出无形之物的形体化影像、可理知者的可感知影像、无时间之物的时间性影像。苏格拉底在《斐德若篇》里也指出这类事物，表明接纳无形体之灵魂入门的那些奥秘是最神圣的，也是真正完全的，他说，这样的灵魂得以进入整全、单一、不动的视野，渐渐驻扎在那里，与神本身合一，并没有遭遇从神发散到这些月下区域的相似性。这些领域更是局部的，复合的，向伴随着运动的视野自我呈现。而光亮的、统一的、单一的，且如苏格拉底所说是不动的景观，则向神的侍从呈现，向抛弃众多生成之骚动的灵魂显现，这灵魂脱去了必死性的外衣，上升到纯洁的神性。因为生产多样事物的本性必然是单一的，必然在被生成者之先，就如单一性先于多样性。因此，若说神是一切合成的原因，从自身产生多种多样的存有，那么可以肯定，他们本性的"一"，即全体事物的生产者，必然存在于单一性之中。正如无形的原因先于形体，不动的原因先于可动的事物，不可分的原因先于一切可分的种类，同样，统一的理智权能先于多样的种类，非混合的权能先于合成的事物，单一的权能先于混合的事物。

第二十章

什么是诸神的真理；谬误从哪里进入二级种类对神的分有之中。

接下来我们要谈论存在于诸神里面的真理，除了以上所说，这也是苏格拉底得出的结论，因为神性是毫无虚假的，既不是我们诡诈的原因，也不是我们无知的原因，也不是其他类似事物的原因。我们必须明白，神圣真理完全不同于语词真理，语词真理是复合的，在某个方面还混合自己的对立面，因为它的实存中包含非真的事物。最初的事物不会接纳这样的一种真，除非有人相信苏格拉底在《克拉底鲁篇》里所论断的话，从而认为这些东西从另一种方式看也是真的。神的真理也不同于灵魂的真理，不论是在意见上考察还是在知识上考察，因为灵魂的真理在某个方面是可分的，不是存有本身，只是被比作存有，与存有协同，在运动和变化上得完全，因而，不是始终牢固、稳定、具有首要性的真理。神的真理也不是理智真理，因为理智真理虽然是按本质存在，因同一性的权能被认为是且就是存有本身，但它又因差异性有别于存有的本质，保存它独特的实在不与它们混合。因此，唯有诸神的真理是未分的合一，是诸神全备的共契。由此可以说，诸神不可言喻的知识超越于一切知识，一切分有某种相应的完全的二级形式的知识。同时唯有诸神的这种知识因某种不可言喻的合一，浓缩性地包含这些二级知识和一切存有。通过这种合一，神同时知道一切事物，整体和部分，存有和非存有，永恒的事物和暂时的事物，这不同于理智通过普遍知道部分，通过存有知道非存有，诸神乃是同时知道一切，同时知道普遍的事物和特殊的事物，即使你谈论的是最荒谬的事，即使你谈论的是无穷的偶然事件，甚至质料本身。

然而，如果你考察诸神的知识和真理是什么类型的，关注一切在任何方面都有实存的事物，那么这是人类理智发出的活力所无法言喻、不可领会的，唯有神自身才能认识。我确实很敬佩那些柏拉图主义者，把一切事物的知识都归于理智，把个体的、超自然之物的知识，甚至包括恶的知识都归于理智，由此确立这些事物的理智范型。但我更敬佩那些将理智特性与神圣合一加以分别的人。理智是诸神的最初造物和后代。这些人就把整体和第一因以及一切符合本性的事物分配给理智，再把一种能够装备和生成万物的权能归于诸神。因为"一"无处不在，而整体并非无处不在。质料和各个存有都分有"一"，但并非所有事物都分有理智和理智的类和种。因而，万物必然出于诸神，真正的真理在一的意义上与知道万物的诸神同在。也因此之故，诸神同样在神谕里教导万物，包括整体和部分，永恒的事物和在整个时间进程中生成的事物。他们独立于永恒的存有，独立于那些在时间中存在的事物，根据一个统一真理，在自身中浓缩了各种事物和一切事物的知识。所以，若有什么虚假出现在神谕中，我们就不可说这样的事物源于神，而要说它们源于接受者，或源于工具、处所、时间。所有这些东西都对分有神圣知识有作用，当它们以适当的方式一同适应于神，就接受一种确立在神中的纯洁的真理之光照。但它们因不适当而与神分离，变得混乱一片时，就使源于神的真理变得模糊不清。诸神既是生产一切种类和知识的，怎么能说有哪种虚假源于他们呢？能有什么样的诡诈与那些在自身里确立整体真理的神同在呢？同样，在我看来，神把善扩展到万物，但情形往往是只有那些愿意并有能力接受的事物接受这种扩展的善，如苏格拉底在《斐德若篇》里所说的。神圣本性确实不是恶的原因，那离开神性、向下坠落的，是因自身而下坠的；同样，神确实始终是真理的提供者，而合法分有他们的那些种类，就被他们照亮。诚如爱利亚的智者说，众人的心眼不够敏锐，无法看见真理。

雅典客人也赞美这原初存在于诸神中的真理；他说，真理是走向众善之神的引路者，也是把众善引向人的引领者。就如灵魂里的真理将灵魂与理智联合，理智真理引导所有理智等级归向"一"，同样，诸神的真理将神圣的一归向众善的源泉，随着这种联合，他们充满善性权能。任何地方，真理的 hyparxis 都有一个原因，把多集合为一；在《国家篇》里，从"至善"流出的光，将理智与可理知者联合的事物，柏拉图称之为真理。这种特有的财产，按神的所有等级把充满的种类和被充满的种类统一、连接起来的东西，必然被作为在神圣意义上创造了万物，并一直伸展到最末事物的东西。

第二十一章

根据《斐德若篇》关于神圣之物的原理推出，凡是神圣的事物就是美丽的、智慧的和良善的。

关于每个神性的问题，不论我们怎样讨论，我们主张的观点就是从《斐德若篇》里推导出来、大家共同接受的那些真理，这些真理我们前面也提到过。苏格拉底说，凡是神圣的东西，都是美丽的、智慧的、良善的；他还指出，这三一体贯穿神的整个进展过程。那么神的良善是什么，智慧是什么，美是什么呢？关于神的善，我们前面已经指出，它保存全体事物，赐给它们实存，它无处不作为最高点存在，作为那充实从属本性者，也在各个等级中类似于神圣等级的第一原理先在。据此，所有神都与万物的统一原因联合，并原初性地获得他们作为神的实存。在一切存有中，没有什么比善者和神更完全的。因而，最佳、最全的东西对应于最杰出的存有，和在一切方面都完全的事物。

第二十二章

讨论关于[诸神的]善的信条，考察《斐莱布篇》中善的要素。

在《斐莱布篇》里，柏拉图向我们阐明了"至善"最主要的三个要素，即可求的（the desirable），充足的（the sufficient），完全的（the perfect）。它必然要将万物归向自己，同时自己充满万物；它必然在任何方面都无所缺乏，必然不减少自己的丰盛性。因而谁也不可以为可求性就是不断地伸向可感知者，以它们为欲求对象，因为可感知者的美只是外在的美。任何人也不可设想可求性是这样的：它诚然能够给予那分有它的本性以能量，激发它们转向它，但同时也可以被智力所领会，是我们根据一种发射出的活力，一种依附的推论权能引导出来的。因为它是不可言喻的，先于伸展到万有的一切知识。一切事物都渴望至善，都归向它。若是需要概述一下可欲求性的固有特点，那么可以说，就如光的供应者（光源）把光芒放射到二级本性，使眼睛转向他本身，使它成为具有太阳形式（solar-form）的，成为与他本身相似，通过某种有差异的相似性，把它与他自己灿烂的光辉联合起来，同样，我想，诸神的可欲求性凭借它自己固有的光亮吸引一切事物以一种难以言喻的方式转向神，它无处不向万物显现，不遗弃任何等级的存有。由于质料本身也被认为伸向这种可欲求性，并凭借这种欲求充满它所能分有的善，因此它是一切存有的核心，而一切存有和神都围绕它拥有各自的本质、权能和能量。伸向它的趋势和对它的欲求是无法压制的。一切存有都渴求这种不为人知、不可领会的可求者。因为无法知道或者无法获得他们所欲求的，所以它们围着它跳跃，并且处于酝酿它的状态，也可以说预言它的状态。它们对未知的、不可言喻的本性怀有一种永不停止的欲求，同时它们又没有能力拥抱它，把它拥在怀中。因为它独立于一切事物，同时又向一切事物呈现，推动一切事物围绕着它自身，但又是它们所有一切所无法理解的。凭借这种运动和这种欲求，它保护着万物。但凭借它的未知的超验性，就是它超越于全体事物的超然性，它保护着自己固有的一，不与二级种类混合。这就是可欲求的。

充足的充满善性的权能，进入万物，把诸神的恩赐发散到万物。我们设想，这样的充足性应是一种贯穿万物并伸展到最末事物，扩展神无私而丰盛的旨意的权能，它不是停留在自身里面，而是以一的形式包含极其充分的、永不穷尽的、无限的，以及那生产神圣 hyparxis 里的善的。可欲求性得到牢固确立，超越于全体事物，把一切存有安排在自己周围，于是充足性就开始发展和繁殖众善，凭借它自己的丰盛，也凭借渗透万物的各种仁慈补充，引出那原初存在于可欲求性之统一 hyparxis 里的东西，丰裕地生产，并把它传递给每个存有。因而，正是由于充足性，神性才具有稳定性，那源于它固有原因的事物也充满良善，总之，一切存有都受益，驻留在各自的原理里，从那里源出，又与它们合一，同时本质上又独立于它们。通过这种权能，理智的种把实存给予与其自身相似的种类，灵魂渴求生产，并效仿先于灵魂的存有，把自己的生产原理传入另外地方的种类，总之，万物都拥有对生产的爱。诸神的善的充足性，是从这种善发出的，散布在一切存有中，推动一切事物去无私地传送善，使理智传送理智的善，灵魂传送灵魂的善，自然传送自然的善。

因此，一切事物皆因善的这种可求性而留存，因善的充足性而产生并发展为第二代、第三代。而第三个要素，即完全性，是全体事物的转变者，不断地把它们集中到各自的原因上；这是由神圣的、理智的、灵魂的和自然的完全成就的。所有事物都分有转变，无限的进程通过这种转向又回到它的原理；而完全性结合了可欲求性和充足性。凡是这样的事物都是欲求的对象，是相似之物的生产者。或者说，在自然的作品中，完全的事物岂不是因其美之极致而处处显得可爱而多产？因而可欲求性确立一切事物，在自身里包含它们。充足性激发它们开始发展和生产。完全性最后使这进程改变方向，转回到原初。通过这三因，诸神把一的权能和它固有的实在的权威固定在这三一体里，因而，他们的善就是具有任何一种实存性的事物原初的、最重要的源泉和维斯塔所在（vestal）。

第二十三章

什么是神的智慧，从柏拉图可以得出什么是它的要素。

这之后，智慧被分给第二等级，成为诸神的智能，或毋宁说成为他们智能的 hyparxis。智能其实就是理智性的知识，而诸神的智慧是不可言喻的知识，是与知识的对象合一的，是神的可理知的一。在我看来，柏拉图特别在 [美、智慧和善] 这个三一体里考察了这一点，这可以从分散在许多地方的观点推导出来。比如，《会饮篇》里狄奥提玛（Diotima）认为，智慧充满已知的事物，它既不寻求，也不考察，而是拥有可理知者。因此她说，没有哪位神会进行哲学探讨，也没有哪位神渴望成为智慧的，因为神就是智慧的。也就是说，那追求哲学的，就是不完全的，缺乏真理的；那智慧的，必是充满的，毫无缺乏的，拥有一切它想要的事物，所以无所欲求。可欲求、可想往的对象是对哲学家提出来的。另外，苏格拉底在《国家篇》里认为，那生产真理和理智的，提供了一种智慧的指示，对我们的灵魂来说，上升到神圣、丰富的存有是通过知识实现的，但对诸神，理智呈现出完全的知识。因为在他们，进程不是从不完全的习性变为完全，而是从自我完全的 hyparxis 引出一种富含低级种类的权能。在《泰阿泰德篇》里，他指出，使不完全的事物变为完全的，引出灵魂里隐匿的智能的，都与智慧有关。他说，它把我推进产科，但又阻止我生产。从这些论述显然可知，智慧的种是三合一的。因此它充满存有和真理，是理智真理的生产者，使处在活力中的理智种类获得完全，它自身拥有一种稳定权能。我们必须承认，这些事都与神的智慧相关。因为这智慧确实充满神圣的良善，生产出神圣的真理，使后于它自身的一切事物得完全。

第二十四章

柏拉图所阐述的神圣的美及其要素。

接下来我们要思考美，它是什么，它如何原初地存在于神中间。这美被认为是善性的美，可理知的美，比理智之美更古老，是美本身，是一切存有之美的原因，以及诸如此类的说法。这些说法都很对。这美不仅独立于显现在有形物体中的美，不同于有形物体中那出自灵魂之高雅和理智之光辉的对称，也独立于诸神的第二和第三进程；它存在于纵览一切的可理知之所，从这里伸展到诸神的种，照亮他们超本质的统一性，所有本质都从这些统一性垂溢下来，一直到诸神的可见媒介。正如因最初的善，所有神都是善的，因可理知的智慧，他们拥有一种不可言喻的知识，确立在理智之上；同样，我想，因美的极致，一切神圣之物都是可爱的。所有神都从那个极致获得美，自身充满美，也把美充满后于他们的种类，激发万物，使它们对自己的爱产生酒神般的迷狂，从高处把神圣而丰盛的美浇灌在万物头上。

总之，这就是神的美，是神欢乐、亲密、友谊的供应者。凭借这美，诸神彼此联合，一齐喜乐、敬仰，以相互交流、相互补充为乐，不离弃在他们自我分配中分得的等级。柏拉图阐明了这种美的三个标志，在《会饮篇》里，称之为精致性（the delicate），因为完全性和至圣性凭借对善的分有加入到美之中。在那篇对话里他这样谈论它：那真正美的东西，是精致的，完全的，至圣的。所以美的一个标志就是这样的东西，即精致。另外，我们可以从《斐德若篇》里找到它的另一个标志：绚丽（the splendid）。柏拉图把这归于美，说："到那时我们可以看见绚丽的美照耀我们，等等。"后来他又说："到了这里，我们就凭借那最敏锐的感官看见它最明亮的光辉。"最后他说："如今唯有美获得这种分配，成为最绚丽，最可爱的。"因而，这两点可以认为是美的标志。美的第三个标志是，它是爱的对象，在我看来，柏拉图也称之为最可爱的对象；他还在许多其他地方表明，迷狂的情人素谙于美，用美来界定爱，总之，他认为爱源于美的元一（monad）。"爱就是亲近美"，他说。

因为美使万物回转，推动它们回到它自身，使它们充满热情洋溢的精力，通过爱召回它们，所以它是爱的对象，引导整个迷狂的队伍迈步前行，激发所有事物因渴望和惊异而走向它本身。再者，因为它带着欢乐和非凡的敏捷，将出于自己的丰富性伸展到二级种类，吸引、激发、振奋一切事物，把出于高处的光照倾泻在它们头上，所以它是精致的，柏拉图也这么说。因为它界定这三一体，就像用一块面纱盖在诸神不可言喻的合一上，可以说，在形式的光上漂浮，使可理知之光发射出来，宣告善的神秘本性，所以它被称为绚丽的、明亮的和明显的。诸神的善是至高无上的，是完全统一的；他们的智慧在某一方面酝酿着可理知的光和最初的形式，而他们的美确立在最高的形式中，是神圣之光的明亮先驱，是向上升灵魂显明的第一样东西，比任何闪光的本质更绚丽，更可爱，更值得仰望和追求；它一出现，就受到万众瞩目。因而，这三一体充满万物，贯穿万物，可以肯定，凡被这三一体充满的，必然转向这三者，与它们每一个联合，不是藉着同样的媒介，而是由于与它们的相似性。被这三一体充满的不同事物，有不同中介，不同的权能转向神的不同完全。所以我想，每个人都可以清晰看出，柏拉图也常常声称，将所有二级种类整合到神圣之美上，使它们亲近这种美，使它们充满这种美，使它们从那里产生，这样的原因不是别的，就是爱，是爱根据美将

67

二级事物联结于一级的诸神，更杰出的种，以及最好的灵魂。再者，真理必定是引向神圣智慧的领袖，把存有确立在神圣智慧里，使理智充满这智慧，拥有关于存有的知识，也使分有这种知识的灵魂按理智的方式活动（energize）。充分分有真正的智慧是靠真理实现的，因为真理处处照亮理智活动的本性，将它们与理智活动的对象结合，正如真理也是最先将理智和可理知者联结起来的事物一样。对于那些加速与善联合的人来说，所需要的不再是知识与合作，而是（合理的）配置、稳定的秩序和（心灵的）平静。

第二十五章

什么是将善、智和美结合起来的三一体，柏拉图为我们理解这一理论提供了什么帮助。

那么，将我们与善相连的是什么呢？导致我们的活力和运动停止的是什么？把一切神性确立在最初、不可言喻的善之统一性里的是什么？为何每个事物按善来说被确立在先于自身的事物之中，其本身又作为原因确立后于自己的事物？一言以蔽之，这是对神的信仰，以不可言喻的方式将所有神，所有精灵（daemons），所有快乐灵魂与"至善"联合。对至善的考察，既不能是认知式的，也不能是不完全的，而要任我们自己上升到神圣之光，再闭上心眼，由此渐渐确立在未知、神秘的存有之一上。这样的一种信仰比认知活动更古老，不只是在我们里面，也与诸神自己同在，并且所有神都据此合而为一，将他们的全部权能和进程统一地聚集在一个核心。

若是必须对这种信仰给出明确的定义，谁也不可以为，这种信仰类似于那种习惯围绕可感知者打转的信念，因为后者缺乏知识，更不要说关于存有的真理了。而对神的信仰超越一切知识，依据最高的合一将二级种类与一级种类联合。他也不可设想这种信仰类似于对通常观念的显著信任，因为我们对通常观念的相信先于任何推理。但这些观念的知识是可分的，绝不能等同于神圣合一；这些观念的知识不仅后于信心，也后于理智的单一性。理智是超越于一切知识确立的，包括第一知识和后于它的知识。因而，我们也不可说，理智的活力与这样的信仰有什么相似性。因为理智的活力是多样的，因差异性而不同于理智活动的对象，总之，它是关于可理知者的理智运动。而神圣信仰必然是统一的，安静的，完全确立在善的港口。无论是美、是智慧，还是存有中的其他事物，都没有像"至善"那样对一切事物都显得如此可靠而稳定，如此独立于模糊性、可分的包容性和运动。理智还藉着至善拥抱另一个比理智活力更古老且先于活力的合一。在灵魂看来，理智的多样和形式的绚丽与"至善"的超验性无关，"至善"因这种超然性而超越于全体事物。灵魂一方面抛弃理智的理解，跑回到自己的 hyparxis，同时始终追寻、考察、渴求"至善"，可以说迫不及待地拥它于怀中，毫不犹豫地把自己交给它，在一切事物中独独地交给它。其实何必说灵魂呢，就是这些必死的动物，如狄奥提玛在某处说的，尽管鄙弃其他一切，甚至生命和存有本身，却渴求"至善"的本性。所有事物都有这种朝向至善的不可动摇、难以言喻的倾向，而对其他一切，视之为二等的，忽视它们，鄙弃它们。因而，这是一切存有的唯一安全港湾。

　　这尤其是一切存有信任的对象。神学家就把凭借至善而与至善的连接和合一称为信仰，不仅他们这样称呼，柏拉图也这样称呼，（如果我可以举一个例子的话）《法律篇》就宣告了这种信仰与真理和爱的联合。常人不知道，其实凡是对这些事有一定了解的人，即使在讨论它们的反面时，也能从对这三一体的背离中推导出同样的结论。比如，柏拉图在《法律篇》里清楚地论断，爱虚假的人是不可信的，而凡是得不到信任的人是没有友谊的。因此，爱真理的人必然是可信的，凡值得信任的人必被接受为朋友。从这些论述，我们可以纵观神的真、信和爱，通过一种推论来理解他们彼此稳定交流的过程。你若愿意，在这些事之前，我们先回顾一下，柏拉图将那种协调有分歧的人，把他们联合起来消灭最大的监狱，即城市里的骚乱的美德称为忠诚。由此可见，信任显然是联合、交流和安静的原因。若说我们中间有这样一种权能，更何况诸神，他们岂不在更优先的地位上拥有这种权能？就如柏拉图论到某种神圣的自制、公正和知识，既然信任是有机地包含整个美德秩序的，它怎么可能不与神共在呢？总之，有三样东西补充神圣本性，即善、智慧和美，它们是一切高级存有的丰富源泉。还有三样东西，贯穿整个神圣等级，并将充满它们的种类——即使是二等的——聚集起来，这三者就是信、真和爱。万物都因这些得以保存，并与它们最初的原因联合；有些借助情爱的迷狂，有些借助神圣的哲学，有些藉着魔法的力量，这种力量比人类的一切智慧更杰出，包含预言的善和完全善的洁净能力，总之，包含神所拥有的全部财产。关于这些事，我们或许可以在更适宜的时候再来谈论。

第二十六章

论《斐多篇》关于某种不可见的本性阐述的基本原理。神圣本性是什么。什么是永恒者和可理知者，什么是他们彼此之间的顺序。

另外，如果你愿意，我们要从其他对话考察柏拉图关于神性的一般教义。我们的研究既是按着自然推进的，那我们该从哪里呈现理论，要呈现的又是怎样的理论？我们接下来回顾一下《斐多篇》里的记载，你同意吗？苏格拉底在证明灵魂的不朽——这是源于它与神的相似性——时说，先于灵魂的本质（灵魂天生与它相似，并因相似而分有一种不朽）

是神圣而不朽的，可理知的，统一的，不可分解的，拥有实存的不变的同一性；但后于灵魂的本质则完全相反，是必朽坏的，被动的。这样的事物是可感知的，多样的，也是可分解的，因为它是一个合成物；他还在这些术语中暗示与某种有形实存相关的一切事物。我们要把注意力集中在这些一般教义上，考察它们各自以什么方式与神相关。

首先，当我们谈论那被认为是神圣的事物时所指望的东西是什么呢？根据以上所述，很显然，每位神都按存有的最高合一性存在。对脱离身体上升的我们，神显现为超本质的统一，本质的生产者、完全者和度量者，将所有第一本质系于自身。而那神圣的，不仅是各个存有等级的 hyparxis 和"一"，同时也是那分有者和被分有者，后者是神，前者是神圣的。至于在被分有的一之先，是否有什么东西是独立的，被分有的，后面就会知道。但现在我们要规定那神圣的事物是这样一种事物，即它是分有"一"的存有，或者是浓缩地与存有同在的"一"。我们认为，除了"一"之外，神里面的一切事物，即本质、生命和理智，都是从神垂溢下来的，属第二等级。神不是存在于这些里面，而是在它们之前，在自身中包含并生出这些，但不局限于它们之中。还有一点不可忽视，这三者实际上彼此有别。但是在许多地方，柏拉图显著地用神的名字赞美神的分有者，称他们为神。不仅在《法律篇》里雅典客人称神圣灵魂为神，苏格拉底在《斐德若篇》里也如此。他说："神的所有马匹和马车都是好的，是由好的东西组成的。"后来他更加清楚地说："这就是神的生活。"这还不足为奇；他又把那些始终与神联合、与神一起成就一个系列的存有称为神，这岂不令人敬佩？在很多地方，他称精灵为神，尽管本质上它们后于神，围绕着神存在。比如，在《斐德若篇》、《蒂迈欧篇》和其他对话里，你会发现他把神这个称呼一直延伸到精灵。但比这些更为反常的是，他也不拒绝把某些人称为神，在《智者篇》里他就称爱利亚客人为神。

由以上所说，必然可以这么设想，关于神，有的纯粹是神，有的因与神联合而是神，有的因分有神而是神，还有的因与神接触而是神，再有的因与神相似而是神。就超本质的本性来说，每一个在原初的意义上是神；就理智本性来说，每一个因联合是神；就神圣灵魂来说，每一个因分有而是神。而精灵则因与神接触被称为神，人的灵魂因与神相似而分有这一称呼。其实，如我们所说的，所有这些与其说是神，不如说是神圣的。比如雅典客人称理智本身是神圣的。而那神圣的事物自然是后于最初的神，同样，那统一的事物后于"一"，属理智的事物后于理智，有生命的事物后于灵魂。那些更统一和单一的本性总是具有在先性，而存有系列终于"一本身"。这就权且算作神圣者的定义和特点吧。

接下来，我们要考察不朽。在柏拉图，不朽有许多等级，从最高的到最末的；不朽的最后回音（可以这么说）在那些永久的可见本性里；爱利亚客人在论到宇宙的循环时说，这些本性从父分得了一种修复了的不朽（renovated immortality）。每个形体都分得依赖于另一原因的存有和生命，它本身并非天生适合于连接、装饰或保存自己。不完全（部分）灵魂的不朽，我想，要比前者更明显，也更完全，这一点柏拉图在《斐多篇》里用很多证据表明，在《国家篇》第十卷里也做了说明。但我认为，不完全灵魂既然拥有（比形体）更重要的实存，它的不朽应是指在自身中包含永恒持久性的原因。我们若是在这两者之前确立精灵的不朽，那必不会有错。因为精灵赖以存在的种是不败坏的，它们既不靠近死，也不充满被产生、要败坏之物的本性。但是按我的推断，神圣灵魂的不朽要比精灵的不朽更可敬，本质上更超然；我们说，神圣灵魂是原初自动的，是随形体而分的生命的源泉和原理，形体因它们而得以修复了不朽。如果你在这些之前构想神本身，以及他们的不朽，思考《会饮篇》里狄奥提玛为何不把这种不朽归给精灵，而认为它只存在于神之中，那么这样的一种不朽在你看来必是独立的，超然于全体事物。因为那里有永恒，它是一切不朽的源泉，万物藉着它而活，因它拥有生命，有些拥有永恒生命，有些拥有要归于虚无的生命。总之，凡神圣的，就它在自身中生产并包含一种永恒生命而言，是不朽的。它不是因分有生命而不朽，乃是作为神圣生命的提供者而不朽，它使生命本身神化，不论你是愿意称这样的生命为可理知的，还是其他任何名字。

接下来我们要把注意力集中到可理知者身上。这是相对于可感知者以及与感官相连的意见所理解之物而命名的一个称呼。可理知者首先显现于最重要的原因中。灵魂是可理知者，包含这种分配，脱离于可感知者，获得一种独立于它们的本质。灵魂之前的理智也是可理知者，我们宁愿认为应当把灵魂安排在中间，而不是将它与最初的本质同列。那比理智更古老的，也是可理知者，是对智能的补充，并自主地使它完全，在范型序列中，蒂迈欧把它安排在得穆革理智和理智活力之前。在所有这些之上的，是神圣的可理知者，它是按合一本身和神圣的 hyparxis 界定的。这种可理智者是理智欲求的对象，是完全的、包容的理智，是丰富的存有。因此，一方面，我们必须说可理知者就是神的 hyparxis，另一方面，又说它是真正的存有和最初的本质，一方面称为理智和一切理智生命，另一方面又称为灵魂和灵魂等级。这样说来，我们不可按名字称呼来塑造不同事物的本性。这就是三一体的等级，也就是说，神圣者是未混合的，位居第一；不朽者是第二位；可理智者位于第三。其中第一位是神化的存有；第二位是按神的不朽存在的生命；第三位是理智，因充满合一而被命名为可理知者。

第二十七章

什么是统一、不灭的东西，如何显现神圣本性中实存的同一性和非生者。

按顺序，接下来我们应思考统一性（the uniform）、不灭性（the indissoluble），以及出于同样的原因、具有不变的同一实存的事物。这些东西作为先驱，贯穿整个神圣等级。统一性具有最高的实存，与神圣的元一一同出现，似乎特别适合于那原初的存有，每个可分有的统一体的种也以此为结果。但"一"先于这些，随着我们讨论的展开，这一点会显而易见。不灭性是第二性，它按神圣的合一包含并连接两极；可灭性是这样的东西，由于缺乏联结性和某种权能，它集合多变成一。那具有实存之不变的同一性的，就是不灭的，充满诸神的永久性，使其他事物也分有不朽和永恒同一。因而统一性与神圣性相关于同样的事物，而不灭性与不朽性相关于同样的对象。那具有实存之恒定不变的同一性的，我们必须归于可理知者。

你难道没有看到这些事物以各自的方式共同协调，彼此适合吗？其中第一者藉着为存有分有的最初统一体（unity），是名副其实地统一的（uniform）。神只要是按"一"存在的，那么神圣的无疑就是统一的。那因生命的同一个原因而不朽的，也同样是不灭的。生命是可灭本性的黏合剂；蒂迈欧也向我们指明这一点，使可灭者与不朽者对立："你不是不朽的，得穆革说，但你永远不会毁灭，也不顺从于死之命运。"凡可朽的就是可灭的，凡不朽的就是不灭的。出于同样的原因，那拥有一种修复了的不朽的，既不是可灭的，也不是必死的。它也不是处于两极的中间，与两个对立面相应。第三者是按同时存在的整个可理知者的丰富性确立的，是恒定不变的同一性。可理知者是同一性和不灭的永恒性的原因；理智由此才是完全永恒不灭的。这三一体从最初的、最重要的原因发出，与我们前面表明的三一体一样。但是那些事物，我们要以后思考。

我们作了这样的讨论之后，就要将注意力指向神圣本性中的非生者（the unbegotten），阐明我们所主张的观点。我们说，所有 [真正的] 存有是不包含任何生成性的，苏格拉底也在《斐德若篇》里表明，灵魂是非生的。在灵魂之前，神本身也超越于生成之上，超越于时间性的实存。那么我们该怎样界定神圣本性的非生性，又为什么要这样界定？岂不是因为神性完全独立于任何生成？它不仅脱离存在于部分时间里的东西，如我们认为的物质本性的形成就是这样的东西，不仅脱离延及整个时间的事物，如蒂迈欧表明的天上形体的生成就是这一类，还脱离于灵魂的生成。蒂迈欧认为这是时间上的非生，却是生成本性中的最好者。总之，神圣本性独立于一切划分和本质上的分隔。神的进程永远按照二级种类的合一展开，二级种类统一地确立在先于它们的种类之中，就是在自身中包含并生产被生之物的事物。所以，不可分的、未分隔的，以及统一的，实际上就是非生的。这样说来，既然柏拉图以神话故事谈论诸神的某些生产，如在狄奥提玛的神话里，维纳斯（Venus）的生产以及维纳斯出生时爱神的生产是可赞颂的，那么不可不知道这些事是在什么意义上论断的。其实它们是为了比喻意义而编写的，神话出于隐喻考虑，把通过种种原因不可言喻地展现的过程称为"生产"。在奥菲斯派的作品里，第一因出于这一考虑被称为时间；这样命名也出于另一原因，即，使原因中的实存等同于时间中的实存。神从最好的原因开始的进程被适当地称为时间中的生产。因此，对柏拉图来说，编写神话是为了使这类事物符合神学家的要求，而当他以辩证方法讨论，用理智方法而不是神秘方法阐述神性时，那是为了赞美诸神的非生本质。因为诸神原初在自身中确立了非生的范型。而理智本性是在二级层次上的非生，再次的非生就是灵魂本质。在形体里有一种非生权能的根本相似性，柏拉图之后的一些人认识到这一点，含含糊糊地指出整个天是非生的。总而言之，诸神是非生的。不过，诸神中间有一个等级，包括最初的、中间的和末后的进程，有卓绝的权能和从属的权能。他们中还有包含原因的统一性，和被引起之物的多样性。所有事物都彼此共存，同时实存的样式又各种各样。有些事物在二级种类之前补充存在，有些充满追求更完全本性的热望，分有它们的权能，变成后于它们自己的事物的生产者，使这些事物的 hyparxis 得完全。

第二十八章

为何诸神中显现出父因和母因。

注意到这些事，我们就可以阐明神话里所说的作为父亲的原因，和具有多产权能的母亲。任何地方，我们都可以设想，更杰出、更一致的本性的原因就是父亲式的；也可以说，一个处于较从属地位、不完全的本性的原因预先存在于母亲等级中。就诸神来说，父亲比拟元一，是限度的原因，而母亲比拟二（duad），是生产存有的无限权能。在柏拉图，父因是一，确立在高于从它源出之本性的等级里，在可欲求性的分配中先于它的后代。再者，母因具有二的形式，在神话里有时显得比自己的后代杰出，有时却在本质上从属于它；如在《会饮篇》里，柏拉图称缺乏为爱的母亲。不仅在神话故事里是如此，在关于存有的哲学理论中也如此，如《蒂迈欧篇》里所表明的。在那里，柏拉图把存有称为父亲，把质料称为母亲和生产的护士。因而，生产并成全二级种类的权能，生命的提供者，分离的原因，就是母亲，确立在被它们生产的本性之上。同时，那接受生发出来的种类、使它们的活力增加、甚至扩展后代的次级分配的权能，也被称为母亲。另外，由这样的原因生出的后代，有时候是依照合一性从自己固有的原理发出的，充满父因和母因，但有时候被安排在中间，包含两者的连接，把父亲的礼物传送到母亲怀抱，把接受它们的容器变为完整的原初原因。关于源于双重先在原理的本性，有些与父因相似，比如神的种，是生产性的、防御性的、包容性的，因为生产、包含和防御与限定的原因相关。而另一些则与母因相似，是多产的、赋予生命的，是运动的供应者，使权能多样化，并产生各种分化和进程。这些就是无限和最初的多生出的后代。

第二十九章

论神圣的名称，《克拉底鲁篇》所阐述的它们的正确性。

关于神的非生 hyparxis 就讲这些。现在，我想，剩下来要讲的就是神圣的名称了。苏格拉底在《克拉底鲁篇》里认为，应当非常显著地阐明神圣本性中的正确名称。巴门尼德在第一个假说里，否定"一"有任何可知的东西，否认一切知识，同样他也否认它有名称和语言。但在第二假说里，除了其他，他还表明，这个"一"可以有所言说，因而有一名称。总之，必须承认，最初的、最重要的、真正的神圣名称确立在神自身里面。同时必须说明，二级名称就是对最初名称的仿效，按理智的方式存在，具有某种精灵上的分配物。再者，我们可以说，那些从真理算起的第三级名称，就是按逻辑设想出来，接受了与神圣本性的根本相似性的名称，是由专业人士阐明的，有时按神圣方式活动，有时以理智方式活动，形成它们内在景象的变动形象。就如得穆革理智确立关于包含在自身里的最初形式的质料的相似性，形成永恒之物的暂时形象，不可分之物的可分形象，约略显示真存有的影子，同样，我想，在我们看来描绘理智生产的这门学科，也构造其他事物的相似性，以及神自身的相似性，通过复合显示他们中那没有复合的东西，通过变化显示他们中单一的东西，通过多样性显示他们中统一的东西，由此形成名称，最终展现神圣种类的影像。就如魔法通过某种符号呼唤诸神丰盛而无私的圣善显现为人造的雕像，同样，关于神圣问题的理智知识，通过声音的复合和分离，显明诸神的神秘本质。所以，苏格拉底在《斐莱布篇》里说得非常适当，由于他对诸神的尊敬，仅凭他们的名字就使他感到大为敬畏。就诸神来说，即便是他们最末的痕迹，我们也必须崇敬，从而把它们确立在神的最初范型中。关于神圣的名称就谈到这里，这些对目前理解柏拉图的神学来说应该足够了；我们在谈到不完全的（部分的）权能时，还将对它们作精确的讨论。

第二卷

第一章

根据对"一"和多的理智性构想，讨论引向万物之超越本质原理的一种途径。

关于我们所提出的理论，最好是从我们有可能从中找到一切存有之第一原因的地方开始。因为以适当的方式从这样的地方开始，使我们对这开端怀有纯洁的观念，我们就能比较容易地与其他事物区分开来。所以，关于这些事我们必须从头说起：可以肯定，一切存有，存有的一切种类，或者纯粹是多，不包含一，不仅每一个里面没有一，全部里面也没有一；或者只是一，没有多，所有事物都被迫进入一和同一个存在权能；或者它们既是一，又是多，而且存有是一，这样多就不会自行克制存有，我们也不会被迫把一切事物及其对立面同时聚集为同一个事物。这样说来，这些事物有三种可能的情形，那么我们该选择哪一种呢？以上所提到的这些论断，我们该把票投给哪一个呢？看来，我们有必要分别讨论这些观点所产生的荒谬性，从而考察真理是以什么方式存在的。

如果存有是多，并且如我们一开始就提到的，这种多使"一"无处藏身，那么结果会出现许多荒谬的结论，或者更确切一点说，存有的整个本性就会从一开始全都毁灭，因为不会有任何事物能够分有"一"。我们必须承认，每个存有或者是某个事物，或者不是什么。它若是某个存有，也就是一，而那甚至不是一存有的，无论如何也不会有任何存在。因此，如果许多事物有一种实存，这多中的每一个总是某物，或某个一。如果它们每一个都不是什么，甚至不是一物，那么这多也不可能存在，多之所以是多，是因为有众多的个体存在。因而，如果唯有多有实存，"一"没有实存，那这多是不可能存在的。凡是任何方面都不是一的事物，也不可能有任何存在。如果"一"不存在，那多就更不可能存在了，因为没有一，构成多的事物就没有一个能够拥有实存。

再进一步，如果唯有多有实存（这一点已经说过），那么所有事物就将无限地无穷下去；就算你获得某个无限者，这个无限者也将同时成为无限的。关于构成这一无限者的无限的事物，每一个都是无限的。暂且承认这多包含某物，我们说这不是一，按它自己的本性来说，那必是众多，因为它属于存有，不是虚无。它既是众多，就必是由许多事物构成，那就是多。你只要设想某种包含这种多的事物，就马上看到它不是一，而是多。通过同样的推论可以发现，这多中的每一个（尽管我们在这里说"每一个"是错误的）在活力（energy）上也必是众多。而每一个，我可以说，必是无限的，或者毋宁说无穷地无限。没有哪个事物不成为这样的事物；因为一个部分是多，同样，部分的部分也是多，这样推演下去，以至无穷。由于存有缺乏"一"的本性，众多的分化就永远不会终止，无限也将永远无穷无尽。然而，对真理和我们所提出的事物来说，是不可能使存有无穷地无限下去的。如果存有是无穷地无限的，那存有就不可能被认识，也不可能被发现；无限者是完全不可领会，不可认识的。再说，如果存有无穷地无限下去，就会有比无限更无限的东西。既然有更无限的东西，这无限者就少一些无限性。而少一些无限性的东西，就不是完全无限的，既然不是完全无限，就必然是有限的，因为它缺乏无限者的本性。因此，若有什么东西在多上比无限多的东西更无限，那就有比这无限者更多的事物，这无限者就少一些无限，当然不是量上少一些。然而，这是不可能的。因此没有无穷地无限下去的东西。

再者，根据这种假说，同样的事将根据同一东西既是相似的，又是不相似的。如果所有的多都不是一，所有事物中的每一个也都不是一，那么凡不是一的，由于缺乏"一"，显然将有同样的受动性。因而，所有事物以同样的方式缺乏"一"，就此而言，它们彼此相似地存在。相似地存在的事物，就它们这样存在而言，显然是彼此相似的。因此，多就其缺乏"一"而言，是彼此相似的。但是，它们也同样因缺乏"一"而完全地不相似。试想，相似的事物必然遭受同样的受动性，那么没有遭受任何同一东西的事物必然不是相似的。而遭受任何同一之物的，也必遭受一物。但是，缺乏任何一的事物，就不可能遭受任何同一的事物。这样，多就因同一既是相似的，又是不相似的。而这是不可能的。所以，多不可能没有任何方面的一而存在。

此外，多将因同一既彼此相同，也彼此相异。如果所有事物同样地缺乏"一"，就它们全都同样地缺乏而言，它们因这种缺乏而是同；因为以同样的方式存在的事物，按习性说，就是相同的，所以，以同样的方式缺乏的事物，就其缺乏来说，也是相同的。但是，就它们每一个都缺乏任何一而言，多必然彼此相异。因为如果多里面的"一"是同，那么任何方面都不是一的东西，就任何方面都不是同。因此，多必然彼此既是同，又不是同。既然它们既是同，又不是同，那么显然，它们彼此相异。那既同又不同的，就它不是同而言，之所以不同，不是因为别的，就是因为异。再进一步，如果"一"不存在（或"非是"），这些多必然既是可动的，又是不动的。如果它们每一个都不是一，按其缺乏"一"来说，是不动的。否则，假如那不是一的东西是可变的，那它们每一个就会拥有"一"；因为缺乏发生了变化，完全把被改变事物引入习性之中。然而，不是一的东西必然因缺乏"一"而保持不动，尽管多静止不动这样的事本身是不可能的。因为凡是静止的，必然在同的东西里面，即，它或者在相同的形式里，或者是相同的位置里。而凡是在同里的，就在相同的一物里。因为它所在的同，就是一物。因而，每一个静止不动的东西都在一物里。然而，多不分有"一"。而不分有"一"的事物，就根本不可能在某个一物里。而不在一物里的事物就不可能静止不动，因为静止不动的事物完全在一物且在同一物里。这样说来，多不可能静止，不可能保持不动。但是我们已经表明，多必然是静止不动的。因而，同样的事物和同样的受动性（我指的是缺乏"一"的特性），即是可动的，又是不动的。不动的事物，静止的事物，就它们是不稳定的来说，看起来必然是可动的。

此外，如果"一"完全不存在（完全"非是"），就没有存有的数；所有事物和每个事物必不是一。最小的数，元一是一，每个数本身都是一。如果有五个元一，也就有五个一组；如果有三个元一，就有三个一组。而三一组本身是一个统一体，五一组也同样。所以，如果没有一，就既没有数的任何部分，也没有数的整体。"一"不存在，怎么可能还有什么数呢？"一"乃是数的原理，这原理若不存在，从这原理生出的事物自然不可能存在。因此，"一"不存在，就不会有任何数的存在。

另外，如果没有"一"（或"一"非是），就不会有任何存有的知识。因为没有"一"，就不可能谈论也不可能思考任何存有。每个事物本身，以及我们所能谈论的、印上"一"本性的每个事物，将不可能存在，因为"一"不存在。因而，既不会有任何讨论，也不会有任何知识。讨论要完成，就必然是由许多事物构成的一物。而知识，唯有当认识者与被认知者合而为一时才能存在。但合一不存在，所以，也就没有关于事物的知识，也不可能谈论我们所认识的事物。对此我们可以补充说，在各种无限者里的不可捉摸性必然永远逃离知识的界限。拥有知识的人想要明白的每个可见的无限，必然立即逃离急速前来与它相遇并依附于它的认知能力，因为它既不可能接触，也不可能依附。因此，如果唯有多存在，"一"没有任何实存，接受这样的假设，就必然会出现如此多的，以及更多的荒谬结论。

反过来，如果唯有"一"，也就是"一本身"具有实存，此外再没有别的存在（如果有别的东西存在，那就不只是一，而是许多东西；一再加上另一物就不是一，也不只是一物了），果真如此，万物中就既没有整体，也没有部分。凡是有部分的就是多，每个整体都有部分。但"一"无论如何不是多。因此，既不会有整体，也不会有部分。再者，任何事物既不可能有开端，也不可能有终结。因为凡有开端、中间和终点的，就是可分的。而"一"不是可分的，因为它没有任何部分。因此，它既没有开端，也没有中间和终点。再者，如果唯有"一"有实存，就没有哪个存有拥有形状。因为凡有形状的，或者是直线的，或者是圆形的，或者是两者的混合。如果它是直线的，就会有部分、中间和两端。如果是圆形的，就有一点作中间，其他为两端，中间部分向这两端延伸。如果是直线和圆形的混合，那它就是由多个事物构成，那就不是一了。

此外，任何存有既不在自身之中，也不在他物里面。凡在他物里的，就不同于它所在的事物。但（这里的前提是）唯有"一"存在，没有别的东西存在（因为它绝不可能在他物之中），所以，不会有任何存有在他物里面。凡在自身之中的，必同时包含和被包含；就此而言，包含与被包含必不是同一物；两者的定义也不可能相同。因而，必有两个事物，也就是说，不再唯有"一"存在了。再者，也没有任何存有被推动。因为被推动，就必然被改变。而被改变就必然在他物之中。然而，若是唯有"一"存在，任何事物就不可能在别的事物里面。因此，任何存有也不可能被改变。凡是静止不动的，必在同一物中。凡在同一物中的，就是在某种相同的事物中。然而一不在任何相同的事物中。因为凡是在某一事物中的，或者在自身之中，或者在别的事物之中。但以上已经表明，它既不在自身之中，也不在他物之中。因此，它不在某种同一的事物之中。所以，没有任何存有是静止不动的。

此外，任何事物都不可能同于别的事物，或异于别的事物。因为如果除了"一本身"之外,没有别的东西存在,那就没有任何事物与另一事物相同,或相异。因为没有任何别的存有。"一本身"不可能异于自身;否则它就会成为多,而不是一。它也不可能同于自身,因为相同的事物必在他物之中,同不是"一本身"。"一"就是单纯的一,它不是多。而相同的事物必是与他物相同。再者,任何事物也不可能与别的事物相似或不相似。凡是相似的事物,都承受同样的受动性,凡不相似的就承受不同的受动性。然而,"一"不可能承受任何东西,除了"一"之外的其他任何事物也不可能如此;因为既然唯有"一"有实存,就不可能有其他任何事物存在。

除了以上这些之外,我们还可以说,如果除了"一",没有别的东西,那么任何事物既不可能被触及,也不可能被分离。试想,没有存在的事物怎么可能与什么东西分离,又怎么可能与什么东西接触呢?而"一"既不可能与自身分离,也不可能与自身接触,否则,它就会顺从于被动的接触和被动的分离。"一"除了自身不承受任何他物。同样,必然没有一物与他物相等或不相等。凡与他物相等的,总是相对于另一物才如此的。同样,不等也是因他物才被认为是不等的。然而,唯有"一"有实存,也就是说,没有他物存在。而"一"既不可能与自己相等,也不可能与自己不等。如果不等,那它里面就有某物大一些,另一物小一些;这样它就成了两物,而不是一。如果"一"与自己相等,"一"就要度量自己。这是不可能的。因为如果"一"度量自己并被自己度量,那它就不再是"一本身"了。所以,存有中没有相等或不相等。如果这些事都是不可能的,那么,任何存有都不可能与他物接触或分离、相似或不相似、相同或相异、静止或运动,总之,不可能在任何事物之中,也不可能有形状,不可能是整体,也不可能有部分。如果唯有"一"有实存,而没有多,也就全无所有这些东西。同时,如我们前面所证明的,唯有多实存也是不可能的。所以,结论必然是:每个存有既是多,又是一。

果真如此,那么或者"多"必然分有"一",或者"一"分有"多",

或者两者彼此分有，或者两者都不分有。同时，"多"必是分离的，"一"也必是分离的，这样"多"和"一"才可能同时存在，如理性所表明的。然而，如果"一"不分有"多"，"多"也不分有"一"，就必然产生我们在假设唯有"多"存在时所收集的那些荒谬结论。因为"多"仍然独立于"一"。试想，如果"一"独立自存，"多"无论如何都不分有"一"，那么"多"就会成为无穷的无限，它们就成为既相似又不相似，既相同又相异，既运动又静止，也就既不会有任何数，也不会有关于"多"的知识。缺乏"一"就迫使所有这些结论出现在"多"中。因而，"多"不分有"一"，"一"也不分有"多"这种情形是不可能的。

如果"一"分有"多"，"多"也分有"一"，两者都在彼此里面，那么应有"一"和"多"之外的另一本性，它既不是一，也不是多。这两者彼此混合，就必然有一个使它们混合的原因，把"多"结合到"一"，也把"一"结合到"多"。因为凡是混合的东西，都必然有一个混合的原因。总之，如果"一"和"多"彼此分有，"一"不是"多"的本质原因，"多"也不是"一"的本质原因，就必有第三者是两者的本质原因，并且这第三者先于这两者。那么使这成为多，使那成为一的是什么呢？这种彼此交通、结合的原因是什么？因为"一"就其是一来说，从未与"多"交通。"多"就其是多，"一"就其是一来说，它们是彼此相异的。就它们彼此相异来说，它们没有相互的通感。既然它们彼此相互分离，而不是相互混合，那是什么东西把两者集合为一呢？它们既然如此不一致，就不可能相互渴望，就算合起来，也必是偶然的。果真合起来了，那意味着有一个时间两者是彼此分离的，如今也只是偶然地共存一体。然而，"多"不可能离开"一"而存在。所以，两者的结合不是偶然的。另外，如果"一"不是"多"的原因，"多"也不是"一"的原因，那么这结合也不出于"多"。那么，这更加杰出的东西 [结合的原因] 究竟是什么呢？它或者是一，或者不是一。如果它是"一本身"，我们必然又要追问，它是分有多，还是什么也不分有。如果分有，那必有某个先于它的他物出于同样的原因显现出来，这样一直往前推，直到无限。另一方面，如果这样的事物完全不包含多，那么就要推出一开始所说的那个论断，即"多"不分有"一"，"一"也不分有"多"。然而，我指的是最首要、最原初的一。多中诚然有某个一，但另外还有不可分有的一，它就是单一的一，此外不是别的什么。如果那先于两者的是"非一"，那么这"非一"必然比"一"更杰出。然而，万物是通过"一"如其所是，并生成其所是。每个存有都是与"一"一起得到保存的，离开"一"就走向自我毁灭。"一"和"多"的结合就是结合和合一，"多"是非一提供给存有的。因此，"一"和"非一"不是存有其他方面的原因，正是存有成为一的原因。然而，若说一是这类事物的原因，那非一就不是那[比合一]更杰出者的原因。而更杰出之物按其自己的能力来说，必然是包含另一更杰出之物的存有的原因，这是放之四海而皆准的道理。因此，它是更善的，也必是更杰出的，本性中包含更大更杰出的善，是那些小善的原因，小善则是包含小善之物的原因。由此可以推出，"多"必然分有"一"，"一"却不混合多，没有什么东西比"一"更善，"一"也必然是"多"之存有的原因。凡是缺乏"一"的，顷刻间就归入虚无，自我毁灭。而那不是"多"的，并非同时就是非多和虚无。与"一"相对的是虚无或非一，与"多"相对的是非多。因而，若说"一"和"多"不是同一的，非多与虚无也必不是同一的。根据这样的思考来看，"一"超越于"多"，是"多"之存有的原因。

第二章

展现"一"之实在的第二种途径，表明它独立于一切有形的和无形的本质。

我们还必须从另一角度讨论这个话题，再看看，我们是否能够在某一方面接续以上所说，并得出同样的结论。毫无疑问，就原理来说，或者有一个，或者有多个；或者毋宁说，我们应当从这里开始。如果有多个原理，它们必然或者是彼此相通的，或者是彼此分裂的，而且它们必然或者有限，或者无限。如果只有一个原理，这原理必然或者是本质，或者不是本质。它若是本质，或者是有形的，或者是无形的。如果是无形的，就必然或者与形体分离，或者与形体不可分离。如果是分离的，就必然或者是可动的，或者是不动的。另一方面，如果它不是本质，就必然或者低于一切本质，或者被本质分有，或者不可分有。如果有多个原理，并且彼此没有通感，那么没有任何存有能从它们[的联合中]产生，它们也不是万物所共有的，每一个只能是自我生产的。本性相异的事物之间能有怎样的交通，或者完全不同种类的事物之间会有什么合作？除此之外，还可推出，"多"不分有"一"。因为若有某个一是它们所共有的，它们就不会本质上完全彼此分离。如果它们是相异的，就没有任何共同的东西，它们只能是多，绝不可能是一。但是，如果有多个原理，而且彼此拥有通感，那么它们就会有某种共同的东西，这种东西使它们全体产生通感，并以相似的方式将它们全都展现出来。我们说那些事物产生了共鸣，感受到同样的东西。而相似者完全相似地分有一种形式和一种本性。果真如此，在大全里无处不有的原理应当包含某个比多更首要的本性。这使它们能够彼此产生感应，给予它们符合自然的结合。

另外，如果真有无限的原理，那么或者从它们生出的事物是无限的，从而就有双倍的无限，或者生出之物是有限的，从而所有原理就不是原理。数量上有限的事物，必然完全是从有限原理产生的。因而，原理的无限是徒劳无用的。对此还可以说，无限既使原理成为不可知，也使从它们出来的事物不可知。因为原理若是不可知的，出于原理的事物也必然是不可知的；当我们知道了某事的原因和它的第一原理时，我们就认为自己知道了此事。而如果原理是有限的，那么显然它们就有一个数目，我们说，那个数目就是一个确定的量。如果有一个数量的原理，那就必然有一个原因产生它们的整个数目。每个数都出于一，也就是说，"一"是数的原理。这"一"必是原理之原理，是有限数量的原因，因为数本身就是一，多的限度也是一，它通过那是一的东西限定多。既然原理是一，是本质，不论是有形的，还是无形的，都得承认，它必然是其他事物的原理。

如果形体是产生存有的原因，那么它必然是可分的，且有部分。每个形体在自身的本性上是可分的，因为每个体积就是某个整体，是由部分构成的整体。这些部分（我指的是每个部分）或者分别分有某个一，或者不分有一。如果它们不分有一，就必是纯粹的多，绝不是一。这样，由它们构成的东西，没有一个是整体。因为没有一，由它们全体构成的东西也必不是一。另一方面，如果每个部分都分有这类东西，有某种东西是它们全体共有的，那么这样的一个东西必然是无形的，按其本性是不可分割的。因为如果这东西本身也是有形的，那么它或者整个在每个部分里，或者不是整个在部分里。如果它整个在每个部分里，那它必然自己与自己分离。因为它所在的部分是彼此分离的。而如果它不是整个地在每个部分里，也要成为可分的，并且像以上提到的部分那样拥有部分；关于这些部分又会产生同样的追问，即在它们里面，是否有某种共同的东西；如果没有任何共同的东西，我们就要将"多"与"一"分离。

我们再来思考整体；每个形体都是一个整体，并且有部分。部分是多，由各部分联合而成的东西，会是什么呢？我们必然会说，或者这整体是各部分的联合，或者部分是整体的联合，或者某个第三者先于两者，它既不是一个整体，也不是任何部分，是它把整体与部分，部分与整体连接、统一起来。如果整体确实是部分的连接者，整体必然是无形的，不可分的。因为它若是一个形体，它就是可分的，就不会有能够连接各部分的本性；这对无限者来说也同样如此。反过来，如果部分是整体的连接者，那么"多"怎么可能是"一"的连接者，被分开的东西怎么可能是由它们所构成的事物的连接者？因为事实正好相反，"一"具有统一"多"的力量，而不是"多"有统一"一"的能力。如果那连接两者的，即不是整体，也不是部分，它必是完全不可分的。它既不可分，也必然是毫无间断的。因为凡是有间断的东西，就有部分，就是可分的。而没有间断，也就意味着它是无形的，因为每个形体都拥有间断性。

再说，原理必是永恒的。因为每个存有或是永恒的，或是可朽的，所以必须承认，存有的原理或是永恒的，或是可朽的。如果我们假设它是可朽的，那就没有不朽的存有。因为原理毁灭了，它自身既不会从别的东西产生，也不会有别的东西从它产生。它既不能生产自己（它既不是永恒的，就不存在或不是"是"），别的东西也不能生产它，因为它是一切事物的原理。但如果它是不朽的，就有能力不朽坏，这种能力必是无限的，这样它才可能穿越时间进程存在到无限。每一种有限的存在能力都自然地与可朽的东西相关，无限的力量则与永恒的本性相关，这种本性的存在持续到无限。这种无限，我指的是力量上的无限，或者是不可分的，或者是可分的。它若是可分的，那就是有限形体里的无限。因为原理是有限的，否则，它若无限，就会只有它自己，没有别的东西。相反，它若是不可分的，无限存在的力量就必是无形的。存有的原理是无形的，因为它是这样一种力量，使归属它的东西永远是其所是。从以上可以看出，存有的原理不可能是有形的。

另一方面，它如果是无形的，那必然或者是与形体可分的，或者是与形体不可分的。如果与形体不可分，它就会让自己的全部活力囿于形体，并围绕形体存在。凡是与形体不可分的，必然不可能在别的地方活动，只适合于在形体里并与形体一同活动。但是如果原理是这样一种东西，那么显然，依据它而存在的事物没有一个比一切存有的原理更强大，或拥有更大的权威。然而，如果形体里没有东西比存在于形体里且围绕形体活动的权能更杰出的，有形的本质就无论如何不可能是理智和按理智活动的权能。因为这样的运动[即活力]每一个都出于一种其活力完全独立于形体的权能。然而，被生的种类胜过其原因具有的力量，这过去

89

是不合自然规律的，现在也是不合自然法的。凡是在被生事物里面的东西，无不出于最初的种类，后者是前者之本质的主宰。因此，存有的原理若是能够生产理智和智慧，它怎么可能不因自身而在自身里生产它们呢？以下两者必居其一，理智观念或者与存有完全无关，或者低于存有；而且，即使它存在，也只是在形体里活动。然而，这样的事是不可能的。另一方面，如果那存有中的第一位，一切事物的原理，是与形体分离的，那么必须承认，它或者是不动的，或者是运动的。如果是运动的，就必有另外东西在它之前，它围绕那个东西运动。因为凡是运动的，必然是围绕另外某个永久的东西运动。再进一步，它之所以运动是出于对另一物的渴望。正是由于渴望某一事物，它才会被推动，因为自发的运动是模糊不定的。它的目标就是为此而存在的东西。它或者渴望另外东西，或者渴望自身。但凡是渴望自身的东西都是不动的。与自身同在的东西怎么会想要在另一东西里面呢？就被推动的事物来说，运动小的离善就近，运动大的离善就远。而在自身里拥有善，并为善而存在的，必是不动的和稳定的；它既然始终在自身里，也就是在善里。而在自身里的东西就是同一的，每个东西都与自身同一。对那在自身里的东西，我们说它是静止的，不动的；而那不是不动的，就不是在自身里，而是在他物里，向另一物运动，因而完全缺乏善。因而，如果存有的原理是运动的，而凡是运动的就是因缺乏善而运动，向另一个它所渴望的对象而运动，所以必有另外的东西是存有之原理所向往的，在其自身之外，这东西拥有实存的同一性，我们必须说它就是围绕这个东西运动的。然而这是不可能的。因为原理是一切事物为之存在，一切事物所渴望，无所缺乏的东西。它若是有所缺乏，就会完全服从于它所缺乏的那个东西，它的能量就会指向那个东西，视之为自己渴望的对象。如果原理是不动的（结论只能是这样），它必然是一个无形的本质，拥有实存的永恒同一性。那么它以什么方式拥有"一"呢？它如何是一个本质？如果本质与"一"是同一个东西，就必须承认，存有的原理就是本质。但如果本质与"一"是不同的东西，必须承认，成为"一"与成为本质并不是一回事。如果本质比"一"好，那么必须说本质与原理同在。如果"一"比本质好，并超越于本质，那么"一"也是本质的原理。如果它们彼此并列，多就在"一"之前。这当然不可能，如我们前面所证明的。事实上，本质显然不同于"一"。因为说一与说本质是一，不是一回事，前者不是一个句子，后者是个句子。对此还可以说，如果本质与"一"是同一的，多就与那没有存在的东西，也就是非本质的东西是同一的。然而，这是不可能的。因为多被包含在本质里，在那不是本质而是"一"的东西里。如果本质与"一"不是同一，它们也不会彼此并列；因为如果它们同等并列，就会有另一个东西在它们之前，如果万物必然从一原理而来的话。如果两者之一高于另一者，那么或者"一"先于本质，或者本质先于"一"。如果"一"先于本质，那它而不是本质是万物的原理。因为没有什么比原理更高的。如果本质先于"一"，"一"就要顺从于本质，不是本质顺从于"一"。如果"一"顺从于本质，那么"一"和本质必成为每个东西；而且所有是一的东西都是本质，但并非所有是本质的东西都是一。因此，必有某个本质缺乏"一"。果真如此，它就是虚无。因为缺乏"一"的东西就是虚无。因此"一"先于本质。

但是，如果第一者是某种不是本质的东西，说它服从于本质显然是荒谬的。原理乃是具有最大权能和最绝对权威的东西，是完全自足的，不是那十分卑微、缺乏多的东西。总之，没有任何二级本性高过原理，因为不能以恶劣的方式管理存有。如果原理有一个从属于它所产生之物的等级，从它出来的事物比它更好，那么万物必大为混乱，原理的本性绝不再是最杰出的东西，从原理所出的事物也不可能从它获得一种统治其原理的权能。这样，存有的原理就成了偶然的东西，它所生出的存有也是偶然的。然而，这是不可能的。偶然的东西（如果这是指拥有偶然的实存，没有按理智存在，也不具有确定的目标）是混乱的、无限制的、不确定的，全是拥有较少实存的事物。而原理是恒定不变的原理，别的东西都从它出来。另外，如果那不是本质的东西好于一切本质，它或者被本质分有，或者完全不可分有。如果本质分有原理，它会是何者的原理？它怎么能是一切存有的原理？因为存有的原理必然不是一个存有；否则，它若是它们中的一个，就必然不是一切存有的原理。但凡被他物分有的事物都被认为就是使它被分有的东西，它最初在里面的东西。然而，原理是独立自存的，在更大程度上比别的东西更属于自己。此外，凡是被分有的东西是从另一个更杰出的原因而来的，因为那不可分的东西高于那可分的东西。然而，构想什么东西比最杰出的东西更好，是不可能的，这最杰出的东西我们就称为原理。因而，一切存有的原因超越于所有本质，独立于任何本质，既不是本质，也不把本质作为自己本性中的添加物。因为这样的添加物是对单一性，对作为一的东西的一种减损。

第三章

通过许多论证确认同样的事，表明"一"的难以领会的实在。

再来看第三个论证，看它是否能引导我们得出与前面同样的结论。一切存有的原因必然是一切存有都分有的东西，它们把自己的实存都归于它，它不使自己离开任何具有一定存在性的东西。唯有这样的东西是存有所渴望的对象，它本身在原初意义上，或者在某种别的意义上，就是它们实存的原因。每一个关于它并由于它而产生的东西，都必然有某种与它相关的习性，并由此成为它的相似者。一物趋向于另一物的任何习性，在两方面得到规定，或者两者都分有同一物，这一物使分有者彼此共契，或者两者之一分有另一者。在这种情形中，一者较为杰出，把某种东西分给从属于自己的另一者；另一者作为低级者，成为与较杰出者相似的东西，因为它分有它。因此，如果所有可感知种类都拥有一种趋向第一者的习性，渴望它，围绕它而存在，那么或者有一个第三者是这种习性的原因，或者原理把趋向于自身的倾向和那种渴望分给后于自己的种类，这种渴望使每个事物得以保存和存在。然而，没有别的东西比那第一的东西更杰出的，因此，存有的习性，它们的存在，以及它们趋向第一者的倾向，都源于那里。一切事物都分有自己的原理，只要那被分有的从那里向一切存有显现，因为它是万物的原理，不会遗弃任何存有。那么，这无处不在、在一切存有中的本性究竟是什么呢？它是生命和运动吗？但事实上有许多东西既没有生命也没有运动。那么是无处不在并在一切事物中的持久性（permanency）吗？这也不对，因为运动就其是运动而言，不可能分有持久性。那么是备受崇敬的理智——就其是理智来说，它被一切存有分有？这也是不可能的，因为那样的话，一切存有就都有理智洞察力，没有哪个存有缺乏理智。

那么我们是否能说，存有本身和本质被一切在某一方面有一定实存性的事物分有？这怎么可能呢？因为凡在生成之中的，或者进入存在的，都被认为是生成的（to be），是没有本质的。若说它现在分有了本质，属于存有，我们也不必吃惊。因为就它在生成之中来说，它不"是"（不存在）；但它现在已经实际生成，就获得了存在和本质，不再处于升入存在的状态。所以，并非所有在某一方面有一定实存的东西都分有本质。那么那无处不在并被所有事物分有的东西究竟是什么呢？我们来思考每个存有，看看一切存有所从属的东西是什么，它们全体所共有的东西是什么，比如本质、同一、殊异、永恒、运动。就这些东西，我们是否可以说它们每一个并不是一物，而是别的东西？事实上，不仅每一个分别都是一，而且因它们而存在的事物也是一；总之，我们只能说所有东西以及每个东西都是一，而不能在某一方面说它们是别的。如果有什么东西缺乏"一"，就算你说的是部分或者存有，那缺乏"一"的东西立即就成为彻底的虚无。或者若不是因为"一"是最不可能遗弃存有的东西，我们凭什么说"不是"的一物就是完全的虚无 [或者甚至不是一物]？也就是它要成为完全不是的东西，成为完全缺乏"一"的东西。那没有被推动成为是的东西，那没有存有的东西还是有可能拥有一个 hyparxis 的；但是那甚至不是一物的东西，那缺乏"一本身"的东西，必然是完全的虚无。因此，"一"与一切存有同在；尽管你可以谈论多本身，但这多也必然分有"一"；因为它若没有成为一物，就不可能存在。即便你把整体划分为无穷，随即出现的不是别的，就是一。那被分的东西或者不存在，或者正在变成，或者成为别的东西，无论如何，它都直接是一。因而，"一"无处不在，在一切存有之中，不遗弃任何存有，它或者源于单纯是一的"一"，或者源于比"一"更杰出的事物。因为"一"不可能是被动的 [即，与别的东西共存]，只能是出于第一个一，其实"一"不再是呈现于这一，它就是"一本身"，或者不是别的，就是一。

另外，还可以从另一条原理得出同样的结论。我们可以这样说：存有的原因和被引起的事物或者必然走向无限，存有中没有第一或最后；或者没有第一，但有最后，无限只存在一个部分里。或者相反，存有必然或者从某个确定的原理走向无限，或者有一个确定的第一和最后，存有的两边都有界限。如果有存有的界限，那么事物或者彼此相生，存有的生成构成一个圆圈；或者不是出于彼此，各自出于别的东西；或者第一者是一，最后者不是一，或者两者都是一，或者两者都不是一。另一方面，如果第一的东西和存有的原因是无限的，每一个东西必包含无限性。因为凡出于某个原理的，必分有它从中出来的那个原理。凡从多个原因获得其实存的，必在自己的本性中成为多，因为它分有多种权能。那从先于自己的无限者产生的东西，拥有从原理而来并与自己相应的无限的特点。因而，每个存有都是无限的，由无限者构成，于是就使一切事物无穷地无限下去，既没有关于存有的知识，也没有权能的任何进化。因为无限者的权能是完全不能被那些面对无限者的本性所认知、所领会的。

如果事物在一个下降的进程中无限，那么是每一个都永远无限地往下延伸，所有事物也如此，还是每个整体是有限的，但从这些整体形成的存有是无限的？如果每个存有从自身的开端来说是确定的，但从其终局来看是无限的，那么存有无论在部分上还是整体上，都不可能转向它们固有的原理，第二等级的东西也永远不会有实存，从而与先在等级的末端相似；尽管如我们常说的，低级者的顶端与高级者的边界相连。既然没有末后者，进程的这样一种相似性，存有的这样一种相互连贯性，靠什么办法留存下来，使第二等级的事物永远与先于它们的本性相连？如果万物只有这种无穷性，每个存有被后于自己的东西限制，那么整体就会从属于部分，存有的部分就自然成为比 [整体] 更完全的东西。整体诚然完全没有转回到先于自己的原理，部分却在它们的进程中转向原理。然而，每个存有岂不更要急切地奔向与那比自己完全之物的联合？因为在我看来，那事物必然在更大程度上是更优秀的。如果这个生发出无限性的整体不是围绕自己的顶点，像圆球一样转回来，并按这种回转得完全，[那么它必不渴望自己应有的善]。如果我们承认两方面都是无穷的，就必然导致这样的结论。

此外，不会有一切存有共同渴望的对象，它们也没有任何合一和通感。因为完全无限的事物不包含第一的东西；而没有第一者，我们就不能说存有共同的终局是什么，为何有些东西比较杰出，有些分配到从属的本性。我们说一物较好，另一物稍差，是根据它们离最好者的距离而言的，正如我们界定较热与稍凉是根据它们与最热之物的关系而言。总之，我们根据最大量的东西来判断其他东西的多少。因此，存有中的界限必然就是第一者和末后者。

但是，如果事物出于彼此，那么同样的东西既会变得年老些，也会变得年轻些，既是原因，同时也是被原因引起的结果，每个事物既是第一的，也是末后的。因为是这些事物出于彼此，还是存在于它们之间的事物出于彼此，没有任何分别。两端没有了分别，怎么可能有一种出于本质的变化发生在其间呢？如果一者出于另一者，那难道如有些人说的，是第一者出于末后者，从从属的东西生出杰出的东西，从这些不完全的东西生出完全的东西？既然这样，那分有孕育和生产完全者的权能的东西，岂不在更大程度上是完全的，更配得这种权能？它怎么可能任自己成为包含低级分配物的东西，干脆把更杰出的等级交给别的事物？要知道，万物都渴求自己特有的完全，真正向往善；但是并非每个事物都能分有这样的东西。所以，如果末后者有能力生产这种最完全的东西，它就会因着先于其他事物的自身而充满活力，善的整体和最大的完全就会首先确立在它里面。

相反，如果后者出于第一者，最不完全的出于最完全的，那么它们两个都是一，还是这个是一，那个不是一？如果第一者或末后者不是一，那它们谁也不会成为第一者或末后者。因为既然两者中有多，各自中都会有更好的和更坏的东西；那最好的不会混合比它低级的东西，那最低级的存有也不会被如此彻底地征服，完全丧失较完全的本性；必还有某个东西比末后者更极端，某个东西比第一者更完全。那最好者如果通过那低级的东西接受另一添加物，必比那不停留在最好者里的东西更完全，[因它没有接受这种添加物。]因而，我们说的这些话如果是正确的，那么"一"就是万物的原理，存有的最末者也是一。因为我想，存有的进程的末端必然与原理相似，第一者的权能必然一直进展到这个末端。

概述一下我们以上所论，或者第一原理必然是一，或者第一原理完全是多，或者一在自身中包含多，或者多分有一。如果只有多的第一原理，由它们而出的就不是一。既然有多个原理，没有什么东西能产生一，那怎么能生出一和整体呢？因为可以肯定，原理所生的东西必然类似于原理。因而，或者任何存有中都没有"一"，或者它不出于这些原理；这样，具有一定实存性的事物每一个都仅仅被划分为多。再者，任何存有的每个部分也成为这样的东西。无论怎样，我们都会不断地把本质和存有划分为细小的部分，永不停止。所有东西都是多，"一"在事物的普遍性中无处藏身，也不会有整体或部分显现。

96

如果必然有许多原理，而且它们分有"一"，那么"一"就将与多并存。然而，非并存的东西必然比并存的东西更古老，独立的东西比被分有的东西更古老。在多的每一个中的"一"怎么排除与多并存的一原理，按照"一"的结合转回到自身？再者，如果第一个一被增加，"一"就成为被动的；因为它会同时是一和非一，不再是[完全的]一。然而，在每个种中，必然有未与低级本性混合的东西，这样才可能有混合的东西，就如我们关于形式所说的那样。从等同本身看，在这些月下（地上）区域相等的东西，看起来确实是相等的，尽管它们充满彼此对立的本性；那混合非存有的，从那原初存有的东西而来，并作为存有呈现出来。总之，每个事物非混合的单纯实存，生出那些由于偏离而缺乏自身、与这种缺乏混合的东西。因而"一"自发地排除一切多；那是一同时又不是一的，不是第一个一，而是从那原初的一垂溢下来的；它诚然通过原理分有"一"，却因多中产生的减损，在自身中清楚地显出分离的原因。

第四章

驳斥那些说在柏拉图那里第一原理不是超越理智的人，引用《国家篇》、《智者篇》、《斐莱布篇》、《巴门尼德篇》证明"一"的超越本质实在。

因而，"一"是万物的原理，第一原因，所有其他东西都在"一"后面，我想，从以上所说，这一点是非常清楚的。然而，我对柏拉图的其他解释者感到十分吃惊，他们承认理智王国的存在，却不崇敬"一"不可言喻的超验性，不尊重它那超越于全体事物的 hyparxis。我尤其感到不解的是，奥利金这位与普罗提诺一样博学的哲学家，竟然也是这样的人。奥利金以理智和第一存有为目标，但忽略了超越于一切理智和一切存有的"一"。他若是把这"一"作为某种高于一切知识、语言、理智理解的东西而忽略它，那我们得说，他既没有与柏拉图不一致，也没有与事物的本性相冲突。然而，他忽略"一"如果是因为"一"是完全非 hyparxis 的，没有任何实存，因为理智是万物中最好的，那原初的存有等同于原初的一，那我们不能同意他的这些论断，柏拉图也不会认可他，把他同列为自己的挚友。因为我想，这样的信条与柏拉图的哲学相距十万八千里，充满了漫步学派的新观念。不过，你若愿意，我们可以对这种信念作些驳斥，同时驳斥所有其他赞同这种观点的人，我们要奋力为柏拉图的理论争辩，力图表明，在他看来，第一原因超越于理智，独立于一切存有，普罗提诺、波菲利以及所有从他们接受哲学的人，都相信他是这样主张的。

我们要再次从《国家篇》开始，这里，苏格拉底把第一善比作太阳，清楚地表明，"至善"的确立超越于存有、整个理智等级。正如至高无上的太阳因着光的生产权能，是每个可见之物以及一切有视力的本性的生产者，同样，"至善"也必因着产生真理的原因，与理智和可理知者形成这样的关系——果真如此，我们必须说，太阳同时独立于能看见和可看见的本性，也必须承认，"至善"超越于总是与智力相关的本性，也超越于那些永远可理知的本性。当然，最好是听听柏拉图自己的话："你们可以说，太阳不仅把被看见的能力分给可见本性，而且他就是它们形成、生长、得到滋养的原因，但他自己不是形成的。确实如此。因而，我们可以说，已知的事物不仅是从'至善'获得可知性，它们的存有和本质也同样源于'至善'，但'至善本身'不是本质，而是超越于本质的东西，无论在尊严还是在权能上都超越于它。"由此可见，柏拉图认为，按合一性来看，"至善"和第一原理不仅在理智领域之上展开，也超越于可理知者的范围以及本质自身，就如太阳超越于一切可见本性，以他的光生成并完善万物。因而，按照柏拉图的观点，我们怎么能承认理智是至善者，是万物的原因？我们怎么能说存有本身和本质就是原理，引领着整个神圣进程？在柏拉图看来，本质和理智原本出于"至善"，它们的 hyparxis 围绕着"至善",它们充满出于"至善"的真理之光,从这种光的合一获得适合于自己的分享,这光的合一比理智本身和本质更神圣,后者原是从至善悬挂下来的,使存有获得与那第一者的一定相似性。从太阳发出的光使每个可见之物具有太阳的样式(solar-form)。分有真理之光使那可理知者成为良善的和神圣的。因而理智通过比理智之光和理智本身更古老的光成为一个神,可理知、同时也是属理智的东西由于适当而充分地分给它的这种光,而分有神圣的 hyparxis。总之,每个神性因这种光成为以上所说的东西,并通过这种光与一切存有的原因联合。因而,绝不能认为第一善就是理智,也不可承认可理知者比全体事物的整个 hyparxis 更古老,事实上,它甚至从属于从"至善"流溢出来的光,因这光得完全,按它自己的等级与"善本身"联合。我们不可说,可理知者与第一者的联合如同 [真理的] 光与第一者的联合,后者因与"至善"的连续性而毫无中介地确立在"至善"里面;而前者,凭着这光,分有"至善"的一种相近性;在可感知者中也如此,太阳光与太阳的环行同时出现,一直上升到整个领域的中心,所有方面都围绕着这个中心。所有可感知的事物通过这光获得与太阳的相似性,每个事物按自己的本性充满日光一样的光亮。因而,这些论述足以唤起那些热爱沉思真理、热爱柏拉图在这个话题上的观点的人的记忆,也足以表明理智的等级次于"一"的独立超绝性。

然而,如果需要通过许多证据阐明同样的道理,我们就来考察一下爱利亚客人在《智者篇》里关于这些事的判定。他说,一切存有,不论是否相对,其多必然是从一存有 [即以一为特征的] 垂溢下来;而这一存有本身必然是从"一"垂溢下来。当我们说热或冷,或持久或变动,我们说的这些存有并不就是存有本身。如果持久性就是存有本身,那变动性就不是存有;反过来也一样,如果变动是存有,持久就不能分有存有的名称。然而显然,存有是从一物接受持久、变动,接受存有的每一个多,这一物就是原初的存有。正是这一物,作为万物之本质的原因,被所有其他事物所分有，它自己分有这个一，因此，它作为唯一的存有，也是原初的存有。然而，它是存有本身，不是因分有而得以"成为是"（to be）；同时，它因分有而是一，并因此顺从于"一"。但它是原初意义上的存有。因此，若说柏拉图给予"一"以超越存有的实存，就如那在整体中的第一者在他看来是超越所有存有的，那么存有怎么可能不是在"一"之后？因为它分有"一"，并因此成为被命名的一。

此外，苏格拉底在《斐莱布篇》里向那些能够从部分了解整体的人证明了同样的问题，即理智与大全之第一因不属于同一等级。在考察人灵魂里的善和目的——灵魂如果在各方面都分有善，就收获与其本性相应的幸福之果——时，他首先从这样一种目的中取消快乐，然后取消理智，因为两者都不充满"至善"的所有元素。如果说我们里面的理智是第一理智的一个像，我们整个生活的善并非完全按这一理智被界定，那么在所有整体中，善的原因岂不必然超越于理智的完全而确立？因为如果那原初善的，是按整体理智而存在的，那么我们里面以及所有其他［理智性种类］里，自足和适当的善必是因分有理智而呈现的。我们的理智是与"至善"分离的，是缺乏"至善"的，因此需要快乐，以便获得人的完全。但是神圣理智始终分有"至善"，并因此是神圣的。它因分有善而成为善的，因从第一神垂溢下来而是神圣的。同样的推论可以推导出"至善"独立于第一理智，并界定幸福不只是在于智能，更在于"至善"的全然在场。活力的理智形式就其本身来说，是缺乏幸福的。我们何必还要啰唆呢？巴门尼德已经非常清楚地告诉我们"一"与本质和存有的区别，指明"一"独立于其他一切事物，独立于本质；他在第一假说的结尾处表明"一"的这一特点。那么，本质的原因，因卓越的超验性完全独立于本质的东西，怎么可能不同时超越于理智等级？因为理智就是本质。如果在理智里有持久性和变动性，而巴门尼德证明"一"超越这两者，那他岂不立即把我们带到不可言喻的万物之因，先于每个理智的东西吗？如果每个理智都转向自己，且在自身里面，而"一"被证明既不在自身里面，也不在他物里面，那么我们怎么还能认为理智与大全之第一因是等同的？如果理智是事物的至善者，是一切的原理，那先于存有的"一"在什么方面区别于一存有？这是第二个假说的主题。一存有分有"一"；而那分有的东西从属于被分有的东西。无论如何，通过以上所说，我们回忆起了柏拉图所说的"一"比理智和本质更古老的观点。

第五章

根据柏拉图，上升到"一"有哪些方式；方式有两种：一种通过类推，另一种通过否定。同样，柏拉图在哪里讨论这两种方式，通过什么主题讨论。

其次，如果"一"既不是可理知的，也不是有理智的（intellectual），总之不分有存有的权能，那我们就要考察什么方式能引导我们趋近它，柏拉图通过什么理智观念尽其所能向他的朋友们阐明第一者那不可言喻的、不为人知的超验性。可以说，有时候他用比喻和二级种类的相似性来阐明，有时则通过否定来证明它的超验性，它与整体事物的分离。在《国家篇》里，他通过太阳的比喻说明"至善"不可言喻的特性和 hyparxis；但在《巴门尼德篇》里，他通过否定来证明"一"与后于它的一切事物的分别。在我看来，他用其中一种方法阐明神圣等级从万物的第一因、先于其他一切事物的东西开始的进程。由此，第一因独立于它所产生的一切本性，因为任何地方原因都先于结果被确立；由此，第一者不属于任何事物，因为一切事物源于它。它乃是万物的原理，既是存有的原理，同时也是非存有的原理。他又根据两种方法中的另一种约略显示从第一者出来的事物向它的回转。在每个存有等级中，有一个元一与"至善"相似，可以比作它，这个元一同与它联结的整个系列的关系，就是"至善"与神的所有等级的关系。而这种相似性的原因就是全体事物整体性地向"善"的回转。因此，一切从那里出来，又回转到那里。万物的展开从否定方面向我们表明了向第一者的上升；而万物的回转从比喻意义上向我们证明了这一点。不过，谁也不可认为这些否定是缺乏，从而轻视这种讨论方式，也不可用比喻的话和习俗中的语言来界定同一，企图诽谤这种对通向第一原理的进程的神秘解释。在我看来，否定在事物里有三重特点。有时候，否定比肯定更为原始，是肯定东西的生产者和完全者。有时候它们被安排与肯定并列，这样，否定在任何方面都不比肯定更可敬。还有的时候，它们被分配从属于肯定，那就不是别的，正是肯定的缺乏。关于非存有本身，也有一种存有的否定，有时候认为它超越于存有，我们说它是存有的原因和供应者；有时候我们表明它等于存有；正如我认为的，爱利亚客人证明 [在《智者篇》中]，非存有在任何方面都不逊色于存有，如果可以这样说的话；有时候我们把它看作缺乏、没有存有而放弃之。按照这种方法，我们把每一种形成，以及质料本身，称为非存有。

然而，采取比喻方法只为了说明二级种类与第一原理的相似性。从这些种类既不能显示这一原理的任何原因、习性，也不能显示它与后于它的事物的结合。它的独立本性不是那种可以在第二、第三等级的存有中看见的东西；"至善"超越于全体事物，其超越的程度之大远远胜过理智对后于自己的本性的超越，不论是得穆革理智，还是整个世界的理智，或者大量被称为神圣者中的某个理智。每个理智，每个神，都分得一种相对于从属本性，相对于以它为原因的那些事物的超验性，但低于第一原理相对于每个存有所拥有的超验性；因为这一原理同等地超越于万物，不是对有些超越得多一些，对另一些超越得少一些，否则我们就得引入它的一种对二级本性既大又小的习性。然而，我们必须保证它没有对万物的任何习性，同等地独立于全体事物。至于其他种类，确实有些离它近一些，有些离它远一些。因为每一物都从它生发出来，它按照一个原因生产出万物。不同的事物以不同的方式向它回转，同时这原理不接受任何后于自己的事物的习性，不接受与它们的结合。

第六章

柏拉图通过什么以及多少名称阐述不可言喻的原理，他为何要通过这些以及如此多的名称阐述。这些名称如何与上升方式一致。

因而，如我们所说的，关于"一"的证明方式有两种。另外，柏拉图还告诉我们这个不可言喻的原因有两个名称。在《国家篇》里他称之为"至善"，证明它就是把理智和可理知者统一起来的真理之源泉。而在《巴门尼德篇》里，他称这样的一个原理为"一"，并表明它给予神圣统一性以实存。再者，关于这两个名称，一个是整体事物之进程的像，另一个是它们回转进程的像。因为万物从第一原理获得实存，从它流溢出来，因此用"一"来表述它，我们证明它是一切多和每种进程的原因。除了"一"，多还能从哪里展现出来呢？但又因为从它出来的进程必然向它回转，渴望它不可言喻、不可领会的 hyparxis，所以我们又称之为"至善"。试想，除了"至善"，还有什么东西能使万物回转，能伸展到万有，成为它们渴望的对象？所有其他事物都是分布式地存在，对有的存有来说是可尊敬的，对另一些来说却不然。每个事物，只要在某一方面拥有一定的实存，都渴望某些东西，避开另一些东西。唯有"至善"是一切存有共同渴望的对象，一切事物按自己的本性靠近并被拉向它。而渴望某物的倾向总是指向适当的渴望对象。因而，"至善"使一切二级本性转向，"一"给予它们实存。然而，不可有人以为这不可言喻者因此就可以得名，或者以为一切合一的原因是双重性的。这里，我们给它命名，是着眼于那后于它的东西，和从它开始的进程，或者向它回转的环行。因为多出于它，我们就用"一"的称呼来描述它，因为一切事物，甚至包括具有最卑微存在的，都向它回转，所以我们称之为"至善"。

我们力图通过从中流溢出来，又转身回去的事物，来了解第一原理的不可知本性；我们还努力通过同样的事物给那不可言喻的东西取个名称。然而，这原理既不是存有所能认识的，也不是任何事物都能描述的；它完全独立于一切知识、一切语言，是完全不可领会的，却从自己按着一个原因生产出一切知识和一切可知的东西，一切语言和任何可以通过言说领会的东西。它的本性是一，超越于一切分割，但它向后于它的本性流溢出双重性，或者毋宁说三重性。因为万物停留在"一"里，从它出来，又回转到它。它们在同一个时间都向它联合，都从属于它那独立于全体事物的合一性，并渴望分有它。合一性把一种稳定的超验性分给一切二级种类，并且未展开地与它们的原因联合存在。但是，众存有的从属性决定了它们有展开的进程，必然与不可分的第一个一相分离。而渴望又成就了实存本性（subsisting natures）的回转，以及它们向不可言喻者的环形倾向。第一级本性，虽然[离不可言喻者]有远有近，但始终是完全统一的，并因这种合一性接受自己的 hyparxis，接受各自的一份善，所以，我们力图通过名称表明全体事物的进程和回转。但是，关于它们被稳定地包含在第一者中（如果可以这么说），关于它们与不可言喻者的合一，是不可领会的，不是知识所能理解的，那些在神圣问题上具有智慧的人也不可能用语言来说明。因为不可言喻者原初隐藏在不可企及的地方，完全独立于万有，因此，万物与它的这种合一性也是神秘不可言喻的，是万有所不能认识的。每个存有与它联结，既不是靠理智的注射[或发射]，也不是靠本质的能量，因为缺乏知识的事物，丧失了一切能量的事物，也都与第一者联合，按各自的等级分有与它的联合。因而，存有中因与第一者的合一而成为不可知的，我们既不试图去认知，也不用称呼来表明，但为了能更大地注意它们的进程和回转，我们就从二级本性的相似性推导出两个名称，归到第一者头上。我们还确定两种上升到第一者的方式，把比喻法与"至善"的名称结合，否定法与"一"的名称结合。柏拉图也在《国家篇》里称第一者为"至善"，同时通过比喻回归于它；在《巴门尼德篇》中确定它是"一本身"，通过否定性推论阐明它独立于万有的超然性。根据这两种方法，第一原理超越于两种认知力量，和言说的各个部分；而所有其他事物为我们提供知识和名称的原因。第一原理确实一致地使二级本性的一切合一和 hyparxis 得以存在，但后于这一原因的事物以不同的方式分有它。这些事物，如我们前面指出的，随着停留、流溢和回归变得越来越多；而"一"同时完全独立于存有中一切多产的进程、转向的权能、一致的实在。通过以上所说，我想，已经充分表明关于第一者的理论有什么方法，柏拉图力图通过什么名称来说明它，说明不可知之物的这些名称和方法是从哪里推导出来的。

第七章

什么是《国家篇》通过将第一原理比作太阳所得出的论断；另外还有哪里表明，如何表明它是善，是最绚丽的存有。太阳为何是善的儿子；根据每个等级的神圣种类有一个元一类似于第一原理。为何第一原理就是万有的原因，其本身先于权能和活力。

如果要考察分散在柏拉图作品中的各个教义，把它们归纳为一门神学知识，那么我们需要遵循前面提到的方法，首先思考——如果你愿意——苏格拉底在《国家篇》第六卷中所表明的观点，他通过比喻教导我们"至善"相对于一切存有，相对于全体事物的顶端具有令人惊异的超然性。首先，他将存有彼此区分，确定它们中有些是可理知者，有些是可感知者，通过存有的知识界定知识。他将感官与可感知者联合，对所有事物作了两重划分，把一个独立的元一置于可理知的多之上，另一个元一置于可感知的多之上，因为后一个元一类似于前一个。关于这两个元一，他还表明，一个生产可理知的光，另一个生产可感知的光。他表明，因着可理知的光，所有可理知者都具有神的样式，善的样式，因它们分有第一位神；因着可感知的光，由于源于太阳的完全，一切可感知者都具有日光的样式，类似于它们的那个元一。此外，他还将第二个元一从在可理知者里作王的东西中垂溢下来。由此他把一切事物，包括第一存有和最后的存有，也就是可理知者和可感知者都拉到"至善"上。这样一种归纳于第一者的方法，在我看来是最杰出的，尤其适用于神学，即把世界中的所有神集中为一个合一体，使他们从最近的一垂溢下来；而把超世俗的神归于理智王国；使理智神从可理知的合一中垂溢下来；把可理知的神以及通过他们把一切存有归于那第一的东西。因为尘世种类的元一是超越尘世的，超越尘世的种类的元一是理智的，理智种类的元一则是可理知的，所以，第一的可理知者必然是从那超越于可理知者的元一垂溢下来，并因它得完全，同时因充满神性，必然以可理知之光照亮二级种类。但是理智本性从可理知者获得其存有，从第一原因获得善和统一的 hyparxis，它们必然通过理智之光与超越尘世的本性联结。神的种先于世界，从理智神接受一种纯粹的理智，从可理知神接受可理知的光，从全体事物的父获得统一的光，必然把他们所拥有的光亮送入这个现象世界。因此，太阳作为尘世种类的顶端，从以太的深处而来，把超自然的完全分给可见本性，尽最大可能使它们与高天上的世界相似。关于这些事我们后面将作更加充分的讨论。

目前的讨论按以上提到的方式使万物从"至善"和第一个统一垂溢下来。如果太阳连接每个可感知之物，而"至善"生产并完善每个可理知之物，这两者中，第二个元一 [即太阳] 被称为"至善"的产物，并因此使可感知者成为绚丽的，用善去装饰和充满它，因为它模仿自己的原型之因——果真如此，万物就必分有善，必被拉向这一原理，可理知者和最神圣的存有不需要中介，直接与它联合，可感知者则通过它们的

元一 [太阳] 与它联合。

柏拉图又以另一种方式在《国家篇》的这段话里向我们描述对第一原理的分析。他认为世上的一切多都源于可理知的元一。比如，所有美的事物都出于美本身，所有善的事物都出于"至善"，所有相等的事物都出于相等本身。再者，他认为有些事物是可理知者，有些是可感知者；但它们的顶端全都确立在可理知者领域。另外，他还认为可以从这些可理知形式上升得更高，在更大程度上尊敬超越于可理知者的善；他认为所有可理知者，以及它们所包含的一，都因它而存在，从它得完全。因为我们把可感知的多归于不与可感知者同列的元一，我们还认为通过这个一，可感知者的多获得自己的实存，所以，可理知的多必然要归于另一个不与可理知者并列的原因，可理知者就从那原因获得自己的本性和自己的神圣 hyparxis。

然而，不可让人以为柏拉图承认可理知形式的"善"与先于可理知者的"至善"是同一个等级的。与美并列的善，必须认为是本质性的，是可理知者中的形式之一。第一善，我们通常在名词前加上定冠词称为"至善"（τα'γαθογ, The Good），认为它是某种超本质的东西，在尊严和权能上都比一切存有更杰出；苏格拉底在讨论美和善时，也称一者为美本身，另一者为善本身，并说，我们必须这样命名我们原先非常恰当地认为是多的一切事物。再者，我们特别认为每个事物是一，给每个事物命名为它的所是，由此苏格拉底引导我们离开可感知的美善之物，总之，离开被分的、存在于他物中的、可增多的事物，走向超本质的可理知者的统一和第一本质，又使我们离开这些，转向一切美善之物的独立原因。在形式上，美本身是许多美的事物的头，善本身是许多善的事物的头，每个形式给予与其相似的事物以实存。但第一善不仅是善的东西的原因，也是美的事物的原因，如柏拉图在某处所说的："万物都为它而在，它是一切美的事物的原因。"

再者，除了以上所说，形式中的善是可理知、可认识的，如苏格拉底本人所教导的。但先于形式的"至善"超越于存有，确立在一切知识之上。前者是本质完全的源泉，后者是向诸神——就他们是神来说——提供善的供应者，是先于本质的善之物的生产者。因而，当苏格拉底称第一原理为"至善"时，我们不可根据这理念的名称以为他直接称它为可理知的善；第一原理虽然高于一切语言和称呼，但我们允许苏格拉底称它为一切美和善的东西的原因，通过被它密密充满的事物，把名称赋予它。我想，苏格拉底为此在谈论"至善"的时候，处处用太阳的比喻表明，它在知识和可知的东西之外，也在本质和存有之外。他还在《巴门尼德篇》里以某种可敬的方式向我们呈现"一"的一个否定典范。论断"至善"既不是真理，也不是本质、理智、知识，也就同时使它脱离于超本质的统一，神的每个种，脱离有理智且可理知的等级，每个灵魂性的实存。这些都是首要的东西，但他通过《巴门尼德篇》里的第一假说，把这些东西都从全体事物的原理中剥离出去。

此外，当他赞美"至善"这神圣等级的领袖是最卓越（绚丽）的存有时，没有说它是分有光的"最绚丽者"。因为第一光是从它出来发出，照射到可理知者和理智的，他给予它这个称呼，是因为它是充满一切地方的光的原因，是每个可理知的、理智的、尘世的神的源泉。因为这光不是别的，就是对神圣 hyparxis 的分有。万物因分有"至善"而成为善的，充满从那里流出来的光亮，同样，原初是存有的种类具备神的样式，并如人们所说的，可理知的和有理智的本质因分有神而成为神圣的。鉴于以上所说，我们要保存"至善"相对于一切存有和神圣等级的卓绝超然性。但是我们必须承认，在每个存有等级中，有一个元一可与它类比，不仅在可感知者中，如柏拉图所说的太阳便是，而且在超越尘世的种类中，以及在从先于这一切的"至善"而来的神的种里也如此。因为很显然，靠近第一因并在更大程度上分有它的种类，拥有与它更多的相似性。正如那个（第一因）是一切存有的原因，同样，这些（相似的本性）也确立引领不完全等级的元一。柏拉图不仅在元一下安排多，还把一切元一拉向全体事物的独立原理，围绕这原理统一地确立它们。因而，神学知识必然统一地向神圣等级展开，我们关于它的观念必然是超越性的，与其他东西不相混合，也不联合。我们诚然应当详尽考察所有依它而存在、因它得完全的二级种类，但我们应当认定它超越于存有中的一切元一，是一个极端的单一性，先于整个[神]等级被按一的方式安排。就如诸神自己规定了诸神之间的等级，同样，关于他们的真理，关于存有以及它们的第二、第三产物的在先原因，也应当加以明确区分。

这就是关于第一原理的一个真理，说它是真理的一个理由是，它与柏拉图的假说非常一致，即这原理先于诸神的全部等级而存在，它使诸神的良善本质获得实存，它是超本质的善的源泉，一切后于它的事物都被拉向它，充满善，以某种不可言喻的方式与它联合，统一围绕它而存在。它的合一本性（unical nature）并非没有生产力，相反，正是它生出了其他一切事物，因为它预先确立了一种独立于实存之物的合一性。但它的生产力不倾向于多和分割；它始终纯洁无瑕地隐藏在不可企及的地方。在后于它的种类中，我们尚且还处处可以看到完全的东西渴望生产，完备的事物急急地把自己的丰富性分给他物；这样说来，在一中包含一切完全性的东西，不是某种善，而是善本身，是超完满的（如果可以这样说），这样的东西，岂不必然在更大程度上是全体事物的生产者，并赐给它们实存；独立于万物却生产万物，不可分却生育出从第一到最后的全部存有。

然而，你不可设想，这种生育和发展是由于"至善"被推动或被增加或拥有一种生育权能，或施展活力而发出来；相反，所有这些东西都是从属于第一者的单一性的。"至善"若是被推动，它就不是"至善"了；因为"善本身"，不是任何别物的东西，若是被推动了，就会离开善。为存有提供善的那个源泉若是失去了善，那它怎么能生产别的东西呢？如果"至善"因低能而增加，全体事物就有一个不断减少的过程，而不是因着丰富的善的展开过程。因为那生产的东西离开了自己固有的超然性，不是因着多产的完全，而是由于自身权能的渐渐减损和缺乏，急切地去装饰低级种类。但是"至善"若是靠借用权能来生产万物，它的善就必然会不断减少。如果它真的缺乏权能，那原初是善的东西就是不充足的。然而，如果成为"善本身"足以使所产生的事物得完全，使万物丰富充足，那我们为何把权能看作是一种增加物？在神，添加物就是对超验合一性的消融。因而，务必让"至善"完全先于权能，也先于活力。一切活力都是权能的产物。"至善"既不是用力因着活力赐给万物实存，也不是损失自己的权能为万物充满权能，不因一切事物分有善而变成多，不因一切存有享有第一原理而被推动。因为"至善"先于一切权能，全部活力，每一种多和运动；所有这些都归于"至善"，"至善"是它们的终极目标。也就是说，"至善"是一切目标中最终的目标，一切可求种类的中心。一切可求种类把目标分给二级存有，而那不受万物限制、预先存在的东西则是第一善。

第八章

　　什么是柏拉图在致狄奥尼索斯的书信里所说的第一位王。关于那篇书信所讨论的第一神的告诫。

　　接下来我们要把注意力转向柏拉图给狄奥尼索斯（Dionysius）的书信里谈到的关于第一原理的思想，考察他以什么方式思考它的不可言喻的、极致的超验性。也许有人会感到愤慨，说我们轻率地使柏拉图的论断与我们自己的假说相接近，会说他所谈论的三位王都是理智神。但是柏拉图并不认为将"至善"与二级种类一同安置或一同排列是适合的。我们不应认为这样的并列适合于"至善"对于其他事物的独立超验性，也不可说，善作为相对于第二或第三原因的第一原因，联合另外本性，促进一个三一体的成全；事实上，它先于每一个三一体和每一个数，比可理知者先于理智神的程度更甚。对于同时独立于一切圣数的"至善"，我们怎么能将它与别的王并列，安排一个是第一[王]，一个是第二王，一个是第三王呢？有些人可能还会推导出很多其他东西，表明第一原理对每个神圣者的超验性。这样的人，这样解释柏拉图的话，与我们的观点是非常吻合的；我们主张"至善"是不可分的，超越于一切可理知的和理智的种，确立在一切神圣元一之上。

柏拉图确实承认第一神是万物的王，并说，万物都以他为目的，他是一切美的事物的原因，这一点我想对那些按他的话本身来思考，而不掺杂自己的猜测的人（有些人引入自己的猜测，并尽一切努力使之与柏拉图一致）不需要作更多的证明。但我们并不主张这些东西是并列的[第一神与二级种类并列]，柏拉图自己既没有称第一王为第一者，只说是万物的王，也没有说有些事物围绕他，就如他说二级事物围绕第二者，三级事物围绕第三者那样，他只是简明地说，万物都是关乎他的。对其他王，他确实给予数和分割的王国，但对万物之王，他既没有分给一部分数，也没有分给与其他王相对的统治领域。这样的表达方式，既没有把万物的王与其他王并列，也没有把他与第二和第三权能共同安排为三一体的领袖。对于一个三分的东西，第一个元一确实是第一等级的头，它们与它本身是同等并列的；第二个元一是第二等级的头，第三个元一是第三等级的头。然而，如果有人认为第一个元一是万物的头，所以同时包含第二和第三等级，那么我们得说，因包含而存在的原因不同于以同样的方式渗透于万物的东西。万物确实按一个原因和一个等级从属于万物的王；但就三一体的第一者来说，第一等级的事物因同一个等级从属于它；第二等级和第三等级的事物必然按照它们与各自的王的结合而从属于它。柏拉图这里所说的，岂不显著地表明第一因的独立本性，他与其他神的王国的不同等、不调和？因为他说，这原因一视同仁地做万物的王，万物关乎他而存在，本质和活力因他的缘故内在于万物之中。

苏格拉底还在《国家篇》里清楚地教导，太阳如同"至善"一样统治世界，我们不可放胆指责这个比喻把"至善"与尘世事物的王相提并论。因为我们若不认为在保存[第一原因]的独立王国时，应当同时保存二级原因与第一原理的相似性，我们就不可能表明超越尘世的王具有类似于第一原因——他因超绝性而先于全体事物——的分配物。当然我们没有必要在这里啰唆，看看柏拉图怎么说就行了。柏拉图确实称第一神为王，但他认为这一称呼不适用于其他神，不仅在他刚开始谈论第一者时这样说，稍后还说："关于王本身，我所谈到的种类中，没有一个是这样的。"因此，唯有第一神被称为王。他不仅被称为第一等级事物的王，就如第二是二等事物的王，第三是三等事物的王，而且还是一切存有和美的原因。因此第一神以一种独立而统一的方式先于其他原因，超越于全体事物，柏拉图表明他既不是与它们同等并列，也不是某个三一体的领头。

这就是柏拉图关于第一神所说的，我们只要稍稍重提前面的话，就会清楚这一点，话是这样说的："你说我没有向你充分证明第一本性的特点。我必须以谜语的形式对你说，万一信在陆路上或海路上被人截取，读了也不会明白这一部分内容。万物都被安置在万物之王的周围；万物都以他为目标；他是一切美的事物的原因。"柏拉图这番话通过谜语的形式提炼了我们关于第一原理的思想，赞美万物的王，认为他就是全体美的和善的事物的原因。那么万物的王，除了独立于万物的一神，还会是谁呢？他从自身生出万物，是所有等级的领头者，是它们的同一原因；他使一切目标转向自身，将它们确立在自身周围。如果你称呼他是万物存有的目的，一切目标的目标，原始的原因，那你必不会偏离关于他的真理。他是一切美的事物的原因，把神圣的光照在它们身上，他也包含畸形的和无度的东西，宇宙极处最卑微的事物，万物的王不就是这样的王吗？

你若愿意，我们还可以从柏拉图接下来的话中阐明，第一原理既不适合接受语言，也不适合接受知识。他的话说："你这样查问一切美的事物的原因，就如同追问一个包含某种性质的本性的原因。"应当认为，这话指的就是这一原理。从理智上是不可能理解它的，因为它是不可知的，也不可能阐明它，因为它是不可限定的；无论你怎样谈论它，你的谈论都像是谈"某个事物"；你其实是在谈论"关于"它的东西，而不是谈论"它"。谈论以它为原因的事物，我们不可能通过智能言说或理解它的所是。这里，给它添加性质，加上灵魂的繁忙活动，是对它的认识上的一种画蛇添足，只能使它丧失独立于万物的善。这也把灵魂下降到相似的、同族的、多样的可理知者，阻止她接受那以统一性为特点的东西，神秘地分有"善"的东西。不仅人的灵魂应当在与那第一者的合一和结合中除去与它自身并列的东西，为了这个目标，它应当将自身的所有的多抛在后面，激发自己的 hyparxis，闭上眼睛，如（柏拉图）所说的，靠近万物之王，分有他的光，在允许的范围内分有最多的光；而且在我们之前的理智和一切神圣本性，通过它们的最高合一、超本质的火把和最初的 hyparxis，与那第一者联合，始终分有它的丰富和完满；这不是因为它们的所是，而是因为它们独立于与其联合的事物，会聚于万物的同一个原理。万物的原因将自己全然完备的超验性的印象散布在万物里面，并借此将万物确立在自身周围，但他自己独立于全体事物，不可言喻地向万物呈现。因而，每个事物进入自己本性中不可言喻的地方，就在那里看到万物之父的迹象。万物也必然尊敬他，统一于他，通过一种适当的神秘印记，脱去自己的本性，凭着对他不可知之本性的渴望，对善之源泉的渴望，只想急速地成为他的印记，只分有他。因此，当它们向上升腾到这个原因之后，就变得安静，不再生产，也不再渴望，这种渴望是万物天生的，是对不可知的、不可言喻的、不可分有的、先验完满的善的渴望。至此，我想已经充分表明了柏拉图这里关于第一神所阐述的思想，表明柏拉图的这些观念使第一神不与其他原因并列，而是独立于其他原因存在。

第九章

什么是[那篇书信]关于第一位王所阐述的三个概念。为何万物都是关乎他的。为何万物都是为着他的缘故。为何他是一切美的事物的原因。这些概念的顺序是怎样的。它们是从哪些假说得出来的。

接下来我们要思考每个教义,使它们适合于我们关于原因的观点,这样,我们就可以通过推论过程领会柏拉图神学的整个范围。关于第一原理的真理应当就是专门表述这原理不可言喻、单一、全然超越的本性的理论;这理论将万物关乎他而确立,但不认为他形成或生产任何事物,或者认为他作为后于自己之物的目标而预先存在。这样的一种语言既不增加什么东西给不可知者,独立于万物者,也不使在一切合一之上的他变成多,也不把二级事物的习性和结合归给他这个完全不可分有者。总之,这种理论不宣告自己关于他或关于他的本性教导了什么,只宣告关于在他之后存在的第二、第三种类的教导。

这就是对第一神的暗示,就是它尊敬不可言喻者的方式。第二位神则依据先于所有其他原因的一原因,使事物的一切渴望都转向他,把他表现为万物渴望的对象和共同的目标。末后的事物只能为另外的东西而存在,第一者则是所有其他事物存在的唯一目标;所有居间的种类则分有这两种特性。所以它们真正追随先于它们的种类,视之为渴望对象,同时使从属存有的渴望得以成全。

关于万物之原理的第三个推论要比前两个低得多,认为他赐给一切美的事物以实存。表明他是善的供应者,是先于两个等级的万物之目标。这样的说法与以下这种叙述相差不多,即所有原因都在他之后,都从他获得实存,他就如同那些父亲般的事物,如同善的源泉,如同那些供应多产能力的东西。但是把他描绘为生产和形成的原因,却仍然离第一者全然完全的合一很遥远。因为这种合一性不能通过语言，通过二级种类得以认识或讨论，所以必不可说它是原因，或者说它是存有的生产者，我们只能以沉默来表示这种不可言喻的本性，这种先于一切原因的完全无原因的原因。然而，我们既然努力描述他是"至善"和"一"，我们也同样把"原因"、"终极者"或"父亲"的名称冠与他，我们必须宽恕灵魂围绕这种不可言喻的原理进行的生产，她渴望以理智之眼看见他，谈论他，这是情有可原的。但同时，"一"的独立性和超验性是巨大的，必须认为它超验于这样的一种暗示。从这些事物我们可以得到柏拉图的神圣观念，以及与事物自身相适应的等级。我们可以说，这种主张的第一部分充分表明了大全之王的单一性、超验性，总之，他不与万物同等并列。万物关乎他而存在这一论断则阐明了二等事物的 hyparxis，使那超越于万物的与后于它的事物没有任何关联。但第二部分表明众神的原因预先安排在"目标"等级中。因为一切原因中最高的原因，同时与那后于原因的东西联合；但它又是一切原因中最终的原因，是万物因之存在的原因。因而，这一部分在另一部分之后，并且与事物的等级以及柏拉图理论的发展交织在一起。第三部分论断他是一切美的事物的生产者，从而加给他一种低于终极者的原因。我想，普罗提诺也因此之故毫不犹豫地称第一神为美者的源泉。因而，必须将最好的东西归于最好的事物，使他成为大全的原因，并且实际上先于原因。而这就是"至善"。这是一种绝妙的境况，也可以在柏拉图的话里看到，即这三个神圣教义中的第一个，既不冒昧地对"至善"以及这不可言说喻的本性说什么，也不允许我们将任何一类原因归于它。而第二个教义诚然让"至善"处于不可言说状态，如它应是的样子，但从后于它的事物的习性，使我们能够推导出终极原因；因为它不拒绝称之为万物为之存在的目标。当它论断万物都为"至善"而存在时，激发我们产生关于那渴望对象与渴望者之间的结合和协同的观念。第三个教义表明"至善"是一切美的事物的原因。这等于说出了它的一些属性，对第一因的单一性有所添加，不是停留在目标的观念里,而是将它与二等事物的生产原理联合。在我看来,柏拉图这里指明了在第一者之后直接显现出来的种类。关于第一者不可能说别的,只能说有时候它被催促离开万物回到这里(最好者),有时候又得离开最好者,因为它是万物之 hyparxis 的原因,通过万物的特性展现它自己独立的合一性。因而,我们根据它渗透于万物之中的馈赠,称它为"一"和"至善"。关于那些万物都分有的东西,我们说,除了那确立在所有这些之前的原因之外,没有别的原因。然而所"关于"(the about which, τοπεριο)、所"因着"(the on account of which, τοδι, o) 以及所"藉由"(the from which, τοαφου) 的,特别存在于可理知的神中间,他们因这些被归于第一神。试想,统一的神是从哪里获得自己的特点的,不就是从那先于他们的东西吗?所以,"关于"这个词适用于这个可理知领域的顶端,因为所有神圣等级就是关于这个顶端神秘展开的,这个顶端被安排在整个神圣等级之前。而"因着"与中间等级的可理知者相关,万物都为永恒和一个完全、完整的 hyparxis 存在。"藉由"一词适用于可理知者的末端,因为这第一者产生万物,统一地装饰它们。我们将在稍后关于可理知神的理论中进一步了解这些事物。

第十章

在《巴门尼德篇》的第一假设中,柏拉图如何阐述"一"的理论,为此他如何使用否定法。为何否定是这些且这么多。

接下来,我们要以巴门尼德的理论结束关于第一神的讨论,在与本文主旨相关的范围内阐明第一假说的神秘观念。我们向读者推荐,要看关于假说的最完全的解释,就去参考我们对那篇对话的注释。首先,关于第一假说需要确定这样一点,它包含很多否定性结论,就如下一个假说里包含很多肯定性结论一样。后者表明所有等级出于"一",前者表明"一"独立于所有神圣的种。而从这两个假说每个人都可以清楚地看出,全体事物的原因必然超越于他的产物。因为"一"是所有神的原因,所以他超越于万物。因为他由于超越性独立于万物,因此他给予万物各自的实在。通过在万物之上的扩展,他使万物得以存在。在存有的第二和第三等级也同样,完全独立于结果的原因比那些与结果并列同在的原因更完全地生产、联结自己的产物。"一"以不可言喻的方式生产一切神圣等级,同时似乎又以一的方式确立在万物之上。在后于它的产物中,原因无一不区别于结果。因此无形的本性是一种超越于形体的原因;灵魂是完全永恒的,是被生产之物的原因;理智是不动的,是每个可动之物的原因。因而,如果根据存有的每个进程,结果是对原因的否定,那么这必然同样地在万物的原因中取消万物。

其次,我想,否定等级必然由那些按巴门尼德的意图接受了神学的人来界定;也必须承认,它们确实出于原初存在于神圣的种里的元一,承认巴门尼德按照与各自相应的等级,在"一"中取消了所有第二和第三种类。因为那超越于更重要原因的东西,必然在大得多的程度上先于那些从属的原因存在。但巴门尼德没有从与第一者联合的神开始他的否定推论;因为这个种很难与"一"相分别,它必然被[直接]安排在"一"之后,非常接近一,非常神秘,在超验性上类似于它的生产因。因而巴门尼德从分和多最先显现的地方开始,通过所有第二等级有序地展开,一直到末后的事物,再返回到开端,并表明"一"如何有别于诸神,尽管诸神与它非常相似,并按一个不可言喻的原因原初性地分有它。

第三,除了以上所说,关于否定的方式,我断定它们不是缺乏自己的对象,而是生产可以说是它们的对立面的事物。因为第一原理不是多,多是从它出来的,也因为它不是一个整体观念,整体性也是从它而来的,其他的事物也同样如此。我这样论断时,与柏拉图是一致的,他认为"一"应当停留在否定性里,不可对它添加任何东西。因为不论你添加什么,都是对"一"的减损,最终表明它不是"一",而是从属于[或者分有]"一"的东西。因为有添加,它就不只是一,还因分有而拥有别的东西。因此这种否定方式是独立的、属一的、原初的,是对全体事物的一种脱离,在一种不可知的、不可言喻的超验性和单一性中。同样,把这样的一种方法归于第一神之后,也必须使他独立于否定性。巴门尼德在假说的结尾处说,任何讨论,任何名称都不属于它。既然没有论说属于它,那显然也没有任何否定的话与它相关。一切东西,可知的事物、知识、知识的工具,都在"一"后面,都不可能将它本身显现出来。既然没有任何话可以言说"一",这番讨论也不适用于"一"。毫不为奇,那些想要通过话语了解不可言喻者的人,应当在那不可能的事物上终止他们的言说;因为任何知识,一旦与某种与它完全不相关的对象联合时,就必丧失自己的权能。比如,感觉,我们若说它与知识的对象相关,就会毁灭它本身;科学和每一种知识都是这样,如果我们说它们属于那可理知的东西,就会使它们自我毁灭;因而,语言一旦亲近那不可言喻者,自身就被破坏了,就停不下来,并且走向自己的反面。

第十一章

为何必须通过否定法进入关于"一"的理论。灵魂有什么品质最适合作这种讨论。

现在,如果可以,我们就要抛弃各种知识,从我们自身中消除一切丰富多彩的生活,完全安静地靠近万物的原因。为了这个目标,不仅要让意见和幻影停止,不只是要让阻止我们对第一者怀有神秘冲动的激情平息,还要让空气凝固,宇宙本身静止不动。让一切事物以一种宁静的力量使我们进入与不可言喻者的结合之中。也让我们立在那里,拥有超越的可理知者（如果我们包含这类事物），闭目敬拜升起的太阳（可以这么说），因为没有任何存有可以目不转睛地看他——我们要考察太阳，可理知神的光从那里发出，如诗人所说的，从海洋深处喷薄而出；再从这神圣的宁静下降到理智，从理智使用灵魂的推理，我们要向自己讲述在这个进程中有哪些种类，而第一神，我们得认为是独立于这些种类的。我们不可这样展示他，似乎他确立在地上和天上，赋予灵魂实存，形成一切生命物；他确实生产这些，但是在末后的事物中生产；我们要在这些之前，表明他如何把整个可理知且有理智的神的种显明出来，连同一切超越尘世的和尘世的神圣者也显明出来——他是众神之神，众一之一，在第一adyta①之外——比一切沉默更不可言喻，比一切本质更不可知——他是圣中之圣，隐藏在可理知神中间。这些之后，我们要再从一种理智圣歌下降到推理过程，使用无可指责的辩证法，循着对第一原因的沉思，考察第一神独立于全体事物的方式。我们的下降过程就到此为止。但意见、影像、感觉妨碍我们分有神的显现，把我们从奥林比斯山的众善拉到地上的运动中，深刻地分离在我们里面的理智，把我们确立在整体里的视角拉转到存有的影像上。

第十二章

展现"一"，通过否定性推论表明，根据《巴门尼德篇》阐述的等级，它独立于存有的一切等级。

那么这门出于理智并自我显现的学科的第一个观念会是什么呢？我们不能说是别的，只能说是最单一的、这种学科所包含的观念中最知名

---

① 奥菲斯（Orpheus）把神秘而不可见的 Night 和 Phanes 的等级称为 the adytum。所以，普洛克罗用 first adyta 意指最高的可理知者等级。

的观念。那么它究竟是什么呢？"巴门尼德说，'一'如果是'一'，就不是多"。因为多必然分有"一"；但"一"不分有"一"，而是"一本身"。那原初的一也不是可分的。一若是与多混合，就不是纯粹的一，它如果接受从属的添加物，也同样不是一。因此"一"独立于多。而多原初地存在于最初理智神的顶端，在"可理知的纵览之处"（the intelligible place of survey），如我们从第二假说得知的。因而，"一"完全超越于这种等级，是这一等级的原因。因为"非多"不是缺乏，如我们说过的，而是多的原因。巴门尼德认为这一点不需要证明，而是众所周知的东西，他首先通过多与"一"的对立说明这一点。然后他利用这一点取消它后面的东西，也就是说，他用先于它的结论取消了后于它的东西，而且他常常这样做。有时候他采用直接推论的证明原理，有时候则从比较间接的推论来证明。在这可理知神的等级之后，如我们所说的，他从独立于他们的原因给予那个紧密包容他们并界定他们的范围的等级以实存。他在第二个假说里把这个等级称为各部分和一个整体。

因此，为突出"一"的主题，他用多来否定"一"。因为他说，那是一个整体且包含部分的东西，是多；但"一"在多之外。因此，如果"一"超越于可理知的单一性，而整体和有部分的东西从它出来，以便成为这种划分的整体的黏合剂，那么"一"岂不必然既不是整体，也不缺乏部分？我想，正是凭着这种超越性，"一"作为这个神的等级的原因预先存在，并且产生这个等级，同时自己独立于外。

第三，我们可以考察从"一"出来，成为那有理智且可理知的诸神界限的等级，也可以看到"一"完全在这个等级之上延展。这个等级确实独立于第二个种，独立于理智这个种的整体性，但"一"，如表明的，作为原因独立于这个整体性之外。因而，"一"既没有开端、中间、终点，也没有两极，也不分有任何形状。而诸神，就是前面提到的那个等级的诸神，就是通过这些东西成为可见的。因此，不论是一个完全的顶端，是这些神中作为中心显现的，还是使这些神转向开端的一个终点，"一"

一律超越于任何一种三分法。因为如果"一"分有这样的东西，就会有部分，就会成为多。但是我们已经证明，"一"按一的方式先于多存在，也先于整体和它的部分，是它们的原因。你看巴门尼德其实向我们阐明了对最高等级的一个否定，对中间等级的两个否定，对最后等级的三个否定。此外他还表明"一"没有极端。但是无限者也是这样的，为与此相分别，他又指出"一"不接受任何形状。

再者，在这些三分者等级之后，我们要把注意力转向出于这些东西并接受三分法的理智神，必须证明"一"也超越于这些。巴门尼德说，"一"就是这样的，因为它既不在自身里面，也不在他物里面。它若在他物里，它就会全部被那它所在的东西包含，每一处都接触那包含它的东西。果真如此，它就有形状，就由部分构成，从而就成为多，而不是一。它若是在自身里面，就完全在自身里包含自己。但是包含者同时被包含，它就成了二，就不再是原初的一了。因此这样的讨论推出同样的结论，表明如果有人企图将"一"与别的东西混合，将它视为理智等级的顶点，"一"就不再是一。因此，"一"完全独立于这个顶点，给予它实存；同时这顶点分有位于它上面的第三神，是从第二神产生的，从第一神得以完全，并完全确立在它里面。

此外，"一"也产生第二理智等级，同时不与它混合。因为"一"既不静止，也不运动。它不分有两者，而是完全独立于两者，同时超越于神的理智进程的中间等级。如果它被推动，就是在两个方面运动，或者在性质上变化，或者在位置上移动。但是"一"不可能在性质上有变化，否则，它就不是一，就离开具有"一"性的 hyparxis。它也不可能在位置上移动。因为它不可能做圆周运动，否则就会有部分，即有中间和两端。如果它从一个地方移动到另一地方，那就是可分的。因为发生位移，它就必然既不是整体地在那个要移过去的位置上，也不在那个它开始离开的位置上。它若是整个地在其中一个位置上，就是不动的，或者是因为还没有被推动，或者是因为已经中止了运动。如果"一"是静止不动的，它必然停留在同一事物里面。然而，我们已经证明，"一"不在任何东西里面。因此它既不在自身里面，也不在他物里面。也就是说，"一"绝不是运动的，也不是静止的，运动和静止是专门属于中间的理智等级的，如第二个假说要证明的。第一神产生这一等级，同时独立于它。

第三，我们可以通过以下方式考察最后的理智等级，从"太一"出来且从属于它的有理智者。在这个等级，同一和差异统一存在。同时"一"存在于两者之前。因为异被认为既异于自身，也异于他物。同样，同也既同于自身，又同于他物。"一"却并不异于自身，因为异于"一"的，就不是一了。它也不同于他物，否则变得与它们相同，就潜在地变成它们的本性。此外，"一"也不异于他物。否则，它既是一，同时又外加异的能力。就它是异来说，它就不能是一，异不是"一"。如果既是一又是异，它就成为多，而不是"一"了。"一"也不同于自己。如果"一"和同只是在名称上相异，多就不是因分有彼此的同而来的。多不可能通过分有多而成为一。但如果"一"和同在本质上相异，原初是一的东西就不分有同，免得把同添加给"一"，它就成了一个被动的一，而不是那原初的一了。然而，如果有理智者的极端是以这个四一体为特点的，那么显然，"一"也必在这四一体之外神秘地显现出来，把一个四一体的元一置于宇宙整体之上，作为一切二级种类的装备之源。因为其他事物从这里原初地接受与"一"的交通，这些事物事实上是由"一"产生并有机地包含在"一"里。

理智神之后，"一"的不可言喻的超验性开始安排超越尘世的神的范围，同时，"一"玄妙地独立于它超越尘世的产物之外。这个范围紧挨着理智神存在，但统一地从第一神接受它的 hyparxis。这是巴门尼德通过相似和不相似，从围绕理智元一的界限的神引出来的。因为相似者就是从属于同的东西，而不相似就是从属于异的东西。巴门尼德由此证明，"一"因一的单一性也超越于诸神的这种特性。确立在同和异的权能之上的东西，在更大的程度上超越于那个依据相似和不相似而分得实存的种。

然后还剩下什么呢？岂不很显然就是大量的尘世的神吗？尘世的神也有两种，一种是天上的，另一种是地上的。其中，在天上循环的种，带出相等、更大和更少。而在地上的种，分配给它的相等在量上不同于天上的相等，不相等又根据权能的大小来划分。根据神圣等级的种，有一个元一和二，但上面，它们与"一"和同联合，下面与多和异的理智原因联合。因此，"一"超越于所有这些。相等总是由相同的部分构成，那么，同时独立于与其相连的同和异的本性，怎么可能分有相等和不相等呢？

　　除了所有这些神圣等级之外，我们还必须按理智方法考察神化灵魂的种，就是分布在诸神周围的灵魂。在每个神圣进程和灵魂的进程中，第一个种与诸神一同自我显现；因为不论在天上，在地上区域，神圣灵魂接受神的分派进入世界，如雅典客人在某处所表明的。因此，灵魂的范围以时间和有时间的生命为特点。但巴门尼德表明，神圣灵魂的特性在于它们既比自己和他物年轻，也比自己和他物年老。因为循环总是依据同样的时间，将开端与终点相连，它们既在同时走向整个阶段的终点，就变得年轻，又同时环行到整个阶段的开端，于是就变得年老。然而它们的年龄永远保持同样的时间尺度。再者，它们里面有同和异，前者保存相等性，后者因时间保存不相等性。因此，"一"先于神圣灵魂，并且将它们与诸神一同创造出来。我们现在走到了对杰出种类的整个分配的终点；一切可理知者的原因将诸神之后的种，将被时间的三部分三分的事物同时显现出来。巴门尼德通过理智的流溢证明这原因独立于所有这些种类。因为超越于一切时间和按时间而来的生命的东西，不可能从属于更不完全的时间阶段。

　　万物中的第一者将所有神、神圣灵魂以及较杰出的种——显现，同时既不随自己的产物复杂化，也不随它们多样化，始终完全独立于它们，保守一种可敬的单一性和一的超验性，不偏不倚地分给万物发展进程和进程中的等级。巴门尼德从最初理知神的"可理知的纵览处"开始，按着生产的尺度向前推进，给诸神的种以实存，也给予神联合并跟随神的种类以实存，永久地表明"一"不可言喻地独立于万物。再者，他又从这里转回到开端，仿照全体事物的回归，将"一"与最高者，即可理知的神相分离。因此我们可以特别考察"一"的超验性，它的合一与所有其他事物的大不同，只要我们证明它不仅确立在神圣等级的第二或第三进程之上，而且先于可理知的一本身存在，并且以与它们玄妙本性的单一性相一致的方式证明，不是通过大量的语言，而是完全通过理智的流溢。可理知者自然可由理智认识。巴门尼德实际上也表明了这一点，所以他放弃逻辑方法，按照理智的活动，论断"一"高于本质，"存有"以"一"为特点。这一论断不是从前面的推论得出来的。因为如果关于第一神本身的论述的可靠性出于从属的事物，那这种论述就没有任何证明意义。同时，巴门尼德主张，一切知识和一切知识的工具都缺乏"一"的超验性，最终的美在于超越万物的不可言喻的神里面。继知识的活力、理智的流溢之后的是与不可知者的合一，巴门尼德把他的整个讨论都归于它，总结第一假说，所有神圣的种都从"一"垂溢下来，但又表明"一"按一的方式独立于万物，毫不分有可理知者和可感知者，同时以不可言喻的方式给予被分有的元一以实存。因此，"一"也被认为超越于那与本质相连的一，同时在一切被分有的统一性之外。

第三卷

本卷希腊文前四章合为一章即第一章；第五和第六章合为第二章；第七和第八章构成第三章；原文的第九章就是这里的第四章，第十章是这里的第五章，依次类推。原章节码标在括号里。

第一章

（1）讨论了事物共有的一原理之后，接下来就要讨论神圣等级，表明这样的等级有多少，它们是怎样彼此分别的。

（2）诸神据以获得实在的统一体的多，在"一"之后存在。

（3）在发现神圣等级的多之前应当表明有多少特例存在；连续叙述关于这些特例的理论。

（4）所有统一体都是可分的。唯有一个"真正"超越本质的一；其他所有统一体都被本质分有。

在我看来，这就是柏拉图关于第一神的神学，相对于其他关于神圣问题的讨论来说，这一神学显得如此卓尔不群，同时可敬地保存这位与全体事物隔绝、不受任何认知能力限制、与一切存有分离的神不可言喻的合一性（union），展现通向他的神秘解释之路，成全灵魂始终拥有的作为父亲和万物之源头的生产欲望，点燃它们里面的火把，使它们格外地与"一"的不可知的超验性相连。这位神是不可分的、不可言喻的、真正超本质的原因，与一切本质、权能和活力相分离。紧跟在关于他的讨论之后的，就是诸神的讨论。试想，除了诸神的多，还有什么其他先于统一体的东西可与"一"联合，或者还有什么别的东西更应与具有"一"性的神（unical God）联合？因此，接下来我们要阐明柏拉图本人关于这些神的真实理论，祈求诸神亲自点亮我们心里的真理之光。但是，在详尽叙述这一理论之前，我希望使读者相信，并通过证明向他表明，诸神必然有很多等级，就像柏拉图的巴门尼德在第二个假说里向我们阐明的。

我想，对那些心存正当观念的人来说，首先明确的一点是，任何地方，尤其是在神圣等级里，第二进程是因着它们与自己固有的原理的相似性而成全的。因为自然、理智以及每个生成因，必然能够生产并联合与自己相似的东西，而不是与自己不相似的东西。如果存有的进程必然是连续的，无论在无形本性中，还是形体中，都没有任何虚空介入，那么每个自然地生发出来的东西都必然是通过相似性而来的。被产生之物绝不可能与产生它的原因相同，因为二级种类的产生是由生产因的合一性的减少和缺失而导致的。再者，如果第二者与第一者相同，那就不可能一个是原因，另一个是引起的结果了。然而，如果一个就其自身的存有来说，或者本质上说，具有一种丰富的生产权能，另一个则缺乏生产的权能，那么这两者自然是彼此分离的，生产因在卓越性上领先于被生产者，如此大为不同的东西之间没有什么相同性。既然第二者与第一者不是同（那么两者必是异），但如果两者完全相异，它们也不会彼此联合，一者也不会分有另一者。接触和分有其实就是联合之物的一种结合，是分享双方与它们所分有的本性的一种通感。如果第二者既同于又异于第一者，如果同不充足，被它的相反力量制服，那么在善的等级中，"一"就不再是存有进程中的领头者，每一种生产因也不再存在于二级种类的事物之前。

因为"一"不是分裂的原因，而是友谊的原因。而"至善"使被产生的种类转向各自的原因。但是二级事物向初级事物的转向以及与后者的友谊是通过相似性，而不是不相似的东西实现的。因此，如果"一"是全体事物的原因，如果"至善"以一种超验的方式成为万物的欲求者，那么它在任何地方都通过相似性给予在先原因的产物以实存，好叫进程与"一"一致，生发出来的事物转向"至善"。没有相似性，就既不会有事物向自身固有原理的转向，也不会有结果的产生。这里我们不妨把这一点看作是可接受的。

此外，还有第二点，也是以上这点证明了的，即每个元一必然产生一个与自己并列的数，自然产生一个自然的数，灵魂产生一个灵魂的数，理智产生一个理智的数。既然每个生产者先生产与自己相似的东西，而不是不相似的东西，如以上所证明的，那么每个原因必然把自己的形式和特点传给自己的产物，并且在把实存给予远距离的进程，给予与它的本性相分离的事物之前，必产生本质上与它接近的事物，并通过相似性与之相连。因此，元一把实存给予多，生产仅次于自己的第二者，这第二者就分出隐秘地先在于元一自身中的权能。那些统一地浓缩在元一里的事物，分别在元一的产物中显现出来。这是自然的整体性所表明的，因为它把天上和地上的一切事物的原因 [即生产原理] 包含在一中；同时它把自己的权能分配给因形体而从它分离的种类。土、火、月这些东西的本性从自然的整体性获得自己的特性和形式，与这个整体一同活动，并包含自己的分配物。这也是数学和数的元一所表明的。因为这元一原初地是万物，像精液一样在自身中产生数的形式，把不同的权能分配给不同的以外在方式生出的数。被产生的事物不可能在产生的同时就接受生产者的所有丰富性；但每个事物预先存在于原因本身中的多产能力必然要显现出来。因而，元一把实存给予关于其自身的一个多，给予那把集中于自身中的特性分配出去的数。然而，如以上所表明的，相似者总是比不相似者更紧密地与原因相连，所以必然有一个与元一相似的相似者的多，是从元一出来的；还有一个不相似者的多。不过，与元一相似的多是以分的方式与不可分的元一相似的。如果元一拥有一种独特的权能和hyparxis，那么多中除了有整体的一定程度的减少之外，必然还有与元一同样的hyparxis的形式。

然后，我们必须思考第三点，在进程中，靠近原因的事物预示数量较大的事物，同时在某一方面等同于它们的原因；而那较远的事物拥有较小的预示权能。由于它们的权能减小，生产的能力也就同时减小。如果在进程中，位于等级首位的东西更相似于自己的原理，那给予最大的数以实存的东西在本质和权能上都更相似于万物的生产原理，那么就二级种类来说，靠近元一的，在它之后接受主权的，必然给予自己的产物更大的范围；而离自己原初的元一较远的，既不能以类似的方式渗透万物，也不能将它们有效的活动伸展到遥远的进程。与此类似，能产生最多结果的本性，必然被安排在仅次于它的原理元一的位置；生产较多产物的本性，因为比生产较少产物的东西更相似于万物的原因，所以必按hyparxis被安排在更靠近元一的位置。离元一愈远，就愈不相似于第一原理；愈不相似，就愈不可能拥有包含相似本性之权能的权能，也不拥有具有丰盛多产性的活动。一个丰盛的原因是与大全之因联合的。一般而言，能生产更丰盛事物的，必然比那生产较少产物的东西更紧密地与自己的原理联合。生产较小的结果就是缺乏权能；而权能的缺乏就是本质的一种减少；本质的减少因与原因的不相似，因对第一原理的离弃，而变为多的。

除了以上所说，我们还要指出以下这个包含最无可置疑的真理的话：在被分有的原因之前，不可分的原因必然在全体事物中具有一种在先的实存。如果一个原因与自己的产物的关系，必然和"一"与一切存有之本性的关系相同，而且它对二级事物也必然有这种顺序；而"一"是不可分的，同样地独立于一切存有，以一的方式生产万物——果真如此，那么凡是效仿"一"对于万物的超验性的原因，都必然独立于第二等级的种类，以及被它们分有的种类。再者，与此相类，每个不可分的、原初的原因必然先确立与自己相似的二级种类的元一，而不是与自己不相似的东西。比如，一灵魂必把许多灵魂分配给不同的种类；一理智必把各个理智分派给许多灵魂。由此，第一个独立的种在任何地方都有一个类似于"一"的等级。分有同类原因的二级种类必类似于这些原因，通过与这些原因的相似性而与它们不可分的原理联合。因此，那些存在于自身之中的事物，先于在其他事物中的形式被确立；独立的原因先于与结果并列的原因；不可分的元一先于可分的原因。所以（如同时所表明的），独立的原因是并列者的生产者，不可分的本性把可分的元一伸展到它们的产物。源于自身而存在的本性生产位于他物中的权能。在讨论这些事时，我们要思考每个神圣的种如何通过相似性存在，并按柏拉图自己的思路考察第一、整体等级的诸神是什么。讨论并证明了这一点之后，我们也许就能知道关于这些等级的真理。

　　以前提到过一个公认的真理，有一个统一体，就是全体事物的原理，每个 hyparxis 从它获得实存，由此必然可以推出，这统一体必在其他一切之前，从自身生产一个以统一为特点的多，一个与其原因十分相似的数。既然其他每个原因都先构成与自己相似的产物，而不是不相似的产物，更何况"一"，岂不更是以这种方式显现后于自己的事物，因为它超越于相似性，而且"一本身"必按着"合一性"生产原初从它出来的事物。试想，"一"若不是按一的方式，怎么可能给予自己的产物以实存？自然按物理的方式生产次于自己的事物，灵魂按灵魂的方式生产，理智按理智的方式生产。因而，"一"因合一性而是全体事物的原因，从"一"而出的进程是统一的。既然那原初生产万物的东西是"一"，从它而来的进程是统一的，那么由此产生的多必然是自我完全的统一体，与它们的生产之因完全相似。再说，如果每个元一构成一个适合于自己的数，如前面所表明的，那么"一"则是在更大程度上生产这样的一个数。在事物的进程中，被生产的东西由于异作主权，常常不相似于生产它的原因，

129

比如最末的事物，远离其固有原理的事物。但第一个数，与"一"一同出现的，是统一的，不可言喻的，超本质的，与自己的原因十分相似。在最初的原因中，既没有异介入将生产者与被生者分开，把它们转入另一等级，也没有原因的运动导致权能的缺乏，使全体事物的形成变得不相似和不确定；万物的原因按一的方式超越于一切运动和分裂之上，围绕自己确立了一个神圣的数，并把它与自己的单一性结合。因此，先于存有的"一"给予存有的统一体以实存。

另外，按照另一种[思考这一话题的]方式，原初的存有必然因其直接的统一性而分有第一原因。二级事物通过相似性分别与先于它们的本性联合；形体通过[它们分有的]不同灵魂与整体灵魂结合；灵魂通过理智的元一与普遍理智结合；第一存有通过具有"一"性的 hyparxis 与"一"结合。存有就其自身的本性来说与"一"不相似；因为本质和那渴望以外在方式产生的合一性的东西，不适合与那超本质的东西以及最初的合一性结合，相反，与它相距遥远。而存有的统一体，由于它们是从不可分的统一体，就是与全体事物隔绝的东西，获得实存的，所以能够使存有与"一"结合，使它们转向它们自身。

因而，在我看来，巴门尼德通过第二个假说证明了这些事，将"一"与存有相连，考察了关于"一"的所有事物，表明这个生发万物，将自己的进程一直延伸到最末事物的本性，就是"一"。因为它必在构造真存有之前先构造统一性；如蒂迈欧所说，最好的东西产生的结果若不是最美的东西，那以前是不合自然的，现在也是不合自然的。最美的东西显然与最好的东西最相似。而对"一"来说，最相似的是统一的多；宇宙的得穆革作为善，也是通过善本身来构造一切与自身相似的事物。因而众善的源泉则更要生产与自身相似的善，并把它们确立在存有中。因此，有一位神和众多神，有一个统一体和众多统一体先于存有，有一善和一善之后的众多善，因着这一善，得穆革理智是善的，每个理智是神圣的，不论它是一个理智性的理智，还是可理知的理智。那原初性地超本质的事物是"一",而"一"之后还有许多超本质之物。那么统一体的这个多是否像"一本身"那样不可分,或者它被存有分有,而存有的每个统一体可以说是某类存有的精华,是它的顶点和中心,每个存有围绕这个中心而存在?如果这些统一体也是不可分的,它们在什么意义上与"一"相区分?因为它们每个都是一,原初性地从"一"而来。或者在什么意义上它们比构成它们的第一因更众多?事实上,凡是从属于先于自己的东西的第二者,必然缺乏生产它的原因的合一性,并因添加了某种东西,从而减少了第一者作为元一的单一性。如果这两者本身都是一,那我们能推导出什么样的添加物,或者除了"一"之外有什么样的众多?而如果它们每一个都是一和多,我们就似乎使它们有了存有的特性。如果每一个只是一,就如"一本身"那样,那又为何视之为独立于万物的原因,却分给它们第二等级的尊严?如果这样,我们就既不能保存第一者对于一切后于它的事物的超验性,也不能承认从它出来的统一体没有与其自身或者与它们的一原理相混合。

但是我们不会被巴门尼德说服;他提出与存有一起的"一",证明"一"有许多部分,就如存有有许多部分一样;每个存有也分有"一",同时"一"无处不与存有同在;总之,他主张第二个假说的"一"分有存有,也被存有分有,但两种分有并非相同。因为这"一"作为非原初的一,确实分有存有,不与存有隔绝,而且照亮真正存在的本质。而存有分有"一",是作为被"一"联结的东西,充满神圣的合一,被转向不可分的"一本身"。被分有的元一将存有与独立于全体事物的"一"结合起来,就如被分有的理智将灵魂与整体的理智结合起来,也如被分有的灵魂将形体与作为整体的灵魂结合起来一样。二级种类的不相似的种是不可能不借中介与独立于多的原因联合的;这种接触必然要通过相似者才能实现。一个相似的多,就它是一个多而言,与不相似交流;但就它相似于先于自己的元一而言,与元一相连。因而,它确立在两者中间,既与整体相连,也于先于多的"一"相连。但它在自身中包含关系疏远的进程,而这些进程本身是与"一"不相似的东西。它还通过自己将万物转向那个一,从而,万物被拉向全体事物的第一因,不相似者通过相似者,相似者通过自己转向第一因。相似本身独立地引导多,将多连接到"一"上,使二级种类转向先于它们的元一。相似者就其是相似的而言,其存有源于"一"。因此,它将多与那把它的进程分配给它的东西结合。由于这个原因,相似就是它所是的东西,使许多事物成为相似的,拥有自我的通感,彼此的友谊以及与"一"的友谊。

第二章

（5）对邻近"一"的统一体的分有发展为较单一的实在；对那些远离"一"的统一体的分有发展为复合性的实在。

（6）什么是分有神圣统一体的种类,什么是它们彼此之间的顺序。存有是这些种类中最古老的,生命第二,理智第三,灵魂第四,身体最后。神圣统一体也有许多等级。

如果要求我们不仅用巴门尼德的理智的流溢（intellectual projections）来表明被存有分有的诸神的多,还要简明地证明苏格拉底关于这些具体问题的理论,我们就必须回忆《国家篇》里所述的内容,他说,从"至善"发出的光使理智和存有趋向统一。因为通过这些东西可以表明"至善"独立于存有和本质,就如太阳独立于可见事物一样。只是这"至善"的光在可理知领域,照亮可理知者,而太阳的光在可见领域照亮可见之物。可见之物显现出来,为视觉所见,不是通过别的,就是通过内在于它们里面的光。所有可理知者通过分有光而成为善的,通过这光,第一个真存有完全与"至善"相似。因此,如果说谈论这光与谈论"一"没有什么分别（因为这光把可理知者结合起来,使它们成为一,它的实存源于"一"），果真如此，那么从第一者出来的神是可分的，众多的统一体也是可分的。那真正超本质的，确实就是"一"，而其他神，从他们各自固有的 hyparxis，也就是使他们成为超本质神的东西来看，与第一者相似；只是他们被本质和存有分有。根据这一推论，诸神向我们显现为统一体，并且是可分的统一体，一方面将一切存有连接到他们自身里面，另一方面通过他们自己将后于他们的种类与那同等地超越于万物的"一"结合起来。

既然每位神就是一个统一体，但又被某种存有分有，那么我们是否可以说，同样的存有分有每个统一体，或者应该说分有某些统一体的分有者较多，分有其他统一体的较少？果真如此，那是否高级统一体的分有者较多，低级统一体的分有者较少，或者相反？因为统一体必然有一个顺序，就如我们看到的数有顺序，有些靠近它们的原理，有些远离原理；有些较单一，有些较复合，在量上虽然有超出，在权能上却减小了。我们提到数是有道理的。因为如果必须考察最初的元一彼此之间的顺序，它们关乎存有的进程，那么靠近"一"的必被本质较单一的事物分有，远离"一"的，必被本质复合的事物分有。因而分有必与相似性相关；最初的元一总是被最初的存有所分有，其次的元一被二级存有所分有。再者，如果第一者独立于万物，且是不可分的，而那与最单一本性和"一"同时出现的东西，比那与更丰富多样、有更多权能衍生出来的本性同时出现的事物，与不可分者更相似，——果真如此，那么非常显然，靠近"一"的统一体必然被第一者和最单一的本质分有；而那些远离者被复合的本质分有，复合本质在权能上较小，但在数和多上更大。总之，这些统一体中的添加就是对其权能的消融；那靠近"一"，因一种可敬的单一性而超越于全体事物的，是更富统一性的，与更完全的等级同在。按权能的比率来说，最初统一体的单一性恰恰是超验卓越的。那些产生更多结果的事物，尽一切可能效仿万物之因，而那些产生较少结果的事物，拥有的本质比先于它们的事物更多样。这种多样性把存在于一中的权能分配

133

到细小的各部分，减小其力量。而且，在被分有的灵魂里也如此，比如最初、最神圣的灵魂存在于单一而永恒的形体中。有的既与单一的形体连接，也与物质形体联合。有的同时与单一的、物质的和复合的形体连接。天上的灵魂统治单一形体，比如具有非物质、不可变之实存的形体。而统治诸元素之整体的灵魂同时穿着以太的外衣，又同时通过这些外衣穿越于诸元素的整体，这些元素作为整体诚然是永久而单一的，但是作为质料从不相似的本性接受生成、败坏和构成。位于第三等级的灵魂，就是那些直接使它们的透明媒质获得生命的灵魂，同时也使物质外衣离开单一的元素，把二级的生命投到这些外衣上，并通过它们与复合的、多样性的形体交通，通过这种分有维持另一个即第三个生命。

你若愿意考察理智的等级，那么，有些理智被安排在作为整体的灵魂里，在最神圣的尘世灵魂中，也就是它们以适当的方式管理的灵魂。还有些被安排在较杰出的灵魂中，直接由它们里面的支配者分有；其次被较不完全的本质分有。另外，第三个理智等级被安排在不完全的部分灵魂里。随着分给它们的权能减少，它们里面的分有就相应变得多样，比先于它们的种类的分有更趋向于复合。如果这就是一切存有里面的分有样式，那么可以肯定，诸神中那些更靠近"一"的，必被安置在存有更单一的部分里，而那些离开距离更远的，就处在存有的更复合的部分中。因为第二个种的分有就是以这样的方式按相似性来划分的。

另外，我们可以概括地说，在全体事物的一原理之后，诸神作为自我完全的元一向我们显现出来，被存有分有。下面我们要阐明有多少存有等级，并表明什么样的存有被分给较单一的 hyparxis，什么样的存有被分给较多样的 hyparxis。我们知道，所有存有中，最末者就是那有形的。这形体的存有和它的一切完全，源于另一个更古老的原因，因为就它自己的权能来说，既没有获得单一性，也没有复合性，既不是永久的，也不是不朽坏的。没有哪个形体是自存的、自生的，因为凡是浓缩在一中，包含在原因里，从原因出来的，都是无形的，不可分的。总之，凡以自己为自身 hyparxis 的原因的，也分给自己一种无限的存在权能。它永远不放弃自己，不停止成为所是，或者离开自己的实存。凡是可朽的，总是因离开供应给它存有的权能而朽坏。而那把存有分给自己的，不会与自身相分离，所以通过自身可获得一种永恒的本质。然而，形体不是给予自身永久性的原因，它不可能永恒。凡是永久的东西，总是拥有一种无限的权能，而形体是有限的，不是无限权能的原因。无限的权能是无形的，其实所有权能都是无形的。这是显而易见的，因为大的权能无处不在。而没有哪个形体能够整体性在存在于每个地方。既然形体不能分给自己权能，不论是无限的权能，还是有限的权能，而自存者能分给自己存有的权能，永恒存在的权能，那么没有形体是自存的。至于从何处把存有分给形体，什么东西可以直接把存有供应给形体，我们岂不可以说，把存有给予形体的原因，原初就是那显现出来使形体的本性比同类形体 [缺乏原因的形体] 更完全的东西？这确实是人人显见的。因为传授完全的也应当连接二级种类，这是它的职责，完全本身就是本质的完全。那么形体分有什么东西，能使它比不分有的形体要更好呢？岂不就是灵魂吗？我们说，有生命的形体比无生命的形体更完全。因而灵魂原初在形体之外；而且必须承认，整个天和一切有形的东西都是灵魂的工具。因此，这两个存有的等级向我们自我呈现出来；一个是形体的，另一个在它之上，是灵魂的。

　　至于它本身，是同于理智，还是异于理智？因为分有灵魂的形体是完全的，所以分有理智的灵魂也是完全的。就灵魂来说，能够按理性生活的灵魂，并非万物都分有；就理智和理智光照来说，理性灵魂分有，凡分有某种知识的事物都分有。灵魂是按时间活动的，而理智将它的本质和它稳定的活动包含在永恒里。并非每个灵魂都可以保持不变，不减损自己的完全性；但每个理智始终是完全的，拥有一种关于自身幸福的无尽权能。因此，理智的种本质上超越于灵魂的种之上，前者，无论是整体的理智，还是部分的理智，都不受恶性的进入；但后者，虽然在整体灵魂里保持纯洁无污，在部分灵魂里却离开自己固有的幸福。那么第一存有是什么呢？我们是该说理智，还是该说先于理智的生命范围？灵魂确实是自己供给自己生命的；而理智是最好者，最完全者，并且如我们所说的，是一种永恒的生命。理智的生命在某一方面是属理智的，是理智永恒和生命永恒的混合。然而，必然得有生命本身。那么是生命更杰出，还是理智更杰出？如果认知的存有仅仅分有理智，而缺乏知识的存有分有生命，（比如我们说植物是有生命的），那么生命必然被安排在理智之上，是更多结果的原因，通过光照从自身里分出比理智更多的礼物。那会怎样呢？生命就是最初的存有吗？"活着"（to live）等同于"成为是"（to be）吗？这是不可能的。如果生命就是原初所是的东西，成为有生命的就是拥有存有，生命和存有的定义没有区分，那么每个分有生命的事物也就分有存有，每个分有存在的事物也同样地分有生命。如果两者彼此相同，万物也就同样地分有存有和生命。诚然，一切生命本性都有本质和存有；然而有许多存有是没有生命的。因此存有先于第一生命而存在。我们知道，那更普遍的事物，有更多结果的原因，离"一"更近，如以上所证明的。因此，灵魂原初地确立在形体之上，理智在灵魂之上，生命比理智更古老，存有，就是原初所是的存有，在所有这些之上。凡是分有灵魂的东西，必然在更大的优先性上分有理智，但并非每个享有理智功能的事物都适合分有灵魂。唯有理智动物分有灵魂，因为我们说，理智灵魂是真正的灵魂。柏拉图在《国家篇》里说，灵魂的工作就是思考和审察存有。每个灵魂[即每个理性灵魂]都是不死的，如《斐德若篇》中所说的；而非理性灵魂是必死的，如《蒂迈欧篇》中的得穆革所说。总之，很多地方都表明，柏拉图认为理性灵魂是真正的灵魂，其他的则是灵魂的像，它们也是属理智的，有生命的，连同整体灵魂一起生产分配给形体的生命。然而就理智来说，我们不仅承认理智生命物分有，也认为其他生命物同样拥有一种认知能力；我的意思是说拥有幻像、记忆和感觉；苏格拉底也在《斐莱布篇》中把所有这些动物归于理智系列。如果从依快乐原理生活的生命中取消理智，就不仅取消了理性生命，还取消了非理性生命的认知能力。全部知识都是理智的产物，就如所有理性是灵魂的影像一样。

此外，所有分有理智的事物在更大的优先性上分有生命，有些较为模糊，有些较为明显。但并非所有生命存有都分有理智权能，比如植物是有生命之物，如蒂迈欧所说，但它们既不分有感觉，也不分有幻象；除非有人说，它们有一种类似于高兴和痛苦的情感。总之，欲望的能力，整体生命的影像，以及生命的最后产物，都是有生命的，但它们本身是缺乏理智的，不分有任何认知能力。因此，它们本身也是不确定的，缺乏任何知识。

另外，所有生命物都接受一份存有，不同的生命按各自的本性接受不同的份额，但所有存有并不能同等地分有生命。我们说，各种性质、各种情欲、最末的形体都接受存有的最终效能，但我们不说，它们都分有生命。存有比生命更古老，生命比理智更古老，理智比灵魂更古老。产生更大结果的原因必然更古老，在等级上更首要，必负责能生产、装备较少结果的原因。柏拉图做得非常恰当，他在《蒂迈欧篇》中从理智把实存给予灵魂，认为灵魂按其自身的本性从属于理智。而在《法律篇》中他说，同样地，理智被推到一个由轮子形成的领域。因为凡被推动的，都是因分有生命而动，它不是别的，就是围绕运动的真生命。在《智者篇》里他使存有独立于一切事物的整个种之外，独立于运动。因为他说，存有按其自身的本性说，既不是静止的，也不是运动的。而既不静止也不运动的东西，是在永恒生命之外的。

因而，这四种原因，即本质、生命、理智和灵魂，先于有形的实存，灵魂分有所有先于自己的原因，从自己的特性分得理性，而理智、生命和存有，从更古老的原因分得。因此灵魂以四重方式把实存给予后于自身的事物。根据它的存有，它生产包括形体的万物；根据它的生命，它生产一切被认为活着的事物，甚至包括植物；根据它的理智，它生产一切拥有认知能力的事物，甚至包括完全非理性的东西；根据它的理性，它生产能分有它的本性中的第一个。理智确立在灵魂之外，作为充足的生命和存有存在，以三重方式装饰万物，通过光照把有理智特性的权能分给一切能认知的存有，同时使更多的存有分有生命，为所有那些原初的存有自我赋予的事物提供存有。生命被安排在理智之上，以二重方式作为同样事物的原因预先存在，与理智一起使二级种类富有生气，从自身充满生命之河，使本性上适合存活的事物充满生命，又与存有一起以神奇的方式生产万物里面的本质。而原初的存有本身通过它的存在形成一切生命、理智和灵魂，统一地向万物呈现，同时根据给予万物实存的一原因而独立于全体事物。因此它是一切事物中最类似于"一"的，并且把自身里对存有的包含能力与全体事物之第一原理统一起来，一切存有、非存有，整体、部分，形式和形式的虚无，都因着它而存在，虚无并不必然分有存有，但必然完全分有"一"。

在我看来，《智者篇》中论到那完全"是"的东西时所作的这些论说使爱利亚客人信服，承认不仅有存有，还有生命、理智和灵魂。他说，如果真实而真正的存有是可敬、可佩的，那么理智在那里处于第一的位置。因为自身是可敬而非质料的事物不可能毫无理智。如果理智在那完全"是"的东西里，理智就完全是可动的。因为无论理智是毫无运动性，还是毫无永久性，它都不可能存在。但是如果理智既是运动的，又是静止的，存有中就既有生命又有运动。从以上所说，有三样东西显现出来，即存有、生命和理智。接下来通过这三者又可以发现灵魂。他说，因为原本独立的生命和理智也必然在灵魂中。每个灵魂就是生命和理智的一种丰盛，分有两者；爱利亚客人补充指出，"我们怎能说这两者都内在于它，它却不在灵魂里拥有两者呢？""拥有"，如某人在某处所说的，从属于"存在"。灵魂一方面按自己的特性分有这两者，另一方面将自己hyparxis的理性形式与理智的赋予生气的权能相结合。当然理智和生命都先于灵魂存在，前者同时是运动的和静止的，后者既是运动，又是永久。这四个元一，灵魂、理智、生命和存有，柏拉图不只是在这里提到，还在其他许多地方提到。在灵魂里，一切事物按分有而存在，同样，在理智里，先于理智的事物按分有存在，在生命里，先于生命的事物按分有存在。因为我们说生命存在，或它有一个存有。否则，它若不分有存有，我们怎么能说它被安排在存有里呢？同样，我们说理智"是"（is）并存活，因为它可动，是存有的一部分。因此它是第三个更全面的元一。但是，在可分有的存有之先，必然存在不可分的原因，如前面所证明的，同存有与"一"的相似性相一致。因此，存有，即原初的存有，是不可分的；生命虽然最初分有存有，但它也是不可分的，独立于理智。理智被存有和生命充满，但它在灵魂里，在后于它自身的种类里是不可分的。理智对灵魂负责，通过光照使它分有生命和存有；但不可分的存有先于形体存在。因此，存有的最末等级就是附加了形体的存有；天上的形体确实是原初性的，而地上的形体添加了质料[外衣]。这就是存有的进程，通过生命、理智和灵魂，终止于一个有形的本性。

　　然而，如果源于万物之不可分原因的诸神的超本质统一体必然是可分的，有些被存有的第一等级分有，有些被中间等级分有，还有的被最末等级分有，如前面所表明的，那么显然，有些统一体使存有的不可分部分神化，有些照亮生命，有些照亮灵魂，有些照亮形体。就最末的统一体而言，不仅形体分有它们，灵魂、理智、生命和本质也分有。因为理智在自身中是生命和存有的完备。理智是从在这世界之上的统一体中垂溢下来的，是从预先存在于理智中的灵魂力量中出来的。不可分的、理智性的理智（intellectual intellect）从这些之上的统一体垂溢下来。而第一的、不可分的生命是那些超越所有这些的统一体中垂溢下来的。从最高统一体来的，是第一存有本身，也是最神圣的存有。因此，巴门尼德从一存有开始，演化出诸神的完整等级。我们预先阐述了这些问题之后，现在就要开始谈论神圣对话，从高处，从"一"展开诸神的全部等级。我们也要跟从柏拉图，首先从其他对话用无可辩驳的论述表明几个等级；

然后，我们要将巴门尼德的推论与神圣进程结合并对应起来，使最先的推论对应最初的进程，最后的推论对应最末的进程。

第三章

（7）再论关于"一"的理论；讨论后于"一"的双形原理。

（8）后于"一"的万物之两原理是什么；在《斐莱布篇》中苏格拉底为何称它们为界限和无限；它们使什么事物成为存有。

我们必须重新从关于"一"的神秘理论开始，以便于从第一原理开始展示全体事物的第二和第三原理。我们知道，就所有存有，以及产生存有的诸神来说，有一个独立而不可分的原因预先存在——任何语言都无法描述，任何知识都无法知晓，它是不可领会的原因，它从自身将一切事物显现出来，以不可言喻的方式存在于万物之前，并将万物转向自己，而它自己则作为万物的最好目标而存在。这个原因，真正独立于一切原因，把实存统一地给予神圣本性的所有统一体，给予存有的一切种，以及它们的进程，苏格拉底在《国家篇》中称之为"至善"，并通过与太阳的类比揭示它对于一切可理知者的可敬又不可知的超验性。另外，巴门尼德表明它是"一"，并通过否定法证明这个一（也就是全体事物的原因）的独立而不可言喻的 hyparxis。而在致狄奥尼修斯的书信的讨论中，又用谜语表明它是万物存在的原因，是一切美的事物的原因。在《斐莱布篇》中，苏格拉底显明它给予全体事物以实存，因为它是一切神的原因。所有神作为神都从第一神获得其存在。因此，不论应当称之为神的源泉，存有的王国，一切统一体的统一者，还是称之为生产真理的善，对独立于所有这些事物并在一切原因包括父亲式的和生产式的原因之外的 hyparxis，我们都要以沉默表示对它的尊敬，在它的合一性面前缄默不语，好叫它通过光照把神秘目标中适合于我们灵魂的一份给予我们。

我们还要用理智考察从它而来且后于它的二形性原理（biformed principles）。因为安排在整个理论的合一性之后的，除了二元的原理，还能是什么呢？下面我们要考察第一原理之后神圣等级的二原理是什么。柏拉图遵循我们先辈的神学，也在"一"之后确立二原理。在《斐莱布篇》里，苏格拉底说，神把实存给予界限和无限，通过它们把他所产生的一切存有联结起来；根据菲洛劳斯（Philolaus），存有的本性出于有限之物与无限之物的连接。如果一切存有都从这些东西而来，那么显然，它们自身有一种先于存有的实存。如果二级种类分有这两者的结合，那么它们必先于全体事物各自独立存在。神圣等级的进程不是源于并列的事物，存在于他物中的事物，而是源于完全独立的事物，确立在自身中的事物。就如"一"先于统一的事物，从属于"一"的东西在不可分的合一之后，具有第二等级；同样，存有的二原理先于存有的分有，也先于与存有的结合，其自身独立地是全体事物的原因。因为根据从"一"出来的事物与"一"的相似性，界限必然先于有界限的事物，无限先于无限者。另外，如果我们紧挨着"一"提出存有，就找不到纯粹存在的"一"的特性。因为存有不同于"一"，它分有一；实际上是第一者的东西也不同于"一"，因为如我们经常说的，它比"一"更好。那么，那完全地、整个地是一的东西在哪里呢？也就是有某个一先于存有，它把实存给予存有，原初是存有的原因；因为先于存有的东西在合一之外，是一个没有任何事物之习性的原因，是不可分的，独立于万物之外。如果这一是存有的原因，构成存有，它就必然有一种生产存有的权能。凡是生产的事物，总是按自己的权能生产，这权能存在于生产者和被生产者之间，一个是进程，可以说是扩展，另一个是预先安排的生产因。从这两者产生的存有，不是"一本身"，不过是统一的，它凭着生产并将它显现出来的权能，从"一"获得自己的进程；但它神秘的合一出于"一"的 hyparxis。因而，这个先于权能而存在的一，最初出于全体事物之不可分且不可知的原因而预

141

先存在的一，苏格拉底在《斐莱布篇》中称为"界限"，而把它生产存有的权能称为无限。他在那篇对话里说："我们说，神已经展现了存有的界限，还有存有的无限。"

因此，他把第一位的、具有"一"性的神称为神，不加任何修饰；因为第二等级的每位神都被存有分有，从存有的本性获得存有。而第一位，完全独立于全体存有，就是神，是按它不可言喻的自身界定的，是完全具有"一"性的，超本质的。而有限和无限的存有将那不可知、不可分的原因显现出来；界限是稳定的、统一的、连接的神的原因，无限是伸展到万物并能增加的权能的原因，总之，是每种生产性分配的领头者。一切合一、整体、存有的结合、神圣的尺度，都从第一界限垂溢下来。而所有分裂、丰富的产物、变为多的进展，都从这最主要的无限获得实存。因此，当我们说，每个神圣等级既是停留的，同时又是行进的，我们必须承认，它稳定停留是由于界限，但从无限说，它又是行进的，所以，它同时有一和多，我们必须使前者出于界限原理，后者出于无限原理。总之，关于神圣之种中的一切对立，我们必须将较为杰出的归于界限，将从属的归于无限。因为万物都是从这两个原理开始进入存有，直到最末的事物。永恒本身同时分有界限和无限；就它是可理知的尺度而言，它分有界限，就它是存在的一种永不缺失的权能的原因而言，它分有无限。而理智，就它是统一的，是整体，是例证方法的连接者而言，它是界限的产物。但是，就它永恒地产生万物，与整个永恒一致地存在，同时为万物提供存在，始终拥有自己的权能毫不减少来说，它是无限的产物。灵魂，由于它用复归和周期来度量自己的生命，对自己的运动引入一种边界，所以被认为是界限这个原因引起的；而由于它没有运动的停息，总是使一个周期的终结成为整个第二生命循环的开端，所以又把它归与无限的序列。这整个天，按着它本身的整体性，它的关联、它周期的顺序、回归的尺度来说，也是有界限的。但从它多产的权能，它多样的演化，天体永不停止的循环来说，它分有无限。此外，整个生灭界

（the whole generation），由于它的所有形式都是有限的，并且以同样的方式保持固定，也由于它自己的圆圈效仿天上的循环，所以类似于界限。但又由于它是由各种各样具体事物构成，它们不停地变动，在分有形式上有或多或少的干扰，所以它是无限的像。除了这些东西，每种自然生产，就它的形式来说，类似于界限，就它的质料来说，类似于无限。它们在最末的位置上源于后于"一"的二原理，二原理的生产权能一直伸延到这些事物。它们每一个也是一，但形式是质料的尺度和界限，是更大程度上的一。质料能接受万物，因为它的实存源于第一权能。那里的权能是万物的生产者，但质料的权能是不完全的，缺乏按活动生产万物的 hyparxis。所以，苏格拉底说得非常正确，一切存有都出于界限和无限，这两个可理知原理原初从神获得实存。因为将它们两者集合起来，使它们完全，并通过一切存有显明自身的事物，乃是先于二的"一"。一切事物都是通过第一的东西获得合一性的；而两个等级事物的划分源出这两个原初之因，并因着它们被拉向不可知、不可言喻的原理。从这些叙述可以明白存有的两大原理是什么，根据柏拉图的神学，它们直接从"一"显明出来。

第四章

（9）从两原理产生的第三者是什么。在《斐莱布篇》中苏格拉底为何称之为混合者。它不是别的，就是原初的存有。这存有怎样源于两原理，又怎样源于"一"。

接下来我们要表明从这两原理自我显现出来的第三样事物是什么。这东西在任何地方都被称为混合者，因为它的实存出于界限和无限。但是，如果界限是存有的界限，无限是存有的无限，存有是从这两者获得实存的事物，如苏格拉底自己清楚地教导我们的，那么显然，最初混合的事物，就是第一存有。这不是别的，就是最高的存有，也就是存有本身，除了存有，不是别的。我的意思是说，通过我们所证明的那些事可以清楚地看出，原初所是的东西包含一切可理知之物、生命和理智。因为我们认为，生命是三一的生命，理智是三一的理智，而存有、生命和理智这三者是无处不在的。一切事物原初并本质上先在于存有之中。因为本质、生命和理智存在于存有之中，并且存在于存有的顶端。生命是存有的中心，被称为、事实上也是可理知的生命。而理智是存有的边界，是可理知的理智。在可理知领域有理智，在理智领域有可理知者。不过，理智在可理知领域是按可理知的方式存在，而可理知者在理智中按理智的方式存在。

　　本质就是存有中稳定的事物，与最初的原理交织在一起，不会离开"一"。生命是从原理出来的东西，与无限权能同时显现。理智是将自身转向原理的东西，将终点与开端结合起来，产生一个可理知的圆圈。因此，第一存有就是由最初的原理混合而成的东西，是三重性的，它所包含的一者按本质的方式存在于它里面，另一者按生命的方式，第三者按理智的方式存在于它里面，但三者本质上都预先存在于它里面。其实，我说的第一存有就是指本质。因为本质自身是一切存有的顶端，可以说是全体事物的元一。所以，在万物之中，本质是第一者。在每个事物中，本质性的事物是最古老的东西，因为它的实存源于存有的维斯塔（Vesta）。可理知者尤其如此。其实，理智就是认知的事物，生命就是智能（intelligence），存有是可理知的。如果每个存有是结合性的，本质是存有本身，先于其他一切事物，那么本质就是从"一"出来的二原理的混合。因此苏格拉底指出两原理中的生产方式如何有别于其混合体的生产方式，说："神已经展现了界限和无限。"它们是源于"一"的统一体，可以说是出于不可分之第一个合一体的显赫的头部（patefactions）。至于一个混合物的形成，通过第一原理的结合，"创造"在多大程度上从属于

"显现","生产"在多大程度上从属于"头部",那被混合的东西就在多大程度上从"一"分得一个进程,一个后于两原理之进程的进程。

因此,混合而成的东西就是可理知的本质,原初出于[第一位]神,无限和界限也是从这位神来的。但其次它依赖于后于具有"一"性的神的两原理,也就是界限和无限。导致混合的第四个原因也是神自身;因为如果除神之外接受另外的原因,就不再是第四因,而要引入第五因了。第一因是神,他显明两原理。在他之后的两原理就是界限和无限。混合物是第四者。因此如果混合物的原因不是第一个神圣原因,而是另外的原因,这原因就是第五者,而不是第四者,如苏格拉底所说的。除了这些事物之外,如果我们说神专门是存有之合一的供应者,两原理的混合物本身联合了存有的 hyparxis,那么神自然也是这合一体的原初之因。此外,苏格拉底在《国家篇》中清楚地表明,"至善"是存有的原因,可理知者的本质,正如太阳对于可见之物来说那样。既然那混合物是原初的存有,那么岂不是必然要将它归于第一神,要说它是从他接受自己的进程的?如果《蒂迈欧篇》中的得穆革独立地从一个不可分的本质和一个可分的本质构成灵魂,那就等同于它从界限和无限构成灵魂,因为从界限看,灵魂类似于不可分者,从无限看,类似于可分的本质。所以,如果得穆革从这两者复合成灵魂的本质,又分别从同和异构成它的本质,如果他从这些预先存有的东西构成整个灵魂,那么我们岂不更得说第一神是第一本质的原因?因此,如我们说的,混合者出于第一神,并不只是出于后于"一"的原理,而是源于这三者,是三一体。首先,它从神分有不可言喻的合一,它的整个实存。而从界限,它接受 hyparxis、统一性和稳定的特性。从无限,它接受一切事物的权能,这是在其自身之中的隐秘权能。总之,它既是一又不是一,按界限说,一内在于它,从无限说,它是非一。而这两者的混合,以及它的整体性,都源于第一神。因而,混合者是一个元一,因为分有"一";就它出于两原理而言,它又是双形性的;同时它又是一个三一体,在每个混合体中,这三样事物必

145

然是美、真理和对称，如苏格拉底所说的。关于这些，我们还会谈到。

不过，现在我们要解释本质在什么意义上是最初混合的东西。因为一切事物中最难发现的事物就是，原初所是的东西是什么，如爱利亚客人某处所说的；而最不确定的一点是，存有与非存有为何是等同地位的。因而，在什么意义上本质由界限和无限构成，这是必然要说明的问题。如果界限和无限是超本质的，那么本质就可能是从非本质获得其实存的。但是，非本质如何能生出本质呢？或者在其他通过彼此结合而存在的事物中并非如此？我们知道，由混合而成的事物产生的东西，不同于非混合的东西。灵魂不同于灵魂的种，父亲与这个种结合，生出灵魂；幸福生活不同于以理智为标准的生活，也不同于以快乐为标准的生活；形体中的"一"不同于它的各元素。因此，如果那原初所是的东西，虽然既不是界限，也不是无限，却从这两者而来，是两者的结合，那么超本质的种类本身虽然并不包含在它的混合体中，但从它们出来的二级进程却结合成本质的实存，对此我们不必惊奇。因此，存有由这两者构成，分有两者，从界限拥有统一性，从无限拥有生产性，总之，拥有隐秘的多。它在隐秘的意义上是一切事物，因此，是一切存有的原因；爱利亚客人也这样向我们指出，称存有为第一权能，因它是分有第一权能而存在的，从界限分有 hyparxis，从无限分有权能。不过，后来，爱利亚客人界定存有是权能，是一切事物的生育和生产者，是一切事物统一的存有。权能在任何地方都是生育进程的原因，是一切多的原因，隐秘的权能是隐秘之多的原因，存在于活力（energy）中的权能，自我显现出来的权能，是全备（all-perfect）之多的原因。因此我想，通过这原因，每个存有，每个本质都有同时显现的权能。它分有无限，但从界限获得自己的 hyparxis，从无限获得自己的权能。存有不是别的，就是许多权能的一个元一，一个多重性的 hyparxis，因此，存有是一多。多隐秘地存在，在第一种类中毫无分别，但在二级种类中有分别。存有在多大程度上接近"一"，它就在多大程度上隐藏多，并且完全是根据合一性被界定的。

在我看来，普罗提诺和他的追随者们，也不时地指明这样的观点，从形式和可理知的质料生产存有，使形式类似于"一"，类似于hyparxis，使权能类似于质料。如果他们确实是这样说的，那他们说得一点没错。如果他们把某种无形式、不确定的本性归于一种可理知的本质，那么在我看来，他们在这个话题上偏离了柏拉图的思想。因为无限不是界限的质料，而是它的权能，界限也不是无限的形式，而是它的hyparxis。而存有由这两者构成，不仅立足于"一"中，还接受被结合到本质之中的统一体和权能的多。

第五章

（10）为何也可以从形象推出，由界限和无限构成的第一者就是存有。这如何证明。为何界限和无限都是两方面的，一方面存在于存有中，另一方面先于存有。

柏拉图通过这些事物把那原初所是的东西称为混合之物。生产（generation）也是通过相似性从界限和无限结合而来的。在这里无限确实是不完全的权能，但其中的界限是形式，是这种权能的"morphe"。因此我们把这种权能确立为质料，它不拥有活力（energy）中的存在，需要由别的东西来限定。但我们不再说，把存有的权能称为质料是合理的，因为它是活动的生产者，从自身引出一切存有，生产存有中的完全权能。质料的权能是不完全的，因而以不相似的方式模仿存有的权能；它在接受力（capacity）上成为多，表明在存有的权能里生产多[①]。此外，质料的形式模仿最终的界限，因为它给质料定界，终止它的无限性，同时它围绕质料变得多样化、被分化。它还与质料的缺乏结合，表明存有之hyparxis的至高合一，因着自己的本质，总是走向存在，也总是倾向

---

① 这里普洛克罗是指形体。

于朽坏。因为那些在第一种类里按着超验性存有的事物，从缺乏性来看是最末的事物。同样，那原初所是的东西也是混合的，独立于无限生命的界限，是这种界限的原因。而那由最末的形式和最初的质料构成的东西，在其自身本性中缺乏生命；它只是在接受力上拥有生命。因为那里，生产的原因先于其产物而存在，完全的事物先于不完全的事物存在；而这里，接受力方面的事物先于活力方面的事物，并列的原因从属于从它们产生的事物。我想，这是合乎自然的，因为最初原理的礼物一直渗透到末后的事物，不仅生产较完全的种类，也生产具有较不完全实存的东西。因此，混合者是生产的原因，是这里混合本性的原因。界限和无限先于存有，不仅是这本性的原因，也是它的各元素的原因，而那混合者，就其是混合的来说，不是它的原因。界限和无限是两个方面，一者独立于混合的事物之外，另一者负责混合物的成全。我想，任何地方都必然是这样的，在混合物之前，必然有未混合之物；在不完全的事物之前，必然有完全的事物；在部分之前，有整体；先于在他物之中的事物的，是在自身之中的事物。苏格拉底劝导我们承认不仅在一物里如此，在美、对称，以及一切形式中也无不如此。因而，如果存有和形式的第二、第三个种先于它们的分有者，我们怎么能认为界限和无限这些渗透一切存有的东西最初是作为混合之物而有实存的呢？因此必须承认，它们不是混合的，而是与存有分离的，存有源于它们，同时由它们组成。存有确实源于它们，因为它们有先在的实存；同时存有又是由它们组成的，因为按第二进程说，它们存在于存有之中。

存有的种也是双重的；有些建造存有，有些作为每个存有之本性的各元素而存在。因为有些独立地预先存在，拥有一种生产权能；有些从这些而来，构成每个具体存有。因而，我们不可再疑惑，苏格拉底诚然在《斐莱布篇》里把混合之物确立在界限和无限之前，但我们从另一方面表明，界限和无限独立于混合之物。两者都是双重性的，一个先于存有，另一个在存有之中；一个是生产性的，另一个是混合物的元素。合成生命的界限和无限也是这样的，都是构成完整幸福的元素。也就是说，两者各自都是不完满的，都有缺乏。同样，理智就其自身来说并不是可求的，完全的快乐也如此。善必然由所有这些构成，即包含可求的、充分的和完全的。界限本身和无限是分离的，从原因来说存在于混合物之前。但是混合的界限和无限比混合物更不完全。从以上所说，我们可以清楚地知道混合物是由什么东西构成的。

第六章

（11）三一体是什么，在《斐莱布篇》中苏格拉底称它内在于一切复合物中。

接下来，我们必须谈到三一体，就是与这个混合体同时存在的三一体。每个混合体，如果是正当形成的，就如苏格拉底所说，需要这三样东西，美、真理和对称。如果有什么不纯的东西掺入混合体，它不可能给予正确和公正，因为它将成为错谬和紊乱的原因；如果真理在任何时候都是分裂的，它也不会容忍混合体由纯洁的和真正顺服的东西构成，相反，会使整体充满幻象和非存有。没有对称，也不会有元素的结合和精致的联合。因而，对称是混合之物的合一性所必不可少的。而真理对纯洁来说是必不可少的。美是秩序所必需的，它还使整体变得可爱。只要混合体中的各物各就各位，无论是各元素，还是由各元素构成的整个结构就变得美不胜收。因而，在第一混合体中，这三者即对称、真理和美是显而易见的。对称是混合体的原因，使其存有为一；真理是它存在的真实性的原因；美是它之所以可理知的原因。因此它是可理知的、真正的存有。那原初所是的东西（原初的存有）还是更统一的，理智与它相结合，因为它深谙于美。同时，它们每一个都分有存在，因为这是从存有而来的存有。而混合的东西在存有中至高无上，因为它与"至善"联合。在我看来，圣杨布利柯察觉到存有的这三个原因，所以把可理知者界定在这三者里面，即在对称、真理和美里，并通过这些表明柏拉图神学里的可理知的神。可理知领域以什么方式由这三者构成，这一点随着我们阐述的展开会变得非常清楚。现在，从以上所说可以非常明显地看到，苏格拉底为什么说这三一体可以在"至善"的门前找到。原初所是的东西（原初的存有）通过它与"至善"的合一而分有这三一体。因为"至善"确实是一切存有的尺度，第一存有本身是与之相称的。前者先于存有，后者真正而真实地存在；前者是善的和可求的，后者作为美本身显现出来。这里也存在第一美，因此"一"不仅是善的原因，也是美的原因，如柏拉图在他的《书信》里所说的。只是美在这里是隐秘存在的，因为这一等级统一地包含一切事物，这是由于它原初出于[界限和无限]二原理。至于美被显现在何处，又是如何显现的，我们稍后加以解释。

第七章

（12）论共同的第一个可理知的三一体；第二个三一体怎样类似于第一个生发出来。

这就是苏格拉底在《斐莱布篇》里所说的可理知领域的第一个三一体，即界限、无限和两者的混合体。其中，界限是伸展到可理知顶端的一位神，出于不可分的第一神，度量并界定万物，把实存给予诸神的每个父亲般的、接连的、纯洁的种。无限是这位神永不消失的权能，把一切生成的等级和一切无限者显现出来，包括先于本质的东西，本质性的东西，以及一直伸展到最末的质料的东西。而混合体是最初的也是最高等级的神,隐秘地包含万物,通过可理知、相关联的三一体获得自己的完全,同时按一的方式包含每个存有的原因,把自己的顶端确立在最初的可理知者中,独立于全体事物。

第八章

(13)什么是第二个可理知三一体;对它更准确的阐释,由支配者、被分有者和具有混合体特性者构成。

阐明了这个源于"一"并与"一"结合的第一个三一体之后,我们要展现第二个三一体,它是从第一个来的,因与先于它的第一个三一体相似而得成全。在这个三一体里,同样,存有必然分有,"一"必然被分有,这一,也就是第二位的一,必然形成那第二位的存有。因为任何地方,被分有的神总是围绕自己建造分有自己的东西。因此,整体灵魂使形体与其原因同时存在,部分灵魂与诸神结合,生产非理性灵魂。更不要说神与"一"结合生产万物了。因此,如最初的统一体生产存有的顶端,同样,中间的统一体建造中间的存有。每个生育的事物,每个创造或生产的事物,拥有一种生育权能,它就按这种权能生产,确证并联结它的产物。另外,必有类似于第一个三一体的第二个三一体显现出来。其中一者是它的顶点,我们称之为一、神和 hyparxis,另一者是它的中间者,我们称为权能。还有一者是它的末端,我们称为第二存有。同时这是可理知的生命。因为凡是在可理知领域的,如前面所表明的,都是按理智的方式形成、生存、活动。可理知等级的顶点,从原因来说,就是万物,并且如我们不时说到的,是隐秘的。它的中间者,使多显现出来,自己也从存有的合一性中显明出来。它的末端是一切可理知的多,可理知形式的等级。形式存在于可理知等级的末端。因为形式必然最先存在并显现在理智之中。这样说来，如果存有原本独立地居住在第一混合体，现在开始从元一生发，按二的方式被生出来，那么必然有关于它的运动；既然有运动，就必然有可理知的生命。因为任何地方运动就是某种生命，有人甚至把物质形体的运动称为生命。因此，这第二个三一体里面的第一者可以称为界限；第二者称为无限，第三者称为生命。这第二个三一体也是神，拥有生育能力，从自身并围绕自身将第二存有显现出来。当然，这个三一体也类似于第一个三一体。

另外，还必须通过推论来思考这三一体的特性。第一个三一体是万物，这是在可理知的和一之本性的意义上说的，并且我可以按柏拉图的方式指出，这是从界限的形式来说的；第二个三一体也是万物，但是在生命意义上说的，并且我可以按哲学家的说法指出，这是根据无限的形式说的，正如第三个三一体是根据混合体的特性而来一样。从广度来看进程，那混合的东西作为第三者自我显现出来，同样，从可理知者的深度来看进程，相对于前两个三一体，第三个具有混合体的等级。中间的三一体确实是万物，不过是以可理知的无限为特点的。因为第一原理之后的三原理按顺序把可理知之神的种分配给我们。界限把第一个三一体显现出来，无限显现第二个，两者的混合显现第三个。因而，第二个三一体正是以无限权能为特点的。它作为中间者，是按照第一个三一体的中间者存在的，是出于大全的万物。在每个三一体中，都有界限、无限和混合体。而各不相同的元一演化出可理知的诸神。中间的三一体就是这样存在的；我这样说是因为它是由一切后于所组成的三一体的事物构成的，但它根据无限权能包含并连接中间的可理知者，被一个更高级的合一充满，同时以存有的权能充满后于它自身的合一。它一方面受到上面的统一度量，另一方面用自己的权能度量第三个三一体。它稳定地居住在第一个三一体里，同时使下一等级的三一体确立在自身之内。总之，它把可理知的中心系于自身，确立一种可理知的连贯性；使那隐秘的、在第一个三一体里拥有"一"的形式的东西显现出来；同时聚集第三个三一体的可理知的多，全方位地包围它。然而，成全这个三一体的存有是混合的，就如同先于它的三一体的存有一样，同时接受生命的特性。因为这个三一体里的无限生产生命。

同样，这三一体也必然分有三样东西，对称、真理和美。原初所是的东西（原初的存有）主要按对称存在，对称把它与"至善"连接统一起来。第二个三一体主要按真理存在。因为它分有那原初所是的东西，它就是存有，并且是"真正的"存有。第三个三一体主要按美存在。因为可理知的多、顺序和美，首先在那儿显现出来。因此这存有是一切可理知者中最美的东西。这一点将在后面讨论。这样说来，每个混合体中都有一个三一体，第一个是对象，专司包含和连接之职；第二个是真理，第三个是美。鉴于此，圣杨布利柯说，柏拉图把整个可理知等级界定在这三者里面。每个可理知者中都有三者，只是可能某一个在一个可理知的元一里比在另一个可理知的元一里更占优势。这之后，第三个三一体自我呈现出来。因为存有的末端也必然被神化，必然分有某个可理知的统一体。存有在数上不比统一体多，如巴门尼德说，统一体也不比存有的数量多；每个存有的进程分有"一"；这个宇宙从它自身的各个部分来看，也受到灵魂和理智的治理。更何况可理知者的第一实在、中间实在和末端实在，必然在更大的程度上分有可理知的神。

第九章

（14）什么是第三个可理知三一体；什么是那支配的事物，什么是分有者。最后，讨论这三种三一体的区别。

第一个统一体在独立于万物的原因之后，将可理知的存有显现出来；第二个统一体将可理知的生命显现出来，同样，第三个将可理知的理智围绕自己构建出来，使它充满神圣合一性，使构建权能作为它自身与存有之间的中介，通过这一中介使这一存有得以成全，并使它转向自己。在这里，每个可理知的多都显现出来。因为这存有的整体就是可理知的理智、生命和本质。它既不是像那原初的存有那样是万物的原因，也不像第二存有那样使万物显现，可以说，它是万物的活动，是公然的。因此，它是一切可理知者的界限。因为存有的进程是按相似性完成的，第一存有与"一"最相似；第二存有包含了多，是分离的起源；第三存有是全备的，在自身中将可理知的多和形式显现出来。

进一步说，第一个三一体隐秘地居住在界限里，将一切稳定在可理知者领域的事物固定在自身之中；第二个三一体既停留不动又向前行进；第三个展开进程之后将可理知的终点转向开端，使这个等级围绕着它自己。任何地方，理智的职责就是向可理知者转向和聚集。所有这些，即停留、生发和回转，都是统一的[即有一的形式]，可理知的。因为，在可理知领域对每个三一体并非以同样的方式表明。可理知的诸神是"一"性的、单一的、隐秘的，将自身与那先于存有的"一本身"连接，不显现任何东西，只显现"一"的卓绝超验性。这些三一体神秘地宣告了那不可知的原因，最初的且完全不可分的神。第一个三一体宣告他不可言喻的合一性；第二个宣告他的超验性，他因这种超验性超越于一切权能；第三个宣告他对存有的全备的生育。因为他们包含那个超越一切存有的合一性和权能的原理，所以他能够们向二级种类展现他可敬的超验性；一方面分别接受第一神的统一权能和支配权；另一方面把先于可理知者的原因按可理知的方式显现出来。这些神虽然分得一种同等地独立于一切神圣等级的单一性，但他们缺乏父的合一性。因此，这个三一体，将一切可理知者转向第一原理，使它自身中显现的多围绕全体事物的稳定合一性，其中一者是界限、统一和hyparxis，另一者是无限和权能，再一者是混合之物，也就是本质、生命和可理知的理智。而整个三一体按存有存在，是第一个三一体的理智。因为第一个三一体是一位原初性的可理知神，而后于它的（第二个）三一体是一位可理知的且有理智的神。第三个三一体是一位理智神。这三位神，三个合成的一，也使可理知的种得以成全。就他们是神（deities）来说，他们是元一，所有其他事物，包括权能和存有，都从神垂溢下来。但就某种单独的分法来说，他们是三一体。因为界限、无限和混合者有三重性的实存；在一处，万物由界限确定；在另一处，万物由无限确定，在第三处，万物由混合者确立。在一处，混合者是本质，另一处，它是可理知的生命，第三处，是可理知的理智。在这最后一处，形式原初性地存在。可理知者的分离展现形式的等级；因为形式是存有，但不是单一的存有。那原初的存有是存有本身，是"是存有"的东西。而第二存有是权能，从第一存有发出，可以说是一个二，能形成存有的多，但还不是多。第三存有其本身是存有的多，与分离共存。存有是那些由形式分别构成的事物的独立原因。在存有集体产生的事物中，形式以分离的方式成为原因，因为形式其实就是产生分离结果的原因，形式还被称为存有的范例。而存有是一切后于它自身的事物的原因，但不是它们的范例。因为范例是那些在存在上被分离出来、且具有不同本质特性的事物的原因。因此，"一"先于存有，在"一"之后的是那隐秘的——多和统一存在的东西。因此，它就是那被分成多，从统一转向绚丽多姿（the splendid）的东西。而最末的可理知者是产生某种分配（分成部分）的东西，是包含可理知的多的东西。

第十章

（15）《蒂迈欧篇》如何阐述可理知的三一体。关于生命体本身的许多告诫，表明它占据智能的第三等级。

因而，苏格拉底在《斐莱布篇》里对可理知的三一体理论为我们提供了这样的辅助性说明。然而，我们不仅要坚持这些观点，还要从其他对话来证明柏拉图关于这些三一体的神学理论，从那些对话指明适合于事物本身的真理。因而，我们将采纳《蒂迈欧篇》里记载的思想，将跟从我们的引路人[叙利亚努]，他已经向我们展现了这些三一体的玄妙奥秘，将以下讨论的开端与以上讨论的末端结合起来。在《蒂迈欧篇》中，柏拉图考察了整个世界的范型，发现它包含一切可理知的生命体，它是全备的，是最美的可理知者，是独生的，是得穆革的可理知者。他还称它为生命体本身，是一切生命体的可理知的范型，是感觉对象的范型。这生命体本身，因为是全备的，是最美的可理知者，所以必然确立在可理知的等级之中。虽然在得穆革中有可理知的生命体，但与其说它是可理知的，不如说是有理智的，不是一切可理知者中最美的，在美和权能上次于它们。因为原初的美存在于可理知的神之中。在得穆革中，不仅有包含在世界中的四种形式，还有一切多样的形式。因为个别形式的范型预先存在于他里面。但生命体本身是靠可理知的四一体"整全地"构建一切生命体的。得穆革也不像生命体本身那样，是存有中的独生者，而是结合活泼的原因一同存在，他与这原因一道构建存有的第二个种，将它们混合在槽或碗里，以便生成灵魂。就可理知的生命体所引发、所生成的事物来说，得穆革以一种分离的方式与这槽联合成为它们的原因。因此，如我所说，生命体本身独立于得穆革，也如蒂迈欧处处表明的，是可理知的。

然而，因为形式是它里面最初分离的，也因为它是全备的，所以它存在于第三等级的可理知者中。无论是原初的存有，还是二级存有，都不是全备的。前者在一切分离之外，后者确实形成、孕育可理知者，但还不是存有的多。既然这两者都不是多，怎么可能是全备的多呢？既然全备的多出现在第三等级的可理知者中，如稍前所证明的，而生命体本身是第一范型（因为它包含一切可理知的生命体，是一个独生的范型，不与其他任何原理结合），那么生命体本身必然确立在这个等级之中。或者没有一个可理知的范型，（果真如此，可感知者如何成为可理知者的像？或者可理知的神如何成为全体事物的父？）或者有；如果有，它就是可理知者中的第三者。先于可理知者中的三一体的种类不是全备的，因为它们独立于分离，没有分为多。而后于它的种类又不是独生的，因为它们与其他种类一同出来；男性与女性一起，具有得穆革特点的与那些具有生产特点的一起生发出来。它们也不是最美的可理知者，因为美存在于可理知者领域。而生命体本身是全备的，同时是独生的。因此，存有的第一个范型被安排在可理知领域的第三个三一体中。此外，生命体本身是永恒的，如蒂迈欧本人所说的。他说："生命体的本性是永恒的。"他还在另外地方论断说："范型贯穿于一切永恒存有。"它既然是永恒的，就分有永恒。既然凡分有的总是次于那被分有的，生命体本身就次于永恒。既然它贯穿一切永恒存有，就充满整个永恒权能。果真如此，它直接存在于永恒之后。因为享有全体原因的东西，被直接安排在这些原因之后。

第十一章

（16）许多证据表明永恒按照可理知者的中间等级存在。

此外，如果永恒与可理知生命体相比，就如同时间与可见之物相比，而宇宙直接分有时间（因为时间是与宇宙同时产生的），那么可以肯定，生命体本身必然原初地分有永恒。因而，永恒在第一范型之外。永恒衡量生命体本身的存在，也就是说，生命体本身由从它而来的永恒度量并充满。对此还可以补充一点，我们认为永恒是万物之不朽的原因。因此，永恒就是那原初不朽的东西。就如原初的存有是万物之存在的原因，那产生形式的东西本身先于其他形式，同样，那导致不动和不朽的东西本身是原初的不朽。受神圣力量鼓舞的亚里士多德也说永恒是不朽和神圣的，万物的存在和生命都是从那里垂溢下来的。另外，既然它是原初的不朽，不是因分有而不朽，而是——可以说——就是不朽和永恒，那么它必是生命，从自身拥有永远，充满活力地散播永恒的权能，把它扩展到其他事物，只要各物按本性适合接受它。永恒在生命之中，与生命同在。因此，苏格拉底在《斐多篇》里对灵魂的不朽作了许多精彩的说明之后，说："因而，我亲爱的克贝（Cebes），神和生命形式本身是更加不朽的。"也就是说，可理知的生命和与这种生命相连的神，原初性地拥有不朽，是整个永久性的源泉。而这就是永恒。因此，永恒的实存在生命里，并要确立在可理知等级的中间。

再说，必须主张可理知的永恒是这三种东西之一，即它或者作为存有，或者作为生命，或者作为可理知的理智存在。存有，如爱利亚客人所说，按其自己的本性说，既不是静止的，也不是运动的。如果存在是万物的存有，本质也是这样的东西，何况可理知的本质和原初的存有，岂不更是这样的东西。它们不是别的，就是本质。但是存有在它自身的第二和第三进程中展现运动和持久不动，以及其他的存有。第一存有，如我们所说，既独立于运动，也独立于不动。但永恒，在蒂迈欧看来"停留"在一里。因此，时间也在它的运动中效仿永恒的可理知的持久不动性。永恒不是依那原初的存有而存在，也不是按可理知的理智而存在。因为灵魂不是时间，它穿越整个时间。总之，在神圣存有中，被分有者总是确立在分有者之上。永恒者分有永恒，正如暂时的东西分有时间一样。因而永恒先于可理知的理智，后于存有；这样它就确立在可理知领域的中间层次。正如生命体本身是永恒的，同样，永恒就是那永远"是"的东西。就如生命体本身分有永恒，同样，永恒分有存有，是存在的原因，永存生命的原因，理智活动的原因，它度量一切事物的本质、权能和活动。

第十二章

（17）永恒所居住的一是可理知者的顶点。

既然永恒作为可理知者的中心而存在，生命体本身作为它们的末端而存在，而且是可理知者中最杰出的，那么那可理知者中的第一位是什么，蒂迈欧是怎样命名的？他论到永恒说，当它停留在一里时，时间依数流出；它通过运动勾画出永恒的永久不动性，通过数，显示它的稳定合一性。那么蒂迈欧所说的永恒停留在里面的那个一是什么呢？它必然或者是永恒的一，或者是超越一切可理知者的"一"，或者是第一个三一体的一。如果我们说它是不可分的一，那怎么可能有什么东西停留在那独立于万物，既不接受二级种类的习性，也不包含与它们的结合的事物里？凡是留在什么东西里的，在某个意义上就是被它所在的东西全面包围。然而，最初的一不可能包围任何存有，也不可能与存有并列。如果有人设想，蒂迈欧所说的永恒所在的是永恒的一，如果这样，永恒就在自身里面。然而，它要停留在自身里面，就必须让它的实存停留在先于它自己的东西里。因为停留在先于自己的东西里，胜过确立在自身里，就如同停留在自身里胜过把好的东西安置在差的本性里。如果永恒停留在自身里，那我们首先该将存在于先于自身的东西里面的永久不动性分配给什么呢？因为这存有必然较为神圣，它的形成必先于那低于它的东西。如果永恒既不能停留在自身里，也不在先于存有的"一"中，那么显然，蒂迈欧所说的停留在一里是指，"它确立在第一个三一体里的一里"，或者说在那个三一体的整体里。因为如我们前面所注意到的，第一个三一体是一切存有的稳定性的原因，就如中间的三一体是它们进程的原因，第三个三一体是它们转回到它们的原理的原因。

第十三章

（18）根据蒂迈欧的理论论述所有可理知的等级。更精确地阐释可理知三一体的特点。

所以，根据蒂迈欧的理论，可理知者的三个等级向我们显现出来，即生命体本身、永恒以及一。通过这个一和在它里面的坚定确立，永恒拥有牢固的可理知王国。而通过永恒，生命体本身根据一种永久不变的同，规定可理知神的界限。生命体本身确实按四一体的方式进发，它是从永恒里面的二垂溢下来的。永恒就是"永久地与存有联合"。永恒里的二分有可理知的元一，因此蒂迈欧称之为一，是可理知领域的元一和原理。另外，由于第一个三一体特别以界限为特点，所以他从界限来给它命名，非常恰当地称之为一；而从二的意义上称中间的三一体为永恒，这是名副其实的，因为这个三一体是根据可理知的权能界定的。他又把第三个三一体命名为生命体本身，也就是把这个对三一体末端的称呼变成对它整体的称呼。因此，第一个三一体是一切可理知者的合一体，在某个方面与它们同列。要知道，合一体不同于这个独立于可理知者且不可分的三一体。它也是稳定权能的供应者，因为万物都因着它而确立。而永恒是原初的存有，是原初确立的东西。因此相对于全体事物的持久不动性，我们说，这第一个三一体是这样的东西——这持久性因它而得以实现（on account of which）；第二个三一体是这样的东西——持久性通过它而得以产生（by which）。因为存有的牢固确立确实是"依照"（according）这第二个三一体来的，同时是"因着"（on account）第一个三一体才有的。第二个三一体是一切存有的直接尺度，与被度量的事物是等同的。它里面同时还有界限和无限；就它度量可理知者来说，它有界限，就它是持久性和永久性的原因来说，它包含无限。根据神谕，永恒是永不褪色之生命的原因，是永不疲倦之权能的原因，也是永不迟缓之活动的原因。不过，永恒更多的是无限的特点，而不是界限的特色。因为它在自身里包含无限的时间。时间以不同的方式拥有界限和无限。按它的持续性来说，它是无限的，按它的即时性来说，它是有限的。即时就是一个界限。而永恒把界限和无限确立在同里，因为它是一种统一体和权能。按一来说，它是界限，按权能来说，它是无限。时间也被称为永恒的像；因为［可理知者领域的］中间三一体有界限、永恒和两者的混合。试想，时间的界限从哪里来，不就是从永恒的界限来吗？暂时的界限也是不可分的，就如永恒的界限是一。不可分者是"一"的像。同样，时间持续性的无限从哪里来，不就是从无限者的权能来吗？后者是一种稳定的永恒，前者是一种活动的永恒。就如后者因"一"而静止，同样，前者依数而运动。因为时间与生命的联合除了出于［生命的］第一原理［永恒］之外，还能出于哪里？而时间贯穿一切暂时的生命。

另外，从这些可以看出，永恒依据中间的可理知神而存在。因为这里有无限的生命，也有各种生命的原因，包括理智的、灵魂的，以及可分地存在于形体里的生命。而永恒是无限生命的父和供应者，因为永恒也是一切不朽和永久的原因。普罗提诺以一种完全神启的方式表明永恒的特性，并根据柏拉图神学，把它界定为无限的生命，同时显现它自身的整体和它自己的存有。它将自己的生命确立在可理知的中心，通过一衡量它的存有，把这存有固定在那先于自己的东西里，同时通过权能使之成为无限的，由此它确实展现了第一个三一体的统一超验性，阐释众神的末端，并从中间向四面扩展，扩展到整个可理知领域。此外，第三个三一体充满可理知的生命，因此是一种可理知的生命体，并且是第一个生命体。因为它原初地分有这种生命的整体本性，同时在自身里显现最初的形式，也就是得穆革理智将自身扩展到的形式，构建整个世界，并且它自身就是可理知的宇宙，而显现的世界是可感知的宇宙。因此，柏拉图也称生命体本身是全备的。或者如果你愿意，我们可以这样说：在这第三个三一体里，有界限、无限，还有两者的混合，也就是我们所称的可理知的理智。所以，整个三一体被认为是在它里面的父所独生的。界限的原因给予那不与他物同等并列的东西一种独立的超验性。蒂迈欧说，那包含一切可理知的生命体的，不可能与任何别的东西一起并列第二，否则就需要另一个生命体来包围它。因此，那把一切可理知的生命体包含在一里的，就是一个整体。任何地方，整体都归于界限，部分归于无限。因此如果生命体本身是独生的，它就会依据界限拥有这种特性，另一方面它又是依据它的权能被称为永恒的。因为这权能专门与那永恒的东西相关。永恒是驻守在一里的无限权能，并且稳定地进发。而生命体本身，按理智来说，是全备的。因为那在自身里显现一切可理知的存有之分离的，就是可理知的理智。而这理智，按柏拉图的论断，必是全备的，包含一切可理知者，表明可理知等级的界限。因而，独生者、永恒者、全备者、界限、无限以及两者的混合，这些都表明了可理知生命体的本性。由此，蒂迈欧在三个推论里，即在表明宇宙是独生者的推论里，在时间的形成推论里，以及在全备包含一切生命体的推论里，提醒我们要注意范型。

　　同样，如果蒂迈欧说，生命体本身是一切可理知者中最美的，它在可理知者中占据第三等级，那也不会令人惊奇。我们前面已经说过，任何地方，最好的混合体的原因就是对称、真理和美这三一体。美原理上出现在存有的第三进程，与可理知形式一起展现它的发光本性，正如真理出现在存有的第二进程，对称出现在存有的第一进程一样。然而，如果真理是第一者，美是第二，对称是第三，那么毫不奇怪，根据这样的顺序，真理和美应当先于对象；而对称性在第一个三一体里比在其他三一体里更明显，应当作为二级进程的第三者出现。这三者隐秘地存在于第一个三一体中。真理就其是可理知的知识来说，在第二个三一体里，美就其是形式的形式来说，存在于第三个三一体里。因为从这一点，即真理先于知识,原初地在那特定的存有里,可以看出这个三一体最初存在于那里。而美一直渗透到末端的存有,必然存在于第一存有中,末端的存有就是从第一存有而来的。至于第一个对称,存在于那原初混合的东西里。因为每个混合体都需要对称,好叫从它产生的东西成为某个东西。因而,这三样东西预先存在于那里,因为我们认为,如众人普遍承认的,对称存在于那里,并且如蒂迈欧说的,最美的可理知生命体也在那里。但是目前我们不准备进一步思考它们,因为我们已经在别处优先讨论了它们,也特别努力地坚持我们所理解的柏拉图关于它们的等级的观点。事实上我们已经在编成一册书的专题论文中谈到这些事,表明真理与哲学家相提并论,美与爱人,对称与音乐家属于同一等级。这就是这些生命的顺序,也是真理、美和对称彼此之间的关系。

因而,生命体本身可以与最大的正义一起被称为最美的东西,因为它非同寻常地包含在可理知的美之中。美往往包蕴在形式之中,可以说是形式的形式,展现隐藏在"至善"里的东西,使它的魅力表现出来,把隐藏在它周围的欲望吸引到它自己的荣耀上。确实,万物都有一种寂静无声、不可思议的倾向"至善"的特性;同时我们在惊异和冲动中激发出对美的追求。因为它所发出的光亮,它的效力,深刻地穿过每个灵魂;它作为与"至善"最相似的事物,使每个考察它的灵魂发生转向。灵魂看见那神秘地闪现出来的东西,对所见对象欢喜、崇敬、惊异万分。就如在至圣的奥秘,先于神秘景观的奥秘中,那些被接纳的人感到万分惊异,同样,在先于对"至善"之分有的可理知者中,美显现出来,使看到它的人惊奇不已,使灵魂转向它自己,它立在 [至善] 的门前,显明内室里的东西是什么,包含隐秘之善的超然性是什么。通过以上阐述,希望使人明白美源于何处,它最初是怎样显现出来的,以及生命体本身为何是一切可理知者中最美的。

第十四章

（19）论可理知的形式，展现它们特性的理论。为何它们是四个，它们根据什么原因存在。

但是蒂迈欧说，原初的、可理知的范型存在于可理知的生命体里，所有的范型总共是四种，最初按全备的四一体的方式自我显现出来。果真如此，首先值得思考的是，既然类或"形式"自我呈现在可理知领域，那么存有的"种"就更应当预先存在于可理知领域。我们不可能承认形式是可理知的，却认为种只是理智的。就如形式就其最初的实存来说，可理知地存在，而它们的丰富性在理智神里显现，把总体分成部分性的减少，使一生成为多，把独立的东西扩展为并列的原因，同样，存有的种隐秘而不可分地存在于可理知领域，但在理智领域却伴随着分离。因此第一个三一体有混合体的本质，第二个三一体有生命，其中有运动和持久不变性，生命既是静止的又是变动的；在第三个三一体里有同和异。全备的多穿越可理知的异，而统一的、共同包含部分的，以种和一为依据的，穿越可理知的同。所有这些都可理知地、本质地、统一地存在于这些三一体之中。

所以，这首先值得那些热爱考察事物本性的人来推断，他们也应当将并列的种归于可理知的形式。因为若让种在形式之后以第二的身份显现出来，这以前是不合自然的，将来也不会是合乎自然的。所以，那些承认有可理知形式的人就更应当承认，种以上面提到的方式存在于可理知领域。然后，除了这些以外，我们必须考察形式的这四一体是如何存在的，如何在可理知领域显现出类似于原理的理智。因为它被分为一个元一和一个三一体。就天上神的理念被列于他者之先而言，它是作为一个神圣原因被界定的。然而在我看来，可理知的理智凭借自身的转向，回归到全体事物的原理，所以成为丰富的形式，在理智意义上同时在可理知意义上就是万物，在自身中包含存有的原因，充满万物之不可言喻的独立原因，构建神的元一；我想，柏拉图也正是因此称之为诸神的理念（idea of the gods）。但是它接受后于"一"的三原理的理智原因，展示"一"后面的三个理念，其中之一是空中漫游和飞翔之生命体的原因，这个原因类似于界限。因此它也建构统一的、上升的、纯洁的、与天上的神联合的诸神，以及接受在尊严上次于天上神之尺度的神，从独立的超验性来说，这些神与那些共同管理生产的神的关系就如同天上神与它们的关系。可理知的理智展现了水栖神的原因，这原因相当于生产性的、无限的权能，创造出提供运动和丰富多样性的神，以及审察管理生命的神。因为这水本身作为感官的对象是流动不居的，无限的，不确定的；同样它也被归于赋予生命的权能。可理知的理智展示地上行走的神的先在原因，并且以适宜于混合体的本性的方式展示。它还形成包含全体事物之终结的神，这些神是稳定的，用末端的形式征服质料的无形式本性，把世俗种类的位置固定在宇宙的同一个中心里。因为它们可以说从第一个维斯塔获得实存，或者存有的位置，稳定地勾画出这世俗的位置。因此，形式首先自我显现在可理知的理智里，按第一原理拥有它们的进程和次序。然而，除此之外，还必须像蒂迈欧那样，在第三方面推断出这一点，即，根据这个三一体，可理知的部分的多显现出来，整体被分为一个全备等级的部分。他说，因为以其他可理知生命体为部分——无论就一来说，还是就种来说——的东西，就是最初的也是最美的宇宙范型。既然其他可理知的生命体是这个东西的部分，显然，它就是一个整体理念，自身里包含可理知部分的多，把一切可理知部分联结起来。由此必然可以推出，这三一体是生产和建造的第一因。因为它既然包含事物的最初范型，那么显然二级种类的有序分配就源自于它。如果它是一切生命体的生命构成，那么每个灵魂，一切形体都从那里获得自己的进程；

它也必然包含一切赋予生命的、得穆革的等级的可理知原因。

第十五章

（20）根据《智者篇》的论述可以发现三个可理知等级，即在《智者篇》的那一部分表明什么是"一存有"，什么是"整体"，什么是"全部"。

可以说，这些观点是从《蒂迈欧篇》里关于三个可理知三一体的论述推导出来的，与《斐莱布篇》里关于它们的论述，对每个界限、无限和混合体的考察是一致的。如果你愿意，我们也可以从分散在《智者篇》里的论说来表明，柏拉图对第一原理的看法与我们的是一样的。爱利亚客人在那篇对话里质疑巴门尼德关于宇宙是一的论断，展示了可理知的多，表明它如何从"一"垂溢下来。他首先从一存有[或以一为特点的存有]开始论证，提醒我们它从属于"一"，分有"一"，但不是"一本身"，也不是原初为一的东西。然后，他从整体的角度提出区分不可分的一与存有的观点。如果一存有是个整体，如巴门尼德所证实的，而凡是整体的东西必然包含部分，有部分的东西就不是"一本身"，那么一存有就不同于"一"。最后，他又从全备者的角度进行论证。因为那完全被分的，与许多部分相连的东西，永远不可能与那完全是一的东西具有相同的实存。由此，他通过以上三个论证表明，那缺乏多的东西，在其自身的本性中独立于一存有。有时候他从一存有开始，有时候从整体观念开始，有时候也从全备者展开这样的论证。不过，最好还是听听柏拉图自己说的话。他用以下的话证明"一"不同于一存有。"对于那些主张万物是一的人该怎样呢？我们岂不要尽我们所能查考他们所说的存有是指什么吗？当然。那么请他们回答这个问题：你们说只存在一个事物？他们会说：我们确实是这样说的。他们不会这样说吗？他们会这样说。那么你们把存有称为某种事物？是的。你们称它为'一'，对同一个事物使用两个名字？或者你们是怎么说的呢？客人啊，然后他们会怎样回答呢？"通过这些讨论柏拉图将"一"和存有彼此分离，表明"一"的概念不同于存有的概念，它们彼此不相同，从而显示完全固有的、原初的一独立于一存有。因为一存有并不纯粹地停留在没有多、只有一之形式的hyparxis里。而"一本身"独立于任何添加物；不论你对它添加什么，都是对它的卓越而不可言喻之合一的减损。因此必须把"一"安排在一存有之先，从那单独的一垂溢下一存有。如果"一"和一存有同一，那么说一与说存有没有任何分别（因为如果它们有分别，"一"就又是从一存有变来的），因此如果"一"与一存有在任何方面都没有不同，万物就成为一，存有中就不会有多，也不可能给事物命名，除非有两样东西：事物和名称。因为独立于一切多和一切划分，就既不会有关于某物的名称，也不会有关于它的任何论说，名称与事物就会显为同一。如果事物同于名称，名称就是事物，那么一个名称不再是关于一事物的名称，名称成为名称的名称，事物也成为事物的事物。既然事物与名称是合一的，那么万物必围绕一物存在，也就是围绕一名称存在。因此，如果这些情形是荒谬的，"一"是"是"，也是存有，存有分有"一"，那么"一"与一存有就不是同一的。

然后柏拉图 [在同一篇对话里] 证明整体也不同于"一"，他说："然后呢？他们会说整体不同于一存有，还是会说它同于一存有？毫无疑问他们会说是同一个东西，事实上他们就是这么说的。如果整体如巴门尼德说的'类似于滚圆的球体，完全拥有从中心发出的相等权能，没有比这样的东西更大或更稳定'——如果真是这样，存有必然有中心和端点。有了这些东西，就必然有部分。否则我们会怎么说呢？就是这样。既然它是可分的，就没有任何东西阻止它在各部分中拥有'一'的热情，这样，全体和整体就成为一。一点没错。另一方面，具有这些东西的事物不可能是'一'，对吗？为什么？因为从正常理性来说，真正是一的东西应当完全没有部分。对，一定是这样的。而我们刚刚描述的这个事物是由许

167

多部分组成的，所以不可能与'一'吻合。"通过这样的论述，爱利亚客人从一存有之后的整体以及把整体分为部分开始论证，表明全部不是一。既然整体在存有中，如巴门尼德在文中所证明的，那么万物必不是"一"。因为"一"是不可分的，而整体拥有部分。整体也不是"一本身"。因为"一本身"超然于万物和整体；而整体从属于"一"，由此它被称为整体，它不是"一本身"。因此万物不是无分别、无多样性的一。

　　此外，全体包含许多部分。整体首先是由两个部分组成，而全体拥有大量部分；分有整体性同时也就是全体，因为整体被完全地分配给各部分。因此，整体不是"一本身"，而是从属于"一"。"一本身"是不可分的。它之不可分是因为独立于一切部分。因此全体不同于"一"。我们区分了整体和全体，但柏拉图把它们结合起来，说："当它被划分，它必在自己的所有部分里拥有对一的激情，这是没有什么东西能阻挡的；这样，全体和整体就成为一。"同时，从上面提到的方式看，它们又是可区分的。从这三种论证，爱利亚客人区分了"一"和"一"的分有者，质疑那些主张万物是一，即是一存有、整体和全体的人；全体确实分有整体，是一个自我完全的多，由许多部分组成；但整体也同样分有存有。因为存有不是整体，如巴门尼德证明的。这些事物具有这样的一个顺序，柏拉图的论证岂不必然与这三个可理知的三一体一致吗？既然巴门尼德在可理知领域里界定一存有，那么柏拉图必然由此推导出他关于先于可理知者的"一"与在可理知者中的一之间有分别的证明。对巴门尼德的质疑在许多地方表明，被分有的一从不可分的合一获得自己的实存。因而，"一"不存在于这些三一体中，而一存有和整体存在于这些三一体中。关于全体，很显然，它处于可理知领域的末端。因为各方面都完全的东西，整个可理知的多，其实存就在于那样的末端。而整体处于中心，在可理知领域的连接处。因为整体应当具有先于全体的实存，全体是一个整体，但整体并不必然就是全体。全体被分为多，而那在自身里包含多，但还未分离的东西是整体。这尤其与永恒相关。永恒是一切可理知之多的尺度，正如整体是全体的连贯性和合一性。而一存有在第一个三一体里。因为"一"是这个三一体专有的特性，如蒂迈欧所表明的。那隐秘而可理知地"是"的存有，一切其他事物之本质的原因，原初就从那里显现出来。另外，按爱利亚客人的思路，三个三一体向我们自我显现出来，第一个对应于一存有，第二个对应于整体，第三个对应于全体。宇宙的得穆革也朝向三一体，装饰可感知的宇宙，从那可理知的全体来规定可见本性；从可理知的整体来规定时间。由此时间也是持续的。就如可理知的整体包含两部分，但把部分包含在一界限里，同样，时间也以"现在"为界，但因有两个部分而是无限的。稍后当我们谈到巴门尼德时将对这些问题作更详尽的讨论。爱利亚客人的观点是巴门尼德的奥秘的"proteleia"。在转向巴门尼德之前，如果你愿意，我们要从柏拉图分散在许多地方的论断整合出他的思想，从头开始讨论这三个三一体。

第十六章

（21）概述关于可理知三一体所讨论的内容。柏拉图的告诫，可以把它们分为父亲、权能和理智。

我们已经不时地注意到，有三个三一体，它们被分为界限、无限和两者的混合。也就是说，有三重可理知的界限，三重无限和三重混合体。在每个可理知的三一体中，界限被命名为父亲，无限被称为权能，那混合体被称为理智。任何人也不可以为这些名字与柏拉图哲学是无关的。其实我们可以看到，他比任何人更频繁地在以上所提到的三一体里使用这些称呼。他在书信里称第一神为父和主。然而显然，第一神甚至超越于父亲的等级，所以第一父存在于可理知的神里。因为这些神最杰出地与"一"相连，以可理知的方式展现他不可言喻的、不为人知的合一性。

因此，如果第一神根据直接从他出来的本性而被称为一和父——果真如此，就如可理知的神是原初的统一体，同样，这些神也是原初的父。柏拉图从两方面给不可言喻者名称，或者从存有的顶点，或者从一切存有。通过这些名称，一的超验性为人所知。此外，爱利亚客人说存有是强大的东西，是权能。第一权能存在于存有之前，与父相连；但它尤其与存有一致，也充满存有。存有因分有权能，被称为强大的；同时它与权能结合，根据权能生产全体存有，所以就被称为权能。如果柏拉图本人和他的嫡传弟子常常称一切 [真正的] 存有为理智（由此，在许多地方他们提出三原理，"至善"、理智和灵魂，把每个 [真正的] 存有称为理智），那么你也会在这些东西里看到第三个理智。但是千万不可忽视其中的差异。关于理智，一种理智与 hyparxis 相关。当我们说每个三一体里的统一体是可理知的，是存有的欲望对象，也是充满的存有（filling being），此时，我们就把在三一体中位列第三的东西称为理智。它之可理知是作为本质和理智，而不是作为本质的理智，是父和神的理智。每个被分的神都是可理知的，是它的分有者的丰盛。另一类理智是指本质的理智；根据这种理智，我们说第三个三一体的存有是那原初存有的理智。这是本质性的理智，通过活动（激发活力）获得自己的本质。万物本质上都在它里面，不论是单一的种，还是原初的范型；它是可理知的理智。还有第三类理智是理智性的理智（intellectual intellect），它效仿可理知的理智而存在，与可理知的理智结合，并从中获得充满，以理智方式拥有那些以可理知方式存在于另一理智中的事物。总之，无论何处，每个系列里位于第一的事物必然具有先于这一系列的事物的形式。因此它们也被称为第一的事物，拥有某种超越于同等种类之本质的特性。由于先于可理知者的东西就是神，所以最初的可理知者就是诸神和统一体。由于可理知者是本质性的，所以最初的理智就是本质。由于理智按其自身的本性来说是有理智的，所以第一灵魂是有理智的。同样，因为灵魂是生命的丰盛，所以最先的形体是最富生命的。因为永恒的形体在一个圆圈上运动，所以，质料性形体的顶点协同那些永恒的形体一起运动。这就是统一体不时地被称为可理知者，存有被称为可理知的理智的原因。

　　柏拉图原本就知道这个三一体，我指的是父、权能和理智，我们看一看得穆革的等级就会知道这一点。因为这个三一体在这一等级里极其显赫地呈现出来。由于与可理知者的合一，这个等级充满了这个三一体，并以一种比生命体本身或者可理知的永恒更分离的方式拥有这些东西。在《蒂迈欧篇》刚开始谈论构造时，得穆革就自称为父："我是这些作品的得穆革和'父'。"稍后他展开自己的权能，"在造你们的时候我效仿我的'权能'"。他向我们表述了最富神学性的权能概念，这也是奇异的。首先他称它为父的权能，他说："我是这些作品的得穆革和父"；这权能是他的，这显然也可以从"效仿我的权能"这话里可知。所以，在柏拉图看来，权能是父的权能。其次，他把这种权能归于生成全体事物的一种特性，从"在造你们的时候"这话可以看出这一点。因而，权能是生成的原因，也是存有的进程的原因。最后，他阐述了得穆革的理智特性。"说完这话，他就混合前个混合体的剩余物，把它倒入先前锻造了宇宙灵魂的那个搅合器里。"倾倒、混合混合体，生产灵魂，这些都与理智相关。其实没有必要强调这些东西，因为他此前就称得穆革为理智。"'理智'靠生命体本身的推理活动所认识到的观念,不论是什么,不论有多少,都必然是这宇宙所包含的。"因此得穆革就是父、权能和理智。他因着可理知者而尽可能拥有这些。因为他因着可理知者而是父亲一样的神，也因着可理知者是权能、整体的产生者，并且以理智方式认识存有。因为可理知的知识最初存在于它们之中。父亲、权能和理智就更存在于可理知者中了；得穆革也被它们充满，分有这个三一体。柏拉图以类似的方式呈现三者：就如在可理知领域，父的三一体给予可理知的永恒以实存，同样，得穆革使他作为父亲所造的作品成为不可分解的；也如在可理知领域，依据权能发出的永恒生产可理知的生命体本身，同样，得穆革的权能把实存给予永恒而神圣的尘世生命体，分给低级神另一种生产必死生命体的权能。从以上所说，显而易见，任何人都可以从柏拉图那里采纳这些名称。

然而，存有有一个实在三重性地存在于可理知领域，一个是原初的存有，先于永恒者；另一个是二级的存有，是第一永恒；第三个是终极的存有，是可理知的、永恒的理智。这里有的是存有，那里有的是永恒，还有的是理智。永恒比理智更广泛，而存有比永恒更广泛。每个理智都是永恒的，但并非每个永恒的东西都是理智。灵魂按其本质来说是永恒的，凡是分有永恒的东西，也在更大优先性上分有存有。因为存有完全与存有的永恒性同在。但是那分有存在的并不必然就是永恒的存有，比如形体在某一方面分有存在的本性，但它们不是永恒的。因而，理智就其是理智来说，只构建一种理智本质；就它也是生命和存有来说，它构建一切事物。而永恒既构建理智本质，也构建灵魂本质。因为 [第二个三一体里的] 混合体是可理知的生命。而存有构建理智的、灵魂的、有形的生命。因为质料也是存有 [最低级的存有]，是接受力，不过是无形式的存有，是非存有，不分有存有。然而，如果有人说它在权能或接受力上是存有，那么我们得说，它的这种权能也是从存有来的。因为接受力是对活力（energy）的预先分有。关于这些就谈到这里。

关于这些可理知的三一体，苏格拉底在《斐德若篇》中为我们提供了怎样充分的分类论证？我们如何从他所说的再现关于最主要神的实在概念？苏格拉底在那篇对话里，受到宁芙女神的启示，表明一切神圣的东西都是美的、智慧的、善的，还说，灵魂就是以这些为营养的。既然凡是神圣的东西都是这样的东西，那么对可理知者来说更是如此。所有这些（指美、智慧、善）无处不在，而善主要存在于第一个三一体里；智慧主要存在于第二个三一体里，美主要存在于第三个三一体里，因为这里有最美的可理知者。在第二个三一体里存在着真理和第一智能（intelligence），在第一个三一个体里有相称的东西，我们说它就是善。但是苏格拉底在《斐莱布篇》中说，善的元素是可求性、充足性和完全性。

可求性与界限相关，因为它是整个三一体的合一性和良善性，这三一体围绕它聚集。充足性与无限相关，因为充足性是一种能渗透万物的能力，能毫无阻碍地呈现于万物。完全性与混合体相关。因为这就是那原初三一的东西，每个混合体都从这三一体获得联合。因而，善的各元素向我们展现了第一个三一体；可理知的智慧的各元素向我们展现第二个三一体。而凡是智慧的东西都充满存有，生成真理，使不完全的种类转向它们的完全。因此，充满性与第二个界限相关，因为它统一地、完满地分有先于自己的本性。充满性无处不适合于界限，正如那不可能被充满的东西对应于无限一样。多产者与第二权能相关，也与无限相关。因为那不是停留在自身的完满中，而是孕育、生产其他事物的，专门指向神圣的无限。转向性与那混合体相关。它因分有三一体的终局，使一切不完全的东西转向完满，把先于其他东西的自己与整个三一体的界限相连结。

第十七章

（22）《斐德若篇》为何说每个神圣事物都是美的、智慧的、善的。什么是柏拉图关于它们所阐述的三要素。如何根据这些接受可理知三一体的合一和分离。

此外，美的元素是可理知领域的第三个三一体的特性。如我们前面注意到的，这些元素是可爱（the lovely）、精致（the delicate）、绚丽（the splendid）。可爱性的位置类似于可欲求性，与界限相关。精美与充足性同等并列，与存在于美者里的无限权能相关。绚丽具有一种理智的特性，因为这是美的美者，是照亮万物的东西，使那些能够注视它的人目瞪口呆。正如完全显现出来的可见的美是通过最敏锐的感官看见的（因为按亚里士多德的看法，这种感官的对象有许多差异，这种感官也比其他感官涉及的范围广），同样，可理知的美在灵魂的理智看来可理知地闪现出来。因为它是一种可理知的形式。因此，美的光辉在理智是可见的。绚丽的美，如苏格拉底所称呼的，在可理知等级的末端显现出来。因为这是最绚丽的可理知者，是可理知的理智，是发出可理知之光的东西，它一出现，就使理智神大为惊异，使他们尊敬他们的父，如奥菲斯（Orpheus）所说的。这些是认识可理知神的预备，从这些东西可以推断出他们。现在我们可以看出，美如何隐藏在第一个可理知的三一体的末尾，但存在于第三个三一体里，以至于明显地表现出来。因为在前者里它只是作为一形式存在，但在后者里，它以三一体的样式存在。也可以看出，每个三一体为何既是一个元一，又是一个三一体。因为第一个三一体是以"至善"为特点的，因"至善"的三个元素而获得完全。第二个三一体是以智慧者为特点的，包含在智慧的三一体里。第三个作为美者存在，通过美的三一体而全备。如果美者隐秘地在第一个三一体里，同时在第三个三一体里按三一的方式显露出来，那么显然，可理知的理智热爱第一个三一体，并使爱与它的美结合起来。这就是对第一美的可理知的爱。从这些东西生发出理智的爱，以及信仰和真理，如我们前面所说的。因为善者、智慧者和美者，这三个可理知的元一构成三大权能，引导其他一切事物向上，尤其是引导理智神向上。关于这些，我们要在下面谈论。

第十八章

（23）巴门尼德如何在第二假设中阐述诸神的多。我们该如何讨论他们的每一个等级，以及为此利用那一假说的推论。

现在我们要把注意力指向《巴门尼德篇》里的理论。不过，我希望再次提醒读者注意我们前面所表明的一切。我们已经表明，必须把第二个假说分为一存有的整个进程；这个假说不是别的，就是诸神的形成和进展，他们以超自然的方式从可理知者的至高合一发出，一直进展到一个神化的本质。因为关于神和诸神的讨论不是如有些人所说的，是在第一个假说里。巴门尼德不可能把多结合到"太一"里，把"太一"结合到多里。因为第一神是完全独立于全体事物的。在第一假说里，本质，甚至"一本身"都被从第一神那里拿走。而这样的一种切除是不适合于其他神的，这是人人都明白的道理。此外，巴门尼德没有如这些人所说的，在第一假说里谈论可理知的神；他们说，否定就是对这些神的否定，因为他们与"一"结合，并且在单一性和合一性上先于一切神圣的种。试想，相似或不相似，接触和不接触，以及"一"的其他否定性特点，怎么可能内在于可理知的神里？在我看来，这些人主张被取消的东西是神的相似物，这一点是对的，但他们说所有那些都是可理知神的相似物，这就不对了。对此还可以补充一点以驳斥这种主张，即第二假说里又开始讨论可理知的神。在第一假说里否定的东西，在第二假说里得到肯定；而这，如我所说的，就证明关于各自的推论有前后和因果的顺序。因而，我们必须把出于开端的第一组推论对应于第一等级，中间推论归于中间等级，最后的推论归于最后的等级，必须表明，所提出的问题有多少，神圣等级的进程就有多少。首先，我们必须阐述巴门尼德关于可理知神的理论，关于这些神我们已经提出讨论，因为柏拉图在许多地方论到他们，有时是暗示，有时是清楚地表明他的意思。

我们也必须把关于彼此的同一主题的详尽理论整合为一体，因为这里重复我们已经在注释那篇对话的作品里阐述过的话是不适当的。我要独立地采纳每组推论，力图将它们归于相应的神的等级。我这样做的时候跟从我们的领头人[叙利亚努]的神圣启示。他是我们神圣的头，在他的协助下我们怀着神圣的激情，追求关于《巴门尼德篇》理论的神圣路径，就如从沉睡中被唤醒，来探索这门不可思议的神秘学科。下面我要开始叙述所提出的问题。

第一的、不可分的一在全体事物之前预先存在，不仅超越于分有的统一体，也超越于那些被分有的统一体，这个一通过第一个假说得到阐述，被表明是万物不可言喻的原因，但自身不在任何事物中被规定，也没有任何类似于其他神的权能或特性。在这个[不可分的一]之后，那完全超本质的、超越的、未与一切hyparxis混合的东西，是一个被存有分有的统一体，它围绕自己构建第一本质，并因增加了这种分有，比起那原初是一的东西就显得有了多样性。这其实是一个超本质的hyparxis，第一个可理知三一体的hyparxis。既然在第一个三一体里有这样两个东西，即"一"和存有，前者是生产者，后者是被生产者，前者使后者完全，后者因前者得完全，那么两者的中间者必然是权能，"一"通过它并联合它进行构造，使存有完全。因为存有的进程出于"一"，它向"一"的回归是通过权能。试想，除了权能，还有什么东西使存有与"一"联合，或者使"一"被存有分有？它就是"一"的进程，是"一"向存有的伸展。因此，在所有神圣的种里，权能先于进程和形成。这个三一体，即"一"、权能和存有，是可理知领域的顶点，其中第一者生产，第三者被生产，第二者从"一"垂溢下来，与存有结合。

第十九章

（24）根据巴门尼德，什么是第一个可理知三一体。他从哪里开始教导这三一体，以及到哪里结束。

随即，巴门尼德在第二假说的开头阐述了这个三一体，把最单一的对本质的分有加到"一"上。他称之为一存有，并说存有分有"一"，"一"也分有存有。只是这两种分有是不同的。"一"分有存有就如同照亮、充满、神化存有,而存有分有"一"可以说是从"一"垂溢下来,并被"一"神化。至于两者的中间者习性,并非与它们一样缺乏本质。试想,可感知事物中的习性并非完全不是存有,更何况可理智事物中的习性,岂不更是如此。只是这习性是善的。因为它是"一"的,也是与存有同时显现的。它就是"一"的运动,是"一"进入存有的进程。巴门尼德阐述这三一体,以这样的谈论开始:"就从开头留意起吧。如果'一'是,它能一方面是,另一方面却不分有本质吗?不能。"然后在结尾处又以这样的话谈论它:"既然有人概括地论断'一'是,那么所说的能认为是别的东西,而不是这样的意思,即'一'会分有本质吗?不能。"因此,一、存有以及两者的习性,这就是第一个可理知的三一体,因着这习性,存有是"一"的存有,"一"是存有的"一",两者都以非常可敬的方式关联。柏拉图通过这些指出,父是理智的父,理智是父的理智,权能隐藏在两极之间。神是这三一体的父,存有是这神的理智。但它不是我们习惯称呼的本质之理智的那个理智。这样的理智每一个都是既静止的,又运动的,如爱利亚客人所说。而那原初所是的东西,既不静止,也不运动,这同样是他所教导的。因而,第一个三一体被称为一存有,因为权能在这里是隐匿的。这三一体没有从自身出来,而是毫无分离地、统一地存在,依据神圣合一体被原初地界定。因此,这是对本质的最初分有,通过权能这个中间者分有"一",这个中间者把"一"和存有合起来,也把两者分开。它确实是超本质的,但又是与本质结合的。因此我们绝不能以为整个权能就是本质的产物。神的权能是超本质的,是与神自身的统一体同时存在的。通过这种权能,神生成存有。因此,诗歌总说神能做一切事,这话说得一点没错。本质权能确实没有能力成全一切事;因为它们不是超本质种类的构成者。巴门尼德通过这样的阐述向我们展现了第一个三一体。

第二十章

（25）什么是第二个可理知的三一体。继第一个三一体后巴门尼德如何阐述它。关于它的讨论已经进展到什么程度。

紧接着这一个，第二个三一体获得一种进程，巴门尼德用可理知的整体性来表现它的特点，如我们在《智者篇》里所表明的。第一个三一体是统一的，按可理知方式隐秘地拥有全部事物，即拥有 hyparxis、权能和存有，所以，作为分离之原因的权能存在于"一"和存有之间，是隐匿的，通过两极的彼此沟通交流成为可见的，——于是第二个三一体展现出来，它以最初可理知的权能为特点，在自身中有相互区分的元一。在第一个三一体里，所有东西合为一体，没有分别，分别和分离是在这第二个三一体里显现的。存有和权能更多的是彼此分开。由这些东西组成的，不再是一存有[或以"一"为特点的存有]，而是一个整体，所以，它在自身里拥有"一"和存有，以两者为部分。上面[即第一个三一体]的所有事物都先于部分和整体，但在这个三一体里，既有部分又有整体，权能自我显现出来。这里既有分离，就有部分和由部分组成的整体。至于它的部分，即"一"和存有，我称为两极。权能在这里是中间者，将"一"和存有连接起来，但不像在第一个三一体里那样使它们成为一。由于它也是两者的中间者，通过它与存有的交通，使"一"成为一存有；通过它与"一"的交通，完全使存有成为一。因此，一存有由两部分组成，即以"一"为特点的存有和以存有为特点的"一"，如巴门尼德自己说的。他这样开始谈论这个三一体："另外，我们要说，如果'一'是，会有什么结果产生。请想一想，这个假设是否必然意指'一'要成为拥有部分的事物？"然后以这样的话作结尾："因而，是一的东西是一个整体，也有一个部分。"

巴门尼德通过这样的阐述规定可理知领域的第二个等级是一个整体。如同万物的存在是源于第一个三一体，同样，整体源于第二个三一体，全备的分离源于第三个三一体。后面我们会思考这一点。按照柏拉图的理论，整体具有三重性，或者先于部分，或者由部分组成，或者存在于某个部分里面。在《政治家篇》里他把种（genus）称为一个整体，把属（species）称为一个部分，不是说种从属得完全，而是指种先于属存在。在《蒂迈欧篇》里，他说世界是诸整体的整体。整个世界确实是由众多作为部分的整体构成的，每个部分就是一个整体，但不是作为万物的整体，而是作为部分的整体。这里阐述了这种整体——如我们所说的，在柏拉图看来，它是三重性的——这种统一体，以及它们的可理知的、隐秘的原因；这种整体按一的方式包含并构建三种整体；按其自身的 hyparxis 来说，整体先于部分；按它的权能来说，整体源于部分；按它的存有来说，整体在一个部分之中。因为"一"先于整个多；权能在某一方面与两极交流，在自身中包含它们的特性；存有在某一方面分有"一"。因此，第一个整体，或者先于部分的整体，源于一个具有"一"性的 hyparxis。因为它是元一，其本身是部分的构造者，是部分里的多的构造者。第二个整体源于权能，因为它是由部分成全的，正如在把一和存有整合起来的权能里，而两极（即两个部分）在某一方面显现出来。第三个整体源于存有。因为存有是一个部分，是权能和"一"的产物，部分地拥有这两者。因而，继可理知者之后，按存有的不同等级分出了三种整体。但是，可理知的整体统一地包含三者，并且是这三一体可理知的、连接性的元一，在各方面从可理知且隐秘的等级的中间者伸展其自身的权能。

第二十一章

(26) 什么是第三个可理知的三一体。巴门尼德如何通过第三个推论阐释它。

紧接这个三一体,我们可以看见另一次生发,整个可理知的多在这时显现出来,巴门尼德把它构造为一个整体,不过是由许多部分组成的整体。在第一个三一体的神秘合一和第二个三一体的二元分离之后,第三个进程形成,它的实存是从部分而来,而部分有很多,包含由先于它的三一体所生育的多。在这个三一体里,有一个统一体、权能和存有。"一"被多样化了,存有和权能也是。因此,整个三一体确实是一个整体,但它的两个端点,即"一"和存有,因通过共同的权能(collective power)成为联合的多,故又是分离的,多样化的。因为这个权能把一的多与存有的多联合起来,对有些,它使每一个在进程中成为以"一"为特点的存有,对另一些,使每个按分有成为以存有为特点的"一"。因为这里确实有整体的两个部分,即"一"和存有;"一"分有存有,因为它与存有联合;存有也分有"一"。存有的"一"又被分开,于是"一"和存有,再结合存有的部分,就形成第二个统一体。但分有"一"的存有又被分为存有和"一",因为它从一个部分性的统一体生成一个部分性的存有。存有由更多部分性的神化存有组成,是更具体的元一。而这种进程的原因是权能。因为权能是两物的生产者,是多的运作者。"一"产生多,但存有转向对神圣统一体的分有。那么巴门尼德从哪里开始教导我们关于这个三一体的知识?他在哪里作出对它的总结?他在这个话题上的论述是这样开始的:"那么怎样呢?一存有的这些部分,即'一'和存有能各自远离,以至'一'不是存有的部分,或者存有不是'一'的部分吗?

不能。"然后论述又这样结尾："因此,一存有能不这样成为一个无限的多吗?似乎是这样。"

首先,应当理解神圣的种的展开方式,要知道可理知的元一之后的二是顺着它生发出来的,这元一我们是按"一"存有安排的,后于它的那个二我们则称为一个整体。但我们说,这整体是由被权能分离的两部分组成,可理知的多从元一和二自我显现出来。当巴门尼德论到一切事物,即二级事物都是一存有的部分,并且通过权能的分离原因而成为可见的,他也就阐述了从元一渗透第三个三一体的合一性。但是当权能分合统一体和存有,使多得以产生时,就完全明白地显现了对二的分有,我想,巴门尼德既说"所以两物必始终是被造的,必然不可能只是一物",就表明了这一点。这个三一体依据两个先在的三一体展现,按神谕流溢,流到整个可理知的多里。无限的多是这种流溢的标志,是权能无限性的预示。因此,首先我说过这三一体的假说通过这些事物表明是从先于它的三一体垂溢下来的。其次,我要说,这个三一体在巴门尼德看来是原始型的(primogenial)。这三一体首先给予被生的权能;巴门尼德称它里面的多"在生成中",[即"成为是",或者升为"存在"。]他说:"这部分至少将从两部分'生成'。"又说:"不论哪个部分'生成',总是有这些部分。"接着说:"所以,它必然总是被生成两物,绝不可能是一。"他不断地使用生成这个词来教导可理知之多的进程,他岂不是在宣告先于这个等级的种类彼此之间要更为合一?而这个等级向更大的范围发展,展示先于它自身的三一体的隐秘本性,但它是原始型的,在自身中显现多产的权能。

此外,我们也必须思考多的无限性,不是如那些设想无限是指量上的无限的人那样思考,而是因为在整个事物的原理里,有界限和无限,前者是合一性的原因,后者是多的分离的原因,所以巴门尼德把最初可理知的多称为无限,因为整个多从其自身的本性来说,是无限的,是第一个无限者的产物。整个可理知的多就是这样的一个东西。因为它是最

181

初的多，是多本身。而多本身就是可理知之无限的第一个产物。可理知的多因此是无限的，把第一个无限显现出来，这个无限等同于全备者。那已经迸发到全体事物的，必然有一个可理知的本性通过生产事物整体的权能发出来，就此而言，是无限的。因为它不可能被任何别的事物包含。而可理知的多包含一切可理知的多。如果那原初无限的东西是因为数量而无限，那么就得承认，可理知者就是这样一种无限的多。然而，可理知者的无限是权能上的无限，所以，原初无限的分有者必然使无限按照包含一切先在种类的权能显现出来。如果有必要阐明我自己的观点，（那么我得说）就如那原初是一的东西是原初的界限，同样，原初的多是无限的多。因为它接受无限的整体权能，又拥有永远不缺失的权能，生产所有统一体，所有存有，一直到完全个体性的种类。因此，它比整个的多更完整，是一种不可思议的无限。它显示整个多，用无限的权能限制并度量这多，通过整体把界限引入一切事物。这些就是巴门尼德关于第三个可理知三一体的论述中可以采纳的思想。

第二十二章

（27）总论三个推论，由此描述了可理知者的三个等级。为何通过这些推论有可能解决最困难的神学疑问。

下面我们谈谈所有可理知的三一体的共性。关于第一个三一体，隐秘的三一体，被定为可理知领域的可理知的顶点，柏拉图有时候从它所包含的合一性，它相对于其他三一体的超验独立性出发，称它为一，如在《蒂迈欧篇》里。他说，因为永恒停留在一里。但理性表明这个一是可理知领域的第一个三一体。有时候他又从它里面的两极，即被分有的和那分有的出发，称之为一存有，认为包含在这两者里面的权能是不可言喻的，因为它统一而隐秘地存在。还有的时候，他按照它里面的元一，即界限、无限和两者的混合体，来显示它的整体；界限是指它的神圣 hyparxis，无限是指它的生产能力，混合体是指从这种权能出来的本质。所以，如我所说的，柏拉图通过这些名字告诉我们什么是第一个可理知的三一体；有时候通过一个名字，有时候用两个名字，还有的时候用三个名字，把它展现在我们面前。因为它里面有一个三一体，形成整体的特点；有一个二一体，使两极彼此交通；有一个元一，通过第一者自己的各个元一，展现它那不可言喻的、隐秘的、如一的本性。

而第二个三一体，柏拉图在《蒂迈欧篇》里称为永恒；在《巴门尼德篇》里称为第一整体。这两者如何获得同样的特性，我们只要这样思考就可知道：凡是永恒的事物都是一个整体；即如果它是完全永恒的，就同时使它的本质和活动的整体呈现出来。每个理智就是这样的事物，将理智领悟力的整体完全确立在自身里。同样，它既不是拥有存有的一部分而缺乏另一部分，也不是部分地分有活力，而是概要地包含整个存有，整个智能。如果它在自己的活力中按时间生发，但又拥有一个永恒的本质，那么它会获得后者的整体，并且这个整体保持同一，始终不变，但是对前者（活力），只能可变地拥有，也就是在不同的时候发挥不同的活力。永恒无处不是它原初向其显现的种类的整体的原因。而整体也无处不包含永恒。因为没有哪个整体会抛弃自己的本质或者自己的固有完全；那原初就可朽的、易受损的，只是一个部分性的本性。出于这样的原因，整个世界也是永恒的，也就是说，因为它是一个整体，所以是永恒的；这一点对天所包含的一切东西，对每个元素也是同样的。任何地方整体都连接主体。永恒与整体同时存在，整体与永恒是同一的。两者都是尺度，一个是永恒事物的尺度，是永久不变者的尺度；另一个是部分和整个多的尺度。不过，整体有三类，一类先于部分，另一类由部分而来，第三类存在于一个部分里——通过先于部分的整体，永恒度量独立于存有的神圣种类的那些统一体；通过源于部分的整体，它度量与存有并列的统一体；通过在一个部分里的整体，它度量全体存有和整个本质。这些整体是神圣统一体的部分，它们部分地拥有预先按一的方式存在于统一体里的东西。此外，永恒不是别的，就是永远从那与存有相关的统一体里显现出来。整体由两个部分组成，即"一"和存有，权能作为这两部分的聚集者而存在。根据这两个观念，二与中间的可理知三一体相关，显示第一个三一体的统一而隐秘的 hyparxis。

另外，在《蒂迈欧篇》里，柏拉图称可理知领域的第三个三一体为生命体本身，可理知的，全备的，独生的。但在《巴门尼德篇》里，他称之为无限的多，包含许多部分的一个整体。在《智者篇》里，他始终称它为分为许多存有的可理知者。所有这些论断，都是一种知识的产物，指向一个可理知的真理。当蒂迈欧称这个三一体为可理知的生命体时，他还说它是全备的，包含诸多可理知的生命体作为它的部分，这既是从一来说的，也是从部分来说的。因此生命体本身按此来说是个整体，包含可理知生命体为它的部分。巴门尼德表明一存有是全备的多，以此表明它与这个等级是同时存在的。因为无限者必是全能的，全备的，如我们前面所说的，在自身里包含大量可理知的部分，这些部分也是它生成的；其中有些较具总体性，有些较多部分性，如蒂迈欧说的，这既是依一而言，也是依种而言。再说，如他称生命体本身为永恒的，独生的，同样，巴门尼德首先把永远和被生归于无限的多，他说："因而，根据同样的推理，不论哪个部分被生成，都必然总是拥有这两个部分，因为'一'将永远包含存有，存有也必永远包含'一'；这两者必始终是被生成的，没有哪个部分会永远是一。"

有谁像巴门尼德这样清楚地提醒我们注意永恒的生命体和原型的三一体，像他这样最先在这个等级里采用生成和永恒，并如此持续地使用两者？所以，该事物既是一个全备的生命体，又是最强大的可理知的多。第一无限是权能，每个可理知者因它而存在，从它接受一种划分，成为部分，所以我想应当称它为最强大的；这样就避免了无限者的称呼，这个称呼会混淆多。但是，对于其中非常难以明白，但柏拉图因之备受尊敬的东西，我们绝不可忽视，而要向真正热爱真理的人表明。可理知的生命体包含四种可理知的理念，据此它不仅构建神的种，还建构神之后较杰出的存有，以及必死的生命体本身；它把空中飞的、水中游的、地上跑的生命的理念从神一直延伸到必死的生命体。既然生命体本身包含四种理念，那么通过同样的范型分别产生完全神圣的生命体、精灵的生命体、必死的生命体，必然引起那些热爱深思真理的人的疑惑：同样的原因，同样先存的原初范型，为何构建出来的本性有些是神，有些是精灵，有些是必死的生命？所有这些都是因同一形式而生成的，他们怎么不是拥有同样的形式和本性？同一个理念难道不应当处处生成具有相似形式的事物吗？出于这样的考虑，我们应当承认理念的假设，好让可理知的诸神拥有并包含先于多的元一，产生类似本性的元一。这一质疑非常难以回答，有人可能从逻辑上解答，说，按同一形式存在的所有事物并非同义的，它们并不同样地分有共同的原因，有些是原初地分有，有些是最终地分有。因为每个形式是某个系列的头，从超自然的开端一直到末后的事物所构成的系列。从神谕来说，万物超自然地开始将它们可敬的光线伸展到向下的地方。因此，同样的理念作为神、精灵和必死生命体的共同原因预先存在，并没有什么可奇怪的，它整体性地产生万物，把对事物更为部分性的分离交给得穆革等级，就如得穆革等级将对个体的生产交给较低的神一样。可理知者是整个系列的原因，而有理智者是按共同的种进行分离的原因。超越尘世的形式是具体差异的原因，而尘世的形式正是个体事物的原因。它们是可变动的原因，是向它们的产物转变的领头者。

如果需要独立地考察事物本身，考察一种可理知的形式为何是神、精灵的和必死者的原因，唯有巴门尼德才能使我们满足关于包含在可理知的多里的部分的问题。对有些事物，他从存有描述其特点，对另一些，他从"一"描述其特点。一存有诚然被"一"吸收了，而"是一的存有"更是被存有吸收了，"一存有"和"是一的存有"，在自身里包含各个可理知的生命体。因此，巴门尼德根据"一存有"连同一种适当的特性构建了神圣的种。而根据"是一的存有"，他构建出后于神的种。根据"是一的存有的一存有"，构建出精灵的种，又根据"是一的存有"，构建出必死的种。另外，根据"一存有的一存有"，构建出最初的也是最高的神的种；又根据"是一的存有"，构建第二个种，它有一个天使的等级。于是，一切事物都充满了神、天使、精灵和必死的本性。你可以明白较杰出之种的中介是如何得到保存的。"是一的存有"是生产神的"一存有"的天使般的界限。"一存有"是"是一的存有"的精灵等级的顶点，装饰着二级种类。至于二级种类的合一性，显然它们靠近多，靠近位于它们之上的种类的进程。你不必吃惊，"是一的存有"是天使的原因，而"一存有"是精灵的原因。因为在一处，"是一的存有"是"一存有"的一个部分，在另一处，"一存有"是"是一的存有"的一部分。这里，合一是本质性的，那里，本质具有"一"的形式。因为"是一的存有"的顶端就是这样的一个东西。因此，可理知的多必然是最强大的，可理知的生命体必然是全备的，因为存有同时是万物的原因，甚至包含最末的事物，柏拉图几乎[用迦勒底神谕]大声说："此后有一阵炽热的旋风向前卷进，使火焰变暗，同时跳进世界的洞穴。"神圣的统一体渐渐向前发出，生成一切尘世种类的多。因此，这个三一体是万物的源泉和原因；全部生命，诸神的、高于我们的种的、必死生命体的全部进程，皆从它而来。它整体地、统一地创造了万物，并将可分的生命之河的全部原理系于自身之中，将自身与形式的产生相连系。

第二十三章

（28）展现可理知的诸神，同时表明可理知者本身与善的统一，以及他们独立的 hyparxis.

另外，我们要从分散在各处的关于可理知者的理论重现关于它们的一门全备的学科；我们要对自己说，这个可理知神的种是按一的方式独立于所有其他神圣等级的，既不像部分理智所认识的那样被称为可理知者，也不是在与理性的结合中被智能所包含，也不是预先存在于全备的理智之中。因为它超验于整体和部分的可理知者，先于一切理智对象而存在，是一个不可分的、神圣的可理知者。因此，它获得的相对于一切可理知等级的超验性，与"一"相对于一切神圣的种的超验性是相同的。这个可理知者是不可分的，超验地充满神圣的理智等级。如果说每个理智对自己是可理知的，那它就是通过可理知的神拥有这种属性。丰盛是从那里进入万物的。因此这个可理知者既远离理智，独立地自我存有，同时又不是在理智之外的，因为有一个与理智结合起来的可理知者。并列的存有源于那独立的东西，被分有者源于那可分有的东西，内在固有的源于那预先存在的，多样化的源于那统一的。因而，不可将可理知的单一性规定为我们所熟悉的可理知者的单一性。在这些可理知者中，"一"变得与多等同，本质的同一被分离。而可理知的单一性是统一的，没有任何分离和隐秘的东西，超越于一切可分的生命形式和理智的多。所以我不会把可理知的单一性放在理念等级。因为这种形式是部分性的，从属于可理知的合一。而可理知的单一性，我认为它是神圣本性的 hyparxis，是分配给一切神圣种类的善的整体的生产者，神本身也存在于它里面。神的善，既不是形式，也不是习性，是丰盛的神圣的自我充足，是神圣的权能，神据此将善充满万物。可理知的神在更大的程度上如此，因为他们与"至善"联合，完全充满超本质的善，确立在这种善里，把自身的至高 hyparxis 包含在它里面。所以我们完全可以说，可理知的神显示了万物之不可言喻的原理，展示他可敬的超验性和合一性；他们自己隐秘地存在，但按一的方式统一地包含了多；他们独立地统治着全体事物，与其他所有神都不同等并列。就如"至善"用超本质的光照亮万物，展示作为万物之父的诸神，同样，可理知的神按着与善的相似性，从自身把可理知的丰富性给予一切二级神。因此，根据神的各个分配，有一个适当的可理知的多，正如一个类似于"至善"的元一先于每个神圣等级存在。这个元一确实是二级种类的合一性的先在首领。而可理知的多是美、自我充足、权能、本质以及一切可理知的善的先在源泉。因为诸神先行地按可理知的方式包含了一切理智种类，在自身中按至高的合一性包含万物。

第四卷

第一章

可理知且理智的神有什么特点。他们如何显明不可分的生命，如何与可理知的神相一致。

我们前面讨论了可理知的神，阐述柏拉图关于他们的神秘理论，这一讨论就到此为止。接下来我们要以同样的方式思考关于理智神的叙述。关于理智者，有些既是可理知的，也是有理智的，比如神谕里所说的，既按理智方式认知、同时也按理智方式被认知的理智者；有些只是理智的——果真如此，我们就要从那些既是理智的同时又是可理知的东西开始，首先决定与它们共同相关的是什么，由此我们可以更加清楚地阐明关于它们每个等级的理论。另外，我们要唤醒我们的记忆，回想前面刚刚表明的那些事，即有三个总体的元一完全超越于被分为部分的神之外，它们就是本质、生命和理智。这三者先于部分性的东西分有超本质的统一体。不过，本质独立于另外两者，生命被分配在中间等级，理智则将这个三一体的末端转向开端。它们在本质里全都是可理知的，在生命里既是可理知的，也是有理智的，在理智里则只是理智性的。二级种类总是分有先于自己的本性，而这三者在分有之前，独立地预先存在；

在每个等级里，都有这样三种东西，停留的原因，行进的原因和转向的原因，但是理智更多的是依据转向而定形，生命依据进程，本质依据不变性而定形；——果真如此，从生命表现本质的最初的理智神必然与不可分的理智联合，与可理知的神联合，他们必然统一地连接各种各样的二级进程，同时展现并扩张先在原因的 hyparxis。不可分的生命是这样的一种东西，它限定原初是存有和理智的东西，一方面分有存有，另一方面又被理智所分有。这就如同说，智能被可理知者充满，同时从自身将理智充满。因为存有是可理知者，生命是智能。存有是以一个神圣的 hyparxis 为特点的，而生命是以权能为特点的；理智则以可理知的理智为特点。存有之与 hyparxis，就是理智之与存有。可理知的权能之与每个末端，就是生命之与可理知者和理智。就如权能是从一和 hyparxis 产生的，同时连同"一"构造存有的本性，同样，生命从存有发出，同时把实存给予一个不同于在存有里的东西的权能。另外，就如先于存有存在的"一本身"从自身分给存有一个二级统一体，同样，获得一个先于理智的实在的生命，也生产理智的生命。因为真存有和居先的可理知者，给生命和理智提供合一性。因而，不可分的生命，当然它分有可理知的元一，是存有之后的第二者，是不可分之理智的生产者，它成全这个中介，还包含可理知者与理智者的联结，被神——分得一种次于可理知者的隐秘实存的合一性的神——照亮，但从原因说，它先于理智种类的分离。因为具有"一"性的、不可分的、单一的、原初的可理知者，通过这些神的中介下沉到多、分离以及神圣等级的难以解释的进展。由此，我想，有机地包含无限生命的神，作为可理知神和理智神的居间者，以自身中的分离为媒质，故被称为可理知的且有理智的神；他一方面被最初的可理知者充满，另一方面又把理智神充满。我们说可理知神是可知的，不是意指他与理智是并列的。因为在理智里的可理知者是一回事，生产理智神的可理知者是另一回事。我们说依据生命而存在的神是可理知的，同时又是理智的，不是因其成全理智，也不是因其按理智的智能确立，把理智认识的能力给予理智，把被理智地认识的能力给予可理知者，相反，我们这样称呼他们，是因为他们的实存源于可理知的元一，同时生产所有理智的三一体。因为他们被可理知的生命照亮，同时从生产因来说，先于理智者存在，所以我们认为可以共同称呼他们，将他们的名字从两端连接起来，就如他们也获得一种特性，将神圣等级中的整体集合起来一样。

因而，显然，他们依据这个中介存在；他们接近可理知的神，就是既是元一又是三一的神。可理知的三一体，相对于最高的合一体和独立于一切事物的东西而言，是三一体；但相对于三一体的分离本质而言，是元一，从自身把全部三一体显现出来。由于可理知者在他们的三一进程中并没有脱离一个具有"一"性的 hyparxis，因而可理知且理智的神按三一的方式存在，在自身展示元一的分离，并通过神圣的差异，生发为多，以及大量的权能和本质。因为越远离 [万物之] 一原理的种类，就越比先于它们的种类更多样化，在权能上减少，对二级种类的包含上也减少，同时被分为更多的数，也更远离元一。它们还离弃作为原初形成的种类之原因的合一性，还采取多样性以换得那些原初本质的隐秘hyparxis。根据这一推理，可理知且理智的分离大过只是可理知的东西的分离。其中，部分性的等级得到更大的分异，以至于向我们展现大量不能被包含在十以内的数字里的神。他们的特性也是我们的概念所无法描述，难以说明的，唯有对神自身以及他们的原因来说才是显明的。这就是可理知且理智的神，就是他们所分得的特性，连接两极的特性，将在先的种类显现出来，也使二级种类转向。因为他们按理智方式认识先于他们的神，同时是后于他们的神的理智活动的对象。因此蒂迈欧也把全备的生命体确立为最美的可理知者，因为有后于它的可理知者，它在美上超过它们，高于它们，也因为它是最初可理知者的界限，后于它的种类按理智方式存在。根据这一推理，最初的理智神也是可理知的。我们这些结论并非从某个外来的源头推导出来，然后归于柏拉图，我们乃是从柏拉图得到帮助，才提出这些观点。通过以下的论述，这一点将更加明显。

第二章

可理知且理智的神如何依据可理知的神而存在。他们如何与可理知的神沟通。

所以接下来我们要讨论照亮不可分生命之范围的神是如何从可理知神生发出来的。由于可理知神在自身里统一地确立多样化的事物，隐秘地包含分异的事物，并根据单一性的某种可敬的超验性确立存有的不同种，因此，最初的理智神获得一个在他们之后位列第二的王国，展开他们不可分的合一性，他们那不为人知的实在本性，通过可理知的权能和本质的生命充满了整体的丰富性。这些理智神总是在生产、完善、连接自身，同时从可理知神接受一种隐秘的生产，从可理知的权能接受一种创生万物的特性，从可理知的生命——作为原因先在于可理知领域——获得在他们统领下传播的本性。生命首先存在于可理知者中，其次在可理知者和理智者中，最后在理智者中；它最初是作为原因存在，其次是作为本质存在，最后是作为分有存在。因而，第一理智者出于可理知神，使他们的合一性和他们"一"性的权能多样化，展现他们隐秘的 hyparxis，并通过多产的、连接的、完全的原因，使自己类似于可理知者的本质的、整体的、全备的超验性。在可理知领域有三种原初的有效权能；一个构建整体的本质，一个度量被多样化的事物，还有一个生产所有受生种类的形式。

与此相一致，有可理知且理智的权能存在；一者依据某种可理知的包容性，靠自己的本质生产二级种类的生命；一者连接可分的每个事物，通过光照把可理知的尺度分给那些放弃[万物之]一合一性的种类，还有一者为所有事物提供形状、形式和完全。因而，可理知且理智的神的等级是依据所有可理知原因而生成的：从权能分得进程的特性；从生命获得出于它们的一份存有。因为生命是与权能联结的；生命就其自身而言是无限的，凡是具有无限性的运动都与其本性同在，而无限的权能是全体事物的生产者。从可理知领域的三一实在，他们得到一种分配，分成第一者、居间者和末后者。一切事物都必然被一种三一的进程阻挡，这首先必然是对可理知的同时也是理智的神的种而言的。因为他们作为整体的居间者存在，使最初等级的联结形成；从他们的顶点看，他们与可理知者相似，但从他们的末端说，他们与理智者相似。他们其实有几分是可理知的，有几分是理智的。任何地方神圣的种的进程都是通过连接的相似物起作用的。从属等级的开端与先在原因的末端相一致。但由于在整体的中间，为首者与末后者既是可理知的，也是理智的，所以必然有一个媒介连接这两者，这些神的特性根据这媒介基本上显现出来。那既可理知又理智的东西，虽然在一部分里比在另一部分里更丰富，但在另一部分里仍然同等地与这两者交流。由这些叙述可见，神圣等级的连续进程显然是可敬的。可理知领域的末端其实已经是理智的，但还是在可理知领域。而可理知且理智领域的顶端，虽然是可理知的，但它是以生命的方式拥有这种特性。另外，可理知且理智领域的末端，是理智的，但也是在生命意义上的理智者。理智领域的开端是可理知的，掌管理智神，但它是以理智的方式拥有可理知者。因而所有神圣的种都获得一种不可分解的关联和结合，一种可敬的友谊，井然有序的减少，一种超验性，部分的并列和部分的独立。那发出的东西，始终与生它的原因保持连续；二级种类坚定地确立在它们的原因里，形成一个从这些原因发出的进程。同样，所有事物都有一个系列和联盟；二级种类总是因着相似性，从那些先于它们的事物而来。通过这些论述，我们可以回忆起可理知且理智的神是以什么方式从可理知神自我显现出来的。

第三章

可理知且理智的神按三分法可有哪些分类。这些三一体与可理知的三一体相比有什么区别。

接下来我们要表明他们如何在自己的进程中被区分，这些神的三一体与可理知的三一体有什么分别。这些神也以上面所说的方式按三分法划分；通过他们的顶点与可理知者结合；通过他们的末端与理智者结合，再通过两端的中间纽带，同等地获得各端的特性，伸展到既是可理知又是理智的神，作为这两重性等级的中心，统一地包含各整体的结合。他们之所以按三分法划分，还因为在这些神里，所有事物，即本质、生命和理智，都是充满生机的，就如同他们在先于自己的神里是可理知的，在从这些事物获得实存的神里是理智性的。本质其实就是生命的可理知者；生命是居间者，同时也是这个等级的特性；理智是末端，直接包含在理智者里，就如在某个媒质里。因此，对存在于这些神里所有事物必有某种区分，把它们分为为首的，居间的和末后的种。第三，他们按三分法划分，是因为生命必然停留、进展并被转向自己的原理；因为在存有中，第一个三一体确立一切事物，首先确立第二个三一体。因而，永恒稳定地停留在第一个三一体里。而后于这个三一体的三一体为整体[以及所有事物]提供进程、运动和有活力的生命。第三个三一体提供向一的转向，并使所有二级种类围绕它们的原理。因此可理知且理智的神必然原初地分有这三种权能，必然停留在他们自己的顶端；同时从那里发出，将自己伸展到万物，然后重新回转到可理知的纵览之处，将他们整个进程的末端与他们生产的开端连接起来。

因而，可理智且理智的神，如我所说的，必然按三分法划分。本质其实就是被列在第一位的东西，生命居于中间，理智居于他们的末端。不过，由于这三者每一个都是完全的，分有可理知的元一，我指的是分有那里的本质，可理知的生命以及可理知的理智，所以他们从对原初有效的原因之分有来说，是三重性的。生命的可理知者确实可理知地拥有本质、理智和生命；而它的可理知且理智者则既可理知地又理智地拥有本质、生命和理智；它的理智者则既理智地又可理知地拥有三者。无论如何，每个部分里都有一个三一体，同时与某种适当的特性相结合。因此有三个可理知且理智的三一体向我们显现出来，它们确实是被神圣统一体照亮的，同时每一个都包含一个全备的多。因为既然在可理知领域有一个最强大、全备的多，那么在从属于可理知等级的神里，就他们的多产之因来说，这个多怎么可能不在更大程度上得到发展，得到增加呢？每个三一体都在自身里包含大量权能，大量形式，把可理知的多变成活动，将可理知领域有生产能力的无限显现出来。我们在分有者的激发之下，发现被分有的超本质神的特性。但是根据事物的等级，可理知且理智的元一围绕自己生产本质、所有生命和理智的种。通过这些，他们展示自己不为人知的超验性，这种超验性本身保存着全体事物的先在原因。因此，如我们所说的，有三个可理知的三一体；它们之后还有三个三一体，从其丰富的完全性来看，后三个三一体的三重性源于前者。

另外，必然从另一种方式来阐述可理知者的特性，以及可理智且理智的三一体的特性。在可理知等级中，每个三一体只有存有的第三个部分；它由界限、无限和两者的混合体构成。而这其实就是第一个三一体的本质，第二个三一体里的可理知生命，第三个三一体里的可理知理智。先于这些的种类是统一体和超本质权能，它们使全部三一体得以成全。而在可理知且理智的等级中，每个三一体都有本质、生命和理智；一个既是可理知的，也是理智的，但更多的是可理知的，因为它与最初的可理知者一致；另一个既是理智的，又是可理知的，但更多的是理智的，因为它直接包含在理智领域；第三个同等地分有两者，因为它在自身中包含两者的特性。因此，第一个三一体，界限、无限和本质，我们可以说每一个都在可理知者里；本质就是那原初混合的东西。而这里的第一个三一体是本质、生命和理智，再加上相应的统一体。因为本质是从 [这个三一体的] 第一神垂溢下来的，生命从第二神，理智从第三神而来。这三个超本质的元一，展现了第一个三一体的元一。另外，这个之后的第二个可理知等级中的三一体，是超本质的统一体、权能和可理知且隐秘的生命。不过这里，本质、生命和理智全是充满生机的，从包含连接这整个等级的统一纽带的神垂溢下来。就如最初的统一体分得统一中间种的权能，同样，它们之后的二级统一体展现原初有效因的连接特性。继之而来的是第三个三一体，它在可理知等级中就是统一体、权能和可理知的理智；但这里它由三个超本质的神组成，他们是可理知且理智的神的终结，按理智方式围绕所有事物，我指的是本质、生命和理智。他们也是神的完全性的提供者，仿效全备的可理知三一体，正如有机包含的神仿效可理知的尺度，先于这些神的神仿效可理知者的生产因。于是，这三个可理知且理智的三一体就这样产生了，并获得这样的一种特性，以区别于可理知的三一体。

第四章

在《斐德若篇》中苏格拉底如何引导我们走向这一等级的诸神。

我们要再次回到柏拉图，与他保持一致，阐述关于这些三一体的知识，这门知识是与他一同预先存在的。首先，我们要看看《斐德若篇》里写的内容，从苏格拉底的话本身来考察，看他如何向我们表明这些三一体的整个有序等级，以及它所包含的差别。在《斐德若篇》里说到，有十二位首领掌管整个 [世俗事务]，引导全体世俗神和全体精灵，使它们转向可理知的本性。它还说朱庇特（Jupiter）是所有这十二位神的首领，他驾驭着一辆有翅膀的马车，装备并管理一切事物，带领跟随他的整个神的队伍，先到达天上的纵览处，看神圣景观和那里的可理知者的推论活动（discursive energies）。然后朱庇特带他们到达天下拱门（subcelestial arch），这门紧紧围绕着天并包含在它里面；再后到达天本身，以及天的背面。那里还站着神圣的灵魂，它们与天一同诞生，俯视着天之外的整个本质。苏格拉底进一步说，在天之前，有被称为极天之所的地方（supercelestial place），在那里存在着真正而真实的本质、真理的大草原、阿德拉斯提娅（Adrastia）的王国，以及美德的神圣合唱团，灵魂通过这些元一的理智活动得到滋养，被快乐感染，[在沉思中]跟从整个天穹的环行。

这些就是《斐德若篇》的论述，苏格拉底显然是受到了神的默示，讨论了神秘的问题。然而，我们先不说别的，首先必须思考苏格拉底所说的天是什么，它确立在哪个存有等级里。解决了这一点，我们也就可以考察天下拱门，极天外之所的含义。这两者都依据向天的习性显现，一者被原初性地安置在天之上，另一者被原初性地安排在天之下。

第五章

不可将天和[《斐德若篇》阐述的]天体循环理解为与可感知者相关；柏拉图本身有许多告诫，说明必须将这些归于第一等级的天。

那么朱庇特领引众神前去的天是什么呢？如果我们说它是可感知的天，如某些人所说的，那么更优秀的种必然转向本性上从属于自己的事物。如果朱庇特这位天上的大能者走向这个可感知的天，并引着跟随他的众神一起走向这样的天，他就必然转向从属的事物，后于他本身的事物；所有其他首领、诸神，以及从他们而来的精灵也必与朱庇特一样。但是苏格拉底在《斐德若篇》里说，即使是部分性的灵魂，一旦得以完全之后，就亲近高尚的事物，管理整个世界。既然如此，全体灵魂的领袖——他们通过这些灵魂掌管宇宙，以便用一种自由而未受限制的权能照亮世俗的种类——这样的领袖怎么可能转向可感知的天，拿可理知的纵览处与低级辖地交换？另外，这个可感知的天里面，诸神神圣的理智活动是什么，关于可感知者的一切知识的演化是什么？总之，诸神认识可感知者不是靠向它们的转向，而是靠在自身里包含着它们的原因。因此，他们按理智方式认识自己，按因果关系了解可感知者，支配它们，不是靠朝向它们，亲临他们所治理的臣民，而是通过爱将低级种类转向他们自己。因而，装饰整个天的诸神若是竟然位于这个天的环行之下，并认为这是与他们的神意护佑相匹配的，那是不合自然的；沉思存在于天以下的事物也没有任何恩福可言，转向这种沉思的灵魂也不属于那些快乐且跟随诸神的灵魂，倒是属于那些以可理知的营养交换信念的营养的灵魂，如苏格拉底所说，这样的灵魂是跛足的，断了翅膀的，处在被吞没状态。既然这样的苦难属于不完全的灵魂，而这些灵魂不是快乐的灵魂，我们怎么能认为居统治、领导地位的神会转向可感知的天呢？

另外，苏格拉底说，站在天背上的灵魂被天的环行本身带着环绕；而蒂迈欧和雅典客人说，灵魂以自己的运动引领天上的每个事物，把它们的运动从外面覆盖在形体上，并且终生都过它们自主的生命，将运动的二级有效权能分给形体。因而，这些话与那些认为这天是可感知的天的人的说法怎么能一致呢？因为不是灵魂通过诸天的环行，围绕可理知者沉思和跳舞，而是形体通过灵魂不可见的环行做圆圈运动，并围绕灵魂展现它们的环行。所以，如果有人说是可感知的天引起灵魂旋转，并且这天被分为背面、深处、天顶下的拱门，那么必然得承认许多谬论。

另一方面，如果有人说这天是可理知的天，朱庇特带头走向这样的天，所有其他神以及精灵都跟随他，那么这人必与事物本性一致地展现柏拉图受神启示的叙述，必与柏拉图的最杰出的阐释者们思路合拍。因为普罗提诺和杨布利柯都认为这天是某个可理知者。不说他们，柏拉图本人就在《克拉底鲁篇》里遵从奥菲斯的神谱，称朱庇特的父亲为萨杜恩（Saturn），萨杜恩的父亲为天。他表明，从朱庇特所得的名字可知，他就是全体事物的得穆革，为此柏拉图考察了关于这些名字的真理。同时他指出，萨杜恩是神圣理智的连接者，而天是智能，或者最初可理知者的理智能力。他说，观看上面事物的视力就是天。因此天先于一切神圣理智而存在，大能的萨杜恩就充满这样的理智；同时天按理智方式认知上面的事物，以及超越于天之外的事物。因而，大能的天分得一个处于可理知等级与理智等级之间的王国。在《斐德若篇》里提到的环行就是智能，通过它，所有的神和灵魂都获得对可理知者的沉思。而智能是处于理智和可理知者之间的一个媒介。因而必须说，整个天是按这个媒介确立的，它包含神圣等级的统一联结，另一方面是理智种的父亲，另一方面是从先于它的诸王产生的，这些王也就是它要观看的对象。它的一边是超天之所在，另一边则安排着天下的拱门。

第六章

天外之所不是纯粹可理知的；从[《斐德若篇》]对它的阐述表明，它分有可理知的等级，就如在理智者中。

再者，如果天外之所是不可分的、隐秘的可理知的神的种，我们如何能在那里确立如此大的一个神圣的多，即有真理、科学、正义、节制、草地和阿德拉斯提娅，并且这多还伴随着分离？无论是美德的源泉，还是形式的分离和多样，都与可理知神相关。最初的、完全"一"性的形式把整体的得穆革理智延伸到可理知的范型，延伸到存在于那里的形式的包容力。但苏格拉底在《斐德若篇》里说，一个部分性的理智沉思极天之所。因为这理智是灵魂的管理者，如我们的先辈哲学家们所说的；这话一点没错。如果说从这一类比必然可以看出可理知者的分别，就如得穆革理智是不可分的，而部分性理智是可分的，那么同样，关于可理知者也如此，一个是得穆革的第一范型，与最初的可理知者，而另一个是部分性理智的第一范型，与二级可理知者；这些可理知者诚然也是可理知者，但分得一种可理知的超验性，存在于理智者的顶端。如果天外之所在天体环行之外，同时低于那些可理知的三一体，因为它更具扩展性；它是真理的大草原，不是不能认识的；它按大量形式划分，拥有众多权能；那里的草地滋养着灵魂，是灵魂能看见的；最初的可理知者以不可言喻的合一性照亮灵魂，同时不会通过智能被它们所认识，——果真如此，那么天外之所必然存在于可理知本性和天体环行之间。如果柏拉图本人也承认真正是的本质存在于这个位置，他怎么可能不同样承认它是可理知的，分有最初的可理知者呢？因为它是本质，所以它是可理知的；同时因为它真正是，所以它分有存有。

此外，它在自身中拥有大量可理知者，所以它不可能是按第一个三一体被安排的；因为那里的是一存有，不是大量存有。但它又拥有草地所暗示的多样化的生命，所以它从属于第二个三一体；可理知的生命是一，没有任何分离。另外，由于它显现出有分别的形式、各种各样的顺序，多产的权能，所以它不是[可理知领域的]全备的三一体。如果它在尊严和权能上次于这些，又被确立在天之上，那么它确实是可理知的，不过是理智神的顶端。也因为如此，它那里有营养供应给灵魂。可理知者就是营养，最初的可理知者，即美、智慧和善也被认为是灵魂的营养。苏格拉底说，灵魂的翅膀就靠这些东西得滋养；而它们的反面就使灵魂败坏和毁灭。这些东西确实完全受最初可理知者的影响，并且是通过合一性和沉默影响的。而天外之所被认为通过智能和活力提供营养，使快乐的灵魂合唱团充满可理知的光和多产的生命之河。

第七章

苍穹之下的拱门是可理知且理智的神的界限，它的特征可以表明这一点。

继天外之所和天本身之后的，是天下的拱门，每个人都清楚地知道此处应当安排在天之下，而不是在天上。因为柏拉图没有称之为天上的，而是称为天下的拱门。同时，它的位置也紧靠着天体环行之下，这可以从关于它的叙述看出来。如果天下的拱门必须造成这样，理智者的顶点也同样如此，可理知且理智的神的末端却不是这样，那么现在就必须沉思剩下的事物。理智者的顶点将自己与天国分离，而天下面的拱门被它全面包围。前者构建整个理智，理智的多，以及如苏格拉底所说的诸神神圣的推论活动；而后者只限定天上的系列，为诸神提供升到天上去的路径。当神被提升到宴席上，享受美味佳肴，充满可理知的善物时，他们就开始上升，升到天下面的拱门，再通过它被提升到天上的环行。因此，如果你说天下面的拱门是诸神的完善者，使他们转向整个天，和天外之所，那你离柏拉图的原意不会太远。诸神确实是靠可理知者，靠草地，靠神圣的形式，就是超越于天之上的处所包含的形式得以滋养的；同时他们又是通过天下面的拱门充分地得到这种营养的。通过这门他们还分有天上的环行。因此，他们其实就是通过天下的拱门转向天上的；但是他们又从天上的等级接受一种活跃的理智认识能力，并充满从天外之所来的可理知之善。因而显然，天外之所被指派为一个可理知的顶端；天上的环行分得居间的范围，而拱门属于可理知的末端。因为一切事物都在它里面。理智是转向者，可理知者是欲求的对象。神圣智能使居间者得以成全，使神圣种类的转向得以完成，将它们与最初的东西联结起来，展现它们对可理知者的倾向性，使二级种类充满在先的善。不过，我想，通过这些论述，我们已经充分提醒了读者，足以使他们想起这三者的等级。

第八章

柏拉图为何从诸神这一等级所包含的中间者描述这些神，并根据这中间者的习性阐述两端的名称。

也许有人会问我们，我们这里为何要依据居间者来勾画整个可理知且理智的神的进程，为何根据两端对居间者的习性，称其中之一是天外的，另一端是天下的，指出一者是独立超验的，另一者是连续递减的。我们也许可以简洁地作出这样的回答，这整个可理知且理智的神的种，将两个端点联结起来，对一者是转向的原因，对另一者是显现出来，并与二级种类同在的原因。就如我们称所有可理知神是父亲和一，认为他们有顶端的特点；我们还说他们是全体事物的界限，即那些产生本质的事物，导致永恒的原因，产生形式的源泉，同样，我们从这些中间神里面的居间者来阐明这些神是一切联结的首领。因为这整个中间等级是赋予生命的、连接的、完全的。它的顶端显示可理知者的各种印象，和他们不可言喻的合一性。它的终端使理智者转向，并使理智者与可理知者联合。而中间者将整个神种聚集起来，固定在自己里面，就如固定在一个中心。因为我们借助于中间者，将超验和减少的习性归于两端，称一者在中间者之上，另一者在中间者之下。

第九章

柏拉图阐述上升到可理知者的方式等同于入会者进入奥秘的方式。

如我所说的,通过这样的论述,我们可能简洁地回答了对这些名称有疑惑的人。这里我们还应当敬佩柏拉图的神圣学科,因为他叙述了全体事物顺从最高教导者的指示向可理知者上升的方式。首先,他通过不受任何束缚的自由首领将灵魂和诸神本身提升到"源泉"。神圣的、极其丰富的景致和推论活动尤其存在于这些源泉之中,法术师也把他们得救的全部希望寄托在这里。这些源泉因纯洁无污的元一而是有福的;同时凭借神圣差异的原因而显得极其丰富;它们又凭借理智、父亲的权能成为景观和推论活动。然后,柏拉图使灵魂和诸神离开源泉上升,通过源泉升到完全的首领。经过许多有分别的理智活动之后,完全神的善就显现出来,这善从理智神自身得到超自然地扩展,照亮我们;在照亮我们的灵魂之前,先照亮整体灵魂;在照亮整体灵魂之前,先照亮诸神自己。再后柏拉图使灵魂和诸神从完全的神上升到神圣者(divinities),他们是所有理智等级的连接者。因为完全的神是从这些神圣者垂溢下来的,与他们一同存在,且被他们包围。也正是这些神的结合和合一性,使有些最杰出的[柏拉图的解释者]设想他们中间有一种全备的、不可分的同一存在,因为通过推理过程不可能理解他们之间的分别。这里也同样,在某些人看来,柏拉图似乎是把天穹环行的末端称为拱门。然而事实并非如此,因为他没有说拱门是天上的,而是说它是天之下的。就如超天的东西本质上独立于天之外,同样,天之下的就低于天国。前者表示超验性,而后者表示一种最接近的减少。

在这种把全体事物连接起来的循环之后,柏拉图把灵魂和诸神提升到天外之所，理智者的可理知合一体，也就是诸神停留、得营养的地方，他们在那里处于一种快乐状态，充满不可言喻的、具有"一"性的善。对法术师来说，上升到不可言喻的可理知权能，也就是一切可理知者的顶端，也同样是通过连接性的诸神实现的。然而，诸神在这里以什么方式与最初的可理知者联合，柏拉图不再明说，因为与他们的接触是不可言喻的，要因着不可言喻者，如他在《斐德若篇》里的话所教导的。通过这个等级，就实现了与可理知的、最初的生产因的神秘合一。就我们来说，也有同样的联合模式。通过这个等级，法术师的上升模式也更加可信了。就如整体上升到独立的原理，要通过紧靠在它们之上的种类，同样，部分效仿整体的上升，通过上升的中间台阶与最单一而不可言喻的原因联合。柏拉图在这篇对话里关于整体灵魂所阐述的，他后来在论到我们的灵魂时作了阐发。首先，他将它们与自由的神相连。后来通过这些神将它们上升到完全的神。再后来通过这些完全神，上升到连接的神，并以同样的方式一直上升到可理知的神。由此苏格拉底叙述了向可理知的美上升的模式，以及我们在获得身体和生产之前，是如何跟随诸神看见那神圣的景观的，他说："只有在那时，当我们与快乐的合唱团一起获得了这种神圣的景象和景观，我们才可以看见绚丽的美，我们跟随朱庇特，其他人联合另外某位神，认识并洞悉那些奥秘，那些应当称之为最神圣的奥秘。"那么我们原先是如何与可理知的美结合的？他说，通过洞悉最神圣的奥秘。这岂不就是说，我们原本与完全的首领联合，他们向我们传授奥秘知识，以便使我们充满美吗？获得奥秘知识有什么好处呢？他说："就是当我们变得完全而漠然，被接纳，得以看见完整、单一、静谧而稳定的景观时，我们所举行的狂欢。"灵魂的"完全"源于天穹循环。因为这循环包含并连接所有神圣的种，也连接我们的灵魂。一切事物，凡是在整体里包含部分的，也包含分离的东西，并集合多样的东西成为合一和单一体。而那完整、静谧、稳定、单一的景象以超自然的方式从天外之所通过既连接又包含的神向灵魂显现出来。因为可理知者的神秘印象在那里显现，符号中不为人知、不可言喻的美也在那里显现。"muesis"和"epopteia"①是不可言喻的沉默的符号，表示通过可理知景象与神秘种类的合一。最令人敬佩的一点是，就如法术师在最神秘的入会仪式中吩咐把整个身体埋起来，单单把头露在外面，同样，柏拉图也在神的感动下预见这一点。他说："去除并脱离这个环绕的外衣，也就是我们现在所称的身体之后，我们就获得这个最神圣的'muesis'和'epopteia'，就充满可理知的光。"纯洁的光辉[他所提到的]以象征的方式向我们表明可理知的光。因此，当我们驻扎在可理知领域的时候，我们就会拥有一种脱离身体的完全生命。将马车的头上升到天外之所，我们就会充满存在于那里的奥秘，充满可理知的寂静。同样在我看来，柏拉图向那些并非心不在焉地读他作品的人充分表明了三个上升的原因，爱、真和信。除了爱还有什么与美相结合？除了这个地方还有哪里是真理的草原？除了信仰还有什么是这个不可言喻之"muesis"的原因？总之，"muesis"既不是通过智能，也不是通过论断，而是通过具有"一"性的寂静为信仰分得的，它比任何一种认知活动更好，它将整体灵魂和我们的灵魂确立在众神那不可言喻、不为人知的本性之中。由于对诸如此类的问题深有感触，我就这样喋喋不休讲来，不过，应当就此告一段落了。

---

① 赫尔墨亚斯（Hermeas）在他的 MS.《斐德若篇》注释里说："'τελετε'或'initiation'这个词的意思是指使灵魂完全。灵魂原是完全的，只是在这里被分裂了，无法整个靠它自己发挥活力。"他还说："但是必须知道，'telete'、'muesis'与'epopteia'是彼此不同的。'Telete'类似于洁净仪式前的预备。而'muesis'，也就是闭上眼睛，较前者更为神圣。在入会仪式中闭上眼睛就表示不再靠感官接受那些神圣奥秘，而是用纯洁的灵魂本身来接受。最后，'epopteia'就是得以确立并成为奥秘的观看者。"

第十章

什么是天外之所。它如何从最初的可理知者发出。它为何在理智者中间是至高无上的。柏拉图如何表明它多产的能力。

我们要再次回到所提出的神学，显示柏拉图关于可理知且理智的神的每个等级向我们阐明的思想。天外之所是可理知的。因此柏拉图说，它是真正是的本质，是灵魂的理智所能看见的。同样，它也是理智神的一种包容性和合一性。因为它之可理知不是像生命体本身那样，也不是像第一永恒那样，不是像那本身原初是一存有的东西那样。这些东西是原初的可理知者，独立于其他一切可理知者，是独立地先在的。而天外之所紧靠在天穹循环之上，是可理知者的所在；只是它不是单一的可理知者。我们这样说是正确的，这一点苏格拉底也证实了，他也通过天把这可理知者的理智活动分给灵魂。在这个阶段——灵魂由此被携带着与天穹的循环一起旋转——它们看见了正义，它们看见了节制，它们也看见了知识，以及每个具有真正而真实的存在的存有。所以如果天外之所是可理知的，是真实的存有，那么它是作为高于天之上的存有而是可理知的。最初的可理知者是因他们自己的本质而是可理知的，是作为一切理智本性的独立而最初的有效原因而是可理知的。大能的萨杜恩也是这样，他虽然是个理智神，是理智的完满，但相对于得穆革来说，又是可理知的，因为他是理智三一体的顶端。因而，高天之上的位置具有一种相对于天穹循环而言的可理知的超然性，是最初理智者中的可理知者。因此它也类似于第一个可理知三一体而存在。只是那个三一体是单一的可理知。因为可理知领域的可理知者，同时先于所有第二和第三的可理知者而存在。但天外之所不是单一可理知的，因为它是理智者的顶端，不是可理知者的顶端。因此柏拉图称第一个可理知的三一体为一存有；

而称天外之所为真正存在的本质。因为前者在可敬的单一性和存有的隐秘统一性上先于一切存有。那存在就是可理知者本身，不是在某个方面是可理知的，在另一方面是理智的；它也不是受动于 [即分有] 存有的东西；它乃是位置，是存有最古老的元一。不过，这一等级 [即天外之所]缺乏那个三一体的合一性，并分有存有，只是不是单一的存有。因此柏拉图也称它为本质，真正是的本质，它是依据那原初所是之事物的本质而接受这可理知的、本质性的东西。可理知者的第一个三一体是父亲式的；它依据神圣的合一和界限而存在，是隐秘者，所有可理知者的最高边界。而天外之所是母性的，依据无限而存在，是无限的权能。因为这一等级是女性的，多产的，通过可理知权能生产万物。因此柏拉图也称它为一个处所，如同接受父亲式原因的容器，将诸神的生产权能引入二级种类的实在。他还把质料命名为处所，称它是理性 [即生产原理]——它们从存有和父因进入它里面——的母亲和保姆。

柏拉图根据这一比喻指出天外之所是女性的，是那些事物的母系方面的原因，而可理知的父亲是它们父系方面的原因。不过，质料只接受形式；而诸神的母亲和保姆不仅接受，还与父亲一起构建、生产二级种类。这生产的神并非从自身生产出后代放入一个外在处所，将它们与她自己的范围分离，就像地上的生产者，把自己生产的后代交给外在于他们自己的地方；她乃是在自身中生产、容纳、确立一切事物。因此她也是它们的处所，就如一个位置，各方面包容它们，通过她多产、原初有效的权能把所有进程和二级种类的多样和丰富预先拥有并包含在自身之中。一切存有都存在于诸神里，被他们所包含和拯救。他们怎么可能从诸神里退出来，脱离他们所包含的范围？如果离开了诸神，他们如何能存留，哪怕一瞬间？相反，我们认为，生产神圣种类的权能以特定的方式包含自己的后代，因为它们是这些后代的直接原因，并以更丰富的差异、更独特的神意构建它们的本质。父因统一地、独立地生产二级种类，没有任何协作，同时按一的方式包含自己的产物。它们在单一性里预先拥有它们的丰富性；而在合一性里，包含着它们的多。显然，从以上所说可知，天外之所是可理知的，也表明它以什么方式是可理知的。此外，还有一点也是显而易见的，即它为何是女性的；因为处所适合于生产性的神，至于原因，上面已经提到。草地是一种赋予生命的本性的源泉，这一点将作简单说明。苏格拉底还认为在这个处所的所有神圣种类都是这一类型的 [即属于阴性的种]，我指的是知识本身，正义本身，自制本身，真理本身，以及阿德拉斯提娅；这也可以看作是一种特别的暗示，表明不仅其他神学家认为这一等级是阴性的，柏拉图更是如此。

第十一章

柏拉图指明了可理知者和理智者的顶端具有不可知的特点，他为何同时既以肯定方式又以否定方式阐释它。

那么，柏拉图首先通过什么原因否定性地显示这位类似于"一"的神？否定又是什么样的否定？他说它没有颜色，没有形状，没有任何联系。他把这三种 hyparxes，颜色、形状和联系从它里面剔除。因而我说，这个等级作为理智神的顶端，从它的特性看，是不可知的，不可言喻的，[唯有] 通过可理知的印象才能认知。它作为理智者的顶端，将自身与可理知者结合。试想，理智者若不是居先地构建它们自身的一种可理知超然性，怎么可能与可理知者结合呢？在事物的整个等级中，若不是第一等级的两极拥有与第二等级的开端的某种相似性，怎么可能传达联系和结合呢？正是由于这种相似性，这些端点才能相互同时显现，所有事物才能依据同一个系列而存在。就如可理知者的末端是理智的，同样，理智者的开端分得一个可理知的 hyparxes。这两者都是可理知的，但一者是单纯的可理知，另一者不是未添加任何理智者的可理知。因而，两者彼此同存，一者就其是可理知的并且是它里面可理知地伸展出来的理智者而言，是全体事物的父系原因，另一者则是全体事物生产性的构建者，因为它是理智的，可理知的善在理智的种里作王。因此，全体事物出于这两者，独立地出于可理知领域的理智，同时并列地出自理智领域的可理知者。两者都以不可知的 hyparxes 为乐；并且如柏拉图所说，唯有通过可理知的、神秘的且不可言喻的印象才能为人所知。因此他还说，力图展示关于它们的奥秘，试图用语言解释它们不可知的合一性，是胆大妄为。

　　在可理知等级的末端，理智者的顶端拥有不为人知的特性。就它将自己与最初的可理知者结合，并充满他们那具有"一"性的、不可言喻的父亲般的 hyparxes 来说，它也以一种不可知的方式先于理智者而存在。因此它是后于它的种类所不能包含的，只有那些先于它的事物才能认识它，它得到极大的扩展之后，与它们结成连续的合一。它也以可理知的方式知道后于自己的种类，而且这种知识绝不是不同于统一而不可言喻的知识。可理知的知识是合一体、原因、顶端，是一切知识之不可知的、隐秘的 hyparxes。由于——如果可以这样说——统一而联合的三一体是可理知者的不可知合一体的理智之像，并管辖理智者中同样统一而不可知的权能，就如它自己的原因所做的那样，因此柏拉图通过否定描述对它作了神秘的阐述。凡是最高的东西，不可知的东西，都类似于"一"性的神。因而，就如他教导我们要通过否定描述呈现这位神，同样，我们也要以同样的方式否定性地展示第二等级的统一而不可知的顶端。总之，既然苏格拉底在《斐德若篇》里使这一等级的上升一直抵达天外之所，安排它与第一者相似，在灵魂的上升中，他就通过否定描述来呈现。在《蒂迈欧篇》里，柏拉图主张，使诸神的每个得穆革种存在的一得穆革是不可言喻的，不可知的；而凡是最高的东西都有相对于二级种类的这种超验性。因为它效仿同时按一的方式独立于一切存有的原因。然而，我们只是通过否定来展示这个原因，因为它存在于一切事物之先；而对于发出的与它相似的顶端，我们既用肯定的描述也用否定的描述来阐述。因为它们分有先于自己的种类，所以我们用肯定性术语显现它们。柏拉图称天外之所为真正是的本质，真理的大草原、草地，诸神可理知的纵览之处，而不只是说它没有颜色，没有形状，没有联系，由此可见，他将肯定术语与否定术语结合起来。因为这一等级是处于可理知的神与最初理智的神圣等级之间的媒介，包含两者的联结。它一方面依据一种统一而不可知的超验性，按理智方式守卫可理知者的丰富性，另一方面将这种丰富性一直传递到末后事物。它还依据一个共同的合一体，同时将万物举起，一直升到可理知的父；它还孕育、生产所有事物，甚至包括质料。因此，它被确立在具有"一"性的神与多样的神之间，以不可知的方式超越于二级种类，所以被否定性地阐述；另一方面，由于它分有第一种类，所以又得到肯定性的描述。因为第一得穆革在《蒂迈欧篇》里被称为创造者、父亲、善，以及诸如此类的名字，这是因着分有先在的原因而言的；但他又是一切创造的元一，所以柏拉图任他处于不为人知、不可言喻的状态，独立于事物的所有创造者。他说："要找到他非常困难；即使找到了，也不可能向众人描述他。"因此，柏拉图以肯定的方式阐述天外之所被第一原因充满，有时称它为本质，即真正是的本质，有时候又称它为真理的草原，有时再称为其他诸如此类的东西；但是就它超越于理智神，就它是至高的、"一"性的而言，他从否定方面显现它，就如独立于一切事物的原理那样。

第十二章

什么是天外之所的否定。它们产生于神圣等级。哪类否定指明没有颜色者，哪类指明没有形状者，哪类指明没有接触者。

接下来我们就该思考这些否定是什么，它们是从哪些等级产生出来的。在《巴门尼德篇》里，关于"一"的否定描述是从全部神圣等级产生的，因为"一"是所有这些等级的原因。任何因自己的 hyparxes 而神圣的事物都分有第一原理，而"一"超越于这些，所以在更大程度上独立于后于这些事物的种类。一切事物都从神圣事物产生，都可分地接受这些事物的特性。这可以从其他假说中看出来，在这些假说中同样的结论又得到循环，有时候被否定地联结起来，有时候被肯定地联系起来。任何东西若不是作为原因预先包含于整体里，它怎么能够存在呢？而在《斐德若篇》里，失去了一切理智者的可理知顶端这个位置的事物就是直接确立在这顶端之后的种类，即神圣的种，是被适当地称为理智者的东西的连接者、完全者和父亲。这个顶端独立于所有这些，也超越于一切理智神。因为神的每个种与"一"的关系，就是后于这个顶端的三个等级与这个顶端的关系。柏拉图认为天穹等级有机地包含各个整体，并以可理知的光即颜色照亮它们，就如这个可感知的天的可见美充满了各种颜色，也充满了光一样。因此他称那天为理智的颜色和光。从"至善"流出的光存在于[天]之上的[等级]，是不可知的，隐秘的，停留在诸神的 adyta 里；但是它在这个等级显现出来，从不可见变为可见的。因此它被比作光的产物——颜色。

再者，如果天是看见上面之事的视力，那么可以非常恰当地把它的可理知者称为与光结合的颜色。天上可理知者的原因是没有颜色的，独立于颜色之外，因为可感知的颜色是阳光的产物。但柏拉图认为紧挨着天穹等级存在的等级，我们称为天下拱门的东西，就是形状。因为拱门本身就是一个形状的名称。总之，巴门尼德也在这个等级里放置了理智的形状。柏拉图首先认为接触是理智者的顶端的属性，这可以从《巴门尼德篇》里的推论看出来。在第一个假说里，他在取消"一"的形状时，就利用"一"没有触及它自身这一点作为中介。他说："但是'一'没有触及它自身。"结论是显而易见的。因而，这里接触是先存在的，并且是作为原因存在。对于那些以得穆革为直接原因的事物，先于得穆革的父是范例意义上的原因。因而，在这个等级，接触的是得了自由的神的范型。因此这三个等级，即颜色、形状和接触是连续的。而天外之所本质上独立于所有这些。因此它没有颜色，没有形状，没有接触。它不是在缺乏的意义上超越于这三者，而是因为作为原因的卓越性而超然其外。因为它使颜色从可理知领域分有光；通过照亮将理智的界限给予形状；以超自然的方式将合一性和连续性插入接触，因着自己的权能使一切事物得完全，通过合一性使被接触的事物得完全，通过分有界限使那些得形状的事物完全，通过光的照亮，使那些得颜色的事物完全。同时，它通过可理知的印象，以不可言喻的方式将一切事物引向上面，吸引到自己身上，使它们充满"一"性的善。

因而，如果我们正确地主张这些事物，就不可承认那些沉湎于可感知的颜色、接触和形状的人，那些认为极天之所独立的是这些东西的人的解释。这些东西是琐碎的，绝不适合于那个处所。即便是本性，不仅作为整体存在的本性，就是部分性的本性，也独立于可感知的颜色、形状和有形的接触。它如果也向各种事物显现，那还有什么可敬之处呢？它必然从高处将颜色、形状和接触远远地伸展到最末的事物，必然表明天外之所同等地独立于所有这些东西。事实上灵魂和理智也分有形状；由于一级存有与二级存有的交通，接触不时地出现在无形的本性中，通常就把这些交通称为接触，把理智性认识的接触称为赞同。因而，我们不可离开最初的事物，滑入末后的事物，也不可将最高等级的理智者与最末的存有比较，无论是灵魂还是本性都确立在这些存有之上。否则我们就会犯错，就没有听从柏拉图的劝诫，他认为这样论说这些事是胆大妄为。在沉思可感知的颜色、形状和接触中推导在我们理解之外的不可知的权能，这就是胆大妄为。这样的假说是生理学家（物理学家）提出的，神学家的弟子们是不知道的。这就是柏拉图用来阐述天外之所的否定术语所拥有的力量。

第十三章

什么是柏拉图所断定的属于天外之所的事物，他根据什么可理知特性把肯定的记号归于它。

另外，我们接下来要考察肯定表述，看它们如何依据对最初可理知者本身的分有而存在。前面说过，极天之所是真正是的本质，因为它分有那原初是的东西。因为"是"与真正"是"向一切事物显现，是可理知本质的产物。就如"一"出于先于可理知者的第一原理，同样，存有的本性出于可理知者。因为那里存在着一存有，如巴门尼德稍前教导我们的。而极天之所受到灵魂的管理者的注视，因为这管理者具有一种相对于其他理智神的可理知的超验性。因此它的可理知的善从它那为理智所知的存有中变得明显起来。这个可理知者，就如那真正是的东西一样，是从"一"性的神到达它这里的。这些神是原初的、不可分的可理知者，是一切可理知者最初有效的原因。这些事物，即真正是的东西与可理知者，也彼此同时产生。每个可理知者是真正的存有，每个真正存有的事物是可理知的。理智就其里面的存有来说是可理知的，就其认识能力来说，是理智。因此，每个理智也是知识的供应者；而每个可理知者则是本质的供应者。凡都是原初的东西，它们都通过光照传授给第二等级。

第十四章

什么是德性三神即知识、自制和正义的天外之所，什么是它们的彼此顺序，什么是它们各自传递给诸神的完全。

第三，真知识的种被认为围绕极天之所确立。这两样东西，即理智这位灵魂的管理者[不过这其实是确立在灵魂之上的部分理智，把灵魂提升到它们的父亲之端]和真知识，即灵魂的完全，上升到高处，开始沉思那个本质。它们围绕那个地方运动，就如以和谐的尺度围绕存有作过渡性的旋转；而理智沉思它，用的是单纯的理智活动。再者，我们里面的知识是一回事，在极天之所的知识是另一回事。前者确实是真的，但后者就是真理本身。那么它是什么，又是从哪里获得存在的？它其实就是一位神，是一切理智知识的源泉，是纯洁而稳定的智能的第一有效的原因。它在第一个理智三一体里显现出来，因为这是所有其他事物的完全者，也是神圣灵魂的完全者。后者上升到所有知识的这一统一权能，完善它们自己的知识。苏格拉底说，每个纯洁无污的灵魂，与朱庇特和天一起旋转，审察正义、自制和知识。因此，这三个源泉都在那里，是可理知的神，理智美德的源泉，不是像有些人所认为的那样，是理智的形式。柏拉图习惯用术语本身来描述它们的特点，比如知识本身，正义本身；而苏格拉底在《斐多篇》的某处也是这么说的。这里，当他说到正义本身、节制本身、知识本身时，他显然是在向我们阐述某些自我完全的可理知的神，他们具有一个三一的共存性。其中，知识就是元一，自制属第二位，正义是第三位。知识就是纯洁无污、牢固不变的智能的供应者，自制把转向自身的原因给予全体神，正义则把按各自功过分配整个善的原因给予他们。通过知识，每位神理智地认识先于自己的本性，被可理知的智能充满；通过自制，他转向自身，享有第二合一体，和伴随向自身转向的善；通过正义，他辖制后于自己的种类，在一条寂静的道上，如他们所说，衡量他们的功过，分给他们各自当得的分配物。因而，这三个源泉包含诸神的一切活动。知识类似于第一个可理知的三一体发出；就如那个三一体把本质给予一切事物，同样这知识也用知识照亮诸神。自制类似于第二个可理知的三一体发出。因为自制效仿那个三一体的连接、度量权能；它衡量诸神的活动，使每位神转向自己。正义类似于第三个可理知的三一体发出。因为它也根据适当的功绩区分二级种类，就如那个三一体按最初的范型可理知地区分它们一样。

第十五章

什么是真理的大草原，什么是草地。什么是可理知营养的合一形式。什么是从这种可理知食物中分离出来的诸神的双重营养。

这些事之后，我们可以考察先在于这个处所的另一个三一体，也是苏格拉底所阐述的，即真理的草原、草地、众神的营养。真理的草原理智性地扩展到可理知之光，因从那里来的光照而变得绚丽多彩。就如"一"通过光照发出可理知的光，同样，可理知者使二级种类分有生产本质的能力。草地是生命、各种理性的丰富权能，包含最初有效的生命原因，是多样性的原因，也是形式形成的原因。这里的草地也是各种形式和理性的生产者，饱含着水，喻示生命的孕育。诸神的营养因是某种可理知的合一性，自身中包含了诸神的整个完全，并使诸神充满极致和权能，以便他们可以给予二级种类一种神意的关怀，也对这些种类就如对第一种类那样拥有一种不变的理智性认识。诸神在上面统一地分有这些，但在各自的进程中则以各自的方式分有。

215

关于营养也同样，一类柏拉图称为仙果（ambrosia），另一类称为琼浆。他说："驾驭者让马停在马槽边，先给它们吃仙果，再给它们喝琼浆。"驾驭者得到可理知者的滋养，统一地分有通过神的光照获得的完全。而马分别分有这些东西，先是分有仙果，再是分有琼浆。因为吃了仙果，它们就必然能够稳定不变地停留在更杰出的种类里，而通过琼浆它们必然一如既往地为二级种类提供养分。他们说，仙果是固体营养物，琼浆是液体营养物；柏拉图说到驾驭者先把仙果放在马面前，再让它们喝琼浆时也指明了这一点。因此琼浆这种营养物表明了神意不受限制、不能毁坏的本性，它以一种纯洁无污的方式流向一切事物。而仙果的营养品表明稳定性，牢固地驻扎在更杰出的种类里。从这两者可以看出，神既停留不动，又向万物行进，他们的本性不偏不倚，绝不转向从属性的存有，但也绝不是没有生产能力；同时他们丰富的生产权能和进程又不是变化不定的；他们乃是在恒定不变中向前进发，确立在先于自己的神圣者里，为二级种类提供供给，而自己不受任何污染。因而，就诸神是神来说，琼浆和仙果是他们的完全性；其他东西是理智、本性和形体的完全性。柏拉图认为这些营养在灵魂里，称 [以这些为营养的] 灵魂为神，因为就它们分有神来说，它们充满琼浆和仙果。两者在进程中有一个双向的分离，一者使诸神获得稳定而坚固的完全，另一者使诸神能保持不变的神意，进行自由的管理，不偏不移、又源源不断地把善传送出去。这是与全体事物的两原理相一致的，这些原理负责这样的分配。必须承认，仙果类似于界限，琼浆类似于无限。因此一者可以说是湿润的，不能从自身获得限制；另一者可以说是固体的，并从自身获得一个界限。琼浆是多产的，使诸神完成二级显现，是权能的原因，产生一种力量供给全体事物，同时又是源源不断、绵绵不绝的供应之泉。而仙果是稳定的完全，类似于界限，使神确立在自身之中，是牢固不变的理智活动的供应者。而在这两者之前的是完全的一源泉，是全体神的所在地，柏拉图称之为营养、宴席、美味佳肴，一方面按一的方式使诸神分离为多，另一方面又通过神圣智能将一切事物转向它自己。因为"δαις"［宴席］表明对神圣营养的分别分配；而"θοινη"［美味佳肴］表示全体事物共同向它转变。因为它是诸神——就他们是神来说——的理智性认识。而营养有机地包含这两种权能，因为它既体现了可理知之善的丰富充沛性，又表明了统一而完满的神圣自足性。

第十六章

许多告诫表明天外之所是三一性的。什么是它里面的三位格的记号。

关于这些事就讲到这里，这对目前的理论应该足够了。接下来我们要讨论对极天之所的划分。它被分为三个部分。理智者的可理知顶端，如我们前面所说的，是一个三一体。根据对这个处所的第一个观念，柏拉图随即阐明它的三一本性，提出三个否定术语，即没有颜色，没有形状，不可触摸。同样，在它里面确立了三个神圣者，即知识、自制和正义之后，我们的老师和领袖［叙利亚努］认为应当把这个三一体分为三个元一，也表明这是与奥菲斯的神学相一致的。当然，如果需要找出这三位女神明确的特性，从已经确定的理论我们必会明白，真理的草原、草地和诸神的营养因都位于那里。提供营养是可理知之完全的职责。因此根据从那里注入灵魂的营养，灵魂的翅膀获得了上升的冲动，还有理智的完全。而草地的特性就是拥有一种生成理性和形式的权能，形成生命体的产生之因的权能。因此灵魂也吃草；精神食粮（νομη）确实是营养，不过是另一种意义上的营养。

真理的草原是可理知之光的扩展和显明，内在理性的演化，进展到各处的完全。这就是第三个元一的特性。丰饶多产是第二个元一的特性，可理知的丰富充足是第一个的特性。整个极天之所都被真理之光照耀，因此包含在它里面的一切本性都被称为真实的。苏格拉底说："侍候神的灵魂看到的任何实在之事，都将免于毁灭，直到另一周期出现。"在那个处所的一切事物都是真正的存有，都是可理知的，充满神圣的合一性。在第一个元一里[即在真理的平原和草地里]，这可理知的光浓缩性地存在，可以说隐秘地确立在 adyta 里；而在第三个元一[即在诸神的营养因]里，它显现出来，与权能的多一同扩展，一同分离。因而我们可以从这些事考察这三个元一的区别，就如柏拉图在假说里所揭示的。如果说知识与第一个元一相关，自制与第二个相关，正义与第三个相关，那么这个三一体也必从这些事物完全地显现出来。知识是稳定的，是整体的统一智能，并且与可理知者同在，它岂不属于那与可理知的父联合的权能？这权能不发出，也不分离它与那父的神性的合一。而正义的种岂不属于分离的权能？它将理智的种分离，把可理知的多引入等级，通过光照按功绩进行分配。自制的种岂不就是作为这两者的媒介的权能？它转向自己，拥有这个三一体的共同联结。这种中间权能的显著优点就是具有调和性，能按理性与两端交流。

我们不必啰唆，以上所说足以使我们想起柏拉图要表达的意思，即我们所展示的三位神，分据于极天之所的三神，全是可理知的，就如在理智领域一样，也全是顶端，将万物集合为一个可理知的合一体。其中一个非常稳定，一个能够有形成能力，还有一个具有转向力量，在理智者中拥有一种原初有效的权能。因为其中之一将所有神的元一联结起来，使它们聚集在可理知者周围；另一个使它们围绕在神的进程周围；还有一个使它们围绕着神的转向。所有三者同时将那永远停留又永恒进发和回转的 hyparxes 的整体集合为一。因此柏拉图也将分配给这个世界的神提升到这个处所，使这些以这个处所为所有等级的神的聚集地、围绕它活动的神转向对可理知者的分有。这些元一引导出可理知的形式，使它们充满对神圣合一体的分有，然后又召回已经发出的种类，将它们与可理知者结合。关于这整个三一体，说到这里就足够了。

第十七章

阿德拉斯提娅是谁。什么是阿德拉斯提娅之法。她位于天外之所。她为何这样做。

接下来我们要转向讨论阿德拉斯提娅，苏格拉底指出，她在这个地方拥有自己的王国。那从这些可理知的善的视界来规定灵魂清白生命的尺度的东西，必在那里获得自己最初的演化，即成为光。提升的原因，虽然从属于欲望的对象，也许能够通过转向，既提升自己也提升其他事物到极天之所。而那规定并量出可理知者的视界所结的果实给灵魂的东西，由于它的 hyparxes 在可理知领域，因而通过光照将祝福从那里赐给灵魂。因此，如我所说的，它确立在那个处所。同时它从高处统一地统治着所有的神圣法律，一直到末后的事物。同样，它将一切神圣法律，即理智的、超越尘世的和尘世的，与一个神圣法律本身结合起来。那么是否有某些萨杜恩法，如苏格拉底在《高尔吉亚篇》里指出的，他说："因此存在于萨杜恩时代的法律如今也存在于诸神之中"；或者是否有朱庇特法，如雅典客人所主张的，他说："正义跟随朱庇特，就是向那些抛弃神圣法律的人复仇的"；或者是否有命运之法，如蒂迈欧教导的，他说："得穆革向灵魂宣告了命运之法"——所有这些法，阿德拉斯提娅的神圣法依据一可理知的单一性将它们全都连接起来，同时把存在和权能的尺度给予它们。如果需要表明我自己的观点，那么我得说，这三一体必有的看护权能，预先存在于这位女神里面，她还固定不变地包含渗透各处的规则。因为这三位神不仅展现并聚集一切事物，他们还按神谕守护父的作品，以及一个可理知的理智。

阿德拉斯提娅的神圣法律指明了这种守护权能，这是任何事物都不可能逃脱的。关于命运之法，不仅诸神比它们高级，就是部分灵魂，当它们按理智生活，将自己交给神意之光时，也比它们高级。萨杜恩的诸神本质上独立于朱庇特的法律，而具有连接而完善性质的神独立于萨杜恩的法律；但一切事物都服从于阿德拉斯提娅的神圣法律，神的所有配给物，所有尺度和守护之职都因这种法而存在。奥菲斯也说她是宇宙的守卫和得穆革，得到黄铜鼓槌，一个山羊皮做成的鼓，发出震耳欲聋的声音，使所有神转向她自己。苏格拉底效仿这种把某种宣告传到一切事物的惊人声音，以相似的方式为所有灵魂创立神圣的阿德拉斯提娅法。他说："这是神圣的阿德拉斯提娅法，使灵魂不论领会到什么真实的事物，都免于毁灭，直到另一周期"，这样的话几乎就是奥菲斯的声音，就如一首对阿德拉斯提娅的赞美诗。首先他称之为"$\theta\varepsilon\sigma\mu o\varsigma$"，"神圣法律"，而不是"$\nu o\mu o\varsigma$"，"法律"，而对萨杜恩法和朱庇特法，他只是称之为法律。"$\theta\varepsilon\sigma\mu o\varsigma$"与神相连，更与可理知者[而不是理智者]相关；而"$\nu o\mu o\varsigma$"表示理智配给物，适用于理智的父。其次，他论到它时用的是单数，而不是复数，不像蒂迈欧谈到命运之法时用复数。因而最后，他将它伸展到整个灵魂的种，表明它是它们快乐而幸福生命的共同尺度，是那些能够居住在高处，脱离所有被动性的灵魂的真正卫士。这就是以下这话的含义："能够永远这样做的灵魂，必始终免遭伤害。"因而，这神圣法律包含神圣灵魂的整个纯洁无污的生命，以及部分性灵魂的暂时幸福。它可理知地保卫前者，同时通过可理知之善的景象衡量后者。关于阿德拉斯提娅就讲到这里。

第十八章

概述关于天外之所所说的内容，展现它的特性。

至于剩下的问题，我们要概略地说，极天之所是可理知且理智的神的第一个三一体，拥有三种特性：显现性、集合性和防卫性。它还可理知地包含所有这些，以一种不可知的方式，将理智者与可理知者联结起来，同时引发可理知者的多产权能发挥作用，在自身中接受来自于可理知范型的大量形式，从那里的源泉性的顶端生产出它自己的草地。它从一理智把实存给予三美德，通过可理知的印象使大全本身得完全，在它的不可言喻的怀里接受整个可理知的光。同时它停留在可理知神的隐秘本性里，并从那里可理知地发出，向理智者显现出来，通过不可言喻的权能使它固有的合一体（它已散布在各个事物之中）的所有像完全回转，向上牵引。同样，我们也必然神秘地靠近这个处所，将整个生育形成的生命和有形的本性留在地上，我们带着这有形的东西来到这里，就如被围在一垛墙里，唯有激励灵魂的顶端去分有总体真理和充分的可理知营养。

第十九章

证明可理知且理智的神里面有连续包含的等级。所以必须有三个相连的整体之原因。

考察了这个可理知的、不可知的三一体，负责整个理智的种的三一体之后，我们要考察有机地包含它们的纽带的三一体，这种包含既是可理知地，同时也是理智地。有机包含的原因必然先于理智和理智神存在于这些神里面；这原因既然确立在可理知等级和理智等级的中间，就必然伸展到所有神圣的多，整个存有的种，世界的每个部分。试想，最初将事物连接起来的东西是什么呢？如果如有人说的，是包含灵（spirit）和局部运动的事物，那么连接其他事物的形体本身就得具有关联性。每个形体按自己的构成来说是可耗尽的，可分的，爱利亚客人也向那些设立有形原理的人指出这一点，说他们如此推崇的本质其实是可灭的，可耗尽的。因而，形体本性上不适合连接其他事物，即便这样一种权能与形体相关，灵也不可能为我们提供这种权能，因为它总是分解、消散，自我扩散到限制它的东西之外。如果我们设想习性和依形体而分的连接形式以联系来照亮它们的对象，那么它们必须与其对象同在，才可能做到这一点；但是这些习性和形式将怎样接续自己？很难想象这样的事是如何实现的。因为这些东西要按质料体分配，与它们的对象一同被分，这就要求一种界限和联结，但它们本性上不适合于被限定或被连接；因为它们没有自生、自存的本质。而既不生产自己，也不完善自己的东西，是不可能连接自己的。此外，每种习性，每种质料形式，都是他动的，依赖于另一更古老的原因，因此与对象不可分，不能靠近它本身。

　　如果放弃这些，我们就要主张，无形的、自生的灵魂是联系的第一有效因；灵魂的本性既是可分的，又是不可分的，混合了可分者和不可分者，分有存有的种，并且被分为和谐的理性，这样的东西我们该把它放在哪里？灵魂确实将形体和种类连接起来，因为它们分有一种不可分的特性，但它们缺乏另一种连接本性，那种本性可以将混合的第一原理给予种，又将联结的第一原理给予分离的理性。灵魂的自动本性是过渡性的，并延伸到时间，所以需要那可以将它的一生命连接起来的东西，并使它成为总体性的、不可分的。因为连接各部分的整体，先于部分而存在；由部分组成的整体接受从某种不同于它自身的东西引入的联系。但是我们如果跟随推论权能超越灵魂，考察理智，看被分有的理智，或者如果你愿意，那不可分的、神圣的东西，总之，如果我们考察神的理智之种，看它是否原初地连接存有，那么我们也会发现，在这里有各种各样的多，种的分异，还有如苏格拉底所说的，许多神圣的景象和推论活动。因为神圣本性的分离，形式的多样性，在理智领域里自我显现出来，还有惊人的部分和生产权能也显现出来。这是各种分裂的种显现的地方，那连接的东西原初怎么可能在这里？理智的多怎么可能不将自己固有联系的分有指向另一个更古老的原因？因为理智的多就是那原初被连接的东西（它是那原初分离的东西，需要连接的东西是可分的，而不可分者本身超越于连接的hyparxes之外），但它不是那原初连接的东西。每个被连接的事物，是被另一个原初拥有连接权能的事物连接起来的。因而从以上所说可知，存有的连接等级是先于理智神被确立的。

可理知的、隐秘的hyparxes就是为万物提供合一性的供给者，因为它紧挨在"一"之后存在，是不可分的，统一的。而连接是把多收缩为不可分的结合；因此它从属于可理知者而存在。那里的媒介原是可理知的，是统一的、原初有效的连接因。而将可理知者与理智者连接起来的，模仿的是可理知者所具有的促进统一的权能。因为在那里，三个三一性的元一全是整体的合一体；其中一个是因着超验性，另一个是作为居中的核心，再一个是因使他物转向。而在可理知且理智的等级里，这三个三一体是次于那些合一体的第二者，与多同时显现。因此其中一个三一体是集合性的，另一个将多连接起来，再一个具有促进完全的本性。那被集合的东西，被连接的东西，以及被完善的东西，是多。所以，不论它是理智的多，超越尘世的多，尘世的多，还是另外的多，都通过这三个三一体被集合、被连接、被完善。它被集合，就上升到可理知者的合一体，牢固地确立在它们之中。它被连接，就在自己的产物中保持不可分、不可灭。它一旦被完善了，就从自己固有的部分或权能接受成全。

由于存有必然停留、进发并回转，享有这三重神意，所以必有三个先在的集合性元一，三个连接性元一，以及三个完善性元一。我们不是说，由于二级种类的善，最初的种类被分离，负责如此多的等级和权能，而是说，它们始终是从属事物的善的原初原因，同时我们从低级种类重新想起整体的原因。可理知且理智的三一体按三一方式完善事物，永远将它们连接起来，集合为一。而可理知的元一毫无分离、按一的方式形成它们的停滞、前进和回转。至于其他事物，我们已经谈到一部分，还会再谈另一部分。

第二十章

根据柏拉图，天体循环等同于连接性等级。

现在我们要谈论连接的三一体。苏格拉底在《斐德若篇》里称之为天的循环。因为它拥有不可分生命的中心，是生命中最重要的东西，所以他称之为循环，意指它循环往复地、全方位地包含其他所有生命和神圣的理智活动。因此，被提升到它这里的灵魂也因理智活动而得完全，与可理知的景象结合。然而，天的循环总是以同样的方式确立的，因为它是一个永恒的、整体的、同一而统一的智能。而灵魂的循环是通过时间实现的，以较不完全的方式存在，并非同时集中性地包含可理知者。因而，灵魂被围成一个圆圈，恢复到它们的原始状态，而天的循环总是保持同一。因为它使可理知神与理智神之间的联结得以形成，把所有等级连接在他们的停滞、前进和回转之中，所以苏格拉底称它为天上的。蒂迈欧说，这[可感知的]天也全方位地包围它之下的各元素，因此，没有哪个地方是真空。就如可见的天是天之下的一切事物的连接者，是连续性、一致性、感应性的原因，（若有真空介入，就会中断事物的连续性，这种连续性的颠覆则破坏形体的感应性）同样，理智的天将存有的整个多合并成一个不可分的结合，以适当的连接照亮每个存有。因为理智这样分有连接因，灵魂的本性那样分有，有形状态的存有又以不同的方式分有。理智在最高层次上分有连接，它是不可分的；灵魂在第二层次上分有，所以既是可分的，又是不可分的，是一混合体；形体获得最少的分有，就拥有一个可分的实在，同时仍然是被连接的，不是由于被分解就灭亡了，而是享有它们自己的部分和低能。因而，整个连接性的三一体依据 hyparxes 本身被称为天；在它之下扩展的生命的幅度被称为循环。在感官可感知的事物中，天体的周期就是运动，并且可以说是天体的生命。

第二十一章

我们如何从柏拉图关于连接性的神的三分法学说中得到帮助。他为何特别崇敬这三一体的合一。

如果需要从以上所说的内容找出它的三一本性，我们就必须使用比喻方法。由于柏拉图本人认为天的脊背是一个事物，它的深处是另一个事物，所以，显然，天上的拱门是第三个事物；至于天之下的拱门，他直接称为天下的。我们说过，天外之所是确立在天的脊背之上的，同样，我们也必须承认天下拱门不同于天上拱门。天是以脊背为界限的，当然是以超自然的方式，而天下是以拱门为界限。天被天外之所包含，同时它包含着天下的拱门。因而从这些论述可以看出，天向我们自我显现为三一样式：从它的脊背看，它把一切事物有机地包含在一单一性里；从它的拱门看，它包围整个三一体；从它的深处看，它自己发展为自己，并构建连接性和连贯性的中间地带。整个天上等级的脊背是一位可理知的神，其称呼可能就是从这里得来的。不过，它之可理知是在连接性的三一体里的可理知，外在地压缩、有机地包含天上的整个王国。它还通过光照将一种对于二级种类的统一而单纯的包含给予所有神，同时自身以超自然的方式充满可理知的合一性。因此，神圣灵魂被引着穿过整个天上的深渊，站立在天的脊背上，同时在它们站立时循环带着它们环绕；由此它们洞察到所谓的极天之所是什么。这个地方就是指灵魂在天上可理知的观察塔中的确立，将同一、纯洁的权能和坚定不移的理智活动延伸到灵魂。而环行运动是对充满生气的生命和最关键的活动的分有。这

225

两者的共同显现，包含着多产的活力、安静的运动，以及可理知者稳定的理智活动。而天上的深渊是整个三一体的一种连续性，将整个天上等级结合起来的中间神，源自可理知的包容性，终于天上的拱门，这拱门规定了整个天的边界。因而，这整个三一体有一种合一性和连接性，有一个从脊背出发一直到拱门的牢不可破的进程，进程穿过这个中间神，它与两端同时显现，展现出连接性的多，但两边又被两端限制；其中一端以超自然的方式包含它，另一端则从下面限制它的进程。

因而剩下来要讨论的还有天上的拱门。它是这三一体下面的边界，就如三一体里面的理智一样，一方面被生命充满，另一方面被可理知者联合，使整个三一体转向它的原理。这拱门也类似于天上的脊背，只是它的间隔更短一些。由于被征服，它渐渐减少，但由于相似性，它转向天上的顶端。这就是天上的理智，也是天下拱门直接的"Synocheus"①。因此每个拱门都被称为可理知且理智的神的理智边界。于是，整个连接性的三一体得到这样的一个划分：随可理知者而定（κατα το νοητον）的脊背（το νωτον）；依据生命而定的深渊，以及依据理智而定的拱门。而它的整体是一，是连续的，因为将其他一切事物连接起来的东西，应当更是自身的连接者。诸神的每个特性都从它自身开始它的活动；特性若是集合性，就将自身集中固定在最高的合一体中；特性若是使整体转向，就使它自身转向原理；特性若是纯洁无污性，就首先保护自己远离质料。因此，连接的特性也先于它的分有者按可理知且理智的方式将自己连接起来，有了这种连接，天的本性就可以说是一的，是连续的。整个三一体集中于它本身，保守它固有的统一整体，在本性上完全类似于它本身。拱门紧密地连接所有理智者，从各个方面压缩它们。在此之前，天上的深渊本身，也包含拱门在内，把整个等级连在一起。而在这些之前，天上的脊背按单一性的一界线统一地包含整个天上王国本身，以及囊括在

---

① 即有机包含的东西。

它之下的一切事物，通过连接权能和 hyparxis，将它们与它们本身连接。我们知道，就那些感官可感知的事物来说，天体的凹形周线紧紧地挤压各元素，但并没有在它们完全不定形的运动中把它们吹走，使其消散。在此之前，天体激烈地挤压一切事物，并将其挤向中间，不留下一点虚空。但有一种包容性将所有这些囊括在内，那就是诸天的脊背，它是天体相似的原因，也是诸元素与天体接触的原因。天体的脊背具有光滑而稳定的本性，如蒂迈欧说的，这种本性使整个天与它本身相似；一般而言，包含的种类总是被包含种类的连接者。因而我们必然要把相似性从可见事物转移到理智神的父，即天，考察他为何既是一，又是三，既在上面又在下面拥有可理知者和理智；同时从中间者来看，又拥有生命，即进程和时间的原因，还有生产性的权能，我们已经适当地按时间安排在天上的深渊之下；因为柏拉图本人也称顶端为脊背。他说："那些被称为不死者的，一旦超越了天，就到达顶端，站立在天的脊背上。"可见，他把天上等级的顶端以及上面的地方称为天的脊背；这些东西显然就是最初的 Synoches 的特权。他按着神谕，在自己 hyparxis 的一顶端里有机地包含一切事物，同时自己整体性地超然在外，与极天之所结合，与它不可言喻的权能结合，全方位地包裹在它里面，将自己封闭在可理知者的统一包围里。试想，说最初的 Synoches 封闭在可理知的纵览处，与表明它被可理知的极天之所紧密包围，同时在理智领域扩展，这两者有什么分别？如果那超验的东西是第一者，那么显然顶端是与其余者一同被安排的，但独立于它们。既然第一者是这样的东西，依据可理知的顶端确立，通过光照分给其他神，与可理知者接触，与父亲一端接触，那么必然有一个中间者和一个末端，一者是天上的深渊，另一者是整个循环的终结。如果整个天的循环是一且连续的，这一等级的特性必然被指派为这一等级的原因。它作为所有等级的神的连接者，它本身先于其他事物，可以说是神圣种的中心和纽带，它首先连接它本身，将它本身延伸到一生命。因而，天既是一，同时也是三，发展为三个元一，既是不明显的，又是明显的，也是居于这两者之间的，同时效仿下沉到可理知三一体中的可理知的神。

第二十二章

什么是《克拉底鲁篇》关于天的神学。如何能通过推理过程从它推断出中间的可理知且理智的神。

你若愿意从《克拉底鲁篇》记载的内容看看这个等级的特性，那么首先，你应当思考以下这一点，作为对确立在中间的 Synoche 的一个论证，即其中阐述了它的两方面习性，一方面指向可理知者，另一方面指向理智者。书中说它看见上面的事物，产生一个纯洁的理智。因此，它是可理知者中的智能，同时也是理智者中的可理知者。理智的原因（the cause of intellect）先于某个理智性的原因（intellectual cause）存在，而那两者兼具的东西，专门成全可理知者与理智者的中间等级。集合性的神领会可理知者，或者毋宁说与它们联合，但并非原初性地使一个神圣理智存在。促进完全的神，与中间的神圣者即理智者一起生产，按理智方式直接领会天上的等级，但不能领会先于天的可理知者。唯有中间的神圣者占据可理知的且理智的中心，同等地延伸到两者，按理智方式领会可理知者，在可理知意义上它是理智者的原因。由于趋向原因的习性先于它里面生产理智的权能，所以苏格拉底从他的习性开始，阐述一个从这习性垂溢下来的第二权能。而指向上面事物的视力非常恰当地获得"天眼"的称呼，因为它能"看见上面之物"。这为我们完美地界定了一种比有机包含的等级更古老的习性，同时指出它相对于可理知者来说是理智性的，相对于视力对象来说就是视力，但是它理智地领会自身，在自身中是可理知的。它的可理知者，相对于那原初可理知的东西来说，只是分有一个理智等级。下面的话则展示这个中间者有倾向理智者的习性,(因为苏格拉底接着说:)"所以,赫谟根尼(Hermogenes)啊,那些深知高处之事的人也说天生出一个纯洁的理智,又说这个名字对它非常恰当。"因而,天的等级扩展为一个中间者,处于理智的且可理知的神中间,同时在一个不可分的联合体里包含可理知者和理智者,与两者都有相似性,但同等地远离最初的理智者和具有"一"性的可理知者。因此苏格拉底说它理智地领会上面的事,并由此生出(一个纯洁)的理智。

因而我们首先从已经规定的内容推导出这一点。接下来我们要注意这样一点,天上等级是三重性的,它的整体理智性地领会可理知者,生产理智者,第一元一以一种杰出的方式理智性地领会可理知者。因为它将自身与可理知者结合,认识可理知的理智,与先于自己的种类联合,是不可分的,如在不可分者中间,使自己尽性地向可理知的单一性扩展。而第三个元一专门生产理智者,因为它是整个连接性三一体的理智。在奥菲斯派神学家看来,天,即萨杜恩的父亲,也是第三位。而中间的元一与这第三位一起生产理智等级的诸神,同时与第一者联合生出可理知者;它充满出于第一者的可理知的合一性,同时使第三者充满多产的权能。因而你岂能不明白柏拉图为何通过两端的特性向我们展现整个天上等级?他将它可理知的 hyparxis 与可理知者结合,同时将它理智的 hyparxis 与理智者结合;他为我们提供集合它的 hyparxis 的方法,这个 hyparxis 是这两者的中间者,是依据共同的特性形成的。如果你还希望从已经说过的内容进一步推断,那么可以说,他将天上的光与可理知者的光结合。视力不是别的,就是光。中间等级通过自己的光,通过它本身的神圣顶端,与最初的种类结合;同时因着一个理智的本性和整个三一体的边限,生出理智,以及理智领域的所有未污染的神。它不是独力地生产理智,而是协同纯洁一起生产。苏格拉底也是这样主张的:"因此,他们也说,一个纯洁的理智是它生产的。"这样说来,天上等级是理智的 hyparxis 的最初有效的原因,是纯洁无污之权能的原因。如果纯洁必然不是偶然存在于理智里面，那么那些存有的神性必然独立于二级种类，必然供应不变的权能，也就是大能的天协同理智所生产的权能；这神性同时也是作为纯洁之源头的诸神的直接原因，也是理智性的父亲的直接原因。关于连接性的神的真理，可以从《克拉底鲁篇》提出这些暗示性描述。

第二十三章

完全受神默示的阐释者界定天下的拱门是某种特定的等级。我们的导师以非常正确的方式阐释它。

接下来我们要根据《斐多篇》里的记载考察天下的拱门，以及那里的诸神的特性。不过，在我们开始讲述关于它的理论之前，我希望作出这样的假定，我们之前的一些最杰出的解释者想到这天下的拱门是安排在天下面的一个神圣等级，所以认为应当将它列在紧挨第一神的位置，称第一神为天。但是还有些人把天和天下的拱门都放在可理知领域。亚细尼亚（Asinaean）哲学家 [塞奥多鲁] 被普罗提诺说服，称那直接从不可言喻者出来的东西为天下的拱门，如他在关于名称的论文里对这些名称进行的哲学探讨。但是伟大的杨布利柯认为，大能的天必然是某种可理知神的等级，（在一处他认为它等同于得穆革，）主张紧挨在天之下的等级就是天下的拱门，并且可以说包围着天。这些话他记载在他关于《斐多篇》的注释里。因而请不要认为关于这个等级的神学，我们有什么自己的创新，以为我们是最初将天下拱门与天分开的人；事实上，我们主要是被柏拉图说服，他区分了这三个等级，天外之所、天上的循环以及天下的拱门；柏拉图之后，那些以神启的方式考察他的理论的人，即杨布利柯和塞奥多鲁也使我们信服。还有什么必要提到我们的领袖 [叙里亚努] 呢？他是位真正的酒神巴克斯（Bacchus），[即被神圣之火激动的人]

以惊人的方式对柏拉图视若神明，使柏拉图理论的可敬本性，以及他的理论所伴随的奇迹向我们尽情地展现出来。

因而，他在论 [奥菲斯派、毕达哥拉斯和柏拉图的] 一致性的论文里，极其完美地显示了这一等级，即天下拱门的特性。然而，以上所提到的两位智慧者，提出了大相径庭的理论。塞奥多鲁称第一因为天，不再承认天是领会上面之物的视力，如苏格拉底在《克鲁底鲁》里探索词源时指出的那样。因为第一神既不看，也不是视力，也不低于任何东西。因而，塞奥多鲁既不承认对这一名称的这种解释，也不像苏格拉底那样受神圣启示的影响赞颂极天之所。因为"一"既没有任何处所，没有可理知之处，也没有任何形式的多，灵魂的种也不上升到第一神之外；因为在他之外没有任何东西。另一方面，圣杨布利柯认为天不确定地存在于第一因之后，由于他没有阐明它的 hyparxis 的特性，所以免于上述疑惑，但他应当告诉我们天上的等级是什么，它如何存在，哪个神的种先于得穆革使它成全。在 [这个题目上] 完善了每一点，通过无可辩驳的论证确定所说的一切观点的人，是我们的导师 [叙里亚努]，他考察了第一神和天上王国之间的整个等级，理智性地看到特性或这个等级，向我们阐明了他的神秘主义，关于它的真理。由此可见，我们的父辈和祖辈尽管在这个问题上各抒己见，但有一点是共同的，就是他们全都将天下的拱门与天上的循环区分开来。

第二十四章

从柏拉图对天下拱门的阐述，从提升到这里的灵魂可以得到许多告诫，表明它的特性是促进完全。

除此之外，我们还必须设想，诸神的这一等级（天下的拱门）紧挨在天后面排列。由于天既是一，又是三，分得的是连接性的等级，而天外之所被指定为可理知且理智的神的最高等级，所以毫无疑问，天下的拱门必终止诸神的中间进程，必结束这整个等级，使其转回自己的原理；它必然得到一个从属于天但环绕最高合一体的等级，必然同时与中间的种相结合，但先于理智者存在。因为理智者将自己的王国与天上的权能分离，而天下的拱门与天联合，被包含在天上的等级里。因此它也被称为天下的。由于它与天上的循环结合，紧挨着那种循环存在，所以它使一切二级种类转向可理知者，依据理智的纵览之所完善它们。由于理智的神是根据回转形成的，依据一种球形的合一体向自身环绕，所以完全的帝国必然直接建立在他们之上。

因此我很奇怪，那些人对这一神圣等级竟然一无所知，不主张有促进完全的整体源泉；但他们中有些人致力于"entelechias"，对于他们，我们唯有承认，他们也将完全者与连接的形式结合起来。因而，他们不知道与对象分离的完全，心甘情愿地拥抱真完全的相似物，对这些相似物有深入的认识。还有些人把灵魂作为完全的原因，却没有意识到他们并没有向自己表明一个先在于永恒之中的完全，他们从按时间活动的生命开始，拥有它周期性的完全。然而，作为整体存在的完全，必然先于可分的完全，稳定不变的完全必然先于可变可动的完全。出于时间的运动本身缺乏目的，没有可求性，是按部分得到发展的。第三，这些人之后，还有人重提理智，认为第一完全是理智性的。理智确实是活力和理智性的完全，但它追求神圣的完全，围绕这种完全而存在，并且通过它回归它本身。所以，回转的原因必然存在于转向神圣完全的理智的种之前，引向完全（就是一）的领袖必然超越于得到完全的种类之上发展。

因而，天下的拱门理所当然先于一切理智的种类，预先确立一个神的等级，这些神使整个从属的神圣之种回归和完全。因此，柏拉图将跟从朱庇特的神和精灵提升到这个拱门，并通过这个拱门升向天，以及极天之所。当他们走向宴席,享受美味佳肴的时候,就是升到了天下的拱门。他们通过这个门得完全,分有天的循环,并升向可理知者。可理知者就是提供营养并充满万物的东西。因而,促进完全的等级确立在连接性的等级之下。它使上升到可理知者的所有种类得完全,使灵魂扩展,接受神圣的善,它发射出理智的光。同时在它自己的怀中包含第二种的神,将一切事物确立在连接性的整体循环之中。

通过这些论述,苏格拉底稍后还说,与十二位神一起上升到可理知之美的灵魂,被引入最神圣的奥秘之中[即得完全],通过这种启蒙,以纯洁的心接受奥秘,渐渐在不可言喻的事物里立住脚,成为这些事物的观看者。因此,神的启蒙在那里;最初的奥秘在那里。如果柏拉图宽恕我们称[这个等级的]神为"teletarchs",一点也不必惊奇。他说,那里的灵魂受到"启蒙",诸神亲自启蒙它们。否则,对那些作为"telete"或"启蒙"的最初源头的神,怎么可能称为"teletarchs"。我确实感受到一种极大的活力,即使就他们的名称本身来说也如此,我不明白怎么还能用另外的方式来称呼他们。启蒙既是一,又是三,因为促进完全的神与连接的神是同时分开的,柏拉图称前者的一个合一体为天下的拱门,就如他称连接的等级为天。他也承认促进完全的等级里包含一个末端,有一条通向拱门顶点的陡峭小路,由此也暗示了深渊的存在。因此就如在先于它的等级中,我们以为应当按顶端来安排可理知者,按深渊安排生命,按末端安排理智者,由此规定了整个天体的循环;同样,在这个促进完全的等级中,我们必须认为拱门的可理知者是它的顶端,要像命名天的脊背那样命名它,因为这两者是彼此并列的;但对深渊,必须认为它与生命是同等并列的,灵魂通过它们到达顶端;同时把终结整个拱门的末端看作是与理智同等并列的。

第二十五章

什么是柏拉图在天下拱门所阐述的属于完善性等级的三一体。

这整个等级是与它前面的等级统一的,我们必须从比喻意义上对它加以区分。促进完全的诸神在整个连接的三一体下面伸展。其中一个向神提供稳定的完全,将所有神确立在他们自身里,并与自身统一。另一个是生产整体的完全的原初源头,激发本质上在先的事物眷顾二级种类。第三个是向原因回转的领头者,将一切已经发出的事物回转到其固有的原理。通过这个三一体,一切完全的事物都是自足的,都存在于自身之内;一切能生产的事物都是完全的,并且精神百倍地生产;一切追求自己固有原理的事物都通过自己的完全与原理结合。因而,不论你设想使被生之物完全的本性的权能,还是灵魂回归原始状态的完数,抑或依据一里的活力而被确立的理智的完全,所有这些都是从诸神的同一个完全垂溢下来的,都归属于这一完全,只是有些分得较大的,有些分得较小的完全的 hyparxis;无论如何,每个完全都从那里出来。总之,完全具有三重性,一种先于部分,比如诸神的完全。因为神的完全存在于统一体内,预先自我完全地存在,先于一切多。这其实就是诸神的"一",不是灵魂的或形体的"一";因为后两者以类似的方式与多结合,与本质一同混合。而神的统一体是自我完全的,先于本质存在,生产多,但不是与多一起被生产的。另一种完全就是由部分组成的完全,通过部分获得自己的完整性,比如这世界的完全;因为它从自己的丰富性获得全然完全性。第三种完全就是在部分里的完全。也就是说,世界的每个部分都是完全的。就如这个宇宙是由众多整体构成的一个整体,同样,它因所包含的诸多完全的部分而成为完全的,这是蒂迈欧所说的。总之,完全像整体一样被划分;因为如蒂迈欧说的,它们彼此联合。

因而,促进完全的种与连接的种同时显现,完全的元一被安排在整个连接的种之下。就如有机地包含部分的天的整体是三重性的，同样，完全也是三重性的。如果需要表明我自己的观点，那么所有完全都源于所有首领。但先于部分的完全在更大程度上与第一首领相关；由部分组成的完全与中间首领相关；存在于部分里面的完全则与第三首领相关。不过，在这个三一体之先的是可理知的三一体，是统一的完全，一个全备的hyparxis，蒂迈欧也称之为一切事物的完全。然而，三种完全预先统一地存在着，或者毋宁说，每种完全都有一源泉。正如连接的三一体是可理知连接的演化，集合的三一体是促进统一的、可理知者中位居第一的事物的演化，同样，促进完全的三一体是全备三一体的像。可理知且理智的神类似于可理知的三一体发出。因而，完全是三重性的，有先于部分的完全，出于部分的完全，以及部分里面的完全。也可以根据另一种方法划分，完全有稳定的、生产性的、回转的。从另一观念来看，有理智且不可分之本质的一种完全，有灵魂本性的一种完全，还是围绕形体可分的本性的完全。因而，可以非常恰当地说，有三位完全的首领先于理智的神，他们构建天体循环之下的一个等级，通过自己将一切二级种类提升到可理知领域，通过可理知之光使它们完全，转向天上的王国，并与之结合，将一种永不懈怠的活力分给了完全的种类，同时还是它们纯洁无污之完全的守护者。

第二十六章

　　什么是灵魂脱离身体进入可理知且理智的三一体的上升。什么是最有福的"telete"、"muesis"和"epopteia"。什么是整全、单一、不动的视像。什么是这整个上升的目标。

　　这些就是从柏拉图可以推导出的关于可理知同时又是理智的等级的第三个三一体的思想，有时候他称之为天下的拱门，拥有一个顶端、中间和末端，有时候又称为神圣的奥秘，所有奥秘中最古老、最令人敬畏的奥秘，他通过这个奥秘来提升灵魂，使它们与神秘而充足的可理知者结合。这个三一体虽然确立在天体循环的下面，却开启了天上的路径，展现了诸神自我绚丽的面貌，那是完整而稳定的，并且向上扩展，去审察神秘的可理知景象，如苏格拉底在《斐多篇》里所说的。因为"telete"在"muesis"之先，而"muesis"又在"epopteia"的前面。我们在上升中曾经得到促进完全的神的启蒙 [teleioumetha]，但是我们通过连接的神闭上眼睛看见 [即用纯洁的灵魂本身，muoumetha] 完整而稳定的面貌，与他们同在的有整体的理智和牢固确立的灵魂。然后，我们通过作为整体之集合者的神，渐渐地固定在可理知的观察塔上，并成为这观察塔的看者 [epopteuomen]。我们论到所有这些事都与可理知者相关，但是我们从不同等级中获得的是不同的事物。促进完全的神通过自身引我们进入可理知者，集合的元一通过自身领着我们观察可理知者。在上升过程中确实有很多阶梯，但所有阶梯都伸向父亲之端和父亲的启蒙，愿引领众善的"teletarchs"也同样将我们确立在那里，不是用语言，而是用行为照亮我们。愿他们也认为我们配在大能的朱庇特下面充满可理知的美，使我们完全脱离与生产相关的那些邪恶，我们如今被这些恶包围，就如困在一垛墙里。愿他们也通过光照给予我们目前正在讨论的理论所结的这个最美的果子，我们跟随圣柏拉图，已经将这果子充分地向那些热爱深思真理的人作了阐述。

第二十七章

柏拉图如何在《巴门尼德篇》中根据可理知者阐明可理知且理智的等级。什么是这些等级的神学中共同的东西和不同的。

现在我们要再次以另外的方式跟随巴门尼德。他在可理知三一体之后形成可理知且理智的等级，通过一连串的推论，展现神圣种类的连续进程。因为语言的关联性，以及它们彼此之间的依赖性，就是对事物不可毁灭之秩序的模仿，这种秩序总是将中间者与两端结合起来，通过中间的种进发到存在的最末进程。因而，我们必须在考察一些理智概念之前，首先考察可理知且理智的三一体，是如何类似于可理知的三一体生发出来的，这样我们就能通过推理过程领会事物井井有条的等级顺序。我们知道，有三个可理知的三一体，分别是一存有、整体和无限的多。可理知且理智的三一体也有三个，向我们呈现出来，它们分别是数、整体和完全者。因此，从一存有源出数，从可理知的整体生出可理知且理智的整体，从无限的多生出完全者。因为那里的无限者是全能的，全备的，包含一切事物，自身却不为任何事物包含。因而完全者与全能、全备者相似，拥有一种理智性的完全，从属于第一种有效的且可理知的完全。既是可理知的又是理智性的整体与可理知的整体同属一系，但又有区别，后者拥有的整体是一存有的一合一体；而前者的"一"似乎是自己独立地成为一整体，由统一的部分组成，并且似乎由许多存有组成。因而，这些整体性不同于那在合一性上居先的可理知的整体性；这个整体的整体性是可理知的整体性的组成部分。

第三，我们必须认为数与一存有相似。因为一存有在那里确实是隐秘的、可理知的、父系的，而在这里它则与异结合生出数，构建形式和理性的分离。异本身首先在这个等级显现，是权能，也是可理知者中的二；不过，它在这里是母系的，是一个多产的源泉。在那里，权能是"一"的集合者，是一存有，因此它也是不可言喻的，隐秘地存在于"一"和hyparxis里。而在这里，异将存有和"一"分离。然后它又使以生产方式发出的"一"多样化，形成第二和第三进程，使存有分裂为众多存有，将"一"划分为部分性的统一体。但是无论是存有还是"一"，完成了减少，整体却保持不变。因而柏拉图非常恰当地从这里获得关于"一"的否定性描述。因为这里，由于将存有和"一"分离的异，就出现了多；因为否定"一"的整体是理智性的，不是可理知的。因而否定性描述说"一"不是一个整体，而肯定性描述说"一"是一个整体。只是这整体是理智性的，不是可理知的。巴门尼德也这样否定多，他说："'一'不是多"；而与此相反的表述是："一"是多。不过，可理知者的多并没有使"一"成为多，而是使一存有成为多。总之，每个可理知者都是以一存有为特点的。因为在可理知领域，存有和"一"是错综复杂的，彼此同时显现；存有是最具有"一"性的。而当两者发展为多时，它们就彼此分离了，表现出相对于彼此的更多的差异性。两者成为多同样是由于异的多产本性所致。由此可见，可理知且理智的等级，虽然与可理知等级相似，却是随着减少而出现的。

第二十八章

可理知且理智的数如何从可理知者生发出来。它在何处区别于可理知的多。

接下来我们要从本性开始分别讨论它们。首先，可理知且理智的数向我们显现出来，它与多相连。每个数就是多。关于多，有一种多统一地存在，另一种有区分地存在。而数是分离的多，因为数里面有异。在可理知领域，原本就有权能，但没有异；这个权能生出多，将它与元一结合。因而，数与可理知的多是连贯的，而且这也是必不可少的。那里原本就有元一，也有二；因为整体原本也在那里，并且原来一直是元一性的；但是现在它正在变为二，没有任何中断。因此元一和二原本在那里，这两者是数的最初的、独立的原理。多统一地存在于这两者之中；因为元一是数的源泉，二拥有一切多的原因；前者是在父亲的意义上，后者是在母亲的意义上。因此可理知的多还不是数，只是可理知地确立在统一的原理里，我的意思是说在元一和二里；在二里是生产性的，在元一里则是父亲式的。而第三神就是父母；因为如果生命体本身在它里面，男女之因就必然原初地先在于那里。因为生命体里有雌雄之分，男女之别。所以按照蒂迈欧，也根据巴门尼德，母亲和父亲的原因存在于那里。可理知的生命体和可理知的多被包含在这些原因里，从这些最初原理里生出带着异的数，它们产生数里的元一和二，以及所有数。因为生产者和父都以阴性的方式存在于这些原理里。

这个三一体的所有元一也同样是父系的。因为它们先于其他事物分有元一的原因，只是按异的权能分有。那里，我指的是在可理知领域，母亲以父亲的方式存在，而这里，父亲以母亲的方式存在；正如那里，理智者按可理知的方式存在，而这里，可理知者以理智的方式存在。因而，每个数紧挨着那个等级存在，成为与可理知领域的第一个三一体相似的，它也显然是从这三一体而来的。因而，巴门尼德也从数开始自己的讨论，提醒我们回忆他由之阐述一存有的第一个假设，指出"一"分有本质，本质分有"一"，因为"这个"依据"那个"三一体存在。这是非常恰当的。可理知且理智的存有，就它获得理智领域的一个可理知等级来说，它出于可理知领域的顶端；但就它先于理智等级来说，它源于可理知领域的理智者。在那个可理知的三一体里，"一"是存有的"一"，存有是"一"的存有，两者的合一体是不可言喻而隐秘的，彼此存在于对方里面。而在可理知且理智的三一体里，异呈现出它自身，它是可理知领域的第一个三一体里隐藏的、不可言喻的权能的像，在这里清晰地发挥自己的活力，将"一"从存有中分离，也将存有从"一"中分离，引着各自进入可分的多，从而形成了总体的数。数，如我们经常说的，就是分裂的而非统一的多，它出于原理，依据第二进程而存在，但不是隐秘地确立在原理里。因此它完全不同于多。在可理知领域，有多；而在理智领域，有的是数。因为那里数是因着原因，而这里多是由于分有。那里，分是按可理知方式存在的，而这里合具有一种理智性的实存。如果数是这样

239

形成的，分有这样的一个等级，那么巴门尼德非常恰当地专门提到这些三一体，认为"一"分有本质，本质分有"一"，通过这两者，多显现出来。因为其中一者是第一个三一体的显著属性，另一者是第三个三一体的显著特性。在第一个三一体中，"一"和存有的合一中预先存在着分有，而在第三个三一体里，许多可理知者自我显现出来，柏拉图差不多就是在宣告说，最绚丽的可理知者是按可理知的多存在的，尽管多在那里是隐秘的、统一的。因为从神圣种类的每个等级来看，多以适当的方式形成于两端。

第二十九章

圣数如何装饰全体存有。什么是根据数的分类象征性地表明的圣数的权能。

因此，理智之种的可理知的数是从这些原理并通过这些原理形成的。它所拥有的特性确实是人的理性所无法领会的，但我们可以将它的特性分成两种最初有效权能，即生产整体的权能和集合所有进程为一的权能。根据元一，它集合理智的多，将它与可理知者结合；根据二，它生产多，依据异将它分离。根据奇数，它集合许多等级为不可分的一；依据偶数，它将诸神的整个种充分地显现出来。存有确立为可理知神与理智神的居间者，使他们成就一种联结，它被置于自己的顶端，以理智者作为一个媒介，同时它与可理知者结合，演化出可理知的多，导致它隐秘而包含一的本性变为分离和丰富的生产。它还把理智性的事物集合为一，成为不可分的结合。不仅如此，它还生产一切事物，包括末后的事物，并依据二和偶数本性的不可领会的原因，将生发出的种类统一起来，使它们围绕元一和奇数的同一。借助于统一和二，它生产、集合一切事物，并按可理知的、隐秘的以及不为人所知的方式将万物与可理知者连接，甚至在最末的质料以及它所包含的形式的痕迹里也产生这样的结果。通过偶数和奇数，它构建两组并列者，即赋予生命者和永恒不变者，多产者和生效者，整个不可分的构造之种和生产生命体的权能，那些负责可分生命或可分生产以及较理智的、非凡的尘世种类的权能，即那些属于好的并列的事物，和那些较非理性的、多样化的种类，以及成全从属系列的事物。另外，通过这种分裂的生产，我们可以看到每个生成的种类既是统一的，同时又是多样化的，既是不可分的，又在它的原因上是可分的，通过减少与原因分离。我们把更杰出也更单纯的事物归给奇数的本性，而不那么杰出且多样性的事物归于偶数的本性。因为无论何处，奇数是不可分的、单一的、具有"一"性的善的首领，而偶数是可分的、多样的、生产的进程的原因。因而，我们可以看到整个存有等级按着圣数交织在一起，这数是最古老的、理智的，独立于整个以倍计算的种之外。数必然存在于被数的事物之先，而先于被分之事的，必然是一切分离的原因，神的种按这原因进行划分，通过适当的数以有序的方式区分开来。

因而，如果在理智领域有形成种类的分裂、接触和分离，也有并列种类的交通，那么数必然先于理智者，通过自己的权能按可理知的方式分离并集合一切事物。如果万物都隐秘地、可理知地、以不为人知的方式存在，独立地存在于这个顶端，那么就有一个包含它们的数，以及一种包含一的、没有丝毫分离的特性。因而，数作为可理知者和理智者的中间纽带而存在，一方面通过可理知的善在理智者之上扩展，另一方面通过理智的分离而从属于可理知者。从集合许多事物为合一体的权能来说，它类似于可理知者，而依据从"一"生出多的权能，它类似于理智者。但是它从理智神的这个最高纵览处构建最初的理智的数本身，这些数具有形式的本性，是普遍的，负责整个孕育和生产。它也同样构建第二层次的数，它们是超越尘世的，赋予生命的，并衡量在世间的神。同时它又作为第三层次的数，构建永恒循环的这些天上的统治者，以及根据它们的理智原因使所有天体环绕的统治者。它作为最后层次的数构建那些在地上（月下）区域的权能，这些权能通过形式将无限定的、不稳定的质料与数和理性结合起来，为质料定界，由此一切可朽事物的整体和部分都标上相应的数，变成多样的。任何地方它都用奇数将先在者和神更完全的种连接，通过偶数将从属的与第二的种连接。比如，在理智等级，它根据偶数生出阴性和多产者，根据奇数生出阳性和父亲角色。在超越尘世的等级里，根据奇数标出相似者与不变者的特点，根据偶数标出不相似性和发展为二级本性的过程。因此，雅典客人也吩咐说，在神圣崇拜中，奇数的事物应当分配给天体，偶数分配给地上的权能。根据这两个种，更多地包含统治性的东西必须归于奇数，而从属性的东西必须归于偶数。

因而，数的本性从高处弥漫，遍及末后的事物，装饰万物，通过适当的形式将它们连接。试想，一个完数怎么能包含整个世界的周期，如柏拉图笔下的缪斯（Muse）那样？有些数生产肥沃，有些数生产贫瘠，这样的数怎么能包含灵魂的下坠？为何有些数能确定灵魂的上升周期短，有些规定周期长，如苏格拉底在《斐德若篇》里所说的，他告诉我们复归的周期有三千年和一万年之分？时间本身是统一地包含灵魂的尺度的，它为何能按数发展，如蒂迈欧所说的？唯有一种可能，那就是神圣的数存在于所有这些之前，分给一切事物关于数之等级的主因。因为一切事物都是通过数和形式存在的，数从理智的顶端获得一个进程，而形式产生于可理知的形式。形式原初存在于可理知领域的第三个三一体，而数原初存在于理智领域的第一个三一体。由此也可以说，每个数都是形式，但并非每个形式都是数。

如果必须明确地说出真理，那么数也先于形式。我们知道，有超本质的数，但没有超本质的形式。根据这一推论，每个形式都是数，巴门尼德也这样说。蒂迈欧作为一位巴门尼德主义者，不仅主张有可理知的形式，还主张有可理知的数；他说，可理知的形式有四种。然而，那数是在可理知和元一意义上的原因。可理知的生命体是一个元一，隐秘地包含着数的整体。而在理智领域的顶端，数分离地存在，将先在的数推进为作为原因的、统一的元一。我想，说多在它的原因里，与说多出于它的原因是有区别的，说统一的多与说分离的多是不同的。因为一者确实先于数，但另一者就是数。所以根据蒂迈欧，有与形式结合的可理知的数和先于形式的可理知的数。根据巴门尼德，数后于多。因为蒂迈欧称统一而隐秘的多为形式的数。但由于数原初在神里面，而形式分有神圣的统一体，所以他说最初的理念有四个。元一和三一体原初在神自身里，其次在理智领域，在前者是超本质的，在后者是形式化的。因而，在可理知领域，多是具有"一"性的；而在理智领域，多分离地存在。哪里有分离，那里就有数，如我们不时讲到的。因此同样，诸神的所有种由此而生成。他们在可理知领域和理智领域是分离的，是父亲，是生育者，但在理智领域是得穆革和赋予生命的。种是通过相似性连接的，在超越尘世的种类中被分开，而那些既独立隔绝又普遍分布的，在自由的神中间是分开的。天上的种与地上的种在尘世神中间是分开的。总之，所有并列的存有都从这个等级接受各自的特点和分离。由这些论述可以看出，可理知且理智的数所拥有的特性是什么，它是神的何种原因。

第三十章

巴门尼德在论到数的话中如何阐释[第一个数的]阴性的、生产性的特点。

接下来，我们必须指出，第一数是具有一定阴性特点的数。在此，异首先显现出来，将"一"从存在分离，将"一"分成许多统一体，将存有分为许多存有。那么使神发生这些变化的异是什么呢？如果我们称

243

它为存有的一个种,那么首先它为何先于存有?它既然将存有与"一"分离,就被安排在两者之间。它因为作为一个中间者存在,所以导致"一"进入生产过程,同时它使存有充满生产因。如果它先于存有,那它如何成为存有的某个种?其次,作为存有的一个种的"异",在任何地方都是本质性的,绝不可能内在于超本质的种类中。而异本身原初性地与统一体本身一起显现,并从一分离并生产出许多统一体。因而,超本质的异怎么能等同于成就本质的异呢?

第三,"那个异"[即存有的种,]依据得穆革等级,在理智领域自我显现。而异本身是理智领域的可理知的顶端。前者与同一起存在;后者独立地存在于理智领域的可理知者中。对此还可以补充说,柏拉图在接下来的讨论中提到异,并结合同生成异。那么他是怎样两次得出同样的结论的呢?要知道,在其他推论中他并没有使用这样的一种重复。因为整体——他似乎呈现了两次——不是同样的整体,也就是说,理智的整体不同于可理知的整体;这两者,如我们所说的,是彼此有别的。如果他只是把同样的推论集中起来,那他怎么能向我们展现神圣本性的不同进程呢?从所有这些思想来看,我们必须将生产数的异与存有的种相区别。

如果异本身并非就是异者的本性,而是一种生产存有的权能,它必是存有与"一"的集合者。任何地方,权能都拥有这样的一种 hyparxis。通过权能,"一"分有存有,存有也分有"一"。因而,权能是原因,不是分开的原因,而是结合的原因,毫无分离的接触的原因,"一"倾向存有的习性的原因,同样也是存有倾向"一"的习性的原因。因此它必然既不是按可理知的权能安排,也不是依据存有的理智的异安排;它乃是两者的居间者,必然相似于可理知的权能而存在,同时在理智领域的两极生产"异"的份(portion)。既如此,它若不是神的阴性特性,还会是什么?它还效仿可理知的权能,形成许多统一体,和许多存有。否则,它怎么能从自身分离出数,分离出形式以及数的权能?唯有一种可能,就是它以阴性方式形成神圣进程。多在可理知领域是父亲的角色，在理智领域则是母亲的角色。在前者，它按元一的方式存在，在后者，按数的方式存在。因而，在神的第二个种里，合一性源于阳性神，分离性源于阴性神，这是非常恰当的。阳性类似于界限，阴性类似于无限。但阴性又不同于无限的权能，因为权能是与父亲相连，在他里面的；而阴性与父因是分离的。权能不只是在阴性神里，还先于她们，因为可理知的权能存在于男性神里，这是蒂迈欧的意思，他说，得穆革的权能是永恒本性形成的原因。因为 [得穆革对低级神说：] "效仿我的权能，生产并形成生命体。"因而，权能既先于阳性和阴性，又存在于两者里面，又后于两者。它渗透一切存有，每个存有都分有权能，如爱利亚客人所说。权能无处不在。但从界限说，阴性在更大程度上分有它的特性，阳性作为界限更多地分有合一性。因而，从以上所述可以看出，从可理知领域自我显现出来的第一个数，具有阴性特征。

第三十一章

我们如何在关于数的阐述中发现可理知者和理智者的顶端的三一划分。

最后我们要跟从巴门尼德，讨论它的三一划分。从"一"与存有的分离来说，这三样事物从一开始就向我们显现了，它们是"一"、异和存有；异既不是与"一"同，也不是与存有同。虽然"一"和存有原本都在可理知领域，但异首先就存在于这里（理智领域）。由于上面的 [即在可理知领域] 的权能是集合性的，而这里的权能是两端的观看者，所以不仅有三个元一，还有三个二一体，即"一"结合异，异结合存有，以及"一"结合存有。因为异也是这种分离的原因，它不会保存一存有与真正纯洁性的合一性。因而，有三个元一和三个二一体。这些也同样可以成为三个三一体。分离的假设为我们提出不同的元一，而联合的假设提供二一体和三一体，有些被"一"征服，有些被异征服，还有些被存有征服。到此，第一神自我显现出来，大量生产最初的数；从"一"来说，他是包含"一"性的数的生产者，从异来说，是生产性的数的生产者，从存有来说，是本质性的数的生产者。

这神是可理知的，既然从它发出后于它的东西，那么显然，元一、二一体和三一体必然分别具有多产权能。这些权能，巴门尼德称为一次、两次、三次。这些权能每一个都是以上所提到的本质的原因，这些本质或者单独生产，或者集体生产。就这些权能的形成来说，有些是完全独特的，有些是与二级种类共同的。因而这些权能的产物就是奇—奇者、偶—偶者，以及奇—偶者。其中，奇—奇者，如我们前面所说的，把神圣进程集合为一。偶—偶者是整体的生产者，并且一直伸展到末后的事物。奇—偶者是混合的，它的实存源于奇与偶。因此我们必须确定第一者类似于界限，第二者类似于权能，第三者类似于存有。你可以看到，在第一等级，一切事物，即元一、二一体、三一体，如何具有一种原初实存；而在这个等级，一切事物都是第二的，从属的。混合体，也就是三一体，以一种方式存在于那里，但这个奇—偶者以另一种方式存在于这里。那里的两极是奇的，因为它们是可理知的；而这里，偶者更为丰富，唯有可理知的顶端是奇的。这个三一体的中间者类似于权能。那里有元一，它作为原因具有奇数的所有形式，有二一体，在隐秘的意义上是偶数的一切形式，还有三一体，就是原初意义上的数。而这里，奇数与偶数都在两种方式存在，在一处以未混合的方式存在，在另一处以混合的方式存有。因而，一切事物在这里都是多产性的，在那里是父亲式的，可理知的。"那"元一并非出于可理知领域，而是在它们里面，在未发出的合一性里。这些之后，并且透过这些，我们可以看到按第三进程存在的数的整体。巴门尼德说："三样东西预先存在，哪个数也不会缺少。"也就是说，每个数都是通过这三样在第三个元一里形成，"一"和存有都变为多,异将它们彼此分离。存有的每个部分都分有"一";同时每个统一体被携带在某一份存有里,就如在一个媒介里。它们每一个都变成多,按理智方式分开,分为细小的部分,一直到无限。就如在可理知领域,我们把无限的多归给第三个三一体,同样,这里,在这个三一体里,我们把无限的数分给三一体的第三个部分。总之,任何地方,无限者都是端点,以一种全备的方式生发,包含一切二级种类,自身却不被它们任何一个分有。在第一个元一里,原本就有权能,不过是可理知意义上的权能。在第二个元一里,有进程和形成,不过既是可理知的,也是理智性的。在第三个元一里,有全能的数,将自己的整体展现出来;这也是巴门尼德称为无限的东西。尤其明显的是,将这个无限转为数量是不当的。既然无限与数的本性是格格不入的,怎么可能有一个无限的数呢?"一"的部分怎么能等同于存有的细微部分呢?在无限里是没有等同的。不过,那些先于我们的人已经认识到这一点是值得注意的。

第三十二章

应当把数置于生命体本身之前,还是在生命体本身里面,或者在它之后。

我们已经表明了一分为三的划分法,我们将简洁地指明,从这个等级看,"一"显现为多,"一本身"发展为大量的统一体,存有也以同样的方式与"一"结合,成为被生的。因为那三个元一可理知地包含了所有等级,它们同时负责出于可理知领域的全部进程,以一种独立的方式产生它们,将它们集中到可理知的原因上。由于普罗提诺承认数先于生命体本身,说第一存有从自身生出数,又说这是作为一存有与生命体本身之间的一个中介被确立的,同时也是诸存有的基础和处所,所以这一点也值得我们作简洁讨论。如果他说生命体本身包含可理知的、隐秘的数，就如元一里包含的那样，那么他说得一点没错，是与柏拉图的意思一致的。但是如果他说生命体本身包含分离的数，或者具有多样性实存、而且是异的产物的数，那么可理知的多不是这样的一个事物。因为在那里，"一"就是存有，存有就是"一"。因此生命体本身相对于一切事物来说是完全的。而在数里，"一"从存有分离，存有从"一"分离，两者成为两部分，每一部分都不再是可理知的整体，就如生命体本身那样。因为生命体本身是诸整体的整体；任何地方，"一"与存有同在，在它的各个部分里，而生命体本身是独生的。但数是在两个并列者之后，即元一和二一体，奇数和偶数之后出现的。那么，我们怎么能把第一个数放在生命体本身里？如果有人说，数存在于那里，那是从原因和可理知的角度说的。但是它因异被理智地分离。除了以上这些，还可以进一步说，如果有人在得穆革等级里考察生命体本身，表明它是丰富的形式，是得穆革理智的可理知者，那么必有理智的数，安排在靠近理智的末端之处。但是如果他称可理知的生命体为数，若此，诸神里就必然有分和异，而我们认为他们依照最高的合一，确立在全体事物之上。所有的部分和划分源于理智的神；因为这里产生了异，连同"一"和存有一起装备事物。那么统一体如何能分为细小部分，存有的多样性怎么会与可理知者相关？一切形式的多如何能与第一生命体本身一致？因为那里有四一体，分为元一和三一体，这种分法适合于可理知形式的第三等级。就如一存有是一个元一，而永恒是一个元一和二一体，（因为"是"与永恒结合）同样，生命体本身是一个元一和三一体。但由于它在自身中包含整体数的原因，所以蒂迈欧称它为四一体，即包含四个最初生效的原因。四一体本身作为一切形式之产生的源泉预先存在。在可理知领域，元一、二一体和三一体统一地存在；在理智领域，它们分开存在。

因而，异与分必然为我们生出所有这些。任何地方，从属种类中的第一者具有先于它们存在的种类的独特形式。因此，最初的多出于"一"，是统一的，没有丝毫分离，也没有数，效仿全体事物的一原理。因而，巴门尼德按照 [可理知等级的] 末端构建可理知领域，同时依照 [可理知且理智的等级的] 开端构建数，这是非常恰当的。这些事物是彼此相连的。巴门尼德也预先确立"一"性的、可理知的多，作为理智的数的原因。蒂迈欧指出，生命体本身是独生的，因为它在元一的意义上是全体事物的原因，不是以二一体方式存在，也不依照神圣的异存在。无论如何，我们已经充分表明，数是理智领域的第一物。

第三十三章

巴门尼德从哪里开始谈论数。他对数的谈论进展到什么程度。他如何阐明数的不同等级。

巴门尼德开始谈论它时是这样说的："进而再思考这样的问题。什么问题？我们说过'一'分有本质，因为它是存有。我们是这样说的。因此一存有显现为多。"结束对第一个元一的讨论时却说："三物岂不是奇数，二物岂不是偶数？怎么可能不是呢？"关于第二个元一，是这样说的："因此必会有奇一奇数，偶一偶数，以及奇一偶数，偶一奇数。"他结束关于第三个元和整个连接性三一体的讨论时是这样说的："因而，一存有不只是多，同样必然的是，被存有分配的'一'必然是多。完全如此。"柏拉图就通过这样的论述将可理知且理智的神的第一个三一体向我们展现出来，它按照第一个元一拥有数的最初权能，我指的是奇数和偶数，通过这些原理得以成全，这些原理就是元一、二一体、三一体，隐秘地存在于可理知领域。但根据第二个元一，它拥有数的第二权能，这些权能是从最初权能出来的。偶数的形式分给第二等级。奇一奇数从属于最初的奇数。根据第三个元一，它拥有圣数的更为部分性的原因。

因此，这里就有分为细小部分的无限分离，全备的划分，以及"一"性的、本质性的数；这"一"性的、本质性的数是从统一体和存有接受的，而数的分离源于异。任何地方，异都存在于三个元一之中，但它尤其展现出数的众多；它根据第三个元一，生成较部分性的神，并与神一同分离存有。在这些元一里，神性并非是不可分的，因为统一体没有从存有分离，本质也不缺乏神性，因为存有没有被剥离"一"。

然而，一切事物都在这些元一中，只是存在的方式不同：按一的方式、可理知地存在于第一个元一中，以生产的方式、根据异的特性存在于第二个元一中，按理智的方式、根据存有存在于第三个元一中——果真如此，柏拉图在向我们展现第一个元一时，非常恰当地从元一开始，一直伸展到三一体；而在教导第二个元一时，从奇一奇数开始，一直进展到那些偶一奇的事物中，两者都属于偶数的本性。当他加上第三个元一时，他从存有开始，通过异重新回到"一"。他表明了存有分有数之后，就引导我们转回到"一"性的数，在讨论这个元一时使用了回转的方法。

第三十四章

什么是圣数中的不可知。什么是它们里面的生产性事物。从柏拉图在别处关于数的论述得出关于这些事的告诫。

如果必须考察圣数的不可知特性，考察可理知者和理智者的第一等级，以及依照这个等级存在的数，为何是一切数中最古老的数，那么首先，我们要思考巴门尼德提到的无限，看看他的意思是否说可理知的多因为这个数——它是不可知的，不能为部分性的概念所领会——是无限的。因为圣数的全备、全能的特性独立于可分种类 [比如我们] 的理解。它们是不可知的，并因此可以说是无法解释的，不能被考察的。末后事物中也有数和多，未知者同样与已知者一起存在。我们不可能领会每个数被无限征服之后的进程。这种权能从推论活动看是不可知的，但从原因看，它的不可领会性被包含在可理知的数和多里。若不是不可知者预先存在于可理知的数里，若不是前者最终效仿后者之与世隔绝的不可领会性，末后事物中就不可能会有这样的事物。

其次，我们可以补充说，"一"性的数自身也同样是不可知的。因为它们比存有更古老，比形式更单一，先于我们称为可理知的形式而存在，并是它们的生产者。最可敬的神圣运作（divine operations）证明了这一点，因为它们使用数，拥有一种不可言喻的效能，通过这些东西产生最大的也是最神秘的作品。在这些之前，自然本性依照通感，以不可言喻的方式把不同的权能分给不同的事物，分给这些太阳的权能，分给那些月亮的权能，使这些产品与数相一致。在这些元一性的数中，数的形式，比如三一体、五一体、七一体，是一回事，而形式的合一是另一回事。因为这些形式每一个都既是一，也是多。因此，从最高的合一性来看，形式是不可知的。

因而，若说元一性的数分有某种不可知的权能，那么第一个数就更应拥有这种按一的方式独立于事物整体的特性。此外，我们也可以设想数的神秘权能，不只是因为它们规定灵魂复归的周期，通过适当的尺度限制我们不确定的范围，按照这些尺度来完善我们，使我们与最初的原因相连，还因为数以一种显著的方式拥有一种引向真理的权能，如苏格拉底在《国家篇》里所说的，他引导我们从可感知的事物走向可理知者。既然最后的数分有这种特性，那我们该怎么谈论第一个数？岂不是应当说，它展现了可理知的光，专门劝导我们要确立在可理知领域，并通过自己的等级向我们宣告原理的统一权能？如果我们正确地论断这些事，就会在更大程度上尊敬蒂迈欧，他把时间放在灵魂的完全性之上，整个世界之上，通过时间，它可以变得与生命体本身更相似。他说，时间是按数进发的，通过数度量总体灵魂的存在。如在理智领域，数确立在天体循环之上，集合它并使它变为一；同样，在可感知领域，蒂迈欧说，时间作为数度量天体周期，在自身中包含周期完满的最初原因。如果苏格拉底在《国家篇》里，在缪斯的话里，论到宇宙的统一而完整的周期，他说一个完数包含着宇宙，那么通过这些岂不可以显明，圣数是整体的完全者，使它们恢复其原始状态，并且圣数还衡量所有周期？同样，把不完全的事物集合为完全者的权能，也是从数加入到一切事物之中，提升灵魂，使其从可见之物上升到不可见之物，以运动的完全性照亮整个世界，为全体事物确定尺度和周期的顺序。如果不仅一个完数包含神圣的生成本性①的周期，而且它之后的第二个数也主宰好的和坏的生成，如苏格拉底说的，那么数必然不仅使事物恢复其原始状态，而且包含一种生成本性。显然，这些事物依据数的第二和第三周期，以分开的方式存有；但同时浓缩性地包含在最初的数里。因而第一个数是有生产和测量能力的，能使形成的种类得以完全。

第三十五章

巴门尼德如何通过"一"、"整体"和"有限"阐述中间等级的可理知者和理智者。它们有什么特点。

因而，巴门尼德对可理知者和理智者的第一等级作了这样的考察。随后，拥有可理知者和理智者的中间地位的等级，稍前我们也称之为连接性的等级，自我呈现出来。不过，它在三个方面获得命名，即是一和多，整体和部分，有限和无限。由于统一体与存有的分离从数延伸到这个等级，所以"一"和存有——我们前面说过异将它们分开——就分别

---

① 凡是永恒循环的形体，柏拉图都称为神圣的生成本性。

成为整体。但从它们生发出来的东西是它们的部分。整体确实有机地包含部分，同时部分被它们的整体包含，被"一"包含是一种方式，被存有包含是另一种方式。在那里，我指的是在理智神的顶端，统一体是多的原因，同时存有独立于多，是多的生成者。而这里，统一体与多并存。因此它是一个将许多统一体作为部分的整体。然而，连接的等级是三重性的，它的一个部分是可理知的，另一部分是既可理知又是理智性的，还有一部分是理智性的。第一个元一依照"一"和多存在，第二个依照整体和部分存在，第三个依照有限和无限存在。第一个三一体结束之处，就是第二个三一体开始之处。因此，在这个三一体之前的三一体里，他推导出"一"是多。而在这个三一体里，他又得出同样的结论，以及其他问题的结论。那里，"一"是无限者的生成者，这里，"一"包含多，是由部分组成的整体，由无限构成的有限。因此，那里，统一体独立于多，这里，它与多并存。同样，最初的并列形成包含部分的整体；而整体和部分的实存产生有限，同时也产生无限。因为"一"、整体、有限，以及那些可以说与这些相对的事物，即多、部分和无限，是彼此相继的。而"一"本身是其余那些事物的原理。不过整体现在有了一种关于部分的习性，一种对二一体的表现，并且发展为与部分并列同存。而有限如今是多，分有界限和"一"，可以说是一个三一体。因为它既不是单纯的界限，如元一那样，也不是单纯的无限，如二一体那样，而是分有界限，也就是原初的三一体。凡是有限的事物都是一个整体，而并非每个整体都是有限的。因为无限也是个整体，不论它是数量上的多，还是体积上的大。每个整体都是一，但并非每个一都是整体。因为那毫无倾向于多的习性的东西不是整体。因而，一超越于整体，而整体超越于有限。

　　同样，无限的部分也被认为是那有限者的部分，因为无限本身没有实存。由此可见，无限不是指数量上或活力上，而是指潜能上。但所有部分都不是无限的，因为从界限来看，它们都以各部分之一为特点。再者，部分是多，但多并非完全是部分。多先于部分，部分先于无限。因而，部分之与整体，无限之与有限，就如多之与"一"。这三个有机包含着的元一，使可理知者和理智者的中间等级得以成就。统一体提供了与所有第二等级的稳定而可理知的连接。而整体连接神圣种类的进程，产生一种对整体进行有序分配的习性。有限的元一通过光照使二级种类产生转向，与先于它们的种类连接。其中之一类似于一存有，由此是可理知的。另一者类似于第三等级，那个等级里有"一"和产生无限的多的二。这就是连接的三一体，巴门尼德通过这些东西向我们展现出来。因而，"一"就是一与多，整体与部分，有限与无限的多。但是不可有人对柏拉图称"一"或存有为无限的多而不安。当"一"和存有已经生发并被分离时，就称它们是多上的无限。整个多就是指可理知的无限。分离的多，已经完全生发的多，显然是无限的。

由于理智者的所有原初原因都在这个三一体，一切事物都散布在它的内部，所以，第一个 Synocheus 把这些原因作为多包含在内，而他自身是一个可理知的统一体，并且可以说是这三一体的精华。第二个 Synocheus 在第二的位置上包含这些原因，自己与它们一同排列，一同增多。第三个连同全备的分离，连接包含在他自身里的多。他们每一个都是连接性的，但一个设立界限，一个成就整体，另一个合而为一。柏拉图已经证明并随着他的展开进一步表明了他关于"一"的证明。事实上整个理论都是关于"一"的。但是显然，存有是与"一"一同被分离的。一般来说，如前面已经说到的，从那里发出的每位神都是可分的，存有的每个部分都分有神。不过，我们不能只是停留在"一"上，还要思考这同样的特性如何在第二层次上分给存有，因为柏拉图也依据神圣等级的异提出"一本身"，令我感到疑惑的是，那些人为何认为第二假说的所有推论都是关于理智的，而没有认识到柏拉图略过存有从"一"来考察"一本身"，认为它是前进的，形成的，接受不同的特性。试想，在讨论理智时，他怎么可能略去存有，理智就是依据存有才有自己的实存、权能和活动。"一"在理智的本性之外；而存有给予理智 hyparxis，理智不是别的，就是存有。然而这些人的这一观点可能受到许多其他论证的驳斥。如果三位连接的神按以上提到的方式被分开，可理知的连接神是一和多，可理知且理智的神是整体和部分，理智神是有限和无限，那么他们每一个都可以恰当地称为"多"。因为每个 Synocheus 按其自己的特性看都是一个多。第一位关乎多，接受许多具有较不完全本性的 Synoches。第二位依据部分接受这些 Synoches。第三位依据无限接受。如果有某些部分性的神获得这种特性，他们就包含在这第一个三一体里。

第三十六章

巴门尼德从哪里开始谈论这个等级。他对这个等级的谈论进展到什么程度。他又怎样阐明它里面的三个元一，与《斐德若篇》的讨论相一致。

此外，每个人都很容易看出，这些论述与《斐德若篇》里的记载是一致的。连接者与包含这些的天的脊背一致。因为"一"与脊背是同一的，以一种单一性包含整个循环。而整体与天的深处是同一的，与它的容量（可以这么说）是同一的。天的深处是从脊背延伸到拱门的一个整体。末端与拱门同一。这显然在一切事物之外，而且其他所有推论都指向同样的观点。从以上所说，可以得出结论，这三个事物，即"一"、整体和末端 [或限度]，在显著的程度上与 Synoches 相关。有什么东西能像与多并排的"一"那样连接多？有什么能像整体那样有机地包含部分？末端 [或界限] 怎么可能不是将依据无限而产生的事物连在一起的原因？它终结它们的进程，将它们分散的部分带回到连接的一本质之中。关于连接的三一体就讲到这里。

第三十七章

巴门尼德如何阐释第三等级的可理知者和理智者。他怎样表明它具有的促进完全的特性，和三一分法。

另外，如他们所说，第三者对应救主，我们接下来要跟从柏拉图表明促进完全的神。因为连接性的等级的终点是有限物，[或有界限者]，所以促进完全的等级有两端。终点 [或界限] 就是末端。那里，"一"被认为是有限者，这里则说它有一个端点，在分有的意义上接受那具有终结许多事物的权能的东西。那里，"一"是终点或界限，还有机地包含无限者；而这里它既有一个端点，就还会有一个中间和开端，并且必是完全的。那接受所有这些东西从而得以成全的事物，就是完全的。因而，这里可以看到由部分组成的完全。部分的完满就产生完全者。而且，因为这样的一个一有中间和两端，所以它的形状必然或者是圆形，或者是直线，或者是 [直线和圆的] 混合。所有这些形状都需要一个中点和两极；有些是单一的，有些是联合的。因此又有三种特性向我们显现出来：第一个是我们说过必然有两极的存有，第二个是完全者的存有，第三个是依据形状的存有。还有三个整体的促进完全的首领：一个是可理知的，一个是可理知且理智的，第三个是理智的。可理知的首领拥有两极，被直接安排在连接性的神的末端，在他自己的界限里按可理知的方式包含所有理智等级。可理知且理智的首领是依据完全者界定的，在自身里包含存有的开端、中点和末端，成全整个促进完全的三一体的中间纽带。理智的首领依据三一体的形状发出，是界限和神圣完全的原因，将终点分给不确定的事物，将理智的完全分给不完全的事物。这个三一体其实就是根据连接的三一体而来的。它们中的"终点"是拥有"端点"的原因。

但它也是从自身而生的。因为那有两极的东西,已经成为一个整体,通过终点[或界限]构建完全者。而完全者包含开端、中间和末端,展现形状。因而,促进完全的三一体以超自然的方式生发出来,一直进展到末后的事物,向一切事物渗透,使整体和部分原因都得完全。

第三十八章

从巴门尼德的推论得出一个告诫,什么是三个可理知且理智的三一体的合一。

你岂没有看到每个三一体都将自己的顶端与它上面的终点连接吗?一多是集合性的、不可知的三一体的终点;也是连接性的三一体的开端。连接性的三一体的终点是限度;而它又是促进完全的三一体的开端。有两极的东西就表明是由终点或界限组成。因而整个中间等级与自身连接并统一于自身,真正是总体等级的纽带,自身确立一种与自身的可敬结合,同时将理智者与可理知者连接,使它们环绕一个不可分的合一体;上面有可理知的、不可知的三一体,在中间引发连接进程的三一体,末端是回归性的王国,通过这个王国直接将理智者转向可理知的神。

理智为何朝向自己,并且就在自己里面?岂不是因为它各方面都是有限的,或限定的,汇聚于自己,使自己适当的活动环绕着自己?它为何是完全的,充满理智的善?岂不是因为它首先分有[以上所提到的]完全首领,依据他们存在,拥有自我完全的本质和理智的认识能力?同样,柏拉图和其他神学家在什么意义上说它是一个球体?岂不是因为它首先分有形状,并且是以理智的方式获得形状的?整个回转,整个完全,每个理智的形状,都从促进完全的三一体加给理智神。可理知的完全首领,把完全给予整体的终点、顶点和 hyparxis。而可理知且理智的首领终止它们的进程，这进程从高处一直延伸到末后的事物。理智的首领在自己的完全里包含所有神的转向，并通过形状限定、完善他们通向无限的进程。

第三十九章

通过巴门尼德在讨论可理知且理智的神时所阐述的推论顺序，我们可以得到多少神学教义。

注意这种分离，我们可以按因果关系考察许多出现在其他神学家笔下的事物。为什么不可知三一体的一位神包含在第一世界里，另一位在中间范围，第三位在末端？这是因为第一位是统一的，第二是按异进展的，第三位是按存有的无限的数进展的。那么三位连接性的神，为何第一位是九天之上的，第二位是以太的，第三位是质料性的？这是因为第一位按"一"存在，有机地包含一世界。而第二位按整体存在，并分离以太世界。第三位按有限者存在，并统治物质的无限。另外，为何 Teletarchs 与 Synoches 一同被分？因为第一者有两端，就像一位马车驾驭者那样支配火翼。而中间者包含开端、终端和居间者，完善以太，以太本身也是三重性的。第三者从一个合一体看包含圆形、直线形和两者混合的形状，使无形状、无形式的质料得完全；一方面通过环形将形式给予恒定的领域和第一质料；另一方面通过混合形状把形式给予行星领域和第二质料。因为那里有螺旋形。它借助直线把形式给予地上区域和最后的质料。直线运动就在这个区域。因此，第一个三一体统一地是各个世界分离的原因。而第二个三一体对分离，对发展为部分的进程有更充分的体现，只是还没有向我们展现众多的世界。第三个显示出七个世界、元一以及两个三一体。柏拉图的神圣观念是如此伟大，从这些论述我们可以洞察到在他的时代之后才显现出来的事物的原因。

因为从以上所说，有一点显得非常可敬，即从每个三一体来看，中间者就是整个三一体的特点。比如，在不可知的三一体中，异作为中间者确立在"一"和存有之间。而在连接的三一体里，整体，也就是"一"和限度的中间者，是它的特征。在促进完全的三一体里，完全者是特征，其自身作为有两端之物的中间者和形状的中间者而确立。异是阴性本身，是神的多产本性。而整体是连贯包含的形式，将许多部分连接在一起。完全者本身是完全的善，拥有一个开端、中间和末端，依据回转的特性，将末端与开端连接起来。同样，存有不是别的，就是完全的管理者，它是这些处处按中心存在的神的特性的原因。因此就可理知且理智的神的整个等级来说，可以说它的实存就在中间者里面。尤其是可理知的神，更是按照 hyparxis 和顶端界定的，因此他们也被称为父亲，"一"性的神。因为"一"和父亲在他们是同一的。而理智的神按照终点或两端来确定，因此把他们全部称为理智和理智的。可理知且理智的神，作为中间者，则特别按照三一体的中间者自我显现出来。

　　再进一步，关于所有这些三一体可以思考这样一个共同点，即从终点看，每一个都走向无限。第一个三一体的终点是数；第二个是多上的无限，第三个是直线，其本身分有无限的本性。之所以如此，原因在于，每个三一体从其末端看都包含在质料世界中，就如在媒介中，并且按照同一个原因包含着产生于它们的种类的无限性。另外，除了以上所说，我们还可以从它们里面的终点考察三一体的等级。第一个三一体的终点是数；第二个是有限和无限；第三个是环线、直线和两者混合的形状。显然，第一个三一体是元一性的；第二个是二一体的；第三个是三一体的。这里的第一个类似于一存在；第二个类似于可理知的整体；第三个类似于全备的整体。不过，我们前面已经注意到这些事物彼此之间具有这样一个顺序。总之，每个可理知且理智的三一体，从它的顶端看，它确实与可理知者相连，从它的中间者看，它展现出自己固有的权能，从它的终点看，包含着二级种类的无限。关于可理知且理智的神的理论就谈到这里。

第五卷

第一章

理智等级如何产生于可理知且理智的诸神。他们根据什么特性存在。

接下来我们要考察另一等级的神，也就是称为理智神的等级，它确实与先于它的等级相连，但终结了神的总体进程，使他们转回到自己的原理，形成一个原初有效的圆圈和全备的等级。我们还要根据柏拉图的叙述，将我们里面的理智伸展到那不可分的、神圣的理智，识别它的本质的等级和递减。

神的这个理智实在是从更古老的原因垂溢下来的，从这些原因充满总体的善和自足。但是从这些原因出来之后，它就确立起一个辖制所有二级种类的显赫王国，将诸神的所有部分性进程都连接到自己的领地之中。它被称为是理知的，因为它生产一个不可分的、神圣的理智。它还充满可理知者，但不是与理智并排的那些可理知者，不是那些唯有靠心灵的观念才能与理智相分离的可理知者，而是按一的方式在自身里确立所有的多，隐秘地包含诸神的显现进程，和可理知者的 hyparxis。另外它又获得理智者的总体理智，存有的多样性，神圣种类的多种等级；它还使 [神的] 的整个进程的终点回转到可理知的一原理。理智者要向可理知者回转，有些理智者是统一的，坚定地确立在分离的神之前；有些则是多样的，通过回转与原初有效的原因相连。理智的神从先于他们的众神出来，从先于可理知者的"一"接受合一体，同时从可理知者接受本质；从可理知且理智的神获得全备的、连接的、生产神圣种类的生命，从他们自身获得理智的特性。他们也将全部分离的等级转回到自身，同时将自身确立在可理知领域，通过整体、纯洁而不可知的知识，以及热忱的生命，整体性地存在。除了这些，他们还是全备的本质，从自身产出所有二级种类，既不因他们的进程而有所减少，也不从他们的产物中接受任何添加，因着他们自己绵绵不绝的无限权能，做一切事物的父亲、原因和首领。他们也不与自己的产物一同分离，在他们的进程中也不离开自身；他们同时并依据合一体管理总体的多、所有的等级，使它们绕回到可理知者，回转到隐秘的善。

因而不论我是否可以谈论生命，也不可以为它就是我们稍前考察的那种生命。因为前面说的生命是不可分的，而这种生命是被分有的。前面的是生产性的，而这里的是赋予生命的。显然，这两种生命是彼此相异的。赋予生命的原因显然也是生产性的，但生产性的原因并非完全是给予生命的。因为它把形状给予没有形状的事物，把界限给予不确定的事物，把完全给予不完全的事物。或者，不论我是否可以称理智领域的原因是可理知的，也不可立即设想这种可理知就是我们前面谈论的那种可理知者的可理知。那种可理知者是不可分的，先于理智者，自身独立地先在，超越于所有整体之外，不是因为充满理智而被称为可理知，而是作为理智的先在原因，并且是它欲求和爱的对象，统一地、非与它并列地存在。而现在要思考的可理知者是可分的，与理智并排，是多样的，自身中包含着一切理智的分离原因。或者，不论我是否可以称这个等级的神为父亲和创造者，也必须承认这种父亲的、创造的特点，不同于可理知的父亲的 hyparxis。可理知的父原就是整体本质的生产者，而这些父是作为可分的发散物的原因，形式的确定产物的原因而先在。前者确实在自身中包含权能，能创造神圣进程；而后者从自身中分离出多产的原因，不是按合一性与这些原因联合，而是依据从属于合一性的一种结合。神话中所显明的结合，神圣种类的和谐联结，都在理智神之中。而得穆革与给予生气的流溢（vivific effluxions）结合，使诸神的每一个种，包括超越尘世的神和尘世的神，都显现出来。这是后面要讨论的话题。

第二章

什么是理智的神的分类。这一等级的神中的七一组的进展。

总之，我们已经考察了理智神的特性，接下来我们要阐述关于他们的分离的适当理论。理智的等级不是一，不是不可分的，比起那些更高的种，它获得更丰富多样的进程。这里也必然有三位父，他们分离整个理智本质，一位是按照可理知者排列的，另一位是按生命排列，第三位是按理智排列的。他们也效仿可理知的父，这些父以三重性方式划分可理知领域，并且获得了彼此之间的这种异。因为这些理智的父中，一位类似于第一位 [可理知的] 父发出，是可理知的，另一位类似于第二位 [可理知的] 父发出，将自己与理智生命的整体连接起来。第三位类似于第三位可理知的父发出，并终结整个理智等级，就如第三位可理知神终结可理知的等级一样。

这三位父，第一位停留在自身里，第二位生发万物，并赋予生气，第三位使创造的产物闪闪发光，所以显然，另一组三重性的神必然与他们联合；其中，一位必是第一理智神的源头，也是恒定的纯洁性的源泉；另一位是第二理智神的纯洁无污的进程的源泉；还有一位是第三位理智神的独立创造的源泉。在先于这些神的神中，纯洁无污的神依据原因，通过毫无分离的合一性和某个同一，把不缺乏与这些神的结合的权能集合起来。而在理智的神中，有一个全备的分离，如在总体等级中那样；还有一种更大的倾向于二级种类的习性，所以，未受玷污的神或权能，具有同一的比率和不偏不倚的实存，对父式原因、与父一同分离的原因来说是必不可少的，这样，每位纯洁无污的神都与一位独特的父相连。

于是这样两个三一体向我们显现出来，一个是理智的父，另一个是纯洁无污的神。除了这两个之外，还有第三个三一的元一，是理智者分离的原因，与上面提到的这些三一体一同存在。父亲是整个本质的供应者，而不变的神是同一的供应者。另外显然应当还有分离的原因，并且这原因应当既是一，同时又是三重性的，将理智的神与以上所提到的这些等级分离，与他们自己，与低等的种类分离。试想，他们若不从最初的等级分离出来，凭什么做另一等级的首领呢？他们若不是分离的，如何能变为多，如何在他们的王国里与其他神彼此有别呢？他们若不与这些分离，如何能超越于部分性的[神]呢？因而，分离的原因在我们看来必是既一又三的元一，而父亲式的、纯洁无污的原因每一个都是统一的三一体。最似非而是的是，分离的原因带着更多的元一性，而父亲的也就是纯洁的原因，每一个都带着更多的三一性。分离的元一是其他元一分离的原因，而其他元一是与它达成结合和合一的源泉。因此，这些元一因是分离的，就成为三一性的；而分离的元一由于被这些元一统一起来，所以是元一性的。所有理智者彼此渗透，依据某种可敬的结合，在彼此里面，彼此呈现，彼此结合，效仿理智者的合一性。那里的领域也就是理智的等级，在自身里并围绕自身活动，以七个一组的方式进入自己，既是一个元一，又是一个七，如果可以说，那么它是全备的可理知的元一的像，通过进程和分离展现自己的隐秘合一。由此我们完整地显明了理智神的第一个进程，我们把它分为一个七一体。

另外七个从属的七一组都必须在这个七一体之下思考，因为这个七一体生产所有这些七一组的元一，一直到最末的事物。每个元一都是与它相连的一个理智七一组的头，并将这个七一组从高处，从奥林庇斯山的顶端一直伸展到最末的和地上的等级。比如，第一个父式的元一构建七个这样的元一。第二个又构建七个赋予生命的元一。第三个构建七个得穆革的元一。同样，每个纯洁无污的元一构建一个数，等同于父亲所生的数。引起分离的元一构建七个[分离性的元一]。所有这些原因都彼此相连地发展。第一个父亲的三一体与纯洁无污的三一体一起存在，与引起分裂的元一（divisive monad）同在，同样，第二个三一体获得七个并列的纯洁三一体和分离性的元一（separative monads）。那么如此大量的理智神是从哪里向我们显现出来的呢？显然，是从以上所说的事物显现出来的。第一个七一组是第二个七一组的原因，与后者的一个元一，稍前我们称之为一个理智的领域，它按照可理知的范围存在，因着父式三一体效仿可理知者的父性；通过纯洁的同一性效仿它的权能的永恒；多通过分离整体的元一在它的两极显现出来。其余的七一组，源于这个七一组，按照可理知且理智的种生发。每个元一与那些种的顶端一致，构建一个与从它出来的多并排的元一；因为每个顶端都是统一的[即都有一的形式]，如我们前面所表明的。但根据那些种的中间和第三进程，每个元一生出两个三一体。因为它们的分离显现于中间和最后的进程，如我们前面所指出的。因而，可理知且理智的种使可理知的范围——具有"一"性的范围——成为一个三一的多，同样理智的元一导致可理知且理智的三一体成为理智的七一组。从三一体的顶端来看，它们构建与七一组同列的元一；但从那些三一体的第二和第三次阶段的减少来看，它们构建两个三一体。因此每个七一组中，第一个是可理知的元一，第二个是可理知且理智的三一体；第三个即再后的一个，是理智的三一体。所有这些同样如同存在于理智领域。因为它们是以构建性的元一的特性为特点的。

总之，理智性的权能根据可理知的等级发展，但根据最初的理智等级构建这七个七一组。独立的原因必然相似于可理知的神，而并列的原因，进发到各处的原因，必然与可理知且理智的神相似；因为这些也是最初把世界作三一划分的东西，并一直渗透到末后的事物，有机地包含一切事物，使之完全。可理知的神统一地、隐秘地包含整体的原因。你还可以说，可理知的神统一地生产一切事物；因为数元一性地存在于他们里面。而可理知且理智的神按三一方式生产一切事物。因为在这些神里面的元一按数而分。在前者里的元一是什么，在后者里的就是什么。至于理智的神，按七一方式生产一切事物。因为他们将可理知且理智的三一体推进为理智的七一组，将他们浓缩的权能扩展为理智的多样性，因为他们通过最接近元一的数界定多本身和多样性。在诸神中，部分性等级的数不同于总体等级的数。这个理智的数的整体比先于它的种类得到更大的伸展，被分为更多样的进程，但它还未抛弃与元一的联盟。七一的多与元一的本性有着深厚的亲密关系，前者是根据后者来度量的，并且原初是从它而来的。毕达哥拉斯学派（Pythagoreans）称七一体是"理智的光"，这显然承认它的 hyparxis 是理智性的，因此是从元一垂溢下来的。因为光所显明出来的"一者"（the unical）就是从这个元一进入一切圣数里的。关于这些理智神的划分就谈到这里。

第三章

根据柏拉图，谁是三位理智的父。什么是三个纯洁的元一。第七位神，也就是谁是与两个三一体共列的神。

接下来我们要将柏拉图的理论应用到这个等级上，表明他在这个问题上与其他任何神学教条没有什么分歧。我们已经表明，天体等级——我们在《克鲁底鲁篇》里看到他对这一等级作了完整的阐述——拥有理智的同时又可理知的神的中间纽带，而紧接在这一等级之下的是神的另一等级，如苏格拉底在《斐德若篇》里表明的，称为天下的拱门，我们认为它不是与天分离的——果真如此，是哪个等级将自身与天上王国分离，同时是理智等级的神的头，并且按柏拉图的理论，原初性地供应理智，如苏格拉底在《克拉底鲁篇》里说的？除了那大能的萨杜恩包含的等级之外，还会是哪个呢？他称这位神为第一的和最纯洁的理智。因而，这位神就是神圣理智的顶端，并如他所说的，是它的最纯洁的部分；一方面将自己与天体等级分离，另一方面管理所有的理智神；因为他充满理智，充满纯洁的理智，是延伸到理智实在的顶端的神。因而，他也是大能的朱庇特的父，是单一的父。他作为万物之父的父，显然在更大程度上具有父亲的尊严。因而，萨杜恩是第一理智；当然朱庇特也是一个理智，如苏格拉底在《斐莱布篇》里说的，他包含一个高贵的灵魂和一个高贵的理智。

这两位神就是两个理智，也是两位理智性的父，一位是理智性的，另一位是在理智领域可理知的。苏格拉底在《克拉底鲁篇》里提到的萨杜恩的联结，是朱庇特围绕他父亲的可理知性形成的促进统一的智能，使朱庇特的理智充满萨杜恩的理智中全备的智能。我想，从柏拉图的灵魂比喻也可以看出这一点。就如萨杜恩使灵魂围绕在自己周围，使它们充满智慧和智能，同样，他作为朱庇特的欲求和爱的对象，通过不可解除的联结将他包含在自身里面。苏格拉底在《克拉底鲁篇》论到这些事，他的话里半带着玩笑，同时又是严肃认真的。因而，朱庇特欲求的对象，可理知的对象，就是萨杜恩。而大能的朱庇特自身是一个神圣而得穆革的理智。因此，必然有另外一个即第三个理智的原因，形成生命。朱庇特确实是生命的原因，如苏格拉底说的，但是在理智的且第二的意义上的原因。我们说，生命任何地方都被安排在理智之前。因此我们必须说，女神瑞亚（Rhea）作为朱庇特的母亲，从属于父亲萨杜恩，使这个中间者成全，她作为一个赋予生命的世界存在，在她自身中确立起生命整体的原因。于是，这样三个父亲的等级就在理智领域向我们显现：一个按照理智领域的可理知权能存在；另一个按神圣而理智的生命存在；第三个按理智性的理智存在。我们刚刚展示了中间的神，她独立地是得穆革的母亲，整体的母亲。然而，当我们将她与两端一起考察时，我们就称她为父式原因，被包含在父亲里；与萨杜恩一道形成某些事物，又与朱庇特联合形成另一些事物。

此外，柏拉图跟从奥菲斯，把理智神不变的、纯洁的三一体称为库里特的（Curetic），如《法律篇》里雅典客人在描述库里特穿戴盔甲的运动和节奏分明的舞蹈时所说的话表明的。奥菲斯说有三位库里特（Curetes），是朱庇特的侍卫。而克里特人（Cretans）的神圣法律以及整个希腊的神学，都把一种纯洁无污的生命和活动归于这一等级。因为"*το κορον*"即"*to koron*"表明的不是别的，就是纯洁而不朽的东西。因此我们前面说过，大能的萨杜恩，本质上与纯洁无污的原因相连，是一个纯洁的理智。因而父亲神有三位，纯洁无污的神也有三位。接下来我们要考察第七个元一。

如果我们思考萨杜恩和天国中这些惊人的可憎事物，——柏拉图提到这些可憎事物，认为这样的叙述应当永远隐藏在沉默之中，认为应当考察关于它们的神秘真理，它们暗示了神秘的观念，因为这些事不适合年轻人听——[如果我们思考这些]可能会从它们得知分离的神是什么，他成就了分离，将萨杜恩的种与天国分离，又使朱庇特与萨杜恩分离，他将整个理智等级从先于它及后于它的种类中独立出来，分离它里面彼此相异的原因，总是将二级的统治尺度分给二级种类。听到这些话，希望不会有人感到不安，或者反对我。那么柏拉图如何拒斥神话里的可憎事物、各种结合以及悲剧性装置？他认为所有这些情节都会受到大众和愚拙人的谴责，因为他们不知道神话里包含的神秘含义；但是智慧人必会对它们形成某种可敬的观点。因此，他诚然不接受这样的一种虚构方式，但是认为应当相信那些作为诸神后裔的古代人，并考察他们的神秘观点。所以当他向欧绪弗洛（Euthyprhon）和《国家篇》的听众叙述萨杜恩神话时，他拒斥这些故事，但同时在《克拉底鲁篇》里又接受它们，把其他从属的结合置于大能的萨杜恩和柏拉图周围——由此，我想，对那些只能领会所说之话的表面意思的人，他禁止向他们描述可憎之事；他也不承认在神有什么不合法的行为，孩子对父母有什么邪恶的敌对行为，他尽可能反对并驳斥这样的观点。但是，对那些能够洞悉神秘真理，考察神话的隐秘含义的人，他认为应当向他们叙述这些故事，他也承认整体的分离，不论[神话学家]是否愿意为了隐藏的目的而称它们为可憎之事，不论他们认为应当称它们为什么名称。结合和可憎之物是结合和分离的象征，两者都是同一种神圣的神话学的产物。如果我们努力从这些叙述来确认柏拉图的观点，也没有什么理由可感到奇怪的；只是我们必须知道柏拉图的哲学是如何承认所有这些细节，又如何拒斥它们，在什么意义上他认为它们可能会对那些聆听的人带来最大的恶，导致一种不敬的生活。通过这些观念可以看出，七位理智神在柏拉图看来是值得研究的。

第四章

如何从柏拉图的作品中通过推论过程推出理智神发展成七个七一组。

另外，我想有必要用演绎法按七一组从形像集合他们的进程。得穆革[在《蒂迈欧篇》里]将宇宙的灵魂构造为整个神圣等级的一个像，就如他把这个可感知的世界构造为可理知世界的一个像一样。首先他构建了灵魂的整个本质，然后将它分为数，通过和音把它连接起来，用形状装饰它，我指的是直线和环形。再后，他又把它分为一个圆圈和七个圆圈。因此，这个元一和七一体能源自何处？不就是出于理智神吗？因为形状、数和真存有都在它们之先。就如在灵魂的构造中，灵魂的形状存在之后，接着就是根据元一和七一组的圆圈，同样，在神里，理智的和可理知的形状之后，随之出现的是理智的范围和诸神的领域。因而七个七一组的多出于神圣的理智七一体。因此，得穆革这样区分灵魂里的圆圈，因为他和每个理知等级都从各自的元一生出一个理智的七一体。但是我不同意，也不主张七个圆圈分得一个类似于出于得穆革的七位神的 hyparxis，相反，得穆革按照圆圈分离灵魂，把数引入出于理智神的部分，我指的是元一和七一组的数。元一依据同的圆圈而存在，分离则依据异的圆圈存在。稍后，我们会看到，同与异属于得穆革等级。

再进一步，对圆圈作了划分之后，得穆革呈现一些表示同化神（the assimilative）的事物，另一些象征自由神的事物，并通过这些事物把灵魂归于诸神的这些等级。如果形状先于理智神，而相似与不相似后于理智神，那么显然，元一性同时又具有七一性的必然归于这个等级，从元一到七一的进程必然与这个等级相关。因而，七位理智神里的每一位都是一个理智七一组的头，如我们从形象得知的。不过，那里的七一体是一，与自身相连，而在灵魂里，从神圣的特性来看，圆圈彼此相异。因为它们接受数时仍然保存它们所得的固有本性，有机地包含尘世的种类，通过它们自己的圆圈使可见者环绕而行。关于这些细节就讲到这里，它们表明了柏拉图对它们的安排并非模糊不清。

第五章

根据《克拉底鲁篇》的神学，谁是大能的萨杜恩。他为何在某一方面是可理知的，在某一方面是理智的。也讨论了理智与可理知者的合一以及两者分离的教义。

我们再转到另一个话题，按现在所讨论的神学的需要，对每位 [理智神] 作出充分谈论。我们现在要显明理智神的第一位王萨杜恩，按照苏格拉底在《克拉底鲁篇》里的描述，他照亮理智的纯洁而不可朽坏的本性，停留在他的父亲[天]里，同时又从中生发出来。他还将理智的管理与连接的神相分离，并结合他自己的超验性确立其他理智神的超验性；同时在自身里包含得穆革理智的可理知者，以及大量存有。因此，萨杜恩的联结神秘地、隐晦地意指对这个可理知者的包含，以及与它的合一性。因为可理知者被包含在理智里面。

就如可理知者确实独立于理智，同时理智又被认为包含可理知者，同样，朱庇特也被认为连接他的父亲。他在安置关于他父亲的联结时，同时也将自己[与他父亲]相连接。一种联结就是对有限之物的包含。真实情形如下：萨杜恩就是全备的理智，而大能的朱庇特同样也是一个理智。两者既然都是理智，两者显然也都是可理知者。每个理智都要转向自己；而转向自己就是朝向自己活动。它朝向自己活动，不朝向外在者活动，所以是可理知的，同时又是理智的；就它按理智的方式领会而言，它是理智的；就它被理智地领会而言，它是可理知的。因此朱庇特的理智是单独的理智，也是单独可理知的。同样，萨杜恩的理智单独地是可理知的，也是单独的理智。不过，朱庇特更多的是理智，而萨杜恩更多的是可理知。因为后者按照理智的顶端确立，前者根据理智的末端确立。一者是欲求的对象，另一者就是欲求。一者充满，另一者被充满。

因而，萨杜恩既是理智，又是可理知的，其次朱庇特也既是理智又是可理知的。萨杜恩的理智性是可理知的；而朱庇特的可理知性是属理智的。朱庇特既然同时是理智的和可理知的，他就按理智的方式领会并包含他自己，又在自身里连接可理知者。他既在自身里连接可理知者，就可以说他连接先于自己的可理知者，并在一切方面包含它。他进入自己里面，就是进入先于自己的可理知者里面，并通过在他自己里面的可理知者，理智性地领会那先于自己的东西。因而可理知者不是外在于理智的。每个理智都拥有在它自身里与它自身毫无分异的东西。同时，它又按理智的方式领会自身里那先于自身的东西。凡是外在于理智的事物，都是外来的，偶然的，并与低级种类相关。而预先确立在原因等级里的东西，作为欲求的对象先在的东西，就属于所欲求的东西本身。因为它们转向自己，靠近自己，发现自身的原因，以及一切更为古老的种类。欲求种类围绕欲求对象的转向有多大程度的完全和统一，欲求对象就在多大程度上呈现出自己的可求性。因此，每个理智如何理智地领会它自己，也就如何理智地领会一切先于它自己的种类。它在多大程度上与它自己联合，就在多大程度上确立在先于它自己的可理知领域。任何存有的原因，也就是它的本质或完全的源泉，不是外在于那个存有的，而那从属于存有的东西，才是外在于它的，因而不是可理知者。就此而言，每个神圣种类不会转向低于自己的东西，而是转向它自己，通过自己归回到更加优秀的事物。可理知者不低于任何理智；而每个理智都朝向它自己施展活动，并且包含先于它自己的可理知者，按理智方式领会它们。

有些可理知者也这样与理智联合，但有些直接被理智分有。还有的显得较为遥远，也更独立于它的本性。因此，得穆革的理智既是可理知的，同时又是理智，还有他父亲的可理知性，他将之连接起来，如神话里所说的。他看见生命体本身，按蒂迈欧的说法，也就是一切可理知者中最美的那个。如果著名的亚梅利乌（Amelius）在构造这些观念时，说理智是三重性的，一个是"是"的东西，另一个是"有"的东西，还有一个是"看"的东西，那么在我看来，他正确地理解了柏拉图的思想。第二理智必然不只是"有"可理知者，而必然既"是"又"有"可理知者；它"是"与自己并列的可理知者，同时"有"先于自己的可理知者，因为它分有这样的可理知者。而第三个理智必然"看"可理知者，同时也"是"且"有"可理知者；它必然"看见"第一的可理知者，"有"在它自己之外但与它紧挨在一起的可理知者，以及它"是"在自身里面的可理知者，这可理知者与它自己的智能相连，不可能与它相分离。

如果如我们一开始所说的，朱庇特理智性地领会他的父亲萨杜恩，那么萨杜恩是可理知的，而朱庇特是理智；他虽然自身是一可理知者，但又分有另一可理知者。因此柏拉图并没有简单地称萨杜恩为理智，而是说他是一个纯洁而不朽坏的理智。因为他在理智领域是可理知的。但他又不是单纯的可理知，在理智领域，他是理智，并且是在父亲的意义上是理智，既是父亲，又是理智，在理智的意义上具有父亲身份。因而，在可理知领域，理智也是父亲；但在理智领域，父亲就是理智。因此，萨杜恩是一个纯洁的、非质料的、完全的理智，超越于创造之外，确立在可欲求者的等级之中。他拥有这样的一种特性，充满所有可理知者，可以说充满理智活动，确立诸神的两个种，一个在他自身里面，另一个在他自身后面。他引着他父亲天的多产权能一直到达末后的事物，同时使得穆革的等级充满生产性的善。

第六章

什么是萨杜恩王国。在《政治家篇》中柏拉图以什么方式阐述它。它是世界的什么原因，是尘世的神的什么原因，是部分性灵魂的什么原因。

不过，唯有萨杜恩是这样的一位神：出于某种必然性，并且可以说是出于强制力，既接受又给予王者的尊严，切去他父亲的生育器官，自己又被大能的朱庇特阉割。因为他限制他父亲的王国，同时受到后于自己的神的限制。他还充满位于他之上的种类，同时使[宇宙的]整个造物界充满丰富的完全。他将自己与父亲分离，同时自己独立于自己的产物。他是一个全备的理智，同时在自身里包含总体可理知者的多。他使理智的顶端神化，又以可理知的光照亮一切事物。

第七章

什么是灵魂的萨杜恩的生命。爱利亚客人所阐述的这种循环有什么特点。

因而，非常恰当，这个宇宙有双重生命、周期和旋转；一种是萨杜恩的，另一种是朱庇特的，如《政治家篇》里的神话所说的。根据一种周期，这个宇宙自发地生产出一切善，拥有一种无害的、不倦的生命。根据另一周期，它分有质料的缺失，以及一种极其可变的本性。世上的生命是双重性的，一种是不可见的，较为理智的，另一重是可见的，更具灵魂性；一个根据神意确定，另一个根据命运以混乱的方式发生——果真如此，第二个生命，也就是多样的，通过本性得完全的生命，是从朱庇特的等级垂溢下来；而更为单一的、理智的、隐秘的生命是从萨杜恩的等级垂溢下来。爱利亚客人清楚地教导了这些事，称一种循环为朱庇特的，另一种是萨杜恩的；虽然朱庇特还是宇宙的隐蔽生命的原因，是理智的供应者，理智性完全的头，但他把一切事物提升到萨杜恩的王国，连同他父亲一起成为一位首领，构建整个尘世的理智。如果需要清楚地说明真理，每个周期，我指的是明显的和不明显的，都分有这两位神；但一者分有更多的萨杜恩，另一者在朱庇特的王国之下得完全。

大能的萨杜恩得到一个不同于先于他的诸神王国的王国，这一点爱利亚客人在神话前所说的话里清楚地表明了。他说："我们听许多人说过萨杜恩所创立的那个王国。"在这个智慧人看来，萨杜恩是高贵的诸神之一。因此他统治的王国不同于他父亲的王国。他的父亲有机地包含着可理知且理智的神的中心，他则引领着理智的等级，供应整个理智生命，先供给诸神，再供给比我们杰出的种类，最后供给部分性灵魂，只要它们能够伸展到萨杜恩的观察之所。这个宇宙以及所有世俗的神，总是拥有这个双重性的生命，通过不明显的、理智的活力效仿萨杜恩的智能，同时通过对二级种类的神意眷顾，也就是通过可见的构造，效仿朱庇特的得穆革理智。但部分性灵魂有时候按理智方式活动，并将自己奉献给萨杜恩，有时候又按朱庇特的方式，对二级种类给予神意眷顾，毫无保留。当它们类似于那些神 [萨杜恩和朱庇特] 旋转，它们就理智性地领会可理知者，以一种有序的方式安排可感知者，过着这两种生活，就如诸神和较为优秀的种那样。因为它们的周期是两重性的，一种是理智的，另一种是神意的。它们的范型也是两重性的，萨杜恩的理智是一者的范型，朱庇特的理智是另一者的范型。因为大能的朱庇特本身具有双重活力，在理智中包含可理知者，同时通过得穆革的创造装饰可感知世界。

　　由于循环是两重性的，不仅在整体里，也在部分性灵魂里，所以爱利亚客人说，在萨杜恩时期，这些灵魂的产生不是出于彼此，不像人中间的繁殖那样，因为人是感觉视察的对象；也不同于我们中的第一人，他完全是土里产生的，所以在部分性灵魂里，虽然第一灵魂是人的产物，但就它们全体来说，都是泥土生的。（萨杜恩时期的灵魂不同于这些，）因为它们脱离了最末的和地上的形体，得到提升，抛弃了感性的生命，拥抱一种隐在的生命。他还说，它们也不趋向老年，从年轻变为年老；相反，它们获得更多的精力，以一种与生产相反的方式即理智的方式发展，可以说，它们脱去了生命的多样性，就是它们在下坠过程中穿上的多样性。因而，这些灵魂一旦进入这样的状态，所有表示年轻的记号都呈现在它们身上，不是白发苍苍，胡子拉碴，而是满头青丝，面颊光滑。因为它们把一切出于生育而依附于它们的东西弃之一边。他说，它们与萨杜恩一同住在那里，过着那里的生活，树上有累累的果实，和许多其他植物，都是自发地从地里出产的。它们赤身露体，也没有床单棉被，基本上生活在野外，因为它们享有四季如春的气候。地为它们长出来茂密的草，它们就用来做柔软的床。于是，灵魂在萨杜恩的周期里从这位大能的神获得这些以及其他诸如此类的美物。它们由此充满了能赋予生命的美物，并从整体收集理智的果子，而不是从部分性的活动为自己谋求完全和福祉。信念的营养具有可分的、质料性的观念；而理智的营养具有纯洁的、不可分的、与生俱来的观念，自发者就是晦涩地表示这样的观念。

从地里长出来的产物也暗示诸神的多产理智，它通过光照将完全和自足传给灵魂。由于善的极大丰富，灵魂能够根据与它们相应的幸福程度传授多产理智的一种流溢。因此，它们既不穿戴衣服，就如进入生成阶段时那样，也没有大量添加给生命的东西，它们乃是独立地自我洁净，脱离一切复合性和多样性，将它们的理智伸向总体的善，它们从理智的父亲那里分有这种善，得到理智神的护卫，又从理智神接受幸福生活的尺度。它们还轻松地经过它们的整个存在，过着惊醒而纯洁的生活，确立在可理知领域的生产性权能之中；它们因充满理智的善，以非质料的神圣形式为营养，所以被认为是在萨杜恩手下生活。

第八章

为何说灵魂靠可理知者得滋养。出于不同可理知者的营养有什么不同。

因为这位神是整个理智生命的头，也是每个不可分的理智的头，以及从这个原因出来的可分理智的头，因此以一种分散的方式喂哺、滋养灵魂是这位大能的神的职责。因为他是理智领域的可理知者，他滋养灵魂，灵魂被称为萨杜恩哺育的孩子。但又因为他充满它们的并不是最初的、太一的可理知者，而是那些被他自己的分离原因多样化的事物，所以他又被认为是分散式地，也可以说是以一种分离的方式喂养它们。通过这些论述，你岂没看到这位神显然是与可理知且理智的神的第一个三一体并列共存的吗？就如苏格拉底在《斐德若篇》里所说，灵魂在天外之所，在可理知的草地得到滋养；同样，爱利亚客人也说，在萨杜恩喂哺之下的灵魂充满了可理知的善。如果说灵魂因这两者而得完全，这根本不值得惊奇；一方面，它们理智性地处在萨杜恩王国之下，另一方面，可理知地处在最初的理智神的等级之下。因为这位神本身就是从那个等级得到滋养的。因此他在理智领域具有一种领先的、原初的超然性，因为理智者[因着他]从那个等级充满隐秘而不明显的权能。在理智性的父亲之中，他就是在可理知且理智的等级中的最初理智神的等级。因此可理知者处处都成为上升灵魂的营养品，而与它的连接则要通过第二和第三等级的神来实现。

就如得穆革等级将灵魂提升到萨杜恩的审察之所，同样，萨杜恩的等级也把它们提升到天下的拱门。它们在萨杜恩王国里创造了许多神圣的推论性活动之后，又从那里伸展到完全的三一体，再伸展到天上的三一体，从那里沉思天外之所，于是它们就与可理知领域的至高的善不可言喻地联合起来了。第二等级也总是以这样的方式将灵魂与先于它们的等级连接。因此法术师的技艺也模仿灵魂的不明显周期，在进入更崇高的奥秘之前，先安排启蒙二级神的奥秘。它通过这些奥秘使我们走向可理知的审察之所。这些就是柏拉图关于萨杜恩的生活以及萨杜恩下面的灵魂之国所指出的内容，不仅在《政治家篇》里论到，也在雅典客人的论述中表明。在《法律篇》第四卷里，他展示萨杜恩之下的生活，通过惊人的神话传说，隐晦地暗示了那种活动的纯洁无污性、敏捷灵活性、丰富性以及自足性。

第九章

伟大的萨杜恩促成哪些等级管理整体。同时也揭示谁是《高尔吉亚篇》所阐述的萨杜恩的理智。

如果要从这些事，从关于这位神的所有神秘知识来思考并讨论他在整体中构造的等级，那么首先，我们必须把注意力指向《高尔吉亚篇》里提到的三位王，他们分配萨杜恩王国，是由萨杜恩生成的，以分离的方式获得一种统一而不可分的主权，萨杜恩把神圣法律放在他们头上，这法律是导致按理智分配的原因，包含分配给诸神本身，和分配给后于神的所有种类。其次，我们必须思考在《法律篇》里提到的统治者和王，据说他们负责灵魂的不同部分，而且他们不是人，而是比人更神圣、更杰出的精灵，他们分配给灵魂善的衡量尺度，剪除它们那由生产而来的生命，遏制它们混乱的向度，使它们停留在可理知领域，把它们包容在萨杜恩的王国里。因而第三，我们必须把注意力转向精灵，他们负责管理世界的各个部分，世界里的大量 [灵魂]，如爱利亚客人在《政治家篇》里所说的，他们有时与受其管理的对象接触，把理智的以及所有不明显的善分配给它们，有时则从世界的灵性生命中退回来，重新回到他们自己的审察之所，并效仿宇宙的得穆革和父亲的独立超然性。

考察了这些之后，我们还必须考察尘世的神即萨杜恩和朱庇特的双重性循环，这两位神总是拥有两种循环，如《政治家篇》里的神话所说的。显然，星辰和太阳的变动发生在每一种循环之中。因而，这个周期是双重的，而众所周知，周期都充满着萨杜恩的善，并分有萨杜恩的序列。不仅尘世的神，而且跟从神的所有较优秀的种，都依据这两种活力展开活动，根据双重的循环旋转，通过这种旋转灵魂也时而分有一种理智的生命，并向这条路径进发，将理智换作感觉作为它们运动和循环的头。因而，萨杜恩按属天的方式从最初的神伸展自己的王国，一直伸到部分性的灵魂，完善一切事物，使它们充满理智的善，并给不同的种类分配不同分量的善。因此，法律也与他同在，如苏格拉底在《高尔吉亚篇》里所说的："这法律原本存在于萨杜恩的时期，以前一直在诸神中间，现在也是。"因为法律就是理智的分配物；而这位神乃是最初的、最纯洁的、不朽坏的理智。

如果这位神是一切分离的原初首领，是理智性分离的源头，那么法律必然因此与他同在，区分存有的等级，划分理智的种，根据井然有序的进程分离一切形式；同时通过光照分给一切事物定量的 hyparxis，连接它们里面的顺序，保存神圣分配物的界限，使其恒定不变，并在萨杜恩的王国和理智领域里拥有尊严，就如阿德拉斯提娅在天外之所和可理知且理智的等级里所拥有的同样的尊严。因为从它们两者都产生一个恒定不变的护卫，和向一切事物有序伸展的进程。但它们又彼此相异，因为法律是将一分为多，确定理智实存的尺度，分给每个事物一种适合的善，从一 [萨杜恩的] 理智引出不同尺度的存有。而阿德拉斯提娅停留在可理知领域，统一地看护一切事物，以固定不变的方式保守总体秩序，独立于任何分离。因而，法律是区分神圣形式的某位神，根据源于一个统一原因的丰富和充足，明确地分给每个事物与之相适应的东西；它还与萨杜恩等级同在，存有的分离、形式的全备进程最初就存在于这个等级。因此得穆革以此为目标，根据法律引导万物，把世俗的神意构建为父亲合一性的一个像；而命运和命运之法，是根据法律形成的分离的像。因而，灵魂依法而活，在朱庇特周期里诚然统一地受制于命运之法，但在萨杜恩周期里，按着神圣法律生活，从属于 [神圣形式的] 多，并被拉向大全的一因；同时它们上升到可理知的审察之所，从属于阿德拉斯提娅的圣法。因为这法是从高处一直伸展到末后的事物，为灵魂规定整个周期的尺度，如苏格拉底在《斐德若篇》里所说。因而，从以上所说，可以知道这最大的神是谁，是什么样的善使他成为灵魂的原因，且不说灵魂，还是诸神和精灵，即灵魂的引领者的原因。

第十章

为何神学家们特别指出这位神[萨杜恩]是不可感知的，或者说是不会老的。柏拉图怎样描述他的这种特性。

由于神学家们主张这个等级对老年有一种免疫力，如外邦人和希腊神学家奥菲斯所说，（因为他神秘地说，萨杜恩头上的毛发永远是黑色的，从来不会变白），所以我很敬佩柏拉图的受神灵启示的理智，关于这位神，他向跟从他的脚踪的人展示了同样的观点。他说，处于萨杜恩时期的灵魂抛弃了老年，返回到青年，除去了白发，拥有黑发。他说，白发苍苍的人变成满头黑发，双颊胡须拉碴的人变得光洁如初，他们都返老还童了。这些话其实是爱利亚客人说的，类似于奥菲斯关于这位神的那些论断。"……在萨杜恩的朱庇特下面，人长生不老，湿润而芳香的毛发，从光洁的下巴萌发，不含一丝那意味着老年的花白，只有红润和光鲜。"

这些诗句描述了萨杜恩的灵魂与这位神具有相似性。因为他说，它们剔除了曾经因生成而获得的老年，抛弃了物质的低能；它们发挥理智那种朝气蓬勃的年轻人的生命。对它们来说，唯有通过理智的青春和纯洁的权能，才能成为与那脱离老年的神相似的。而之所以如此的原因在于，萨杜恩王本身就是不受诱惑的神和坚定不移的三一体的源头。因此如苏格拉底说的，他是一个纯洁的理智。他同时也是纯洁等级的理智，被列为一个顶端，坐落在那些精力充沛、朝气蓬勃的管理整体的诸神里，就如坐在一驾马车里。派给他的灵魂也结合理智性的活力，以惊人的方式前进，劲头十足，坚定不移，完全没有任何对质料的倾向性。部分性灵魂变换着它们的周期，时而变得年轻气盛，时而转向老年状态。而整体灵魂始终按照这两个周期存活，从不明显的周期说，与萨杜恩亲近，从可见的神意说，则配合朱庇特管理宇宙，同时根据这两个时期接受一种增长，既变得年老，同时又变得年轻。巴门尼德曾说，依据时间进发的"一"同时变得既年轻些又老年些，他所暗示的也就是这个意思。不过，这些东西后面会变得更加清晰。

第十一章

谁是赐予生命的女神。她为何是萨杜恩和朱庇特的王国的收集者。她拥有什么等级与这两个王国相连合。

结束了关于理智神的王的知识之后，很显然，接下来我们要展现王后瑞亚。柏拉图和奥菲斯都认为她是整体的得穆革的母亲，是后于萨杜恩的一位神。因此，我们必须对她有所谈论。一切理智者的稳定而统一的原因，首要而源初的元一，停留在她自身里面，将整个理智的多显现出来，又使它卷入到她自身里面，她怀抱着自己的后代，以及从她显现的整体的原因，可以说按分的原理细审分离的种类，以父亲的方式分得理智领域的最高王国，如果这些全是事实，那么赋予生命的瑞亚作为第二位神从她固有的原理中生发出来，在整个父亲的等级中获得一个母亲的等级，首先生产整体的得穆革，和诸神不变的护卫。因为这位女神是作为父系的理智三一体的中心，接受存在于萨杜恩里面的生产性权能，引发整体的产生，使滞留在他里面的原因绽露，同时明确展现神的所有种。她从先于她的父亲那里充满可理知的生产权能，同时使从她而出的得穆革和父亲充满赋予生命的丰富性。由此得穆革也是一切事物得生命的原因，在自身中包含充足的理智生命，将他母亲多产的原因伸展到一切事物。就如位居中间的女神使萨杜恩统一的权能变为多样化，引出这些权能，使它们管理二级种类，同样，位居第三的父亲同时展现、分离和引起萨杜恩的元一的全然丰富性，和母亲瑞亚的二一性生产，一直到末后的事物，这样，即使是宇宙中最质料化、最混乱的部分，也不至于缺乏萨杜恩的权能。

因而，这位女神是两位父亲的中间者，一位集合，另一位分离理智的多，一位通过超验性渴望停留并确立在自身里面，另一位急急地生产、形成、构造万物，由此，她将诸整体的得穆革原因引入自身之中，同时也将自己固有的权能无私地、慷慨地分给二级种类。因此柏拉图把她生产的丰富性比作河流，如苏格拉底在《克拉底鲁篇》里所说的，表明这位女神是某种流，他关于她的论断所隐晦地表明的，不是别的，正是她的本源性，一种统一地包含生命之可分河流的权能。最初有效的流就是本源。苏格拉底清楚地指出，忒提斯（Tethys）这个名字就是源泉的意思，稍后又指明这位女神（瑞亚）的名字也是指这个意思。因此，还有什么必要再怀疑这些事，再追问柏拉图在哪里提到本源性的神？他本人就认为所有神存在的原因就是本源性的流。此外，既然他承认尘世的灵魂是生命的源泉和原理，因为它出于一种既不可分又可分的赐予生命的活动，那么他岂不是要在更大程度上，且更真实地称在自身中包含了整个生命的女神为源泉吗？

不过，我想，关于名称根本不值得争论，我们要考察的是最初生效的神本身的等级，看看柏拉图如何像神学家那样向我们充分地展现他们，在萨杜恩的元一之后显示瑞亚的王国，从这两者构建诸整体的得穆革，以及与他交织在一起的众多的神。这位女神将理智领域连接起来，胸怀总体生命，在自身中发散出生命之河的全部理智权能；通过她自己的顶点，与第一位父亲联合，与他一起形成整体，生产出居留在他里面的众神；通过她的末端，与构造同时显现，并根据与构造的同类联合，构建神的全部等级，包括先于世界的神和在世界中的神。因此，那里还原初地存在着整体得穆革的原因，和较部分性的生命的种。她是所有这些的合一体和总体性的神，既独立于她自身的丰富性，同时又与它们并排存在。

因此，她既是统一的，又是多样的，既是一，又是单一的，同时是自我完全的；她是一个赋予生命的世界，从高处出发，一直进展到末后之事，进展到宇宙的四极，使生命领域的赋予生命的权能得以存在。由此，柏拉图也认为，整体之所以能赋予生命，其原因就在于这位女神，他还通过这位神的最后的礼物，表明她的总体活动；她原先使整体得穆革充满理智的和多产的权能，其次以她自身的理智成果使全体神得完全。根据第三等级，她的总体活动以充满神圣完全的河流滋养那些侍奉众神的灵魂。我想，这一点比其他一切更为那些承认神圣之事超越于自然之工的人所认识。

不过，更适合热爱沉思真理的人思考的应当是这样的问题，即柏拉图将塞丽斯（Ceres）从赋予生命的整体神中分离出来，有时将她与普罗塞比娜（Prosperpine）并排，有时与朱诺（Juno）并排，有时又与朱庇特的后代并排。我们可以在《克拉底鲁篇》里得知这一点。在这篇对话里，他将瑞亚与萨杜恩并排，将某种关于克瑞斯、朱庇特和朱诺的共同考察和理论结合起来。同样，他在《法律篇》里展示立法女神时，也认为一种合法生活的整体属于塞丽斯和普罗塞比娜的合一；根据奥菲斯，这位居间的女神通过她的顶端与萨杜恩结合，她的名字就叫作瑞亚；而生出朱庇特，并与朱庇特一起展现众神的整体和部分等级的女神，名字叫塞丽斯。整个中间生命的等级包含其他提坦神（Titanidae），也包含塞丽斯。因为这元一被预先确立为它里面的所有等级的居间集合者，包含那些隐秘的等级，和那些围绕女神的生产权能划分的等级。但是，这些权能每一个都是三重性的。这元一将高级三一体与萨杜恩联合，而将低级三一体与得穆革等级结合。这还表明，塞丽斯的元一作为居间者，既与整体的得穆革并排，同时又独立于这个得穆革。因为它联合整个等级共同构造，与朱庇特一起生出普罗塞比娜。由此我们表明了处于两位父之间的原型女神。

第十二章

谁是理智神中的第三位父。他如何从先于他的原因生发出来。他是宇宙的得穆革。

这位女神之后，第三个应当阐述的就是整体的得穆革，根据他在理智神所分得的等级来展现他，为此尤其要阐明关于他的全部真理。首先，我们必须记住，这第三位父的特性必然是得穆革的；因而其次，我们必须跟从柏拉图，将我们的注意力指向[关于这位神的]其他特点。理智神中的第一位与多一同产生，是一切分离的头和源，他将自身与统一的、最初的神相分离，形成关于整体的分离原理，——这位神又使自己的后代转向他自己，将这些部分与他自己的同一交织在一起，将自己展现为理智领域的一个可理知世界，在自身之中产生自己的后裔，把它们保守在他自己里面。理智神的第二位是赋予生命的女神，她联合第一位理智神引发隐秘的多，（因为她根据卓越的超验性与他联合）但无法忍受停留在这种生产模式中，于是不断地将整体的分离集合为未分的合一体。因此她从[第一位]父分离出第三个理智，生出众神的多，众多的理智理性（intellecual reasons），使得穆革充满生产性的权能。因而，如果第一位理智神是与诸整体的形成一同产生的，而理智等级丰富的赋予生命的活动是导致这种形成显现出来的原因，那么显然，理智父的理智根据他自己的等级生产并装饰一切事物，将他父亲的隐秘本性引入分离和进程之中，同时使总体的赋予生命的活动准备发出它自身的河流，一直流到末后的事物。任何地方，理智的特性就是分离并展现多、生命的丰富性，以及可理知者的合一性。而可理知的理智统一地包含多，或者根据一的形式包含多；因为多作为原因预先存在于可理知领域。至于可理知且理智性的理智，具有二级标准的合一，同时独立于一切完全的分离，停留在整体的第一原理里面。理智性的理智是一切分离的源头，部分性事物存在的源头；因为它预先在自身里确立了整个形式的多，并且它不是像可理知的理智那样，只是以四一的方式存在，它乃是拥有一切形式的一个全备的理智原因。因而，整个得穆革原理必然与这个理智相关，好叫所有得穆革神从这位第三的父发出，这位神必然是诸整体的得穆革。正如最初的原型在可理知的理智里，在第三个三一体和第一位父里同在，同样，我们必须把第一个得穆革的元一放在理智性的理智之中，理智神的第三位父之中。因此，得穆革与原始因是连在一起的，两者都被分配在父亲中间，只是一个在可理知领域，另一个在理智领域。一个是可理知者的边界，另一个是理智等级的边界。这一点从前面的论述就可以看明白。

进一步说，构造是四重性的，一重总体性地装饰整体，二重部分性地装饰整体，三重总体性地装饰部分，还有就是将部分与整体交织在一起，——果真如此，那么显然，整体的原因，作为它们统一而不可分的原因，是一切原因中最古老的。这原因必然或者先于理智神，或者在理智神里面，或者后于理智神。那么我们应当把它置于何处呢？要知道，与总体而一的构造相比，由理智者构建的所有部分都是不完的。因为将整体分为三的这种分离，以及可分产物的首领，就在这些等级里自我显现出来。因而，先于理智者的种类是根据神的其他特性确定的，如我们前面表明的，总之，它们是按合一性存在的，在理智形式的分离之上扩展。

第十三章

证据表明宇宙的整体得穆革是理智神的第三位父。

所以，接下来我们必须将诸整体的一得穆革安排在理智领域。但是，如果他是第一位父，他必是可理知的，在自身里包含自己的产物，并且是分离的集合者。那么他是如何划分诸世界的呢？如何形成尘世种类的多？如何同时对所有低级得穆革说话？要知道，第一位父是不与全体尘世种类并列同等的，而且还使他的最初产物归向他自己，可以说，从多飞向合一，急急地将自己从极其多样的分离中收回来，回到可理知的超然性。另外，如果诸整体的一得穆革是赋予生气的等级，那么一切事物都将因为整体得穆革而充满生命。从某种可能的理由看，灵魂的原因将在这里先于多显现出来。那么他将如何使一切事物转向他自己呢？他凭什么被称为得穆革和父？赋予生命的神，靠她自己独立地在众神中拥有一种母亲的尊严，是将进程给予万物的供应者。而生产形式、使其转向，则是理智的显著而独特的善。因此，诸整体的得穆革并不在超越尘世的等级里。因为那里的所有种类都是部分性的，不是部分性地管理整体，就是总体性地包含由部分构成的产物。他也不在可理知领域。因为那里的所有神都是父；那里没有谁被称为得穆革和父。神圣等级在先地以完全隐秘而统一的方式包含一切事物。他也不在可理知且理智的等级里。因为集合、连接并完善多，不是得穆革特性的职责。这乃是分离的源头，形式的生产，闪烁着理智性的部分。而可理知且理智性的神，将理智性的多伸展到可理知领域的合一。再者，也不可能承认得穆革的原因在理智领域的第一或第二等级里。因为理智领域的顶端是尘世种类不能分有的，事实上是作为可欲求者向它们呈现的，但不是它们的生产者。因此，世间的众神被提升到萨杜恩的审察之处；他们是从另一条二级原理生发出来的，并通过这原理转回到独立的王国，与之相连接。居间的中心是赋予生命的，不是根据父亲的特点确定的。因为生产者与父亲非常不同，赋予生命者与得穆革的种也大有区别，我想，就如同全部等级的原理，我的意思是说界限和无限，是彼此分别的一样。因为得穆革和父亲等级适用于界限；而整个赋予生命和生产性的权能则适用于无限。

第十四章

答复那些说在柏拉图看来有三个得穆革的人，通过许多论证表明得穆革元一先于[得穆革]三一体，处于理智者的第三等级。

我对那些阐释柏拉图的人感到吃惊，他们不是认为有一次创造，而是认为有多次，说有三位整体的得穆革，并且一会儿转到第二位得穆革，一会儿又转到第三位得穆革；他们将《蒂迈欧篇》里所说的内容进行划分，认为应当把某些论断归于一个原因，另一些论断归于另一原因。我也承认，有一个得穆革的三一体，还有一个诸神的多，具有生产因的特点；我还承认并认为柏拉图也会同意这一点。然而，在先于这三一体，先于每个多的各等级中，必然有一个预先存在的元一。因为诸神的所有等级都源自于一个元一；因为每个等级都类似于诸神的整个进程。就如神的实存从不可分的一获得它形成的原因，同样，诸神里完全的等级也必然有一个先在的元一，一个最初生效的原理。根据同样的推论，所有赋予生气的进程都从一个赋予生命的活动而来，所有得穆革的等级都拉回到一次创造之中。只有多，没有元一，这是不合情理的。若没有一和整体先在，那么根据理智，就既不会有并列，也不会有多的分离。因此，整体的等级先于所有神圣进程而存在，这样它才可能包含部分，在自身里并围绕自身规定它们。

这样说来，我们若是忽视创造中的整体，怎么可能去考察根据部分划分的得穆革呢？柏拉图本人论到宇宙的原型时认为，世界不应当与任何自然地存在于某个部分的形式里的东西相似，而是与整个完全的生命体相似；因此他指明，世界是独生的，因为它的原型是一。如果这原型不是一，而是许多个原型，那么同样，必然有另一个包含它的生命体，它就是那个生命体的一个部分，这样就应当主张，世界不再与许多原型相似，而是与那包含这些原型的东西相似。因为必然有一原型在许多原型之先，就如必有一善存在于被分有的众善之前，这样，整个世界就是先于许多原型的一原型的像。试想，如果世界是许多原型的唯一的像，那么它为何是一，且是一个整体呢？它怎么可能比它的各部分更可敬呢？因为这些部分类似于可理知者，而整个世界却并非类似于任何一个真存有。或者整个世界出于某个可理知的原型。如果一世界有许多个原型，这些原型必然彼此相似，因为它们是同一个像的原因。因而，同一必从一形式传递到这些原型。又或者，从合一性来看，世界要比它的原型更可敬。然而，如果原型是一，那么同样得穆革的原因也是一。就如一像出于一原型，同样，一位得穆革和父也产生一个后代。原型性的原因必然或者同于得穆革，并确立在他里面，或者先于得穆革，如我们的观点认为的，或者后于得穆革，有些人认为应当主张这样的观点。

如果原型和得穆革是同一的，按照柏拉图，得穆革就是一。因为如他所指明的，原型是独生的。如果得穆革存在于原型之前，这样的观点是不合情理的，原型是一，得穆革就更是一了。因为提升得更高的原因分得更统一的实在，何况整体的第一因也是一。如果原型性的原因在存有中占据第一等级，而得穆革的原因属第二等级，这宇宙是最后等级，是前者的相似物，后者的产物，那么怎么可能两端是元一性的，而中间的多却完全没有元一？原型既是可理知的，就必然通过光照将比得穆革原因更大的合一分给宇宙。原型是独生的，在自身里包含最初的原型，同样，得穆革的元一必包含许多得穆革。如果世界从原型，并通过得穆革，获得其独生的实存，那么得穆革也是完整的一。

再说，我想，那些赞同这一观点的人应当将他们的注意力转向苏格拉底的论断，他说，任何地方，多都应当包含在一里。因此我们承认关于形式 [或理念] 的假设，并首先预先确立理智的元一。那么，理智的形式如何归回到一原理，为何它们每一个从一个得穆革因生发出来，而整体得穆革的形式被多样化，并先于不可分的元一被分离？就如所有相等者，不论是理智性的，灵魂性的，感觉性的，都必然是从第一个相等垂溢下来的，所有美的东西，都从美本身而来，任何地方，多都出于原初的存有，同样，得穆革的多必是从一次创造而来，必围绕一个得穆革的元一而存在。试想，离开了形式中的一，却不离弃众神中的一，这怎么可能呢？形式的实在混合着多，而神是按照合一性本身规定的。若说所有形式都是元一的产物，更何况众神的等级，其特性源于元一，并通过元一内在于多里。果真如此，那么整体得穆革必然先于得穆革的多而存在，三位得穆革分有宇宙之形成的一原因。

另外，我们一开始就认定，得穆革原理必然或者是一，或者是多，或者是一和多。如果它只是一，而世界的多，以及它所包含的不同等级同样出于一得穆革原理，那么必死的和不朽的种类怎么会是同一原因的产物，而不需要一个中介？须知，凡是从一创造出来的种类都是不朽的。如果得穆革原理只是多，那从哪里将 hyparxis 的共同形式传递给多，如果它不是源于一的话？因为就如最终原因是一，即"至善"，原始的原因是一，即生命本身，世界是被形成的一，同样，得穆革的原因也是一。但是如果得穆革的原理是一和多，那么一原理是属于部分的种，还是属于总体的种？如果它属于部分的种，它是如何被拉回到最初的可理知范型的？因为超越尘世的种围绕理智神并根据理智的范型存在。它们虽然是部分性的，但能使后于自己的种类与理智者全然相似，与它们自己并列。或者它将如何再次保存总体性地产生整体的总体创造的合一性？因为这样的事物不是与任何部分性的东西相关，而是属于一个部分性的原理，或者总体地或者部分地生产，如我们前面所说的。如果得穆革的原理属于总体等级，那么它必然或者是可理知的，或者是理智性的，或者既是可理知的又是理智性的。如果它具有可理知本性，那它怎么划分整体？如何与尘世种类并列？为何说它创造了宇宙？它怎样从存有的种生出灵魂，以及后于灵魂的种类？[基于这个假设，] 我们必须承认所有这些都在可理知领域，即形状、存有的种、这些被分者、相似和不相似，以及其他使得穆革原理构建整个世界的事物。如果得穆革原理是一种可理知且理智性的本性，那他如何产生被分有的理智？如何分离灵魂的多样等级？如何划分部分，或者它们里面的圆圈？因为产生被分有的理智的东西，乃是不可分有的理智。那具有划分多的权能的东西 [基于这样的假设] 不可能不同于那连接众神的总体种的东西。总之，整体的得穆革，蒂迈欧称之为理智，并不断地说它看见、发现、推论，但从未说他是可理知且理智性的。可理知且理智性的神，以三一方式划分一切事物。而得穆革有时候把世界分成五部分，有时候把灵魂的圆圈分为七个一组，这样他可以或者形成天上的领域，或者形成灵魂的七个部分。因而，我们必须说，他完全从属于可理知且理智性的神，他乃是世界二级善的原因。不过，我们必须把统一的形式和理性的原因归于那些神。通过以上所述，我想，至此我们已经充分表明了得穆革的理智是一位理智性的神。

第十五章

蒂迈欧特别阐述了得穆革的特性，称他为理智。这与第三位理智父相关。

不过，在我看来，柏拉图既称这位神为理智，并认为他能看见可理知者，承认从本性来说，可理知者在他是可见的，那就已经以一种显著的方式指明了它的特性。那真正是理智的东西，根据这种 hyparxis 确立自己的东西，就是理智性的理智。可理知的理智其实也是单纯可理知的，并包含那种配给；至于说它是理智，是指它是每个理智本性的原因。而可理知且理智的神的理智，在其自己的本性中并非不混合可理知者。唯有单纯理智性的理智，是特别的理智，在理智者中获得理智者本身；正如最主要的可理知者是原初性的，第一的、最高的可理知者，我们称之为一存有，隐秘地是的东西。这就是那单纯可理知的东西。而单纯是理智的东西就是理智性的理智。可理知者拥有整体的顶端，理智拥有整体的末端。居间的种类部分与可理知者相关，部分与理智和理智性的东西相关。从原因说，原初可理知的可理知者拥有理智，从分有说，最初的理智者拥有可理知者；而集合这两者的种类，将可理知者的特性与理智者的特性结合在一起。因而，蒂迈欧也笼统地称得穆革为理智，进而称他为生命，由于他的特性是完全理智性的，所以不是可理知的，既然如此，他必然确立在理智神的末端。

因为那里的理智是理智本身，与我们说萨杜恩是理智不是一回事。萨杜恩也是理智，但他是一个纯洁而不朽坏的理智，表明他在理智者中占据至高的领域，超越于全体理智神。而得穆革是单纯的理智。因而，就如单纯的可理知者是最初的可理知者，同样，单纯的理智是最末的理智者。一切事物都存在于这些等级之中。在可理知者领域，生命和理智预先存在；在生命领域，同样有生命和理智。而在理智者领域的是其余的事物。不过，在可理知者领域，存有是本质意义上的，生命和理智则作为原因存在。在理智者中，理智是本质性的，存有和生命是根据分有而来的。在中间的种类中，理智是根据原因，存有是根据分有，生命是根据本质。因此，就如生命里最活跃的东西是中间者，特别可理知的东西是存有的顶端，同样，在理智者中，末端就是最具理智性的东西。因此，如果有某种理智是单纯的理智，一种认知的理智，这就是理智性的理智，柏拉图称为得穆革，向我们展现最明显的等级，就是它在理智者中获得的等级。因此，得穆革在构建其他事物之前，首先构建被分有的理智，如蒂迈欧所说的。因为他把理智放入灵魂，把灵魂放入身体，从而形成了宇宙。他根据自己的本质进行活动，依靠自己的存有进行生产，在一切事物之前构建了宇宙的理智。凡是被分有的都是从不可分的理智生发的。因此，好比柏拉图说，把实存给予被分有的可理知者的那个生产性原因，就是原初地是的东西，同样，得穆革既然最先从自己生产理智，就必然成为不可分的、理智性的理智。从这些论述可以表明，在蒂迈欧看来，得穆革和父的 hyparxis 是什么，它在理智者中分有什么样的等级。

第十六章

要发现得穆革的特性为何需用另外的方式演绎。为何得穆革在《蒂迈欧篇》里被称为创造者和父。其中也清楚地表明，根据柏拉图，哪里是父的，哪里既是父的又是创造的，哪里既是创造的又是父的，哪里只是创造的。总之，创造者与父有何分别。

我们还要以另外的演绎方式收集得穆革的特性，接受《蒂迈欧篇》里关于这个主题的论述原理。众所周知，蒂迈欧一开始论到整个得穆革时，就把他称为创造者和父。他说："要找出宇宙的创造者和父很难，即使找到了，也不可能把他告诉众人。"由此可见，他认为既不能只称他为父，也不能只称他为创造者，也不是将两者这样结合，即称为父和创造者，而是相反，他把创造者放在父前面。所以，我们首先必须表明，在什么方面创造者与父是彼此相异的；其次，除此之外，单纯的创造者是谁，父和创造者是谁，柏拉图为何认为创造的同时又是父这样的特性适用于得穆革。

如果我们把一切事物分为诸神和诸神的后代，也就是将它们分为超本质的元一和存有的进程，那么父就是诸神和超本质统一体的生产者，而创造者则把实存给予本质和存有。另外，蒂迈欧也根据这一推理说，得穆革创造的种类等同于诸神，因为得穆革不只是创造者，还是父；而那些由低级神创造的事物，则分有一种可朽的本性。因为这些神只是单单分有存在而不分有超本质特性的事物的生产者和创造者。因而，那个使他们在得穆革的元一方面遭受减损，这个使他们没有分得一种能生产等同于神的事物的权能。而就理智性的得穆革来说，那个使他在低级神之上扩展，通过这个他把一切尘世种类的创造与他自己连接起来。

另外，如果我们把存有分为总体的和部分的，父就向我们表现为整体的实在因（hypostatic cause），创造者则显现为部分性事物的实在因。前者是独立于形成之物的原因，后者是靠近形成之物的原因。前者通过他的存有引发使他的 hyparxis 得完全的活动，后者通过这种活动生产他的实在，他的实在是因活动而固定的。如果我们再把形成的事物分为永恒者和必朽者，那么我们必须把永恒者的形成归于父的原因，把必朽者的产生归于创造原因。创造者生产那从非存有成为存有的东西。爱利亚客人认为有效的技艺就是这样的。而父创造后于自己并与自己同时存在的事物。因为他通过他的存有而是父，拥有与自己合一的生产权能。因此，这两者，我指的是父因和有效因或者创造因，都类似于界限的原理。前者是合一的原因，后者是生产形式的原因。前者是整体的原因，后者是伸展到部分的原因。一者是单一本性的原初首领，另一者是合成本性的首领。再者，在这些事物中，生产性的原因与生产生命的原因是彼此对立的；因为父因与生产性权能同时显现，而有效因与赋予生命的权能同时显现。就如父亲因和有效因可以与界限相提并论，同样，一切多产和活跃的事物，都与赋予生命的活动和第一个无限者相关。

虽然我们对这些事物作出这样的划分，但是显然，父因本身原初地、独立地在可理知的神里。因为可理知的神是整体的父，根据至高的可理知的合一性得以确定。因此,柏拉图也称第一神为父,将父的称呼从紧挨在他之后确立的种类转移到他头上。事实上,柏拉图通常都从二级原因以及后于它的原因把名称引给不可言喻者。有时候从所有存有引来名称,有时候又从最初的存有引。其实,对于这位独立自存者,从一切存有,从附属种类,以及属于与他相距非常遥远之等级的事物给他命名,无论是过去还是现在,都是不合法的。因而,如果所有存有都分有父的特性,我们就必须说,柏拉图就是从全体存有把这名称给"一";但是全体存有中没有这样的一个原因。那么显然,柏拉图是从那最初也最高的神引给"一"这样的一个称呼的。然而,可理知的神比一切神圣等级更古老,紧挨着"一"存在。因而,存有的父因在可理知的神中间,可理知的神是所有神圣的种的父亲,确立在最高的本质里,隐秘地生产整体。第一位神超越于父的称呼,就如他超越于其他一切名称;既不能称他为"至善",也不能称他为"一",他的超验性是不可言喻、不为人知的。可理知的神原初是超本质的统一体和善,是存有的独立的父。

父的特性以神圣的方式源于第一个可理知的三一体,而创造者首先显现在第三个三一体里。那生产所有形式,以形式装饰万物的东西,就是可理知者的第三个三一体。那里,如我们所说的,存在着全备的生命体,它包含最初的可理知范型。而有效者(the effective)或者创造者也同时存在于这里。因为生命体本身构成诸神,生产出全体存有的形式,因此它根据神圣原因,分得父亲的特性,根据形式原因,显现整体的生效原理。但是另一方面,实现的且属父的特性在得穆革的元一中获得自己的实在。因此,整体的得穆革还是神的实在因。但是,他以特定的方式创造世界,以形式和得穆革的理性发挥活力。他构造理智、灵魂和身体,用形式装饰万物,有的用最初的形式,有的用中间的形式,有的用末后的形式。

你岂不明白,可理知者的末端原是属父且有效的,而理智者的末端是有效且属父的。前者,父的特性更加具有优势;后者有效者的特性更具优势。其实在两者里面,原因都是先在的,但在范型里[即在生命体

本身里]，父较为普遍，在得穆革里，有效者更为盛行。前者经由自己的存有生产，后者经由活力生产。在前者中，创造 [或有效的活动] 是本质性的，在后者，本质是有效的。形式也与两者同在，但在前者，是以可理知的方式存在，在后者，是以理智性的方式存在。从这些论述可以看出，得穆革原因类似于原始因存在；它相对于理智者的等级就如同后者相对于可理知者的等级。因此，蒂迈欧也说，整体的得穆革原本就向那个范型伸展。他说："因而，不论理智通过推论活动在生命体本身里领会了什么样的理念，他所怀有的如此这般的众多理念，必然都是为宇宙而包含的。"除了这一比喻，还有理智者相关于可理知者的一种减损。因为后者较统一，前者较分离。一者预先确立在可欲求者的等级里，另一者围绕可欲求者运动。一者充满父的权能，另一种可以说吸纳并包围可欲求者的整个丰富多样性。与此相似，宇宙的得穆革是全备的，从全备的生命体接受整个可理知的权能。因为宇宙是三重性的，一重是可理知性的，一重是理智性的，还有一重是可感知性的。世界是完全的，出于完全的本性，如蒂迈欧所说。生命体本身从万物的角度来说是完全的，也如蒂迈欧所说。同样，得穆革作为最佳的原因，也是全备的。

另外，接着我们所说的，我们再次说，父因出于可理知者的至高合一性；属父且有效的原因同存于可理知的范型里；有效且属父的原因根据整体得穆革规定。而单纯有效的创造因，与低级神，就是使部分性的、必朽的事物存在的神相关。因此，得穆革因的特性就是有效而属父的。蒂迈欧主张这样的观点，不仅在讨论这个问题的开头就表明这一点，如他所说的"[要找出] 宇宙的创造者和父，等等"，还在对低级神说话时也持这样的观点——得穆革以类似的方式对他们说："我是众神之神的得穆革和父，[不论我生产什么，都是不灭的，我愿意它怎样，它就怎样。]"他不是自称为父和得穆革，而是自称得穆革和父，正如上面 [蒂迈欧称他] 创造者和父一样。不仅在《蒂迈欧篇》里规定了这种对名称的安排，在《政治家篇》里也如此，爱利亚客人在谈到世界时说，它效仿它的得穆革和父的指令；只是在开头时，他较为准确地使用这些名称，而在结尾处较为漫不经心。由于柏拉图处处严格保持这种名称的排列次序，在那些不完全熟悉这类事物的人看来，很显然，他是根据这种特性规定得穆革的元一的，并且他认为它是有效且属父的。因为它是理智三一体的末端，所以获得一种相对于二级神的父的超验性；又因为它从自身生产出所有部分性的种和存有的类，所以它拥有从它得实存的种类的有效因。因为它是父，所以权能在它里面，理智也在它里面。得穆革自己也说："我在造你们时用的权能，你们要效仿。"另外，蒂迈欧说到得穆革："因而，无论理智通过推理活动在生命体本身里领会了什么样的理念，他怀有的如此这般的众多理念，必然都是为宇宙而包含的。"因此，他是父，是在他里面的父的权能和理智。不过，所有这些是以理智性的方式在他里面，而不是可理知的方式。由此我想，他之被称为父，不是单纯的，而是包含有效者和得穆革在内；权能也不是指它本身，而是指得穆革和父的权能。因为那自称为得穆革和父的，说这是他自己的权能。但他同时又被称为理智，没有添加任何权能，也没有加上其他修饰语。"不论理智领会到什么样的理念"，等等。他里面的一切东西都是理智性的，既是权能又是父，他通过这些效仿可理知的范型。因为他里面的所有原本都是可理知的，这些东西就是界限、无限，以及两者的混合体。这三者现在就成了父、权能和理智。范型的理智者在可理知的神里面原是可理知的，先于某个理智的原因存在。而得穆革的理智者，其本身是理智性的，是理智领域的理智者，如前面所指明的。因为我们说过的，他是父亲，权能在他里面，理智也在他里面。但又因为这些是根据有效者和得穆革界定的，所以他与赋予生命的等级同等并列，与后者一起构造生命的种，使整个世界获得生命。至于这个等级是什么，它被安排在哪里，我们稍后会作考察。从以上所说，已经非常清楚地表明，就他是得穆革来说，他需要接触赋予生命的等级，与它一同生产总体生命，将它与自己结合；同时他要将它里面的各类生命散播出去，与它一起装饰并创造这些生命，再使它们转回到他自己。生产万物，并把万物召回到自己，怎样生产就怎样召回，这是他的职责。因为他被确立在理智等级的末端，是得穆革的理智。他作为得穆革，使万物存在；作为理智，使多围绕合一，使它转向他自己。他还通过对低级神所说的话语来成就这两件事。他使他们充满得穆革和多产的权能，将他们集中到自己身边，把自己构造为——可以说——众神的欲求对象，使世上的所有得穆革都伸展到自己周围。

第十七章

为何跟随蒂迈欧，用第三种方式可以洁净我们关于得穆革元一的观念。

第三，我们要根据理智的其他流溢活动，澄清我们关于得穆革原因的观点，为此我们要跟从蒂迈欧的叙述。首先，蒂迈欧在关于得穆革理论的开端，充分展现了他的圣善，他无私而充分地将得穆革理性传递出去，被迫离开内在于他的善的位置，从他极其丰富的神性来到这里。他的善和他的毫无偏私的丰富，可以说并非是善的某种习性，某种权能，或者某种形式，独立存在于许多善之前，而是对善和得穆革等级的"一"的一种不可言喻的分有；根据这善和"一"，得穆革也是一位神，使万物充满各自应有的善。因为他里面有神性，渴望装饰并安排万物，又有一个 hyparxis，将神意眷顾伸展到全体事物，因此他确立创造的原理。因而，他的善不是别的，就是得穆革的神性。而他的意志是他善的活动产生的，为他的权能设立终端。因为如我们说过的，在整体的得穆革中的是父、权能和理智，这三者按理智的方式存在于他里面，从这三者的每一者来看，他都充满对"一"的分有。通过善，那在他里面属父的东西，以及可以说是理智的可理知者的东西被照亮。通过意志，他的权能得到管理，被拉向可理知的一善。通过神意，他的理智得完全，并把实存给予万物得实存。所有这些同样都是得穆革里的一神的产物。

因而首先，如我所说的，蒂迈欧通过这些论述展示了得穆革的神圣特性。其次，他向我们呈现他里面的可理知的原因，以及他所包含的整体的原因，是统一而原始的原因。为使万物与他自己相似，就表明他是世界上一切美的和善的事物的原型。因为他通过自己的存有使一切事物获得实存，他给予实存的事物就是他自己的像。根据这样的推理，得穆革不只是神，他还在自身里包含可理知者、真存有，不仅在先地包含尘世事物的最终原因，还包含原始因。再次，蒂迈欧展示得穆革的权能，消除一切混乱、不确定之事的原理，预备只让美和善的事物统治整体。所谓得穆革尽自己最大的能力不让任何邪恶、可恶的东西存在，这话就表明了他不可战胜的权能，这种权能以一种不受玷污的方式装饰质料性的事物，通过光照把界限分给未界定者，把秩序分给混乱的种类。

在《蒂迈欧篇》里的这一部分，柏拉图的以下这一教义也向你显现出可敬之处，即质料是从位于得穆革之上的某位神产生的。得穆革接受被形式的痕迹占领的质料，由此他亲自将所有完全的装饰品和布局引入它里面。因而，质料以及整个顺从于身体的东西，以超自然的方式从最初的原理出来，这些原理因着丰富的权能，甚至能够形成最末的存有。而宇宙的得穆革通过光照提供秩序、界限和装饰，再加上他所给予的形式，整个世界就被造为可理知者的一个像。

最后，我们要考察蒂迈欧如何向我们展现得穆革的理智。他说："通过一种推论过程，得穆革从本性上可见的事物发现，凡是缺乏智能的作品，绝不可能变得比那拥有理智的东西更美。"那么这种推论是什么呢？这发现是什么，它又从哪里发源的呢？这推论其实就是所分开的理智活动，它朝向自己，并在自身里考察善。因为任何推论，总是从一物推到另一物，并且回归自身，追寻善。因而，得穆革理智在装饰并安排宇宙的过程中，类似于推论者而存在；他发射出尘世种类的分离原因，这些原因预先统一地存在于可理知领域。那些可理知的理智统一而独立地构造的事物，这些理智性的理智将其分离，分配给部分，并且可以说自主地创造、生产。因而，推论充满可理知者，以及一种全备的合一性。由此也显然，我们不可以为[得穆革的]这种推论或者是考察，或者是疑惑，或者是神圣理智的漫游，其实它是稳定的智能理智性地领会存有的多样性原因。理智总是与可理知者联合，总是充满它自己的可理知者。同样，它在活动上既是理智，又是可理知的。因为它同时理智性地领会和被领会，发现自己，研究自己。推论还发现这智能是什么，但不是根据转变发现的。诸神的智能是永恒的。他们的创造不是发现不在场的东西，因为万物都永远向诸神的理智显现。可理知者也同样没有与理智分离。因而，理智向自己的转向可以称为推论；而存有充满了出于可理知者的创造。可理知者自身按其本性可称为可见的事物。因为蒂迈欧曾说，形体的未装备对象一旦被形式的痕迹征服，就是可见的，因此我想，他按其本性称可理知者为可见者。因为理智的本性就是朝向这些事物，而不是从属于这些事物。因而，他说，理智本身看见可理知者，正如他说可理知者是本性上可见的事物，将理智转向可理知者，将看的东西转向被看的东西。如果理智看见生命体本身，使它与整个世界相似，那么可以说，生命体本身对宇宙的得穆革来说是可见的。因为那里存在着最绚丽的可理知者；这就是我们前面表明的，我们说过，那里显现出美的源泉，苏格拉底在《斐德若篇》里称之为绚丽的和灿烂的。

第十八章

对《蒂迈欧篇》中得穆革的话的神学解释，清楚地推进我们关于得穆革的活力思想。

这些就是关于得穆革因所提出的思想，也是从这些事物推导出来的。

然而，如果我们能够考察这个原因传给低级得穆革的话语，展现它们的隐秘含义，我们就能对它的最高教义获得完全的认识。另外我们还要做的一点是，确立以下对它们的解释的原理：诸神的活动和权能是双重的。有些（活动和权能）停留在他们里面，围绕他们活动，有一实在作为它们的目标，这实在与本质联合。还有一些从他们发出，展现一种关于二级种类的有效权能，与接受它们的事物的多同在，与本质的特性同在。这些活动与权能虽然是双重性的，从属的一方却是从那些先于它们的活动垂溢下来，以那些活动为确定标准，根据那些活动获得它们特有的 hyparxis。任何地方都必然是这样，永恒发出的是内在活动的像，从它们的不可分性中引申出同时集合的本性（at-once-collected nature），使它们里面统一的东西多样化，将它们的不可分性分隔开。

根据这一推论，自然（nature）的活动也是双重的，一种停留在它里面，它据此连接自己和它所包含的理性，还有一种从它发出，身体因着这种活动充满这些身体性的权能，它们受到自然的推动，彼此作用，在身体方面彼此遭受。另外，灵魂的运动也有两种。一种是自动的，转向自己，属于自己，与灵魂的生命同时发生，与它没有任何分别。另一种依附于他动的事物，推动这些事物，将自己的权能伸到这些事物周围。理智的活动也是双重性的，一方面是理智性的，与真存有联合，是不可分的，与理智的可理知者本身同在，或者毋宁说就是可理知者本身和理智。因为理智本身并非指潜能上的，是后来接受活动、理智性地领会可理知者；而是指一种单纯的活动。因为它的多是统一的，它的活动指向它自己。而理智的另一种活动则指向外在者，指向能够分有理智的事物。理智通过自身使这些事物成为理智性的，可以说，它绚丽地发射出它自己智能的光，并把它分给他者。因此，神圣的、得穆革的理智本身必然总是与可理知者联合，必然具有得穆革智能的丰富和自我充足，这种智能根据独立于整体的合一性得到永恒的确立；在我看来，蒂迈欧的话指的也是这个意思，他说，宇宙的父以他惯有的方式停住，退回到自己的审察之所，将必朽种类的创造之工交给尘世的神。就他独立于后于自己的存有，没有与部分性的众神并列来说，他转回到他自身，根据一种统一的合一性审察并按理智方式领会后于他自己的种类。但是由于较有支配性、处于领导地位的神向他靠近，他就从自己发出二级活动，传给所有部分性的等级。

蒂迈欧通过话语塑造出这些权能和有效活动，它们出于整体和一创造，发散到诸神的得穆革的多。话语是理智活动的像，因为它们其实就是把浓缩在可理知者里的东西演化出来，同时将那不可分的东西引入一个可分的实在。它们还将那停留在自身里的东西转化为对他物的习性。显然，被迫从自然出来的理性就是某些自然的 [权能]，使接受它们的东西成为身体性的。而从灵魂生出的理性富有生命，使分有它们的无生命的东西成为有生命的，使其通过灵魂的权能离开它自己，如苏格拉底在《斐德若篇》里所说，并将自我运动的相似性传给它。从理智生出的理性，照亮后于它的种类，把一切理智性的善分给接受者，是真知识的供应者，纯洁和更单纯生命的供应者。得穆革的话语也以同样的方式在低级神中形成关于独立创造的整体的、不可分的、统一的尺度，使他们的本质充满得穆革的神意。这些话也赋予他们二级创造力，使他们全力效仿他们的父，因为他其实已经成就了整个世界的丰富多样性。他们效仿他，结合整体一起创造出所有部分性的种类。他生产永恒种类的本质，他们则根据一个生产-形成的圆圈塑造必朽的种类，同时改变它们。就如一位得穆革管理宇宙的全部周期，同样，许多得穆革使生产形成的种类的可分圆圈旋转。因而，如果我们关于得穆革传给众多尘世神的话语的这些论断是对的，并且他的话语是有效的，具有创造性的，能使它们的接受者转向与他的合一，还使它们所包含的有益理性得完全，那么我们说以下这样的话也就不会再显得自相矛盾了，我们说，这些话传给世俗的神，使他们分有所有牢固地确立在父里的权能，分有在他之先的原因和存在于他后面的原因。就如他使理智神的末端回转，是万物的丰富性和完全性，同样，得穆革的话从他出来，在低级神中——我可以这样说——创造出高于世界的一切神圣种的特性，使它们从先于它们的等级垂溢下来；我想，这正如这世界的整体［出于尘世的神，他们］创造一切必朽的种类，把不同的权能分给不同的事物，同时也分给它们神圣权能的一种分流。

那么概括来说，柏拉图通过这些话表明诸神从第一位得穆革和全备的创造中获得了什么呢？首先，他们获得使他们成为神中之神的东西。因为发声的话从父传到他们，是神圣权能的供应者，得以有效地显现在自己的分有者之中，如我们前面指出的。其次，这些话赋予他们一种不灭的权能。而创造整体的得穆革则在他自身中包含毁灭的原因，这样，他们虽然在本质上可以是不灭的，但作为连接的原因来说，并非不灭。再次，得穆革通过这些话从高处引给他们一种更新了的不朽。因为有话说他们既不是不朽的，也不会受制于死之命运，这话把他们确立在这种不朽的形式之中，《政治家篇》里的神话称之为更新了的不朽。另外，话语也证明他们从父获得一种促进整体完全的权能。如果世界没有必死生命体的存在就是不完全的，那么毫无疑问，那些负责它们的形成的，必然是使宇宙完善的原因。最后，这些话赋予低级神一个属父的、生产性的领域，这领域源于关于整体的独立而理智性的原因；同时还在这些神中加入近似的重生权能。通过这些话，低级神再次在自身里接受被败坏的种类，从整体中制造出部分，然后再使部分融合为各自的整体。概括来说，得穆革的话使自然永恒生产的过程顺从于低级神的创造。总之，得穆革使低级神充满神圣的合一性，使他们中间有一种牢固的秩序，包含一种与他们的本性相应的永恒。他把各种各样的原因，包含促进完全的权能的原因，赋予生命之河的原因，以及得穆革尺度的原因，都浇灌在他们里面。因此，众多得穆革把具体事物的创造归于父的一个整体神意，也将他们从他领受的创造工作的原理归于他有效的生产。所有神都充满了所有权能，因为他们全都分有得穆革的话，就是从父发出来进入他们心里的话，只是有些比另一些更富有某种特性。

他们中的一些为自己的产物提供合一性；有些给予不灭的恒久性，有些给予完全，有些给予生命。还有些负责重生，在宇宙中以分裂的方式获得原本统一地存在于一得穆革里的权能，他们与父的神意同时显现。凡是由众多得穆革创造的事物，在更大程度上就是由一创造活动产生的；管理必朽种类的，在更大程度上是永恒的；管理可动之物的，在更大程度上是不动的；管理可分之物的，是不可分的。然而，一得穆革的产物并不必须是从低级神的运动而来的。任何地方，一创造比多样化的东西更有包容性。神圣种类中更具原因性的，先于自己的产物展开活动，并与神圣种类一起构建他们的后代。第一位[得穆革的]神根据自己的善良旨意，从自己并通过自己生产出宇宙的神圣的种。但是他通过低级神来管理必朽的种类，这些种类当然也是从他自己产生的，但其他神可以说用自己的双手把它们造出来。因为他说："这些事物'因着'我得以形成，必成为与诸神等同的。"这"因之而成的"原因应当归于低级神，而"由之而来"的原因，即使在必朽种类的生产中，也应当归于整体得穆革。那些被造的事物中的第一个总是连同它们的元一引发二级种类的形成。一切事物确实"出于"那个元一，但有些是直接地，并"因着"它接受从它发出的神意，有些是通过另外的中介接受。这些中间的原因从第一个有效的元一获得所分派的职责，就是按神意审察二级种类。

第十九章

得穆革对可分灵魂的第二次讲话是什么。它与前一次讲话的区别是什么。如何在这点上界定灵魂之生命的全部尺度。

关于《蒂迈欧篇》里的话，就是得穆革对尘世神所说的话，目前就谈这么多。接下来应当考察总体得穆革神意的二级尺度，这是得穆革从自身延伸到众多的、可分的灵魂的。他先是构造出这些惊讶，将它们等数地分给神圣的生命体，使它们围绕世界分布，然后他在它们中插入创造的界限，规定它们的整个周期，在它们身上刻上命运之法，对它们生产生命提供明显的尺度，按法律设立并以适当的方式装备美德和恶行的报应，理智性地把每个周期的末端囊括为一体，并为此把全体部分性灵魂一同安排。所有包含某种不朽状态的灵魂，因从得穆革得了一种进程，就充满了他的一种统一而理智性的神意。因为从自己的原因而来的产物分有从那原因而来的能促进完全的效力，而神圣灵魂原初是从那里（自己的原因）而来的，因而就直接成为它们父的话的聆听者；而部分性灵魂分有二级得穆革的统一神意，并带着更大的可分性。因此得穆革作为一个立法者，对这些灵魂的生命规定了各种尺度，然后发出创造的指令，统一地包含它们整个生命的分离本性，把它们的暂时性和可变性包裹在没有时间的同一之中，并根据一种单一性，将存在它们周围的活动的多样性统一集中起来。而对神圣灵魂，他直接展现他自己的神意，劝告它们与他一同加入对整个世界的神意视察之中，协助他一起创造、装备并安排必朽的种类，根据正义尺度管理被生成的存有，按照得穆革的神意引导并包围一切事物。有些柏拉图的注释者认为部分灵魂就是整体灵魂，认为所有的灵魂都有同样的本质；因为所有灵魂都从一得穆革获得自己的生成，这些人完全偏离了宇宙的创造。

  首先，父在自己的创造过程中，以一种有序的方式装备并安排部分灵魂，把以前制作的混合体的剩余物倒在一起混合，如蒂迈欧说的，造出第二和第三个种。在这样的一种进程中，他给予神圣灵魂并导致它们回转的话语，是理智性的、创造性的，把生产性的权能和完全性的善授予它们；而他给予部分灵魂的那些话，是生产、命运之法、正义和各种周期的明确源头。所以，如果每一个从得穆革出来的事物本质上都是给予灵魂的，那么导致不同权能的原因必然就是这些话语有不同的尺度；对有些可分的灵魂，得穆革必然教给它们一种与尘世事物隔绝的管理方式，对另一些则把它们安排在前一类灵魂之下，接受这些灵魂来自天上的管理。关于这些问题，我们可以在另外地方作更详尽的论述。

第二十章

遵循蒂迈欧的理论，概述关于得穆革的全部讨论。

讨论了得穆革的话之后，我们又回到得穆革的理智，跟从柏拉图的思路，考察得穆革是谁，谁将理智三一体的末端本身与开端卷合起来，根据希腊神学应以什么方式命名他。或者，在这些之前，我们应当概略地表明，根据蒂迈欧的叙述，我们可以怎样设想他。如果我们在这些问题上取得共识，就会比较轻松地了解那些具体细节。讨论他的神学一开始就把他直接显示为世界的创造者和父。他既不是只被称为创造者，也不是称为父和创造者，而是一方面表明他同时拥有两种特性，另一方面认为他作为创造者的特点胜过作为父因的特点。根据他的善，他无私而丰富的旨意，以及他的权能——能够装备并安排万物，甚至能包含本性混乱的事物的权能，他被称为创造整体的得穆革。他特别向我们显现为美、对称、秩序和最好原因的供应者；这是因为他获得整个得穆革系列中统一的、第一的有效权能。他使理智和灵魂存在，同时把实存给予世界中的全体生命；因为他把整个世界造为一个有生命的生命体，并且充满理智。而且他里面也充满了可理知者，他将自己伸展到可理知的、全备的生命体，通过相似性将这生命体与他自身结合，由此造出独生的可感知宇宙，就如超越于整体的独立的原型[生命体本身]统一地构造可理知的宇宙。

另外，他还是身体的创造者，作品的完善者，通过最杰出的相似关系将万物连接起来，通过最美的联结使它们的权能、体积和数量相互适应。再进一步,他从诸整体把宇宙构造为一个整体,从诸完全部分造出完全的宇宙,使它不受老年和疾病的影响,能够在自身中包含所有元素的种。他还用第一形状、最单一也最具包含力的形状装饰它。除了这些之外,他还是宇宙自足的原因,是它自我循环的原因,这样的宇宙就能从自身容忍万物,并在自身中成就万物,免得它向往以外在形式存在的事物。他确实是理智运动的供应者,也是在时间中展开的生命的提供者,这种生命引起一种总是遵照同一的原理、以同样的方式围绕同样的事物进行的运动。再进一步说,他是灵魂的父,是灵魂里各个种、灵魂里的分离的父,也是它所包含的种种和谐理性的父,将它构建在世界里,成为一架自动的、不朽的竖琴。他还是将一分成一和它所包含的七个圈的分离者,总之,是形状和形态的创造者和提供者。

除了这些之外,他模仿永恒,从自身生出整体时间,和各种尺度的时间,以及将这些尺度显现出来的诸神。他还特别地构造了整个太阳,从他自己的理智性本质中点亮它的光,使它拥有一种独立于其他神的超验性,从而成为宇宙的王。而且,他创造出各种各样众多的尘世神和精灵,所有天上的和地上的种类,以便表明这独生的、自足的神[世界]就是可理知的、全备的神的像;他将地球作为第一位置或维斯塔固定在它里面,同时通过抽签将其他元素分配给神圣灵魂和精灵。除了所有这些之外,他使从他出来的各种神转回到他自身里,使所有事物充满纯洁无污的生产,永恒的生命,得穆革的完全,以及生产性的丰富。他还构造可分灵魂以及它们的交通工具,按照它们的领头神分别它们,将不同的灵魂安排在不同的神下面,向它们阐明命运之法,度量它们下降到生产之中的程度,为它们在周期性循环中的竞赛确立奖赏,并且我可以说,设立它们在世界中的整个管理方式。

完成了这些事情之后,他就对整体的神意安排引入一种界限,然后回到他自己的审察之所,以他自己惯常的方式停住不动,把对必朽种类的管理之职交给低级神,为世界中的得穆革树立了神意关怀二级存有的典范。正如在整体的创造中,范型是可理知的生命体,同样,在对部分事物的布局中,范型是理智性的生命体,所有形式都以分离的方式按照各自的本性从它显现出来。蒂迈欧说:"孩子们领会了他们父亲的命令,就按命令行动",他停留不动,以父亲的方式永恒地生产所有事物,而他们以得穆革的方式、依照时间来装备并安排必朽的种。因此,得穆革的神意自我显现出来,从高处一直延伸到这些事物的生产,柏拉图这里所说的,可以说就是对这个宇宙的得穆革和父所唱的一首赞歌,赞美他创造的作品,以及他赐予这个世界的种种恩益。

我们若是信服这里清楚记载的内容,接下来就必须考察关于得穆革的所有其他问题。我的意思是说,我们应当考察我们稍前提到的问题,即得穆革是谁,我们应当怎样根据希腊人的观点给他命名;蒂迈欧为什么既没有给他取名,也没有告诉我们他是谁,只是说:"要找到他极其困难,即使找到了,也不可能将他告诉众人。"我想,从上面的论述可以看出,即使那些只有极低智力水平的人也应当知道,根据柏拉图的论断,现在我们描述为得穆革的正是伟大的朱庇特。如果如我们所注意到的,萨杜恩的王国是整个理智三一体的顶点,和理智领域的可理知的超验性,而母亲的、赋予生命的瑞拉这个源泉是居中者,接受萨杜恩的生产性权能,那么人人都能明白,伟大的朱庇特就位于这个三一体的末端。从以前所提到的原因来看,其中一个原因是父亲的,另一个是生产性的,他就是具有父亲之实存的神,接受了他父亲的理智性主权,所以是作王的。因而,如果得穆革必然环绕着这个理智三一体的末端,如前面所表明的,而且这是朱庇特王权的职责所在,那么我们显然必须承认,朱庇特的王国等同于得穆革的王国,朱庇特就是《蒂迈欧篇》里赞美的得穆革。

第二十一章

从《克拉底鲁篇》的论述引出告诫，柏拉图把创造归于朱庇特。

如果有必要把这一点看作值得进一步讨论的问题，表明《蒂迈欧篇》里关于得穆革的神学与柏拉图在另外地方关于这位神所写的话是一致的，那么我们首先要看看《克拉底鲁篇》里写的内容是什么，因为这篇对话紧跟在《蒂迈欧篇》之后，是根据后者的结构写成的，蒂迈欧通过描述这世界的创造来揭示原初的范型，这篇对话则以形像的方式阐述这些范型的实在。这里，柏拉图 [一开始我就可以推导出我所说的话] 叙述了雅典人在前一时期的备战情形，和大西岛人（Atlantics）的傲慢和侵犯，他们原是海神尼普顿（Neptune）的后代，但由于与人的混合和可朽的追求，败坏了神圣的种子，对所有人表现得傲慢无礼，柏拉图集中诸神来讨论关于他们的事，就如诗人们受到太阳神福玻斯（Phoebus）的启示，形成一个诸神的会众。但是朱庇特是他们整个策略方针的发起者，并将他们的多转回到他自己。就如在《蒂迈欧篇》里得穆革将所有尘世神包围到自己身边，同样，在《克拉底鲁篇》里，朱庇特按神意关照全体事物，将众神集中到自己周围。

其次，我们要思考柏拉图关于这位神说了什么，它是如何与前面蒂迈欧所说的话一致的。"众神之神朱庇特按照律法作王，能够识别这类事的每一桩每一件，当他看到一个公正的族类堕落到了一种可耻的境地，就想惩罚他们，好叫他们受到鞭策之后，能够拥有较高雅的方式，于是他召集所有的神到他们最荣耀的住处开会，此处位于整个世界的中心，可以俯瞰一切分有生灭的事物。"这里，一开始朱庇特就被直接显示为众神之神，这岂不与《蒂迈欧篇》里记载的内容相一致吗？后者说他是一

307

切尘世神的父和原因。管理所有神的,除了是他们存在和本质的原因之外,还会是什么别的神呢?召集尘世神的,除了众神之神,还会是谁?不就是他将创造的原理与他自身相连吗?因而,如果他使自己的后代成为众神之神,那么他岂不是在更大的程度上成为所有[尘世]神的神。他对灵魂规定了各种尺度,向它们显明宇宙的法律,在法律上制定义与不义的事,免得日后因哪个灵魂的邪恶作为而受到指责,所以,对过犯者的惩罚特别属于他的职责,除了他,还能归属于先于世界的哪位神?另外,把所有神召集到他们最荣耀的住处——从这个住处可以看见整个生灭界,因为它拥有宇宙中心的位置——这一行为也是他的一种神意,这神意独立于多,却同等地延伸到整个世界。这一切其实就是得穆革元一的显著的善。试想,使所有神转回到他自己,考察整个世界,这正是专门属于宇宙的得穆革的行为。多能够直接分有的,除了给予它实存的元一之外,还会有什么呢?谁能使世上的所有神转向他自己?不就是创造他们本质和给予他们在宇宙中的位置的神吗?

第二十二章

从《克拉底鲁篇》关于朱庇特的创造所说的话引出告诫。其中也从名称表明神学与《蒂迈欧篇》里得穆革的安排是一致的。

我们必须确立这一点,作为证明所考察之事的一个也是第一个论据。如果你愿意,我们将从苏格拉底在《克拉底鲁篇》里所说的话中引出第二个论证,在这篇对话里,苏格拉底讨论了名称的含义,以便向我们表明朱庇特的本质。他不是从一名称引出这位神的本性,尽管对其他神的名字,比如萨杜恩、瑞亚、尼普顿、普路托(Pluto),他是这样做的,但对于朱庇特,他从指向一物的两个名称——分别暗示朱庇特的同一且统一的本质——展现这位神的权能，以及他的 hyparxis 的特性。通常关于他的传说在两个方面给他命名。有时候我们在祷告和圣歌里崇拜他，称他为狄亚（dia，δια）；有时候我们说他是宙那（zena，ζηνα），这个词来源于"生命"。因而，他既被称为宙斯（zeus，ζευς），又喜欢狄亚这个称呼，所以希腊人就同时用两个名称称呼他。这两个名称表明他的本质和在神圣种类中的等级。这两个名称无论哪一个如果单独使用，都不能充分地显明这位神的特性；唯有彼此联合，形成一个句子，才有力量展现他的真相。那么这两名称为何就能指明这位王的权能，以及他的实在在众神中的居先等级呢？我们可以听听苏格拉底自己的说法："他父亲被称为朱庇特，这名字取得极美，但要理解它的含义并不容易，因为实际上，朱庇特的名字可以说是一个句子，可以把它分为两个部分，我们有些人使用其中一个部分，另一些人使用另一部分。因为有些人称他为'宙那'，另一些人称他为'狄亚'。这两部分合在一起就表明这位神的本性，我们认为一个名字应当有这样的功能。他是万民之王，万物之主，除了他，没有谁能做我们生命的主，做其他一切事物的主。因此，我们称他为'狄亚'和'宙斯'是对的，尽管有两个称呼，其实是一个名字，意思就是'生命'因之向一切生灵显现的神。"由此，如何把两个名字合而为一，怎样通过这两个部分显明这位神的 hyparxis，对每个人都是一目了然的事了。

既然他是万物之生命的供应者，如柏拉图所说的，是一切生灵的统治者和王，那么我们若是略过了得穆革，还能把这种特性归属于谁呢？根据《蒂迈欧篇》里所说的，我们岂不必然要把赋予生命的原理归于他吗？得穆革使整个世界成为有生命的、有理智的，成为一个生命体，构造它里面的三重生命，一重是不可分的和理智性的，一重是可分为的且有形的，还有一重介于两者之间，既是不可分的又是可分的。也正是他把每个天体与灵魂的循环联系起来，在每个星辰中插入一个属灵的、理智性的生命，在地上区域中产生主导的神和灵魂，除了这些事物之外，还构造可分的生命之种，把必朽生命的原理交给低级神。因此，世上一切事物都凭着得穆革和父的权能而充满生命。这个世界是一个生命体，它之所以得以成全就在于它包含了一切生命体，同时也由于使它形成的权能有源源不绝的原因。除了整体的得穆革之外，再没有别的神能把生命供应给一切事物，使一切事物得以存活，只是有些生命显得明显，有些显得较为模糊。他还是理智性的生命体，就如全备的范型是可理知的生命体那样。因而，这两者也是彼此相连的。一者在父的意义上是整体的原因，另一者在得穆革的意义上是整体的原因。就如生命体本身根据一原因可理知地构造一切可理知的和可感知的生命体，同样，得穆革根据第二指令理智性地创造世界里的生命体。

另外，就如生命体本身直接来自于可理知的生命，同样，得穆革也产生于理智性的生命，第一个充满赋予生命的河流。因此他用生命照亮一切事物，展现创造生命体的神的深邃，引出理智神的多产权能。如果所有事物都凭得穆革原因得生命，那么它们也分有灵魂和理智，并且我可以说，凭着这位神的神意，分有赋予生命的整个能力。但是那从自身将生命之河向世上一切事物浇灌的，作为整体的统治者和王的，就是伟大的朱庇特，如苏格拉底在《克拉底鲁篇》里所说的，并且很显然，这位朱庇特等同于得穆革。蒂迈欧关于得穆革的神启的、理智性的观念，与苏格拉底关于朱庇特的神学是一致的。既然他们每个都说关于这位神的知识是难以理解的，其中一个说要找到他很难，即使找到了，也不可能向众人谈论他；另一个说，要明白朱庇特这个名字很不容易，那么他们两个关于这位神的这方面论说岂不是完全一致吗？此外，名字的合成，两个名字合并为一个 hyparxis，这显然对得穆革极为适合。因为根据其他神学家的观点，双形式的本质和生产性的权能都属于他的特点。这二一体影响他，他据此形成万物；蒂迈欧也提到他对尘世的得穆革论到这二一体，并说："仿效我的权能。"通过这权能他造出万物，赋予它们生命。所以，根据古老的传说，通过名字把这二一体献给他，这是必要的。他因理智部分而熠熠发光，他分合整体，从许多事物构造一个不灭的等级。这是名称的权能所表明的，使我们从分离的理智活动得出一个自我完全的统一理论。

所有这些细节向我们清楚地表明，柏拉图认为整体的得穆革就是朱庇特。因为给予万物生命的唯一原因，做万物之王的，就是宇宙的得穆革。以非同寻常的方式喜欢双重名称的，就是安排并装饰整个世界的神。在我看来，如我时时讲到的，由于他处于理智三一体的末端，将这末端回归到开端，又充满生命的中间源泉，同时将自己与他父的瞭望塔联合起来，还根据最初生效的原因的特性，将一种可理知的实存的单一性引入到自身之中，所以他又获得一个二重性的名称。正如他是从两位神[即萨杜恩和瑞亚]接受他的本质，从他的父亲拥有界限，从他的母亲即生育神获得无限的权能；同样，他从自己的父亲，从在他里面的统一的完全获得一个名字，从总体的赋予生命的能力获得另一名字。他通过这两者获得一个本质，也通过这两者获得一个称呼。因为显而易见，"经由狄亚"这个短语表示一个总体性的本质。"蒂迈欧说，我们要说明出于什么原因[创作的工匠构造了生灭和宇宙]。他原是善的。"而生命这个名字本身与中间等级的存有相关。因而，得穆革从理智的顶端和父亲的合一体获得其中一个名字，即"狄亚"。根据对这合一体的分有，他是一、界限和可理知者。同时他从理智者的中间等级获得另一名字，因为生命和赋予生命的胸怀从那里获得自己的实在。不过，得穆革的理智从两者显现，通过合成也分有两个名字。我们称他为"狄亚"和"宙那"，因为生命因着他而发散到一切事物，也因着他，一切[生灵]天生就能存活。因而，对名字的理解以某种方式表明了得穆革出于两个先在原因的进程。

第二十三章

从《斐莱布篇》表明的内容引出关于朱庇特的创造的告诫。也表明什么是高贵的灵魂，什么是高贵的理智。

另外，我们要将注意力指向《斐莱布篇》里记载的内容，考察苏格拉底为何认为宇宙是由朱庇特创造的。他与他之前的智慧者们一样，承认理智装饰并安排万物，认为它管理太阳、月亮和[天体的]整个循环，表明整个世界分有灵魂和理智性的审察，我们也从整体分有这些事物；但是宇宙现在不是过去也不是出于偶然性，最神圣的可见种类也不是，如许多物理学家所主张的；相反，宇宙所包含的种类都分有灵魂和理智。因而，如我们所说的，他表明了这些事，并指出了整个世界所包含的比我们所包含的更大，也更完全，整体比部分性事物具有更大的权威性和更富有支配性的本质，同时把理智置于整体之上，作为装饰并安排宇宙的东西，还通过理智的审察，把这种职责分配给灵魂（因为理智没有灵魂就不向世界显现），然后他再提不可分的理智，提到被分有的理智和灵魂的主，整个世界的造主，这位造主包含世界里的一切多样性的原因；他命名、展示这位造主，说他不是别的，就是朱庇特这位伟大的王和整体的统治者。这与希腊人的传说是一致的。他还将关于世界的整个神意围绕他扩展，将安排、装饰宇宙的整体原因放在他里面。

不过，接下来最好还是听听柏拉图说的那些话本身。他给予世界一种理智性的监督；除了以前提到过的证明之外，他还说，如我们时时注意到的，世界里有大量的无限和众多的界限，它们里面有某种绝不是邪恶、可鄙的原因，这原因装饰并安排年岁、季节、月份，可以非常恰当地称之为智慧和理智。另外，因为被分有的理智必然通过灵魂这个中介统治世界，（因为理智没有灵魂就不可能向任何事物显现，蒂迈欧也这样认为）因此也要求灵魂负责管理宇宙，对它所包含的种类进行直接管理，对世界则要依据理智来管理。因而，苏格拉底接着就补充了这一点，他说："另外，智慧和理智绝不能没有灵魂。"试想，理智那不可分的、永恒的本质怎么可能直接与一个有形的事物联合呢？理智必然负责整体，以便将世上的秩序、福祉和所有事物连接起来。秩序、福祉都是一个理智本质的产物。但是灵魂必然原初性地分有理智，必然用从那里而来的光照亮身体，使万物充满理智性的安排。因而必须承认，世界是有生命的，赋予了理智的。由此苏格拉底上升到整个世界的原因本身，它生出理智和灵魂，形成[宇宙的]总体秩序。

"因此（苏格拉底补充说）你们可以说，凭着原因的权能，在朱庇特的本性里，有一个高贵的灵魂和一个高贵的理智；在其他神里有其他美的事物，不论它们是什么，他们的神性需要凭此得以分别，他们也喜欢从中获得各自的命名。"也就是说，以下两点必居其一，或者这里的话是指着世界说的，或者是指着创造整体的得穆革说的。如果世界是朱庇特，那么世界里被分有的理智是高贵的，治理宇宙并依据理智安排、装饰它的灵魂也是高贵的。这些东西显然是通过使世界得以构成的原因的权能而向它显现的，使它成为理智的分有者，成为有生命的。因此，朱庇特就成为那被装饰和被创造的东西，而不是万物的装饰者和创造者。如果原因的权能必然以一种独立的方式包含一个高贵的理智和高贵的灵魂，那么我们必须承认，朱庇特的本性在得穆革的等级和权能之中；而理智和灵魂将依据原因在他里面，因为他把这两者分给自己的产物。对于这两种观点，每个人可以按自己的意愿选择采纳哪一种，但在我看来，当我思考这里所说的话，以及柏拉图关于这位神的其他论断时，绝不会认为朱庇特的本性就是指整个世界。因为不仅世界的独生的实存与朱庇特的王国不吻合，因为柏拉图本人所展示的显然是萨杜恩的三一体，这三一体分割父亲的主权；而且作为万物的原因的东西，不可能是世界，如《克拉底鲁篇》里所说的；世界属于从他物分有生命的事物。因而，如我所说的，我们必须抛弃这个观点，因为柏拉图是绝不会采纳这一观点的，尽管他的某些解释者会采纳。我们认为原因就是朱庇特，所以必须说灵魂和理智以独立的方式确立在他里面；朱庇特从先于他的神那里分有这两者，从他的父亲分有理智，从王后 [瑞亚]，就是赋予生命的神，分有灵魂。灵魂的源泉存在于瑞亚里，正如在萨杜恩里，有本质意义上的理智。任何地方，可理知者统一地包含与它并列的理智。关于这些细节就谈这么多。

第二十四章

引用《普罗泰戈拉篇》关于政治学的讨论来表明同样的事。

然后，我们可以将这一点与《普罗泰戈拉篇》里的神话学思想结合起来，并且思考它如何像《蒂迈欧篇》一样，通过普罗泰戈拉的神话向我们阐述关于伟大的朱庇特的观点，这观点如何与关于得穆革的论断相一致。这神话说，普罗米修斯（Prometheus）装备人类，按神意照料我们的理性生命，免得它融入地火里、陷入自然的必然性中而毁灭，如某位神所说的，于是他使自然受制于各种技艺，这些技艺就是对理智的模仿，他将它们给予好动的灵魂，通过这些技艺激发我们的认知和推论能力去沉思形式。因为每个人工的产品都是形式推动的结果，装备从属于它的质料。神话还说，普罗米修斯按神意管着这些技艺，就把这些技艺给了灵魂，而他是从伍尔坎（Vulcan）和米纳娃（Minerva）得到这些技艺的。这两位神原初性地包含着一切技艺的原因；伍尔坎原初性地给予它们的创造能力，而米娜娃以神圣的方式阐明它们的认知和理智能力。然而，生产中的灵魂不仅需要发明各种技艺，还需要另外一种知识，即政治知识，它比技艺更加完全，能够安排并装备各种技艺，引导灵魂通过美德走向理智的生活。但是普罗米修斯无法将这种生命给予我们，因为政治知识原初在伟大的朱庇特那里，而普罗米修斯不可能（神话这么说）潜入朱庇特的天宫，（朱庇特的卫兵非常可怕，保卫他不受一切部分性原因的沾染）——于是朱庇特就为人类派来使者赫尔墨斯（Hermes），他随身带着谨慎和羞耻，也就是政治知识。朱庇特还命令赫尔墨斯将这两种美德同等的分给所有人，把关于正义、美和善的事物的知识分给所有灵魂，不是以分别的方式，不是像技艺那样；因为就技艺来说，不同的技艺分给不同的人，因此有些人是这些技艺的评判者，而其他人或者不知道所有技艺，或者不知道某些技艺。

因而，这里柏拉图一开始就认为政治知识的范型属于朱庇特，从他所说的话本身可以看出这一点。不过，他提出这门知识的进程，赫尔墨斯序列（Hermaical series）的传递和分有，并将它的本质显现——这是我们共同分有的——给予所有灵魂。分配给所有的灵魂，就是基本上将这种知识全都加到灵魂里。这些事确定之后，我们就要来思考这样的问题：我们必须认为政治知识尤其与谁相关，最初是谁在宇宙中确立一种体制，使神圣的种类管理必朽的种类，将整体与部分区分开来，形成比那些缺乏理智的东西要古老的自动的、理智性的种类。这岂不就是得穆革吗？他是我们所有这些善的原因，他根据正直原理管理整个世界，通过最好的类推将它连接，确立它里面的每种体制，拥有并包含命运之法，将阿德拉斯提娅的神圣法律伸展到各处，直到末后的事物，用正义安排并装备天上的和地上的种类。他将部分灵魂引入宇宙，就如引入它们的居所，分给它们一种总体的体制，一切体制中最好的体制，使它们在最杰出的法律下得到治理，这样的神不就是如蒂迈欧所说，称这些法为命运之法，规定正义的尺度，依法制定一切事物的神吗？这样说来，绞尽脑汁去证明柏拉图认为拥有政治知识的第一范型的神就是得穆革，岂不是多此一举？

如果这些论述都是正确的，并且根据《普罗泰戈拉篇》的神话，必须承认政治知识最初存在于朱庇特中，那么从以上所说，显然可见，宇宙的得穆革就是朱庇特。除了那安排并装备宇宙的东西之外，我们还能承认政治知识的原初形式属于别的哪个原因？因为天上的体制是一切体制中最初的也是最完全的，如苏格拉底在《国家篇》里所说的。同样，那创造万物，相继创造万物之后对它们进行统一安排，以便使宇宙有高雅的秩序的，又是谁呢？如果宇宙的最初且最完全的得穆革是政治性的，而政治知识首先存在于朱庇特那里，基于一个神圣的根基确立在他里面，从那里发到所有二级种类，按理智来装备并安排整体和部分，那么显然，创造整体的得穆革必然等同于朱庇特，两者必有同一个 hyparxis，它根据公正原理管理世上的一切事物，循环往复地引着一切混乱无序的事物进入秩序。蒂迈欧说，最好的事物若是产生别的事物，而不是最美的事物，那是不合情理的。因此，凭着泰米斯（Themis）装备并安排整体，与她一起生产万物的神，怎么可能不必然在自身中拥有整体的政治知识呢？

同样，他怎么可能不是第一位朱庇特，也就是明确地把神圣的东西给予一切事物，从一切事物中组织一种政体，同时独立于一切部分性的原因和提坦的种，并且有他自己的纯洁无污的权能保卫，使他超越于整个世界之外的神？事实上，围绕着他的那些护卫隐晦地表示他不变的等级，和对创造的无私保卫；有了这种保卫，他就牢固地确立在自身里面，毫无障碍地渗透到一切事物，向他的所有后代显现，但所依据的则是超越于整体之上的卓越超验性。此外，根据神学家们的传说，朱庇特的大本营象征着理智的循环和奥林匹斯山的最高顶点，所有智慧者都从朱庇特的理智瞭望塔垂溢下来，他把所有尘世神都拉回到那里，从那里分给他们理智的权能、神圣的光和富有生命的光照，并通过一种极其单一的循环压缩各个世界的所有深渊，由此，可见世界的顶端也被称为同的周期，而最谨慎、统一的循环，如蒂迈欧所说，表现了得穆革的转向具有的"一"性的理智权能，获得了相对于整个可感知世界的超验性，就如朱庇特的至高顶端所拥有的相对于诸天的整个布局的超验性。这些就是我们可以从《普罗泰戈拉篇》里的奇异故事推导出来的，作为对所提出的考察研究的辅助说明。

第二十五章

引用《政治家篇》关于[宇宙的]双重循环的论述，表明在柏拉图看来，朱庇特是宇宙的得穆革和父。

我们还可以更靠近真理，在目前的讨论中提出《政治家篇》里的神话故事。在这篇对话里我们可以看到，柏拉图以一种显著的方式认为宇宙的得穆革就是朱庇特，甚至在对名字的理解上也与蒂迈欧如出一辙。爱利亚客人，如我们前面注意到的，[在这篇对话里]把两种循环分给这个世界的整体，一种是理智性的，能提升灵魂，另一种进入自然本性，给予与前者相反的东西。一者是不明显的，由神意管理，另一者是明显的，按照命运等级旋转。他还将两种目的因放在这两种循环之上。因为每种变动和周期都需要某种推动的原因。在推动循环的原因之前，他认为可以说有两种周期的末端，把运动的第一生效因与推动因同等并列，再分给彼此相异的两种循环本身。于是，朱庇特推动并周而复始地引领一个周期，不论你喜欢称之为理智性的、神意的，或者其他你想要命名的词，他还使世界拥有生命，分给它一种更新了的不朽。同时他预先确立他的父亲萨杜恩为欲求的目标，和这种循环的整体的末端。因为他把整体往回引，使它们转回到他自己。

此外，他把快乐的灵魂，即那些除去了形体性的灵魂，引向他父亲的观察塔，这些灵魂的循环就是走向无形者和不可分者。这些灵魂的所有生育—形成标记也都一一切除，它们的生命形式转向理智的顶端。这些灵魂还被认为是萨杜恩养育的孩子，但是由朱庇特来管理，并通过他走向可理知者和萨杜恩王国。因为可理知者就是营养品，如诸神自己所说的。苏格拉底在《斐德若篇》里通过天体循环把灵魂提升到天外之所，灵魂在那里获得滋养，考察真存有和未知的诸神，以及他们自身的至高权能，并如苏格拉底在那里所说的，与驾车者的首领一起理智性地认识——同样，爱利亚客人周而复始地领着朱庇特管理下的灵魂走向萨杜恩的瞭望塔，并认为这样上升的灵魂得到萨杜恩的滋养，所以称它们为神所哺乳的孩子。确实，任何地方，可理知者都促进理智生命的完全，具有充满理智生命的权能，理智者的顶端伸向完全。这些灵魂还分有超越其外的种类，在更高的理智者中确立自己，一直上升到未知的等级，但是离"至善"和万物的一原理还十分遥远。[通过天体循环上升]的灵魂伸展到第一理智，也就是不可分的理智，和可理知者本身，当它们到了那里，将自己的生命确立在隐秘的等级中，就如确立在一个港口时，它们就不可言喻地分有从"至善"而来的合一性，分有真理的光。

　　剩下的就是关于两种周期，如我们说过的，世界是由它自己的本性推动的，所以其实就是自己推动自己，并成就命运等级。而世界及其生命的这种运动的第一推动因，就是以被推动和存活的权能照亮它的神，就是伟大的朱庇特。因此这个周期也可以说是朱庇特的，因为朱庇特就是这种明显可见布局的原因，正如萨杜恩是理智的、不显见的布局的原因一样。不过，最好还是听听柏拉图本人对这些事情的讨论。柏拉图这里教导我们，宇宙有两种循环，推动它的神就是一种循环的头，另一种循环是世界自己推动自己环行。但是如我们刚刚说过的，也是最后一件要说的事，宇宙有时候由另一神圣原因共同支配，再次从得穆革获得生命，接受一种更新了的不朽；有时候，也就是当他可以说把舵柄搁置一边时，世界就孤身自在，自发地运动一段时间，以至于常常逆向而动。

　　另外，两种周期中的一种是显见的周期，也就是朱庇特周期，另一种指向萨杜恩的王国，这是柏拉图自己所规定的，他展现了那里的生命，那里的灵魂有纯洁无污的体制，脱离了一切形体的痛苦，摆脱了质料的奴役，然后他加上以下这话说："苏格拉底，你听说过在萨杜恩管辖下的生命是什么；你本人也看见眼下的生命状态，也就是所谓的在朱庇特管辖下的生命是怎样的。"此外，这两种循环中，[可见的一种在朱庇特管理下]朱庇特是它的原因和创造者，这是众所周知的，而且朱庇特是推动不可见循环，即萨杜恩循环的权能，这也可以从所记载的话中表明出来。因为这两位神必然或者统治这两种循环，或者其中一位支配不可见的，另一位支配眼下的循环。如果朱庇特根据这一周期推动宇宙，那就不能再说世界是自发旋转的，并管理它所包含的一切事物。也不能说整体是由神性以两种相反的循环推动旋转的，或者说某两位神以彼此相反的定意来推动它旋转。如果萨杜恩根据一种循环推动它，而朱庇特根据与萨杜恩相反的循环推动它，那么两位神就是根据相反的旋转来推动它。然而，若说这样的事是不可能的，那么显然，这两个神圣原因都是根据萨杜恩的旋转结构掌管循环的；萨杜恩提供一种理智生命，而朱庇特把万物提升到萨杜恩王国，将它们确立在他自己的可理知领域。由此，那个周期可以称为萨杜恩的，因为萨杜恩提供整个[理智]生命的第一推动因。而从这个更多地遵循自然法则的循环，也就是众所周知的循环来看，命运和与生俱来的欲望推动宇宙运转。

朱庇特是这种运动的独立原因，他把命运和一种外加的生命给予世界。我们表明了这些之后，再来思考根据另一周期推动世界的神所主张的具体观点是什么。这些观点就是，"世界在另一时期得到另一神圣原因的相继管理，再次获得生命，从得穆革接受一种更新了的不朽"。每个人都可以看出，爱利亚客人说，根据萨杜恩周期推动宇宙的神为它提供生命，分给它一种更新了的不朽，他清楚地称这位神为得穆革。因此，如果是朱庇特紧接着管理这个周期，如我们已经表明的，他必就是世界的得穆革，不朽的供应者。对这个话题还需要说更多话吗？如果同一位神是生命的原因，被称为得穆革，那么《克拉底鲁篇》将再次向我们显现，朱庇特据此必是等同于得穆革。因为生命从朱庇特加入一切事物，如那篇对话里所主张的。而且，接下来，蒂迈欧把命运循环的原因称为得穆革和父，就如爱利亚客人的命名一样，还称它为创造者。他说："世界牢记得穆革和父的教义，循环往复。"因而，我们称这整个周期为朱庇特的，是恰当的，因为世界根据朱庇特的教导，根据从他而得的秩序自我运动，自我旋转。另外，朱庇特是得穆革和父。这里爱利亚客人也像蒂迈欧一样保存神圣名称的固定顺序。他不是称他为父和得穆革，而是相反，如蒂迈欧那样，称他为得穆革和父；因为他的得穆革特性比他作为父的神性更显明。当然，这些前面已经作了充分的考察，也表明了得穆革在哪一方面区别于父的种，他们如何彼此错综交叉，何处父因本质性地存在，得穆革根据原因存在，以及何处得穆革本质性地存在，而父因根据分有存在。

第二十六章

引用《法律篇》关于类推的论述说明同样的事物，即它是朱庇特的论断。

接下来我们应当提到《法律篇》里关于朱庇特的记载。或许在这部作品里也可看到，柏拉图把同样的等级分配给得穆革和朱庇特。因为装备不同政制的平等有两种，一种政体提出数目上的平等，按照某种平等法贯穿于彼此各不相同的事物，另一种政体在一切事上主张按功论赏的平等；另外，还有按比例存在的平等——果真如此，这些平等都存在于神对世界的眷顾之中。灵魂的本质原初由它的创造者通过比例上的平等来划分，同时它也完全地充满其余的居间者，通过它自身的整体与它们连接。[世界的]一些形体也在事物被造过程中分有某种共同的本质，因此，它们获得数目上的平等。当然，所有事物都是通过最好的类推得到安排和装备的，得穆革据此在宇宙的整体和部分中都插入了一种不灭的等级，以及它们彼此之间的适应。

雅典客人奉劝他的同胞要特别敬重这种平等，因为他将自己的城邦比作宇宙。他还说，虽然平等是这样可敬的事物，但要每个人都领会最真实、最杰出的平等并不容易，因为这要靠朱庇特来论断。那么雅典客人为何说这种类推出于朱庇特的论断呢？除了因为它有利于世界的完全，有益于它创造整体的权能和主权之外，我们还能归于什么别的原因呢？在蒂迈欧看来，这种类推具有以下这些能力：能给予原因的种一个有序的差异，能设计出各原因之间最美的纽带，能将各整体编织成一个等级。它将灵魂确立在 [宇宙的] 中间位置，类似于理智和某种有形之物。灵魂就是一种既不可分又可分的本质的中间者。它在多大程度上超越可分的实在，就在多大程度上缺乏不可分的实在。这种类推的权能从双重和三重的比率来连接灵魂，并依靠原初的、自动的平等界限连接它的整体，从 [原理] 出来，同时又返回 [原理]。它还从四个最初的种构造形体系列。它通过中间者使两端彼此适应，又根据两端的特性将它们与中间者联合。它把万物归化为一个世界，一个内在相连地包含在宇宙中的不灭的等级。如果我们承认这种平等支配对事物的整体创造，那么最好的类推就是得穆革的论断，根据这位形成整体的神的决定，它获得在宇宙创造中的伟大主权，就是我们前面已经表明它要拥有的那种主权。因此，如果该类推就是朱庇特的论断，如雅典客人所说的，那么人人都可以看出，朱庇特的本性就是得穆革的。因为判断这一类推之尊贵的，不是别的，就是在对整体的安排布局中使用它的。立法者证明他自己就是与此类似的人，通过这种类比来约束被比作宇宙的城邦，并以一种独特的方式装备它。

第二十七章

朱庇特如何作为生命体本身里面的原因而存在，生命体本身如何在朱庇特里面。

根据这些以及前面的所有论述，我们可以跟从柏拉图的观点和父辈的传说，充满自信地指出，朱庇特就是宇宙的得穆革。我们也可以将古人在这个话题上的分散观点集中起来，在这些观点中，有些认为世界的范型和得穆革因属于同一等级，有些则把这两者彼此分离；有些把全备的生命体置于得穆革之前，有些认为它的实在后于得穆革。如果如前所说，得穆革就是朱庇特，而为创造世界而提供给得穆革的范型就是全备的生命体，那么这两者既是彼此统一的，同时又具有一种本质上的分离。生命体本身确实在自身中可理知地包含整个朱庇特系列，而朱庇特即宇宙的得穆革在自身中理智性地确立生命体本身的本性。因为生命体本身就是万物之生命的提供者，万物原初性地因它而存活，而朱庇特作为生命的原因，拥有一切生灵的范型和生产其本质的原理。因而，柏拉图笔下的蒂迈欧称可理知的范型是生命体，将得穆革的理智与第一可理知的生命体结合起来，这是非常正确的。他还通过得穆革和父与它的全备的合一性来安排并装备这个宇宙。朱庇特将创造宇宙之职担于自身，况且他又是一个理智的生命体，所以与可理知的生命体联合，同时获得一种类似于它的进程，按理智方式构造万物，也就是可理知地从生命体本身生发出来的事物。

我们已经说过，可理知的实在是三重性的，一种按照存在和一存有获得自己的 hyparxis，另一种按可理知的生命和可理知领域的中心——就是永恒、整体生命以及可理知生命所在之处，如普罗提诺某处所说的——获得hyparxis；还有一种按可理知的多，生命的最初丰富性，整体的全备范型获得hyparxis。果真如此，理智神的三个王国类似于三种可理知的实在。一个是大能的萨杜恩，按理智者的顶端获得hyparxis，具有父式的超验性，拥有类似于可理知神的顶端的王国和隐秘的等级。就如在那个等级中，万物都是统一的，不可言喻的，没有任何分离地联合在一起，同样，这位神也重新转向自身，并仿效隐秘的第一顶端，在自身中隐藏曾从他生发出去的事物。另外，包含整体的中间之种的等级，一方面充满萨杜恩的生产权能，另一方面从自身使整个创造充满赋予生命的河流，这个等级在理智者中就如同永恒在可理知者中，是那里的生命的统一原因。就如永恒直接生产可理知的生命体，这个生命体因分有永恒，也被称为永恒的，同样，理智神的中间区域展现宇宙的得穆革和使整体得生命的源泉。而第三位王，即是创造者同时又是父的那位，与可理知三一体的另一者，即全备的生命体，同等并列。就如那一者是个生命体，同样，那一者也是朱庇特。朱庇特在全备的生命体里是可理知的，而全备的生命体在朱庇特里是理智性的。同样，可理知神和理智神的两端是相互联合的；在它们之中，分离与合一是同时存在的。两者之一确实独立于创造，但另一者转向可理知者，从那里充满总体的善，通过分有获得一种父式的超验性。因而，宇宙的创造主和父已经在自身中牢固地确立整个创造的统一力量和权能，他拥有并包含生产整体的原初因，把万物稳定地固定地自身之中，再以一种纯洁的方式从自身中把它们引发出来。我可以说，《蒂迈欧篇》的通篇论述展现了理智父中的这样一个等级，同时显现了他的多产和父式的权能，以及他从高处一直渗透到宇宙之极的神意。柏拉图还在其他对话里时时提到他，尽其可能展现他统一而合一的权能，尽管这种权能因超验性而独立于整体之外。

第二十八章

蒂迈欧为何认为得穆革是不可知的，不可言喻的。

如果有人回忆起在《蒂迈欧篇》开头关于这位神所说的话，即要发现他很难，即使发现了，也不可能向众人谈论他这样的话，那么首先要问，既然希腊神学用这样的一个名字来描述得穆革，如我们前面所提到的，为何蒂迈欧说他是不可言喻的，超越于语言所能表达的一切特征。其次，如果这人问：为何被安排在得穆革之上的可理知生命体既可用许多符号命名，又经由这些为人所知，而将自己的王国确立在全备生命体之下的一个等级中的得穆革，作为一位理智神（全备的生命体获得一种可理知的超验性）却被蒂迈欧视为不可言喻的和不可认知的，如我们所说的，那么也许我们同样可以跟从柏拉图来解决所有这些疑惑。神的每个等级都出于一个元一，根据第一推动因管理它的固有系列。靠近这个原理的事物比远离这个原理的事物更具总体性。而更具总体性的事物显然离元一的距离更近，并将本质上减少的事物与先于它们的种类联合起来。神的每个等级也是一个通过整体与它自己相连的整体，无论在整体中还是部分中都有一种牢不可破的联结，通过将所有等级集合为一的元一，返回到它自身周围，它是从这里出来的，又完全依据它而旋转。

如果我们承认这些都是正确的，那么每个等级都有一个元一包含相对于多的超验性，类似于"至善"。就如整体善的统一原因不为任何事物包含，隔绝于一切事物，围绕自身构造一切事物，从自己生出它们，又急急地将一切事物的合一性收回到它自己的不可言喻的超合一（superunion）之中，同样，生成每个并列的多的统一原理也连接、保卫、完善它自己的整个系列，将善从自身分给它，使它充满秩序与和谐。它之与自己的产物，就是"至善"之与所有存有，是源于它自身的一切本性所欲求的目标。因此，可理知的父的合一先于整个父的等级而存在，Synoches 的一整体先于连接性的等级；生命的第一推动因先于赋予生命的等级。

因此，每个得穆革系列从萨杜恩之子的三一体悬挂下来，它们的元一直接创造整体，确立在这个三一体之上，在自身中包含所有得穆革神，将他们转向它自身，具有一种善的本性。我也可以说，所有得穆革数目的一源泉相对于这整个等级来说，就类似于"一"而存在，类似于万物之一原理。蒂迈欧向我们指出这些事，在描述创世的开头就直截了当地指出，这直接创造整体的元一是难以认识的，无法描述的，就如同不可言喻、不可认识的一切存有之原因。我想，也正由于此，他把得穆革称为最好的原因，这个宇宙的父，在得穆革中获得最高等级，向他自身旋转，并从他自己生出一切推动原理。不过，巴门尼德表明"那个"是完全不可知、不可言喻的，而蒂迈欧说要找到世界的造主和父很难，要把他告诉所有人则是不可能的。蒂迈欧的话还不是指脱离一切知识和一切语言的原因，似乎接近可知的、可言喻的事物的本性。因为当他说不可能向所有人谈论他时，并没有说他完全不可言喻，不可认识。那很难发现他的断言，也不表示完全不可认识的意思。因为得穆革确立了一个类似于"至善"的王国，只是以从属的、显明的等级，所以他分有"至善"的记号，只是连同一种恰当的特性获得分有，与适合他的存有结合。就如他是善的，但不是"至善本身"，同样，他难以被后于他的种类所认识，但并非不可认识。他还可以通过神秘的语言得以展现，并非完全不可言喻。你可以看见事物的等级，看见它们在向下的进程中不断减少。"至善"是隔绝于一切沉默和一切语言的，而可理知的神喜欢沉默，喜欢不可言喻的符号。因此，苏格拉底在《斐德若篇》里称可理知的元一的视界是最圣洁的启蒙，包含在沉默之中，以神秘的方式理智性地领会。而理智者的视界是可言喻的，只是并非对所有人都可言喻，都可认识，所以说很难认识。它通过相对于可理知者的减少，从沉默和超验性——这是唯有智能才能领会的——出来,进入如今可言喻的事物的等级之中。

如果真是这样,那么全备的生命体就要比得穆革的元一更加不可言喻,更加不可认识。因为它既是每个范例等级的元一,又是可理知的,但不是理智性的。那么我们为何要努力地命名它,并且可以说力图展现它,从而大大赞颂得穆革因?我们为何将这个原因与不可言喻的事物归为同一层次?这是与柏拉图的做法不一致的,柏拉图将生命体本身安排在得穆革之外;而这样做就在神的从属等级中给它一个实在,它被归于这个等级,比得穆革的元一更可言喻,更可认识。对此还可以补充说,规定全备的生命体是最美的,得穆革是最好的原因,就是使这两种原因彼此之间具有同样的相似性,就如"至善"相对于美者的相似性。"至善"先于美者,(因为第一美在"至善"的门廊前,如苏格拉底在《斐莱布篇》里说的)同样,最好者显著地分有"至善",最美者显著地分有美。

第二十九章

蒂迈欧认为应当把生命体本身称为什么,为何认为它是可知的,而得穆革是不可知的、不可言喻的。

除了这些之外,我们还必须指出,最美者和最善者从等级来说是完全属于同族的,就如"善"之与美的关系。善的整体系列超越于美的整个进程和布局,在它之上扩展。任何地方,最善者先于最美者。一者相对于一个低级等级来说,成为最善的,另一者相对于一个较杰出的等级来说,成为最美的。比如,最美者因在可理知领域,必有这种特性;而最善者因在理智领域而有这种特性。如果说最美者在超越尘世的种类中是这样的一种事物(最美者),那么可以说,最善者之所以是最善的,必是相对于世界中的神来说的。因此,如果最善的原因是得穆革系列的领头者，并因此而获得这样一种超验性，而最美的可理知生命体预先在更高的等级中确立美的显著权能，那么由此能通过什么办法表明可理知的且全备的生命体从属于理智原因？表明得穆革被转向那后于他自己的东西？或者如果生命体本身，也就是全备的生命体，包含一切可理知者的东西，生来就要被他物所包含，那怎么能说它对得穆革来说是可见的？如果得穆革是以最善者为特征的，在范型之上扩展，而生命体本身被称为最美者，从属于得穆革原因，那么前者就必然比后者更具广泛性，更有包含性。

此外，蒂迈欧专门是从一种形式本性来思考全备的、可理知的生命体，而不是从它里面的合一性，不是从超越于一切形式之上的一种实在来考虑的，所以他非常恰当地承认生命体本身可以通过语言认识和显明，但认为得穆革在某一方面是不可言喻的，并且高于知识。两者，我指的是得穆革和生命体本身，分有合一性，先于形式本质，包含在"一"里。如果你相信他们里面的统一体，你就必须承认范型的统一体是可理知的，但得穆革的统一体是理智性的，可理知的 hyparxis 比理智性的 hyparxis 更靠近最初的一，这个一是任何事物都不能认识，无法领会的。如果你愿意单独地考察范型的形式——根据这些形式，这范型被认为是世上一切事物的范型——以及得穆革的善和合一，那么你会看到前者似乎是可知的，可言喻的，而得穆革原因分有诸神不可知和不可言喻的特性。再者，蒂迈欧在一个显著的程度上需要得穆革和父作为整体的生产因，世界的创造者。而创造、生产、供应，都是神的特性，只要他们是神，就具有这些特性。因此，蒂迈欧从得穆革作为神的特性来说，认为他的这种特性就是宇宙的创造因，是整体布局的最适当原理。另一方面，他把范型的特性称为包含最初形式的东西，因着它世界也充满了形式。它是范型的像，是得穆革的结果。因此，成为最初的形式是范型的事，而成为最善的原因则是得穆革的事，从他的善和本质的 hyparxis 来说，这属于他的职责。因为如我们所说的，创造其他事物、给予实存、提供供给，是专门属于诸神的活动，而不是与原初从他们垂溢下来的种类相关；后者通过前者获得丰富多产的二级种类。在我看来，苏格拉底在《国家篇》里指明这些事时，并没有说太阳是生产创造的原因，只是宣告他是万物之超本质原理的产物；正如蒂迈欧并非一开始就讲宇宙的创造，而是先展示创造整体的得穆革的善。从"至善"来说，两者[即得穆革和太阳]都是创造因，前者是宇宙的创造因，后者是被造种类的创造因，但不是根据它们里面的理智，或生命，或其他的本质形式，因为这些东西是通过分有"至善"构造后于它们自身的种类的。通过这番论述，我们就回答了前面所提出的疑惑。

第三十章

关于《蒂迈欧篇》中的碗槽，这种神学教导哪些是它里面混合的种，它为何是灵魂的本质的原因。

与总体创造相关的问题中，还有一个我要谈一谈我的观点，就是关于那个碗槽（Crater）①，以及在它里面混合的种。蒂迈欧在灵魂的形成中将这些与得穆革的元一并列。因此，得穆革混合了灵魂实在的各元素，而存有的中间的种是混合的。非常著名的碗槽接受了这种混合，协同得穆革一起形成灵魂。因此首先，必须承认，存有的种具有两部分。也必须承认，它们有些成就总体的实在，有些成就部分性的实在；最初生效且统一的原因的 hyparxes 确立在可理知的神里面。那里，本质原初地存在于可理知者的顶点，运动和静止（不变性）存在于中间的核心。可理知的永恒停留在一里，既是不动的，又是一切生命的隐秘原因。因此，

---

① 柏拉图在《蒂迈欧篇》里用来混合各种元素以调制宇宙灵魂的容器。

普罗提诺也把永恒称为生命,这生命是一,是总体性的;在他的另一部分作品里,又称它为可理知的生命。而他之后的塞奥多鲁称它为永久不变者。这两种观点是彼此统一的,因为永久不变者也在永恒里(根据蒂迈欧,永恒停留在一里)和运动里。永恒是可理知的生命,而分有它的东西就是可理知的生命体。另外,同和异在可理知领域的两端。试想,多从哪里产生,不就是从异吗?部分与整体的共契,彼此相分的事物的hyparxis从哪里来,不就是从同吗?因为一分有存有,存有分有"一"。一存有的所有部分都以一种清晰的方式彼此渗透;同和异同时隐秘地存在于那里。整个可理知领域根据第一个最统一的种获得自己的hyparxis。就如根据第一个三一体,本质协同"一"自我显现出来,同样,运动和静止在第二个三一体显现,同和异在第三个三一体显现。万物本质上都存在于可理知领域,正如生命和理智可理知地存在于那里。既然一切存有都出于可理知领域,那么,从原因而言万物都预先存在于那里。运动和静止本质性地在那里,同与异统一地在那里。

另外,在可理知实在与理智实在的中间种里,同样的事物按从属方式和生命方式存在。在它们的顶端存在着本质。苏格拉底在《斐德若篇》里论到这一等级,从本质来描述它的整体特征。真正存在的本质,即没有颜色、没有形状、没有接触的东西,就以这种方式存在。而在中间的核心,有运动和静止。因为那核心里存在着天体的循环,如苏格拉底所说;它被不偏不移地确立在智能的一形式之中,同时被推动,围绕它自己旋转,或者毋宁说它就是运动和永恒的生命。而在这个等级的两端,按生命方式确立着同和异。因此,它根据同的本性回转到开端,又被统一地分离,发展为更多的数,并从自身产生更多部分性的元一。

另外,在第三等级,最高的理智神在本质上拥有万物,是可理知者本身,理智领域的真存有,又把它自身里面的分离聚集为不可分的合一性。而中间等级根据运动和静止而存在。它是赋予生命的神,既停留,又前进,确立在纯洁性中,通过多产的权能赋予万物以生命。第三进程根据同，连同异一起存在。这进程将自己与父分离，又通过理智性的回转与他们联合。它既根据形式的共同权能，将后于自己的种类彼此相连，又通过理智部分将它们分离。另外，所有的种和类在这个等级第一次显现出来，因为它特别根据异来显示特点，处于所有总体实在的末端。它还从这里进展到所有事物，即进展到被分有的理智，各种等级的灵魂，以及具有某种形体性的整体。总之，它构造后于自身的种类的三重性之种；有些是不可分的，最初的，有些是介于可分与不可分种类之间的中介，还有些随身体而分。通过这些事物它形成所有较部分性的存有之种。我们可以再次回到前面说过的话，即必须承认种无处不在，但并非任何地方都以同样的方式存在；在神圣本性的最高等级里，它们统一地存在，没有任何分离，统而为一，同时静止分有运动，运动分有静止，两者有一个统一的进程。但是在较部分性的等级中，则必须承认同样的事物以不同的方式存在，还带着一种相应的减少。由于最初的、完全总体的形式处在可理知领域的末端，所以种必然在可理知领域有它们实在的开端。如果得穆革因是一切部分性等级的生产者，那么它包含它们的实在的最初的种。就如一切形式的源泉存在于这个原因中，尽管此外有可理知的形式，同样，存有的种预先存在于它里面，尽管有另外的整体种先于它存在。圣布里柯某处正确地指出，存有的种在可理知的神的末端自我显现出来。这里讨论的神学遵循事物本身，以神圣的方式从可理知的神给予这些事物一个进程以及各种形式。根据原因隐秘地、毫无分离地存在于第一本质[即可理知者]里的事物，以一种有别的、可分的方式，并根据各自的本性存在于理智领域。由此，存有的所有可分等级都充满这两个种，充满形式的 hyparxes。因此，得穆革也被认为包含所有的种，具有形式的源泉，因为他形成[生命的]的所有部分性河流，从自身通过光照将实存的所有尺度分给它们。因此，所有存有的三重性的种出于得穆革，有些是不可分的，有些是可分的，还有些存在于两者之间，比可分的种更统一，比不可分的种更分离；根据两者的中间者存在，内在关联地包含存有的一纽带。得穆革通过第一个不可分的种生产理智本质，通过第三个可分的种生产形体本质，通过存有的中间种生产介于两种本质之间的灵魂实在。此外，他还从自身生出每个理智的且不可分的本性，使它们充满总体的生产权能。同时协同碗槽构造灵魂的本质，联合总体的自然创造形体的本质。

第三十一章

《蒂迈欧篇》的碗槽是源泉。从柏拉图讨论灵魂的原理和源泉的作品引出的告诫。

在这种排列中我们也跟从蒂迈欧，这一点任何人都可以从以下考虑中得知：得穆革在创造宇宙的理智时，是亲自从自己的本质单独创造的，并且也是永恒地构造了它，所以一造出就根据一合一性将它展现出来，这里根本没有提到碗槽，不论它由什么东西构成。但是得穆革在先于身体安排、装备灵魂时，结合了种，协同碗槽展开活动。在构造宇宙的身体，描述天空时，他协同必然性构造它。因为如蒂迈欧说的，宇宙的本性是由理智和必然性混合而成的。这里他没有为了安排身体而采用碗槽。但是我们在别处已经充分表明，柏拉图认为自然造物是通过必然性产生的，并没有如有些人设想的，认为必然性等同于质料。因此显然，得穆革与总体的自然一起创造了各种身体，在第一自然中混合了可分的种，由此就从理智和必然性造出了身体。身体从理智接受善和合一性，从必然性接受终止于时间和分离的一种进程。另一方面，他协同碗槽安排并装备灵魂的自我推动的本质。而理智和身体都不需要这样一种原因。得穆革其实是这三一种的共同源头，但碗槽是灵魂的独有原因，与得穆革并排，被他充满，同时充满灵魂。它从那里获得多产丰富的权能之后，就根据灵

331

魂各自的本质将权能浇灌在灵魂上。有些灵魂它分给 [存有的] 种的顶端，有些分给种的中间进程，再一些分给种的终端。因此碗槽本质上是赋予生命的，因为灵魂也是一种生命；但从 hyparxis 的特性来说，碗槽是灵魂的第一推动因，是统一的、全备的元一，不是每个生命力的元一，而是那属灵魂的生命的元一。宇宙的灵魂从这个碗槽获得存在，同样，可分灵魂的第二和第三个种，以及那些处于两者之间的进程中的灵魂，也都如此。

因而，灵魂等级的整个数都是从碗槽出来的，并按照它所包含的生产权能被分离。因此可以说碗槽就是灵魂的原因，是它们被造的接受器，是它们的生产性元一，以及诸如此类的。这样说是恰当的，也与柏拉图的思想相一致。既然这碗槽与得穆革并排，与他同等地构建灵魂的种，那么这碗槽必然是源泉，就如整体得穆革一样。因此碗槽是灵魂的源泉，不过是与得穆革的元一联合的。由此，苏格拉底也在《斐莱布篇》里说，朱庇特有一颗高贵的灵魂和高贵的理智。我们现在称为源泉的，他称为高贵的；但是当源泉这个名称应用于灵魂时，柏拉图是清楚地知道的。苏格拉底在《斐德若篇》里说，自动者就是其他被推动之物的运动的源泉和原理。

你们看，就如神学家们说的，灵魂之前有一个双重的神圣元一，一个是源泉性的，另一个具有原初的支配性，同样，柏拉图也给这些元一的产物两个称呼，一个名称出于较总体性的元一，另一个出于较部分性的元一。自动的本性作为源泉性灵魂的产物，是一个源泉，但作为对原初支配灵魂的分有，则是一个原理。如果柏拉图把源泉和原理的名称分给灵魂，那么我们把它们独立的元一称为源泉和原理，还有什么理由可怀疑呢？毋宁说，这恰恰证明了这一点。试想，支配性权能是从哪里进入所有灵魂的，岂不就是从支配性的元一吗？同等地延伸到所有灵魂的东西，必然是从一且是同一的原因分给它们的。如果有人说，它是由得穆革分给的，因为他是得穆革，那么同样，它必然内在于其他一切从得穆革的元一而来的事物里面。如果它是从灵魂的确定的、分离的原因来的，那原因必然被称为它们的第一源泉和原理。

此外，这两个名字中，支配者比源泉更与灵魂相关，从顺序说更靠近它们，这是柏拉图在同一篇对话里表明的。他虽然把自动的本性称为事物整体运动的源泉和原理，但他单独从原理构建关于它的非生实存的证明。他说，原理是非生的。凡是被生的事物，必然都是从一个原理生的。因而，如果证明出于靠近被证明之物的事物，那么原理必然比源泉更靠近灵魂。进一步说，如果被生的事物都是生于某个原理，如柏拉图所说，而灵魂在某种意义上是被生的，如蒂迈欧所说，那么灵魂也有一个在先的原理。就如它们是时间中被生之事物的原理，同样，原理以另一种方式先于被生的灵魂存在。就如从身体的形成来说，灵魂是非生的，同样，灵魂的原理独立于一切生灭之外。我们通过这样的论述表明，碗槽是灵魂的源泉，源泉之后有一个原初的支配它们的元一，这元一比源泉更接近于灵魂，但确立在它们之上，是它们多产的原因。所有这些观点我们都是根据柏拉图的话来证明的。

第三十二章

三个赐予生命的源泉与得穆革并列，《蒂迈欧篇》的讨论表明了这一点，这三个源泉就是灵魂的源泉、德性的源泉和本性的源泉。

因此，我们再回到所提出的问题，进一步教导热爱沉思真理的人关于这碗槽的事。整个赋予生命力的神在理智王的中间确立了神圣种类的多产因，并依据她最高的、最理智性的、全备的权能，与第一父隐秘地结合，同时又按照从这些权能出来的部分性的、从属的原因，与得穆革结合，与他一起共谋部分等级的创造，然后蒂迈欧神秘地提到这位女神那些更古老的权能，滞留在第一父里的权能。关于那些与得穆革并列的权能，与他一起装备宇宙中的种类的权能，有些他说得比较清楚，但其他的则全是通过暗示阐述的。女神的次级元一本身都是三重性的，如智慧人所认为的，其中之一是灵魂的源泉，第二个是美德的源泉，第三个是大自然的源泉，是从女神的背脊垂溢下来的。得穆革还把这三个实在用到他自己的丰富生产之中。碗槽确实如我们所说的，是灵魂的源泉，统一地包含它们的整体和完全的数。相对于灵魂的生产来说，得穆革属于父式原因，同样，碗槽也是多产性的，相当于一位母亲。朱庇特按父亲的方式在灵魂里创造的事物，灵魂的源泉按母亲的方式生育。

然而，美德靠自己活动，装备并完善整体。因此，宇宙分有灵魂，同时也分有美德。"蒂迈欧说，得穆革把灵魂放在中间，使它伸展到整个宇宙，此外，还使宇宙的身体外围包裹着灵魂，就如包裹着一层面纱，使圆圈套着圆圈旋转，构造出一个单独、孤立的天，但通过'美德'能够与它自己沟通，不缺乏任何他物，自己对自己有充分的了解和友谊。"因此世界同时是有生命的，整个一生都是按照美德而生活的，并以美德为它最高的目标，从中拥有与它自身的友谊，拥有对它自身的全备知识。因为通过美德，它自己对自己有充分的了解和友谊。

此外，自然本性也随着身体的形成而共同存在。因为得穆革通过必然性造出身体，在塑造身体时也造了它固有的生命。因此，他在构造了部分性灵魂之后不久，就向它们表明宇宙的本性和命运的法则。由于他拥有总体自然和命运的原因，所以还将这些向灵魂展示。因为得穆革不是向后于自己的事物回归，而是在自身中原初性地包含被展示的事物，并向灵魂展现他自己的权能。因此，整个自然的范型和命运之法的一原因都预先存在于他里面。大自然的源泉被诸神自身称为第一命运，"你不可直视大自然，因为它的名字是命运"。蒂迈欧也说，灵魂同时看见命运的法则和宇宙的本性，即可以说它们看见世俗的命运，以及它所具有的权能。爱利亚客人在《政治家篇》里把推动宇宙的物理循环的动力因称为命运。他说："命运和天生的欲望推动世界旋转。"此人还明确地承认，世界是从得穆革和父拥有这种权能的。他说，一切明显可见的安排和循环都源自朱庇特。因而显然，根据与得穆革并列的赋予生命的女神的这三个原因，即源泉性的碗槽、美德的源泉和自然的第一推动因，世界是靠得穆革成全的。

同样显然的是，在这些问题上，柏拉图没有拒斥使用源泉的名称。在《法律篇》里他把本性上内在于灵魂里，也在我们里面产生美德的谨慎（prudence）的权能，称为智能的源泉。他还说，另外两种源泉，即快乐和痛苦，由自然分给我们。因而，就如我们前面证明的，灵魂被称为运动的源泉，是因着这两种源泉之一，它们分有这源泉，同样，当柏拉图把大自然的第一产物称为源泉时，每个人都可以看出，他必会允许把它们的独立原因本身称为源泉。另外，由于他非凡地展现了我们里面的美德的本质权能，认为它是智能的源泉，所以，如果有人愿意把美德的第一个元一称为源泉，在他听来也绝不是一个与他的哲学毫不相干的名字。那么我们在哪里可以找到他放在理智神里的源泉的名字呢？在《克拉底鲁篇》里，他说忒提斯（Tethys）是源泉的隐秘名字，他把萨杜恩本人和王后瑞亚称为流。这些神圣者是可理知之源流出的河，从位于他们之上的源泉发出，使后于他们的所有种类充满丰富的生命之河。碗槽本身也是源泉性的，因而，诸神也说部分性种类的第一推动因就是源泉性的碗槽。不过，这些我们会在另外地方作更详尽的考察。这里我们已经根据柏拉图的叙述，充分考察了关于得穆革元一的具体观点。

第三十三章

关于纯洁无污的诸神的告诫；在柏拉图看来有这样的神，什么是他们的本质特性。

接下来，我们要考察那些未污染的纯洁的原因和领袖，看看柏拉图是否在哪里向我们提到这一等级的神，以及从他们发向整个神圣种的不变权能。不变等级的第一推动三一体，与理智王的三一体结合，前者的进程与后者的元一共同分离。这三一体的顶端，可以说是整体的坚定不移的守卫中的精英，与第一理智王结合。三一体的中间者以同样的方式与第二理智神结合，与他一同发出，围绕他存在。整个三一体的末端与第三理智王连接，与他一起回归到 [理智等级的] 原理，并与他一起向所有理智神的父的一合一体旋转。事实上，理智父的三位纯洁的守卫就以这种方式被单一性地分离。但是除了这种分离之外，他们还有一个使彼此相连的实在。在某种意义上他们全都在每个父里，全都围绕所有父活动。按他们固有的实在说，他们以某种方式与父分离，但以另一种方式不可分地包含着父，他们既获得一个与父同等尊严的等级，同时似乎又拥有一个从属于父的本质。

这就是他们的本性，他们保存父的整个进程不受玷污，使它们的权能坚固，活动不变。如果古代有人写过作品考察理智里那始终与恒定不变的同一起存在，不从次级种类接受任何东西进入自身，不与任何低级事物混合的品性，那么他们必会表明，像这样的善性是从这些神渗透到理智和其他种类的。柏拉图《会饮篇》里的演讲以一种令人瞩目的方式展现了神圣本质与二级种类的不相容；那在纯洁性和不变权能上超越于全体事物的东西，是通过看护因到达诸神的。就如理智的父是丰富生产的提供者，不仅提供给所有其他事物，也提供给不动的神，同样，纯洁无污的神分给纯洁的权能，不仅给父，也给其他神圣等级。因而，三位未污染的神与三位理智王同时存在，是父的看护者，围绕他们建立一种永恒不变的保卫，将自身牢牢地固定在他们里面。因此，雅典客人通过最好的类比——得穆革也藉此连接并构建全体 [元素]——安排并装备他的政制，同样，他为这个区域的所有居民指派一位守卫，尽可能让每个居民都得保护；这一点上他是在模仿理智神，他们依靠纯洁无污的首领保卫一切事物。在我看来，出于这样的原因，他把 [他政制的] 统治者称为法律的看护者，或者 [就是] 看护者，因为坚定不移的看护者是与所有世界的理智首领同在的。

第三十四章

根据柏拉图，关于纯洁无污的神的实在有更明显的证据。

不过，这些论述必更加远离那个神圣三一体，要通过最终的像才能归于它。或者略去这些我们倒会有大量更了不起的概念，更有助于考察所提出的问题；我们要与柏拉图一起沉思神圣的种，就能发现他是怎样展现这个等级的诸神，怎样与三位王一道构造他们，这三位王我们现在正在讨论，其他神学家也同样讨论过，我们在关于他们的真理中得到神秘的启示。在普罗泰戈拉斯的神话里，柏拉图向我们表明了朱庇特的独立观察塔，他的本质未与任何二级种类混合，具有一种超然性，由于这种超然性，他是可分的众神所不可企及，不能知晓的，柏拉图认为这种超然性的原因在于他有坚定不移的守卫，以及围绕着他的那个保卫等级。出于这个缘故，所有得穆革的权能都牢固地确立在自身里面。而所有 [在他里面的] 形式根据卓绝的超然性而与二级隔绝。总之, 得穆革的理智 [通过这个等级] 以它惯常的方式停留。因为神话说，朱庇特的守卫在一切事物看来都是可怕的。因此 [可分的] 这种类型的神（其中之一就是普罗米修斯）不能直接与得穆革的纯洁无污、奥林庇亚的权能结合。若说苏格拉底本人以神话的方式向我们清楚地描述了围绕着得穆革的卫士，那么这些事岂不也明白地告诉我们看护的种是与理智的神同时存在的？如神谕所说，得穆革的等级有发着火的卫士环绕，因而柏拉图也说，卫士围着它站立，坚定不移地保护它的顶端与一切二级种类隔绝。

但在《克拉底鲁篇》里，苏格拉底通过名称所表达的真理指出萨杜恩是谁，表明他独特的 hyparxis，由此他作为总体理智等级的首领而存在。柏拉图还向我们展现未污染等级的元一，那是与萨杜恩结合的。因为如他在那篇对话里所说的，萨杜恩是一个纯粹的理智。他补充说，他的"koron"（τοκορου）不是表示他是个孩子，而是表明纯洁性，理智的不朽坏本性。因而，这些神圣名称的创造者以一种可敬的方式将萨杜恩的特性与未污染的三一体的第一个元一结合。第一位父与第一位未污染的神的合一，是超验的，因为这位永远不变的神被众神称为"寂静"，说他与理智一致，唯有根据理智才能为灵魂所认识，因为从他与理智的合一来看，他存在于第一理智里面。萨杜恩作为第一理智，是根据它固有的等级确定的，但作为纯洁、不朽的理智，他在自身里结合了纯洁无污者。因此，他是一切理智神的王。作为理智，他使一切理智神存在，作为一个纯洁的理智，他保卫着他们的总体等级。因此，柏拉图的话表明这两位父 [萨杜恩和朱庇特] 是与不变的神同等并列的，从合一性看是第一者，从分离性看，是第三者。

如果你愿意考察他们相对于彼此的一位坚定不移的卫士——它使第三父稳定地存在于第一父里，作为他的理智，围绕他活动——那么请再次把你的注意力转向《克拉底鲁篇》里的纽带，可分的生命，缺乏理智的生命，愚蠢地对质料感到惊异的生命，都不可能分有这些纽带。而神圣的理智本身，以及与它结合的灵魂，按与各自相应的等级分有这些纽带。萨杜恩的纽带似乎是连接伟大的萨杜恩自己，但事实上，它们以一种无污的方式把那些围绕他扔出纽带的事物连接在他周围。纽带就是众神的连接性等级的符号，因为任何连接起来的事物都是靠某种纽带连接起来的。另外，这些纽带也显现出从连接性神延伸到理智王的看护之善，因为它将他们连接、集合为一。一个纽带守卫由它所连接的东西。而不变的神坚定不移地保守着他们自己适当的等级。因为这些神的看护职责拥有双重性的，一种是原初的，统一的，出于连接神的三一体；另一种与理智王同时存在，防止他们倾向于任何二级种类。所有理智的父都依靠在未污染的神上，凭借着他们不屈不挠、不偏不倚、不变不化的权能确立在整体之上。

如果不仅这两位父必然分有这个看护者等级，而且他们之间的赋予生命的神必然获得不变神的一个元一与她并列，那么理智父中的未污染领袖的第一[守护职责]必然是三一性的，必然与三位理智神具有同样完全的数目。同样，这些领袖中的第一位必然牢牢地与第一[理智王]相结合，而第二位领袖除了与第二位王联合之外，还必然在某一方面与他相分离。第三位则完全与第三位王相分离。于是未污染者按照父的等级发出，并以同样的方式与它一起被分成三一体。第一位未污染的神保卫萨杜恩的隐秘本性，以及超越于整体的第一推动的元一，完全在他里面确立从他出来又回归于他的原因。第二位保存王后瑞亚的生育权能，远离质料，不受玷污，防止二级种类侵入她的进程，她在进程中把生命之河洒向万物。第三位保存事物的整体创造，使之确立在被造物之上，牢固地停留在它自身之中；这位神还保证整体创造相对于它的神意关怀对象来说是稳定不变的，统一的和全备的，并在一切部分性生产之上扩展。

第三十五章

通过许多论据告诫为何在柏拉图看来命名纯洁无污的神是正确的。其中也阐述了什么是他们的合一、分离和特性。

现在我们要从关于这些神的这个不确定但共同的理论，推导出希腊人关于它的传言，就如柏拉图向我们叙述的，表明他甚至包括名称在内都跟从希腊神学家的脚踪，正如在关于三王的神秘理论里，在叙述未受污染的神时，他没有抛弃他们的解释。就是对希腊人的神圣知识了解甚少的人，也不会不知道他们在玄妙的奥秘里，在关于神的其他问题里，以一种显著的方式展现了库里特的等级，认为这个等级负责未玷污的特性，是女神[瑞亚]的头，在自身中连接着整体的看护职责。这些神被认为是王后瑞亚和创造整体的得穆革的护卫，一直伸展到可分的赋予生命和创造的原因，保持这些原因中间的普罗米修斯和巴克斯（Bacchus）与二级种类隔绝，正如这里[即在理智等级里]他们保卫总体生命赋予生气的特性，全备创造的第一推动的元一。不仅奥菲斯和先于柏拉图的神学家知道这个库里特等级，尊敬这个等级，就连雅典客人也在《法律篇》里赞颂它。他说，克里特岛的库里特佩带武器的运动，是一切高雅运动的主要范型。现在，他不满足于只是提到这个库里特等级，还要加上库里特的一个统一体，即我们的女神米娜娃；先于他的神学家们的神秘理论也是从这位女神引出库里特的整个进程的。他还在上面用米娜娃的符号围绕他们，负责一种永远繁荣的生命和精力充沛的理智活动，下面则明显地将他们安排在米娜娃的神意之下。最初的库里特作为可理知且隐秘的神的侍从，充满从那里出来的记号，但那些在第二和第三等级的库里特，是从理智的米娜娃元一垂溢下来的。

　　那么雅典客人关于这个元一，就是以一种未玷污的方式使库里特的进程转向它自身的元一，说了什么呢？"Core（κορη），即与我们同在的童女和女神，喜欢舞蹈训练，认为不应当空手跳舞，而应当装备全套的行头，于是她就使舞蹈得以成全。"通过这些话雅典客人清楚地表明，库里特的三一体与米娜娃的元一是联合的。就如他说那个三一体是全副武装地运动的，同样，他说，他们的头女神[即他们进程的头]装备着全套的盔甲，是他们高雅活动的源头。另外，就如他根据纯洁性，把那个三一体称为库里特的，同样，他称这位女神为"Core"，作为未玷污之权能本身的原因。因为如苏格拉底在《克拉底鲁篇》里所说，"koron"（κορον）表示纯洁而不朽坏的东西。库里特也因此获得自己的称呼，负责众神未玷污的纯洁性。他们的元一被特别展现为一位女神和童女，她为神提供一种坚定不移的、繁荣兴旺的统治权。"koron"这个词，如我们所说的，就是纯洁的象征，这些神就是它的原初首领，根据它，他们被他者分有。而他们的武装则是保卫权能的象征，他们据此连接整体，保证它们与二级种类隔绝，保护它们确立在自身里面。人类从武装所得的益处不就是保卫吗？此外还有什么呢？这些神就是城邑的特定形式的卫士。因此神话还认为众神具有一种不可战胜的力量，给予他们一种武装设备。他们拿全备的行头来装备他们的一统一体，把它确立在这些神的进程的顶端。全备者先于按部分而分的事物，而装备先于对保卫权能的可分性分配。在我看来，通过这些具体论述，柏拉图再次指明了由众神所显明的事。他们称为"每一种武装"的，柏拉图展现为配有"全套装备"的。[众神说:]"他配有每一种武装，像女神一样。"有全备的皮洛斯武装（Pyrrhich arms），有纯洁无污的权能的，在柏拉图看来，就相当于米娜娃的元一；而根据神谕的叙述，他们等同于那装备了每一种武器的事物。

　　再者，节奏和舞蹈是这位神的一种神秘记号，因为库里特包含一种神圣生命的纯洁权能；因为他们保护它的整个进程始终在一个神圣界限下展开；也因为他们保护这些进程不受质料的侵犯。因为无形式、不确定、缺乏节奏，这些就是质料的特性。相反，非质料、确定、纯洁无污，这些东西赋有节奏，是有序的，理智性的。因此，诸天也被认为构成了一种永恒的舞蹈，并且所有天体都分有有节奏的、和谐的运动，以神圣的方式从未玷污的神充满这种权能。因为它们在一个圆圈里运动，所以表现出理智和理智性的循环。又因为它们和谐一致地运动，根据最初且最好的节奏运动，所以它们分有保护神的特性。另外，未污染的首领三一体是从理智神的顶端悬挂下来的。它从这顶端生发出来，这是柏拉图本人告诉我们的，因为他把纯洁的第一因放在萨杜恩这位整个理智七一体的王里面。"纯洁"（to koron）在那里是原初性的，如他在《克拉底鲁篇》里告诉我们的，而纯洁的第一推动因预先统一地存在于萨杜恩里面。同样出于这样的原因，米娜娃的元一被称为 Core（处女，童女），

341

库里特的三一体因是从理智父里的纯洁性出来的，所以也以这种方式得到展现。

第三十六章

关于理智者的第七个元一，如何从柏拉图的神秘论断中获得一些帮助。

关于纯洁无污的首领，我们根据柏拉图的叙述就谈这么多。现在剩下来我们必须讨论的问题就是元一了，它结束整个理智七一体的数，是整个分离的最初和统一的原因。所有在神圣问题上有智慧的希腊人所展现的理智神的各层次（sections），隐晦地表示那些神里面的分离，是通过第七个元一在他们里面产生的，这个元一就是分离的原因，他们按照这个元一将自己与位于他们之上的神分离，进入另一等级，获得一种独立于从属种类的合一性，独立地拥有一个确定的等级，一个由数界定的进程。不过，柏拉图只允许受福玻斯（Phoebus）启示的诗人隐晦而神秘地喻示这类事物，而不让众人聆听这些事，因为他们一味相信蒙在真理表面的虚假面纱而不作任何考察。这就是苏格拉底对欧绪弗洛（Euthyphron）的谴责，后者因为对神圣问题一无所知，所以装模作样。根据柏拉图的受神灵启示的理智，我们要将所有这些论点转给关于整体的真理，展现它们所包含的隐蔽理论，这样才能为自己求得对神圣者的真正敬拜。苏格拉底本人在《克拉底鲁篇》里向我们展现萨杜恩的纽带，它们的神秘含义，并以显著的方式表明，古代那些杰出人物的视野并没有离开真理。

他会允许他的朋友们以同样的方式，根据神灵启示的概念设想理智的各层次，以及创造这些部分的权能，会容忍他们将它们与理智神里面的纽带一起考察。再者，《高尔吉亚篇》里的神话以更清楚的方式将朱庇特的王国与萨杜恩的王国分开,说后者第一,前者第二,后者古老,前者新近。那么是什么原因将这两个父式的元一分离呢?是什么理智权能从那独立隔绝的东西产生出理智王国?与众神本身同在的必然有分离的第一推动源,通过它,朱庇特也将自己与元一即他的父分离,萨杜恩与天上王国分离,而后于朱庇特的种类,与他全备的元一分离,进入一个较低等级。

另外,得穆革本身在创造后于自己的种时,既是它们合一的原因,同时也是它们各种分离的源头。因为他造出一个整体灵魂之后,又把它分为各个部分和各种权能。《蒂迈欧篇》里说是得穆革做这样的事,柏拉图本人也没有拒斥把这些分离和本质的划分称为"层次"。他还把部分从那里剪除,把它们放在处于层次之间的东西里,又将部分与整体分开,于是,他将这些部分从混合体剔除,使这混合体完全消解。蒂迈欧本人并没有编制神话,既然就连他也用层次这个词来作为一个符号,指出灵魂进入多的本质进程,那么编写神话的人把理智性首领的划分称为层次,还有什么可惊奇的呢?柏拉图告诉我们得穆革因充满理智的层次而熠熠发光,这岂不是在最大程度上与最重要的神学家相一致吗?因而,就如得穆革在创造灵魂的本质时,根据真存有(true being)来创造,在形成生命时,按照真实存有(real beings)中的生命来形成,又根据他自身里面的理智来生产灵魂里面的理智,——同样,当他从灵魂自身切除它的本质并分离它时,他根据理智等级中的层次和分离,根据它们统一的理智原因来提供活力。因而,在柏拉图看来,理智领域有一个总体划分的第一元一,连同两个三一体,我指的是父亲的三一体和纯洁无污的三一体,共同成全整个理智的七一体。我们与柏拉图和其他神学家一样,都承认这些事。

第三十七章

柏拉图在《巴门尼德篇》中如何阐述理智神的顶端。

现在，我们要回到开头，表明巴门尼德关于这个理智七一体说了同样的话，也证明他提出了这七一体的"aion"（永恒）和完全理智性的神的特性，与可理知且理智性的神的三重等级相一致。首先，我们要考察他关于理智神的父，以及与他并列的纯洁无污的权能说了什么。继三重性的形状和使一切事物得完全的神的等级之后，那在自身里又在他物里的事物显现出来。不过，这些事物被表明是理智元一的理智顶端的记号。因为这个等级的神的第一父既获得相对于那些后于他的事物的父式超验性，又是最初可理知者的理智。每一个不可分的理智都被认为是先于它本身的事物的理智，趋向于它们，从它们中产生，因而有一种理智性的转向，还视它们为第一推动因，将自身确立在它们里面。同样，得穆革的理智也是高于它自身的事物的理智，就近说是它自己的父的理智，它是从父发出来的，但更卓越的是，它是超出[萨杜恩]之外的可理知统一体的理智。

理智领域的第一王既是一个理智性的父，也是一个父式的理智。他是从他自身生出的神的理智性父亲，同时又是后于他自身的可理知者的父式理智。因为他本质上是理智性的，同时在理智领域具有一种可理知的超然性；也因为他被确定类似于可理知且理智的神的不可知等级，也类似于可理知的三一体的隐秘等级。就如他们在后于自己的神的三一实在之上扩张，同样，理智者的父由于是一个父式的理智，所以是一位在整个理智七一体之上扩展的父。他类似于上述等级的神，将自己确立在他们里面，从他们充满父亲的、可理知的合一性。因此，他也是隐秘的，在自身里包含着自身的多产权能，从自身生出总体原因，又将它们确立在自身里面，并使它们转回到他自身。

巴门尼德也通过这两个记号精彩地展现了这个等级，通过这些特性描绘了理智神的第一位王和父的特点。他既在自身里，也在他者里。就他是总体的理智而言，他的活动指向他自己，但就他处在先于他自己的可理知领域而言，他在他者中确立他自己的全备智能。事实上，一个事物的这种在他者中的实存，比它在自身中的实存更杰出；就如巴门尼德本人所总结的，萨杜恩在他者中的实存，是从整体来说属于他，而他在自身中的实存，是从部分意义上属于他。那么这"他者"预先存在于哪里呢？它属于哪个先于萨杜恩的神的等级呢？我们的导师岂不也靠神圣启示展现了这一点？因为他说，这"他者"显著地属于那个等级，就是使异的权能作为可理知的、父式的权能的产物首次显现出来的等级。因此，"他者"隐秘地存在于第一个三一体里，因为权能也在那里有隐秘的实存；但它显著地出现在第一等级的可理知且理智的神里，因为最初的异、神的女性本性，以及父亲的、沉默的权能就存在于那里。

[因此萨杜恩]，第一位可理知的理智父，就他是整体而言，将自身确立在先于自身的可理知三一体里，还从那里充满统一而隐秘的善。由此他被认为在他者之中。相对于那些三一体，"他者"是隐秘的,从原因说，它在可理知领域的可理知者中[即在第一个三一体中]；从本质说，在可理知且理智的神的可理知者中。所有可理知者都是统一的；可理知且理智的神中的可理知者与先于理智者的可理知领域的可理知者是统一的；而理智者的可理知者与两者是统一的。在他者中的实存依附于从"一"性的数而来的异。而"一"性的数出于一存有的隐秘合一性，它因这种合一性而具有一的本性。

另外我们还说，在那些等级中有两种回转，一种是转向它们自己，另一种是转向它们的原因，（因为任何神圣种类在任何方面都不可能转向后于自己的种类，不论过去还是将来都不可能。）可理知的神稳定地创造万物；可理知且理智的神照亮不可分的生命，将进程的原初之因分给万物；理智的神从回转的角度安排并装备整体。因此，从其自身源源不断地发出完整而全备的回转形式的理智者的顶端，必然由这两种回转性符号为特点，必然同时既转向自己，又转向先于自己的种类。因为它转向自己，所以它"在自身之中"；又因为他转向自己之外的可理知等级，所以它"在他者之中"。这"他者"比整个理智等级更加杰出。因而，就如可理知者的顶端原初按可理知的特性本身存在，并牢固地确立在整体之上；可理知者和理智者的顶端原初展现这个等级的特性，按照神圣的多样性存在，是万物各不相同的进程的原因，——同样，理智者中的可理知神根据合一性从自身展现回转的两种形式，从更杰出的回转形式看，是"在他者之中"，但从稍低的回转形式看，则"在自身之中"。因为转向自己比转向更杰出的事物要低一级。

另外，"在他者之中"的实存是可理知的、父式特性所具有的显著优势。因为"他者"是可理知的，异原本就是从可理知的父出来，从坚定地确立在他们里面的事物出来的权能。因此，那包含在这一权能中，被它充满的东西，是父式的，可理知的。而事物"在自身中"的实存是未污染的元一的特有记号。就如我们前面所说的，两个理智三一体的顶端是相连的。护卫三一体的元一永恒地将自身确立在父亲的元一之中，同时又将从它自身发出的种类确立在自身之中，并使它们转向它自身。第一位理智父其实是因他自己而是父，也因未污染的[元一]在自身中包含他自身的种，稳定地把它们[当它们从他发出之后]重新召回到他自身，并在他自己的整体（allness）中包含理智领域的可理知的多，与它们的元一共处于未发出的合一之中。

护卫等级的第一位首领联合父亲一起存在。父确实包含未污染的原因，同时被最初的可理知者包含。就如他被可理知地确立在它们里面，同样，他也在自身里确立并围绕自身构建那些不变神的一顶端。因而，在《巴门尼德篇》里，这位神也向我们表现为一个纯粹的理智。因为他确实就是理智，但是被伸展到可理知的俯看之，从而完全确立在它里面，就此而言，他"在他者之中"。另外，因为他是纯粹的、非质料的，向他自身回归，因而"在他自身里"包围他自己的所有权能。这整体的各部分，是较部分性的权能，急急地走向出于父的进程，同时各方面被整体确立并包含。整体本身是一位神，在自身中有机地包含可理知的部分，与理智的多同时呈现，稳定地生产万物，又把它的产物环抱、集合到自身周围，并如悲剧性的神话所说的，把它们吸收并沉淀在自身里面。它的产物是双重的，有些可以说被分解，还原为它，有些则从它分离而去。有些通过第一个未污染的元一停留在它里面，有些按照理智神的多产原因向前发展，越过父的合一，成为另一等级的最初首领，率先安排、装备二级种类。这就是巴门尼德向我们叙述的第一等级的理智神。

第三十八章

巴门尼德怎样展示理智世界的中间等级，通过什么记号展示。

这个等级之后的第二等级包含整体的中间之种，是具有进程和多产权能的一切事物的原因，与第一等级的理智神前后相继。那么除了生命，还有什么东西是与可理知的真实存相继的呢？它就是理智和可理知者之间的中介，将理智与可理知者连接起来，显示那将"一"与存有结合起来的可理知权能。就如可理知者是对"一"和 hyparxis 而言的，同样，生命是对权能，理智是对存有而言。就如在可理知者中，"一"是欲求的对象，存有渴望分有"一"，权能就带着存有去分有"一"，并使"一"与存有结成共契，（因为这里"一"并非是不可分的，并非与整个权能隔绝）同样，可理知者是理智欲求的目标，理智充满可理知者。生命将理智与可理知者连接，同时将可理知者向理智展现。我想，那些在一切神圣问题上富有智慧的人，也因此认为"一"和 hyparxis 是可理知的。而那原初是的东西，他们根据这一类推称之为第一理智。因而，生命是存有和理智之间的中介，就如权能存在于"一"和存有之间一样。所有这些，即可理知者、生命和理智，首先都在可理知者领域；其次在可理知者和理智者领域；再次在理智者领域。在可理知者领域，存有是就本质而言的，因为那里理智首先作为原因存在。在理智者领域，理智是依据本质，而先于理智的种类是依据分有。由于生命在三方面得到考察，在可理知者领域是从原因角度考察，在可理知者和理智者领域从 hyparxis 考察，在理智者中根据分有考察，所以在理智等级的生命必然既是生命，又分有生育先于它自身的生命的那些原因。因而，被安排在中间的理智神的"一"，不是运动，而是被推动者。在此之前，柏拉图已经表明，整个生命就是运动。灵魂是自动的，因为它自身充满生命。理智也是运动的，因为它拥有最杰出的生命。理智神的第一生命原因，是最先获得运动的。如果它是第一推动的且最高的生命，那么就要称它为运动，而不是运动者。但由于它是理智者中的生命，充满独立的生命，所以它既是运动，又是运动者。因而，巴门尼德非常恰当地表明，这个等级中的"一"是运动的，因为它出自在它之上的整个生命的原因，类似于可理知者的中心，类似于可理知者和理智者的中间三一体。因此，苏格拉底也在《斐德若篇》里称这个中间三一体为天（Heaven），因为它的整体就是生命和运动。而那运动者，是理智者领域的中间者，被它 [即可理知者和理智者的中间三一体中的生命] 所充满，因为在普罗提诺看来，永恒，也就是根据可理知的整体安排的永恒，是全备的生命，是整体生命。那里，这中间者从原因说是生命，在理智者领域，它因分有而是生命；在两者之间的等级中，依据本质是生命；它出于可理知的生命，（如巴门尼德所表明的，他从整体描述了两者的特点，尽管可理知者领域的整体不同于可理知者和理智者领域的整体，这是我们前面已经说明的，）然后又生出理智性的生命。其实，运动者是与天的循环，与理智的且可理知的生命完全联合的。

此外，与这种运动并列的永久不变性，不是存有的某个种，也不是运动。众存有本性上要分有存有的种，而众神超本质的善在众存有的等级之上扩展。如果巴门尼德这里采纳"一本身"考察这种运动和永久不变性，他显然没有将存有的各元素归于神，而是分给他们适当的、全备的、超越于整体的特性。他根据运动论断"一"既是运动的，又是静止的，其实就是阐述了众神赋予生命的hyparxis，创造整体的源泉，以及万物的主导性原因。另一方面，他根据永久不变性阐述与运动并列的未污染的元一，它有机地包含护卫三一体的中心。就如根据第一实在，护卫三一体的顶端与第一父联合，同样，包含未污染的首领的中间纽带的神，凭藉自然的一种协调性，与众神的推动因同时存在，这推动因推动整体，当然最先推动它自身。通过这个神，女神[瑞亚]的多产权能被牢固地确立在她自身之中。同样，她在生产并扩展万物中，[因着这个神]与众整体隔绝，坚定不移地先于她的产物而存在。因而，就这里的运动和永久不变性来说，前者是生命和渗透于万物的生产性权能的源泉，而后者在自身中确立整个赋予生命的源泉，同时从那里充满多产的生命之河。巴门尼德向我们阐述了这些事物和它们的进程，表明运动者是从那在他者之中的东西中生产的，而不动者是从那在自身之中的东西中产生的。因为父式三一体的第一个元一构造出后于它的种类。同样，未污染三一体的最高者，就是这个三一体里的可理知者，把这三一体的元一既分给中间者，也分给末后者。因此，这里的运动比不动好。就如在他者中的实存是出于比在自身中的实存更古老的原因，同样，从因果关系说，运动的比不动的更古老。因为未污染的神处在从属于父亲的权能之中，并被他们所包容。

第三十九章

巴门尼德如何界定理智者的第三等级，通过什么特性界定。

因而第三等级通向救主，如他们所说，我们就把注意力转向得穆革的元一，将它本身连同它所包含的并列众神一并展现出来。首先，这里也显现出"一"与他物的结合，我们不可再认为"一"是独立自存的，而要根据它倾向其他事物的习性来考察。因为得穆革的等级从自身造出整体，安排并装备一个有形的事物；它还为众神创造出所有二级的、协助性的原因。其实毕达哥拉斯学派先前就认为应当用"一"来描述无形本性的特点，同时通过"其他"这个词向我们暗示随身体而可分的本性，我们还有什么必要再证明"其他事物"就是表示存有的有形状态的记号？其次，[在《巴门尼德篇》的这一部分里]推论的数是双重性的。"一"不再被表明只是同，因它在自身之内，或只是异，因它在他物之中，或者只是运动，只是静止，而是被表明既同于自身，又异于自身，既与其他事物相异，又与其他事物相同。只是这种双重性在完全被得穆革的元一采纳之前就向我们显现，无论从其他神学家的观点，还是从苏格拉底在《克拉底鲁篇》里的观点来看都如此；苏格拉底说，得穆革的名字是由两个词组成的。最后，原因的多在这里是分离的，众神的所有元一按照得穆革的进程自我显现出来。因为得穆革的等级是明显可见的，多产的权能与它并列，纯洁无污的元一，即独立神意的原因，以及整体的可分配源泉都与它并列；除了这些之外，我可以说，围绕得穆革的所有等级都明显可见，他依据这些等级创造并保存万物，同时独立于被造的万物之外，牢固地确立在自身之内，将自己的王国与他父亲的联合王国分离。

那么这些事是怎样并通过哪些具体观点显明出来的呢？我们回答说，"与自身相同"（这是巴门尼德首先证明的）向我们显现关于"一"的本性，元一的、父亲的特性，得穆革也是依据这种特性而存在的。因此，"一"也被认为与它自身相同。从不同原因的超然性来看，"他者"在得穆革里面，但是"同"显然是他特有的记号，即是他作为父的 hyparxis 的记号。他作为一、独立的父和整体的得穆革，将自己特有的合一性确立在自身之中。巴门尼德以显著的方式表明统一性在这个一里，与界限联合的东西在这个一里。而"与他物相同"是多产权能的唯一的善，也是向前行进并毫无障碍地渗透万物的原因的唯一的善。因为得穆革向他所创造的一切事物显现，同一地在一切事物之中，他安排并装备它们，在自身中预先确立整体的生产性本质。如果我们关于这些事说得没错，那么界限和无限按得穆革的方式存在于他里面。一者在独立于他物的同一里，另一者在生产他物的权能里。任何地方，权能都要多多生产二级种类，而根据界限存在的原理是某种统一而稳定的实在的供应者。

　　此外，"与他物相异"表明他无污的纯洁性，和他与所有二级种类隔绝的超然性。第一理智因此是纯洁而不朽的，如苏格拉底在《克拉底鲁篇》里所说，因为它确立在一切可感知者之上，不与它们交往、并列。如某位神所说，他没有将他的权能倾向质料，而是独立于整个创造。得穆革的理智从那里接受总体权能和一个高贵的王国，装备可感知者，构造有形本性的整体。然而，他虽然带着生产的丰富性，怀着对二级本性的神意关怀，却超越于自己的产物，并且如蒂迈欧所说，凭借与他形影不离的忠实卫士，以及从它所分得的力量——这种力量未被其他分有者沾染——以自己惯有的方式停留。因此，一方面，他源源不断地供应善，提供神意活动，创造从属种类，就此而言，他"与它们同一"。也就是说，他被它们分有，并使他的产物充满他自己的神意关怀。但是另一方面，他是纯洁的，他的权能是无污的，他的活动是恒定不变的，所以他独立于所有整体，与它们完全分离，不能为他物分有。就如理智者的第一位王依靠与他联合的卫士，凭借纯洁无污的元一，对质料毫无倾向性；也如赋予生命的女神从保护神的第二原因拥有稳定而不变的权能，同样，得穆革的理智凭藉纯洁首领的第三个元一保存一种与他物隔绝的超验性，保存与多分离的合一体。得穆革急急地创造万物，渗透万物，使他的神意独立的是与他并列的一位卫士。赋予生命的女神被推动去生产整体，而提供稳定权能的是与她并列的卫士。与那按理智概念增多的理智[即与萨杜恩]并列的卫士，给予一种纯洁无污的合一性，使他的全部活动转向他自己。因而，剩下的元一被安排为这些理智元一中的第七个，与它们全部一同显现，一同活动，但它特别将自己显现在得穆革的等级之中，巴门尼德也为我们将它与整体得穆革一起提出，规定它在"异"里，就如他对得穆革里纯洁无污的原因所界定的。他说，这异使得穆革的元一本身与与自身分离。我们前面已经指出，这个等级是所有神的分离的提供者。因而，就如得穆革通过父的合一性与自己同一，同样，他通过这个异与自己以及他的父分离。那么他从哪里获得这种权能？巴门尼德说，源于他既在自身之中，又在他者之中。这两种性质确实统一地存在于第一父之中，而在第三父中是分离地存在的。因而，从原因说，分离预先存在于那里，而在得穆革中，分离显现出来，并展现它自身的权能。

巴门尼德在第一个假说里表明，分的原因在某一方面存在于第一父中，他说："凡是在自身之中的事物，在某一方面是二合一，是与它自身分离的。"在那里二一体是隐秘的，而这里它较为清晰地存在，所有理智的多也在这里显现出来。因为异是在那里的牢固不动的二一体的产物。它使得穆革理智与先于它的神分离，使它里面的元一彼此之间分离。如果就它在他者中而言，它与它自身的可理知者联合，但就它在自身之中而言，它与它自身的可理知者分离，因为它根据它自己的每个可理知的等级发出——果真如此，这异必然是它从自己的父分离的原因。因而，在我们看来，所有理智的元一都彼此并列存在。"在他者中"的实存就是父的记号。而"在自身中"的实存是第一个未污染的元一的记号。另外，"运动"是赋予生命的善的记号,而"永久不动"是与运动联合的不变权能的记号。"与自身及他者同一"是得穆革特性的记号,"与他物相异"是得穆革卫士的记号。最后,"与自身相异"是第七个理智元一的记号,从原因来说,它隐秘地存在于第一父里,但在得穆革里它的实在变得较为清晰。在我看来,巴门尼德在区分创造的记号时还在中间者自身中展现了无污元一和分离元一的特性,因为它们在某一方面也包含在创造之中。他在第一个推论里表明,"一与自身同一";在第二推论中表明,它"与自身相异";在第三推论中表明它"与他物相异",在第四推论中表明它"与他物同一"。他确实使分离的权能与父亲的合一并列同存,同时又使独立于二级种类的超验性与它们的神意原因相连。在众神里,合一必然先于分离存在,一种未与二级种类混合的纯洁必然先于对它们的神意审查;由此,他们无处不在,又无处存在,与万物同在,又与万物隔绝,是万物,又不是自己产物中的任何一个。

第六卷

第一章

支配等级的神与理智的神相一致。源泉和原理的划分可以从柏拉图作品中的灵魂论表现出来。

通过以上论述，我们跟从柏拉图的神秘思想展示了理智神的七一体的"αiön"（永恒）。接下来我们要沉思这些支配性等级的多样化进程，并把它们的一合一归于巴门尼德的理智论。因为这个等级与创造整体的得穆革和父相继交织在一起，依据他促进完全的权能，从他出来，被他完善，最后回归于他。因此，必须将关于宇宙的治理者的叙述与关于得穆革的讨论结合起来，使语言与它们所阐述的事物相一致。各个系列的统治神，都被召集起来进行理智创造，就如集合在一个顶端，并围绕它而存在。就如所有源泉都是可理知的父的产物，都从他充满可理知的合一性，同样，所有原理或支配者的等级，都在本性上从得穆革而来，从那里分有一种理智生命。希望不要有人因在这里听到源泉和原理的名称而恼怒，也不要有人指责这些名字与柏拉图毫无关系。因为如我们前面所说的，柏拉图并非对这些神秘名称毫无注意。在他关于灵魂的讨论中，他称它们为运动的源泉和原理，同时指出源泉的特性与原理的特性之间的区别，相对于源泉的卓越超然性来说，原理处于低级地位。

他还表明自有生命者（self-vital）从源泉伸向万物，一直伸到灵魂，而非生者从原理伸向万物。这是因为神的"源泉的种"是自生的，第一推动的，从自身生出其他事物；而神的"支配的种"，就是与原理有关系的种，虽然从源泉出来，在存有中获得一个较部分性的等级，但在所有被造事物之上扩展，既不在某一方面与被造种类相连，也不与可感知种类交通。尘世的神在某一方面确实是被造的，由此蒂迈欧也说他们是被造的，他还把这整个世界也称为一个被造的神。但支配的神，与原理相关的神，则完全独立于被造种类，不与它们并列。因此，非造者的称呼特别适合于他们。而那些掌管自由领域的神作为非造神和被造神之间的中介，与后者接触，但并不成全世俗神的团队。因此他们在某种程度上既是被造的，又是非造的。也就是说，唯有那些作为超越尘世的种类之顶端的神，作为整体之统治者的神，才在出于得穆革的等级中获得一个非造的实存。同样，这种特性从那里进入灵魂。如柏拉图所说，原理是非造的。因为凡是被造的，必然是从一原理所造，而那原理必然不是从任何事物所造的。

同时，通过这些可以表明，[支配]原理如何从先于它们的神出来。因为它们不是根据运动从他们获得一个进程，也不是根据变化，相反，支配神的等级依靠他们的存有，根据他们的多产权能，以及无私而丰富的意志而存在，而理智神自生的权能也从自身把最初的生产给予原理。所以，人们是愿意接受神圣等级的这些名称，还是其他名称，我们认为这是无足轻重的事。但是我们要根据神学家们的传说，接受他们的特性，不论这特性可能是什么，从而将他们神秘的传说转化为柏拉图的叙述。由此我们才能使以下的考察与前面所说的内容一致，使我们所主张的观点与事物本身相适应。

第二章

支配神是如何源起的。什么是只属于这些神的超越尘世的特性。

另外,我们要采纳关于这些神的知识的原理,表明与他们相关的理论是由最初的原因推导而来。可理知的神因卓越的超验性而超越于整体,原初地分有合一和神圣之光,事实上所有神都将自己的实在完全确立在这种合一和光里面。可理知的神还出于要把善传递出去这份父式的丰富意愿,统一地从自身创造万物,并在自身中隐秘地预先确立二级种类的第一推动因。因为各种形式的整体而共同的尺度预先存在于他们里面,他们根据一原因包含存有的统一的种,在这些之前,还包含界限和无限,超本质等级的众神就是从这两者造出全部存有。

在这些可理知神之后的第二等级里,存在着可理知且理智的神。他们一方面按照同样的数被划分,把全备的三一体的度量单位保存在第二等级,另一方面使可理知者的统一体变成多,把那些三一体的统一界限转化为本质的实在,也就是分有"一"的实在。当然,不是把它们变为权能,整体的、没有分离的、隐秘的权能,而是变为分离的原因,离"一"渐行渐远。

另外,在可理知神之后的第三等级里,安排的是那些被称为理智的神,他们一方面形成一个相对于前一等级依次递减的等级,同时改变使他们存在的那个数。也就是说,他们不再是完全的三一体,而是按照理智的方式被分为七一体。就这个七一体来说,他们被分为两个三一体和一个元一;三一体的划分高高地源于最初的三一体,作为他们终结的元一,表示那些等级的末端。凡是属于异和多的特性的东西,都从那里出来,进入所有的种。

再者，各种等级的支配性原理也从这些神产生出来，它们一方面类似于所有可理知的神，类似于那些先于这些理智神的神，即那些被称为可理知且理智的神被划分；另一方面从一创造获得直接而独特的实在，但是它们与理智者一起的联合生产，出于第三个可理知者的三一体。因为那全备的原因也从自身生出所有等级的神。由此巴门尼德还称它为无限的多，认为它把存有的整个种和神圣种类的全部等级都展现出来，凭借一个全备的权能就足以创造各个整体。

　　再进一步，我们还可以对这些主导的和支配的神作出这样的论断，理智的元一依照不可分的理智创造他们的进程，就如先于他们的神照亮不可分的生命，也如先于万物的可理知神围绕自己构造真正存在的、可理知的本质。其实每位神都被存有分有，因此他们缺乏那种不可分的、隔绝于万物的统一性。而不同的神是根据不同的特性发出的。有些神因为是按照不可言喻的善本身被界定的，所以包含关于整体的可理知原因。有些则提供赋予生命的权能，有机地包含第一种种类的神。还有的将所有理智性的内转（involutions）显现出来，并掌管那些生出分离实在的统一体的分有者。由于理智神最先依照不可分的理智存在，并因此而被称为理智性的，所以紧跟他们之后首先发出的等级照亮被分理智的顶端，相对于低级等级，也就是按照关乎世界的神意活动而划分的等级来说，是理智性的。他们从属于最初的理智者，并获得一种较为部分性的管理；正如最初的理智者，相对于他们所造的神来说，是可理知的，但缺乏最初可理知者的合一性。因而，就如他们将第一的、不可分的生命显现出来，这生命是可理知的元一完全按原因隐秘地预先确立在自身之中的，（因为整体的所有原因都根据一种不可言喻的合一预先确立在那里），同样，这些神显明最初的理智者，表现使他们获得实存的那些神；他们确实是理智性的，但同时使父亲的纯粹的、统一的、总体的 hyparxis 变为一种从属的、多样化的进程——这种进程是围绕他们自己而分的；又使这种 hyparxis 在本质上减少。另外，他们凭借那第一推动、自我维持的源泉的最初发散，同样向理智神显现出来。

因此，他们还将所有部分性等级的支配性、生产性的原因，那无论在尊严上还是在权能上都先于这些等级的东西系于自身。总之，可理知神所具有的相对于那些从他们产生的神的超验性，他们也相对于其他神[从属于他们的神]同样拥有。可理知的神在一切理智的种之上扩展，预先确定了可理知的hyparxis，这hyparxis是独立的、未混合的、纯粹的；这些支配神还在自身中确立了超世俗的合一性，这种特性完全与尘世的种类隔绝。就如在不可分的、总体的实在中，有可理知的种独立自存，也有与此不相融的理智者，还有将两者集合起来的东西，就是存在于中间位置，被称为可理知且理智的东西；同样，在这些部分性等级中，超越尘世的神的特性预先在宇宙的各部分之外独立存在，不与这个世界并列，而是在各方面都作为原因包含这个世界。

所有尘世神的本质获得第三等级，紧紧包含在世界的各个部分里，就如在某个器具里，成全这一位独生的神，并有机地包含它里面的各种不同进程。而自由神的管理被定为连接两端的中间纽带，拥有对所有[尘世]种类的主权，在某种意义上与世界的各区域相连，但同时统一地上升到它的众多部分里，把世俗神的分离的数集合为统一的界限，和更单一的原因。尘世神的每个种也在这个自由等级之下伸展，各方面都被它连接、包含和完善，充满最初的善。所以，如果诸神里有什么超越尘世的东西，如果这种东西把某种确定的hyparxis传给他们，独立地规定权能的某种特性和等级的某种超验性，那么我们必须承认，这种东西最先存在于支配性的神中，是从理智性的父进入他们之中的，但未与任何尘世之物混合。这个超尘世的等级相对于神整个可分的神族来说是普遍的，但相对于理智神全备的、统一而整体的王国来说，则是部分性的。因为任何地方二级等级的主导原因都必须在某种程度上类似于确立在它们之上的等级的末端。

因而，神的进程是统一的，连续的，高高地源于可理知的、隐秘的统一体，终于神圣原因的最后部分。就如在可感知者中，极其粗糙、坚硬的形体并不立即与以太天空同时显现，而那些比其他形体更单一、更非质料的形体，直接在天体周期之下展开；在包含性的形体中，那些最初被包含的，比那些相距遥远，要通过另外的媒介才能与它们连接的，获得更大的共契；同样，在先于世界的神圣本质中，第二等级与那些先于它们的本质相继。存有的进程通过相似性得以成全。更高等级的终端与第二等级的开端连接。同一的系列和不灭的等级通过第一原因的卓越之善和他的统一权能，从高处延伸。因为他是"一"，所以他是合一的提供者；又因为他是"至善"，所以他先构造与他相似的事物，后造与他不相似的。于是，一切事物彼此相继。如果这种连续性断裂了，就不可能有合一性。由于彼此不相似的事物被放在结果的等级里，所以那与原理更相似的，不会有更古老、更可敬的进入存有的进程。如果我们的这些观点说得正确，那么从某种理智的超验性来看，部分性等级的最初实在必然是总体性的，他们在被分离的神的种里获得这种超然性，由此他们按因果关系包含所有二级种类，将它们与先于自己的神连接起来。因而，支配神的等级与理智神的王国是相连的。巴门尼德还直接从得穆革的元一来构造它。不过，这些将在后面显明出来。

第三章

什么是支配神的特性。同化是他们专有的特点。同化的原因如何先在地显现在得穆革中；又是如何在可理知的范型中的。

目前，我们要考察这整个等级的共同特性，以便尽我们所能赞美柏拉图的受神启示的理智活动，它向我们展示了最奥秘的教义。这些神的进程被认为是超世俗的，如我们已经指出的，并继理智神之后在整体中具有第二主权。由于它是依据这本质的 hyparxis 本身界定的，所以它展现了理智神的统一本性，同时又将包含在他们里面的原因生成为多。它还从总体的、第一推动的元一安排并装备较部分性的存有之种，根据最善的等级划分它们，使它们彼此并列。另一方面，它又集合并连接所有二级种类，在它们中插入一种可敬的本质和权能的结合。此外，它将后于它自己的所有种类与先于它自己的那些种类结合起来，引出独立原因的仁慈旨意，使之成为对二级种类的神意关怀，同时将从属的 hyparxis 确立在最初本质中，将连续性和实在的一系列分给所有存有。除了所有这些益处之外，它还根据一特性在自身里包含它们的供给。因为它使万物趋于同化，使从属的事物类似于那些先于它们的事物，使并列的种类彼此相似。通过这个相似性，它既展现它们的各种本质和多样权能，又将许多事物集合为一，将分离的种类联合为共享善的神圣团契。

不同像的等级原初就从这里开始存在。每个像都根据与它原型的相似性而产生。那使二级种类与一级种类相似，通过相似性将所有事物连接的东西，专门属于这些神。除了这超越尘世的神的种类，还有什么能够使世界本身，使世界里的每个事物与它们的原型相似？所有理智者都根据一个合一性和一个全备的神意构造世界里的种类，不可分地管理它们的本质。而自由神的种在某种意义上与世界接触，与尘世神合作。因而，任何地方，从本质上讲，同化的事物必然独立于被同化的事物，也就是通过相似者被印出来的事物；它必然用分离和按类的划分来装备二级种类。它若不进展到最末的形式，将所有那些事物——它们有不动的预先存在的原因——彼此分离，又怎么可能使某些事物与另一些事物相似，以适当的方式将所有事物与各自的原型相连？得穆革显然使所有事物与他自身相似，如蒂迈欧说的，他是善的，出于他仁慈的意愿使所有事物与自己相似。他还将时间给予世界，通过这种途径使世界更相似于可理知的生命体。总之，由于宇宙与它的原型的相似性，得穆革创造万物，并完善他自己的创造。

不过，在得穆革中，所有事物以及第二种的神都是作为原因存在的。就如他是所有先于他自己的种类的丰富和完备，同样，他也包含后于他自己的种类的统一原因。因此，他完善宇宙，按相似性活动，赋予整体生命，是灵魂的父，身体的构造者，和谐的提供者，纽带的主人，不可分又可分的种的原因，一切形状的产生者。所有这些东西，他都是统一地构造的，而后于他的神是以分离的方式构造的。但是，希望不会有人以为同化的本性原初就在得穆革中，倒不如说，存在按照同一性向得穆革显现。如果相似是从他进入万物之中，而他的存有在同一性中，如巴门尼德告诉我们的，那么我们必须承认，这样一个种类的神 [同化的神] 是紧挨着他的，也最先展示他的整个创造，将它加入到二级事物之中，但本质上不同于他，并在他之后，不像他那样包含关于万物的第一推动原理。总之，得穆革的元一以及与它并列的整个多，统一地、原初地、不可分地负责整体的相似性；而支配神的等级，将在得穆革创造中统一的东西分离，将在理智神的活动中总体性的东西扩展，将他们的神意的单一性变为多样性。因此，相似性从这些神伸展到世界里的所有种类，伸展到生命的最初、中间和末后的形式。在从原因而来的进程中，被同化的事物掌管与适当原理结成的第二种结合。

如果你愿意通过考察每个细节来审视藉相似性渗透万物的神意，你就会发现整个世界因此就是永恒神的像；它的整体性以同样的方式从它们的原型垂溢下来；整体灵魂总是围绕可理知者跳舞；那跟随神的较为杰出的种，比如我们的快乐灵魂，都因相似性离开由生育产生的漫游者，回到它们各自的源头。总之，你会发现，所有进程和回转都由于相似性这个原因而产生并得成全。因为凡是生成的事物都因与它生产者的相似性而存在，凡是回转的事物，都因为被它特有的原理同化，而导致向它们的回转。另外，相似性永恒地保卫着世上的所有形式，使其永不消失，因为它以神圣的方式从众神本身伸展而来。而形式的稳定相似性再次将具体事物的不稳定的变化带回到生产的圆圈，不仅在非质料形式上如此，而且在习惯于变性的物质形式上也如此。它使被造种类的无限多样性终止于一个有限的阶段，又将理性[即生产性原理]的各种分类归于它们统一的第一推动因。因此，世界是永恒全备的，完全充满总体的种和类。它也因此类似于可理知的生命体，以像的方式拥有并包含所有这些事物，就如全备的生命体在范型的意义上拥有它们一样。

因而，我们不可以为相似性的种是很小的，只是延伸到不多的一些事物，其实它是整个世界得以完全的原因，世界就是通过相似性成全它最初的生产和自足的，从而使它自身完整地包含万事万物。我们也不可认为这样一种生产应当归于某种理智形式。那延伸到一切超本质的、本质的、灵魂的、无形的以及有形的种的东西，先于一切形式和种，先于无形的和有形的原因存在。世界里的神并不因为相似性的理智形式而生成与他们的原因相似。也不因为不相似的原型理念，诸神超本质的统一体就被划分，理智本性就与自身分离，灵魂本质获得一种有序的进程；我想，不论相似和不相似，都有各自类似于理智的同一与殊异的实在。就如它们最先在神自身里，其次在理智形式里，与众神的 hyparxes 一起得以显现出来，同样，这相似和不相似也在超本质的统一体中获得一种先在的 hyparxis，但在存有的下降进程中获得一种相继的 hyparxis。因此就如巴门尼德表明"一"既是运动又是静止，既同于存有，又异于存有，与之分离，同样，他也向我们表明在众神的统一 hyparxes 本身里的相似和不相似。苏格拉底在对话的开头向我们描述相似和不相似，规定这两者的原型是分离的，独立于众多的相似和不相似。而巴门尼德重提整体的超本质实在，根据最初原因的特性，从那里引出存有。

就如生成的事物都从本质获得形式的装备，同样，hyparxes 的特性从超本质的事物延伸到一切本质。因为生产是本质的像；而本质根据超本质的合一拥有自己的进程。因而，相似的种最先在众神之中，然后在理智形式中被分开。因此全体事物的进程是依照相似性发展的；同时所有事物都通过相似性转向它们的原理，所谓万物从神性（divinity）发出，又从神性获得转向的权能。可理知的原型在自身中预先采纳同化神的隐秘原因。因为它自身不是懒惰的，不是不生产的；相反，它生产万物，使其本质上与自己相似，按父的方式构造它们，并且完全靠它的存有来构造。它还通过光照把 hyparxis 分给二级种类，把同化的权能分给它自己。另外，那神圣种的得穆革，出于可理知原型的先在原因，依附于这原型，围绕这原型活动，使一切事物既与它自身相似，也与这原型相似，但没有把它的固有 hyparxis 确定在相似的种里。因为它理智地、统一地包含整体相似性的原因，利用这一种类的神作为创造二级种类的助手。而支配神的族类，完全安排在可分的等级之中，最先展现父的理智创造，是通过先在于他里面的原因的相似从他垂溢下来的，同时将所有事物向得穆革的合一性延伸和扩展。也就是说，它使可分种类的神转向不可分的理智同一。它使展开的等级与可理知的原型相似，成全所有存有的统一序列。因而，那些在神圣问题上富有智慧的人非常恰当地指出，可理知者的最后三一体是源泉性和支配性的神的原因，整个支配者序列都围绕理智的父存在。同化的种类属于完全的原型，正如被同化的事物属于理智等级的末端。所有事物都被同化为第一个原型相似，所有二级种类向它的回转是通过相似性实现的。理智性同一和殊异与整体的得穆革联合，通过相似和不相似的权能可分地展现出来，通过分离的活动和本质的分离在所有存有中形成关于那种创造的统一且整体的形式。通过以上论述，我们提醒读者回记起可分的神圣者中最先、总体的种类，就是与理智等级相连的种类，它具有同化的特性，并依据这种特性得以规定，使一切事物与得穆革的元一联合；[我们还表明了]它如何从可理知的原型迸发到全体世俗的种类，为何是所有这些种类被造的最初源头。

第四章

　　同化神有什么权能。什么是他们的活力。有多少种善由他们传递给世界，传递给一切尘世的种类。

　　再者，除了以上所说，我们还要对所有同化的权能进行分类，恰当安排它们，考察它们如何围绕众神的一本质生发出去。柏拉图指出，这些权能中最先、最富支配性的，是那些展现父的理智生产，将它扩展到存有的所有分离等级的权能。第二层次的是那些连接整体，保存神圣进程的统一序列和牢固联系的权能。第三层次的权能是那些最初完善所有二级种类的首领，它们通过相似性促成向原理的自我完全的回转。在这些权能之后，他安排了那些使生发种类的神回到不可分之元一的权能，也就是作为可分本性的聚集者预先存在的权能。再进一步，他又认为其他有同化作用的权能使分离的种得以存在，肯定它们使最初和最末的种类得以存在，为其提供本质。除了所有这些之外，其他权能是纯洁无污的分配和永恒稳定的完全的原因。

　　此外，我要将丰富生产的发动者，那些把可分的生命之河浇灌并分配给一切二级种类的权能与以上这些放在一起排列。这些之后，我要安排提升二级存有，切除一切质料的、混乱的、无序的东西，提供各种善的权能。世上的美物没有哪一个不是从这个等级的神出来，这个等级使它的分有者充满神圣的善。或者，为何世界总是确立在自己特有的原理里，为何它的循环保持恒定不变，为何宇宙由牢不可破的纽带连接？因为它的各周期的末端成为随后回转的原理。而生产的循环仿效天体恒定不变的供应，万物都转向更神圣的种类。质料通过形式产物的最末表现，变得与存有相似。那以混乱无序的方式运动的东西，被得穆革的理性循环往复地引向次序和界限，被同化为那总是与恒定的同一性和不变性同在的种类。在纷繁多样的生产中出生，与多重运动一起产生的事物，变得与天体相似，虽然以各不相同的方式运动，却统一跟从天体的循环。天体的环行反映的是灵魂的周期；天穹的循环可以说刻写着天上灵魂的理智活动。时间本身按数发出，形成一个环行舞蹈，在一定意义上与稳定的理智活动相似，与所有可理知者的尺度[永恒]相似。这时间整体生出一个停留在一里的永恒的像，因为它同样是根据数演化的。所有事物都按尺寸从同化的首领那里获得一种进入存在的进程，分得各自的完全，并通过相似性与它们自己的本质相连。

另外，神的这个等级以一种特定的方式掌管世上事物彼此的交感和相互的结合。因为万物都通过相似性彼此合作，传递它们所拥有的权能。一级种类通过光照将自己的丰厚礼物无私地分给二级种类。结果总是确立在它们的原因之中。同样，在世界里还可以看到一种牢不可破的联系、整体的结合，以及发动者与承受者的联合。因为藉着相似性，结果中存在着它们的生产原因，原因中包含着从它们而来的产物。所有事物都彼此相容，相似性就是万物的召集者。因此，天上事物把自身丰富的流无私地分传给地上的事物；地上的事物在某一方面变得与天上的事物相似，分有一种适当的完全。于是，一个链条从高处一直延伸到末后的事物，二级事物总是表现先于它们的种类的权能，随着进程的延伸，相似性渐渐减少，但所有事物，甚至是那些极其模糊地分有存在的事物，也同时包含与一级原因的相似性，彼此相互顺服，共同顺服它们的最初原因。因为出于自己原因的事物天生有两种相似性，根据它们出于"一"，又回归于"一"的进程，它们彼此相似，同时它们与支配自己的第一推动因相似。通过前一种相似性，各元素共谋、同现、彼此混合；通过后一种相似性，它们迅急地奔向各自固有的原理，与它们的原型连接。因此，凡是分有太阳光辉的事物都出于太阳的循环；我是说，不仅比我们更杰出的种，还包括灵魂、动物、植物、石头的数。所有依附于墨丘利

（Mercury）循环的事物，都接受这位神的特性。在其他[尘世]神里也同样如此。他们全都是宇宙中的为首者和统治者。许多天使的等级都围绕他们跳舞；许多精灵，许多英雄，大量不完全的灵魂，各种可朽生命的种，各种植物的生长力，都如此。万物都追求自己的头，在万物中都有各自特有的元一的印记；有些事物中这种印记较清楚，有些较模糊；相似性在最先的后代中最清晰，随着进程的发展，在中间和末后的后代中渐渐模糊起来。因而，像和原型是由于共同的相似性而获得自己的实在的。每个事物因相似性为它自身所熟悉，并与同等的事物相识。因着相似性的存在，世上的同类事物之间有一种不可动摇的友谊，因为即使是相反的事物，彼此相距遥远的事物，也因相似性而无可指责地相互约束、相互连接，产生宇宙的完全。

总之，我们可以说，整体的同化首领从自身创造并产生万物。进程是通过相似性发展的；凡是构成的事物，都渴望变得与它的生产因相似。同化的统治者也使万物转向它们的原理，而每一种转向都通过相似性。他们同样使并列种类彼此连接。万物所共享的原因在它的分有者中产生一种相似性，又从这种相似性在它们中插入一种牢不可破的联系。他们也使万物彼此交感、友好、熟悉；通过分有，在较卑微的本性中显出较高雅的气质；同时通过因果包含，在较完全的本质中显出从属性。他们还从高处将序列和周期延伸到最末的事物。他们通过适当的数使元一性逐渐减少，同时通过本质的结合，集多为一。他们还使整体与部分相适应；同时把部分包含在整体里。对不完全的事物，他们将其末端连接起来，使其完全；同时通过一个相似因恒定不变地守卫完全的本性。同样，他们藉着相似的形式和理性，将不相似之海引入确定的秩序里；同时因着稳定的原型终止地上种类的变幻不定的生灭。这就是我们关于神圣种类的这一等级所说的共同特点，我们认为这个等级紧挨着理智神，同时是所有二级种类的首领，是它们与自己固有的原理相似的原因。

第五章

什么是同化神的分类。关于他们的讨论的最伟大部分是关于他们的中间等级的讨论。

接下来，我想，在阐述巴门尼德的理论之前，先说说柏拉图在其他对话里提到的拥有这种特性的神是什么。因为这样或许能使巴门尼德的教义变得更加可信，更加合理。支配神被以三重方式划分：有些与理智王联合，使整个序列在他们之下伸向与那些王的合一；有些成全中间的种，分配这些神的全备的进程；还有的结束这个等级的末端，向二级种类展现这些神的权能。如果真是这样，那些被安排在顶端的神并不同时分有同化神的相似性；其中有些神在某一方面被确立在它之上，本质上与理智神连接；有些则从它出来，与二级种结合。因此，唯有那些成全中间领域的，才真正在自身中确定这个等级的 hyparxis。因而，我们也从这些神开始，通过推理过程支持柏拉图的整个理论。因为我们将在这些神里发现他向我们完整阐述的支配等级的完全尺度。

另外，我们要将这些中间等级的整体进程归于一个三一体，它以神圣的方式从三位理智父获得这样一种分类。因此，这整个等级的神其实是从得穆革的元一垂溢下来的。得穆革理智在创造这些神时，有些是从它自身和理智父创造的，有些则是从它自身和赋予生命的整体活动（whole vivification）创造的，还有些是出于相应的河流。就由此获得自己的实存的神来说，有些被赋予父的尊严，是支配统治的父；有些获得生育的尊严；有些分有使他物提升和转向的尊严。但由于某类未污染的神与每位理智王联合，所以在支配统治的神中也必然显现出从他们而来的第二进程，因此保卫等级必然与上面提到的三重等级同时显现，以适当的方式与它们每一个同时存在；即在第一等级中以父亲的方式存在，在中间等级中以赋予生命的方式存在，在第三等级中以理智和回转的方式存在。因而，神的这整个等级必然被父亲的权能和丰富的进程划分，必然被引领所有二级种类向上的权能划分，被那些具有某种纯洁无污的保卫者特点的权能划分。他们从理智神获得自己的实在，有些总体性地上升到部分，有些按可分的方式将他们自己的丰富权能浇灌在整体上。他们还分配得穆革和父的神意，有些以第一、中间和最末形式的产品来安排并装备宇宙，有些引导出生命的河流，将它们浇灌在万物上，有些提升已经生成的种类，将它们重新召回到父中，还有的掌管纯洁，是二级种类的看护者。

第六章

许多证据表明，不仅根据柏拉图也根据其他神学家，有一位得穆革先于三位得穆革。

再者，从父的原因接受了柏拉图理论的开端之后，我们提出如下主张：这个宇宙的得穆革和父在理智王中获得这一等级，如前面所表明的，就如他总体性地创造整体，将万物归于世界的一形式，宇宙的一完全，同样，他安排并装备世界的各个部分，成全整体，筹划让所有不朽的和必朽的本性为宇宙的缘故而生产出来。这就是柏拉图在《蒂迈欧篇》里记载的他对低级神所说的话："为了使必朽的事物能够存在，这宇宙能够真正地成为大全，请你们按照本性转向对生命体的创造。"然而，由于元一之后，必然产生紧挨着元一的多，在全备的分离之前，必然存在统一的数（因为那进展到万物的东西不与那停留不动的东西联合，全备的东西也不可能与不可分的东西同时显现）——果真如此，那么创造整体的得穆革就从自身和他的父生出一个紧挨着众父之元一的数。这三位 [父] 从一位父获得各自的实存，先接受创造的权能和主权，从自身生出第二和第三个创造者，依次递减，按照[适当的]比例伸展，由此推演出整个得穆革的数，至于这数的原因，得穆革的元一就包含在自身之中。

多的有序进程最终变得明显可见。由此三位管理整体的父按最先、中间和末后的创造界限对自己的创造物进行划分，他们是所有造物的总和，但在总体性上又是各部分的创造者和父。由于他们与元一相连，所以没有改变生产的形式；但由于渐行渐少，所以并不拥有一种不可分地延伸到万物的活力。这一位得穆革其实在三一体之先，在自身中统一地包含所有[得穆革]的产物。而这三位父使第一位得穆革的统一王国和权能变多，划分他不可分的生产，把父的稳定活动引入二级种类。独立自存的元一按照至高的合一性，在自身中包含三一体的全备尺度，而三一体从自身展现元一的未分离的权能。

因而，柏拉图在其他对话里展示了这三位创造主和父，尤其在《高尔吉亚篇》里，引证受神启示的诗歌，作为对关于他们的理论的见证，他将他们的整个进程归与理智神的父萨杜恩，并从他那里把他们最初的产物向他们显现出来。然而，他使得穆革的理智不接受他们的三一分法，而将它与父一同排列，并说，他们有一个从属于他的理智王国。柏拉图还称他们为萨杜恩的儿子，但又指出他们是从朱庇特获得他们的进程的。因为有一位双重性的朱庇特，不仅柏拉图这样认为，我可以说，希腊的所有神学都这么认为：一个使理智三一体的末端转向开端；另一个处于支配三一体的顶端。一个是在总体上创造整体的得穆革，另一个获得分开创造的最初部分。一个被安排在这三位父之前，另一个是这三位父中的第一位，紧挨着其他两位父。由此我想，许多讨论这些具体问题的人不知道宇宙的得穆革朱庇特不是三位父的第一位，理智王的首领和统治者萨杜恩也不等同于得穆革的理智。就那些认为支配父的三一体直接源于萨杜恩的父式王国的人来说，有些将事物的整体创造归于萨杜恩本身；有些认为整体的产生源于三一体的顶端。然而，这两种观点岂不是都不可能吗？一者因停留在自身里，将所生的一切事物转向他自己，所以独立于得穆革的创造；另一者因相对于总体父被划分，所以不会成为整体的不可分之造主。创造世界的整体的、全备的得穆革必然既不与许多得穆革并列，也不等同于稳定的、完全确立在自身之中的原因。他具有一种与原因相反的实存，召回已经发出的事物，又展示这事物未从它自身发出时的状态。不借助于任何手段向万物呈现出来，这与分别活动并取消其生产性权能的本性相一致。他既然使自己的孩子转向自己，在自己里面孕育自己的后代，那怎么能像得穆革那样拥有将万物显现出来并使它们成为多的权能呢？他既与其他得穆革一起获得宇宙，怎么可能成为宇宙的统一原因呢？

如果你愿意，请思考这三位得穆革的第一位，考察从这样的论断中能得出什么。我们说，他们中的第一位是本质的原因，世界中的造物得以存在的原因；第二位是运动、生命和可感知者产生的源头；第三位是形式分开创造的原因，可分界限的原因，整体循环往复地转向它们的一原理的原因。我们还明确地论断以下这些观点，承认每位得穆革的创造都伸向整体世界。如果分别考察独特的创造模式，我们说，第一位是本质的产生者，第二位是生命的产生者，第三位是理智的产生者。第一位是 hyparxis 的原因，第二位是运动的原因，第三位是回转的原因。因此，整个世界就它分有存有来说，是从第一位父创造的；就它通过运动而存在，有生灭来说，从第二位父接受它的进程；就它是完全分离的，在各种各样的划分之后，要转回到它特有的原理来说，它是从第三位父产生的。

第七章

朱庇特是双重的；一方面，先于萨杜恩的三个儿子，[另一方面是三个儿子中的一个。]三子如何源于萨杜恩，和一位朱庇特。

对这些事就作了这样的界定。我们可以看到，在《蒂迈欧篇》里，这个宇宙的得穆革和父如何既不可分地构造世界，给予它本质，同时又为它提供存在，造出形体，在既不可分又可分的本质中间生成灵魂，不经任何生育活动就从最先的种统一地构造出理智。除此之外，父还把不同的运动分配给灵魂和形体，根据和谐的理性把这两者都分为各种各样的，通过相似性将它们连接起来，使它们转回到他自身和他自己的旨意。因此，我们怎么还能把这样的一位得穆革与这三位父之一同列呢？要知道，他们（即三位父）分别给予宇宙的东西，他从自身不可分地构造出来。他也不是先在地生产一些事物，偶然地生产另一些事物，而是通过他的存有生产本质，提供运动，伸展尘世形式的分类，并在其他事物的进程之后，将所有事物转回到他自身，同时以自己惯有方式的保持不动。

其次，我们说，这三位得穆革彼此相异，因为第一位以父的方式包含其他两位，是这整个三一体的父。第二位是这三一体的权能，根据权能的特性分有两端。第三位是三一体的理智，[通过分有]包含父式的、理智的权能。总之，第一位是两者的父，第二位是两者的权能，第三位是两者的理智。那么，整体的得穆革怎么能与上面提到的三位父之一同等呢？就如蒂迈欧所说，他是整个世界的父，在自身中获得一种父的权能和神圣理智，使所有事物转向他自己的观察塔。另外，我们发现，三位得穆革可分的特性不可分地、统一地先在于他里面。就如得穆革三一体因元一的未限定的超然性而分有与他的合一性，同样，元一按照原因的权能，在自身中先行地、神秘地包含这三一体。我们不可将这两者彼此混淆，必须将元一与三一体隔绝，使三一体从元一悬挂下来。我们既不可认为三位父是总体创造的支配者，也不可将他们中的第一位与一得穆革排在同一等级。因为并列者完全不同于独立的原因。根据包含力生产万物的东西完全不同于同等地向万物显现，与万物保持等距离的东西。此外，任何地方，多都是从它固有的元一悬挂下来的。就如"一"先于事物的总体等级，同样，神的每个等级都有各自出于某一元一的进程；每位神还获得一种先于他所包含的多的合一性。但是如果神的整个种，以及每位神都按同样的方式发生，那么每个被分开的等级必然也有同样的实存模式。

第三，我们说，柏拉图和古代希腊的神学都认为，这三位得穆革分割他们的父萨杜恩的独一王国。其中一位任何地方都安排并装备第一整体，另一位安排装备中间的整体，第三位掌管整体的末端；每位获得这样的等级，不只是在创造中，在部分性的灵魂的神意中也如此。因为这些灵魂，有些在创造之前就在第一位手下被安置，得完全；有些完成创造，安排在第二位手下；还有的需要创造之后的净化，就在第三位手下得完全。此外，第一位得穆革，如《蒂迈欧篇》里记载的，创造整个世界。他构造"同"的循环，安排并装备"异"的循环，所有月下区域的种类，包括地上的，也就是他造出来保卫昼夜的种类，恒定不变地固定在那延伸到宇宙极处的轴周围。他还使世界的所有部分都充满各自应有的数，使它们全都有生灭，不论是那些以可见方式旋转的，还是那些高兴时才显现出来的。另外，为部分性灵魂界定整个周期，它们坠入生灭界的程度，现世生活的兴衰，以及它们向同类星辰的回归；蒂迈欧还认为他向它们展现了所有的命运之法，向它们指出了宇宙的本性。因此，他不是这三位父中的一位，也不与他们并列，而是完全独立于这个三一体。同样，根据他的王国的独有特权，他分别超越于他们每一个，同时又共同地超越于他们全部。这些父的运作其实就是围绕他而分开的，并依靠更为部分性的界限加以分别。而他的创造是没有界限的，是一整体，是不可分的。

第八章

根据柏拉图，得穆革元一先于萨杜恩的三子存在。从《政治家篇》和《法律篇》的论述来证明这一点。

从以上所述可以清楚地看出，得穆革的元一独立于支配性的父；得穆革按照不可分的一原因永恒地创造存有。既然在柏拉图看来，朱庇特是独生世界的唯一整体的创造者，如我们前面所表明的，我们又真诚地认同这些事，并且如现在所说的，也如苏格拉底在《高尔吉亚篇》里教导我们的，划分萨杜恩的第一位得穆革以类似的方式被称为朱庇特，那么根据这一理论就有两位朱庇特，一位是先于三位父的理智神；另一位具有支配、同化以及首要的本性，位于这三位的顶端。因为柏拉图说，朱庇特、尼普顿和普鲁图，分割了他们父亲的王国，可以说，整体的三位领袖是从一位伟大的王而来的，使得穆革序列的一源泉成为一个完备的、首要的三一体；另外，柏拉图把在三者中分配的神意称为一王国，把第一推动者和统一者归于先于这三者的神，由此也暗示了这一点。如果这些并非只是朱庇特的等级，还有另一个朱庇特的多，那么以下将表明这是如何产生的。要知道，这三位父全都分有同一个称呼，以同样的方式受到被阿波罗启示的诗人们赞美；一位就被称为朱庇特，另一位被称为海里的朱庇特，第三位被称为地下的朱庇特。而这三位的头，在这三一体中最先拥有父亲的尊严和伟大的朱庇特的称号。由于他在获得源泉性的得穆革，也就是超越于这三位之上的得穆革时，也获得了至高的合一性，所以他也与总体朱庇特一样分有同样的名字，两者没有任何分别。因此，我想，苏格拉底在《克拉底鲁篇》里从名称向我们展现关于神的玄妙而神秘的法则，有时候将朱庇特与萨杜恩一同安排，有时候又与其他得穆革并列；他虽然认为同样的事不值得说两次，但在完备的得穆革的理智观念上，他还是认为应当通过名字的真理阐明三位得穆革的第一位的神秘法则。他既然阐述了事物与名称一致的理论，在某种意义上，就不可能不这样做，因为这个三一体的父，与整体得穆革不可分离地联合在一起。这个话题就谈到这里。

当然，如果你愿意，我们对以上所说可以作出如下补充。或许有人会担心，《高尔吉亚篇》里的神话说，萨杜恩的三个儿子依次紧挨着从萨杜恩出来，但是如我们所说的，不是通过得穆革的元一这个中介。另外，神话说三者分割萨杜恩的王国，但没有说是分割整体得穆革和父的王国。然而，我们必须从一开始就认定，无论是整体得穆革，还是这个支配性的父亲三一体，都是从理智神的父出来的，免得我们听信虚假的传说，无知地偏离柏拉图的思想和事物的真相。其实整体得穆革从一个整体出来，不可分地分有他的父。因为他停留在他父整全的权能里，并且——如果可以说——效仿他统一而未多样化的本性，是元一和整体，是最初、中间和末后之物的父。而三位得穆革以分离的方式分有他们的生产因，并从这原因出来，彼此分离，同时分离他统一的神意。萨杜恩是这样一位神，既是一，又是多，在自身里确立多，隐秘地把它包含在适当的界限里。而朱庇特表示父的元一，使它的统一性变为整体的神意。萨杜恩的三位儿子将存在于三一体全备界限里的多显现出来。因此也可以说他们分割自己父亲的王国，就是朱庇特以不可分的方式拥有的王国。因此，如果需要说得大胆一点，那么可以说，他其实就是一位生发的父，急切地安排和装备，为创造整体而孕育生产。另一方面，他们分配他的神意，这就等同于说，他们分配朱庇特的神意。因为他们的进程都是从这两位神（divinities）发出的，从"源之"（from which）说是从萨杜恩发出的，从"借之"（by which）说是从朱庇特来的。因为朱庇特将他们显现出来，而他们是从萨杜恩的 adyta 发出的。

另外，如果你愿意根据柏拉图的《巴门尼德篇》[思考问题]，在萨杜恩等级里，既有整体又有部分，如果你承认"在他者中的"的实存是就整体而言的，而"在自身中的"实存是从部分说的，那么先于三位的朱庇特其实就整体说是从他父亲发出的，从部分说是从三位得穆革发出的。因此，如苏格拉底在《斐莱布篇》所说的，朱庇特作王，在自身之中时拥有一个高贵的理智。只是他们以不同的方式统治，获得宇宙的不同部分。因而，爱利亚客人在《政治家篇》里展示这两位理智王，一位是整体不明显的生命的原因，是另一循环的原因，而另一位是明显可见的事物的源头，是目前这一周期的原因。他将这两种周期的原因都归于朱庇特，只是有时候他认为朱庇特这个原因引导宇宙中的万物走向萨杜恩的王国，有时候又认为朱庇特将对二级种类的神意系于自身。因为他通过理智纽带与他的父亲联结，这是苏格拉底在《克拉底鲁篇》里说到的。他还是伸向整体的整体，可以说，依靠他自己的光使他自己适应于他父亲的光，并拥有第二个王国。因此也可以说，他规定了他父亲的神意。但是，雅典客人[在《法律篇》里]将我们拉回到一得穆革王国，拉向法律，以及那里的总体正义，他说："据说，那位神拥有一切存有的开端、中间和末端，凭借本性上循环往复的进程将万物限定在一条真道上。"因为在我们看来，不应该认为柏拉图这里是在谈论第一位神，或者其他哪一位理智的父或可理知的父，而要认为他是在谈论整体的得穆革，所以，对那些只能有限地理解这类事物的人来说，只要知道他将万物限定在直道上，根据本性循环往复地发出，就足够了。同样，只要告诉他们朱庇特是这位神的侍从，是那些违背神圣法律者的复报者也足够了。因为第一位神，以及所有确立在完全等级之上的神，都独立于这种直线运动，也独立于这种循环进程，如巴门尼德教导我们的。他们也超越于一切运动。而从运动发出的第一者是整体的、全备的得穆革。因此，将整体限定在直道上、环行前进，以及跟随着正义，这些都属于这位神的特性。因为我们说，跟从的事物，就是跟从那被推动的事物。

此外，从属于得穆革的神，不像他那样拥有统治整体的统一主权，也不先行地呈现所有存有的开端、中间和末端。他们中有些总体掌管部分性种类，就像这三位父，有些部分地掌管整体，如那些以不同方式将生命之河浇灌在万物上的神；有的部分地掌管部分，如末后的得穆革，他们与世界打交通。因此，唯有那不可分的、创造整体的一得穆革，在自身里包含所有存有的开端、中间和末端，按一原因同等地统治所有二级种类。正义之神就跟从他，界定全体事物的功过，将每一物限定在它自己的界限之内。雅典客人在以上提到的话里表明了这些；而奥菲斯明确地将它们归于整体得穆革。他说，总体的正义之神跟从他，如今正管辖着宇宙，并开始安排、装备宇宙。"正义之神是罪行的严厉惩罚者，他跟从朱庇特，帮助并保护万物。"此外，这位神学家说，朱庇特包含整体的开端、中间和末端，"朱庇特是开端，朱庇特是中间，万物都源于朱庇特丰富的心思。"在我看来，柏拉图注意到整个希腊神学，尤其是奥菲特的神秘主义理论，所以他说，根据古人的论断，那位神拥有万物的开端、中间和末端，将全体事物限定在一条直道上，根据本性环形发出；他还有正义作他的助手，通过这位助手，凡是离开朱庇特的神意王国的事物，都向它回转，并获得一个适当的结局。因此，我们通过这些叙述提醒读者，雅典客人也注意到整体得穆革，向他的弟子们宣告这类事。如果关于这些事的论断是正确的，那么就必须根据本质将一位得穆革与这三位[得穆革]完全隔绝。如果他们中的一位包含世上每一物的开端，另一位包含中间，第三位环绕末端，那么那统一治理宇宙的，岂不必然确立在分离的原因之上？雅典客人赋予他一种权能，能创造这个[得穆革的]三一体。既然他包含全体事物的开端、中间和末端，那么按照最初的原因，他确实生产那安排并装备最初种类的得穆革；而根据中间的原因，生产那成全创造的中间边界的得穆革；根据末端的原因，生产使末后事物获得适当产品的得穆革。

第九章

从《高尔吉亚篇》和《克拉底鲁篇》的论述引出对同一问题的更明确的告诫。

因此，雅典客人其实已经清楚地说，萨杜恩的三儿子所得的分配，神意的尺度，以及整个进程都是从伟大的朱庇特悬挂下来的，正是他以神圣的方式界定了他们的所得，并在他自身里统一地包含他们所有。另外，关于这些论断，即他把万物限制在直道上，他根据本性环行前进，前一句表明整体从他出来的进程，直线就表示进程；后一句表明整体向他的回转。他理智地在自身里转向，并转回到自身，使所有事物都转回到他自己的观察塔。如果直线和环形最先存在于促进完全的神里，创造整体的得穆革就充满从那里来的东西，同时使后于他自己的种类充满从他出来的权能。就如从整体的三重原因说，他协同他父亲一起构造得穆革的三一体，同样，根据这两重性权能，他生产神的两个[等级]；一个根据他里面的直线装备可感知本性，另一个根据环形把万物提升到他的等级。此外，因为他虽然是从整体创造（即从瑞亚）出来，却分有促进完全的三一体，所以他将这直线和环形与运动结合起来。所谓运动，就是按直线跳跃，按环形前行；前者表示进发到万物的运动，用边界、形式、理性装备万物；而后者表示围绕它自己的运动，将万物向上引回它自身。

再者，柏拉图把三一体的原因放在一得穆革里，可以说让他停留在他自身里，使他与部分性的产物隔绝；而把按得穆革展开的划分归于三一体。蒂迈欧也像雅典客人那样把他放在父式因的位置上，认为他是一种生产权能，是一个高贵的理智，从神学角度思考关于他的那些问题。任何地方父式的东西都是首要的，而权能属于中间者，理智终结三一体的末端。根据神谕，权能与他们[即与父和理智]同在，理智出于他[即出于父]。因此，就已经发出的种类来说，一者是整个三一体的父，另一者是它的理智。一者获得总体创造的开端，另一者成全整体创造的中间者，第三者界定它的末端。这里我们不可忽略柏拉图描述的准确性，而要考察雅典客人如何用单数名称很好地展现三位得穆革的两端，称一个为"开端"，另一个为"末端"，而对于原因两端之间的东西，他通过多来显明。他称它为"中间者"；由于权能与无限者同等并列，或者说是某种无限，所以它是多和分离整体的原因。因此，三位得穆革中，一位是使世俗种类具有稳定组合的原因，另一位使生产进展到万物的原因，第三位是使事物环行到其进程之原理的原因。

不过，我们离题了，要回到关于第一得穆革的讨论中来，我们已经说过，朱庇特、尼普顿和普鲁图分割他们父亲的王国。在这些之前，得穆革以未分的、统一的方式接受他父亲的王国。得穆革的元一和三一体都是从开端获得它们的进程，和它们对二级种类的支配权；只是前者是不可分地获得，后者是可分地获得；前者是在元一的意义上，后者是在三一体的意义上。因而，你不要以为这三者是以同样的方式从父出来的，就如从先于这三位的一王出来，苏格拉底 [在《高尔吉亚篇》里] 以神话的方式说，他们分割父亲的王国，并因此需要次级属法律和从属等级，也就是适用于部分的东西。因为萨杜恩的法律和刚刚拥有 [他父亲的] 王国的朱庇特的法律，显然不可能适用于那些生产部分性的、多种形式的生命的神意。你岂没有看到，苏格拉底如何给予总体的朱庇特和萨杜恩一种独立的超然性，使一法律与两个王国相连接；而对三位分割王国的得穆革，可以说他明确地分给另一种体制，以及与他们的神意关怀对象相对应的更多样性的法律。他说，普鲁图和管理者出来询问朱庇特第二法的事；但他把可分的生命交给其他与这些生命相适应的审判官和法律。另外，对这类事作出明确分配，并造出了三位审判官的得穆革，不等同于先于这三位 [得穆革] 的那个朱庇特。后者根据一种先在的法律和神圣生命的单一性，与他的父在一起，前者与普鲁图一起，引导各种部分性的种类进入秩序和界限，是二级法律的领导者。

因而，神圣法律与理智王萨杜恩和朱庇特一起，也与惩罚那违背神圣法律者的正义之神一起，如雅典客人所说。而其他较多样的法律与萨杜恩的三儿子，还有与这些法律并列的审判官一起，如《高尔吉亚篇》里所记载的。那里，万物都不可分地且统一地 [与理智王一起]；而这里，万物以分别的且可分的方式 [与萨杜恩的三儿子一起]。那里的事物是原初性的，法律也更是萨杜恩式的。但正义之神跟从伟大的朱庇特。与二级种类相关的法律，赋予属于萨杜恩的第一个儿子的完全。而审判者成全第三个儿子的王国。普鲁图从第二个朱庇特分有分离的法律，就如总体朱庇特从萨杜恩接受统一的法律，这法律在对事物的总体创造中成为他的共同管理者。总之，与尼普顿和普鲁图同列的朱庇特是支配性三一体的顶端；而与萨杜恩和女神瑞亚并列的朱庇特则是理智三一体的第三位。因此，苏格拉底在《克拉底鲁篇》里有时候从朱庇特上升到萨杜恩，将两个王国联结起来，有时候从朱庇特进到尼普顿和普鲁图，展现这个支配性的三一体；正如在《高尔吉亚篇》中，他将萨杜恩和朱庇特的等级交织在一起，说两者中有一个且同一的法律。同时，他根据先在法的显然正确性和第二法的分类，将第二的、较不完全的朱庇特与普鲁图并列。关于这些具体问题就谈到这里。

第十章[①]

三得穆革是谁，什么是他们彼此之间的顺序。同样，什么是他们的进程，他们如何围绕世界的分类。

接下来我们要跟从柏拉图的神秘叙述，开始谈论这三位父，他们都是从得穆革的元一垂溢下来，作为它之后的第二位向我们显现出来的。也就是说，这三位整体的首领和统治者，是从理智父发射出来，依照他们被划分的，同时他们被展现在神的所有可分等级之中。在统治者中，

---

① 以下观点是某位学者或注释家写在普罗克洛的这篇作品的手抄本边页上的："最终目标、完全之物以及对开端、中间和末端的拥有，最先存在于可理知且理智的神里面。因此，形状也在那里自我显现出来。也就是说，整个同化系列里的这个三一体类似于可理知者和理智者，从他们获得开端、中间和末端。得穆革是按照这个促进完全的三一体的相似性造出这个三一体的，并把直线运动与环行运动结合起来。就如普罗克洛在前一章里所说的，在直道上跳跃，按环形前行，就是对运动的定义。就如这个三一体从可理知者和理智者拥有这些属性，同样，同化神的整个系列也从这个三一体拥有这些属性。因此，部分得穆革的这个三一体类似于可理知且理智的父，即类似于促进完全的权能。"

他们被分在第一的等级；在整个同化序列里，他们类似于可理知且理智的父；他们还在自由的神中创造了第二个进程，管辖宇宙。他们又与世俗神一起，成全事物的可见等级，一方面在天体中获得一个本质，另一方面在月下领域分配全体部分，但是任何地方都按父亲和得穆革的方式活动，扩展—创造，使它与各部分相适应。

关于他们所得的领域和分配物，首先，如果你愿意，这是与整个宇宙相一致的，他们中的第一位创造本质，第二位提供生命和生产，第三位协助正式的分配。第一位将从那里出来的事物确立在一得穆革里，第二位将万物引入进程，第三位使万物转回它自身。其次，他们的分配物和分配是与宇宙的各部分对应的。第一位装饰恒星领域和它的循环；第二位管理行星领域，完善它里面的多样的、有效的、生产性的运动；最后一位管理月下领域，按理智的方式完善地上的世界。第三，我们可以在那被造的东西里考察这三位得穆革的进程，蒂迈欧这里也提到萨杜恩的后代。朱庇特管理被造事物的顶端，管理火和气的领域。尼普顿用各种方式推动中间的完全可变的物质，是每个湿润本质的检查者和看护者，这种本质可见于气和水里。普鲁图按神意看顾大地，以及地上的一切事物。因此他被称为地上的朱庇特。

第四，在整个生灭界，朱庇特确实获得顶端的位置，分有被提升到超越于其他部分的那些部分，快乐灵魂分得的领域也在这些部分里，如苏格拉底在《斐德若篇》中所说的，因为他们当时超越于生灭，生活在朱庇特之下。而尼普顿分得洞穴和凹陷处，形成、运动、侵袭、震荡常常光顾这些地方。因此他们把这位神称为大地的摇撼者（earth-shaker）。普鲁图分得地下的区域，各种河流以及塔尔塔卢斯（Tartarus，即冥府）本身，总之，就是灵魂受审和受罚的地方。因此，就灵魂本身来说，他们说那些没有进入生灭界，停留在可理知领域的，就是朱庇特的；那些熟悉生灭的，被安排在尼普顿名下；那些生成之后要洁净和受惩罚的，就在地下漫游，经历一千年的行程，或者再次回转，被领回到它们的原理里，这些灵魂在普鲁图的掌管下得完全。

第五，我们必须说，这些神分得的领域是根据宇宙的中心分配的。朱庇特拥有东中心，分得一个类似于火的等级；尼普顿拥有居间的中心，这个中心与赋予生命的特性相关，并且生灭界特别从这个中心欣赏天上的种类；普鲁图拥有西中心，因为我们说西方等同于地，是属于夜间的，也是不明显、模糊之事物的原因。比如影子就出于地，地就是指从西到东没有光线。总之，根据对世界的每一种划分，我们认为最初的、最领先的部分是朱庇特的；同时又说中间部分属于尼普顿的王国；我们还认为末后部分属于普鲁图的王国。

第十一章

什么是诸神中赋予生命的三一体。我们可以从柏拉图论述这三一体的合一和分离的哪些作品中得到帮助。

我们通过这些叙述，显示了支配性的父的三一体。不过，我们要考察这个进程中的另一等级，就是多产的、赋予生命的、柏拉图以一种受神启示的方式阐述的等级。出于所有理智父的连续递减和衍生都在同化神里显现出来。那里统一存在的事物，在这里以可分的进程存在，因为任何地方，结果都分得一个比原因低的等级，把多给予元一，使它们稳定的实在变多，使单一者的活动，就是在最初本性中的活动，变得更加合成化，这是完全合理的。就如从父的元一[萨杜恩]诞生一个支配性得穆革的三一体，同样，从赋予生命的源泉[瑞亚]，就是位于理智神的中心的，发出同化神的活跃等级。这里也有一个由一元一有机包含的三一体；因为父的三一体也根据一完全理智存在，并且如我们所说的，原本是元一性的。因而，作为生命提供者的三一体也同样是元一性的，同时确实充满多产的权能，充满纯洁无污的完全。它还分有整体的赋予生命之特性，通过生命之河，使二级种类充满生产性的善，使赋予生命的光被从属本质同等而充分地分有。它使万物都转回到它自身，同时向万物显现，将自己的适当权能分给它们。它还从高处渗透，一直渗到世界的末后部分，同时处处保存自己的合一性不与它的分有者混合。它拥有得穆革元一的生产性的、完全的、仁慈的光；同时连同第三位父［普鲁图］一起编织生命的等级；以体面的方式与整体的界限并列。总之，它将自己从中间者伸到统治者的种，包含最初的和末后的。它与它们一起，使所有二级种类得完全，将那生育性的东西与得穆革并列。除了这些之外，它还用一种相似权能照亮万物，将纯洁无污性与回转性连接起来。因为稳定的权能属于得穆革的种，而无污的纯洁属于提升的种。

因而，柏拉图也像奥菲斯那样，用一个名字来称呼这个三一体，但在某一方面他还指明它所包含的权能的多。整个希腊神学都把第二次赋予生命的活动称为"Coric"（即处女的，纯洁的），并将它与整体的赋予生命的源泉联结起来。柏拉图还说，它从这个源泉获得自己的实在，与它一同活动。因为结果绝不会离开其原因的神佑。但是漫游和考察［属于按神意活动的权能，正如］分有按周期来说属于神意活动的对象。然而，可分生命的神圣原因［即普罗塞比娜］将自身从永恒与整体的生命源泉［即塞丽斯］——神学家们称为支配女神的母亲——相连结。柏拉图处处将普罗塞比娜与塞丽斯联结起来。他预先确立后者作为一个生育性的原因；同时展示前者被后者充满，自身又充满二级种类。由于处女纯洁的等级是双重的，一个显现在世界之上，在那里它也与朱庇特并列，与他一同构造可分本性的得穆革［即巴克斯］，另一个，也就是从属的那个，显现在世界之中，据说还在那里被普鲁图抢走，由此激活宇宙的各级，那是在普鲁图管理之下的，——果真如此，柏拉图向我们完美地展现了这两者，有时候将普罗塞比娜与塞丽斯联合，有时候将她与普鲁图结合，表明她是这位神的妻子。那些向我们讲述厄琉西斯城（Eleusis）里最神圣的奥秘的神学家有传言，说在上面，普罗塞比娜住在她母亲的房子里，这房子是她母亲建造在不可企及的地方的，与宇宙隔绝，而在下面，她协同普鲁图一起管理地上的事务，负责地上的隐蔽处，将生命延伸到宇宙的各级，把灵魂分给其本身没有生命、是死的事物。你或许会有一点疑惑，按神话所说，普罗塞比娜与朱庇特和普鲁图都发生了关系，前者强暴了女神，后者抢走了女神，但为何与尼普顿没有发生任何关系呢？确实，萨杜恩的儿子中唯有他没有与普罗塞比娜结合。[究其原因，]那是因为尼普顿在三一体中占据居间中心的位置，分得一种赋予生命的尊严和权能，并根据这一点而显出特色。因而，他自身里就有赋予生命的原因，激活他特有的整个领域，从他自己的特性使它充满中间的生命。普鲁图是把智慧和理智给予灵魂的提供者，这是苏格拉底在《克拉底鲁篇》里说的。而朱庇特是使存有存在的原因，是三一体的父亲。因而，普罗塞比娜在世界之先与端点同列，与朱庇特并列，在世界之中，则根据父的仁慈旨意与普鲁图并排，在前一情形中，她被朱庇特强暴，在后一情形中，她被普鲁图抢走，这样，创造的最先者和末后者都分有赋予生命的特性。就如生命的整体源泉[瑞亚]根据一不可分的原因与整体结合，以生命光照万物，同样，普罗塞比娜协同宇宙的首领，将最先的、中间的和末后的事物结合起来，以她自己的赋予生命的特性光照它们。

此外，我们可以通过柏拉图引用的这些神话寓言知道整个三一体的合一性，因为他称它为"Core"（即处女或普罗塞比娜），将它与塞丽斯一同显示。同时，我们也必须考察他是在哪里指出这三一体的分离的。它里面有三个元一，其中一个根据hyparxis被立为最高者，另一个根据确定生命的权能安排，第三个根据赋予生命的理智安排。神学家都习惯称第一个为纯洁的处女黛安娜（Diana），第二个为普罗塞比娜，第三个为处女米纳娃（Minerva）。不过，我所谈的是希腊神学的创立者，因为在野蛮人中，[即迦勒底人]，同样的事物是通过另外的名字表明的。他们把第一个元一称为黑卡蒂（Hecate），中间的元一称为灵魂，第三个称为美德。而柏拉图是按希腊人所赋予的名字使我们了解这些事物的，所以他在显明处女米纳娃的等级时，称她为米纳娃女王（Minerva Mistress），说她是处女，认为她是整体美德的原因，称她为智慧的爱人，战争的爱人，以及伊托诺（Ethonoe），因为她知书达礼。所有这些名字向我们充分表现出她理智的、支配的本性，以及她迅速提供整体美德的权能。在同一篇对话里，他又表明普罗塞比娜的等级，指出她是福勒法塔（Pherephatta），并使用这个名字，所有其他神学家也都使用这个名字。他在《克拉底鲁篇》里表明这些事，揭示隐藏在福勒法塔这个名字里的真理。在同一篇对话里，他还指明黛安娜的等级，说她精通美德。因为显然，整个三一体与它自身联合，三一体的第一个 [元一] 统一地包含第三个，第三个转回到第一个，中间的具有伸向两者的权能。因而，这三个赋予生命的元一，就是黛安娜、普罗塞比娜和我们的女王米纳娃。其中第一位是整个三一体的顶端，她也使第三位回转到她自身。第二位是赋予整体生命的权能。第三位是神圣的、纯洁无污的理智，以支配的方式把总体的美德都包含在一里。同样，蒂迈欧也阐明了这一点，称第三个元一（米纳娃）为爱智慧者，充满理智的知识和真正的智慧；又是爱争辩者，是纯洁无污权能的原因，整个坚毅品质的审查者、看护者。另外，雅典客人称她为 Core，是一位处女，远离转向外在之物的一切可能性。

如果你愿意，我们要从《克拉底鲁篇》里关于福勒法塔所说的内容来考察 Core 的三一体。她被称为智慧，被认为与被造的、生成的事物接触；她还使那些听到她名字的人产生恐惧，在大众中激起惊异之感。关于智慧的称呼，显然，它是米纳娃 [独特属性的] 一个记号，是美德的顶端。如果在我们中间可以说，所有知识是众美德中的第一位，那么说智慧是所有美德的第一推动因，怎么可能是不正确的呢？如果哲学是属于她的，那是因为她是智慧，是非质料的智能，而不是因为她缺乏智慧，（狄奥提玛说，没有哪位神是进行哲学思考的）；正因为她不缺乏智慧，所以支配等级的理智之善完全属于她。而与生成的事物接触，与生灭界接触，则必以特定的方式适用于灵魂。正是灵魂，知道一切被造的事物，并持续地与它们打交道。另外，在某种意义上，她整个儿与那生成的事物接触。此外，福勒法塔与多的不同等性，她所激发的恐惧和惊异，表明她具有独立于一切事物的权能，那是众人看不见，不知道的权能。野蛮人 [即迦勒底人] 也把这三一体中为首的女神称为可怕、吓人的。因此，柏拉图虽然并没有 [比野蛮人] 更清楚地向我们说明关于这位伟大女神的这些特点，但他宣告了与关于她的神学相适应的名字。

以上提到的所有细节，从分有来说是那在下面的、与普鲁图结合的 Core 内在固有的，也如某人可能会说的，从与总体 Core 的相似性来说，也是她与生俱来的；但根据第一实在，这些细节内在于支配的 Core 里。事实上，这三位女神是同时存在的。就如整体赋予生命的神在自身中包含美德和灵魂的源泉，就是得穆革分给世界，使它得以完美地存在的源泉，同样，这位神 [Core] 拥有生命的所有可分形式的最初原因，拥有灵魂的原理和美德的原理，由此，上升到不完全的灵魂 [比如我们的灵魂] 是通过相似性，美德就是一种与神的相似。因而，这两者，即美德和灵魂，每一个的形式都预先存在于同化的神里；同样，灵魂的不朽也是出于它们与神圣者的相似性，如苏格拉底所说的。也就是说，如果它们获得本质上的不朽，那么使它们 [与神圣者] 相似的原因必然原初性地存在于神里面。因为它们是变得与自己的源泉相似，同时又是从使其变得相似的原因分得相似性。于是，这样一种灵魂不朽的原因就显现在这些同化原因里。苏格拉底也从相似性证明说，灵魂管理并专制地统治身体是理所当然的，因为它们拥有管理并专制统治的权能，这是那分给它们 [与神圣者的] 相似性的原因赋予它们的。因而，生命的所有可分形式的一原因本身预先存在于同化的统治者里。而统一的、整体的、不可分的美德先于提供 [与神圣本性的] 相似性的一切美德而存在。无论是灵魂的本质相似，还是美德的相似，都不是出于别的源头，而是出于这些统治者和原理。

然而，如我们所说的，Core 中有三重性的元一，一个在自身中确立万物；另一个引导万物进入生产（生产是灵魂的职责）；还有一个将万物转回到它自己（这是美德的显著工作）。万物都完全地预先安排在 Core 之中——果真如此，与普鲁图结合的元一在某一意义上分有端点，但根据中间者特别分得它的进程。因此，它也被称为普罗塞比娜，因为如我们所说的，它与生产以及生成的事物接触。非混合的、处女的品质与端点相适应。而混合、与被造事物接触，适用于中间者，它喜欢进程和多样化。因此，对 Core 的这种抢夺完全确立在普罗塞比娜那里。但她也将自己和从她出来的生命力分给末后的事物。同样，苏格拉底在《克拉底鲁篇》里也将普罗塞比娜和普鲁图并列，同时又处处将总体的 Core 与塞丽斯同列，将她包含在 Core 的名字里。不过，从她出来进入下面领域的权能，他包含在普罗塞比娜的名字里。因为灵魂性在这一权能中是本质性的；而它里面的其他东西，如我们所说，是根据表现而来，不是原初性的。关于赋予生命的三一体，就谈到这里。因为关于这个三一体柏拉图只向我们讲述了很少的一点辅助性说明，但这些话语，犹如火石，相互摩擦，就有可能点燃真理之光。

第十二章

什么是支配神的回转三一体是；什么是它所包含的元一。其中也表明阿波罗与太阳的合一性；表明我们为何可以从关于阿波罗的讨论得出关于太阳等级的理论。

第三，我们要讨论支配神以及将万物转回到其原理的三一体中的提升。因为如我们说的，有三个理智的元一，它们先于三一体被预先安排在诸神中，所以支配神的三个三一体就按照这三个元一发出：父式三一体与第一个理智元一对应（因此他们也被称为萨杜恩的儿子，被认为分管了他们父亲的王国）；赋予生命的三一体与中间的元一对应（因此我们习惯性地把 Core 与塞丽斯并列，就如与一个先在的原因并列）；回转性的三一体与第三个元一一致。同样，我们将这三一体的独特的原因确立在得穆革里。支配神的所有三一体都从得穆革的元一垂溢下来，他们的进程都出于这个一。其中一个三一体，是他协同他的父构造的，另一个是他协同赋予生命的女神构造的，第三个则出于他自身里的源泉。在全备的得穆革里，有许多源泉，都先于所有第二和第三的衍生而存在。那里存在着理念的源泉，他就根据它来装备宇宙，塑造宇宙里的一些具体部分以及形式和理性，安排并引导它们进入界限和形态。那里还有灵魂的源泉，以及从他出来的所有理智神的源泉。因为就原因的权能说，他拥有高贵的灵魂和高贵的理智，如苏格拉底在《斐莱布篇》里说的。那里还有源泉性的太阳存在。因此，蒂迈欧在阐述了七大形体的产生和它们在总体循环中的位置之后说，得穆革点燃我们现在称为太阳的那个光，它在地之外的第二个循环里，他从自己的本质为太阳提供一个实在。那点燃整个太阳的，就是创造太阳、构造那被点燃者的。

因而，得穆革在自身中拥有并包含太阳的源泉，联合整体的原理和统治者创造太阳的权能和太阳神的三一体，由此万物都得提升，得完全，充满理智的善；从一个元一分有未污染的光和可理知的和谐，从另外两个元一分得有效的权能、顶端和得穆革的完全。那么柏拉图是如何向我们阐述这些神圣等级，又是在哪里指明它们的？这里，他通过一个名字包含整个三一体，就如他对先于它的三一体所做的那样。也就是说，他前面通过 Core 这个名字表明赋予生命的原理的整体种，同样在这里，他把整个三一体称为阿波罗尼亚克（Apolloniacal，即阿波罗的）。同时他通过这位神的许多权能指出这个三一体里的多。

所以首先我们要考察，柏拉图如何像奥菲斯那样，认为太阳在某种程度上等同于阿波罗,他如何尊敬这些神的共契。奥菲斯清楚地说,太阳就是阿波罗,并且(我可以说)在他的全部诗歌里都坚持这个主张。而雅典客人通过这些神圣者的合一性指明这一点,构造了阿波罗和太阳的共同神殿,有时候提到两者,有时候只提到一者,因为他们在一个合一性中存在。他这样说:"每年,当太阳从夏季转到冬季的时候,要求整个城市聚集在太阳和阿波罗共同的殿里,将三名公民献给这位神。"这段话先是同时谈到这两个神圣者,认为应当有一个阿波罗和太阳的殿,夏至之后,整个城市的人必须聚集在那里;然后再谈到两者,似乎他们是同一个,说,要将三名公民献给这位神,由此将两者从分离重新合而为一。在其他地方,他隐性地暗示两者是彼此合一的。另外,在接下来的谈论中,他时而说[献给神的]公民应当将共同的初果献给太阳和阿波罗,时而只提到太阳,因为阿波罗就在太阳里。因此,在柏拉图看来,这两个神圣者是同类联结,权能结合,有一种不可言喻的合一性。

苏格拉底也在《克拉底鲁篇》里提出要从阿波罗的称呼里揭示出他的本质,上升到他的 hyparxis 的单一性,他的将真理显现出来的权能,他的作为知识之因的理智,从而向我们充分表明这位神的非多、单一、统一的本性。在《国家篇》[第六卷]里,他将太阳比喻为"至善",将可感知的光比作从"至善"出来流到可理知者的光,将从"至善"向可理知者显现的光称为真理,将理智和可理知者彼此联结,由此他明显地将这两个序列,我说的是阿波罗的和太阳的序列合而为一。因为这两者都类似于"至善"。而可感知的光和理智的真理,类似于超本质的光。这三种光彼此相继,即神圣的光、理智的光和可感知的光;最后一种光是从可见的太阳出来渗透可感知者的,第二种光从阿波罗延伸到理智者;第一种光从"善"伸展到可理知者。

另外,这些神就他们都类似于"至善"来说,是彼此同时显现的。但除了合一性外,他们也有自己特有的分别。从受阿波罗启示的诗人的诗歌里可以看出,他们各有不同的生产性原因和源泉,他们从这些不同的原因和源泉获得各自的实在，于是就彼此分离了。这些诗人同时还展现他们是相互显现，彼此统一的，通过彼此的称呼受到赞美。太阳非常高兴在颂歌里被赞美为阿波罗。而阿波罗每每听到人把他当作太阳来求告，就慷慨地使真理之光闪耀出来。因此，既然这两个神圣者的 hyparxes 是相互统一，共同存在的，而柏拉图本人告诉我们阿波罗有许多权能，它们非常高兴能获得一个适当的理论，那么通过一个推理过程，从这些权能把太阳的进程集合起来，自然是恰当的。当然我所说的这些话，是基于《克拉底鲁篇》里的苏格拉底，以及他通过比喻阐明的关于阿波罗的权能的观点。这位神的名字只有一个，但这个名字向热爱沉思真理的人显明了他的全部权能。因此这是对阿波罗的特性的非常显著的描述，即集多为一，把数包含在统一中，从一生出众多事物，通过理智的单一性使丰富多样的二级种类环绕他自身旋转。苏格拉底说，这就是阿波罗这个名字所揭示的意思，它充分地表明一里面包含着神多种多样、各不相同的权能，以至于接受他最后的像，他最模糊的肖像，这种模糊不清的像也与他那统一而集中的 hyparxis 相似，并有助于我们回忆阿波罗的特性。所以，这一个名字隐秘地拥有对这位神的众多权能的众多暗示。通过这种独立于多的单一性，这位神因着预言向二级种类显示的真理，就向我们展现出来。因为单一等同于真实。通过[他名字里]体现的（对多的）消融和脱离，这位神的纯洁无污的本性得到显明，他作为整体的救主的权能也显示出来。通过他射出的箭，他的权能也彰显出来，这种权能凭借一个原因，即投掷箭的源泉，摧毁一切混乱的、无序的、不适当的事物。通过他的旋转，整体的和谐运动，以及将万物在其自身里联合、连接起来的交响乐，也得以显现。如果我们把这位神的这四种权能归于与权能相对应的形式，就可以使它们对应于太阳的元一。这些元一中的第一个清晰地表明隐秘地存在于诸神自身里的真理和理智之光。第二个摧毁一切混乱之事，终止所有无序之物。第三个通过和谐的理性使万物恰如其分，彼此友善。另有一个无污、纯洁无比的原因管理着这些元一，以完全和符合本性的实存照亮一切事物，促使对立面走向和谐。

就太阳三一体来说，第一个元一展现理智的光，并把它向所有二级种类显现，使一切事物充满总体真理，将它们提升到神的理智之中。我们说，这就是对阿波罗的预言权能的应用，即将包含在神圣本性里的真理揭示出来，使二级种类不认识的东西得以完全。而第二和第三个元一发射出有效的、得穆革的顶端，以便生成整体，完善活动，它们依照这些来装备每个可感知事物，同时终止宇宙的无序和无定状态。这些元一中的一个类似于整体里通过音乐的生产，类似于对运动之物的和谐安排。另一个类似于那摧毁所有与形式相反的无序、混乱和骚动，使其服从整体布局的权能。最后一个使万物能够同等而充分地与美的事物交流，赠给有益的东西，赐予真正的福祉，虽然终结太阳的原理，却保卫它的三重性进程。同样，这个元一以幸福生活的完全而理智的尺度来光照上升的种类，在太阳里掌权，类似于阿波罗王的洁净、颂歌（Paeonian）权能。

我们可以根据《国家篇》里关于太阳的记载，通过推理过程得出同样的观点。苏格拉底赋予它一种独立于一切被造之物的超验性，并说，它确立在生成的可感事物之上，就如"至善"完全独立于可理知者。他还说，太阳创造出感觉，也就是可感知的东西，造出被造种类，正如"至善"生出本质和真存有，先在地是理智和可理知者的原因。既然这可感知的世界是被造的，是有生灭的，如蒂迈欧所说的，也是一个神圣的被造之物，如《国家篇》里所论断的，而太阳超越于生灭之外，如苏格拉底主张的，总之获得一个不同于可感知者的本质，那么很显然，它在世上具有一个超越尘世的等级，在被造事物中展现出一种非造的超验性，在可感知者中显出一种理智的尊严。同样，蒂迈欧也阐述了出于得穆革的太阳的双重进程，一个与其他行星并列，另一个是孤立的，超自然的，不可知的。得穆革造出七大行星，把它们放在各自适当的循环之中，同时构造太阳和其他行星，安排月亮为距地球的第一位，太阳在第二循环中，然后，他点燃太阳系里的光，这是无可比拟的光。这光，他不是从隶属的质料接受的，而是从他自身创造、产生出来的，并且可以说，将它作为理智本质的一个象征，从某个 adyta 伸展到世俗种类，向宇宙显明超越于世界之上的神里面的玄妙的东西。因此，太阳一出现，就使 [世俗] 神大吃一惊，他们全都渴望围绕他跳舞，渴望充满他的光。这个世界同样是美的，具有太阳的形式。

因此，如我们所说的，从《蒂迈欧篇》里 [宇宙的] 创造可以表明太阳拥有这个超越于可感知者的等级，分得一个超越于一切被造之物的本质，而世上每一个事物都从他接受完全和本质。苏格拉底在《国家篇》里也称太阳是"至善"的子孙，被造本性的得穆革，整个世俗之光的创造者。我们必须同样在比喻意义上将这些言论理解为是关于支配等级的神的描述；这些描述从那里传到这个可见的太阳上。因此，这里太阳也分得一种相对于世俗神的独立超验性，因为他在整体的首领和统治者中拥有一个先在的实在。

再说，光的第一推动因存在于那些神里，产生那些超越尘世的理智光线，通过这光线，灵魂和整个较杰出的种获得一个提升的进程。与这些神一起的，有得穆革的二一体，它既生产单一的种类，也生产复合的种类，既生产具有较多支配性的事物，也生产属于低等级的事物。总之，这个得穆革的二一体管理着世界的双重并列者。那些在神圣问题上富有智慧的人就把这个二一体称为光的最初原因，得穆革的双手，视之为整体的生效者、推动者和创造者。他们认定它们是双重的，一个是右手的，另一个左手的；蒂迈欧认为，这种双重性最初存在于天体周期里，又说这种分法源于第一个得穆革。如果得穆革的元一在创造世界之前先构造太阳的等级，那么他将这种左右划分法确立在那个等级，有什么可奇怪的呢？苏格拉底也把帕尔卡（Parcae）的推动权能称为双手，说三者中的长者用她的双手推动宇宙，所以我们不可拒不承认双手这个名称可以用于神圣问题。此外，根据柏拉图，太阳原理中的最后一个岂不也同样是神圣问题阐释者们所说的，幸福生活的源泉，生出未污染的果子给整体的源泉？既然他把太阳称为"至善"的产物，那么这太阳本质上就属于"至善"。因为显然，就如善把幸福给予一切存有，同样，太阳也把幸福按相应的份儿给予尘世的种类，并通过相似性和对整体得穆革的倾向性成就这样的事。全体世俗神有一个统一的支配原因，就此而言，幸福属于他们全体。因为完全和恩福就是从那个原因流向一切事物的。

第十三章

什么是纯洁等级的支配神。从柏拉图的作品可以得出关于这一等级的什么概念。

我们跟从柏拉图，通过一种推论过程，就这些具体问题收集了以上这些内容。除此之外，我们还要加上关于支配神中那些清洁未污的神的理论。柏拉图也给了我们一个机会提到这些神，因为整体的统治者和领导者必然类似于理智王存在，尽管他们通过划分产生他们的进程，分裂为部分。就如他们仿效理智王的父亲式的、生产性的、回转性的权能，同样，他们也必然依照支配的特性在自身中接受不变的元一，在他们自己的进程之上确立具有保护特点的二级原因。奥菲斯的神秘主义传统比较清楚地提到这些神。而柏拉图因为相信奥秘，相信奥秘中所施行的仪式，所以关于这些未污染的神只作暗示。在《法律篇》里，他凭借科里班忒（Corybantes）提醒我们注意那种狂吹管笛的做法，它能遏制各种混乱无序的运动。而在《欧绪德谟篇》里，他提到一个宝座上的安排，那是在科里班忒秘仪里施行的；正如他在其他对话里提到库里特的等级，谈到库里特穿戴盔甲的运动。因为柏拉图说，当创造整体的得穆革从瑞亚显现出来之后，他们就围绕着这位得穆革跳舞。因而，第一个库里特等级在理智神中获得自己的实在。而科里班忒等级先于 Core（即普罗塞比娜），并全面保卫她，就如神学所说，它类似于理智等级里的库里特。如果你愿意按照柏拉图的习惯说话，那么可以说，因为这些神圣者掌管纯洁，保护库里特斯等级不受玷污，使他们在衍生中保持恒定不变，在进入世界的进程中保持稳定不动，所以他们被称为科里班忒。因为任何地方"το κορον, to koron"都表示纯洁，如苏格拉底在《克拉底鲁篇》里说的。你还可以说，我们的女王 Core 不是因其他方面得名，就是因纯洁和未受玷污的生命而得名的。由于她与这个等级联合，所以就生出两个保护三一体，一个与她的父亲联合，另一个与她自身联合，因着她自身，出于她自身，在这一点上仿效整体赋予生命的女神。因为她创造了最初的库里特。

因此，希腊神学处处这样称呼保护者的纯洁无污的等级。它在上面时是单一而不可分的；在下面，在支配神中间，它自身显现出分离和多样性。因而，科里班忒需要米纳娃的元一，并以特定的方式渴求第三个米纳娃元一，这元一将他们的进程统一起来，保护他们穿戴盔甲的活动，总之，使他回转到自己特有的原理。此外，三一这个数是与这些保卫权能相适应的，是完全的，统一地包含二级种类的开端、中间和末端；事实上，凡是担当保卫的事物，总是急切地全面包含那被保卫的事物。三一体也坚定不移地保护二级种类的本质、权能和活动。在理智神里，三个[未污染的]元一围绕三位父被划分；而这里，这三一体被认为全面保卫 Core，因为她也在自身中预先确立了三重元一，如我们前面所指出的。所有这些元一都在未污染的神的保卫之下保持不变，不论是在停滞时，还是在生发时，都如此。能与多产的权能并列的，除了这类保卫性的神之外，还会是什么呢？这种同列是必不可少的，唯有这样，这些保护性的神才可能维持这些权能的所有进程，以及它们在生产中展现的多样化，才能明确地使它们的运动不变地确立在自身之中。因此神使万物充满神性，神创生万物，不离弃任何事，不论是最先的，还是末后的。由于他们存在于自身之中，所以能同时向所有事物显现，由于他们充满着自身，所以能充满所有二级种类。他们的不变性并非保持不生产，他们的多产也不接受任何出于从属本性的东西；相反，丰富的生产和不变的权能在他们里面同时显现、联结。关于纯洁无污的神就简单地谈了这些，无论是柏拉图，还是希腊神学家，都把这些神与支配神并列。

第十四章

巴门尼德怎样得出关于支配神的结论，与得穆革等级相一致。他通过相似和不相似描述他们的整个等级。

再次回到 [同一个话题]，我们要讨论巴门尼德向我们讲述的关于神的整个等级的共性，就是被称为同化的统治者和领导者的那些神的共性。如我们前面所说的，必须将 [关于神的] 整个分离理论归于巴门尼德的一个总的神秘原理。因为在那个总原理中我们将看到，柏拉图以一个连续的序列向我们表明神圣等级的彼此联系，和他们拥有的共同权能。因此，这些同和异就为我们确定了得穆革等级的特性。我们已经根据这些同和异，在以上所说的话里展现了得穆革的父式的、多产的原因，他的未污染的源泉，以及他里面的独立权能，他依据这种权能，将他自己的王国与萨杜恩的王国分离。由于同化的神的整个等级从得穆革的元一垂溢下来，围绕它存在，转向它，因它得完全，所以必须认为这个等级的记号属于得穆革的记号，同时按一定分寸从后者发出一个秩序井然的生灭界，给予前者。由此神圣种类彼此之间的连贯性将变得更加显明，从更古老的种类到二级事物的光的演化也将由此向我们完全地显现出来。

这个等级，其他人赞美它具有支配和引领的本性，我们通过论证表明它具有同化的本性，那么它的特性空间是什么呢？凡是有同化功能的事物，总是把与原型的相似和结合传给所有被同化的存有。另一方面，它又与相似者一起生产并混合不相似者；因为在 [相似者的] 像里，相似的种并非天生就适合于显现，与它的对立面分离。如果神的这个等级使可感知者与理智者相似,模仿原因造出所有后于它自己的事物,那么它其实就是与后于它自身的事物相似的第一推动因。既然它是这样的原因,它也是那与相似并列的不相似的原因。因为凡分有相似的事物,必然也分有不相似。神的这一等级比不相似者在更大程度上把相似者分给与其原理更挨近的后代;但它根据不相似,而不是相似,构造远远离开其原理的事物的本质。

总之,相似在自身中会有一个类似于父式原因的实在,这实在也类似于转向原理的原因。而不相似的实在类似于多产的原因,类似于那些负责多和分的神。因为相似类似于可理知的界限,不相似类似于可理知的无限。因此前者是进程的集合者,后者是进程的分散者。由于每个神圣者从自身开始自己的活动,虽然它的活动指向二级种类,它把自己的特性分给从属的事物,但是它根据那种活动,在确立其他事物之前率先确立并界定自身;——果真如此,那从自身为其他事物提供对相似和不相似的分有的,必在自身中完全拥有这种相似和不相似。它也是由这两者混合而成的,虽然有时候更多地显现出相似,有时候则更多地显现出不相似。生产因与父式因相结合,未污染的原因与那些急切地走向每个事物的原因结合。同样,神圣种类的双重并列,相互相连,一起活动,彼此存在。支配神的种既相似于自身,又不相似于自身,既相似于其他事物,又不相似于其他事物。既然它与自身相似又不相似,就既将自身与它的原理结合,又将自身与原理分离,保存进程的适当界限。那与他物既相似又不相似的,既将他物转向自己,集合于自己,又将它们与自己分离。这就是这些神的特性。

相似和不相似从得穆革的元一和先在于那里的记号出来,进入这个等级,这一点巴门尼德已经向我们充分表明了。得穆革的同和异,是这个等级的相似和不相似的先在的原因,如他说的。但是,神的这个等级虽然是可分的种和可分地活动的种的顶端,但它还是有相对于它们的一个总体超然性,这样它才能与神的所有等级相连续,免得它的进程另外从分离的原因获得它的形成,从而可以说,使对立双方都能从整体得穆革出来。相似出于同和异，不相似也从这两者接受它的实在；由此各自都分有整体得穆革的元一。这是总体 hyparxis 的一个标记，即将每个可以说相异的部分归于整体。因而，同和异生出相似；只是一者以父的方式生，另一者以未污染的方式生；一者是生产性的，另一者是分离性的。同样，两者也以适合于自己的方式构造不相似。于是，起同化作用的神种作为整体的父亲、生产者和集合者，就变得多样化了。因为他们变成了光，依照先在的原因成了双倍的。得穆革的二一体通过预先确立在他里面的原因活动，从每个原因引出一个进入二级种类的进程。整个结论同样也是二一性的（或者与二一体相关），同时它们被得穆革的四一体包含在预先安排的界限里。同化进程的多依靠理智种类的单一性而转回到合一性。

其实，每种进程都有一个进程是超自然的，不为多所认识的，另一个进程则显明出来，为众人所知。比如就拿相似性来说，就它是由异构造的而言，具有一个难以认识的进程，但就它从同出来，就显现出一个明显的原因理性。同样，不相似因拥有异，故它固有的 hyparxis 有明显可见的原理，又因它拥有同，使它的原理难以认识。因此，巴门尼德从不为众人所知的，只向知识和理智显明的事物开始，终于所有人都知道并且可以言说的事。在神自身里面，不可言说者先于可言说者。他们的隐秘而不可知的实在样式，先于那根据进程可知的样式。以上就是柏拉图在《巴门尼德篇》里关于这些神的论述。

第十五章

什么是既超越尘世又属于尘世的神。他们如何通过自己的中介保存从得穆革生发出来的神的连续性。

另外，我们要讨论随后的那些等级。由于神的部分性等级按照三一体的全备尺度被三分法划分，按神圣方式从最先的可理知者发出，一直进展到末后的事物，衡量并界定一切事物，如神谕说的，所以支配神 [在部分性等级中] 获得最先最高的地位，紧挨着理智等级开始他们的进程，提升二级种类，将它们与创造整体的得穆革联结，将所有不可分的、统一的理智性的善向从属事物展现，并独立地连接、包含它们的本质和完全。而成全可感知世界的神获得最末的等级，作为末端结束神圣进程。这些神划分宇宙，在宇宙中获得永恒的辖地和容器，通过这些东西组织一个最好的世界体制。在这些世俗的神，也就是我们的统治者和拯救者，和超越尘世的领袖之间，存在着那些掌管既可分又不可分的可感知者的神，他们既独立于宇宙中的神，又与这些神并列，他们据此界定自己特有的进程。一方面，他们在与世界的分离部分相适应的区域之上扩展，以神圣的方式升入世俗神的许多数里；另一方面，他们引出一个服从于管理的进程，这种管理是对一切事物和所有整体的管理。

总之，作为超越尘世的神和世俗神之间的中介，他们在某种程度上与两者交往，与两者都有一种牢不可破的结合，从等级来说，既是尘世的，同时又是超越尘世的。在上面，他们靠支配领袖得以统一，在下面，他们因低级神而形成为多，如蒂迈欧说的。因为他们依靠在尘世神之上，并以一种纯洁无污的方式确立在他们的顶端；同时他们又是从超越尘世的神垂溢下来的，并围绕他们而存在。他们比前者更具统一性，又比后者更具多样性。他们将超越尘世的神的整体元一分为完数；同时又将世界神的多和数集合为统一的界限，将这些神转向他们独立的原理，又引导超世界之上的神进入生灭界并按神意关怀可感知种类，同时在自身中恒定不变地保存王国的中间形式。可见，中间的纽带成全神的所有种类。因而，在可理知者中，在可理知的、隐秘的等级、原型的三一体，和全备的多之间，存在着可理知的中心，它与多和最初（的形式）一起形成，同时被第一等级的统一包容力所征服。另外，在可理知者和理智者里，连接性的种类从中间者向两端延伸，将它们的本质、权能和神意活动联合、连接起来。

同样，在这些等级中，即在独立于宇宙的王中，以及在那些与宇宙并列的王中，那些在自身中统一地发出这两类王的特性的神，为他们提供彼此之间的交往。因此，将一级种类传给二级种类，将二级种类转回到一级种类，用牢不可破的联系将两者联合起来，保卫世界里的整个等级，这属于他们的职责。因而，在神意活动中保持不动、不变、不灭，对整体拥有主权，同时管理神的众多可分的辖地，将他们的众多进程和等级提升到超越尘世的完全之中，这些都属于这些神的职责。因此，我们习惯于说这个种类的神是"自由的"，因为他们脱离了一切从部分而来的分裂；是"超天外的"，因为它直接将自己确立在天神之上；是"纯洁无污的"，因为它不接近从属的本性，也不因神意地关注世界而毁灭它独立的超验性；是"提升的"，因为它将尘世的神拉回到理智的且可理知的审察之所；还是"完全的"，因为它用完全的尺度照耀所有天神。由于这个等级与同化的统治者相连，同时又先于尘世的神，所以应当表明关于它的神学是从关于支配神的理论派生出来的，同时从它自身提供关于可感知神的思想的原理。

第十六章

　　自由神是如何被标示出来的？他们如何既因其自由的特性独立于宇宙，又与尘世的神并列。

　　因而，所有理智者的可理知的王，[①] 神采奕奕地从自身发出最初的原因，就是按照他自身中全备的三一体来度量整体的原因，界定包括末后事物在内的所有整体，从他自身使神的进程三重化，从而产生三个等级，

---

　　① 即法涅斯（Phanes），或用柏拉图的话来说是生命体本身，位于可理知等级的末端。

将每一等级归于一个元一和一种可理知的超验性。因此，他构造了所有理智者的三个集合的原因，三个连接的原因，以及三个促进完全的原因；将三一的光伸展到所有事物，通过光照将在它特有产物的进程中的完全分给所有分离种类的开端、中间和末端。另外，得穆革和父仿效他的父亲和祖父①，就如他的父亲在可理知者中伸展自己的总体智能，同样他在理智者中发挥自己的智能；又如他的祖父终结可理知者的父的深度（paternal profundity）一样，他结束理智父的种，然后从自身引出神的三个等级。就如总体进程从他祖父按三一方式分离，同样，部分性进程因他而按三一方式得完全。因此，从得穆革也有三个等级出来，只是它们依照各自的末端发出。其中一个完全是超越尘世的；另一个是尘世的；第三个在某种意义上是两者的中间者。这些神还直接从父因获得三重性；但每一个从确定的原理获得 hyparxis 的特性，在前进中依次递减。因为他们拥有的既不是同等尊严的实在，如数学的一在三一体里所拥有的；也不是参差不齐、完全不同的尊严；他们获得的是不同的从属本质，在出于最初原因的生成中的不同位置。因此，支配神获得部分性进程中的最高等级，是生成种类的独立原因。而自由神被分在第二等级，安排在支配者下面，同时基于尘世的神上面。尘世的神被安排在第三等级，通过自由神并联合支配神，得以提升到理智神。至于在世界中的神以及所有尘世的种类如何分有支配神，我们前面已经作了说明。

每个尘世的种，依照各自应有的份享有宇宙的自由管理者的活动，尤其是那些能够跟从这些神的权能的种类。在神自身之中，我们可以看到有一种双重性的活动，一方面与他们神意关怀的对象并列，另一方面与之独立而分离。根据第一种活动，尘世神管理可感知者，使它们回到他们自身，并围绕他们旋转；根据另一种活动，他们跟从自由神，并与他们一起被提升到可理知的种类。因此，爱利亚客人提出整个世界的周

---

① 即仿效萨杜恩和 Phanes。

期，凡在里面的神都具有双重性。他说，太阳和其他所有天体都根据这两种循环存在，既理智的循环和尘世的循环；如果你愿意，也可以说，按照两种权能，即推动二级种类的权能，和协同自由神上升的权能。

此外，他说，我们的灵魂，以及所有具有与身体分离的生命的种类，有时候按照上升的进程生活，有时候按照尘世的进程生活。我们现在从年轻走向年老，因为我们已经离弃繁荣、纯洁的生命，被生在地上，进入了生灭过程；而那时与此相反，我们是从年老走向年轻，因此，我们被引导到一种活跃的、理智的、自由的活动形式周围。于是，由形体构成的本性[我们与此相连]渐渐被消除，不论是什么原因使我们朝下，使我们与宇宙不可分；而无形的、非质料的本性显现出来，被神充满，神就是这种生命的首领。

如果你愿意，我们可以通过推理过程，从《斐德若篇》里记载的内容推导出同样的观点。苏格拉底在那篇对话里说，得了完全和翅膀的灵魂，高高地盘旋，管理整个世界；当我们的灵魂到达幸福生活的顶点的时候，也会是这样的。当然，这是在更大的程度上与高于我们的种类同在，与神自身同在。因为我们的灵魂是凭着神实现这个目标，获得这种真正的恩福的。试想，一种脱离了重负的活动，也就是支配整体的活动，若不是从自由神那里，你还能认为从哪里，从什么别的原因给予我们，给予世上比我们更优秀的种？每个尘世的神都获得自己的管理领域，都有它所统治的固有序列，那是他按照父的旨意围绕自己构造的。得穆革把精灵之族、不完全灵魂安排在一些尘世的神手下，如蒂迈欧说的。而将活力贯穿整个世界，这是一种超自然的善，是天外之神的独立管理的特性。因此，这种善是从这些神传递到尘世神，再传到我们的灵魂的。否则，那不完全的东西怎么可能把它特有的活动延伸到整体呢？它抛弃自己的分离特性，怎么能改变自己的生命呢？因为那将自己的活动指向宇宙的东西，使它自己从一种被安排在部分里的活动中撤回来。因而我们不可说，这神圣的善不是由这些神，这些在世界之上确立自己的王国的神，而是通过其他方式，从别的源头向世界的本性显现的。就如通过相似向万物进发的过程，根据与原因的相似而回转的行为，是由同化的统治者传给天上的神，传给更杰出的种，传给我们的，同样，那脱离了不完全种类的东西，解除了重负、自发倾向众多活动（energies）的东西，是源于自由统治者的一种印象（impression）。关于这些渗透万物的统治者的神意，以及他们分给从属种类的善，就讲到这里。不过，除了以上所说，我们还要对他们本质的特性作点补充，他们就是按照这种特性被分在这个等级的。

第十七章

从自由神的本质看，他们有什么共同的权能和共同的活力。

从理智神[1]，[即从同化的统治者]派生出一个非质料的神圣理智。分离的、总体性的理智就是这样的一个理智。因此这些神也被称为理智性的神。从他们的 hyparxes 来看，他们在本质和多之外；但他们又分有本质和多，即接受这样一种进程的光照，所以，他们又被称为同化的神。因为他们有理智性的实在，完全的权能，理智是他们的最后分有者，理智性的特性界定他们的整个本质，因此他们获得这样的称呼。一个理智本性最先分有尘世的神，一个纯洁无污的灵魂也分有他们，还有世界的那一部分也分有他们，此外，他们还给整个世界一个理智的、神圣的生命体，将他们自身的光芒发射出来，一直发射到形体，又把他们自己特性中的一点痕迹分给形体。因而，在这两者之间的等级，必然喜欢某些添加，有了这些添加，它们就比理智神更多样化，并且一步步成为分有

---

[1] 希腊注释家对普卢克洛的这部分文本解释如下："普卢克洛的'理智'神就是指'支配'神；非质料的、独立的理智指整体得穆革。他用'本质'意指一个不完全的实在，比如灵魂、精灵以及与不完全灵魂同等的理智。"

者；但它们必然比尘世的神更单一和单纯。神圣本质的减少使从它们派生出来的接受器（receptacles）成倍增加。因此，这些神除了理智特性之外，还有灵魂性权能，以便凭着无形本性拥有超越尘世的 [属性]，同时凭着这灵魂性权能比理智神更多样化。

我们也可以从另一角度来思考这个问题，既然灵魂自我显现出来，整体灵魂的一源泉在纯粹 [理智者] 里显现出来，并协同得穆革一起构造万物，那么超越尘世的神岂不必然分有灵魂特性？围绕世界划分的神并非不借任何中介的充满统一灵魂，而是通过其他更丰满总体的中介充满，这中介不是出于元一 [即朱诺或碗槽]，但拥有一个永恒生命。因而从那里，也就是从灵魂的碗槽，灵魂向支配的、自由的神显现出来。就如苏格拉底在《斐莱布篇》里所说的，得穆革朱庇特按原因的理性说，在自身拥有一个高贵的灵魂，一个高贵的理智，而按照他自身的整体说，创造那些在超越尘世和尘世的神圣者中具有支配特点的神，所以他也完全地分给理智的和灵魂的特性。不过，超越尘世的神是最先展现出来的，因而更多地分有理智性的本质。但灵魂的特性也隐秘地包含在他们里面。而获得中间等级的神，使灵魂的特性显现出来，同时包含一种 [比在超越尘世的神中] 更丰富的分离。尘世的神则将灵魂的特性完全显现出来。就如理智那样，原本隐秘地存在于最初的理智者中，然后将一种先驱的光展现在中间者中，而在末后的理智者中则完整地显现出来。超越尘世的神是完全超越尘世的，从理智的碗槽或者得穆革中的高贵灵魂引出灵魂的权能；同时他们在自身中确立分离灵魂的另一个元一。而正在本质上与尘世的神交往的自由神，从两个源头获得灵魂的特性，一个是总体的生命之源，另一个是同化的原理。最后，尘世神接受先于他们的所有神圣者的光照。因此，他们仿效自由神统治宇宙，用形式装备月下区域的种类，并仿效支配神，使它们与理智的原型相似。他们还从灵魂的一源泉引出 [与身体] 不可分的生命整体，把它确立为 [与有形本性分离的生命的] 一个像，将他们自己与这个源泉相连结。

总之，所有的种类①都被得穆革混合在灵魂的源泉里，以便造出不同等级的灵魂，有些等级手头只有一种事物，有些等级有各不相同的事物。在一些等级中，本质支配其他种类，在另一些等级中同占据支配地位；还有的等级中异占据支配地位。那些与同化的神同时显现的灵魂，依照本质拥有它们的整体实在。因此它们靠近一个理智性的 hyparxis，在灵魂的各个种类中分得一种可理知的、隐秘的超然性。那些与自由神并列的灵魂，依照同标示它们特有的进程，因此，它们也与将超越尘世的神与尘世的神连接起来、集合为一的神同时存在。那些与尘世的神一同分离的灵魂，按照异界定它们自己的本质，因此，得穆革在构造宇宙的灵魂时，被认为用强制力将异应用于其他灵魂。

此外，在这些灵魂里，分裂为部分、联合为一、按时间活动，这些都通过异的光照而实现。而在这些灵魂之上[的灵魂里]，存在着本质和同一，还有永恒的生命以及权能的合一与其同在。关于这些问题就谈到这里。

从以上所说，我们可以通过推论过程得出，理智、本质、理智性生命，都从自由神垂溢下来。灵魂和包含天外灵魂的本性也在他们中显现出先驱的光。因为他们被确立在依赖于形体的天神之上，正如天神独立于月下区域的神圣者，与那些管理质料的神圣者隔绝。如果自由神的种是这样的，那么完全可以说，他们属于不完全的等级，就如先于他们的神一样。但他们其实更具总体性，因为灵魂的特性在他们里面是隐秘存在的。自由神使那在神意活动中是部分性的东西变得更加明显，因为灵魂的权能在这些活动中也更为显然，正如掌管不完全辖地的尘世神将灵魂的本性完全显现出来。而整体的、不可分的神一直显现到理智实在。因为理智按其自己的本性说是不可分的。

既然自由的首领就如我们所表明的那样，我们就要考察他们中与这

---

① 即存有、本质、同、异、运动和不变这些种类。

一等级相应的多样等级。他们中有一些，我们称为"传递者"，就是向二级种类展现同化之种的进程的。有些是"提升者"，将尘世等级向上拉到一种独立的活动。有的是"连接者"，同等地协助两端达成结合。有的是"纯洁无污的"，这些神完全剔除了质料，通过光照将使二级种类的神意活动解除重负，变得轻松自由。有的是"促使完全的"，就是将完全提供给尘世种类的神。有的是"多产的"，他们使从属本质的进程成倍增加。他们根据这些权能，以及其他更多的、我们无法领会的权能，掌管世界中的神，成全存在于独立神与那些与宇宙的各部分并列的神之间的神圣种类。

此外，我们必须分给他们与其权能协调的活动，即解除了重负，处处明显可见，切除了一切质料的东西，有形的东西，散发出一个纯洁无污的理念，毫无接触，无形的，使所有二级种类转回到他们自身，并将它们拉向理智光的活动。再者，我们必须将展现宇宙的独立原理的活动归于他们，以及比这些更杰出的活动，朝向理智神的活动，还有更高贵的，将自身与理智神联合的，展现无颜色、无形状、无接触的本质的活动，统统归于他们。另外，根据另一样式，[我们必须承认]他们的活动有些围绕二级神展开，并将这些神的神圣统一性集合到一个先于世界的合一体。有些围绕尘世理智施行，将它们的理智活动从并列的可理知者延伸到那些最初的、独立于宇宙的可理知者。还有的将灵魂上升到它们的统一源泉。他们的有些活动就是神圣灵魂本身的首领，有些掌管比我们更为优秀的种类。有的使可理知[灵魂]的多转回到一种纯洁无污的生命。可以说，他们是某些领军者、首领，以神圣的方式升入到世界的所有种类；又是精灵神（daemon Gods），直接管辖诸神；是走向可理知者的进程中的为首者，根据被提升者所属的等级，或者以这种方式，或者以那种方式，引领它们上升。一切[尘世的]事物都分有自由神，只是分有的方式是各不相同的。有的按神圣的、精灵的、可分的方式，有的按统一的、理智的、灵魂的方式。我们可以说，所有事物都从神的这个等级获得一种独立的生命，一种没有重负的活动，一种超自然的神意，以及一个共同的职位。关于自由神的共同定义，就谈到这里。

第十八章

关于《斐德若篇》论到的十二首领或统治者，他们有一个自由等级。

接下来我们要阐明柏拉图的理论，先是叙述其他对话里可以找到的内容，再阐述《巴门尼德篇》里关于这些神的全备理论。在《斐德若篇》里，苏格拉底热情地施展活力，将他的理智扩展到神圣等级的整个联系，不仅神秘地考察它们的尘世进程，还考察它们不可描述的神圣视界，世界之上的推论活动，以三分法把世上的所有独立实在与它们管理的对象分离。他称这些实在中的第一个是神圣的，中间一个是精灵的；再从我们的灵魂成全最后一个。他还从精灵引出不完全的灵魂 [比如我们的灵魂]。因此他称它们是同为侍从的，并以精灵为中介将它们引到神圣王国。然后他从尘世的神引出精灵等级，因为精灵是这些神的侍从。不过，他把这整个神圣权位，精灵之族，不完全灵魂之组，归于自由的等级；他说，世俗灵魂的三一军队在这个等级下被提升到理智的且可理知的神，同时还有它们的最初原因也一并提升。

这里，他根据十二这个数的尺度来界定所有自由神，尽管他们的多是不可领会的，不是人的思想所能数算的，那些对他们有所记载的神学家，没有一个能够确定他们的整个数目，就如他们所拥有的支配性的多（即超越尘世的神的多），或者理智神或可理知神的多是不可数算一样。然而，柏拉图认为十二这个数适用于自由神，是完备的，是从最初的数构成的，从完全的事物得成全；他也以这样的尺度去领会这些神的所有进程。因为他将他们的所有种，所有特性都归于十二这个数，根据它来界定他们。另外，他将十二分为两个一和一个十；他将所有 [尘世种类]

从两个一引出，同时告诉我们，这两个一每一个都按照自己的 hyparxis 给予后于自己的一以活力。其中一个一，他称为朱庇特，另一个称为维斯塔。他还提到其他较不完全的权位，成全上述的十，比如阿波罗的、马尔斯（Mars）的、维纳斯的。他从阿波罗的权位引出生命的预示形式，从维纳斯的权位引出情爱，从马尔斯的权位引出分裂，由此就形成了最完全的、最先的生命种类；正如当他将刚形成的灵魂引入世界时，说有些负责一种生命形式，有些负责另一种生命形式。在我看来，如蒂迈欧分别灵魂，有时是超越尘世的，有时是尘世的，因为他按照星辰的数目来分配灵魂，把一个散播到月球，一个散播到地球，其他的进入其他的时间器具；同样，苏格拉底预先安排了它们的两位统治者和领导者，紧挨着尘世的神，但在比这些神更高一点的等级，即自由神的等级里。

我们已经说过，十二位神使每个尘世的种——不论它是神圣的，还是精灵的——围绕可理知者的视界，完善它们的分离活动。他们还在自身中包含所有天外的种，所以，不论是父式的自由神的种，或者赋予生命的种，或者纯洁无污的保护者的种，它们都包含在这个数里。这个数不可理解为以十二为单位的数，神中间的数不是这样的数，我们必须把它看作 hyparxis 里的特性。就如神里面的二负责多产的权能，三负责最初的完全，同样，[神里面的] 十二是全备进程的一个记号。由于这些神作为末端终结那些不向世界显现、与世界隔绝的权能，并按各自的特点依赖于天上的神，所以十二属于他们，即它因终结超世俗者的进程中的全备者，掌管天上的神而属于他们。他们从自身将十二分配给后者，还专门将它们保护在这个数里，因而，支配的十二是全然超越尘世的，而天体的十二，显然只是尘世的；自由统治者的十二包含两端的结合，将后于自己的等级与先于自己的等级连接起来。因此，自由神完善尘世神，引领他们向上。而他们自己是直接从支配神垂溢下来，从他们发送出来的，同时管理两者[即超越尘世的神和尘世的神]之间牢不可破的联系。

第十九章

许多更清楚的证据表明伟大的首领朱庇特以及整个十二位首领都是自由的。

我们可以不向读者表明我们的观点,但要尽我们所能向热爱沉思真理的人阐明柏拉图的理论,所以我们要独立想一想,苏格拉底在《斐德若篇》里展示的那些首领必须安排在哪里,应当与谁并列;那些首领的伟大统治者,就是驾驭着带翼马车的那位,应当与哪些等级的神并排。我们必然或者给他一个理智的等级,或者给他同化的等级,或者自由的等级,或者尘世的等级。这些等级随着伟大的神朱庇特展开的进程而依次递减。如果他是理智的朱庇特——我们已经说过这就是宇宙的得穆革的名称,也拿柏拉图的话来证明我们的论断——那么他怎么是以上所提到的十二的首领呢?如何把他分到与维斯塔对立的位置上呢?要知道,得穆革的元一终结理知领域,同时独立于所有其他的数,不与任何 [其他数的元一] 并列。对结果来说,有一个分裂为与它们的原因对立的实在,这无论是过去,还是现在,都是不合理的。所以,不应当使整体的十二位首领成为一,而应使原因的数成为一,如蒂迈欧所说。此外,朱庇特这位得穆革独立于宇宙,他本人就是明显可见等级之事物的创造者。十二位首领的第一位,苏格拉底说在天上驾驭着一辆带翼的马车。他与世界连接,紧挨着天上的神,怎么能认为他就是独立于所有 [尘世的种类],并如蒂迈欧所说,停留在自己惯有方式里的那位呢?

再者,这位朱庇特负责一种哲学生命,[跟从他的] 灵魂永久地引领这种生命。另一位神负责预示的、情爱的和诗的生命。创造整体的得穆革在自身中包含一切生命的原型;就如他统一地包含灵魂的本质,同样,他包含它们生命的各种变化。因而,他不是分别的是灵魂里生命的原因,而是根据一得穆革原因预先确立了灵魂的所有阶段,生命的所有多样性,所有标准。就如世俗的太阳并非是某些事物的原因,另一些事物的得穆革;不论什么事物,太阳都是它的创造者,得穆革在更大程度上是创造者和先在的原因,——同样,在灵魂的生命里,不应当以分裂的方式将原因归于得穆革。得穆革的元一是所有生命不可分的、共同的一原因,而生命的分类,尘世的种类的不同原型,则与后于他的神相关。

然而,如果有人认为我们应当放弃这个假设,而承认这位朱庇特,还有其他首领是尘世的,那么我们要把跟从他的那些神安排在哪里?苏格拉底说:"诸神和精灵队伍分成十一个部分,都跟从朱庇特。"宇宙中还有比这些更广泛、更不完的神的等级,其中有些与为首者相关,有些与跟从者相关。而苏格拉底展现的广大权位并没有向我们显明有一种与世界种类并列、又独立于它们的超验性。在无形的原因中,"伟大者"将这种特性分给那些得到它的显现的事物。就如爱,狄奥提玛并不是简单地称为一个精灵,而是称为"一个伟大的"精灵,证明它在一切精灵之上,是一位神,但被安排在精灵的种之内;同样,朱庇特被显现为伟大的首领,不是作为尘世种类的尘世首领,而是作为独立于、超越于尘世等级的首领,才得这样的称呼。如果朱庇特独立于尘世中的神,那么其他首领必然也具有先于那些跟从朱庇特的神的本质。所有这些神都分有一种支配的尊严。如果其他首领被安排为尘世的,唯有朱庇特是超越尘世神的首领,那么我们就必须重新将整个权位从十二转移到朱庇特的元一。然而,必须将支配的权能归于他们全体,将他们中的首要权威保存于朱庇特。

因而,神的这样一种权位必然是属于同化神的,或者是那些在宇宙中分得一个自由领域的神的,我们说它必是如此。如果我们承认它属于同化神的等级,它就是一个得穆革三一体的首领,但不是现在所阐述的十二体的首领。我们前面已经阐明,朱庇特在同化的神中间,是萨杜恩的三个儿子中的第一个。这些儿子，如苏格拉底在《高尔吉亚篇》里所说，分割萨杜恩的整个王国。他们中的第一位是最初种类的创造者，第二位是中间种类的创造者，第三位是末后种类的创造者。因而对尘世种类的分类是一种三分法，萨杜恩的第一位儿子可以称为三一分法的首领，直接从他引出的多必是宇宙中第一个三一划分。而十二位神的为首者，负责被分为十一部分的一支队伍。因此，一个在整体的第三位中界定他特有的领域，另一个在第十二位中界定自己的领域。根据包含的权能，他们中的一个与三一体一致地界定自己的权位，另一个根据十一这个数界定。因此，两者绝不可能获得同一个等级。得穆革和救主朱庇特与所有这些都不并列。而同化的朱庇特是整体分为三一体过程中的为首者。世俗的朱庇特属于随后的首领中的一位，但不是那些隔绝首领中的一个。不过，苏格拉底在《斐德若篇》里展现的朱庇特与其他首领并列，掌管那些根据十一个部分得到有序安排的神，但不掌管那些接受了三分法的神；他同时还独立于所有尘世种类，因为他的支配超然性非常宏大。因此他不同于以上所提到的所有等级，不在它们中的任何一个显现如今向我们呈现出来的特性。

　　这样，我们只能将他与自由神同列，以便使他靠近世俗的神；也正出于这样的缘故，我们说他在天上，独立于世俗的神圣者。这也使他被赞美为"伟大的"。中介往往可以通过对两端的综合考察自我显现出来。既然朱庇特被描绘为在天上驾驭着带翼的马车，被称为伟大的，所以在某种程度上，他与天上的神并列，又独立于他们。如果在以上所说的话中，我们的论断是正确的，那么既与宇宙的神——天上的朱庇特在他们中获得最高的尊严——并列，又独立于他们的，必位于自由神行列。因此就神来说，有些独立于宇宙，有些成全宇宙，有些既与宇宙里面的神并列，又有卓越的超验性。这位天上伟大的首领朱庇特，是自由的，在天之外的，整个十二体都显现在神的这个等级中。因为这里有一个完备而神圣的数，是由十二位首领成全的。所以整个数必然被置于神的这个等级中，但我们不可以分离的方式说这些引领、支配的神中有些是尘世的，有些是超越尘世的。如果他们的第一位是超越尘世的，余其的必也同样将自身确立在世俗神之外。同样他们每一位也都是某个适当的多的首领，有大量的神和精灵围绕。不完全的灵魂属于他们的最末跟从者。它们与精灵和神圣本性一同分配，尽其所能分有神的自由权位。就如苏格拉底所说，"那愿意且能够的，总是跟从神。"通过这些论述，我们提醒读者，苏格拉底在《斐德若篇》里展现的十二位首领属于自由神。

第二十章

从先在的原因解释自由神里面的十二这个数是从哪里来的。

接下来我们要表明他们从哪里获得这个数的整体。他们必然从先于他们的神那里获得自己的实在，就如走向同化神的进程出于理智父，走向理智父的进程以神圣的方式出于可理知且理智的神，而走向这些神的进程出于最初的可理知者。因为同化支配者的等级先于自由神的等级，就如理智王的三一体，或者毋宁说，得穆革的元一在自身中确立将整体分为三一体的全备尺度，——果真如此，我们就必须根据这两者，即根据得穆革的尺度和同化神的种，来考察自由神形成的原因。因为他们的不同等级是从这两者获得的。

此外，如果我们记得以前所指出的，那么就知道我们对同化神的中间进程作了四分法。我们说过，他们中有些是父亲的，有些是多产的，有些是提升的，有些是保护性的。也就是说，得穆革的元一将进程分为最初、中间和末后，就如先于它的可理知的父，而后于这个元一的神则按四一的方式将自己的河流发给二级种类——果真如此，自由神的十二体在上面按三一体发展，在下面，按四一体增多。因此，就成全它的种来说，有些按三一法获得得穆革和父的特性，有些按三一法分得生产和赋予生命的特性，有些按三一法分得提升的特性，还有的以同样的方式获得纯洁无污的保卫者特性。他们的所有特性都出于同化神的多。而把他们分为最初的、中间的和末后的，则出于得穆革的原因。关于自由神的数从哪里来，以及如何产生的问题就谈到这里。

第二十一章

自由的首领怎样分为两个元一和一个十。他们的一种分类是什么。

就如我们前面指出的，所有尘世的神、所有精灵，以及能够回到可理知者的不完全灵魂，都跟从十二位首领。在这十二体中，伟大的朱庇特和维斯塔分得有较多支配权的等级，其余的权位与这两位神并列，具有二级尊严。朱庇特既不是如有些人所说的，是宇宙的理智，也不是太阳里的理智，总之，不是尘世理智或灵魂中的任何一个，他在所有这些之上扩展，预先存在于自由神之中，提升神的合唱队，以及高于我们、跟从他的种，将父的善分给转向他的多。他是其他出现在十二位神末端的数的首领。另外，维斯塔管理一个适当的多，但她既没有第一灵魂的等级，也不是被称为宇宙中的地的东西。她在这些之前，在天外的神中间获得一种支配权能。她将自己的特性分给其他首领的数，就如朱庇特一样。因为从十二体挂下来的首领，也分有这两个元一。

朱庇特作为运动的原因，一切包含走向可理知者的进程的事物，都以他为首领。而维斯塔以稳定不变的权能光照一切事物。虽然朱庇特也停留在自身之中，因而被提升到可理知的考察之所；维斯塔因自身之中有一种稳固的、纯洁无污的永久不变性，所以与最初的原因结合，然而，发出一种不同的特性，就导致管辖不同的领域。因为神里面有两种转向

（所有事物既转向它们自己，又转向它们的原理），每种形式的转向原本就不可分在萨杜恩王之中。根据巴门尼德的证明，他既在自身之中，又在他者之中。后者指转向更优秀的种类，前者暗示向自身的转向。不过，在二级的、较不完全的神中，这两种形式以分离的方式显现出来。维斯塔使尘世的神纯洁无污地确立在自身之中；而朱庇特赋予他们一种走向最初种类的提升运动。因为维斯塔属于纯洁无污者，而朱庇特属于父的序列；他们通过在自身中的实存和在他者中的实存而被分开，如我们前面所说的。因而，我们必须说，凡是稳定不变、拥有一种恒定的实存之同的，都从天外的维斯塔到达所有尘世的种类，因此所有的极都是不动的，天体循环所围绕的轴是自我旋转的。我们还必须说，各种循环的整体都是牢固确立的，地球一成不变地位于中间，中心 [从这个天外维斯塔] 获得一种不可动摇的永久不变性。

另外，必须承认，所有运动、独立的活动，以及二级种类向一级种类的转向，都从朱庇特发到整体。理智的等级不仅与并列的可理知者联合，还与因朱庇特的提升进程而遗世独立的可理知者联合。跟从伟大的朱庇特的神圣灵魂一直伸展到最初的原因。这些灵魂的助手也因源于朱庇特的父权治理，而与众神集合在一起。另外，关于其余的首领，每一位都负责各自固有的序列，从自身把自己的特性给予 [从他挂下来] 的整个多。他们中的一位给予伸展的特性，一直分到末后的事物，另一位分给多产的特性，再一位分给不动的特性，而他们自己分得一个天外的等级，吸引一大队可分神的向上运动。因此苏格拉底同时也称他们是统治者，说他们有一种安排，根据他们所在的等级，将他们的活动指向二级种类。当然，列于十二这个数里的其他支配神，每一位按他所在的等级来说都是一位首领。支配、引领的特性只属于超越尘世的神。而被安排和自发被安排的性质，则与尘世的神相关。因为这些尘世的神就是分有等级的神，就是按分有而得等级的神。不过，以上这两种特性都属于自由神。因为他们作为与支配的 [超越尘世的] 神相连的神，是统治者和首领；作为与尘世神挨近的神来说，是被安排的，分有等级的。作为两者的中间者，自然神按照一个理智纽带将他们的所有进程连接起来。再进一步说，作为负责天上的支配等级的神，他们与尘世的神接触，但他们又在自身之中，并向可理知者回转，所以获得一种与宇宙分离，独立于他们的分有者的超验性。关于这些神的最初分类谈这么多就足够了。不过，我们前面讲过，他们的进程是四个组的和三个组的，所以我们要简洁地说明安排好的三一体的特性。

第二十二章

关于十二位神中的每一位的神学，从他们治理的对象展现他们的特性。

我们说过，这些神是按三一体安排好的。在得穆革的三一体中，朱庇特分得最高的等级，以神圣方式从理智管理灵魂和形体，并如苏格拉底说的，关照一切事物。尼普顿这里成全得穆革 [三一体的] 中间者，专门管理灵魂的等级。因为这位神是运动原因，也是整个生灭界的原因。灵魂就是第一个被造的种类，并且是本质上的运动。伍尔坎（Vulcan）引发形体的本性，造出神在尘世中的所有位置。再者，就保卫的、不变的三一体来说，第一位是维斯塔，因为她保存事物的存有和纯洁无污的本质。苏格拉底在《克拉底鲁篇》里赋予她最高的等级，认为她有机地包含着整体的顶端。米纳娃则凭着理智活动和自我活动的生命，保存中间生命不变，使它们远离质料的 [侵袭]。马尔斯以权能和一种不可分的力量光照有形本性，如苏格拉底在《克拉底鲁篇》里所说的。因此他是由米纳娃完善的，分有更理智性的启示，如 [奥菲斯的] 诗歌所说的，也分有一种独立于被造种类的生命。

另外，赋予生命的三一体中，克里斯是首位，完全生产整个世俗生命，即理智的、灵魂的以及与身体不可分的生命。朱诺包含三一体的中间者，使灵魂得以产生。因为理智的女神从她自身发出其他灵魂的所有进程。黛安娜获得三一体的末端，推动所有自然理性进入活动，使质料的不完全变得完全。因此神学家们和《泰阿泰德篇》里的苏格拉底都称她为"Lochia"（负责生育的权能），是灵魂的进程和生产的审查者和保护者。在最后一个三一体，即预示的，或提升的三一体中，赫尔墨斯是哲学的提供者，并由此提升灵魂，用辩证法的权能将总体的和部分的灵魂向上送达善本身。维纳斯是渗透整体的爱情感召（amatory inspiration）的第一推动因，使因她得提升的生命亲近美的事物。阿波罗则通过音乐和旋转完善万物，使其转向，如苏格拉底[在《克拉底鲁篇》里]说的，并通过和谐和节奏把它们吸引到理智的真理和那里的光上。

就他们全体的共性来说，我们认为，他们自我确立在尘世的神之上，包含整个自由神的等级。灵魂是从他们垂溢下来的，不过这是理智灵魂，以及那些可以说是创造灵魂的权能。因此，苏格拉底还给他们配上马车，说朱庇特驾驭着一辆带翼的马车，其他神也像朱庇特一样使用从属性工具。那么这些工具是什么呢？不就是超越尘世的灵魂吗？他们正是乘在这样的灵魂上。这些灵魂是理智性的，是可分性、分类的源头，尘世的灵魂从它们分得自己的实在；它们因相似而与界限对应，所以它们里面出现更丰富的分离，和更大数目的部分。在自由神里，灵魂的特性将自己与理智结合。因此，苏格拉底说朱庇特驾驭着带翼的马车，他与马车之间没有任何分离，因为这马车是理智性的，没有与非质料的、神圣的理智分离；而在尘世的神中，出现了马与驾驭者的分离。[因为苏格拉底在《斐德若篇》里说，]"因此，神的所有马和马车都是善的，并且是由善的东西构成的"。于是，时间中的活动首先在尘世的神中显现出来，因为在尘世的神中有一种对权能的更为丰富的分类。而在自由神里，时间始终与永恒同在，可分总是与合一同在。他们是灵魂的原理，是尘世种类的原因，可以说还是驻守在他们自身的理智包容力中的理智种子。

关于这些事就谈到这里。

第二十三章

关于《国家篇》所论到的命运女神之母。同时论述命运三女神。什么是她们彼此的关系。什么是她们通过神圣符号所得的权能。什么是她们的活力。柏拉图如何描述自由的特性。

我希望从柏拉图的其他作品来表明他向我们展现的自由等级具有什么特性。在《国家篇》里他告诉我们，渗透尘世整体的宇宙的等级，以神圣的方式出于恒定不变的领域，这领域管理着人的生命的提升，而人的生命不仅在不同时候有各不相同的形态，还按与之相应的正义的不同尺度而变化；他将这个等级的第一推动因归于独立于[尘世]整体的一个元一和三一体。他将统治的权能给予这个元一，将它的权威伸展到整个天，它的王国同时不可分地向万物显现，不可分地管理万物，遵照统一的活动，通过它自身的最低权能推动整体。他又从元一给三一体一个进程，从它分给宇宙一种可分的活动和生产。那单一的、统一在独立的神意里的东西，通过二级审查引入到多里。因此，多的一原因拥有更大的权威，而分散的原因显然更靠近它的结果。世界里所有丰富多样的权能，无限的运动，各不相同的理性[即生产性的原理]，都在命运三一体的支配下旋转。另外，这个三一体又伸向先于这三命运的一元一，苏格拉底将这命运称为必然性，不是通过暴力统治整体，不是消除我们生命的自动性，不是剥夺理智和最杰出的知识，而是理智性地包含万物，把界限引给不确定的事物，把顺序给予混乱的事物。再者，他这样称呼它，意指它使万物顺服于它自身，将它们拉向善，使它们顺服于得穆革的神圣法律，保卫世界之内的万物，将宇宙中的万物包围在一个圆圈里，不让任何事物缺乏其应有的公正，也不让任何事物脱离于神圣法律之外。

我们信奉柏拉图的理论，将产生世界的等级的原因分为两个；我们承认一个原因是元一性的，另一个是三一性的；我们认为元一是三一体的生产者。既然我们表明了三一体是元一的产物，那么我们就要来看看，有可能把这两者安排在什么等级里。正是因为想要知道这一点，所以我们展开了目前关于它们的讨论。这元一，如我们所说的，苏格拉底称为必然性，她完全独立于尘世种类，并凭着她的最末权能将运动分给整个天，既不是转向它，也不围绕它活动，而是凭着她的本质和牢不可摧的根基，将一种有序的循环分给世界。[苏格拉底说]纺锤在必然性的膝上旋转；而她本身高贵地将自身确立在接近宇宙的一个宝座上，将天体控制在一条沉寂的道上。三一体在某种意义上与天体循环并列，用双手缠绕它们，围着它们活动，不再[像元一那样]只是靠自己的存在使它们旋转。三一体是宇宙的次序和循环的原因，能创造并实现某种东西，尽管这里还有另一种活动。因为拉刻西斯（Lachesis）是用双手推动，而其他帕尔卡只用一只手。这一点我们会再作讨论。不过，人人都很清楚，就按照元一存在的这种生产和从元一出来的三一体来说，必须承认，元一确立在更古老的神的等级中，三一体确立在较低的等级中。

因而我们说，被称为帕尔卡之母的必然性，首先存在于理智神中，类似于可理知且理智的阿德拉斯提娅的元一；她从那里被显现在支配的等级中，从而生出帕尔卡的这个三一体。我们知道，总体在神意之中，有活力，因那推动旋转者的存有本身而成就整体的旋转，这些都是理智超验性的标志。同样，不可分地将产物伸展到万物，这等同于得穆革的主权。在我看来，这位女神以一种不可言喻的保卫方式照亮得穆革的所有产物。就如得穆革是整体不可分的生产者，同样，必然性也在自身中恒定不变地保护一切事物，并按元一的方式包含它们，防止从得穆革进入世界的等级毁灭。因而，必然性在整体中获得这样一种权威和王国，帕尔卡的三一体能以一种自由的方式统治宇宙。因为它与天体接触，然后有一段时间又放弃接触，如苏格拉底说的。通过接触，它与被推动的形体同列，与它们同时显现；然后活动停滞，它就不再有任何接触，就与被统治的事物分离，独立于它们。它同时获得这两种特性，所以存在于自由神里。接触与不接触，推动与不推动，如神话所叙述的，不是依据神里面的某一部分，而是共存的，彼此同时存在。神圣种类不因时间而改变它们的活动，不像部分性灵魂，有时候独立活动，有时候按神意关怀二级种类；它们乃是既停留在自身里面，又无处不在；既向一切事物显现，又不离开自己的瞭望塔。因而，帕尔卡同时既与天体循环接触，又与它们毫无接触；他们按一特性既包含那独立于可感知者的事物，又包含与可感知者同列并联合的事物。因此，他们相对于整个天来说拥有一个自由的等级。

　　如果还有一个尘世的帕尔卡三一体，一个挨近他们的管理对象的神意，那也不足为奇。因为就朱庇特、朱诺、阿波罗和米纳娃来说，除了天外的辖地之外，还有与尘世的神共同的进程和并列的安排。成全神最末等级的权能，就是从所有自由神接近宇宙的。苏格拉底在展示帕尔卡的自由、超越尘世的王国时，向我们表明他们既接触又不接触所有循环，又通过时间中的变化对他们的特性的界限作出划分。暂时放弃[接触]，就表示活动出现了暂时的变化。当然，这属于神话应有的隐蔽性内容。因为神话寓言在介绍非造事物的创造，单一事物的构成，以及不可分事物的分配时，就把事物的真相用面纱遮蔽起来。就如神话把从原因到存在的过程称为创造，把复合种类在单一种类中的因果性包含称为构成本身，并说二级种类围绕一级种类的分离就是将后者分为部分的分配，——同样，如果我们不是按照时间，不是按神话的表面含义来领会这两者的交替，即与被推动的事物接触，与被推动事物分离，而是按帕尔卡的不同特性，按由两端结合而成的实在来理解，那么我们就与柏拉图的思想十分接近了。关于这个问题目前不需要作太多讨论，我们就此打住。

我们要单独思考帕尔卡的等级。这些事物中，有些认为拉刻西斯应当排在第一位，有些则认为她是三者中的末后一位。剩下的两者中，有些对阿特洛波斯（Atropos）给予居先的安排，把她放在元一的等级中，有些则把克罗托（Clotho）放在前面。但是柏拉图在《法律篇》里清楚地说，拉刻西斯是第一位，克罗托是第二位，阿特洛波斯是第三位，所以我想，《国家篇》里所说的应当是指他们中的这一确定等级，我们不应根据解释者们变化不定的观点对这一顺序作任何更新。苏格拉底说，拉刻西斯歌唱过去，克罗托歌唱现在，而阿特洛波斯歌唱将来；这里也以同样的方式使用一种与他们的活动相一致的分法。对拉刻西斯，他给予支配地位，统一管辖其他两者的权力。对克罗托，给予从属于拉刻西斯的领域，但比阿特洛波斯的王国要更广泛。对阿特洛波斯分给第三个王国，一个被其他两者包含，处于他们下面的王国。因而，众人没有注意到，苏格拉底用时间的各部分来象征这些原因的包容力。过去曾经是将来和现在，将来则还不是过去，它的整个本质存在于某个后面的时间里。我们必须承认，这三重原因类似于时间的这三个部分；必须认为最完全的原因，最广泛地包含他者的原因歌唱过去，是另外两者的原因，是它们活动的源头。过去包含将来和现在。而第二原因是现在，部分地包含，又部分地被包含。因为现在在它的存在出现之前，曾经是将来。第三个原因，被其他两者包含的原因，就是将来。这个原因需要现在和过去，一个展现它，另一个界定它的进程。因而，拉刻西斯是第一个推动的原因，在自身中包含另外两个原因；其他的帕尔卡则被她包含。克罗托分得一个较高的等级，阿特洛波斯处于较低的等级。因此，拉刻西斯用她的双手推动，以更大也更总体的方式成全那些较部分性地受他们影响的事物。克罗托用右手推动纺锤旋转，阿特洛波斯用左手推动，前者是活动的原初首领，后者跟从前者，并协同前者共同管理万物。在必死的生命体中，右手是运动的原理；在整体中，向右运动包含向左运动。因此，柏拉图在《法律篇》和《国家篇》里，都按同一顺序将命运三一体分为第一、中间和末后者。

　　柏拉图不仅在前面提到的段落里，还在神话的结尾处——他在那里领着灵魂走向必朽之地，走向一种体制，这是精灵所造的作品，高高地从天体和宇宙的顶端分配给灵魂，以它为首领——把拉刻西斯手下的灵魂安排在第一位，克罗托手下的排为第二位，阿特洛波斯手下的安排为第三位。然后，当它们完全处于必然性的王权之下时，他就把它们引到遗忘之川和疏忽之河。因而，以下两者必居其一：或者中断灵魂的下降，破坏减少的连续性，但是下降、递减这是管理精灵的职位赋予灵魂的；或者把拉刻西斯分到比其他帕尔卡更高的等级，给克罗托第二、阿特洛波斯第三的位置。因为生产的进程从较完全的种类开始，按倾向于某种属地种类的性质存在，也就是说，它源于拉刻西斯，终于阿特洛波斯。

　　此外，各种生命的命运（阄）和原型从拉刻西斯的双膝凭借先知的中介给予灵魂。就如神话前面所说的，整个纺锤在必然性的膝上旋转，同样，它从拉刻西斯的膝上挂下关于部分性灵魂的神意，拉刻西斯用她的双手，就如用更高的权能，永恒地推动宇宙，而她的双膝以从属的方式拥有灵魂周期的原因。因而先知以显著的方式赞美女神的这位女儿："这是必然性的女儿，处女拉刻西斯所说的话。"另外，神话说克罗托因灵魂提升而开始摇锤纺织，分给它们各自适当的命运。在她之后，阿特洛波斯把确定不变的东西给予所织之网，成全命运神的准则的末端，成全从宇宙延伸到我们的秩序。既然拉刻西斯在还未升高的灵魂里活动，又在它们作出选择之后，因着最美的界限在生产领域里规定它们的所有周期，而其他帕尔卡在灵魂上升之后，分给它们就近的东西，使它们的生命与宇宙的秩序连接起来，那么岂不很显然，拉刻西斯居先于克罗托和阿特洛波斯，她们跟从她，与她一起成全她们适当的神意？所以，相对于其他帕尔卡来说，拉刻西斯似乎拥有一位母亲的第二尊严，与她们一起成为并列的某个元一，正如必然性以独立的方式包含她们全体的权

419

能。而其他帕尔卡紧挨在拉刻西斯下面得完全，同时也在比她更高的必然性管辖之下。这就是柏拉图所叙述的她们的等级。

神话关于她们的描述，充分显示了她们的王国。她们行在［天体的］循环里，这表示她们的领域与世隔绝、遗世独立；但她们坐在王位上，不是坐在圆圈本身上，如塞壬们那样，这表明最初由她们照亮的容器确立在天体之上。宝座就是坐在它上面的神的工具和容器。所有分有可分神的，都像工具一样置于这些神之下，［可分的］神永恒地确立在、依靠在它们之上，并通过它们施展活力。另外，命运之神彼此等距离地就座，这表明她们之间的分离是有序的，他们的递减是按相似性发出的，她们的类别是她们的母亲以神圣方式分配向她们的。凡是安排在进程中的事物，凡是根据活动中的功绩分配的，都从那里分给命运之神。

此外，她们头上有王冠，这表明她们的顶端包围着神圣的光，她们由多产的、纯洁无污的原因装备，通过这些原因他们使天体充满生产性的权能和恒定不变的纯洁。她们还被赋予白色的衣服，这表明她们向外发出的理性，以及她们向自己提供的生命，是理智性的，明亮的，充满神圣光芒。这衣服似乎还表示分有命运之神的本质，而宝座则显示在第一重天里的容器。就我们来说，衣服也直接与我们的身体相连；而工具则被认为离我们较远。不过，这是从另一种神学的角度来推测的，我们从那种神学认识高于恒定不变领域的等级。至于一位命运之神歌唱过去，另一位歌唱现在，第三位歌唱将来，这样的话表明她们向外发出的所有活动都是高雅而理智的，充满着和谐。命运之神使塞壬们的歌唱得以完全，天体有序而高雅的运动得以成就，使万物都充满她们的颂歌；一方面通过理智的颂歌将她们母亲的造物引入宇宙，另一方面凭借整体的和谐运动将万物转回到她们自己。所有这些详尽论述向我们充分展现了命运之神具有完全的、纯洁无污的、高天之上的等级。

第二十四章

巴门尼德如何在论到同化神之后随即形成关于自由神的结论。他如何通过"接触"和"不接触"描述他们的等级。

最后，我们要引述《巴门尼德篇》作为对关于这些神的理论的一个证据。柏拉图在那篇对话里最清楚地阐述了她们的统一特性。在同化等级的展开进程中，相似和不相似从理智的同和异显现出来，有时是根据类比，有时是根据一种不同 [于其他等级的]、难以评述的生产；在这个等级之后，柏拉图表明"一"既与它自己和他者接触，又与它自己和他者不接触。因为得穆革的元一之后的整个神种都将他们的活动双重化。他们本性上可以既向自己活动，又向后于自己的他者活动，拥有各自的进程，通过他们父亲的旨意，遵照神意管理二级种类，并引出他超自然的、不可分的、完全的创造，将它的支流传给二级种类。因而，与从属事物的这种接触和分离，岂不向我们表明了自由的特性？接触表明与我们联合，表明一种并排的神意；而不接触表明独立、脱离于尘世种类的超验性。在前面的论述里，我们已经证明，这样的事物属于自由神的种，他们既与天上的种类接触，在它们之上扩展，以一种不可遏制的活力伸向万物，同时又独立于一切习性。因此，我们还把命运之神放在超天外的等级。苏格拉底说，他们触摸 [天上的] 循环；在《克拉底鲁篇》里他认为世俗的 Core（或普罗塞比娜），就是与普鲁图结合并管理整个生产的，与一种可变的本质接触，因这种接触而被称为福勒法塔。

再进一步，在《斐多篇》里，他教导我们灵魂的净化生命的样式是什么，说："灵魂一旦不与身体联系，就开始与 [真] 存有接触。"通过所有这些论述，他指出接触是某种与对象不可分的神意的工作，是并排管理的工作；而不接触则是与管理对象分离的、不受其控制的独立职位的职责。因而，既与他物接触，又不与他物接触的"一"既与他物结合，又超越于它们之上。所以，它既有确立于世界之上的事物的权能，又有尘世事物的权能。它处在这两者的中间，将两端的各不相同的特性合而为一。此外，它既接触又不接触先于他物的它自己；因为它里面有多，整体的分裂，整体的部分，又有将所有多集合起来的合一。如果它已经从自己的原理出来，如果它可分地活动，那么它就是丰富多样的。在每个进程中，展开的事物依次减少权能，同时增加它们里面的多，如果它没有完全发出，它本质的统一性就与它所包含的多同时显现出来。因而这个神种既与尘世神并列，又超越它所管理的对象。它也是自由的，脱离被完全分割的事物。所以，如果它是一和多，将源泉的许多支流引入二级种类，同时又超越于可分的分配物，那么它就是既接触同时又不接触它自己。由于它独立的合一性，它不向往接触，又由于它进入多的进程，它接触它自己。巴门尼德说："它在自身中包含多，就它在自身之中来说，它接触自己。"总之，就它没有接触来说，它是独立自存的；就它从自身出来，又确立在自身之中而言，它接触自己。就它在他物之中来说，它与他物接触；就它不与他物并列，就它没有在它们中的相应数目来说，它与它们分离。因此，这个神种同时是统一的和多样的，是统一的多样化。另外，它既停留，又前进，既被较不完全的本性分有，又不可分，存在于它们之先。所有这些特点都是超天外等级的要素，从完全分离的特性中向我们呈现出一个混合的实在。关于巴门尼德在上述引文中向我们展现的这些神的本质和 hyparxis，就谈到这里。

然而，我们有必要根据以上所述推断这些神形成的原因。我们已经表明，这些神圣者按照合一性本身超越于一切部分性的分离和接触，所以，他们必然从"一"获得进程。合一就是从那里，从第一统一体，就是独立于一切多和一切分类的统一体，流向万物。由于他们预先包含接触自己的权能，这是出于"在自身中的实存"，所以他们从未污染的神获得存在。第一位理智父中的在"自身中的实存",表示一个不变的原因,它不变地维持多与二级种类的分离。如果这一因为在自身中的实在而接触自己,那么它把多确立在"一"里,因进程中纯洁无污的权能而把部分包含在整体里。其实,"在自身中的实存"最初在理智父中显现出来,并按因果关系包含接触,如第一假设向我们表明的;在自由神中,在自身中的实存是依据分有而来的。而接触在这一里是本质上的,并与它所包含的多同时存在。

再进一步说,[一]在他物中接触他物;但不是按任何共同的数与它们并列,而是与它们分离的。由此,巴门尼德显然从"在他者中的实存"来形成他的推论,因为"一"通过在自身中的实存而接触自己,这是前面表明的。然而,奇异的是,在他者中的实存在第一进程中高于在自身中的实存,而在对自由神的分有中却从属于在自身中的实存。我们说,某物若是与他物接触,并与之并列,那么它在各方面都比当它使多转向自身时更不完全。因此我们必须说,自由神的进程出于得穆革的和同化的等级。因此,巴门尼德没有说,"一"在另一物中,而是说在其他事物(复数)中。而其他事物最先地从[得穆革的]元一垂溢下来;其次从同化的神而来。自由神从那里接受他们在他者中的实存。得穆革的一既是同,又是异,独立地分给他们同一和合一。而同化的一用独立的相似(separate similitude)来照亮他们。至于自由神的"一",就它与他物同列,并直接掌管它们来说,与它们同在。另外,因为它不同于尘世的统一体,所以它独立于他物,分得它适当的数的整体。也就是说,其他事物不分有与这个数联合的数,因而不可能直接分有这个数。走向自由神的进程出于最初的原因,以及被安排在它们附近的原因。自由神的进程出于"一",就如"一"独立于可理知者,同样,自由神独立于可感知者。他们的进程同样出于纯洁无污的等级。因为他们解除重负不是出于别的原因,就是因为不变的权能,以及得穆革的原因。此外,他们还出于同化的神,由此既接受与其他事物的一种结合,又依据他们自身而确立在

423

其他事物之上。因为他们将自己的适当的数确立在其他事物的实存之上。这些就是可以从《巴门尼德篇》里推导出来的关于这些神的观点。不过，我们在别处已经确切地解释了关于他们的一些特点，[那里写过的内容]本文就没有必要再复述了。

第七卷

第一章

一般性地论述尘世的神，他们产生的源头，他们的等级、权能以及领域。

尘世的神，或者那些成全可感知世界的神圣者，获得神圣进程的最后等级，如普罗克洛在前一卷里告诉我们的。他们还划分宇宙，获得它的永恒的辖地和容器，并通过这些编织宇宙的一个也是最佳的体制。同样，每个尘世的种都按各自的尺度享有宇宙的自由管理者的活动，尤其是那些能够跟从这些神的权能的。在神自身之中，我们可以看到两种活动，一种与他们神意关怀的对象并列，另一种则是独立而分离的。根据这两种活动中的第一种，尘世的神管理可感知者，使它们旋转、返回到他们自身；根据另一种活动，他们跟从自由神，与自由神一起被提升到一个可理知的本性。尘世的神还完全将灵魂的特性显现出来，同时接受先于他们的所有神圣者的光照。因此，他们也仿效自由神统治宇宙，以形式装备月下（地上）的种类本性，使它们模仿支配神，与理智原型相似。他们还从灵魂的一源泉涌出与身体不可分的生命的整体，使它成为与有形本性分离的生命的一个像，并将他们自身与这个源泉联合。

另外，柏拉图在《蒂迈欧篇》里说世界是永恒者的像，即可理知的神的像。因为这些神使它充满神性，而尘世的神进入世界的进程，可以说是可理知神的某些河流和光照。世界接受这些进程，不仅按照它的属天的部分，也按照它自身的整体。在空中、地上和海里，分别有空中的、地上的和水里的神降临。因此世界通体充满神性，从它自身的整体来说，是可理知神的像。不是说它接受这些神本身，因为像不接受总体神的独立本质；不过，光照从那里洒到二级等级，它们适宜接受这样的光照。

再者，就尘世的神来说，有些是世界存在的原因；有些赋予世界生命；有些使由不同种类组成的世界和谐一致；最后，还有些在它得到和谐安排之后就看护它、保存它。由于这样的等级有四个，每个都由开端、中间和末端的事物构成，所以，这些事物的管理者必然有十二位。也就是说，朱庇特、尼普顿和伍尔坎创造世界；塞丽斯、朱诺和黛安娜赋予它生命；墨丘利、维纳斯、阿波罗使它和谐；最后，维斯塔、米纳娃和马尔斯以守护权能对它负责。关于这一点真理可以从雕像如同解谜一样解出来。阿波罗演奏竖琴，帕勒斯（Pallas，即雅典娜）一身戎装；维纳斯赤身露体；因为和谐产生美，而美不是掩藏在可感知的对象里。这些神原初地拥有世界，所以，必须认为其他尘世的神都存在于这些神里面，如巴克斯在朱庇特里，伊斯库拉庇乌斯（Esculapius）在阿波罗里，格莱斯（Graces，美惠三女神）在维纳斯里。我们同样可以看到与他们相连的领域，即维斯塔与地相连，尼普顿与水相连，朱诺与气相连，伍尔坎与火相连。对这六位高级神，我们是按通常的习惯命名的。阿波罗和黛安娜是为太阳和月亮取的名字，萨杜恩天体归因于塞丽斯，以太是帕勒斯的；天是他们全体共有的。关于一般的尘世神、他们进程的源头，以及他们的等级、权能和领域，就谈到这里。

第二章

论尘世神的划分和辖地。

尘世的神被分为天上的和地上（月下）的。就天上的来说，恒定领域的神圣者相对于行星领域的神圣者是元一。这元一下面的三一体由萨杜恩、朱庇特和马尔斯组成；其中第一位是有机包含的原因，第二位是对称的原因，第三位是分类和分离的原因。另外，关于地上的神，月亮位如元一，是整个生灭的原因。它之下的三一体由负责气、水和地三大元素的神圣者组成。这两者之间的，是以同等的速度旋转的行星。其中，太阳揭示真理，维纳斯显明美，墨丘利显示理性的对称或生产性的原理，这与柏拉图在《斐莱布篇》里提到的存在于"至善"的门前的三个元一的比喻相一致。我们还可以说，月亮是必朽之种的自然原因，是存在于女神瑞亚里面的本源者的可见之像。而太阳是一切感觉的创造者，因为他是看见和被看见的原因。墨丘利是幻想运动的原因；太阳使幻想的本质得以存在，因为幻想与感觉等同。维纳斯是灵魂里非理性部分的欲望的原因；马尔斯是那些适合本性的暴躁活动的原因。朱庇特是所有生命的共同原因，萨杜恩是所有认知权能的原因。所有的理性形式都可以分为这些东西。因而，它们的原因预先包含在天上的神里，在与他们相连的领域里。

尘世的神的分类也与宇宙的划分相一致。不过，宇宙由得穆革的数划分，即二一体、三一体、四一体、五一体、七一体和十二体。在得穆革完成对事物的一次创造之后，宇宙就分为两个部分，天和生灭界（或地上区域），这一分离使两大分配区域形成，即天上的和地上的。然后，三一体划分宇宙，荷马对此有暗示，他说，尼普顿分得古老的深渊，朱庇特分得广阔的天穹，普鲁图分得地下的黑暗。三分之后，四分法又接踵而至，对宇宙中的元素作出四重安排，如毕达哥拉斯主义说的，即天上的、以太的，地上的和地下的。宇宙还接受分为五部分的分法。世界是一和五，适当地分为天上的、至高天的（empyreal）、以太的、水里的、地上的形态和主神（presiding Gods）。五分之后是把它分为七部分的七分。这七以神圣的方式始于恒定领域，渗透到所有元素。最后是把宇宙分为十二部分，即分为恒星领域，七大行星领域，以及四大元素领域。

此外，天使和精灵的分配区域也从神圣分配中一同出来，但具有更多样的分法。每个神所分得的区域里都包含许多天使，还有更大数量的精灵；每个天使管理许多精灵，每个天使分得的领域周围分布着大量精灵分得的领域。就如众神中有元一，同样，精灵中也有族类。这里，我们采取的不是三一体，而是三种组合，不是四一体或十二体，而是跟从各自首领的四个或十二个团队。因此，我们要始终保存更高的分配领域。就如在本质、权能和活动中，进程产生多，同样在分配物中，比如最初的分配物，权能上具有优先性，数量上就比较单一，因为它更靠近宇宙的一父，更靠近渗透到万物的整体和一神意。而二级分配物拥有的权能有所减损，而在多上有所加增。关于一般的分配物就谈这些。

根据对宇宙的二分法，我们把分配领域分为天上的和地上的，对前者是什么，它们是否拥有一种不变的、同一的实存，谁也不会有任何疑惑。但是地上的分配物，理所当然地成为人感到奇异的对象，不论它们是否被认为是永恒的。试想，既然在生灭界的事物都持续地变化和流动，那么按神意统治它们的神分配给它们的东西怎么能说是永恒的呢？凡是有生灭的事物都不可能是永久的。然而，如果它们的分配物不是持久永恒的，又怎么能认为神的管理在不同的时候以不同的方式存在呢？一种分配物既不是神的某种独立的活动，否则，尽管地上的种类持续变化，我们仍可以说它是孤立自存、保持不变的；它也不是唯一被管理的对象，否则，承认一个分配物处在流动状态，与各种变化打交道，也不会得出荒谬的结论。事实上，它乃是一种神意上的审查，是神圣者对地上事务的自由管理。以上就是关于这个问题所产生的疑惑，而以下的回答似乎是对这个难题的唯一解决方法。

我们必须说，不应当认为生灭界的所有种类以及生成本身是完全由变化流动的事物构成的，其实这些里面还有某种不变的东西，是天生适应保持永恒的同一的东西。比如，接受并在自身中包含世界的所有部分，并有一种渗透所有形体的安排的空间（interval），就是不变的，否则，它若运动，就需要另一处所，可以从一个容器进到另一容器，以至无限。再如，神圣灵魂循环往复地配备以太工具，它们模仿天体中的生命，具有永恒的本质，永恒地出于这些神圣灵魂本身，充满多产的权能，根据天体的某种二级旋转从事循环运动。第三，虽然所有的部分都要以不同方式毁灭，但各元素的整体拥有永久的实存。因为宇宙中的每一种形式都永远不会缺失，这样宇宙才能得以完全，从一个不动的原因生出之后，才能在其本质上保持恒定不变。而每个整体就是一种形式，或者毋宁说，每个整体就是通过分有一种全备的形式而成为其所是的东西。

这里我们可以看到形体本性的有序进程。因为按每种运动来说，宇宙的空间是不动的，唯有神圣灵魂的工具接受位置上的一种变化，这样的一种运动距离本质性的变化是最远的。各元素的整体在其部分里接受形体的其他运动，但这个整体保持完全不动。天上的分配物直接划分宇宙空间，也一同分配天体本身。而那些分配到地上区域的，最先分得的是存在于宇宙空间中的部分，然后按照确定的灵魂工具进行再次分配。第三，按生产的总体部分来说，它们永远保持同一。因而，神的分配物是不变的，它们也不会在不同的时间按不同的方式存在，因为它们并非直接存在于那可变的事物里。

那么神的光照是如何加入到这些事物里的？神圣仪式的分解是怎样导致的？同样的处所为何在不同的时候处在不同的灵的影响之下？但愿不要说，由于神有永恒的分配物，按照圣数划分大地，类似于天上的部分，

429

所以就地上的部分分有这种习性而言，它们也受到光照。事实上，天体循环是通过天体拥有的形状产生这种习性的；神圣的光照同时分给地上的这些部分比显现出来的本性更杰出的权能。这种习性也由自然本身产生，她作为一个整体将神圣的印象插入每个被照亮的部分，这些部分由此自发地分有神。因为这些部分依赖于神，自然就将不同的神圣者的像插入到不同的部分之中。时间也参与对这种习性的创造，其他事物也按这种习性得到管理；空气的适当秉性，总之，我们周围的每个事物，都对这种习性的增加和减少起一定作用。因而，当与这许多原因的共同作用相吻合时，倾向于分有神的一种习性就在某种倾向于变化的本性中激发出来，然后某个神就显现出来，而在此之前，由于接受者的笨拙，他一直隐而不显，但事实上他永恒地拥有他适当的分配物，始终让接受者分有他自己，就如来自太阳的光照一样，但并非始终被地上的种类分有，因为它们不适合获得这样的分有。就不完全灵魂，比如我们的灵魂来说，不同时期拥有不同的生命，它们有些选择与之相应的神所接纳的生命，有些则由于遗忘了它们所属的神圣者，就选择了与之格格不入的生命；同样，就神圣处所来说，有些与权能相应，权能在那里接受自己的分配物，有些则出于另外的等级。因此，如柏拉图笔下的雅典客人所说，有些处所较幸运，有些较不幸。

不过，圣杨布利柯提出疑惑，为何认为神是按照确定的时期分得某些处所的，如柏拉图在《蒂迈欧篇》里说，米纳娃先是分得对雅典人的保护职权，后来是保护萨伊斯人（Sais）。如果他们的分配物始于某个时间，它也必在某个时间停止。因为凡是按时间衡量的事物都是这样的。再者，他们在某个时间分得的处所，在分配之前是否没有主神，或者它原本在另外神的管理之下？如果它没有任何主神，那怎么能肯定宇宙的某一部分曾经是完全缺乏神性的？怎么能有哪个处所始终毫无高级存有的保护？如果有处所满足于自我保存，那它后来怎么会变为某位神所得的分配物？如果认为它是后来成为另一位神的管辖之所，处于他的管理之下，这也是荒谬的。因为第二位神并没有脱离前者的管理和管辖之地，众神也不会彼此轮流占据处所，精灵也不会变更自己的领地。这就是关于这个问题的质疑，他（普罗克洛）通过以下方式予以解决，他说，神所分得的辖地是永远不会改变的，但他们的分有者有时候享有支配权能的有益影响，有时候则丧失这种影响。他还说，这些是由时间衡量的变化，神圣法律时常称之为众神的生日。[①]

第三章

尘世的神与超越尘世的神的区别不在于趋向形体的习性，等等。诸神的神意不受空间限制。它渗透万物，就像阳光，充满一切能接受它的事物。

接下来必须注意，尘世的神获得宇宙中的位置不是出于朝向形体的习性或安排，因为他们本质上全都脱离形体，他们的活动不受任何限制，他们与有形本性没有任何相近或联合。形体是他们的侍从，受制于可变本质的生灭。因此他们不在形体里，而是永恒地管辖它们；他们也不与形体一同变化。再进一步说，他们从自身把形体所能接受的每一种善分给它们，但不回过来从形体接受任何东西，所以，他们不从形体接受任何特性。如果他们有像身体的习性或者质料的形式那样的一种实存，或者以其他方式成为有形的，那么倒有可能随着形体的不同而一起变化。但是既然他们先在地独立于形体而存在，本质上不与它们混合，怎么可能从有形本性中获得特点呢？对此还可以说，如果形体能为更杰出的原因提供一个位置，并在它们里面本质性地插入独特的特性，那么这样的

---

① Vid. Procl. in Tim. p. 45.

一种假设岂不是使得形体变得比神圣的种类更优秀了。因而，凡是将管理者的辖地和分配物与被管理者并列的，必然会把权威和主权归于更优秀的种类。因为支配权能拥有这样的特性，所以它们选择这样的分配物，并且本质上赋予它一种独特的特点；但分配物本身并没有变得与接受者的本性一样。

关于不完全的部分性灵魂，比如我们的灵魂，必须承认，这样的灵魂是还未进入人体之前的灵魂所发出的生命，也将成为与它连接的有机身体，也将成为随它之后出现的事物，从灵魂获得更完美生命的事物。关于在人之后的种类，也就是作为整体有主权的种类，必须承认，低级种类形成于高级种类里面，形体是在无形本质中生成的，被造物是在它们的创造者中产生的；必须承认，前者循环往复地包含在后者里面，后者依据恒定不变的公正原理管理前者。因此，天体的循环最先被插在以太灵魂的循环之中，永恒地固定在那里。球体的灵魂被拉回到它们所分有的理智，完全被这理智所包含，而且最先形成于它里面。理智，不论是部分的，还是普遍的，也都包含在更杰出的种里面。因而，二级种类总是转向最初的事物，而作为原型的高级种类，是那些从属者的首领，本质和形式都从优秀的存有到达低级的存有，后者原初性地被造于前者之中，从而从前者获得次序和尺度，以及标志它们特点的属性；另一方面，这些属性不会从次级种类流溢到本质上具有优先性和更大尊严的事物。

总之，神不会从属于世界的某些部分，地上的种类也不会缺乏神全面保护的影响力；高级的权能在自身中包容一切事物，但同时不为任何事物所包含。地上的种类在众神的丰富性中拥有自己的存有，当它们与神圣分有相适应时，就会先于它们自己的固有本质，直接而明显地拥有原本潜在地先在于其本质里面的神[①]。

再者，神圣者不论分管宇宙的哪些部分，不论是天是地，是圣城圣

---

① Vid. Iamblich. De Mysteriis, sect I, cap. 8

地，或者是某些树林和神圣雕像，都外在地光照它们，所谓外在的，就是与这些事物本身没有任何联合，就如太阳用自己的光芒外在地照亮万物，只是在后者，光照的原因是有位置的，在前者，是不受任何影响的，不伸展的，总之是无形的，独立于事物之外的。因此，就如阳光在自身中包含被照亮的对象，同样，神的权能外在地包含它的分有者，就如光显现在空气之中，但本质上没有与它混合，因为一旦光源离开，就没有一点光留在空气中，只是热源完全撤走之后，热量还留在空气中，这一点就是明证；同样，神的光以分离的方式照耀万物，既牢固地确立在自身之中，又总体性地渗透于万物。其实，这太阳的可见光是统一的，持续的，任何地方都是同一个整体，所以，它的任何部分都不可能与其他部分分离，也不可能切除，也不可能四面包围它，不可能将它从它的源头分裂出来。同样，整个世界是可分的，围绕神的统一不可分的光而划分。但这光是一，处处都是同样的整体，不可分地向一切能够分有它的种类显现。它还通过一种全备的权能充满万物，经由某种无限的因果超验性在自身中限定整体；它处处与自身联合，将事物的终端与开端连接。整个天和世界都仿效这光，循环旋转，与自身结合，引导各元素的循环运动，使万物彼此包含，相互倾向，最后与它们的原理并列，从而产生整体与整体的相互联系与和谐一致。

因而，只要全面考察众神的这个可见的像（世界），看它在自身中如此统一，就会羞于对它的原因是神的观点提出不同看法，羞于在他们中引入分离、障碍物和有形的限制。因为没有比例，就没有对称性，没有本质的结合，装备的原因与被装备的结果之间也没有权能上或活动上的联系；果真如此，在前者中（即装备的原因中），就既没有间隔上的延伸，也没有局部性的包含，或者任何可分的阻断，在神的显现方式也没有其他类似的固有相等性。事实上，在本质相似或权能相同的事物中，或者在某一方面同种或同质的事物中，可以看到有某种相互的包含或保留；试想，在完全独立于事物整体的种类中，能有什么样的强制力，或者贯穿宇宙的变迁，或者可分的限制，局部的包含，或者其他诸如此类的东西？分有神的事物是这样的，有的在以太中分有神性，有的在空中分有，有的在水里分有。古人认识到这一点，所以按照这种分类，在他们做圣事、适应和求告时就使用不同的圣名。关于世界中众神的分配就谈这些[①]。

第四章

可见的天体在什么意义上是神。天体以非同寻常的方式与诸神无形的本质结合。可见的神与可理知的神连接。完全无形的神与可感知的神通过各自以"一"为特征的本质结合。

如果尘世的和超越尘世的神都是无形的，那么可以问，可见的天体怎么可能是神呢？对此，我们回答说，天神不是被包含在形体里，而是相反，他们将形体包含在他们神圣的生命和活动之中，不是他们转向形体，而是从他们的本质出来的形体转向神圣原因，形体对他们那理智的、无形的完全没有任何防碍，不是干扰他们，使他们感到烦恼的原因。因此它不需要过多的关心和注意，而是自发地、以某种自动的方式跟从与它相连的神圣者；它也不是缺乏引导，而是随着它向某位神的上升，自己也统一地得到提升。

事实上，天体以完全非同寻常的方式与神的无形本质联合。就如后者以统一体为标志，同样，前者是单一的。就如那个是不可分的，同样，这个也是不可分的。就如那个是不动的，同样，这个在性质上也是不变的。如果承认神的活动是统一的，那么这形体也有一个循环。此外，它仿效神的同一性，按照同样的事物并朝着同样的事物永恒地、不变地运动，

---

① Vid. Iamblich. De Mysteriis, sect I, cap. 9.

与统一的理性和等级相一致。它还通过与以太的形体同时出现的生命仿效神的神圣生命。因此，天体并非像我们的身体这样，是由相反的和不同的本性构成的，天神的灵魂与从它挂下来的身体的结合，也不是从两者形成一生命体这样的结合；这些神圣者的生命体完全类似并统一于它们所源出的神，是贯穿整体的，统一的，独立于任何合成。因为优秀的种类总是以不变的同一性存在于自身之中，低级存有总是从高级存有的领域垂溢下来，但结果绝不会将这个领域拉到与它们同等的地位，另外，各整体被联合为一个等级和一种完全，天神里的一切事物都以某种方式显为无形，通体神圣，因为神的形式在它们里面普遍地占据统治地位——果真如此，那么这些神圣者的本性里的一个总体本质就渗透到每个地方。因此，可见的天体都是神，都以某种方式成为无形的[①]。

既然这些神圣者是无形的、理智的、统一的、可以说停靠在天体里，那么他们的源头在可理知世界，在那里理智性地认识他们自己的神圣形式，按照一种无限的活动管理整个天。既然他们以分离的（独立的）方式向天体显现，那么他们只是凭借自己的旨意引导天体的永恒循环，他们自己不与可感知本性结合，而与可理知神同在。事实上，天体可以说是众神的可见的像，它们是从可理知神产生的，并围绕他们而存在；它们既是这样产生的，就确立在可理知神里面，拥有他们的像，这像可提升到他们的等级，从他们得完全。向神的可见形体显现出来的神的理智形式，也以独立的方式拥有先于他们的实存，而他们未混合的、超天外的可理知范型，停留在他们自身之中，按照他们本性中永恒的超验性，同时将万物包含于一。

因此，从理智活动来说，他们之间有一条共同的不可分的纽带。从共同分有形式来说，他们之间也有同样的纽带，因为没有任何东西拦阻他们，也没有中介干扰他们。事实上，一个非质料的、无形的本质，既

---

① Vid. Iamblich. De Mysteriis, sect I, cap. 17.

不为处所分割，也不因对象分离，不靠任何可分的部分的界限来规定，而是直接结合于同一之中；同时，整体向"一"的提升，以及"一"的普遍主权，就将尘世的神与先在于可理知世界里的神圣者结合为共同体。

再者，二级种类向一级种类的理智性转向，以及一级神赐给二级神的本质和权能，将他们的聚会连接在一个不毁灭的一里。在不同本质的事物中，比如灵魂和身体，在不同种类的事物中，比如质料与形式，以及那些以其他方式彼此分离的本性中，同时出现的合一是偶然的，它源于超自然的原因，消失在某个确定的时间阶段里。但是我们越是高高地升到最初原因的同一性，包括形式上的和本质上的，我们越是将自己从部分提升到整体，就越能发现并深入考察那永恒的、先在的、也更重要的合一，它在自身周围和自身之中包含着异和多。

然而，由于所有神的等级存在于合一中，他们的第一和第二种，以及围绕他们产生的多，同时存在于统一之中，也由于他们中的每一物都以"一"为标志，因此他们本质的开端、中间和末端都按照"一"共同存在。因而，不应当询问统一是从哪里渗透到他们中的一切事物的，因为他们的存有，不论是什么，就存在于"一"里。第二种以不变的同一保留在第一种的"一"里，另一方面，后者从自身把合一性分给前者；同时他们在各自中拥有不可毁灭、相互关联的结合。

因而，出于这样的原因，完全无形的神与那结合形体的、可感知的神相统一。可见的神自身是在形体之外的，因此是在可理知的世界里。可理知的神因其无限的合一而在自身里包含可见的神圣者；同时这两者都按照一种共同的合一和统一的活动得以确立。同样，这也是某个神圣原因和有序分配的显著特权，即万物的共同合一性从高处一直渗透到神圣等级的末端。关于可感知神与可理知神的联系就谈到这里[①]。

---

① Vid. Iamblich. De Mysteriis, sect I, cap. 19.

第五章

尘世神的本性从《蒂迈欧篇》里得穆革对他们的说话中显现出来。什么是在普洛克罗看来讲话的整体思想。

以上关于尘世的神所阐述的话，是与柏拉图的理论，就是他在《蒂迈欧篇》里论到得穆革对下级神所说的话是完全一致的①。柏拉图在那里是这样说的："当所有神，那些在旋转中显现可见形象的神，以及那些随己愿变为可见的神，都造好了之后，造出这个宇宙的造主就对他们说：众神之神啊，我是你们的得穆革和父亲，凡我所造的，都是不可毁灭的，因为创造它时有我的旨意在里面。诚然，一切合成的事物都是可分解的，但是想要分解那优美和谐而结构匀称的事物，乃是邪恶者才有的特性。因此，就你们是被造的来说，你们并非是不朽的，也不是各方面都不可分解的，但是你们永远不会被分解，也不会成为死亡命运的奴仆；我的旨意是比你们诞生时赖以结合的生命力大得多、杰出得出的结合力。因而，现在你们要学习（要知道），我对你们所说的话表明了我的愿望。还有三个必朽者的种仍然没有创造出来。没有这些种的造就，宇宙就是不完全的，因为它广泛的领域里并没有包含每一种生命体；但它应当包含它们，这样才可能达到充分的完全。不过，如果这些种由我来创造并分有生命，那它们就会变得与众神等同。为了使这些可的种类存在，也为了使宇宙真正地包容万物，你们要按照自己的本性，仿效我在造你们时所使用的权能，转来创造这些生命体。这些生命中若有一些配得上不朽者的称呼，可以称为神圣的，能在它们中获得主权，并且愿意追求正

---

① 参见本书第五卷。普罗克罗在那里对这段话作了绝妙的讨论，只是不如这里摘录的段落详尽而已。

义的，——这个部分我会亲自播下种子和开端。至于其他部分，要由你们来将可朽的本性与不朽的本性结合起来，由此造出、形成生命体，供给它们营养，使它们成长，到它们死亡分解之后，再把它们收回来。"

普罗克洛对这段话的注释极其精妙地展示了它深奥的含义，同时在尘世神问题上充满极富趣味的信息，我从中摘出以下段落，看看他在极其华丽的辞藻中是否将最深邃的思想与科学的准确性结合在一起。

"（普罗克洛说）这段话的目的是将得穆革的权能和神意加入尘世神的种之中，引导他们造出其余的生命类别，将他们放在可朽者之上，类似于整体的父凌驾于宇宙的统一有序的布局之上。因为必然有某些事物由得穆革的元一最先造出来，其他的事物通过另外的中介造出来；得穆革确实从自身造出万物，一次性地且永恒地创造，但同时按顺序最先从他出来的事物又协助他创造后于他们自己的种类。比如，天上的神创造地上的神，地上的神创造可朽的生命；而得穆革同时协同天上的神和地上的神圣者创造这些生命体。因为他在讲话中理解（understand）万物，就凭他理解万物就造出了可朽的生命体；只是这些生命体是可朽的，所以需要另一个直接的生产因，并经由这生产因获得一个进入存有的进程。众神之父所说的这些话是热情洋溢的，闪耀着理智的洞察力，充满着高雅和优美，也是纯结而可敬的，不同于且超越于属人的思想，既精致又有威慑力，既简炼又准确无误。因而柏拉图模仿神的话语，对这些问题作了专门的研究。如他在《国家篇》里描述缪斯高贵地说话，先知上升到高耸的位置时所表明的。他还利用冒号的精确力量，使这两则讲话显得精炼而庄严，通过这样的说话方式直接预示神的理智活动。另外，在我们面前的这段话里，他没有忽略任何一方面的卓越性，不论是与这些设计相适应的庄严而有力的文句和名称上的卓越性，还是实现这一理念的宏大思想和形象上的卓越性。此外，还有大量独特而纯粹的描述，对真理的展示，以及美的显著特权，与宏大的理念交织在一起，这特别适合于所讨论的主题，适合于讲话者和听众。因为这篇讲话的目标是宇宙的完全，与全备生命体[即它的原型]的相似，一切可朽生命的产生；创造万物的造主通过与万物隔绝的超验性同时预定并装备万物，而二级创造者添加宇宙的构成中所缺乏的其余事物。因此，一切都是伟大而神圣的，不论是人还是物，都闪耀着美，显明彼此的特点，柏拉图所用的措辞完全适合这样的讲话形式。

荷马也在热情洋溢、精力充沛时描述朱庇特的讲话，描述朱庇特将众神的两种协作转向他自己，可以说，使自己成为世界里整个神种的中心，使万物都顺服于他的理智活动。他有时候将众神的多直接与他自身结合，不借助任何中介，有时候则借西弥斯（Themis）为中介。'朱庇特吩咐西弥斯召集众神开会。'这位女神到各处收集神的数目，将它转向得穆革的元一。因为神既独立于尘世的事务，又永恒地为万物提供供给，既因最高的超验性与它们隔绝，同时又将自己的神意伸展到各处。他们非混合的本性并非毫无神意活动，他们的神意也没有与质料混合。由于权能的超验性，他们并不充满所管理的对象，同时由于仁慈的旨意，他们使万物与他们自己相像；他们在永久的停留不动中不断生发，在与万物分离中，同等地向万物显现。因此，管理世界的神，以及这些神的助手精灵，以这种方式从他们的父接受未混合的纯粹性和神意的管理；有时候他使他们转回他自身，不借助于中介，用一种独立的、未混合的、纯洁的生命形式光照他们。我想，他也因此吩咐他们与万物分离，独立地保持在奥林庇斯山，既不转向希腊人，也不转向野蛮人；这就如同说，他们必须超越尘世种类的两重等级，恒定不变地守在纯洁无污的理智活动中。但有时候他又通过西弥斯使他们转向对二级种类的神意关怀，呼吁他们起来指导尘世的战争，激发不同的神从事不同的工作。这些神圣者特别需要西弥斯的协助，因为她在自身中包含着神圣法律，而神意就按照这法律与整体紧密结合。荷马庄严地描述了两次讲话，与朱庇特的两重活动相伴随；柏拉图则通过这一篇讲话包含那两种论说样式。得穆革使众神不与二级种类结合，使他们造出可朽者，并供养它们。同时他吩咐他们要仿效他本身来创造，在这样的一个命令里，以下这两者都被包含在内，即要像父那样保持未结合状态，独立于尘世的整体，因为父是独立自存的；同时通过创造的吩咐要求神意活动供养可朽的事物，使其成长。或者毋宁说，我们可以在每一方面都看到两者：在仿效得穆革时，他们供养二级种类，就如他对待不朽者那样；在创造时，他们与被造物分离。因为每个得穆革因都与它所造的事物分离；而那与它们混合，充满它们的事物，是低能的，无效的，不可能装备并创造它们。关于整个讲话的总体评注就谈到这里。

接下来，首先，让我们思考'众神之神'是什么意思，它拥有什么样的权能。显然，这呼召是集合多，使它转向它的元一，要求已经发出的种类上升到它们的一创造上，然后在它们中加入一个界限和神圣尺度，这对那些并非完全不了解此类讨论的人来说是很清楚的。然而，那些从其父分得世界的神为何被称为众神之神，这是依据什么样的观念，对许多人来说还是不容易明白的问题；要知道，在这些名称中显示了一种神圣智能。"普罗克洛接着叙述其他人对这些话的解释，并对这些解释作为错误观点加以驳斥，然后，在我看来，非常恰当地采纳以下观点，也就是他的先辈，伟大的叙利亚努的观点。"所有尘世的神都不是单纯的神，而是完全的分有的神，因为他们里面既有分离的、不明显的、超越尘世的东西，也有这些东西的明显可见的像，有序地确立在世界里。他们里面不明显的东西其实就是原初意义上的神，是未分的一；而从他们不明显的本质中挂下来的工具就是从属意义上的神。如果就我们来说，人是双重的，一方面是按灵魂说的，是内在的，另一方面是明显的，我们看得见的，那么就尘世的神来说就更是如此，因为神性也是双重的，一个模糊不清，另一个明显可见。果真如此，我们就必须说，"众神之神"是对所有尘世的神说的，他们中有一种将模糊的神与明显的神联合起来的连贯，因为他们是分有的神。总之，由于得穆革创造了两重等级，有些是超越尘世的，有些是尘世的，有些不分有[形体]，有些分有，所以如果得穆革对超越尘世的等级说,他就会单独对他们说:"众神啊",因为他们毫无分有[即不分有形体],是分离的,不明显的。但这里的话他是对尘世的神说的,所以他称他们为众神之神,被其他明显的神圣者分有的神。这些神中也包括了精灵;他们也是神,他们的等级与神相关,他们无分别地分有神的特点。由此,柏拉图在《斐德若篇》里称十二位神是精灵的首领,同时称神圣者的所有助手都是神,又说,"这就是众神的生活。"因此,所有这些都是众神之神,包括与不明显的神相连的可见的神,与超越尘世的神相关的尘世的神。

第六章

得穆革靠他说话中的第一段在众多尘世神中成就了什么。得穆革的话是对灵魂和生命体的合成者,即神圣的、分有灵魂的生命体说的。"我是你们的得穆革和父亲"等等话的含义。

关于这篇讲话的整体思想就谈到这里。不过,由于我们说过,这些话是得穆革的,或者创造性的,所以它们必须以适合于得穆革神意的方式被接受。如果这些话是理智性的概念,而理智概念本身是产物,我们怎么能说得穆革凭他讲话的第一段创造出了众多的尘世神?我们岂不必须说他的这一活动是神化活动?因为这一神圣的理智概念是最先的,也是最单一的,它从得穆革出来,神化它的所有接受者,使他们成为得穆革的神,被分有的神,不明显的神,同时又是明显可见的神。就如已经说过的,这就是"众神之神"的含义。神这个术语并非只适用于他们,因为他们并非只是不明显的;神这个词也不是并列重复了两次,似乎有人说"神和神";所有这类联系都是人为的,都与神圣合一格格不入。

我们还必须注意,每个尘世的神都有一个生命体从他出来,由此他被称为尘世的。他还有一个神圣的灵魂，支配它下属的工具；有一个非质料的、独立的理智，由此他与可理知者联合，以便仿效包含所有这一切的世界。就他所垂溢下来的生命体来说，他其实就是可感知宇宙的一部分；但凭着理智，他属于一个可理知本质；凭着灵魂，他将他里面的不可分的生命与围绕身体可分的生命联结起来。然而，尽管尘世的神是这样的一种结构，每一位都有三重性，但柏拉图这里并没有描述得穆革对理智说话。因为理智存在于与神圣理智的不生发的合一之中，是完全非生的；而灵魂是最初的被造本性，稍后得穆革讲到这些，他说"因为你们是被造的。"他也没有描述得穆革只是对从这些神的灵魂里出来的生命体说话；因为它们属于有形种类，不适合毫无中介地享有统一的得穆革智能。柏拉图也没有描写得穆革是单独对灵魂说话，因为它们是完全不朽的；而这些神，也就是柏拉图所描述的他此时的说话对象，并非各方面都是不朽的。因而，如果要求我说出在我看来的真理，那么得穆革的话是对灵魂和生命体的合成体说的，即对神圣的且分有灵魂的生命体说的。理智知道得穆革的旨意不是通过理性，而是通过智能，或者用另外的话说，通过理智的视野（intellectual vision）；不是通过转向，而是通过与那作为整体的理智的合一，它自身成为理智，可以说，具有与理智一样的风貌。灵魂是有理性的，但不是理智本身，所以灵魂需要适合它的本质的理性活动，也需要向可理知者的理性转向。所以，得穆革的话就是说给这些合成生命听的，因为他们本质上是理性的，并且在理性上表现其本质。这在两方面适合于他们：首先，他们被形体分有，因为他们是那些神的神；其次，他们分有理智；因为他们是理智（也是神）的神[即从理智源出]。他们分有理智，同时被形体分有。因此得穆革说他们是被造的，他们不是完全不朽的，以及讲话里所说的其他事，都适用于他们，因为他们与尘世的种类有某种协作和联系，他们也被尘世的种类分有。而"学习并创造"这样的命令，以及其他比被造者更神圣的诸如此类的事，都与他们作为理智本质的那一方面相适合。

接下来我们要关注"我是你们的得穆革和父亲，凡我所造的，都是不可毁灭的，因为创造它时有我的旨意在里面"这些话的含义。柏拉图接着对一得穆革创造下级神的活动作了三分法，即分为神化活动、传递联系活动以及为生命体本身提供某种相似性的活动。得穆革的话表明那些从他出来的是神。但是关于不灭者与可灭者的话，确定了两者之间的媒介的尺度，分配给尘世的神与其等级相称的职责和联系。这段话要求他们创造可朽的种类，使他们根据对原型的仿效，成为宇宙完全的源头，二级生命体的创造者。通过这三种活动，得穆革将自己的造物提升到全体可理知的神的层次，将它们确立在可理知的三一体里。通过第一种活动，确立在一存有里[或者这些三一体的顶端]；那是最先被神化的，其中，"一"就是神（deity），而"存有"是它的第一个分有者。因为"一本身"是孤立的神（alone deity），毫无倾向于他物的习性，是不可分的；而"一存有"中有最初的分有，所以是神中的神。存有作为万物的顶端，是神；而它的"一"是从"一"本身，也就是原初的神出来的神。通过第二种活动，得穆革将他的造物确立在第二个可理知的三一体中，即在永恒本身之中。永恒是一切永不毁灭的事物之所以永久不灭的原因。因此，所有尘世的种类都按得穆革的旨意相连，通过对他的分有而拥有某种不灭的东西；而原初不灭的种类与这些不同，那些真正不朽的是因他的缘故而存在的。他通过第三种活动，将他们确立在全备的生命体里[或者第三个可理知的三一体里]。赋予生命者使尘世的神与此相似，把他们所造的生命的原型插入他们里面。创造的一个统一目的，就是转化并完善发出的众多的神。当然统一目标确立之后就会有一个三重性的计划，即将他们确立在三个可理知的等级之中。

这第二种得穆革的智能，继第一种即神化活动之后，以牢固的确立、不动摇的权能，永恒的本质来光照尘世的神，使整个世界以及所有神圣分配物始终保持同一，通过父分有一种不变的本性和不损坏的权能。凡是从不动的原因产生的事物，都是不灭的、不动的；凡是从变动的原因产生的，都是可变的。因此在尘世的种类中，那些完全是从得穆革产生的，因其是按一种不变的同一被造的，所以是永久的，并且独立于一切可变的、多样的本质。那些既从得穆革这个原因，又从另外可变的原理产生的，就它们是从得穆革出来而言，是不动的，但就它们是从后者出来而言，又是可变的。那些完全由得穆革创造的种类，他把它们造为不变的，不灭的，就它们自己的本性来说如此，就他的权能和旨意来说，也如此。因为他赋予它们一种保护和保存的权能，将它们的本质以一种超然物外、与世隔绝的方式连接起来。所有事物都在两方面受到保护，既因他所包含的权能受到保护，也因他神意上的良善受到保护，这种良善真正能够并且愿意保护任何可以合法地、永恒地得救的事物。因此，如我们所说的，可见种类中最神圣的东西，就其自身的本性说是不可毁灭的；同时它们之所以如此，是出于渗透到万物、永恒连接它们的得穆革的权能。这种权能就是有机地包含万物的卫士和神圣法律。但是比这些更大更首要的原因是得穆革的旨意，它把这种权能应用在它的造物之中。还有什么比良善更高的，有什么纽带比它更完全的？它通过光照给予合一，结合一种永恒的本质，它是万物的界限和尺度；得穆革也将不变权能的原因归于它，说："创造它时有我的旨意在里面。"他将自己的旨意确立为卫士，保护他自己独特的作品，将合一、联系和尺度给予全体事物。

我们前面已经表明得穆革是谁，父亲是谁，现在再作一点扼要说明。这里有四种分类：单独的父亲；单独的造主，父亲和造主，造主和父亲。父亲是以太[或界限]，出于"一"的最初进程。父亲和造主是按照可理知的原型[在可理知等级的末端]存在的神圣者，奥菲斯论到他说，有福的神称法涅斯（Phanes）为普洛托格努斯（Protogonus）。而造主和父亲就是朱庇特，他这里自称为得穆革，奥菲斯派作者称之为作品的父亲。单独的造主是可分创造的原因①，那些奥菲斯派作者会这样说。就单独的

---

① 这位神就是伍尔坎。

父亲来说，所有可理知的、理智的、超越尘世的和尘世的种类都隶属于他。父亲和造主，所有理智的、超越尘世的和尘世的种类从属于他。造主和父亲，也就是一位理智神，超越尘世的和尘世的种类隶属于他。至于单独的造主，唯有尘世的种类从属于他。所有这些细节我们都是从奥菲斯的叙述中了解到的；这四者的每一种特性都管辖一群从属的神。

第七章

得穆革的话"一切复合物都是可分解的，但想要分解那优美和谐而结构匀称的事物，乃是邪恶者才有的特性"所表明的含义。

接下来，得穆革说："一切合成的事物都是可分解的，但想要分解那优美和谐而结构匀称的事物，乃是邪恶者才有的特性。"那就需要思考为何说神是可分解的和不可分解的，也要求将适当的分解方式与相应的结合方式统一起来。每个事物并非都以同样的方式复合合成，被复合合成的事物也并非以这种方式复合合成，就以另外的方式分解。事实上，在某一方面复合的，也包含同样方式的分解。各方面都是复合的，同样各方面都要分解。独立复合的，也就独立分解。由不同于自身的事物复合成的，它的分解也依赖于那样的事物。同样，在时间中复合成的，必在时间中分解。那获得永恒纽带的，也可以说必然永恒地分解。总之，分解是与每种结合联系在一起的。因为结合并不是没有多的合一，比如"一"就不需要结合的纽带。结合也不是众多不同事物集合在一起，不再保存各自独有的特性。因为这样合起来的东西是混合；由此而来的集合体内部相互倾轧，并没有复合成。被复合成的事物必然保持各自的所是，不是丧失了自己的本性之后才得以合成。因而，结合唯有在这样的情形下才发生：有许多事物，每一个都得到保存，同时有一种权能将它们连接、

445

集合起来，不论这权能是有形的，还是无形的。果真如此，那么合成的事物既通过纽带联合为一，同时又是彼此独立的，因为各自都保存自己固有的本性。

如我们所说的，无论何处，一种结合都有与之相连的分解存在。然而，在某种意义上，结合与分解的存在是各不相同的，从它们自己说，差别是单纯的，从他者看，差别是时间性的和永恒性的。因为它们的差异就存在于这些方面。若说同一事物既是可分解的，又是不可分解的，我们不必奇怪，因为它在某一方面是不可分解的，在某一方面是可分解的。所以，如果父亲的作品真的是不可分解的，就不会随着时间的推移而分解。但它们又是可分解的，因为除了有结合，组成它们的单纯事物之间也有分离，这种分离存在于按被复合成事物的确定原因将它们结合起来的神里面。就如那自存的东西被认为是在两个方面自存，一方面，它仅从自身供应一切事物，另一方面，既因它自身而存在，也因他者即它的原因而存在；同样，不可分解者也如此，既因他者存在，也因自身存在；正如被推动的事物具有两重性，也以同样的方式存在。

与这两种方式相对，有两种分解的方式，也就是说，因他者和因自身而可分解的事物与因他者和因自身而不可分解的事物相对。由独立的事物构成的，是在自身中可分解的。但是如果在先于自身的他物中有其实存的原因，那么它是凭着这原因，按着这方式成为可分解的。另外，那在两方面完全可分解的事物，即不仅在自身中包含自己分解的原因，也从他者接受分解原因的事物，与那在两方面完全不可分解的事物，即在自身中包含不可分解的原因，也从他者接受不可分解之原因的事物相对。这样就有四类事物，即：因他者和自身完全不可分解的；以某种方式在两方面不可分解的；以某种方式在两方面可分解的；因自身和他者完全可分解的。这四类事物中，第一类属于可理知者，因为它们是不可分解的，是完全单一的，不接受任何复合或分解；第四类属于有生灭的种类，它们因自身、因他者都是可分解的，因为是由众多东西组成，构成它们的原因使它们在某个时间必然分解。中间两类与尘世的神相关；其实第二类和第三种类事物是与尘世的神同时出现的。这些神作为父的作品，在某种意义上是不可分解的；他们从自身并凭他的旨意得救。但在某一方面他们又是可分解的，因为他们是由他结合起来的；他包含组成他们的那些单一种类的生产性原理。因而，凡是复合成的，都是可分解的，这对父的作品来说也不例外。因为这些事物包括所有形体，生命体的构成，以及被分有灵魂的数目。而那骑乘在灵魂里，就如驾驭一个工具的理智，不能说是父的作品，因为它们原本不是被造的，而是以非生的方式显现出来的，仿佛在他本质的 adyta 里形成，而不是由他们发出的。这些理智没有原型，只有中间和末后种类的原型；因为灵魂是最初的像。至于各个整体，比如生命体，灵魂和理智的分有者，以及被造的种类，都从理智的原型获得自己的实存，而生命体本身就是这些原型的综合原因。

形体是通过相似性结合的；这是它们之间最美的纽带。生命体由活泼的纽带联结。包含某种具有可分性的东西的灵魂，通过中介[即几何的、算术的和谐音的比率]结合。柏拉图把这些以及构成灵魂的所有生产性原理称为纽带。因此，尘世的神里的不可分解性是因本性存在的；他们每一位都是生来就是不可分解的。这就是父通过他所包含的权能所创造的作品。从得穆革的旨意来说，他们也是不可分解的，因为他们具有复合性，拥有纽带联结起来的不可分解性。但是在某一方面他们同样有可分解性，就他们是由单一性的事物构成，父在自身中包含这些事物的确定原因来说，是可分解的。因而，他们同时既是不可分解的，又是可分解的。当然他们并不是像可理知者那样不可分解，因为可理知者是出于单一性的超验性而不可分解。这些神同时既不可分解又可分解，是因为他们既由单一种类组成，又得到永恒的联结。虽然凡是复合的事物都是可分解的，但是那在整个时间中都拥有可理知者的美、神圣的合一，以及得穆革的和谐的永恒者，是不可分解的。不过，可朽的种类是完全可分解的，因为它们结合了质料的畸形和无能。前者有使它们和谐的原因，这原因把合一性加入到它们里面，使它们变得优美而协调；但后者不是这样，因为有众多的原因，它们里面就不再加入类似的合一性；换言之，它们的合一性因混入它们结构中的多而崩溃。所以它们非常恰当地得到一种有所保留的和谐（remitted harmony）。

因此，凡是复合的都是可分解的。不过，有的既是可分解的又是不可分解的，有的是完全可分解的，正如可理知者是完全不可分解的。那么那原初复合的事物为何既是可分解的，又是不可分解的呢？因为它"优美"和谐，结构"匀称"（好）。因着结构"匀称"（好），它获得合一性，因为"好（善）"就是趋向统一的。另一方面它从可理知者获得"优美"，因为美就是从这里产生的。从创造的权能，它获得"和谐"，因为这就是缪斯的原因，是对尘世的种类有序安排的源头。因此我们又有了这三种原因，通过"匀称（好）"得到最终因，通过"美"得到原始因，通过"和谐"得到得穆革因。这样的一种复合物，依靠一创造权能变得和谐，充满神圣的美，又获得一种善的合一，必然是不可分解的；得穆革说，要分解毁灭它是邪恶者才干得出的事。

此外，在这之前，柏拉图早就说过，宇宙是不可分解的，除非造它的主把它分解。既然谁都不可能将宇宙分解，唯有父能够分解它，而他不可能这样做，因为邪恶者才会干这样的事，那么宇宙是不可能分解的。要分解它，必然要么是他，要么是他者。如果是他者，有谁能违抗得穆革呢？除了造它的父，没有谁可能导致它分解。如果他分解宇宙，那么分解优美和谐、结构匀称的事物，谈何良善？破坏这些东西的，就是邪恶的创造者；正如颠覆邪恶的，就获得仁慈的本性。因此，以下两者具有同等的必然性：或者得穆革是邪恶的，如果可以这样说的话，或者这世界是可分解的，[也就是说，这两者都同样是不可能的。]所以，柏拉图说宇宙必然是不可朽坏的。柏拉图确定尘世的神的结构是不可分解的，这一点得穆革清楚地表明了，因为他吩咐他们联结可朽的种类，但不是用那些将他们联结起来的不可分解的纽带。既然这些神的连接纽带是不可分解的，那他们自己就必然在本质上是不可分解的。然而，这里他又说，他们并非各方面都是不可分解的。因而，从这两个论断可以看出，他们既是不可分解的，同时又是可分解的，他们并非任何方面都不可分解，因为他们是按适当的方式复合的。如果这些观点是正确的，那么他们的分解必然完全不同于我们所说的朽坏。因为如果可分解是指可朽坏意义上的，而不是不可分解意义上的，那就绝不是指并非各方面都不可分解，而是指各方面都可分解的意思了。因此说尘世的神自身是可朽灭的，只是因着父的旨意才保持不朽，这样的说法是不对的；我们应当说，他们在自己的本性上是不朽灭的。

第八章

得穆革接下来对尘世神所说的话。原初不朽与次级不朽的分别，原初不可分解与次级不可分解的不同。尘世神既不是原初不朽的，也不是原初不可分解的。

接下来我们要关注得穆革对尘世的神所讲的话的下一部分的含义，如普洛克罗非常优美地描述的："因此，就你们是被造的来说，你们并非是不朽的，也不是各方面都不可分解的，但是你们永远不会被分解，也不会成为死亡命运的奴仆；我的旨意是比你们诞生时赖以结合的生命力大得多、杰出得出的结合力。"因为这些话所说的对象也即全体尘世的神是由神圣灵魂组成的，而生命体是从他们而来的，或者用另外的话说，他们是被分有的灵魂，并且得穆革说他们既是不可分解的，同时又是可分解的，这含义以上已经做出解释，所以现在他希望集中到一点上，集中到一个真理上，不再像前面所说的话那样，所有那些话都是在分别地谈论他们。于是，他同时取消他们的不朽和不可分解，然后又通过毁灭他们的对手将这些属性重新赋予他们。因为中介获得这种本性，不是通过接受两端的本性，而是因为包含两者的整体。这就好比有人说，一方面灵魂既是不可分的，同时又是可分的，因为它是由两者构成的；另一方面，灵魂既不是不可分的，又不是可分的，因为它不同于两端。我们可以看到，尘世的神恰恰体现了这样的一种中间者的特点。

那首要地、原初地被称为不朽的，就是为自己提供不朽的；同样，那原初的存有就是出于自身的存有，那原初的理智就是出于自身的理智，那原初的一就是出于自身的一。任何地方，那原初拥有什么的，就是从自身拥有什么。如果不是因为（出于）自身成为这样，而是因为他者，那么这个他者，不论是理智，是生命，还是"一"，或者其他什么，就会成为原初的；所以，或者它原初就是这样的，或者没有什么东西是原初如此的，若是这样，上升就会趋向无限。因此，真正不朽的，就是因其自身而不朽的，就是给予自身不朽的。而那既不是根据自身的整体而有生命的，也不是自存的，不是因自身拥有不朽的，就不是原初不朽的。因此，就如那次级的存有不是存有，同样，那次级不朽的也不是不朽，但也不是必朽的；因为必朽就是完全缺乏或离弃不朽，既不拥有同时显现的生命，也不拥有无限的权能。这三类事物的顺序是前后相继的：第一类从自身拥有无限生命；第二类从他者接受无限生命的；第三类既不从自身也不从他者显示生命之无限。第一类是不朽的；第二类并非不朽；第三类是必朽的。中间这一类适用于尘世的神，因为他们没有出于其自身的不朽，他们乃是从那真正的、原初的不朽者获得不朽，而形体是从他们垂溢下来的；但他们也不是拥有有限的生命，相反，他们充满永恒的神，同时创造必朽的种类。事实上，第二次创造与第一次相关，围绕第一次展开，受它管理，并且将必朽之种的创造归于它。

另外，就不可分解者来说，那首要、原初意义上不可分解的，就是单一的，与一切复合无关。没有复合的地方，怎么会有包含分解的东西出现呢？而那次要意义上不可分解的，是因纽带而不可分解，同时因为出于各不相同的原因，也是可分解的。但它不是完全可分解的，只是因它的原因而可分解。那先于一切时间被结合的，就是完全按原因而结合的；而那完全按因果关系结合的，只能按因果关系分解。第三类出于完全不可分解的，是暂时不可分解的。因为第一类与单一性联合，是完全不可分解的；第二类包含着复合性，在次要意义上是不可分解的；而第三类既无单一性，也无复合性，在其自己的本性上是可分解的。

因而，尘世的神既不是完全不可分解的，因为这种不可分解性与完全单一的本性相关；他们也不是随时间而分解的，因为他们的复合源于得穆革的合一。就如在原因中，合一先于包含单一性的事物，同样，这里的联结先于分解，因为它更为杰出，是更神圣的权能的像。这一点可以在灵魂中看到，因为灵魂中原本就有联结和中介，如我们前面在灵魂的产生中所注意到的。这还可以在形体中看到，相似性就是一种联结。同样在生命体中也如此，因为它们由赋予生命的纽带联结起来，才成为生命体。也就是说，不朽和不可分解并不完全属于尘世的神，但同时又确实属于尘世的神。因为他们并非全方位地包含这些性质，也不像可理知者那样拥有它们，因而他们必然丧失不朽。比如在《会饮篇》里，柏拉图认为不应当称爱神（Love）是不朽者，但他也没有说它是必朽的，而是说它是处于这两者之间的东西。必朽与不朽之间有一个很大的范围，由许多中介连接起来。就不朽来说也同样，一种不朽是所有不同于必朽者的存有所共有的，在于不丧失它所拥有的生命。根据这个词的这种意义，柏拉图说，得穆革是不朽者的原因，而下级神是必朽者的原因。但另一种不朽是可理知者的特性，是永恒的不朽。还有一种不朽属于尘世的神，就是永远地进入存在的不朽，它的实存在于始终在生成之中。因此，如果从不朽的共同含义来说，可以说，不朽和必朽是截然对立的，没有任何中介；如果从原初不朽的角度来看——所谓原初的不朽，就是那永远不朽的——那么可以说，它们并非毫无中介地截然对立。这种不朽与必朽之间的媒介就是那始终"成为"不朽的东西。那完全不朽的，在永恒里拥有它生命的整体。那使自己的生命在整个时间中演化，其生命也并非总是同一个不可分的生命的，这样的事物拥有一种与生产之流（flux of generation）共同延伸的不朽，从存有的稳定性来说，这种不朽其实并非是不朽的。另外，尘世的神的不朽与部分灵魂的不朽之间的媒介，就是那拥有始终升入存在的生命的东西，它在理智活动中升降，以至于越来越靠近必朽种类，离开杰出的理智活动，将自身转化为从属的一，然后又重新回到原始状态，没有丝毫遗忘。就这些来说，前者是尘世的神的特性；后者是精灵和这些神的助手的特性。如果留存的事物在下降中充满遗忘，非常靠近必朽者，完全毁灭它所包含的真生命，只拥有本质的生命，那么这样的不朽属于部分灵魂。因此，得穆革在他的讲话中要求这些神的不朽与不朽者的不朽一致。如果在这些神之后有什么事物把自己的本质生命也弃之一旁，那就是完全的必朽者。因此，原初不朽的与必朽的是两个极端。而尘世的神的不朽和部分灵魂的不朽是次端。作为这两者之间的真正的中介的不朽，是精灵的不朽。因而，精灵实际上完全是中介性的。

第九章

得穆革对尘世神说："因而现在你们要知道，我对你们所说的话就表明了我的愿望。"这句话所表明的含义。

然后，得穆革庄严地对尘世的神说："因而现在你们要知道，我对你们所说的话就表明了我的愿望。"普洛克罗说，对尘世的神说的第一句话使听者神化或神圣化，因为它表明他们全体都是神，被他们所骑乘的形体所分有。其实这些形体也是神，[可以说]是神的雕像；何况柏拉图还将地称为天体中的第一个且最古老的神。但是这些神化了的形体是名副其实的真神的分有者,是从这些真神垂溢下来的;而这些神先于生灭而存在。因为如我们所说的,这些形体是有生灭的。对尘世的神说的第二句话通过对某种不可分解的联系的分有,在尘世的神中插入一种永恒的权能。而现在这句话使他们充满神圣的、得穆革的概念,高高地出于可理知的生命体[宇宙的原型]。接受命令创造生命体,如果说这是mathesis 或学识,那么适合于灵魂。同时,这话使众多神充满包含在可理知生命体里的所有形式的得穆革智能。通过"现在"这个词,"永恒者"以某种方式显示出来;通过"所说的话"表明联合的和旋转的;通过"我说"显示那发展为多并分布在众神周围的东西;通过"表明"显示出于可理知的、隐秘的原因的丰富性。我们只是在隐蔽的事物里向众人"表明"。通过所有这些词,可以看出,得穆革将自身确立为类似于可理知的理智,使神的尘世数目充满理智的概念。再者,这些话将这多转向统一的得穆革智能,并先于神意对二级种类的关注,用未混合的纯洁和稳定的理智活动光照它。就如得穆革通过理智性的活动进行创造,从里面展开生产,向外面推广活动,同样,他希望尘世的神首先学习并领会他们父的旨意,从而仿效他的权能。

然后,得穆革说:"还有三个必朽者的种仍然没有创造出来。没有这些种的造就,宇宙就是不完全的,因为它广泛的领域里没有包含每一种生命体;但它应当包含它们,这样才可能达到充分的完全。不过,如果这些种由我来创造并分有生命,那它们就会变得与众神等同。"对这些话普洛克罗评论道:最总体的、最先的、最神圣的理念,不仅以一种与世隔绝的方式使那些永久的尘世种类存在,还按照一个统一原因使一切必朽的种类存在。比如,在那里的有翼者的理念是一切有翼生命体的原型;水中种类的理念是一切水生物的范型;步行者的理念是一切步行生命体的范型。而可理知者进入理智等级的进程,成为统一理念分门别类的源头,使总体原因变为多,展现多样种类的确定原理。比如,在可理知者中不再有关于一切空中生命体的统一的理智原因，因为没有关于这类永久生命体的独立的理智活动；也没有关于水中生物的统一的理智原因，同样没有地上生物的统一的理智原因。[理智等级的]异的权能精细地将整体分成部分，将元一变成数。因此神圣生命体的原因存在于得穆革里面，他根据这些原因使创造生灭界的众神和精灵的等级得以存在；这些原因独立于必朽种类的原因，他按照后者要求下级神造出必朽的生命体。因为得穆革先于这些神的生产性活动，只要一开言就使一物造成。父的话语就是得穆革的理智活动，他的理智活动就是创造；而直接从事制造则是众神的事。另外，你们再看看推动因、生产因的等级是如何显现出来的。尘世的神的团队确实创造出必朽的生命体，不过需要联合运动和变化才能创造。得穆革也创造了它们，但他的创造仅凭说话，即理智活动即可。因为他说话其实就是理智性的认知，是不动的，理智性的。生命体本身也创造它们，因为它包含一切有翼者、一切水生物，以及一切地上生物的统一原因。不过，它在默默无语中靠它的本质、按可理知的方式创造它们。得穆革的话里包含了父亲的沉默，同时也接受理智的产物，可理知的原因，按活动而有的生产，因存在而来的神意。运动也接纳得穆革的话，而结合了可感知性的有序分配，则接纳理智的活动，因为存在于事物末端的创造需要这样的一种生产因。凡是多变的事物，也就是性质上可变的、被造的、可灭的事物，是从这样一个原因产生的，从本质说它是不动的，但从活动上说是可变的。要知道，那里的运动独立于本质，这里的运动创造出一个运动的本质。因为那创造的，既按本质也按活动创造，可以说，两者交织在一起，所以，本质的变化源于它的进程。必朽的种类需要变动的原因，而那些极其易变的，就有许多这样的原因。它们不可能保持独生，否则，必朽的种就不可能存在。

然而，必朽者必然是存在的，首先，唯有这样，每个被造的事物，包括永久的存有和那些暂时停止存在的存有，都会有一个实存。因为在这些事物之外的，就是那绝不是什么的东西。其次，唯有这样，神圣种类和存有才不至于成为末后的事物；因为那生产性的事物总比它所生产的事物更优秀更神圣。第三，唯有这样，这世界才不至于不完全，才可能囊括在生命体本身中有其原因的一切事物。因为那里的理念是一切事物的原因，不论神圣的，还是必朽的。因此奥菲斯说，赋予可分种类生命的原因①一方面停留在高处编织天上的等级，是一位宁芙，纯洁无污，因此与朱庇特结合，保守她应有的风度；另一方面却离开她固有的习性，抛弃未完成的网，被抢走了；被抢之后，就出嫁了，出嫁之后就开始生产，以便使那些拥有偶然生命的事物得活。我想，说她的网处于未完成状态，这暗示着包括永久生命体在内的宇宙是不完全的，未完成的。因此柏拉图说，一位得穆革召集众多得穆革一起创造必朽的和不朽的种类，在某种意义上就是提醒我们，加上了必朽种类，宇宙生命之网才得以完全；同时激发我们回忆非凡的奥菲斯神话，也为我们了解[普罗塞比娜]未完成的网提供了解释性的原因。

圣数有自己特定的界限和末端，是完全的。同样，必朽者也必须得存在，必须得有一个适当的界限；这界限是三重性的，即分为空中的、水中的和地上的。至于天上的，那是不可能的，因为每个等级的顶端和第一个种是纯洁无污的，永久的，这是由于它与先于它的原因相似。因此，就如最初的理智者是可理知的，最初的天使是一位神，同样，最初的可感知者也是永久和神圣的。

然而，当得穆革说："如果这些种由我来创造并分有生命，那它们就会变得与众神等同"，他确认了前面已经说过的话，即凡是由一个不动原因所生的，都是非生的，不变的；但是，凡是由一个不动原因所生的，通过一个变动的中介，可以成为部分地非生，部分地可变。它从不动原因接受了统一，又从可动原因接受了多。它从前者获得存有和形式，又从后者获得个体性和一种流动的存在；由此，形式或种类得到保存，但

---

① 即普罗塞比娜。

个体性被消灭了。

第十章

阐述得穆革讲话的其余部分。

然后，得穆革说："为了使这些可朽的种类存在，也为了使宇宙真正地包容万物，你们要按照自己的本性，仿效我在造你们时所使用的权能，转来创造这些生命体。"普洛克罗说，这里阐明了创造的两个目的，一个是神意的，另一个是同化的；一个较直接，另一个较总体。为了使必朽的本性存在而创造，这暗示了神意和完全的权能。整个极其丰富的权能大量生产从属于它自己的事物。而为了成全宇宙而创造，这表明同化权能的一种活动，目的是为了使这个宇宙装备所有的神圣生命和必朽生命，从而与全备的生命体相似。如果所有事物都是不朽的，那最神圣的可感知事物就不可能是生产的。如果宇宙不是充满各种形式的生命，它就不可能是完全的，也不会充分地与全备的生命体相似。为避免这两种缺陷出现，第一得穆革从他至高的瞭望所以神圣的方式激发第二次创造。他还浇灌给尘世的神赋予生命的、得穆革的权能，叫他们由此从自身造出二级种类，他使他们充满生命，赋予他们一种独特的特点。赋予生命的神的特性就是赋予生命，而得穆革神的特性是生产出形式。因而"你们要……转来"的话具有激动他们的性质，类似于荷马笔下朱庇特对众神的命令："快快降到希腊人和特洛伊人那里去。"[①] 就如那是叫他们去引发战争，同样，这里在柏拉图笔下是激发他们去创造必朽者，他们要经由着运动完成这样的事。这诚然是由全体尘世的神完成的事，但尤其

---

① 《伊利亚特》二十章 24。

是世界的[或者行星的]管理者完成的事，在最显著的程度上是主宰的太阳完成的事。得穆革赐给他支配整体的权力，把他造为保卫者，并如奥菲斯所说，命令他"……治理万物"。

同样，"按照本性"的话也要求他们按照比例和良善来创造；此外，把整个自然作品展现在他们之下，作为他们活动的一个工具。这作品顺服于他们的旨意，所以由他们推动和管理。第三，这话把他们的实存确定为中介，因为按本性创造末端属于中间者的职能。时而存在的事物是从那些按时间说是永久的事物中垂溢下来的；而后者是从永恒的实体（entities）垂溢下来的。原初的种类是中介的生产者，而这些中介又生产位于事物序列的末后的那些存有。"你们自己"这个词表示手工操作，激动神圣生命亲手去创造。我们不可追问得穆革的权能是从哪里传递给神圣灵魂的，这原本就是超本质神的特性。就如奥菲斯将一种理智本质放在朱庇特里面，使它成为得穆革的，同样，柏拉图从父引出这话，表明作为整体的灵魂是神圣的、得穆革的。我们也不可置疑，既然全体尘世种类都是按可理知的原因造的，为何有些是不朽的，有些却是必朽的；因为有些出于这个直接生产因，有些出于那个直接生产因。必须留意这些，而不是只关注范型。我们也不可考察苏格拉底的理念、柏拉图的理念，或者别的具体事物的理念。因为得穆革按种来划分必朽的生命体，终止于总体的理智活动；通过这些理智活动把一切具有不完全本性的事物包容在内。就如得穆革以非质料的方式造出那质料的东西，非造的方式造出那被造的东西，同样，他以不朽的方式造出必朽的种类。他创造这些东西，不过是经由着下级神造的；因为在他们未有创造之前，他仅凭理智活动来创造。我们也不可否认必朽的种类并非完全是必朽的，它们也神圣地存在着。因为得穆革此时在他的讲话中传达的东西是围绕下级神或尘世神的实在或存在种类，就是天体最先接纳的东西；众神也按这些实在创造必朽的种。每个必朽形式的生命的元一都从可理知的形式进入天体。而从这些神圣的元一，产生出所有的物质生命体。如果我们采纳这些思想，就与柏拉图一致，就不会对事物的本性感到疑惑。

另外，当得穆革说："仿效我在造你们时所使用的权能"时，我们必须理解，这话的意思是说，与一种独立的创造相似，并转向它，这是二次创造的最高目标。因为自动的种类必然跟从不动的种类，极其易变的必然跟从永远运动的，而且必然始终有一个二级存有的序列类似于那些先于它们的序列。由于得穆革中有一个神圣旨意和神圣权能，所以他要求尘世的神"学习"，由此向他们显示他的旨意，也由此完善他们的得穆革旨意。同时吩咐他们仿效一得穆革的权能——他们原本就是他按这权能造出来的——通过这种"仿效"展现他的权能。因为他一说出他立志要做的事，就是把旨意传给了他们；而说出他能够实现的，就为他们提供了权能。最后，他表明他们是仿效他们父亲的二次创造者。因而，不论是尘世权能，是精灵的有效活动，或者英雄们的坚毅和超自然力量，得穆革都把实存赐给它们，也把实存给予那些成全整个二次创造的神。因为第一权能在他里面，得穆革权能的元一也在他里面。何况，他还是理智和父亲，所有事物，即父亲、父亲的权能和父亲的理智，都将在他里面。因此，柏拉图并非不知道这种划分；也因此得穆革作为父亲，称权能是他的权能。这也是他在"我在造你们时使用的"这个定语里所表明的。父亲结合权能是众神被造的原因，正如这里，父亲加上母亲是人类繁殖的原因。[因为权能具有一种女性的特点。]

第十一章

下级神是谁，为何这样称呼他们。

关于得穆革对下级的或尘世的神所说的话中提出的这些问题就谈到这里。另外，我们也可以从《蒂迈欧篇》里的另一部分把关于这些神的创造的话收集起来，它们在重要性上也毫不逊色；普洛克罗都作了精妙的注释，摘录如下：得穆革教导灵魂什么是它们的幸福所必需的东西，又将一些灵魂散播到地上，一些散播到月球上，其余的进入时间的其他各不相同的工具中，然后，柏拉图又说："这样散播之后，他就把创造必朽形体，生产其他人类灵魂所必需的东西的职责交给下级（junior，或年轻的，新的）神；赐给他们支配由他们的创造而来的一切事物的权力。"普洛克罗说，下级神（新的）是谁，现在必已明了，因为很显然，所谓的下级神就是那些尘世的神。当然，柏拉图这样称呼他们，也可能是相比于那更具有古老尊荣的不明显[即理智性]创造而言的，与它里面的权能超验性以及理智视野的完全性相比较而言的。富有更多理智性的东西，就与更古老的神同在。

"朱庇特是最初出生的，因而知道得也更多，"荷马说。或者他们被这样命名，是因为他们总是使世代成为新的；每当它因所隶属的本性变得陈旧而无能了，他们就靠自己的运动重新按本性把它召到一种实存中，将各种生产性的原理和权能的流送入它里面，使它永远是新的。或者他们被这样称呼是因为有理智本质从他们垂溢下来，他们带着最高的智力永恒地活动。就如诗人们说的，斟酒女神赫柏（Hebe）① 倒出美酒，他们畅饮琼浆，俯视整个可感知世界。因而，他们利用恒定不变、坚定不移的理智活动，使万物充满他们的得穆革神意。或者他们拥有这样的称呼是因为库里特神[或者属于库里特等级的神]与他们同在，用纯洁装饰他们的理智概念，使他们的运动坚不可撼，为他们全体提供刚强的力量，使他们通过这种力量管理万物，同时丝毫不偏离他们本性的特点。或者最真实的原因乃是，他们之所以被这样命名是因为他们的元一被称为"新"（recent）神。神学家们把这个称呼给予酒神巴克斯，因为他是整个二次创造的元一。朱庇特确立他为所有尘世神的王，分配给他最先的荣

---

① 或青春女神，赫拉和宙斯之女，为奥林匹斯山诸神的侍女。

耀。因此，神学家们也习惯性地称太阳为"新"神，赫拉克利特说，太阳"每天都是新的"，分有狄奥尼索斯的权能。或者就与柏拉图原理最相称的原因来说，他们这样被命名，是因为有生灭的形体是从他们垂溢下来的；它们的本质不是获得永恒中的实存，而是时间整体中的实存。因而，他们是下级的新神，不是因为曾有开端，而是因为始终是被造的，如我们前面所说的，他们存在于生成之中，或者说永恒地升入存在。一切被造的，都没有它所拥有的一次性显现出来的东西的整体，也没有同时性的无限，而是一种永久地供应着的无限。因而，他们被称为下级的、新的，具有一种与时间同时延伸的实存，总是向存在前进，拥有一种更新了的不朽。

另外，第一次创造产生的是得穆革权能的传播和发展，独立于二次创造直接产生的一切事物，是从不明显的生产到明显的生产的进程，是将统一权能变为对世界的多样化管理的分裂。而形体的形成使下级神变得与不可见的创造相似。因为不可见的创造是整体性形体的原因，正如下级神是部分性形体的原因，同时表现出权能上的依次递减。就他们所创造、形成的形体来说，得穆革也是它的原因；只是他们所构造的是部分性形体，就是赋有某些性质的形体。因此形体其实是完全非生的，不朽坏的，如亚里士多德所主张的。他说，"如果形体可以被生，那就会有一个真空，在宇宙体之外。"但是这"具体的"形体既然具有不完全的本性，就是可朽灭的；因为元素的"整体"是从"总体"创造中获得存在的。然而，人的灵魂仍然是被造的，这使尘世神与父的权能相似，因为创造生命属于父亲的职责。第一位父，以及每一位父亲，都是生命的原因；可理知的父是可理知者的原因，理智的父是理智者的原因，超越尘世的父是超越尘世的生命的原因。因此，创造出有形生命的尘世的神也是父亲。不过，与这些神相适合的创造产生的是不完全生命体的本性。这不完全的生命体，从不朽的灵魂出来，由灵魂和身体构成。而得穆革赐给下级神的"主权"激发出他们的神意审查，他们的连接权能，以及他们的保护能力。没有这些，被造的形体和生命的必朽形式就会迅速地归于虚无。因而，在这些东西产生之前，得穆革先使它们的支配神成为它们的保护者和拯救者。因此下级神中有得穆革的权能，他们依据这种权能使被造种类穿上形式；下级神中也有赋予生命力的权能，他们依据这种权能使二级生命得以存在；下级神中还有完善的权能，他们据此成就在生灭界所缺乏的东西。除了这些之外，还有其他许多权能，但我们的概念无法一一阐释清楚。

第十二章

进一步从《蒂迈欧篇》推导并阐明的关于尘世神的创造的重要细节。

然后，柏拉图又说："他还吩咐他们尽可能以最好、最美的方式治理必朽的生命体，免得它成为对自己作恶的原因。"对这些话普洛克罗注释说：必须承认，这位得穆革交给下级神的所有东西中，有三个最完美的界限，他所表达的良善旨意，接受者的完全权能，以及这两者彼此之间的对称。就下级神自身所创造的作品来说，也必须考察三种也是最伟大的因素，向善的还原，向可理知美的转向，以及足以支配一切管理对象的自由权能。就如法涅斯[①]，他本身是创造整体的得穆革，尽可能把最美最好的东西赐给整个世界，同样，他也希望二次创造者能以最美最好的方式治理必朽的生命体，所以从可理知者把美浇灌给他们，使他们充满善的权能和旨意，就是他自己在整个世界被造之前所拥有的东西。这样，生灭界也将分有美和善，因为将它联结在一起、包含在自身之内的

---

① 即朱庇特，普洛克罗这里称他为法涅斯，是因为他凭借分有在自身中包含宇宙的范型法涅斯或普洛他格努斯（Protagonus，即普洛托格努斯，Protogonus）。

神自身超验地装备着美和善，只要他们用美和善来装备它，它也必成为美的和善的。

然而，既然二级得穆革具有这样的本性，那天上的众神就不可能造出任何邪恶的或逆性的东西；我们也不能像许多人那样，用这种方式来划分天上的神，即把神分为善神和恶神；因为在神，这是不可能的。必朽的生命体才是它自身向恶的原因。无论是疾病，是贫困，还是其他诸如此类的东西，都不是恶；灵魂的堕落、放纵、怯懦以及各种恶习，才是邪恶。而我们自己就是这些东西的原因。虽然我们受到坏影响，被别人驱使着去行这些恶事，但它仍然是通过我们自己去做的；因为我们有能力与善的东西交往，与恶的东西隔绝。因此，根据柏拉图的观点，我们不可以为众神中有些是恶的，有些是善的；相反，我们必须承认，所有神都是必朽者所能获得的整个善的源头；真正恶的东西不是他们造出来的，他们只是把恶的东西指明了，如我们前面所说的。他们将可怕的现象和记号向那些能够看见、理解宇宙中的文字的人显明，这些文字是必朽种类的创造者通过他们旋转中的方位写下的。虽然有人会从天上众神的运动中推导出某种恶，以至于变得怯懦或放纵，然而，他们施加影响是一回事，灵魂分有他们的影响力是另一回事。普罗提诺说，人若从坏的方面接受，那么理智的流在他就变为狡诈；同样的原因，高贵生活的恩赐也会变为放纵无度；总之，虽然天神有益地生产，他们的礼物却被地上的种类以相反的方式分有。因此，不能把仁慈的给予者指控为恶的创造者，因自己的无能而误用礼物的接受者才是罪魁祸首。荷马笔下的朱庇特也指责灵魂徒劳地指控神，其实它们自己才是各种恶的缘由。神是善的源头，是理智和生命的提供者，不是任何恶的原因；即使是不完全的本性，也不是它后代的恶的原因。那么，我们应当怎样看待这些神本身呢？他们岂不更是他们所造之物的善的原因吗？因为他们有权能，他们有自我完全的本性，他们有普遍的善，所有这些都是与恶相对的。因为恶在自己的本性里是无能的，不完全的，毫无尺度的。

然后，柏拉图说："同时，有序安排所有这些具体事务的，仍然保持着自己惯有的方式。"普洛克罗注释说，柏拉图总是这样，在使用了诸多措辞之后，在结论里概括性地一言以蔽之。他知道，在得穆革中，一个理智概念包含着众多的理智概念；一种权能连接着许多权能；一统一原因将各不相同的原因集合为一个合一体。因此[在这话之前说的]"在所有这些具体事务上教导了灵魂"这话，以及我们现在引用的话"有序安排所有这些具体事务的"，可以得出结论，得穆革的不同活动出于一个统一原因。再进一步说，"所有"这个词表明那在各自应有的界限内达到圆满的东西；而"有序安排"这些词意指渗透所有存有的次序，得穆革将它引入尘世的神，引入不完全的灵魂之中，他还表明前者属于得穆革，而在后者中刻上命运之法。此外，"保持着"这个词并不表示静止和不变的理智活动，而是表示"在一中的确立"。从这一点来看，他独立于整体，与理智性地认识他的存有相分离。而这种确立本身是永恒的，始终不变地持续着。这一点也可以从"惯有的"和"方式"这些词中看出来，一个显示永久性的同一，另一个显示得穆革具有稳定的特性。"方式"表示特性；连接性不同于不变性，这两者都出于得穆革的永恒性。

第十三章

这些细节的继续拓展。

柏拉图说："由于他是永久不变的，所以，他的孩子们一明白父亲的命令，就顺服地去执行。"普罗克洛说，当得穆革说话时，下级神就是听众；当他理智性地领会时，他们就学习，因为学习是推论性的。当他因合一性本身停止不动时，他的孩子们就开始按理智领会。他们总是从他接受低一级的次序。他们其实被他充满，所以与他保持类似于说者与

463

听者的关系；但同时他们也推进他的一权能，所以类似于学习者。因为凡是学习的,就是把先辈的理智向前推进的。另一方面,他们还被他神化，所以类似于那些按理智领会的神。理智因与"一"联结而被神化。因而，父亲停留不动的时候，孩子们就完全按理智来领会，因为他们就是被神圣灵魂，就是骑乘在纯洁无污的身体这工具上的灵魂分有的理智。他们按理智领会的是父亲的命令，这命令先于被安排的结果存在于父亲里面，根据这一命令，他就是万物。因而，必朽种类完全是由得穆革的理智活动塑造出来，获得生命的。而下级神因为充满得穆革的元一，所以通过他们自己的明显可见的创造，把他的总体创造展现出来。

最后，柏拉图说："于是，他们接受必朽生命体的不朽原理，仿效造它们的工匠，从世界借来火、土、水、气这些万物都要归回的东西，将所拿来的各部分聚合在一起，但不是用连接他们的那种不可分解的纽带来聚合。"普洛克罗对这些话的精妙注释如下：柏拉图通过许多语言和步骤向我们指出，第二次创造与第一次创造是分离的。如果得穆革有序地安排部署，而下级神顺从地执行他的命令，那么前者仅凭发布命令就是被造种类的原因，而后者在得穆革的激发之下，从他接受他们的整个创造的界限。如果他停留在自身里面，而他们围绕他运动，那么显然，他永远是存在于时间中的事物的原因，而他们因被他充满，就按照时间的整体活动。既然他完全以自己惯有的方式确立自己，而他们从他出来，将他自身的这种统一而不可言喻的气质显现出来，那么他们就是从他获得二级创造的。

另外，柏拉图说他有父亲的尊严，而他们被称为他的孩子，这表明了他多产的权能，和他单一的良善。柏拉图描述他从他高贵的住所交出创造的原理；而他们接受有助于对必朽者进行有序分配的不朽原理。他被认为拥有源泉，能把生命赋予永恒的种类，而他们则是必朽生命体存在的原因。他将自己展现为诸神的范型；而他们仿效得穆革的理智。他被认为创造了整体世界和它的丰富性；而他们被认为从他们父亲的创造中借取了部分，以便成全他们要做的工作。他使用了一切无形的权能，而他们也使用了有形的权能。他使不可分解的结合得以存在，而他们使可分解的结合具有实存。他插入一种合一性，比它所统一的种类要古老；他们则把一种偶然的合一性——其起源后于前一种合一性——给予由许多相反本性组成的存有。他是不可分地（整全地）创造万物；他们则是有分别地创造，将必朽种类细细划分，一直到小得看不见的钉子。由此，两种创造的分别赫然在目；同时从我们读到的这段话里也可以看出两者的统一和关联。事实上，这里的关联是第二次创造与第一次创造的关联，是明显的创造与不明显的创造的关联，是分裂的创造与元一的创造的关联。

因而第一次不明显的创造的最低部分必然与第二次创造的顶端相连。这样，天体也与生灭界 [或地上区域] 相连，最低的天体展示出变动的原理；而地上种类的本质之顶端，协同天体一起运动。因此同样，理性灵魂也与必朽形式的生命相连，即父亲创造的最低级、最不完全的作品与下级神创造的最高种类相连。因为他们作为某种意义上的父亲创造生命，又作为创造者创造形体。他们仿效伍尔坎创造形体，效仿朱诺赋予生命。通过这两位神他们其实在仿效整体的得穆革，因为他是造物主和父亲。另外，他们从整体借来部分构造形体。任何地方，部分都从整体获得结构。然而，如果整体是无形的，部分的产生对它没有减损；如果整体是有形的，从它们生出部分之后就会对整体有所减损。如果总是出现脱离，那么各部分虽然仍然存在，整体却消失了。这样，生成领域就不复存在，第一次创造的工作就因第二次创造而全部消失，这样的观点自然是不合情理的。因而，这样的事不可能出现在宇宙中，复合的部分再次分解，以便构建它们的整体。一物的形成就是另一物的毁灭；一物的毁灭又是另一物的生成，这样生成和毁灭就可以永远存在。如果生灭界只能存在一次，它就会在某个时间停止存在，因为它是由有限的事物构成的，而这些有限的事物是要耗尽消失的。当所有事物都毁灭了，这些毁灭性的消亡也就停止了。因此，这两者只要一者必然存在，另一者也必然存在。因此，凡是从第二次创造产生出来的，都是复合的，可分解的，从时间获得其结构，也将在时间中再次分解。所以，说下级神借得必然重新回归到其整体中去的部分，是非常恰当的。当然他们是从宇宙借来这些部分。他们从宇宙借来火、土、水、气，他们要重新把它们归还给宇宙。也就是说，父亲希望他所创造并安排的整体能够永远保留。关于下级神的整个创造就谈到这里。

第十四章

单独讨论天上神的特性。为何一个恒星领域包含大量星辰，而每个行星领域只带动一个星旋转。每个行星领域有大量卫星，类似于恒星的合唱队，有各自特有的旋转运动。

我们已经基本上向读者表明了与尘世的神相关的一般性问题，现在应当转到具体问题上，分别讨论天上神的特性和地上神的特性。天上神的等级是由恒星和行星构成，前者（即恒星）所在的球体是它所包含的星神的元一，如我们前面所说的。宇宙的范型中有四个理念，其中第一个是与世隔绝的元一，从它出来的大量星辰被包含在一个并列的元一里，那就是固定不变的球体。这个球体柏拉图在《蒂迈欧篇》中称为真实的世界，因为它是一个比地上区域更完全的世界，后者总是需要一种外在的安排，总是处于不停变动之中。它也是一个繁星点缀的世界，因为表现了理智的多样性，并由此可以说在它自己的整体里接受围绕着理智世界的统一的花，也就是仿效天上范型之美的花。柏拉图非常清楚地说，得穆革给予这个球体一种围绕整个天穹的环形"分配"。"分配"以及"环形分配"恰恰与这个球体相适合；前者表明理智的分配，后者表明得穆革的等级。因此神学家们①把欧谟尼亚（Eumonia）②确立在固定的球体,说他将这个球体包含的多分开,使每个星辰始终停留在各自固定的等级里。同样,他们还把伍尔坎描述为诸天的造物主,将他与阿格拉伊亚（Aglaia）③结合,使整个天因繁星而熠熠闪光。另外,在时序女神（Seasons）中,他们把狄刻（Dice）④或正义女神放在行星领域,因为她不断地使各不相同的行星运动在理性上成为同等的;在美惠三女神中,他们认为塔利亚（Thalia）⑤使它们的生命变得永远欣欣向荣。他们把厄瑞涅（Irene）⑥或和平女神确立在地上区域,认为她平息各元素之间的战争;至于美惠三女神中的欧佛洛绪涅（Euphrosune）⑦,使每个事物的自然活动变得灵活快捷。

　　行星被称为世界的管理者,获得一种总体的权能。就如恒定球体有大量星形生命体,同样,每个行星都是大量生命体的首领,或者某些同类生命体的首领。由此,为何一个恒星球体包含大量星辰,而每个行星球体只能使一个星辰旋转,这样的疑问就得到解决。我们必须说,在前一情形中,整个球体是一个元一,在自身中包含适当的多,足以容纳列于第一位的尘世的多。而在后一情形中,管理权能是双重的,包括整个球体和世界的管理者,每个管理者都是一个与多并列的元一。球体本身是一位首领,也是并列的元一和整体;而世界的每个管理者是首领和元一,但不是整体。从属种类确实需要更多的首领,也需要每个不明显球体里因（合一性）减少而产生的多。而在地上区域,每种元素中首领的

---

① Vid. Proclus in Tim. p. 275.
② 一说欧诺米尼（Eunomia）,时序女神之一,掌管法律。——中译者注
③ 美慧女神,其名字的意思在希腊文中为"光辉的"。——中译者注
④ 即正义女神,又名阿斯特来亚（Astraea）,是宙斯和忒弥斯最小的女儿。据说在黄金时代（希腊人认为世界曾经有如下几个时代：黄金时代、白银时代、青铜时代、黑铁时代）治理世界,后来世风日下,她就回到众神身边;一说化为黄道十二宫中的处女座。——中译者注
⑤ 美惠三女神之一,即激励女神。——中译者注
⑥ 时序女神之一,掌管和平的女神。——中译者注
⑦ 美惠三女神之一,即快乐女神。——中译者注

等级仍然比星行的等级更多，如我们从希腊神谱所得知的。

在每个行星球体里，有大量卫星类似于恒星团，以它们自己特有的循环存在。这些卫星的循环类似于它们所跟从的行星的循环；按柏拉图的说法这是一种螺旋式的循环。关于这些卫星，在每个行星周围处于第一等级的是众神；然后是在透明圆球体里旋转的精灵；精灵后面跟随的是像我们这样的不完全灵魂。在每个行星球体里都有一个并列的多，这可以从末端推导出来。如果恒定球体有一个与它本身并列的多，而恒定球体对于天上生命体的意义，就是地球对于地上生命体的角色，那么每个"整体"必然完全拥有某种与它自身并列的不完全生命体，这球体也从这样的生命体获得"整体"①这个称呼。虽然位于中间的种类是我们的感觉无法感知的，但是那些包含在末端的种类是明显可见的——前者因其本质充满非凡的光辉，后者因与我们自身相连合。如果不完全灵魂也散布在这些球体周围，有些围绕太阳，有些围绕月亮，有些围绕其他的各个球体；如果在灵魂之先，有精灵成全以它们为首的队伍，那么显然，"每个球体都是一个世界"，这是一种非常完美的说法。这与神学家们的教义②是一致的，他们教导我们，每个球体都有先于精灵的神，有些神的管理在另一些神的管理之下得完全。比如，拿我们的女神月亮来说，她包含女神赫卡特③和黛安娜；关于威严的太阳，以及他所包含的神，神学家说巴克斯住在那里："太阳的随从之神，以惊醒的眼睛审视神圣的地极。"他们还说朱庇特住在那里，还有奥西里斯（Osiris）④、太阳神潘（solar Pan）⑤，以及其他神圣者，神学家们和魔术家们的书中充满了关于他们的记载。由此可以看出，每个行星都是由许多神构成的，他们成就它特有

---

① 这些整体，按照柏拉图哲学，就它们是整体来说，有一种永恒的实存，是恒星的领域，行星的领域和气的领域，我们居住的球体，以及海洋。
② Vid Procl. in Tim. p. 257 and 279.
③ 司天地及冥界的女神，后世认为系巫术、魔法女神。——中译者注
④ 古埃及神话里的主神之一，司阴府之神，地狱判官。——中译者注
⑤ 潘是半人半羊的山林和畜牧之神。——中译者注

的循环，这是完全正确的说法①。

第十五章

阐明月亮、水星、金星和太阳的本性。

很不幸，由于普洛克罗的《柏拉图神学》第七卷佚失了，关于天神的特性的大量信息就无法得知。但是，凡是关于这个话题所能获得的，以及我从柏拉图作品中不遗余力收集起来的信息，我现在都要呈现给热爱哲学的读者，首先从月亮开始说起。这个神圣者相对于生灭界或者地上区域来说，是自然和母亲的角色。因为当她满盈时，所有事物都旋转，跟着一同增长；当她亏损时，万物都一起减少。这位女神还仁慈地将自然的不明显的生产原理显明出来。她通过一种德性生活使灵魂得完全，同时给必朽的生命一种恢复，回归于形式。

继月亮之后的是墨丘利，他是一切尘世种类对称的原因，是生成物的理性。所有对称都源于一个比例，都根据这位神所给予的数。这位神还是"体操"训练的检查者和保护者，因而"hermae"或墨丘利的雕像放置于巴勒斯特拉（Palaestrae）；是"音乐"的保护神，因此他被尊为天上星座中的竖琴手；是"学科"的保护神，因为几何学、推论和演讲都是这位神发明的。他负责每一门学科，引导我们从这必朽的住所走向可理知的本质，管理不同族类的灵魂，驱走折磨它们的昏睡和遗忘。他

---

① 由此我们可以看到一个观点，如我在别处说过的，为何在奥菲斯的颂歌里，把太阳称为朱庇特，为何把阿波罗称为潘，巴克斯称为太阳；为何月亮似乎等同于瑞亚、塞丽斯、普洛塞庇娜、朱诺、维纳斯，等等。因为从这一理论可以推出，每个球体都包含一个朱庇特、尼普顿、伍尔坎、维纳塔、米纳娃、马尔斯、塞丽斯、朱诺、黛安娜、墨丘利、维纳斯、阿波罗，总之，包含每个神；每个球体同时又赋予这些神独特的特点，比如，在太阳里，他们拥有太阳的属性，在月亮里，拥有月亮的属性。其余的依此类推。

还是记忆的提供者，记忆的目标就是对神圣本性的真正的理智领会。因此，在雅典人中，这些事物的某些像被保存下来，比如语法与辩证法知识有一定关联，弹竖琴属于音乐节目，摔跤属于体操项目，那些从小有强健体魄的年轻人就在这方面受到训导。

接下来是维纳斯，她是被造种类获得美的原因，这种美是对可理知之美的一种仿效。这位女神也是形式与质料合一的源头；结合并包含所有元素的权能；她的首要工作就是完美地照亮所有尘世事务的次序、和谐和结合。她还管理天上世界与地上世界的种种协调配合，将它们彼此连接起来，通过一种联合完善它们的生产进程。她统一赫耳墨斯的（Hermaic）生产——其存在性有所减少，并且从属于太阳的创造——将其引入结合。

继维纳斯之后的下一位天神是至尊的太阳神，按照柏拉图的神学，他的本质和尊严是如此之大，以至于在世俗种类中拥有一种超越尘世的特权。柏拉图在《蒂迈欧篇》里指明这一点，他谈到太阳说："为了使这些圆圈能够彼此之间拥有某种明显的快慢尺度，使八大循环的运动变得显赫，神就点燃了我们现在称为太阳的光，从地球算起处于第二循环；这样，天体就能显著地向万物显现，生命体也能分有适合其分有的数，从某个相似并相同的事物的循环中接受数上的信息。"普洛克罗对这段话作出精妙的注释如下[①]：柏拉图这里描述了可见时间形成的一个主导原因。就如得穆革使不明显的时间存在，同样，太阳使明显可见的时间存在，这时间衡量形体的运动。通过光他将每个时间的间隔引入可见领域，为所有周期设立界限，展示回归原始状态的尺度。因此，理所当然地，太阳是一个显赫的尺度，尤其显明时间按数进入宇宙的进程。因为它有比五大行星更精确的周期，它的运动也比它们的更规则，很少发生异常；也比月亮的规则，总是终于同一个点；它的进程总是从北向南。既然它

[①] Vid Procl. in Tim. 4, p. 263.

有更精确的周期,它就理所当然是尺度的尺度,从它自身界定其他行星的周期尺度,以及它们彼此之间的运动的快慢。它也在更大程度上仿效永恒的永久不变性,始终以同样的方式旋转。因此,它不同于行星。

同样,从另一角度看,太阳也是比固定球体的尺度更明显的尺度。虽然这个球体有一种适当的尺度,一个固有的间隔,还有一个关于它独特运动的不变的数,但是太阳光使这个尺度和可见时间的整个演进成为可见而可知的。因此柏拉图说:"为了使那里有某种明显的尺度。"虽然在其他行星中有一个尺度,但它不是清晰可见的。而太阳使其他可理知者和时间都显现出来。但是你不可因此就说太阳光是为了度量而产生的。试想,整体怎么可能是为部分而存在,管理者怎么可能为被管理者而存在,永恒者怎么会为必朽者而存在呢?我们倒应当说,拥有某种发散力的光把总体时间显现出来,引出它的超越尘世的元一,使统一尺度成为度量形体周期的尺度。可以说,这就使时间成为可感知的。因此,正是太阳的光使一切运动的事物有一个清晰而明显的尺度。这其实就是它的整体的善。当然整体之后,它还使部分受益。因为它使适合分有数和度量的种类产生出这些事物来。非理性的存有确实缺乏这些东西,而跟从神的周期的精灵和人则分有它们。因而,善借着太阳光,以神圣的方式最先供应给整体,然后一直供应到部分。如果你愿意从可见种类开始谈论不可见的种类,那么可以说,太阳把光辉洒向整个世界,使有形之物变为神圣,并通过它自身的整体完全地充满生命。同时它通过纯洁无污的光引导灵魂,分给它们纯洁、具有提升力的权能,借它的光芒治理世界。它还使灵魂充满高天的果子。因为太阳的等级高高地源于超越尘世的种类。因此柏拉图这里没有说得穆革造出太阳光,而是说他点燃了太阳,就如从他自己的本质给予这个球体实存,从太阳的源泉发出生命进入间隔(时间),并不断更新。"神学家们关于超越尘世的苍穹也是这么主张的。"

因此,在我看来,柏拉图描述了太阳形成的两方面,一方面他在构造世界的七位管理者的形体时，使太阳与它们一同形成，并将这些形体加入到它们的循环之中；另一方面，根据光的点燃形成太阳，由此赋予太阳超越尘世的权能。因为单独造出太阳的形体是一回事，结合一种支配特点造出太阳则是另一回事，有了这种支配特点，太阳就被称为一切可见物的王，并类似于善的统一源泉得以确立。就如这源泉比可理知的本质更好（善），同时照亮理智和可理知者，同样，太阳比可见种类更好（善），同时照亮可见的事物和视觉器官。既然太阳超越于可见的本质，那它必有一个超越尘世的本性。而世界是可见的、可触摸的，并且有形体。因此，我们必须以两个方面考察太阳，即作为七行星之一，又作为整体的首领；既作为尘世的，也作为超越尘世的，按照后者，他发出一种绚丽的神光。就如"至善"明明白白地发出真理，神化可理知且理智的等级；就如奥菲斯笔下的法涅斯发出可理知的光，使所有理智神充满智能；就如朱庇特在所有超越尘世的神中点燃一种理智的、得穆革的光，同样，太阳也通过这种纯洁无污的光照亮每个可见之物。照耀的原因也总是处在一个高于被照耀者的等级里。比如，"至善"不是可理知的，法涅斯不是理智的，朱庇特也不是超越尘世的。按照这种推论，太阳既是超越尘世的，就发出光的源泉。而根据最神秘的理论，太阳的整体在超越尘世的等级里；因为在这些等级里，有一个太阳的世界，一个总体的光，就如迦勒底人的神谕说的[①]，对于这个神谕，我相信它是真的。

  星辰和整个苍穹都从太阳接受光，这一点很容易理解。因为在许多方面共同的事物是从同一个原因获得自身的实存的，尽管有时候是从一个独立的原因，有时候是从一个并列的原因。而这个原因就是原初分有那个形式的东西。原初的分有者，就是这种形式原初地或者主要地存在

---

  ① 根据迦勒底信条，如普塞卢斯（Psellus）[见面 TTS VII] 所解释的，有七个有形的世界，一个是高天，这是第一个；然后是三个以太世界；再后是三个质料世界，即一个固定球体，七个（似乎应为五个。——中译者注）行星领域，以及地上区域。他们还说，有两个太阳的世界，一个顺服于以太的深处；另一个是七球体之一，是带状的。

于其中的东西。因而，如果光主要存在于太阳之中，这光就必是最初的光；从这光必可以引出在其他事物中的东西。

第十六章

摘录尤利安皇帝对主神太阳的演说。

与柏拉图关于太阳的理论相一致，尤利安皇帝在他精彩的演讲中关于这位神圣者作了极其出色的神学上的阐述①，以下是摘录的一段。可见、绚丽的球形太阳是可感知事物健康幸福的原因。不论我们认为有什么源于理智神②中伟大的理智性太阳，同样的完全性也是可见太阳给予可见形式的；只要从可感知对象上升到对不可见种类的沉思，就可以清楚地表明这个观点的真理性。首先，光岂不就是那在活动上透明之物的无形而神圣的形式？不论那透明的东西，那受制于所有元素，作为它们的直接形式的东西是什么，都可以肯定，它既不是有形的，也不是混合的，它没有显示任何形体独有的性质。因此，你不能断言热是它的属性之一，也不能说其反面冷是它的属性；你既不能描述它是硬的，也不能说它是软的，不能加上任何其他可触摸的特点；不能将味觉或嗅觉归到它的本质特性之中。这样的一种本性，是因光的加入而被引入到活动之中的，所以它只能成为视力的对象。光就是透明本质的形式，这种本质类似于构成形体的共同质料，光通过着这种本质弥漫到各处；而光辉是顶端，可以说是光的精华，是无形的事物。根据富有神圣知识和智慧的腓尼基人（Phoenicians）的观点，普遍弥漫的光辉是完全纯粹的理智的未混合

---

① TTS vol. IV.
② 即超越尘世的神。

活动。我们只要想一想就可以发现，这一理论是与理性相符合的，因为光是无形的，它的源泉不可能是形体，而理智的纯粹活动在它特有的习性中照耀苍穹的中间区域；它从这个高贵的位置散发它的光，使所有的天体充满强有力的精气，以神圣而不灭的光照耀宇宙。

不论我们的眼睛一开始看见的是什么，它若不接受光的决定性作用，就只能是一个空虚的名字而已。任何事物，比如质料，若不向工匠移动，以便接受随后产生的形式，怎么可能成为可见的？正如完全熔化的金子诚然是金子，但不是雕像或形像，只有等到工匠赋予它形式之后才是。同样，所有本性上可见的对象，若没有光与看者一同显现，就不能显现出来成为可见的。因此，它使看者有视觉，能够看见，使看的对象有可见性，能够被看见，由此它的活动使两种本性得以完全，一个是视力，另一个是可见的事物。而完美的事物就是形式和本质；尽管这样的论断或许比较微妙，不太适合我们现在讨论的目标。

但是，有一点是所有人都相信的，不论是有专业知识的，还是目不识丁的人，是哲学家，还是学识渊博的人，即昼夜是由这个升起落下的神圣者的权能创造的；他明显地使世界产生变化和旋转。请问，这种职责还能属于其他星辰中的哪一个呢？我们岂不由此获得这样信念：不明显的、神圣的理智神[①]，高于天穹之上，从太阳充满良善的权能；整个星辰的合唱团都顺服于他的权威；他凭借神意管理的造物都专心听从他同意的信号？行星视他为王，在他周围跳舞，以确定的间隔围绕他的球体，和谐一致地环行旋转；展现某些稳定的活动，来来回回，循环往复。精通星球理论的人用专业术语来描述星辰的诸如此类的现象。我们还可以补充说，就如人人都看见的，月光的盈亏是以她距离太阳的远近而定的。

---

① 必须注意，这只是就专门的超世俗神而言的，不适用于"原初"是理智性的神，因为他们高于超世俗神的等级，太阳和阿波罗属于他们等级。

理智神的有序排列比形体的排列要更古老，但这种排列岂不非常可能类似于尘世的排列？我们可以从整个现象推导出他的"完善"权能，因为他把视野给予能看的事物，他以他的光使这些事物得以成全。同时，我们可以从宇宙的变化推断他的"得穆革的"和"多产的"权能；从运动具有促成合一和统一的属性推导出他"集万物为一的能力"；从他自己所处的核心地位看出他的"中间位置"。最后，我们从他在行星中的中间等级推导出他"高贵地确立在理智神中间"。如果我们认为这些或者许多其他特性属于另外哪位可见的神，我们就不应当将他们中的统治权归于太阳。

　　另外，我们可以用不同的模式思考这个问题。既然宇宙有一位统一的得穆革，同时有多位得穆革的神，他们都围绕天穹旋转，那么把太阳的世俗管理放在这些神的中间是恰当的。而且，生命的生育权能在可理知者中丰富而充分，而世界充满着这个多产的生命。因此显然，至高太阳的丰富生命是两者（即可理知者和世界）之间的中介，如尘世的现象所始终表明的。关于形式，有些是他完善的，有些是他创造的；有些是他装备的，有些是他激发的；没有太阳的这种得穆革权能，就没有什么东西能显现出来，产生出来。此外，如果我们注意可理知者未混合的、纯洁的、非质料的本质，没有任何外在的东西流向它，没有任何非己的东西附属于它，它充满自己特有的单一性，然后再思考那纯洁而神圣的形体的净化本性，这形体与在一个球体里旋转的尘世形体相关，但独立于整个初级混合，那么我们就可以看到，这高贵太阳的绚丽而不朽的本质是一个中间者，介于非质料的纯洁的可理知者，与那在可感知者领域但未混合、远离形成和毁灭的事物之间。

　　而从这里可以推导出的对这个真理的最伟大的论证是，从太阳发出照在地上的光其本身不接受任何事物的混合；它也不被任何污浊的东西污染，或有什么掺杂；它在任何地方都保持纯洁、无污、不受影响的特点。另外，如果我们不只是思考非质料的和可理知的形式，还思考可感知的，存在于质料中的,那么伟大太阳所具的形式位于中间的理智位置,这一点也同样是确定而清楚的。因为这些形式为融入质料的形式提供持续的协助,所以,若不是这位仁慈的神与它们的本质合作,它们就既不可能存在,也不可能自我保存在存在之中。总之,他岂不就是形式分离和质料具体化的原因吗?我们不仅从他那里拥有理解他的本性的能力,我们的眼睛还从他那里获得看见的能力。渗透世界的光辉是分散的,但光是合一的,这表明这位工匠的创造是独立的。

另外,太阳的球体在没有星光之处运转,远比固定的球体要高得多。因此,他不是行星的中间者,按照神秘的假设①——如果把它们称为假设,而不是称为信条是恰当的话;同时将假设的称呼限制在球体理论上——他乃是三个世界的中间者。关于假设的真理性,那些能从神或大能的精灵听到这种信息的人可以作见证;而球体理论的真理性建立在各种现象的相互一致性上。除了我提到的那些之外,还有无数的天神,人只要不是懒怠地、以无理性的方式沉思,就能感知到。就如太阳把这三个世界分成四部分,因为这黄道带与每个世界有结合,同样,他又把黄道带分为神的十二种权能,每一种又再分为三种权能,这样总共就有三十六种权能。所以,在我看来,美惠三女神从天穹向我们发送三重恩益,我的意思是说从被神分为四部分的那些循环中提供四季和四时的优美和高雅。但美惠三女神也在她们的相似性中仿效地上的循环。此外,巴克斯是快乐的源头,据说他与太阳共同拥有一个王国。我又何必提到赫鲁斯(Horus)②这个别号,或者神的其他名字,所有那些与太阳神对应的名字呢?其实他既然以理智的善使整个天穹完全,使天体分有可理知的美,人类就完全可以从这位神的工作中认识到他的杰出。因为是他从这种美创造出善,所以他既可以整体地也可以部分地致力于分配善的工作。

---

① 即,根据迦勒底神谕,太阳是至高世界、以太世界和质料世界的中间者,后两个世界又被分别分为三个世界,如我在前一个注里所表明的。
② 古代埃及神话中的太阳神。

最后，就如太阳是我们存在的源泉，同样，他是维持存在的必需品的源泉。事实上，他赐给我们更为神圣的好处，专属于灵魂的益处；因为他使灵魂解脱与有形本性的捆绑，使它们回归到与神同类的本质之中，又分给它们包含神光的精致而坚固的结构，犹如一个工具，使它们可以安全地降临到生灭界。（太阳）这位神的这些恩益已经由其他事物从按其功绩（从不同角度）展示出来，与其说需要理性的证明，不如说更需要信心的帮助。

第十七章

摘录普洛克罗对柏拉图《克拉底鲁篇》的 MS 版注释中关于阿波罗的讨论，其中阐明了这位神的主要权能。

我们还从普洛克罗对柏拉图《克拉底鲁篇》的 MS 版注释（MS. Scholia），推导出以下关于阿波罗的非常重要的知识；在其中普洛克罗用他惯常的恢宏的叙述，神赐的丰富概念展现这位神的首要权能。苏格拉底在《克拉底鲁篇》里说，"[除了阿波罗这个名字，]没有其他名字能够与这位神的四大权能完全和谐一致，因为这个名字囊括了它们全部，以某种方式表明了他的音乐、预言、医疗和射箭技能。"稍后他又说："这个名字的组合同时涉及了这位神的全部权能，即他的单一性、永恒流溢性，以及净化和联合旋转的本性。"普洛克罗对这些话注释说，在普洛塞比娜之后，柏拉图非常理性地分析了阿波罗。因为在处女序列（Coric series）与阿波罗序列之间有一种极大的结合；前者是超越尘世的神的中间三一体的统一体，从自身发出赋予生命的权能；后者使太阳的原理转回到一个合一体；而太阳的原理紧跟在赋予生命者之后获得实存。因此，根据奥菲斯，当塞丽斯将管理权交给普洛塞比娜时，这样告诫她："接下来阿波罗华丽的床就要升上来；著名的后代要从这位神降生，带着一束束火光熠熠生辉。"试想，这些神圣者之间若是没有相当程度的结合，这样的事如何可能发生呢？

然而，必须对阿波罗有充分的了解。根据第一个且最自然的观点，他的名字表示合一的原因，表示集多为一的那种权能。关于这位神的名字的这种猜测与他的所有等级相一致。但苏格拉底只思考他更部分性的权能，阿波罗的众多权能并非必须包括在内，我们也没有一一描述。人只是理性的，他何时能够不仅包含阿波罗的所有特性，还能包含其他任何神的所有特性？神学家们确实告诉我们阿波罗的大量特性；但苏格拉底现在只提到其中的四种。世界可以说是一个由十组成的整体，充满各种生产性原理，在自身中接受一切事物，转向固有的十的原理，这个十的原理由四一体直接包含，同时元一以独立的方式包含。前者是没有分离地、隐秘地包含，后者则有分离地包含；正如阿波罗直接统一尘世种类的多，而得穆革的理智则独立地统一。那么苏格拉底为何使用这样一种等级？即他为何从这位神的"医疗"权能开始，穿越他的"预言"和"射箭"权能，结束于他的"音乐"权能？我们回答说，这位神的所有活动都在存有的所有等级中，从高处开始，一直进展到末后的事物；但不同的活动在不同的等级中似乎有不同的支配权，有的多，有的少。比如，阿波罗的"医疗"权能在地上区域发挥得最明显，因为"那里屠杀、强暴、数不胜数的祸害并起，疾病、腐败和朽烂聚集。"① 由于这些东西以不当的方式运动，所以需要从逆性的状态恢复到合乎本性的状态，从失调的、多重分离的状态恢复到对称的、合一的状态。

而神的"预言"活动最明显地体现在天穹中，因为他的宣告权能在那里显现出来，向天上种类展示可理知的善，并因此与太阳一起旋转，与他一道分有同样的理智，因为太阳也照亮天穹所包含的一切，将一种

---

① 诗句出于恩培多克勒（Empedocles）。

统一的力量伸展到天穹的所有部分。至于他的"射箭"活动，基本上盛行在"自由"神中间；他在那里支配宇宙所包含的整体，以他的光芒激发它们的运动，这光芒总是类似于箭，剔除一切紊乱的东西，使万物充满得穆革的礼物。他的存在虽然是分离而独立的，但他通过自己的各种活动伸展到一切事物。

另外，他的"音乐"（和谐）权能在"支配的超越尘世的"等级里占统治地位；正是这位神使宇宙和谐统一，根据一种合一性将缪斯的合唱团确立在自身周围，因着这一中介造出某位法术师所说的"和谐而喜乐的光"。因而，如我们所表明的，阿波罗就是"和谐的"。其他阿波罗，即包含在地上的和其他球体里的阿波罗也同样如此；只是这种权能在有些地方显示得多一些，在有些地方少一些。这些权能在神自身里以一种统一的方式存在，独立于其他种类，而在那些高于我们的神的助手那里，以分开的方式，按分有而存在；因为有大量医疗的、预言的、音乐的、射箭的天使、精灵和英雄，从阿波罗垂溢下来，以不完全的方式分有这位神的统一权能。

我们必须按一种确定的特点来一一思考这些权能，比如，思考他的"音乐"（和谐）权能时，就看它对分离的多的结合能力；思考他的"预言"权能时就看他的宣告能力；考察他的"射箭"权能时，就看他对紊乱本性的破坏能力；考察他的"医治"权能时就看他的完善能力。我们还要分别思考这些权能在神、天使、精灵、英雄、人类、动物和植物中的不同特点；众神的权能从高处延伸到最末的事物，同时以通融的方式出现在每一个等级；telestic（即通神的）技艺努力通过通感将这些终极的分有者与众神连接起来。但是我们必须仔细留意，在所有这些等级中，这位神是多样化种类合而为一的原因。他的"医治"权能剔除疾病的"多样"性，给予"统一的"健康；健康就是对称和合乎本性的实存，而那与本性相反的，就是多样的。同样，他的"预言"权能显示真理的单一性，剔除虚假者的多样性；而他的"射箭"权能，终止一切狂暴、野蛮的事物，备好那按秩序温和地实施统治的事物，同时维护它自身的统一性，杜绝任何倾向于多的混乱事物。他的"音乐"权能，通过旋律和节奏，在"整体"中设立联结、友谊和合一，使这些东西的对立面都顺服于它们。

所有这些权能最先以独立的方式，统一地存在于朱庇特这位整体的得穆革中，其次以分离的方式存在于阿波罗中。因此，阿波罗不同于得穆革的理智；这理智是总体性地、父亲式地包含这些权能，而阿波罗是在从属的、仿效他父亲的意义上拥有这些权能。事实上，从原因来说，二级神的所有活动和权能都包含在得穆革里。得穆革按照所有这些权能，并以集中的方式创造宇宙，装备宇宙；而其他神，就是从他出来的神，则按不同的权能与他们的父亲合作。

当然，净化不仅可见于医术，也存在于预言技艺中，这表明阿波罗的净化权能包含两种权能：一方面，它发出光，用明亮的光辉照亮世界；另一方面，他通过颂歌活动（paeonian energies）洁净一切质料上的不适当部分。我们中间的医生和预言家都仿效这些活动，前者净化身体，后者用类似硫黄一样的药剂使他们自己和他们的同伴变得纯洁。因为《蒂迈欧篇》说，神净化宇宙或者用火，或者用水，预言家也在这方面仿效神。在最神圣的奥秘里，往往先采用一定的净化仪式，然后再传授关于奥秘的知识，以便剔除与所提出的神圣奥秘不相融的一切事物。我们还可以补充说，将多种多样的净化方法归于众神的一种净化权能，正是与阿波罗相适应的职责。因为他处处将多联合并提升到"一"，统一地包含净化的所有模式，净化整个天、生灭界和所有尘世的生命，使不完全的灵魂与质料的粗糙性分离开来。因此法术师在主持关于这位神的秘仪时从净化和洒水开始，就如神谕所说的："管理烟火的祭司首先拿汹涌澎湃的海里的冷水喷洒。"另外，说这位神在知识上掌管单一性，并将真理显现出来，这样的论断向我们表明他类似于"至善"，就是苏格拉底在《国家篇》中所展示的"至善"；在那里他把太阳称为"至善"的产物，说前者类似于后者。因而阿波罗作为合一的源头，作为尘世的神的源头，其地位与"至善"相似；苏格拉底还通过"真理"向我们展示他与它的相似性，如果可以这么说的话。"单一性"是"一"的一种显现，知识层面上存在的真理是超本质真理的一种清晰再现，这种真理首先出于"至善"。而"这位神在射箭中一直保持的大能"表明他具有征服世上一切事物的主权。他从至高天的等级高高地发散朱庇特的河流，将他的光线洒向整个世界，因为他的箭隐晦地表示他的光线。另外，说他主管音乐，这话向我们表明这位神是一切和谐的原因，通过他支配性、超越尘世的权能，产生不可见的与可见的和谐，根据这些权能，他与尼斯摩西涅（Mnesmosyne）和朱庇特一起生出缪斯。另外，他靠他的"得穆革权能"有序地安排每个可感知之物，"法术师"的子孙把这权能称为"双手"；因为声音的和谐活动是从双手的运动生发出来的。他还通过和谐的理性有序地安排灵魂和身体，使用它们不同的权能，就如同它们是声音；他凭借他的得穆革运动和谐而富有节奏地推动万物。整个天上等级及其运动也展示出这位神的和谐工作；因此，不完全的灵魂也正是通过与宇宙的一种和谐相似性而得以完全的，从而抛弃源于生灭界的不协调因素；到那时，它们就获得最美好的生命，就是这位神提供给它们的生命。

第十八章

以上注释展示的是缪斯的本性。

因为缪斯（Muses）从阿波罗获得实存，并且永恒地与他联合，所以接下来有必要思考这些神圣者的本性，以及他们协同他们的首领阿波罗给予宇宙的好处。柏拉图在《克拉底鲁篇》里说："缪斯的名字，广而言之，音乐的名字，可以说，是从'μωσθαι'，即'to inquire'而来，从研究和哲学而来的。"对此普洛克罗在对那篇对话的注释里作出如下

481

解释：

柏拉图从关于阿波罗王的讨论引出缪斯和音乐的名字，因为阿波罗被显示为缪斯哥特斯（Musagetes），或者缪斯的首领。他相对于世界的和谐来说确实是元一，而缪斯的合唱团是九这整个数的元一；整个世界也从两者黏合成不可分解的联结，通过这些神圣者的交通成为统一的和全备的；通过阿波罗的元一拥有前者，通过缪斯的数拥有全备的实存。九这个数出于第一个完数（即三），通过相似和同一，容纳尘世的次序与和谐的多样原因；所有这些原因同时集合为一顶端，以便创造一个完美无缺的完全。缪斯产生了大量充满世界的理性，而阿波罗将所有这些多包含在合一中。缪斯使灵魂获得和谐；而阿波罗是理智的、不可分的和谐的首领。缪斯按和谐的理性分配现象，阿波罗则包含隐蔽的、独立的和谐。虽然两者都使同样的事物存在，但缪斯是按着数，阿波罗是按着合一实现这样的结果。缪斯分配阿波罗的合一，阿波罗统一和谐的多，同时也包含这多，并使其转向。缪斯的多源于"缪斯哥特斯"的本质，它是独立的，且按"一"的本性存在；而他们的数推进宇宙之和谐的一个原初原因的演化。

这就是缪斯这个名字的词源学。柏拉图称哲学为伟大的音乐，因为它使我们的精神力量和谐运动，与真存有和谐统一，与天体的有序运转相一致。另外，通过对我们自己的本质和宇宙本质的考察，我们开始转向自己，转向更杰出的种类，从而走向和谐——因此我们也是从考察研究来命名缪斯的。缪斯哥特斯按照一种理智单一性亲自向灵魂阐明真理；而缪斯完善我们的各种活动，将它们提升到理智的统一体。因为考察研究包含质料与创造目标的关系，正如多与"一"的关系，多样性与单一性的关系。因而，我们知道，缪斯给予灵魂的是对真理的考察研究，给予身体的是众多的权能，并且她们处处都是各种各样和谐的源泉。

同样，在《斐德若篇》里关于蚱蜢的寓言里，柏拉图谈到四位缪斯，忒耳西科瑞（Terpsichore）、埃拉托（Erato）、卡利俄珀（Calliope）和乌拉尼亚（Urania），他说："据说蚱蜢之族从缪斯得了这种天赋，可以不需要任何营养，不吃不喝一直唱歌，直唱到死；它们死后就去见缪斯，向她们报告我们人中间什么人尊崇她们的哪一方面。于是向忒耳西科瑞报告那些用舞蹈崇拜她的人，使她有利于那些人；它们向埃拉托报告那些信奉她的人，使他们得到她的青睐；依此类推，向每一位缪斯报告各自受到尊敬的情况。他们向最年长的卡利俄珀，然后又向乌拉尼亚报告那些终身从事哲学研究、培育她们（即缪斯）所掌管的音乐的人；这两位缪斯比其他缪斯更熟悉诸天，熟悉神和人的说话；并能发出最美妙的声音。"

关于柏拉图就这些缪斯所说的话，赫尔米亚斯（Hermeas）在他MS.版的《斐德若篇》注释里作出以下精彩的评论："这里的舞蹈不可按字面意思理解，似乎忒耳西科瑞惠顾那些从事看得见的舞蹈的人，因为这样理解就会显得很荒谬。因而，我们必须说，有神圣的舞蹈存在。这类舞蹈首先是指神的舞蹈；其次是神圣灵魂的舞蹈；第三是天上神圣者的旋转，也就是说，七大行星和恒星的旋转被称为一种舞蹈。第四，那些对奥秘有所了解的人会表演某种舞蹈。最后，哲学家的整个生命就是一种舞蹈。那么在舞蹈里尊崇女神的那些人是谁呢？不是那些跳舞跳得好的人，而是那些在现世生命中行为端正，高雅地安排生活，在交响乐中与宇宙共舞的人。另外，埃拉托的名称出于爱，因为她与爱神合作，创造爱的作品，是可爱的。而卡利俄珀的名称源于眼睛；乌拉尼亚掌管天文学。凭着这两位女神，我们保护自己的理性部分，使其不受非理性本性的奴役。因为通过眼睛看天上神的次序，我们就能适当地安排我们的非理性部分。再进一步说，通过节奏、哲学和倾听，我们优雅地处理我们所包含的那些无序的、缺乏节奏的东西。"

第十九章

马尔斯、朱庇特、萨杜恩的本性。七大行星神分别以什么方式成为生命体,怎样源于更神圣的灵魂,为宇宙提供了哪类完全。

紧挨着太阳之上的天神三一体由马尔斯、朱庇特和萨杜恩组成,其中第一位是分裂和运动的源泉,永恒地分离、滋养并激动宇宙的对立面,使世界完全地、整体地由它的所有部分构成。不过,他需要维纳斯的帮助,这样他才能够把次序与和谐插入对立和混乱的事物之中。而朱庇特是高贵的政治生活的原因,提供一种支配性的审慎和一种实践性、装饰性的理智。萨杜恩是理智的源泉,因为他是一位理智性的神,并尽可能上升到第一原因。由于在理智里没有什么是混乱、新奇的,所以萨杜恩被显现为一位老人,动作迟缓;出于这样的原因,占星家们说,人在降生时如果天宫图上出现的恰好是萨杜恩,那他就是富有理智的人。

柏拉图在《蒂迈欧篇》里告诉我们这七个神圣者如何变为生命体,如何从一个更为神圣的灵魂出来,又为宇宙提供了哪一种完全。他说,"当对时间的联合创造所必需的每个种类都获得与各自状况相适应的局部运动,而且它们的形体通过生命纽带的连接力而成为生命体时,它们就知道了各自的规定等级。"普洛克罗说,这是因为它们各自都获得一种相应的生命和运动。既然得穆革的神圣法则分配给每个必朽者与其相应的事物,本着宇宙的幸福目标安排每一事物,那么关于世界的管理者我们该说什么呢?我们岂不应当认为,他们从自己的父亲接受了各样适当的东西,每一种善的东西;他们带着美的光辉显现出来,不仅协同父亲一起创造了时间,还引领并管理着整个世界?我们若是这样描述他们,那就说对了。除了这些之外,我们还要指出,他们不仅从得穆革的元一接受了美和善，还作为自动者把这些分给他们自己；又从他们自己把善给予他者。柏拉图指明了这一点，说："每个种类都获得与各自状况相适应的局部运动"，每个都从自身规定生命的尺度，确立它在宇宙中所分得的等级和运动。

然而，七个形体的每一个都有两种生命，一种是不可分的，另一种是可分的；一种是理知性的，以支配方式确立在自身之中，另一种随形体而可分，连接并推动形体；按照后者，它是一个生命体，按照前者，则是神。因而，柏拉图对两者作了区分，正确地意识到神圣而理智的灵魂，也就是不离开可理知者的灵魂，是一回事；而从它挂下的生命体，拥有从它而来的生命，是它的像，这是另一回事。他说："当它们的形体因生命纽带的连接力而成为生命体时，它们就知道了各自的规定等级。"神圣灵魂领会了得穆革的旨意，明白了父亲的工作，协同他创造尘世的种类；而这是通过理智地领会他，从它充满神圣权能而实现的。不论是理智还是灵魂，都不可能以独立的方式为整体提供供给，只能靠对神的分有，通过一种神化的生命提供。因而，"对时间的联合创造"这话表明它们在创造时间过程中获得了二级权能；而他们的父亲拥有原初权能。他创造了时间的整体性，而这些神圣者与他合作共同创造构成时间的诸部分，因为这些周期都是时间整体的各个部分；正如他们也造出了世界的各个部分。

得了生命的形体是一个与生命纽带连接的生命体，从它按得穆革的分配所接受的灵魂拥有生命。如果就我们来说，生命体不同于人，可见的苏格拉底是一回事，真正的苏格拉底是另一回事，更何况神，真正的太阳和真正的朱庇特不同于这些神圣者的可见球体，不是由形体和灵魂复合成的。与此相一致，苏格拉底在《斐德若篇》里说："我们没有充分理解，神是一种不朽的生命体，拥有在整体时间中同时显现的身体和灵魂。"其实，这些神每一个里面的统一性，以及所有以统一为特点的数对源泉的不可言喻的分有，形成那原初的神。而稳定地、统一地、恒定不变地将这些神连接起来的理智，是二级的神。充满理智并演化出它的一种包容力的灵魂，是第三位的神。其中第一位是真正意义上的神；第二位是非常神圣的；第三位本身也是神圣的，但他同时照亮生命体，以这生命体与神的特性相连；据此而言，这位神虽被生命的纽带捆绑，也是神圣的，因为这纽带可以说是赋予生命的、得穆革的和不可分解的纽带，如柏拉图自己后来主张的。所有神圣形体都被捆绑在灵魂里，包含且确立在它们里面；"被捆绑"表示身体稳定地、不变地包含在灵魂里，它们与灵魂有不可分离的结合。这就是神圣形体的本性，它们协同得穆革创造了时间，引出时间的一种不明显的权能，分给它进入世界的一个进程，这个进程展现出许多时间的度量单位。

第二十章

天上的所有神都是仁慈的，并且以同样的方式成为善的原因。对他们的分有，以及质料与非质料势力的结合，导致二级种类中有丰富的差异性。

按照柏拉图的叙述，天神就以这种方式存在，他们每一个里面的统一都不可言喻地出于善的源泉，所以显然，他们全都是仁慈的，以同样的方式是善的原因。从神圣灵魂垂溢下来的身体也拥有难以描绘的权能，有些牢固地确立在神圣形体自身里面，有些则从它们进入世界的本性，进入世界本身，以有序的方式下降到生灭界，畅通无阻地延伸到具体事物。因而毫无疑问，就停留在神圣的天体本身里的权能来说，它们全是相似的。也就是说，剩下来需要思考的权能就是那些被派到这地上区域，与生灭相结合的权能。

考虑到宇宙的安全，这些权能以同样的方式下降，以恒定的同一连接整个生灭界。它们虽然到达那可变的、被动的事物，但其自身是不变的、漠然不动的。生灭界虽然是纷繁多样的，由各不相同的事物组成，但它以一种敌对的、可分的方式通过它的适当的对立和分裂，接受这些神的统一性和单一性。它还被动地接受那漠然不动的事物。总之，它按自己的本性，而不是按这些神的权能，来分有他们。因此，就如那被造的事物按存在的流分有存有；形体按有形的方式分有无形的本性；同样，生灭界中的自然的、物质的事物以一种混乱的、无序的方式分有超越于自然和生灭界的非物料的、以太的形体。因而，那些认为可理知形式有颜色、形状和联系的人是荒谬的，因为分有这些东西的事物是有颜色的、有形状的、可触摸的；同样，那些认为天体有恶的人也是可笑的，因为恶的分有者往往是恶的。如果分有者并非不同于它所分有的，那就可能根本没有分有。如果被分有的被不同于它自身的事物接受，这不同的东西，在地上就是那恶的、混乱无序的。

这种分有成为二级种类中丰富差异的原因，也是物质的影响力与非质料的影响力结合的原因。对此还可以补充说，它也是以下这种情形的原因：以一种方式被分给的东西，在这些低级领域以另一方式被接受。比如，萨杜恩的影响力是连接性的，而马尔斯的影响力是推动性的。但在这些物质领域，生灭界的被动接受器对前者按冻结和寒冷来接受，对后者则按过度的炎热接受。因此，对称的破坏和缺失必须归咎于接受者那变动不居的、物质性的和被动的本性。

再者，地上的物质性处所是软弱无能的，不能接受天上种类真正的权能和纯洁的生命，却将它自己的缺陷归咎于最初的原因。正如有人因身体软弱，不能忍受太阳促进生长的热量，就在他自己的病态的影响下，厚颜无耻地说，太阳对健康和生命没有好处。同样的情形也可能发生在宇宙的和谐与气质中，我的意思是说，同样的事物，由于接受者和所接受之物本身的完全性，对整体有益，却可能对缺乏对称的部分有害。因而，在宇宙的运动中，所有循环都以同样的方式保存整体世界，尽管不时有这一部分被那一部分伤害；正如在舞蹈中，虽然脚趾或手指可能突然受伤，但整个姿态仍然保持完好。另外，遭受破坏和发生改变是与具体事物同时产生的倾向。但不应因此而指责整体和最初原因，说它们在自身中包含着这些倾向，或者似乎这些东西是从它们出来进入这些低级领域的。总而言之，无论是天上的神本身，还是他们所赐的各种礼物，都不是邪恶的生产者[①]。

第二十一章

普洛克罗对《蒂迈欧篇》的注释揭示了米纳娃的本性。按杨布利柯的解释，这位女神的雕像所佩戴的长矛和盾牌表示武装。关于这位女神的尘世辖地的论述。

关于行星，这些古人称为世界管理者的神，就谈到这里。接下来，我们要将注意力转向柏拉图和他的最杰出的阐释者普洛克罗关于米纳娃留给我们的论述，米纳娃作为一个尘世的神，与以太连接，同时在天上区域也有一定辖区。柏拉图在《蒂迈欧篇》里描述这位女神既是战争的热爱者，又是智慧的热爱者；他说，她既爱好争辩（philopolemic），又爱好智慧（philosophic）。既然她处处按照自己理智的、超越尘世的以及尘世的实存，施展这双重权能，我就要向读者全面呈现普洛克罗在评注柏拉图《蒂迈欧篇》里描述这位女神的那一部分内容时关于她的这两种权能所说的话。

他说，在整个世界的得穆革和父里，众多具有"一"的形式的神自我显现出来。这些神中，有的是保护神，有的是得穆革神，有的是提升的，

---

① Vid. Iamblich. de Myst. lib i, cap. 18.

有的是连接的，有的是促进完全的。而纯洁无污、完好无损的神米纳娃，是存在于得穆革中的最初的理智统一体之一，因着这种统一体，得穆革本身保持坚定不动，所有从他而来的事物都分有恒定不变的权能；凭借这种统一体他理智性地领会一切事物，同时以与世隔绝的方式独立于所有存有。因而，所有神学家都称这位神为米纳娃，因为她是从她父亲的顶端（即脑袋）生出来的，同时作为一个得穆革的、分离的和不朽坏的智能，停留在他里面。因此，苏格拉底在《克拉底鲁篇》里称她是"theonoe"或"神化的理智活动"。另外，她协同其他神圣者将万物保存在一得穆革中，又与她的父亲一起安排整体，出于第一点原因，他们说她是爱智慧的，鉴于第二点说她是爱争辩的。她既然按一的形式有机地包含父的整个智慧，那她就是哲学家（爱智慧者）。她既然始终不变地管辖一切对立面，就可以专门称为爱战争者。因此奥菲斯论到她的出生时说，朱庇特从自己的头脑里生出了她，"穿着像铜花一样闪闪发光的盔甲。"然而，由于她必须进入第二和第三等级，所以她按照纯洁无污的八个一组（heptad），显现在普洛塞比娜所在的等级；但她同时又从自身生出各种美德和提升权能，用理智和纯洁无污的生命照亮二级种类。因此她被称为"Core Tritogenes"。她还显现在自由神中间，将月亮与理智的、得穆革的光结合，使那些神圣者的产物变得纯洁无污，表明他们的统一体未与他们所垂溢的权能结合。她还出现在天穹和地上区域；根据她自身的统一恩赐，揭示她爱智慧的和爱战争的权能的原因。因为她的坚定不移是理智性的，她独立的智慧是纯洁的，未与二级种类混合；一种独特的米纳娃神意的特性，一直延伸到最末的等级。无论哪里，只要有不完全的灵魂与她的神圣性相似，它们就发挥出一种可敬的审慎，展现出一种不可征服的力量；至于她的精灵随从等级，包括神圣的、尘世的、自由的和支配等级的，我们还要说什么呢？所有这些都从这位女神，就如从一个源泉，获得这两重特性。圣诗人[荷马]也指明米纳娃的这两种权能以及令人惊异的技艺，说："她圣洁的手指编织熠熠发光的纱布，波浪起伏，一直伸展到朱庇特的宫殿。她身上披着她父亲的战袍。"①诗句所说的纱布，她通过自己的理智活动使其存在的事物，象征她的理智性智慧。而朱庇特的战袍，我们必须理解为她的得穆革神意，这神意永恒不变地眷顾尘世的种类，预备更神圣的存在，使其永远统治世界。因此我想，在荷马的笔下，她是希腊人对抗野蛮人的战争中的同盟；正如柏拉图这里描述的，她与希腊人一起反抗北冰洋岛上的居民；其目的是使每个地方都有更理智、更神圣的种类管理那些完全非理性的、恶劣顽梗的事物。马尔斯也是战争和矛盾的朋友，只是带着与事物本身更适应的分离和分裂。而米纳娃将对立面连接起来，用合一性照亮她管理下的臣民。同样，她还被认为是喜爱争战的。"她总是喜欢纷争、冲突、战争。"她确实是战争的朋友，因为她获得分离的顶点；她也爱对立面，因为在某种意义上这些对立因素通过这位女神聚合起来，其中好的种类占据统治地位。因此，古人将胜利女神与米纳娃等同。

如果这些话说得没错，那么她确实是爱智慧者，是得穆革的智能，是独立的、非物质的智慧。因此，她又被众神称为梅提斯（Metis）②。同时她又是爱争战者，连接整体中的对立因素，是一位纯洁未染、坚定不移的神。因此，她保护巴克斯不受玷污，又协助她的父亲征服巨人们。她不等朱庇特下令就独自挥舞羊皮盾（aegis）。她折卷了标枪，"她手臂一摇，巨大的标枪就变弯了，如此硕大、沉重而结实的东西竟经不起她的一摇晃！一旦她的怒火升起，整个英雄之族都变得服服帖帖，俯首称臣。"③另外，她还是"Phosphoros"，因为她向四面八方伸展理智的光；是"拯救者"，因为将每个不完全的理智确立在她父亲的总体理智活动中；是"Ergane"，或者工匠，因为负责得穆革的作品。因此神学家奥菲斯

---

① 《伊利亚特》VIII。
② 朱庇特的配偶美慧女神；距离木星（即朱庇特）第二远的木星卫星。
③ 《伊利亚特》VIII。

说，她父亲生出她，"好叫她成为伟大作品的女王。"她还是"Calliergos"，或者美丽的创造者，因为她用美将父亲的所有作品连接起来；是"处女"，因为散发出一种无污的、未混合的纯洁；以及"Aigiochos"，或者"佩带胸铠的"，因为她推动整个命运，并引导命运创造结果。

　　从这位女神的雕像，我们看到她装备着矛和盾，对此，普洛克罗告诉我们说，杨布利柯以完全受圣灵启示的方式解释如下：每个神圣者都应当主动出击，而不是被动承受；只要行动，就不会有类似于质料那样的无效性，只要不被动承受，就可以避免类似于质料本性、与受动性同时产生的那种功效——也就是它必须避开这两者，为此，他认为盾就是权能，这些权能在神圣者周围立起了不可侵犯防御装置，使它能保持岿然不动，保持纯洁无污。矛也是权能，根据这些权能，它穿越万物却与它们毫无接触，它在一切事物中运作，切除某种物质本性，为每种生产形式提供帮助。然而，所有这些权能最初出现在米纳娃身上，因此，她的雕像上也装备着矛和盾。她征服一切，并且按照神学家们的记载，她坚定不移、纯洁无污地保守在她父亲里面。这些东西（矛和盾）其次出现在米纳娃的权能里，包括整体的权能和部分性的权能。就如朱庇特和得穆革的多仿效它们的元一；预言的和阿波罗的多分有阿波罗的独特属性；同样，米纳娃的数勾勒出米纳娃纯洁未混合的本性。矛和盾最终可见于米纳娃的灵魂。在这些灵魂里，盾也就是理性完整未损、坚定不变的权能；而矛则是质料的切割者，使灵魂从精灵或命运所带来的困扰中解脱出来。

　　关于这位以神圣方式从理智原因降到地上的女神在世界中的辖区，普洛克罗说（《〈蒂迈欧篇〉注释第43页》），她最初存在于她父亲里面；其次存在于超越尘世的神中；她的第三个进程是在十二位自由统治者者；然后，她将某种自由权威显现在天穹。她在固定球体里是以一种方式展现这种权能——因为这位女神在那里也有一定辖地，不论它是白羊座周围的处所，是处女座周围的处所，还是某个北斗星，比如伊莱克特拉（Electra），有些人说北斗星中有一颗就是他。她在太阳里以另一方式展现这种权能。因为按照神学家们的说法，还有一种可敬的权能，一个米纳娃等级，与太阳一起创造整体。她在月亮里又以另外的方式，作为那里的三一体①的元一展现。在地上又以不同的方式，根据地上分配区域与天上分配物的相似性展现。最后，她按照神意活动的特性，在地上的不同部分以不同的方式展示这种自由的权威。果真如此，那就毫不奇怪，同一位神，米纳娃，柏拉图说已经分给了雅典人，埃及人说是萨伊斯。我们千万不可因为部分灵魂本性上不适合同时居住两个形体，就以为这对神来说也是不可能的。事实上，不同的处所对同一种神圣权能都有一种分有，在一权能中也有多。（只是在不同地方分有的方式各不相同，）在这个地方以这种方式分有，有另一地方以另一种方式分有；在有些地方同较多，在另一些地方异更多。

普洛克罗还在同一篇优秀作品的另一部分（第30页）里论到这位女神说，从希腊人可以看出，她的王国从高处一直延伸到末后的事物，因为他们说，她是从朱庇特的顶端或头部生出来的。但埃及人说以下这段铭文刻在女神的内殿里。"我是所是的、将是的、已是的。没有人掀开过掩蔽我的外衣。我所生的孩子就是太阳。"②因而，这位女神是得穆革的，既是可见的，同时又是不可见的，她在天穹有一个辖地，并以形式照亮生灭界。因为黄道带的宫图中，白羊座和赤道本身被归于这位女神，一种推动宇宙的权能就专门确立在那里。关于女神米纳娃的爱争战和爱智慧的特性，就谈到这里。

---

① 这个三一体由米纳娃、黛安娜和普洛塞比娜组成。
② 这段铭文的前一部分见于普鲁塔克（Plutarch）论伊西斯（Isis）和奥西里斯的论文；而后一部分，即"我所生的孩子就是太阳"，只见于以上提到的普洛克罗的注释。

第二十二章

普洛克罗对柏拉图《蒂迈欧篇》的注释所揭示的大地这位伟大尘世神的本性。

接下来我们要把注意力集中到伟大的尘世神地球上,思考它是什么,从哪里来,为何柏拉图在《蒂迈欧篇》里说它是我们的乳母,是天体里面最古老和最初的神,我们关于这位女神的知识也来自普洛克罗(《蒂迈欧篇注释》第280页)。地球最先从包含一切可理知等级的神的可理知的地出来,永恒地确立在父里①。它还出于与天并列的理智的地,并且接受这地的所有产物。它与这些地相似,永恒地停留在天穹的中心,四面八方都被天穹包围,充满生产性的权能和得穆革的完全。因而,真正的地既不是这种有形的、粗俗的躯体,因为这样的躯体不可能是最古老的神,也不可能是安排在天穹里的第一位神;真正的地也不是这个形体的灵魂,因为这样的灵魂不会如柏拉图所说的,围绕宇宙的极地延伸,其实不是地的灵魂,而是地的形体才是这样的一种东西;如果必须说出关于它最真实的情形,那么可以说,它是由神圣灵魂和生命形体组成的一个生命体。因此如柏拉图所说的,这个整体是个生命体。它里面有一个非质料的、独立的理智;有一个神圣的灵魂围绕这个理智跳舞;有一个以太的形体直接从它鼓动性的灵魂垂溢下来;最后,还有这可见的躯体,它因着这灵魂的媒介而到处充满生命,也因充满生命而生产并滋养各种各样的生命体。有些生命体②扎根在它里面,有些在它的周围。亚里士多德也认识

---

① 即在以太或界限里,这是可理知三一体的顶端。
② 在柏拉图看来,植物也是生命体,因为拥有生命。

到这一点，所以指出不赋予大地一种自然生命是可耻的。试想，如果不是这大地充满生命，为何植物留在地里时是活的，一离开土地就会死去？我们也必须普遍承认，整体先于部分获得生命。试想，人既然分有理性灵魂和理智，却没有灵魂被分派到地上和空中，从而以非凡的方式在各种元素里面航行[可以这么说]，管理它们，将它们保存在适当的界限里，这岂不荒唐可笑？整体——如狄奥法拉斯图（Theophrastus）[①]所说——若是没有灵魂，就会比部分更少权威，比可朽者更少永久性。因此，必须承认，灵魂和理智都在大地里；前者使它成为多产的，后者将它有机地包含在宇宙的中央。

地球本身作为一个神圣的生命体，也充满大量理智性的和灵魂性的本质，充满非质料的权能。既然一个不完全的灵魂除了一个质料身体外还有一个非物质的工具，那我们该如何设想象地球的灵魂那样神圣的灵魂呢？岂不是更应当说，可见形体是经由其他工具作媒介从这灵魂垂溢下来的，通过这些媒介，可见形体能够接受灵魂的光照？因为地球本身的性质如此，所以柏拉图说她是我们的乳母。首先，她拥有一种在某种程度上与天等同的权能。就如天在自身中包含神圣生命体，同样可以看到，地也包含地上生命体。其次，她是我们的乳母是因为她从自己固有的生命中引发出我们的生命。她不仅生产果实，凭借果实滋养我们的身体，还使我们的灵魂充满她自身的光照。她作为一个神圣生命体，造出我们这些部分性的生命体，凭借她自己的躯体滋养并有机地包含我们的躯体，从她自己的灵魂使我们的灵魂得完全；同样，她用自己的理智激发我们里面的理智。由此，从她自身的整体来看，她就是我们整个结构的乳母。因此在我看来，柏拉图称她为我们的乳母，是表明了她理智性的营养活动。既然她是我们的乳母，而我们是真正的灵魂和理智，那

[①] 狄奥法拉斯图是继亚里士多德之后的作为逍遥派领袖的希腊哲学家，他改进了亚里士多德在植物学和自然史方面的著作。——中译者注

么——尤其从这些东西来说——她必是我们本质的成全者，推动并激发我们的理智部分。她作为一个神圣生命体，在自身中包含许多部分性生命体，所以柏拉图说她在贯穿宇宙的极周围聚集为球体；因为她被包含、压缩在它的轴周围。这轴也就是极。极之所以称为轴，是因为宇宙围绕它旋转。然而，极[严格意义上的]是不可分的，而轴是有区间的极，正如若有人说线就是一个连续的点，因此柏拉图说这极贯穿宇宙，完全穿过地心。

但我们必须把极看作使宇宙稳定的权能，激发它的整个躯体走向可理知的爱，不可分地连接那可分的东西，统一地、毫无间隔地连接那被区间拉伸的事物。因此，柏拉图还在《国家篇》中提出拉刻西斯的坚硬无比的纺锤，如我们所说的，暗示它具有坚定不移的、完整无损的权能。另外，我们必须认为这轴是将宇宙各中心集合起来的一个神圣者，是整个世界的连接者，神圣循环的推动者；认为所有整体都围绕它跳舞、旋转，认为它维持整个天，因此被命名为阿特拉斯（Atlas）[①]，意指它拥有一种不动摇的、不疲倦的活动。柏拉图这里使用的"τεταμενον"或"extended"这个词表明这一权能是提坦式的（Titannic），保护着所有整体的循环。即使如圣杨布利柯所说，我们把这贯穿宇宙的极理解为天穹，我们也不会因此偏离柏拉图的思想。如柏拉图在《克拉底鲁篇》里说，那些精通天文学的人把天穹称为极，和谐一致地旋转。按照这一观点，你可以说天就是贯穿宇宙的极，因为它向内弯曲贯穿它自己的整体，没有一点角度。圆的曲面就按这种方式延伸。然而，地围绕这极聚集为球体，不是位置上的，而是出于一种欲望，想要成为与它相似的，想靠近中间者，这样，就像天围绕中心运动，她也同样因这种向中心的倾向而成为与那本质上是球形的东西相似，同时她自身尽可能聚集为球体。因此她被这样压缩在天的周围，以便能够完全地延伸出去。

[①] 希腊神话里的擎天神，被宙斯降罪来用双肩支撑苍天的一个擎天神。——中译者注

柏拉图根据这些思想阐明了地被包含在中间的原因。因为轴是连接地的一种权能；地被天的循环全方位地压缩，被集合为宇宙的中心。因而，地是这样的事物，蒂迈欧后来清楚地表明她对宇宙提供什么用途——他称她为昼夜的保护者和制造者。事实上，她是夜的创造者，这是显而易见的。因为她产生圆锥形的影子；她的光度和形状是这种影子的形状和性质的原因。那么她以什么方式制造出白昼呢？或者她并没有创造与夜相连的昼？我们只是看到太阳绕着她东升西落。但是，柏拉图将昼安排在夜之下，这显然表明他承认这昼是与夜交替循环的；就如在此之前他还说，夜和昼原是这样产生的。因而，地球是这两者的创造者，两者都是连同太阳一起产生的；事实上，太阳在更大程度上是白昼产生的原因，而地球在更大程度上是黑夜的原因。

　　她除了创造它们之外，还是它们的保卫者，保守它们彼此之间的界限和对立，按照某种相似性保持它们的增减。因此，有些人称她为伊西斯（Isis）[①]，使不等者变为相等的，使昼夜的增减变得相似。还有人看到她的生产能力，就叫她塞丽斯，比如普罗提诺，就将地的理智称为维斯塔，将它的灵魂称为塞丽斯。而我们说，这些神圣者的最初原因是理智性的，支配性的，自由的；光照和权能就从这些原因延伸到地球。因此有一个地上的塞丽斯和维斯塔，和一个地上的伊西斯，就如有一个地上的朱庇特，地上的赫尔墨斯。这些地上的神围绕地球这一神圣者安排；正如天上众多的神围绕天穹的一神圣者展开。所有天神都有进入大地的进程和终点；所有按天上方式包含在天穹中的，都按地的方式包含在她里面。因为理智性的地接受天的父亲般的权能，以一种生产性的方式包含一切事物。因此，我们说有一个地上的巴克斯，地上的阿波罗，他在地上的很多地方引出了先兆性的水，以及预示未来事件的开口。而它所获得的赞美和审判的权能使它的其他地方具有一种净化或医治的性质。至于地

[①] 古代埃及司生育和繁殖的女神。——中译者注

球的所有其他权能，我们不可能一一列举。事实上，神圣权能是神秘而难以描述的。而这些权能之后的天使和精灵更是数不胜数，它们都循环往复地分得整个地球，围绕它的一神性、一理智和一灵魂跳舞。

第二十三章

为何说大地是最古老的，是诸天中第一位神。

接下来我们要思考为何说地球是天穹中最古老、最初的神。因为那些往往只留意它的质料性的、粗俗的、幽暗的躯体的人会按字面意思来理解这话。而我们诚然承认，在地球的躯体中确实有他们所说的这种性质存在，但我们认为他们应当同样看到地球好的方面，能使它超越于其他因素之优势的方面，即它的稳定性，它的生产能力，它与天穹的一致性，以及它在宇宙中的中心位置。中心在宇宙中有巨大的权能，是各种循环的连接者。因此毕达哥拉斯学派也称这中心为朱庇特的塔，因为它在自身中包含得穆革的守卫。我们还要提醒我们的对手注意柏拉图关于地球的理论，苏格拉底在《斐多篇》里提到它，他说，我们居住的地方是空凹而黝黑的，四周被海包围；但还有一个真正的地球，她包含神的接受器，拥有类似于天穹的美。因而，如果现在说这地球是天穹中最古老、最初的神，我们不应当感到吃惊，因为她拥有如此高的海拔，如此卓越的美，如苏格拉底底所说的，是得穆革所造，类似于覆盖着十二种外壳的球体，正如天类似于十二面体。我们还必须明白，得穆革在诸元素中只让地球分别拥有所有元素，使她完全成为一个世界，像天穹一样丰富多彩。她包含火流、气流、水流，还有另一个地球，与她的关系就如同她与宇宙的关系，如苏格拉底在《斐多篇》里说的。如果这些都是事实，那么她大大超越于其他元素，因为她仿效天穹，凡是天穹按天的方式拥有的一切，她在自身中按地的方式拥有。

对此我们可以补充说，得穆革首先创造出土与火这两种元素，然后为这两者而创造出另外两种元素，好叫它们按一定关系与这两者结合。这四种元素既在天穹里，也在地上区域里；不过在前者是按火的特点，因为火在那里占统治地位，如柏拉图说；而在后者，是按地的特性。广袤的气、浩渺的水在地周围弥漫、分布，很大程度上拥有地的属性，因此它们在自己的本性中是幽暗的。因而在天穹中，火占据一定的主导地位，而在地上区域，占主导地位的是土。然而，由于生灭界是与天穹一同显现的，所以就地在天穹中而言，后者的末端就是地；若认为火存在于生灭界，那么生灭界的开端就是火。我们通常把月亮称为地，它与太阳的关系，就是土（地）与火的关系。"奥菲斯说，[得穆革]创造了另一个无限的地，不朽者称之为'Selene'，地上者称之为'Mene'。"通常把生灭界的顶端称为火，亚里士多德也是这样做的，他把以太称为火。不过，在另一处，他认为不应当把以太称为火，而应称为有火的形式的。因此，天穹的末端因与生灭界邻近，所以并非完全没有变化；而生灭界的开端仿效天穹做环行运动。

再者，我们也必须注意，不应当从处所判断事物的尊严，而应根据权能和本质判断。那么我们应当根据什么特性来判断超然性呢？岂不就是那些神圣等级所展现的特性吗？真正意义上说的超验性是与众神同在的。因而，我们必须从神圣等级设想"元一的、稳定的、全备的、多产的、连接的、完善的、全方位伸展的、赋予生命的、装备的、同化的、包容的"权能。这些是所有神圣等级的特性。正是从所有这些特性来说，地超越于其他元素，所以可以合理地称她为最古老、最初的神。

另外，还可以看到事物具有两重性，一方面是根据进程而来的性质，这种性质总是使那些排在第二等级的事物从属于那些先于它们的事物；另一方面是回转的性质，它通过相似性使末端与原初种类连接，使整个生灭界形成一个循环。由于世界也是球形的，而这种形状正是按回转而存在的事物的特性，所以，它里面的地也必然通过一种循环和一种相似性在回转中与天穹连接。于是，这个中心就与极非常相似了。因为天穹绕极运转，完整地包含整体；而地球在中心获得永久性。对生灭界来说，不动者理所当然先于运动者。因此，根据所有这些思想，可以说，与天并列的地，是天穹中最古老的神。她在天穹中，全方位地被天体包围。就如得穆革在世界的灵魂之内创造有形物的整体，同样，他也在天穹之内造出地球，让它被天体团团包围，并与它们一同创造整体。

就她是"最初的"神而言，她包含本质上的超验性的标志；就她是"最古老的"神而言，她向我们展现出所获得的神性。试想，她里面既然有朱庇特的塔和萨杜恩的进程，怎么可能不承认她在世界中获得了一个伟大部分，是非常可敬的？不仅地的末端塔尔塔卢斯（冥府的最深层）全面被萨杜恩及其权能包围，凡是可以看作从属于它的其他事物也莫不如此。就如荷马所说，这是因着地下的神被有机包含的。这话的意思不是说他把众神安排在塔尔塔卢斯之外，而是说塔尔塔卢斯本身被他们全面包围。

再者，我们可以看到地与理智的地之间的相似。就如后者包含完善、保护、提坦等级的众神，并使之存在——奥菲斯神学中充满着这些等级——同样，前者也拥有各种各样的权能。她作为乳母，仿效完善的等级，因此雅典人也常常称她"κουροτροφος"或"年轻人的供养者"，和"ανησιδωρα"，或"散射的恩赐"，因为她生产并供养动植物。作为守卫，她仿效保护权能，围绕贯穿宇宙即"提坦"等级的极聚集为球体。然而，理智的地先于其他神圣者生出埃伊格（Aigle）和西方的埃里特亚（Hesperian Erithya），由此我们的地也是昼夜的制造者。后者与前者的相似显而易见。

最后，普罗克洛补充说，如果你愿意以另外的方式理解她是最初的、最古老的神，她的实存源于最初的、最古老的原因，那么以下这个理由也有助于这种可能性。因为最初的原因通过它们的活动延伸到最遥远的事物；而且，末后的事物时时地保留着与最初者的相似性，完全从最初者获得自己的等级。因此，从任何方面看，柏拉图的论断都是正确的，不论你是愿意从地的躯体看，还是愿意从她所包含的权能看。这就是普洛克罗关于这个伟大的尘世神圣者地球的论说。在狄奥法拉斯图的笔下，这神圣者是众神和人类共同的维斯塔；他说，靠在她丰饶的地面，就如靠在母亲或乳母柔软的胸腔，我们应当用颂歌赞美她的神圣性，对她心怀孝敬之心，就如对待生养我们的父母。

第二十四章

论地上（月下）神的本质。在《蒂迈欧篇》中柏拉图是如何论述他们的。

充分讨论了关于天上诸神的理论之后，接下我们必须把注意力转向地上的神祇，他们被命名为"γενεσιουγοι"或者"生灭界的创造者"。柏拉图在《蒂迈欧篇》里称这些神为精灵，因为他们相对于天上的神来说就是精灵。他们从天神出来，与天神一起按神意看护他们各自的分配物。与此相对应，在《会饮篇》中，他称爱神为精灵，因为他是维纳斯的助手，出于波鲁斯神（Porus），就是丰盛的真正源泉；但是在《斐德若篇》中，他承认爱神就是一位神，这是相对于以他为首的生命来说的。柏拉图在《蒂迈欧篇》里关于这些神这样写道："要谈论其他精灵，要知道他们的起源，不是我们力所能及的事。因此，在这个问题上必需相信古人；他们是众神的后代，如他们自己所说的，所以他们对自己的祖先必然有清楚的知识。我们不可能不相信神的后裔，尽管他们的话并没有任何可能的和必需的论证；但是由于他们宣称自己说的是发生在他们自己家族里的事，所以，我们应当遵守法律，听信他们的传说。下面我们就按照他们的说法描述这些神的谱系。俄刻阿诺和忒提斯原是天空之神和大地之神的子女。俄刻阿诺和忒提斯又生出福耳库斯、萨杜恩和瑞亚，以及与他们同辈的一些神。萨杜恩和瑞亚又生出朱庇特和朱诺，以及我们知道被称为他们的兄弟的所有那些神。然后从这一辈再生出其他后裔。"①

普洛克罗以其通常的可敬方式详尽解释了柏拉图的这些话，在他的注释中充分展示了关于尘世神的理论。可惜的是，他阐释中的一些最重要的部分有许多断裂，纵使再大的聪明，再智慧的推测，也无法完全填补。但是我将尽我最大的努力从他的评注中摘录目前能够从这篇无价作品中获得的关于这个问题的全部信息，有时也会在原文残缺的地方试图补上所缺句子，使其意思完整。

柏拉图现在开始谈论地上众神，说，讨论他们是令人敬佩的，但我们若是想要找出他们的起源，并向别人宣讲这种起源，那是我们力所不能及的。因为他前面说到得穆革也说，要找到他很难，要向所有人谈论他更不可能，现在他说到地上众神也说，要知道并谈论他们的起源是我们力所不能及的。那么柏拉图用这种暗示方式要说明什么意思呢？其实关于整个天和可理知的范型，他已经讲述了如此众多又如此可敬的话，却又为何说，谈论创造生灭界的神是超出我们能力所及的事呢？或许这是因为许多自然哲学家认为这些地上元素是没有生命的东西，是按因果关系产生的，缺乏神意关怀。他们承认天体——因其有序的运动——分有理智和神；但生灭界如此变动不居、毫无确定性，所以他们认为它们缺乏神意眷顾而不予重视。因此，为了使我们不至于像他们那样，他首先展示并宣称地上神的起源是神圣的，理智性的，不需要谈论天神时所需的那种暗示方式。或者还可以说，灵魂对越是靠近的事物，越是迅速地忘记它们，越是高级的原理，却越有更深的记忆。因为这些原理在更

---

① 根据希腊神话，天空之神（Heaven）是乌拉诺斯（Uranus），大地之神（Earth）是该亚（Gaea），俄刻阿诺（Ocean, Oceanus）是大洋神，忒提斯是海洋女神，福耳库斯（Phorcys, Phorcus）是海神，萨杜恩是天яая之子，农神，瑞亚是土地女神，朱庇特（即宙斯）是众神之王，朱诺（即赫拉）是朱庇特之妻，婚姻与生育女神。——中译者注

大程度上经由权能的超验性作用于灵魂,凭借活动与它们同在。同样的情形也发生于我们的视力。虽然我们看不见很多位于地上的事物,但我们却似乎可以看见恒星和星辰本身,因为它们用自己的光照亮我们的视线。也就是说,灵魂的眼睛在更大程度上忽视靠近的东西,看见更高更神圣的原理。因而,所有宗教、各种派别都承认万物有一个第一原理,所有人都把神当作自己的帮助者求告,但是并非所有人都相信这个原理之后还有众神,有一种神意活动从他们进入宇宙之中。因为他们对"一"比对多看得更清楚。另外,有些人相信有神,也承认在神之后还有精灵的种,但不知道有英雄的等级。总之,精细地区分存有的中介和进程,这是学科中最伟大的工作。因而,如果我们以上的论述说得没错,就可以理解柏拉图在谈到天上众神时,非常恰当地没有提到这个话题有什么困难,但当谈到地上众神时,却说这个话题超出了我们的能力范围。对这些神的讨论之所以更加困难,是因为我们无法从可见的对象概括出关于他们的特性,它独独需要一种受神灵启示的活动,需要理智性的发射。关于这个疑问就谈到这里。

另外,我们虽然指出了柏拉图之所以称地上神为精灵的一个原因,但我们也可以按另一观点说,在天上区域有精灵,在地上区域也有神;只是在前者,这个种其实是属神的,精灵也是按它而产生的;而在后者,整个多都是精灵。因为在那里是神的特性占统治地位,而这里是精灵的特性占统治地位;有些人只看到这一点,就按天穹和生灭界将神与精灵分开。其实他们应当在两处都安排两者,只是在前者是神圣本性占统治地位,在后者是精灵本性占统治地位,但是也有神的特性。如果整个世界就是一位有福的神,那么没有哪一组成部分缺乏神性和神意考察。如果所有事物都分有神和神意,世界就获得一种神圣本性。如果这是事实,那么神的适当等级负责它的不同部分。既然天穹经由灵魂和理智的中介分有一灵魂和一理智,那么我们该认为这些地上元素是怎样的呢?它们岂不是在更大程度上经由某种中间的神圣等级,而分有这世界的一神?

再者，telestic 术（或属于秘仪的通神术）在地上确立适合于神谕和神像的地方，并通过某些符号使那些由部分性的、可朽的质料产生的事物，成为可以分有神、被神推动、预示将来事件的事物，而创造整体的得穆革却没有将神圣的灵魂、理智和众神置于全部元素，即世界的丰富性之上，这岂不也是荒谬的吗？难道他是不愿意吗？他怎么可能不愿意呢？他岂不是原本就希望使万物与他自己相似吗？那么他是不能吗？但有什么东西能阻止他呢？事实上我们看到从秘仪技艺来说这是可能的。既然他既愿意又能够，那么显然，他创造了众神，把生灭界分配给他们，使他们成为审察此界的守护神。由于精灵的种处处都是神的侍从，所以也有创造生灭界的精灵；有些管理整体元素，有些管理气候，有些治理国家，有些治理城邑，有些守护家庭，有些守护个人。精灵的看护之职一直延伸到最末端的区域。

第二十五章

地上神被安排在哪里。柏拉图接下来的话所表明的含义。

解决了本质性的难题之后，我们接下来要思考地上神的等级，以及柏拉图后续的话的含义。不妨承认他们是神，出于以上提到的原因也不妨称他们为精灵，但是我们必须把他们安排在哪里？是否如我们前面说的，必须把它归在月亮之下，或者首先归于天神之下？这似乎是正当的，原因有两个。其一，因为柏拉图在谈论了天上众神之后又说，谈论地上众神是我们力所不能及的，由此表明他上升到了一个更大的特级；其二，因为他在以上所引的那段话里追随那些向我们传讲神谱的人。这些人在讲世界和得穆革之前，先讲众神如何从天神和地母一代代繁衍出来。不过，在回答这个问题时，我们必须说，他是在谈论了天上众神之后提出这些神的，指出他们因着天上众神源于天父与地母。因此他说，地是天里面最古老的神，因为从地和天，他要造出天穹所包含其他神。这一点我们从得穆革对这些神以及其他一切——因为都是他在宇宙里创造的——所说的话里证明了。然而，柏拉图为何说他要追随神谱，为何没有谈到地上的神，关于这一点我们必须承认，这是由于他没有从现象界获得关于地上神存在的清晰迹象，而天上的神有循环往复的运动，有与各自的管理相适应的等级，使他能明确知道他们的存在。因而，谈论那些自然现象没能使我们对其产生任何稳定信念的存有，超出了自然哲学家的职责。所以柏拉图作为一个生理学家说，谈论这些是他力所不能及的。

他说他要追随那些受神灵启示的人，尽管他们谈论的是高天外的神，而他讨论的是地上的神，但他仍然采纳与他们相似的神谱，对此我们不可以为这是奇异的事。因为他知道，神的所有等级根据对他们的进程的安排，也就是他们的原理一直进展到末后的事物，处处从他们自己生出类似于他们所出的高级神的序列。因此，虽然神学家们展示的这些神的等级在世界之上，但它们也存在于可感知的宇宙中。就如这可见的天与那超越尘世的天相似，同样，我们的地也与那里的地相似，从一者出来的等级类似于从另一者发出的等级。由此也可以这样设想，根据柏拉图以及其他神学家，最初的种类生出之后，就协同它们自己的原因引出从属的事物。因为这些从得穆革出来的地上神，也被认为是从最初由他创造的天和地生出来的。得穆革因而对他们全体说，他们应当仿效他造他们的权能，来创造必朽的种类。也就是说，他们全都出于同一个生产因，同时第二等级的神也出于先于他们的神。由此可以推出，并非凡是这些下级神创造的都是必朽的，因为有些必朽者是从另外的下级神出来的；但反过来说则是完全正确的，即凡是必朽的都是由这些神圣者（divinities）生产的。另外，由此还可以推出，下级神按照不动性创造有些事物，按照他们自己的可动的 hyparxes 创造另一些事物。如果他们完全按照可动的 hyparxes 创造万物，如果凡是由可动原因而来的，真的都是本质上可变的，那么他们就不可能成为不朽者的原因。

另外，当柏拉图说："因此必须相信古人；他们是众神的后代，如他们自己所说的，所以他们对自己的祖先必然有清楚的知识。我们不可能不相信神的后裔，尽管他们的话并没有任何可能的和必须的论证"时，我们可以由此推出，对那些看起来难以认识的事物，无法确定其本性的事物，人只要单纯地相信，就能踏上丰裕之途，回归神的知识和神化的智能，就是使万物都变得明白可知的智能。因为万物都包含在神里面；而那先在地包含万物的，同样能够把自身的知识充满其他事物。因此，蒂迈欧这里将我们送到神学家那里，向我们叙述他们所展示的神的起源。那么他们是谁，他们的知识是什么呢？他们其实就是神的后裔，清晰地知道自己的祖先；作为神的后裔和儿女，他们按照当下的生活保存他们的主神（presiding God）的形式。比如，阿波罗的灵魂选择了一种说预言的或与秘仪相关的生活，所以被称为阿波罗的子孙和后裔；被称为儿女是因为它们是属于这位神的灵魂，适应于这个序列；被称为后裔是因为它们表明自己目前的生活与神的这些特点相一致。因此，所以灵魂都是神的孩子；但并非所有灵魂都知道自己的主神。具有这种知识并选择了相似生命的，就被称为神的儿女和后裔。因此柏拉图补充说："如他们自己所说的"，因为他们展现了他们所出的那个等级。由此，西比尔（Sibly）①一出生，就说神谕；赫尔克勒斯（Hercules）一出生就显出得穆革的符号。这类灵魂使自己转向自己的祖先，从祖先充满神化的知识。他们的知识是充满热情，通过神圣的光与神（deity）结合，独立于所有其他知识，包括那可能的（probable）知识和确证的（demonstrative）知识。前者关于自然，尤其是关于宇宙的；后者关于无形的本质和科学的对象。然而，唯有受

---

① 这无疑就是那个西比尔，普罗克洛也论到她"从光发出，知道自己的等级，并表明她出于神，宣称自己是神与人之间的中介。"

神启示的知识才与神自身相结合。

蒂迈欧或者说柏拉图接着又说："但是由于他们宣称自己说的是发生在他们自己家族里的事，所以，我们应当遵守法律，听信他们的传说。"对这段话理解正确的人可以从中推出很多事，比如，受神启示的知识是因与神的相似和联盟而得完全的。太阳是藉太阳光看见的，神性是藉神的光照显明的。同样可以推出，神圣法律规定神的等级，就是古人的神启思想所展现的等级，灵魂也在那些热心活动的神的劝告下按这些等级活动，尽管不能说是热烈地。蒂迈欧在这篇对话的开头说，他将遵守这样的法律，求告众男神和女神。从这些话我们还可以推出，所有王国，包括天上的和地上的，都根据最初的、理智性的原理得到有序的装备和分配；而且它们全都是按相似性来安排的。同样，事物的等级先于我们的概念。不过，追随奥菲斯神谱的，是毕达哥拉斯神谱。因为关于神的学科从奥菲斯传统经毕达哥拉斯到希腊人手中，如毕达哥拉斯本人在《圣言》（Sacred Discourse）中所说的。

第二十六章

更充分地阐明地上神的本性。论精灵的等级。关于生灭界的每个创造者，有一群合作的天使、精灵和英雄，他们保留着创造它们的元一的称号。

另外，我们跟从普罗克洛，认为关于地上神的理论是与天上神的理论紧密相连的；前者因为源于后者，所以才拥有完全性和科学性。生灭界的创造神追随天穹里的神，仿效天上的循环，在生灭界也循环旋转。因为二级种类总是按着一种不可分的、统一的进程跟从先于它们的种类。同时，由于管理生灭界的神圣者直接源于天上神，因此他们也按一种不可分的合一性向天上神回转；正如天上神向高天外的神回转，因为他们是从这些神产生的；而高天外的神转向理智神，就是装备他们、分配他们的神；同样，理智神向可理知神回转，从可理知神不可言喻地显现出来，这些可理知神则无法描述地、隐秘地包含一切事物。

在这整个真正的黄金链之中，顶端是可理知神的种，末端是地上的神祇，后者以非生的方式管理生灭界，以超自然的方式管理自然，就是得穆革理智创造出来的自然；神的统治从高高的天穹一直延伸到末后的事物。在这些地上神祇中，首先必须注意，他们全都保存他们的创造因的生产性的、促进完全的活动，保存他的得穆革的、稳定的创造权能。他们还从他们的父亲接受尺度、界限和次序。这些东西他以独立的、总体的方式管理，而他们按各自分得的辖地创造、生产并使之完全。他们中有些离天上的神非常近，有些则离他们远一些。因此，有些保存着这些神的理念，只要它能被保存在地上等级中；有些则按自己适当的权能得以确立。因为每个等级中，顶端总是与先于它的等级相似。因而，可理知者的顶端是统一体；理智者的顶端是可理知的；超越尘世的等级的顶端是理智的；尘世等级的顶端是超越尘世的。有些地上神在较大程度上与得穆革的元一联合；有些则离它较远。因此，有些与它相似，是这个序列的整体的首领，有些只有部分性相似。父亲在每个等级中确立了与他相似的权能，因为某个与"至善"相似的原因预先存在于所有的神圣等级之中。

这些原因与事物不可言喻的原理相似，相对于这原理被称为元一，而地上神就根据这些原因发出，以恰当的方式装备并分配生灭界。有些成全他们父亲的这个旨意，有些成全他的那个旨意。有些实现他连接的旨意，有些实现他多产的旨意，有些完成他推动的旨意，有些完成他保护的旨意，其他的完成得穆革关于地上区域的整体的其他旨意。有些支配灵魂，有些支配精灵，有些支配众神。他们全体从本质来说都是理智性的，按着分配物来说是世俗的。他们还是促进完全的、强大的，以非生的方式管理生界，以理智的方式管理没有理智的存有，以生命的方式管理无生命的种类。因为他们按自己的本质装备万物，不是按接受者的无能。柏拉图显然认为，这些神使用另外某些比这些元素更加单一、更加永久的身体，因为他说，他们随己愿显现出来，让我们看见。他还给予他们灵魂，这一点也很显然，因为他说每个世俗神都经由灵魂与身体结合。其实当他把一个灵魂确立在世界里时，首先就称世界本身为一位神。另外，他从他们引出理智，他们的灵魂因理智而是理智性的，并直接向得穆革回转，这可从得穆革对他们的讲话中看出来。

　　如果要让整个世界成为完全的，那么除了神圣的种之外，我们还必须构想精灵的等级先于我们的灵魂被造，它接受三分法，即分为天使、严格意义上的精灵、英雄。这整个等级充满神与人之间的中间空间；因为我们的关注点与神的关注点之间有一种全备的分离或间隔。后者是永恒的，而前者是脆弱的，必朽的。前者满足于享有部分性活动中的理智；后者上升到总体的理智本身。因此，有一个三一体将我们所关心的事务与众神连接起来，它类似于事物的三个主要原因，只是柏拉图习惯于称这整个三一体为精灵三一体。天使类似于存有，或者从不可言喻的、隐秘的存有源泉最初显现出来的可理知者。因此，它也展现众神自身，宣告那隐藏在他们的本质中的神。而精灵类似于无限的生命，因此它处处按许多等级发出，具有多样性。英雄类似于理智和回转，因此它还是净化的检查保护者，是庄严而高尚生活的提供者。再者，天使按得穆革的理智性生命发出。因此它在本质上也是理智性的，将神圣理智向二级种类阐释和传递。精灵按得穆革对整体的神意发出，管理自然，恰当地成全整体世界的等级。最后，英雄按使所有这些回转的神意发出。因此这个种也是高尚的，将灵魂高高提升，还能产生一种庄严而精力充沛的活动。

　　这就是这些三一种的本性，它们从神垂挂下来；有些出于天上的神，有些出于关注保护生灭界的神圣者。在每位神周围都有一群数量相当的天使、英雄和精灵。每位神都是接受他的独特形式的群体的头。因此天神周围的天使、精灵和英雄是在天上的；创造生灭界的天使、精灵和英雄则具有生灭界的创造特点。在提升神周围的，就有一种提升的属性；属于得穆革的，就有得穆革的特性；属于赋予生命的，就有赋予生命的属性。依此类推。另外，在提升神中，属于那些具有萨杜恩特点的天使、精灵和英雄就是萨杜恩的；那些有太阳特点的，就是太阳的。在赋予生命的神中，也同样，那些属于月亮的协助性权能是月亮的；具有阿佛洛狄忒的，或者维纳斯特点的，就是属于阿佛洛狄忒的。因为他们有派生出他们的神的名字，与这些神有机联结，并在一定的从属位置上接受同样的理念。同样，部分性灵魂一旦知道自己的保护者和主导神，也以他们的名字自称，这并不稀奇。伊斯库拉庇乌斯（Esculapiuses）、巴克斯（Bacchuses）、狄奥斯库里（Dioscuri）这些具有英雄性格的人，都取了他们的先祖神祇的名字,否则他们的名字从哪里来的？[①] 因而就如对天上神一样，对创造生灭界的神也必须一一考察，考察大群并列的天使、精灵和英雄；注意从他们派生的数保持着生产它的元一的称呼。因此，有一个天上的神、天使和英雄，也有地上的神、天使和英雄。同样，我们必须说俄刻阿诺和忒提斯进入所有的等级，其他神也无不遵守这一规律。也就是说，有大量朱庇特、朱诺、萨杜恩，都以同一个生命的称呼称谓。说人既是可理知的又是可感知的，并没有任何荒谬之处，尽管这两者之间有一种极多的分别和间隔。关于创造生灭界的神和精灵的共性就谈到这里。

[①] 有些现代人因为完全不知道这种背景，就愚蠢地以为古人的神不是别的，不过是神化了的死人；在这个重要的话题上只拿历史学家、文献学家、修辞学家而不是哲学家作为他们的向导。

第二十七章

毕达哥拉斯在《圣言》中所说的。什么是关于法涅斯、尼克特、乌拉诺斯、萨杜恩、朱庇特、巴克斯的奥菲斯传统。柏拉图不是从法涅斯和尼克特开始，而是以天和地为开端展开地上诸神的神谱。他为何这么做。

现在要表明对于柏拉图在前面从《蒂迈欧篇》里引用的那个段落里提到的神，我们应当持什么看法。就古人而言，有的认为关于这些神所说的话属于神话传说，有的认为这些神是指城邑的创始者，有的认为是指保护性的权能，有的对之作伦理道德上的解释，有的认为是指灵魂。然而，圣杨布利柯对这些都作了充分的驳斥，他证明他们都偏离了柏拉图的原意，偏离了事物的真相。因而，按照这种方式，我们必须说，蒂迈欧是一个毕达哥拉斯主义者，遵从毕达哥拉斯原理。而这些原理就是奥菲斯教义。奥菲斯通过隐晦的叙述神秘传递的思想，毕达哥拉斯都领会了，因为他在奥菲斯从母亲卡利俄珀获得的神秘智慧上得到阿格劳菲姆的启蒙。毕达哥拉斯在《圣言》中说到这些事。既然我们认为蒂迈欧的神论应归于奥菲斯教义，那么这些教义是什么呢？它们是这样的：奥菲斯按一个完数讲述了掌管整体的神的王国，即法涅斯、尼克特（Night）、乌拉诺斯（Heaven）、萨杜恩、朱庇特、巴克斯。法涅斯是第一个执掌权杖的，第一位王是著名的埃里卡帕乌斯（Ericapaeus）。第二位是尼克特，她从自己的父亲[法涅斯]接受权杖。第三位是乌拉诺斯，他从尼克特接受权杖。第四位是萨杜恩，如他们所说，他推翻了自己的父亲。第五位是朱庇特，他征服了自己的父亲。他之后的第六位是巴克斯。所有这些王，以神圣的方式从可理知且理智的神开始，经过中间等级，进入世界，以便装备尘世的事务。法涅斯不仅在可理知者中，还在理智者中，在得穆革中，在超越尘世的等级中；同样，乌拉诺斯和尼克特也如此，因为他们的特性贯穿所有中间等级。关于伟大的萨杜恩，他岂不被安排在朱庇特之先，他岂不在朱庇特王国之后协同其他提坦们分配巴克斯的造物？这样的事，他在天上做是以一种方式，在地上区域则以另一种方式；在恒星领域是一种方式，在行星领域又是另一种方式。朱庇特和巴克斯也同样如此。"这些事都是古人清楚论断的。"

如果我们的这些论断是正确的，那么这些神圣者处处都有一种相似的实存；人若想要考察他们进入天穹的进程，或者进入地上区域的进程，就当朝向他们王国的最初、最重要的原因。因为他们是从那里起源，并按照它们生成的。有人说柏拉图没有考察与天上两位王，即法涅斯和尼克特相似的神。事实上，我们必须把他们放在更高等级，而不是世俗神中，因为在世界被造之前他们就是理智神的首领，永恒地确立在 adytum 里，表明他们那秘而不显的等级。因而，不论我们认为柏拉图在这篇对话里提到的同和异的循环是比喻这两位男神和女神，还是比喻父亲因素和生产因素，都不会偏离真理。或者我们把日月这两个彼此相对的行星纳入同样的比喻中，我们也不会犯错。因为太阳凭借他的光保存与法涅斯的相似性，而月亮保存与尼克特的相似性。理智领域的朱庇特或得穆革与可理知等级的法涅斯相似。赋予生命的碗槽朱诺与尼克特相似，后者联合法涅斯从隐蔽的原因造出整个生命，正如朱诺生育世界所包含的整个灵魂，并将它显现出来。最好把这两者看作是先于世界的，并安排得穆革本身与法涅斯相似——柏拉图说他因创造整体而成为与法涅斯相似的；同时要将与朱庇特结合的权能（即朱诺），也就是生产整体的权能，安排给尼克特，她因父亲法涅斯而创造万物。这些之后，我们必须认为其余的类似于理智的王国。

如果应当问一问，柏拉图为何不提到法涅斯和尼克特的王国——我们说过，朱庇特和朱诺就与他们相似——我们可以欣然回答，由于奥菲斯教义里包含这两者，而希腊人更习惯于天空之神和大地之神，而不是奥菲斯教义，所以柏拉图就把天神和地神的王国展示为第一王国；如他本人在《克拉底鲁篇》里说的，在那里他特别提到赫西奥德（Hesiod）的神谱，甚至根据那位诗人的记载重新提及这个王国。也就是说，他从这份更为人所知的神谱开始，提出天和地是世界之上的第一王国，指出可见的天地类似于理智等级的天地，展示后者是前者中最古老的神。由此他也开始讲述地上神的谱系。如果神灵愿意，我们可以在下面的叙述中阐明这些谱系。目前我们只想补充一点，必须从神的或者精灵的角度，按照这些神圣者在四大元素中的分配物来考察所有这些名字。按照神或者精灵的角度看，这九一体以各种各样的形态存在于以太、水、土和气中。另外，从水和气的角度也可以看到这些名字，同样按地的方式可以看到它们在地里，这样，按照全面的实存模式，它们全都无处不在。事实上，有许多神和精灵的神意模式，也有许多按元素的区分所产生的分配物。

第二十八章

论天和地两原理。他们分别是什么，尤其是关于天的权能。

现在我们要回到柏拉图的那段话。首先，他说，俄刻阿诺和忒提斯是天神和地神的子女。这里我们可以看到，由于这整个世界是充足而多样的，隐约勾勒出形式的理智等级，所以它在自身中包含两个端点，地和天；后者相当于父亲，前者相当于母亲。因此，柏拉图说地神是天穹中最古老的神，为与此保持一致，他完全可能说，凡是以天神为父亲的，都以地神为母亲；同时表明部分性原因不仅从属于他们的后代，比如柏拉图《会饮篇》中的贫乏神（Poverty）从属于爱神，而且也高于他们，因为他们只接受从祖先出来的后裔。因而，必须认为这两端在世界里，天是父亲，地是她共同后代的母亲。所有其他的都终于这两者，有些成全天上的数，有些成全地的整体。同样，必须承认，在世界的每个元素中，天和地这两大原理以气的方式存在于气中，以水的方式存在于水中，以地的方式存在于土中；并且都遵循以上所提到的各种模式，以便每一个都成为一个完全的世界，根据相似的原理得到装备和分配。如果说人是一个小宇宙，那么每种元素岂不在更大程度上如此，即世界总体性包含的一切，它们在自身中按适当的比例包含？因此，在我看来，柏拉图在谈了天和地之后，紧接着从那两个神圣者开始叙述关于这些神的理论；因为其他神圣者是仿效天和地生发出来的。而天和地这两个神圣者在总体上是已经创造出来的所有神的原因。这些神作为天和地的后代，与两者的整体都相似。而这两者，如我们前面所说的，在每一种元素里面，或以气的方式，或以水的方式，或以地的方式。天在地里，地在天里。这里，天按地的方式存在，那里，地按天的方式存在。奥菲斯就把月亮称为天上的地。我们不可怀疑事实确实如此。从相似性来说，我们可以在任何地方看到同样的情形，不论在可理知领域，在理智领域，在超越尘世的等级里，在天穹里，在生灭界，每个地方的情形都与各自特有的等级相一致。

就天和地这两个神圣者而言，有些柏拉图的阐释者认为地就是这个坚硬的躯体，是感知的对象；有些人认为是具有类似于质料的结构的东西，认为它理应先于被造的事物存在；有的认为是可理知的质料，有的认为是理智的权能；有的认为是生命，有的认为是与地不可分的无形形式；有的认为它是灵魂，有的认为它是理智。同样，关于天，有的猜想它是可见的天穹，有的认为是围绕宇宙中心的运动；有的认为是与运动一同适当发出的权能；有的认为是那拥有理智的东西，有的认为是纯粹的、独立的理智，有的认为是循环的本性；有的认为是灵魂，有的认为是理智。我也知道，圣杨布利柯把地理解为按尘世的神的本质说是一切稳定而牢固的东西，按活动和永恒循环说，是包含更杰出权能和总体生命的事物。而天，他理解为从得穆革发出的总体的、完全的活动，充满适当的权能，在得穆革周围存在，作为它自身和整体的界限。我还知道可敬的塞奥多鲁将这两种权能确立在按习性存在的生命里。

然而，为了使我们避免错误的观点，坚持杨布利柯更纯洁的思想和叙里亚努的教义，首先我们必须记住，柏拉图现在是在谈论地上的神，所有这些神都无处不在，他们类似于可理知且理智的王发出。其次我们必须说，就如最初的天是理智神的界限，有机地包含他们，包含从"至善"和可理知神发展到理智等级的尺度，同样，柏拉图这里提到的天也是创造生灭界的众神的界限和容器，在一个界限里包裹得穆革的尺度，以及从天上众神发展到那些管理生灭界的神圣者的尺度，并将他们与神在天上的管理连接起来。这天的神性之于理智天的关系，就如得穆革之与"至善本身"的关系。因此，就如在那里，尺度和界限从"至善"借着天进展到所有理智神，同样，在这里，有一界限从得穆革和尘世的神的顶端到达创造生灭界的众神，以及较为杰出的种[即天使、精灵和英雄]；也就是因着这个天的有机包含的中介。因为向各处伸展的天就分得中介这个等级；在事物的一个进程中是统一而隐秘的，在另一进程中是明显而分离的。在一个等级，它把界限引入灵魂；在另一等级，把界限引入自然的作品；在另外的等级以另外的方式把界限引入另外的事物。它最初在空气中实现这样的事，其次在水中实现，最后在土中，在地上的作品中实现。当然也有彼此混杂的复杂情形。神的存在模式以及精灵的存在模式，在空中与在土中是各不相同的。在一处，不同等级具有同一模式；在另一处，同一区域中的模式各不相同。关于天的权能就谈到这里。

第二十九章

阐明地的整个理论。也论及大洋神和忒提斯的理论。他们的原因在理智神领域，也同样在可感知的宇宙中。

接下来，我们的注意力要转向地，从她最初进入光的进程来引出关于她的整个理论。她最初显现在理智神的中间三一体里，与有机地包含整个理智等级的天一起。她也类似于可理知的地发出，而可理知的地，我们发现就是第一个可理知的三一体。她位于赋予生命的等级，所以与第一个无限相似。但她又是接受天这位生产性神的胸怀，是他父亲的善的居中核心。她还与他一起作王，是作为父的他的权能。而与她相似的且负责地上区域的地，可以说是属于生灭界的天的多产权能，将他那种父亲式的、确定的度量和包容的神意显现出来，这神意丰富地延伸到一切事物。她还生出整个地上的无限，正如与界限并列的天把终点和末端引给二级种类。因而，界限和末端规定每个事物的 hyparxis，神和精灵、灵魂和身体都按这界限和末端联结，成为一，仿效众整体的一统一性，或者说，事物的不可言喻的原理；而无限使每个存有的权能多样化。因为在地上种类中有大量界限，也有大量无限，它凭着神性在众神之后伸展到万物。由此，我们看到在所有地上种类和元素中有这两个等级，它们生出神的或精灵的进程；还看到它们有统一的王国，就如在理智等级里一样。

由这两个等级发出一个二级的二一体，俄刻阿诺（大洋神）和忒提斯，但这种生产不是通过交媾，不是通过分离之物的结合，也不是出于分裂，不是根据某种脱离，所有这些方式都与神格格不入；相反，他们是按照权能的合一和不可分的结合产生的。神学家们习惯把这种结合称为婚姻。如神学家奥菲斯所说，婚姻与这个等级相适合。他把地称为第一位宁芙，把她与天的结合称为第一个婚姻；事实上，在以最杰出的方式联合的神圣者中根本没有什么婚姻。因而法涅斯和尼克特之间虽然在可理知的意义上彼此联合，但并没有婚姻。出于这样的原因，若要使婚姻适合于我们现在讨论的天和地，唯有承认他们预示着理智的天和地才有可能。雅典人的圣法深知这一点，因而规定必须举行庆祝天地结合的仪式，作为进入奥秘的预备工作。他们在厄琉西斯秘仪（Eleusinian mysteries）中也把注意力指向理智的天地，仰望天穹叫道：子啊！然后俯瞰大地叫道：

父啊！也就是说，天和地藉着他们的良善，根据这种结合，与分离一起生出俄刻阿诺和忒提斯。或者毋宁说，他们并非直接生出这两者，而是先生出两个元一，两个三一体，以及两个七一组，俄刻阿诺和忒提斯就包含其中。元一与三一体留在父亲身边，而七一组中的俄刻阿诺和忒提斯既停留不动，同时又向前进发。所有其他的都进入神的另一等级。这就是他们在理智等级中的存在。不过这里，柏拉图完全没有提及停留在父亲里面的原因，因为他的注意力是要讨论创造生灭界的众神。而就这些神来说，进程、运动、差异以及男女的并列是与之相适合的，这样才会有生产，质料才能装备上形式，殊异才能与同一联合。因此柏拉图从二开始，通过它生发，又回转于它。因为二既适用于物质性的事物，也适合于异，因为质料可以有不同的形式。同样，他提到了二之后，又开始讲地，因为这更与属于生灭界的事物相适应。

俄刻阿诺和忒提斯既停留在自己的原因里，同时又从这些原因发出来；就这两个神圣者而言，有些人说大洋神是有形本质，有些人说它是个迅速渗透的事物，有的说它是某种湿润本质的运动，有的说是以太，包括它的运动速度；有的说它是生命的可理知的深度本身。然而，圣杨布利柯认为它就是中间的神圣推动因，是中间的灵魂、生命、理智活动、有效种类，以及那些气体的元素，比如气、火等，最初分有的。关于忒提斯，有些说它是一种湿润的本质，有些说是可变的本性，有些说是它是宇宙的狂欢。而圣杨布利柯指出它是一种生产性的权能，在活动中确立其有效性和稳定的理智活动，这些东西为灵魂、本性、权能所分有，也为某些固体接受者分有，不论这些接受者的性质是土的，是水的，只要为元素准备好一个位置就行。

我们再次采用我们的原理说，这两者的原因在理智神中，也在可感知的宇宙里。因为大洋处处将第一等级与第二等级区分开来，因此诗人们称它为地的界限，并非没有道理。而现在所讨论的大洋，是运动、进程和权能的原因；在理智生命里加入顶点、生产的丰盛性，在灵魂里，在它们的活动中加入速度和元气，在它们的生产中加入纯洁性；在形体里加入运动的敏捷性。在众神中，它传授一种推动的、神意的原因，在天使中，它传授一种展现的、理智的速度和元气。另外，在精灵中，它是有效权能的提供者，在英雄中，是崇高而旺盛生命的提供者。从它独特的特性来说，它还存在于每个元素之中。因此，空中的俄刻阿诺是一切空中事物运动的原因，是流星环行的原因，亚里士多德也这样说过。而水中的俄刻阿诺造成运动的丰富性、敏捷性，以及各种各样的权能。按照诗人所说，"所有的海，每一条河，都从这里流出。"至于地上的俄刻阿诺，那是使生产完成的原因，形式分离的原因，生生灭灭的原因。不论还有哪些地上等级，比如赋予生命的，得穆革的，它都是它们彼此分别的源头；不论有哪些权能连接地的生产性原理，关注保护生灭界——都是它激发出来，并使之增加，引入运动之中。

　　关于忒提斯，如这个名字所表明的，她是众神中最古老的，是他们的先辈，就如母亲瑞亚那样。其实，神学家们把她之前的另一位女神称为玛伊亚（Maia）。因而，奥菲斯说："至高的神玛伊亚，不朽的尼克特，请问您有什么旨意？"根据柏拉图的词源学，她是某种源泉性的神。因为从她的名字可以看出纯洁无污的事物和弥漫渗透的事物。由于俄刻阿诺生出万物，是一切运动的源泉，她也由此被认为创造了众神，而忒提斯将他运动的统一原因分为原初的和次级的运动。因此柏拉图说，她的称呼源于"跳跃和弥漫"。这是两个分离的名字，就如他在《智者篇》里所说的，这个名字标示并分离梭子所编织的丝线。因而俄刻阿诺集中生出全体运动，不论是神圣的、理智的、灵魂的、身体的，而忒提斯将内在的和外在的运动分开，使物质运动根据非质料的运动跳跃和弥漫，所以有此称呼。分离的特点适用于女性，合一的特点适用于男性。因而，柏拉图会说俄刻阿诺和忒提斯具有这样的特性，事实上他在《克拉底鲁篇》里确实是这样论断的。但根据圣杨布利柯，忒提斯必须被认定为位置和牢固确立的提供者。从以上所说，我们可以概述如下，忒提斯是永久不变的原因，使事物牢固地确

517

立在她自身里面,将它们与向外发出的运动相分别。

总之,俄刻阿诺是向一切二级种类运动的原因,包括理智的、灵魂的和身体的运动;而忒提斯是出于俄刻阿诺的支流彼此分离的原因,使每个支流在与其本性相适应的运动中保持特有的纯洁性;由此,每个支流虽然可能自我推动,或者可能推动他物,但都以一种超然的方式运动。神学家们表明,俄刻阿诺是一切运动的提供者,他们说他发出十条河流,其中九条流入大海;因为所有运动中,应当有九种是有形的,只有一种具有与形体分离的本质,如我们从柏拉图的《法律篇》里得知的①。大能的俄刻阿诺既然生出了这样的神圣种类,就激发它们运动,使它们有效。而忒提斯对这些种类加以分别,保存生产性的原因独立于它们的产物,不与之掺杂,将它们确立在比那些进入外在世界的活动更古老的活动之中。关于俄刻阿诺和忒提斯这两个神圣者就谈到这里。

既然如我们所说的,这两个神圣者是由先在的神圣者,即天和地生成的,但既不是通过可感知领域的交配生的,也不是按照可理知者领域的尼克特和法涅斯那样的合一而来,那么完全可以推出,他们的后代是彼此分离的,但与他们的父母相像,而且每一个都接受了与父母的一定相似性。俄刻阿诺作为男性,类似于父因天;但作为运动的供应者,则类似于母因地,就是进程的原因。忒提斯作为女性类似于生产因(prolific cause);而因使她的后代牢固地确立在它们特有的生命之中,所以也类似于创造因(fabricating cause)。因为男性好比一,女性好比二。稳定性适用于前者,运动性适用于后者。因而,一个二从二发出,按它自身的整体与产生它的那个二相似,规定并区分它自身的原因,以及后于它自身的整个数;这样任何地方我们都可以把那规定和分离的东西归于俄刻阿诺和忒提斯的等级。

---

① 柏拉图在《法律篇》第十卷把运动分为十类,即围绕一个不动中心的旋转、位移、结合、分离、增长、减少、生成、灭亡,既推动他物又被他物推动的运动,以及自身运动也使他物运动的运动。这最后一种运动包含与身体分离的本质,是灵魂的运动。

第三十章

阐述福耳库斯、萨杜恩和瑞亚的理论。

接下来柏拉图说："俄刻阿诺和忒提斯又生出福耳库斯、萨杜恩和瑞亚，以及与他们同辈的一些神。"关于这些神圣者的理论如下。在前一代后裔中，一个生产的、推动的二从一个终结的、确定的二生出来，即俄刻阿诺和忒提斯从天神和地神生出来；而在第二代后裔中，一个通过这三一体向自身的原因回转的多从二中产生出来，这同样表明了一个全备的进程。因为这多也是可分的，分为与界限相似的，和与无限并列的。这三一体是这个多里的界限；而无可名状的数是它里面的无限。同样，就三一体自身来说，一者类似于元一和界限，另一者类似于二和无限。在前一进程中，后代完全按界限和理智者发出，在这一进程中，则还包含了不确定性。在这三一体的边界之后，柏拉图又说，"以及与他们同辈的一些神"，指出了这些三重性等级的完整进程和分离。因此，这一进程的后代从回转的特性看，是三一体的，但由于介入了无限和不确定，所以又是二重性的。

这些等级从它们的理智原因看，是不同的，就如前面提到的等级一样；但在它们中，俄刻阿诺和忒提斯被认为是萨杜恩和瑞亚的兄弟，而不是他们的父母，因为他们的进程出于天和地，整个提坦的等级都源于天地。既然如此，我们就来看看柏拉图这里为何让福耳库斯、萨杜恩和瑞亚从俄刻阿诺和忒提斯生出来。其实他似乎可以说，这是与奥菲斯原理不一致的。因为"就如这位神学家所说的，地潜在地从天生出七位纯洁美丽的少女明眸善睐，七个作王的儿子金发飘飘。这些女儿就是西弥

519

斯、快乐的忒提斯、浓密卷发的尼摩西涅（Mnemosyne）[1]，以及有福的瑞亚。她又生了模样俊俏的狄奥涅（Dione）[2]、菲比（Phoebe）[3]，以及朱庇特王的母亲西娅（Thea）。可敬的地还生出天上的那些年轻人，他们被称为提坦（Titans），因为他们向大能的、繁星点缀的天复仇。她还生了凯乌斯（Caeus），伟大的克莱乌斯（Craeus），强壮的福耳库斯，还有萨杜恩、俄刻阿诺、亥伯里翁（Hyperion）[4]和雅伯图斯（Japetus）。"这些都是这位先于柏拉图的神学家记载的，那么蒂迈欧为何说萨杜恩和瑞亚是从俄刻阿诺和忒提斯生出来的？在回答这个问题时，考虑到我们前面已经将俄刻阿诺和忒提斯安排在萨杜恩和瑞亚之上，作为这两者与祖先的中介，也是两者的界限的保护者，如通常对他们的描述所说的，所以我们首先必须说，同样的神圣者既是兄弟，同时由于尊严上的卓越性被又称为某些神的父亲，这一点也不奇怪。因为那些最初的事物，当它们从自己的原因发出时，同时协同那些原因造出后于它们自己的种类。因此，从同一个得穆革的原因来说，按照赋予生命的原理和所源出的源泉来说，所有灵魂都是姐妹。但另一方面，神圣灵魂协同得穆革和赋予生命的原因生出部分性灵魂，因为最初的事物既显现出来，又停留在它们的整体中，接受类似于它们自己的创造种类的权能。此外，在神本身中，萨杜恩的所有子孙，从创造它们的同一个生产性元一来说，都是兄弟；但同时朱庇特在诗人荷马笔下被称为父亲，是朱诺和尼普顿的父亲。这样说来，俄刻阿诺和忒提斯既被称为萨杜恩和瑞亚的兄弟，又被称为他们的父亲，根本没有什么可奇怪的，因为他们既保存了兄弟的特性，也保存了父亲的特性。这样，我们以一种方式解决了疑惑。

接下来我们可以说，就提坦七一组来说，大洋神俄刻阿诺既是停止

---

[1] 希腊神话里的记忆女神，缪斯的母亲。——中译者注
[2] 希腊神话里阿佛洛狄忒的母亲。——中译者注
[3] 即希腊神话里的月亮女神阿耳忒弥斯（Artemis）。——中译者注
[4] 一位提坦，太阳神之父。——中译者注

不动的，又是生发变动的，既使自己与他的父亲联合，又不离开他的王国。所有其他拥有进程的提坦被认为成全了地的旨意，同时攻击他们的父亲，脱离他的王国，进入另一等级。或者毋宁说，就整个天上神的种来说，有些只是停留在自己的原理里，就如最初两个三一体。乌拉诺斯（天神）一旦洞悉他们有无法平息的心，无法无天的本性，就把他们扔入塔尔塔鲁斯，就是地的深处 [奥菲斯说]。也就是说，他凭藉卓越的权能，把他们藏在阴暗里。但有些既停留在自己的原理里，又从中出来，比如俄刻阿诺和忒提斯。当其他提坦攻击他们的父亲乌拉诺斯时，俄刻阿诺阻止他们听从母亲的命令，因为他怀疑这些命令的正当性。因而，他与忒提斯一起——从第一代后裔看，忒提斯是与他结合的——既停止不动，又生发变动。有些提坦被引入分离和进程之中。这些提坦的领头者是大能的萨杜恩，如这位神学家（奥菲斯）所说的；虽然他表明萨杜恩高于俄刻阿诺，说萨杜恩本身接受了天上的奥林庇斯，而且在那里作王，统治提坦；但又表明俄刻阿诺获得了整个中间的区域。因为他说，他住在奥林匹斯之后的神圣河流里，他包围那里的天；不是最高的天，而是如神话所说的，是从奥林庇斯坠落，被安排在那里的天。①

因而，俄刻阿诺和忒提斯，就他们停止不动并与乌拉诺斯联合来说，协同他造出萨杜恩和瑞亚的王国；就他们确立在母亲该亚的第一权能里而言，协同她生出福耳库斯。她是与涅柔斯（Nereus）②和陶马斯（Thaumas）一起，因爱与海结合生出他来的。福耳库斯不是天上的神，而是大洋神，如《神谱》中所证明的③。至于忒提斯，就她充满地而言，可以说是某种地，所以神谱说她协同大洋神俄刻阿诺一起生出这个福耳库斯；因为大洋神

---

① 这是非常奇怪的奥菲斯残篇，但并没有收集在 Gesner 的奥菲斯残篇集里，原文请见普罗克洛的《蒂迈欧篇注释》296。
② 希腊神话里的海神，俄刻阿诺和该亚之子，海中女神之父。——中译者注
③ 这里的原文显然是错误的。按照赫西奥德的《神谱》，俄刻阿诺是天神和地神的后代。

在自身中包含可理知者。因而，忒提斯作为分有意义上的地，俄刻阿诺作为因果关系上的海，协同萨杜恩和瑞亚一起使这位神获得实存。然而，如果有什么论证表明在理智等级里，萨杜恩高于俄刻阿诺，或者瑞亚高于泰提斯，那么必须说，在理智等级里确实是这样安排的，因为在那里，理智活动的原因高于运动的原因；而这里则相反，所有事物都处在变化和流动的状态中，所以这里俄刻阿诺先于萨杜恩是非常恰当的，因为它是运动的源泉，同样，忒提斯也先于瑞亚。这样，我们以另一种方式解决了这个疑惑。

这是我们关于这些神的谈论，然而塞奥多鲁认为存在于习性中的灵魂都属于这些神圣者，并安排它们负责世界的三个分区。他把福耳库斯安排在无星的领域，认为他推动宇宙的向度。不过，他应当向我们证明柏拉图早就知道某个无星的领域，然后再把福耳库斯安排在这个领域。另外，他把萨杜恩放在星辰运动之上，因为时间是从这些运动而来，事物的生成和毁灭也源于它们。他把瑞亚放在世界的物质部分之上，因为因着物质性她就拥有相对于先于她自身的神圣者的一种丰富性。而圣杨布利柯把他们安排在天和地之间的三个领域。有些地上神对地上区域作出二分，而这些神对它作出三分。按他的说法，福耳库斯负责具有湿润本质的整体，不可分地包含它的全体。瑞亚连接流动的、气态的精灵。萨杜恩管理最高的、最稀薄的以太区域，按柏拉图的说法，处于中间位置；因为无形本质中的中间和中心比分布在中间者周围的权能具有更大的权威。我们确实敬佩杨布利柯的这种理智解释，但我们认为应当处处考察这些神，既在所有元素中，也在所有等级中考察，这样我们就会看到他们中共同的东西，延伸到所有事物的东西。我们说，福耳库斯是一切生殖本质和身体本质的精心保护者，可以说是生殖生产的原理，孕育并创造了生灭界。因为每个元素中都有生殖生产原理，不同等级的神和精灵负责管理它们，柏拉图就经由福耳库斯来包含所有这些。而萨杜恩王将形式和生产原理区分开来，将总体性的权能变为部分性的权能。因此他不只是一个生命体,而是地上行走的生命、水里游弋的生命以及空中的飞鸟。他不只是行走的生命,而是人和马。因为他里面的生产原理比天上神的更富部分性。他在理智神中获得这种权能,即增加并分离可理知者。因此,他是提坦的首领,尤其以分离的特性为标志。

另外,我们说,瑞亚接受萨杜恩王的隐蔽权能,将它们引入二级种类,并激发父亲式的权能创造可见对象。由此,她的第一等级被推动了,充满权能和生命,将停留在萨杜恩里面的原因变为那可见的东西。因此萨杜恩处处都是理智形式的提供者,瑞亚是所有灵魂的原因,每种生命的原因;福耳库斯则盛产身体的生产性原理。然而,还有另一些神属于这些包括萨杜恩和瑞亚在内的神的王国,因此,柏拉图又说:"以及与他们同辈的一些神。"他不仅借此包含精灵,如有些人说的,而且天使的萨杜恩和精灵的萨杜恩都在自身里包含一个多,一个是天使的多,另一个是精灵的多。在众神里面的多是神圣的;在空中的多是属空中的;同样,多也以相应的方式在其他元素中,在其他安排在这些神之下的较优秀的种中。

柏拉图说的"以及与他们同辈的一些神",似乎是指其他的提坦,即凯乌斯、亥伯里翁、克莱乌斯、雅伯图斯;以及其余的女提坦,即菲比、西娅、尼摩西涅、西弥斯、狄奥涅,萨杜恩和瑞亚与他们一起显现出来。此外也包括那些与福耳库斯一起生出的,即涅柔斯、陶马斯,极其好动的优里比亚(Eurybia),以及那些专门包含并连接整个生灭界的。还值得注意的是,精确地讨论这些神圣者的分布,讨论究竟是萨杜恩高,还是福耳库斯高,这并不适当,因为他们全都彼此联合,彼此相似。但是如果必须作出区分,那么最好采纳圣杨布利柯的安排,即萨杜恩是一个元一;瑞亚是引出萨杜恩里面的权能的二;福耳库斯则成全他们的进程。

第三十一章

阐述地上朱庇特和朱诺的本性。为何柏拉图把作为生灭界的创造者的诸神包括在这个九一组中，即天神、地神、大洋神、忒提斯、福耳库斯、萨杜恩、瑞亚、朱庇特和朱诺中。

现在我们要将注意力转向其他王，他们创造了明显可见的地上等级的事物；其实这就是他们所获得的安排。柏拉图补充说："萨杜恩和瑞亚又生出朱庇特和朱诺，以及我们知道被称为他们的兄弟的所有那些神。然后从这一辈再生出其他后裔。"这是创造生灭界的神的第三进程，而第四等级作为一个四一体终结主神的提名，因为这四一体是神圣等级的总括。这个第三进程作为二一体类似于第一王国，因为第一王国与这一王国一样都是二一性的。然而，与它一同呈现的有进程上的全备性和数上的不受限制性。不过，柏拉图这里不只是加上"那些"，就像在先于它的进程那样，而且加上"所有"，以便表明他们进入每一事物的进程。因为我们用"那些"这个词来谈论统一的事物，而"所有"用在谈论已经分裂、多样化的事物上。同样，总体也属于这个进程。因为在这个进程里面被命名的神，那些与他们一起进发到每个地方的神，都按这种创造形式被标示出来。其实所有得穆革都是总体性的。那么他们是谁，又拥有哪一种等级呢？

圣杨布利柯认为，朱庇特是整个生灭界的完全者；朱诺是权能、关联、使万物得丰盛和生命的原因；他们的兄弟就是那些在创造生灭界中与他们联络的，其本身是理智，按与他们相似的完全和权能获得成全。但塞奥多鲁又对激活习性中的总体性的生命进行分类，并按他的惯例将它形成三一体，称朱庇特为管理直至天空的上层区域的权能；朱诺为分管世界气态部分的权能；他们的兄弟就是那些成全其余部分的权能。因为朱庇特是存在于某种物质习性中的灵魂的本质，因为没有比本质更富生命力的东西。而朱诺是这样一个灵魂的理智部分，因为地上的种类都受制于从气出来的生产性原理。其余的则是分配到具体事物中的灵魂。

然而，接着以上所说我们要指出，根据柏拉图，有许多朱庇特的等级。一个是得穆革，如《克拉底鲁篇》里记载的；一个是萨杜恩三一体中的第一位，如《高尔吉亚篇》里论断的；一个是自由的，如《斐德若篇》里所讲述的；一个是天上的，不论是在恒星里，还是在行星中。此外，就如第一朱庇特将他父亲的权能引入可见创造之中，这权能原本隐藏在幽暗之处，由他的母亲瑞亚激发到创造界；同样，这里所讲的朱庇特，生灭界的创造者，使萨杜恩所产生的对形式的不明显分类和分离变为明显的；而瑞亚把它们引入运动和生灭之中；福耳库斯将它们插入到质料之中，产生可感知的种类，装备可见的本质，这样，不仅在本性、灵魂以及先于这些的理智本质中有生产性原理的分类，可感知领域也有这些分类。其实这就是创造的特性。如果需要谈谈我所认为的真理，那么可以说，萨杜恩创造理智性的部分，瑞亚创造灵魂性的部分，福耳库斯创造物理性的部分。所有生殖性的产生原理都在自然之下。另外，朱庇特装备可感知和可见的部分，赋予地上区域里那些总体上富有生命力的存有某种具体特点，推动它们运动。然而，由于这些被造的、被完善的可感知形式得到多种多样的发展，按各种各样的发展而运动变化，因此，王后朱诺与朱庇特结合，成全可见事物的这种运动，成全形式的发展。所以神话里说她同时送给一些人狂热，命令另一些人从事艰苦的劳作，以便通过理智与万物同显，部分性灵魂无论在理论上还是实际上都从事神圣的活动，每个进程、整个地上区域都得以完全地成就。

这就是这个二一体的本性，此外还有其他得穆革权能，对明显可见的生灭界进行三分。其中一个分管空气；一个分管水，一个分管地，全都与得穆革分配的辖地相一致。因此他们被认为是这些神的兄弟，因为他们也负责可见的造物界。此外还有这些神的其他后代，也是柏拉图在这里提到的神圣者的最后进程。不过，提到他们时没有指明名字，柏拉图由此表明这个进程不断递减，一直减到最末的部分；就如在高于世界的众神中，可分者出于总体的创造，诸王的序列终于此；同样，在地上（月下）诸神中，朱庇特的后代出于朱庇特等级；在这个等级中，后代就是可分创造的合唱队。以上提到的得穆革总体性地创造可感知者，所以，那些将不同的权能和特性分给不同种类，将地上的生产分为多的神祇，必然具有一定的实存。柏拉图只是以"其他"来称呼他们，没有使用"那些"和"所有"这样的术语，因为他们关联着各种各样的多样性。

关于神的这个九一体，天终止整个生灭界，地巩固，洋推动。忒泰提斯将一切事物确立在各自特有的运动中，比如，将理智本质确立在理智运动中，中间本质确立在灵魂运动中，有形本质确立在物理运动中；同时大洋集中推动万物。萨杜恩单独按理智方式分类；瑞亚赋予生命；福耳库斯分配生殖的生产性原理；朱庇特完善从不明显事物中出来的可见事物；朱诺按可见种类的各种变化而发展。通过这个九一体，整个地上世界得以成全，得到井然有序的安排；从神圣的角度看，它的成全和秩序出于众神，从天使的角度看，如我们所说的，出于天使；从精灵的角度看，出于精灵。神确实存在于形体、灵魂和理智周围；而天使围绕灵魂和形体展现它们的神意；精灵被分配在创造自然的活动和对形体的神意眷顾之中。另外，九这个数适用于生灭界。它从元一发出，毫不退缩地一直发到末端；这就是生灭界的特性。因为理性（即生产性原理）坠入质料之后，就无法使自己再回转到它们的存在原理之中。另外，二一组有三个，饱含三个二一等级，即天和地、俄刻阿诺和泰提斯；朱庇特和朱诺。这最后一个二一组位于第四进程，因为在它之前是福耳库斯、萨杜恩和瑞亚这个三一组；这里显示出完全者和不完全者、界限与无限的错综复杂性。因为所有天上的种类都是确定的，并如亚里士多德所说，总是在末端；而生灭界的事物从不完全走向完全，不确定地接受同样的界限。此外，由这些神圣者的世代产生的四一组适合于地上区域的创造者的等级，使他们统一地包含多，不可分地包含可分者；也适合于存在生灭界的种类。比如，地上的元素是四个；使生灭演化的季节是四个；中心是四个。总之，四一组在生灭界有广袤的统治领域。

当然，我们可以问，柏拉图为何要将创造生灭界的所有众神都包括在这个九一体里？我的回答是，因为这九一体成全了生灭界的所有造物。在地上王国里有形体、本性、灵魂和理智，既总体性地存在，又部分性地存在。所有这些都以这两种方式存在于每个元素中。在每个元素中的这个九一体是这样的：总体的和部分的形体，总体的和部分的本性，总体的和部分的灵魂，总体的和部分的理智，以及包含这些的元一，即元素领域本身。因为整体和部分是彼此依存的。而天和地创造出这两者，即整体和部分的隐秘本质，前者是按照合一性，后者是按照多样性。前者依据界限，后者依据无限，是一切事物的本质的首领。而俄刻阿诺和忒提斯成全它们的共同运动和分别运动。当然不同的事物有不同的运动，即有总体理智的运动，总体灵魂的运动，和总体本性的运动；同样，也有部分理智、部分灵魂和部分本性的运动。地上的整体得到这样的装备和分配：萨杜恩以理智方式把部分本性从总体本性中分别出来；瑞亚作为一位赋予生命的从理智领域将这种分别引入各种各样的进程，一直到生命的最后形式，是一位赋予生命的神祇；而福耳库斯将提坦的分离引入物理的生产性原理。这三位之后是具有合成本性的祖先。朱庇特仿效天，总体性地装备可感知者。因为理智等级的朱庇特类似于理智的天，在高贵的序列里生发。而朱诺推动整体，使它们充满权能，并按每个进程发展。这两位之后的神创造可感知领域的部分性作品，有些按这个特性创造，有些按那一特性创造，或是得穆革的，或是赋予生命的，或是促进完全的，或是促进连接的，类似于萨杜恩的等级，自我发展，自我分裂，一直到末后的事物。因为区分的特性就源于萨杜恩的领域。

第三十二章

柏拉图为何说地上的神"随己愿变为可见的"。关于统治生灭界的诸神的一般论述。

最后，我们要思考柏拉图为何说地上的神祇"随己愿变为可见的"。我们能说这是因为这些物质元素就如面纱笼罩在他们面前，掩盖直接源于他们的空中工具的光辉吗？很显然，他们既是世俗的，就必须有一种尘世的闪闪发光的工具。然而，当他们准备惠泽接受他们光照的处所时，他们的光才显现出来。既然柏拉图说，他们随己愿变为可见的，那么他们的这种显明或者是他们所包含的无形权能的一种演化（化为光），或者是完全在他们之下传播的形体显现出来的光。如果是他们无形权能的一种演化，那这也是可见的神共同的事物。因为他们的无形权能并非总是显明的，只是有时候显明，并且是在他们高兴的时间才显明。因而，不应按那地上的神与可见的神共有的东西将两者区分，而应根据他们各自拥有的完全独特的东西来区分。如果他们高兴时就使某些形体发出明亮的光，那么他们必然使用另一些先于这些物质元素的形体；当它们看起来与使用它们的权能相适合时，它们就向我们显现出来。因此，其他比这些显现的形体更神圣的形体，在不可见的神之下伸展；依据这些形体，可以说他们是形成的，并且是世俗的。他们还以这些形体为中介，驾驭并管理这些元素。它们能接受多少，他们就将自身分给它们多少，并在他们的权能中包含它们的形式和种类。由于它们中没有一个是感觉对象，而理性灵魂的工具必然是这样的事物，所以显然，他们必然使用先于这些可见形体的其他工具。

然而，关于管理生灭界的众神，我们不可像斯多亚主义那样，说他们有一个混合了质料的本质。凡是靠近质料的,就不可能与理智和智慧一同管理,也不可能是生产性的原因,只能是其他事物的一个器官。我们也不可像努美尼乌斯(Numenius)及其跟随者那样论断,说他们的本质不混合质料,他们的权能和活动却混合了质料。因为神的活动与他们的本质是一致的,他们内在的活动先于他们向外发出的活动而存在;其实部分性灵魂也先于那被加入到从它源出的生命体的生命,在自身中包含一种更为重要的生命,并且先于向外发出的运动,通过这种运动推动其他事物,与一种向它自身回转的运动一起运动。因而,地上众神是完全不与质料混合的;他们以一种不混合的方式装备混合的事物,以非生的方式装备被造的事物。他们还不可分地包含可分者,是生命的原因,理智的提供者,权能的充满者,灵魂的给予者,一切善的原初首领,秩序、神意和最佳管理的源泉。他们还使更杰出的生命体围绕他们存在,是天使的首领,精灵的统治者,英雄的成全者;通过这支由三军构成的队伍管理整个生灭界。如果我们认为这些围绕生灭界的神圣者的适当等级是总体神的基础和底座,我们肯定没有说错。我们还可以说他们使神性递减的末端转回到开端。这就是这些神圣者的本性,柏拉图注意到既可理知又理智的神,以及那些恰当地称为理智神的神,考察了他们共同的四个进程。另外,他们还包含源于超越尘世的神的权能,不论这些权能是出于十二位首领,还是出于其他一些神祇。

另外,从天上的众神也有某个等级进入生灭界,就如圣杨布利柯所说,这等级在进程中翻了一番。就每个基本分配区域来说,从二十一位首领发展出创造生灭界的众神的四十二种管理。从三十六个十君主(decadarchs)[①]生发出七十二位地上统治者;其他神也以同样的方式出现。天上的神在量上成倍增加,但在权能上逐渐减少。此外,还必须考察他

[①] 这三十六个十君主就是皇帝尤利安(Julian)在他的 *Oration to the Sun* 里提到的神圣者,他说:"太阳将黄道带分为众神的十二权能,其中每个又被分为三个另外的权能,这样总共就产生了三十六个。"[见 TTS vol. IV, p. 66.]

们的三重进程,他们的四重分类,他们按七一方式的神圣生产。因为他们类似于整个世界,接受一种有序的分法,三法、五分、七分;这样就使每个元素都成为一个世界,就是一种对宇宙的真正仿效。这就是根据两个本质,生命和分配物,对地上众神作出的概括性理论,正如柏拉图认为他们的主要后代也是二一性的。

第三十三章

论顶端或者一切尘世神的元一,巴克斯。论直接分有巴克斯理智的尘世灵魂。

讨论了关于天上神和地上神的理论之后,现在我们要上升到所有尘世的神的顶点或元一,巴克斯,他们全都存在于并根植于他的神性,就如恒星存在于恒定领域一样。每个元一都以这样的方式类似地包含自己的同等的多。

巴克斯是世俗的理智,世界的灵魂和身体从他派生下来。关于理智,必须注意,有一种是不可分的和总体性的,另一种是可分的,并且是本质上可分;第三种是可分的,但作为一种习性存在。所有不与灵魂结合的理智都属于第一类。世俗的理智、所有世俗神和良善精灵的理智,属于第二类。而我们的理智属于第三类。这位神祇也是提坦们,或者说事物的最后创造者的元一,神话里说他就是被这些提坦撕得粉碎;因为分有这位神圣者从而是理智性的灵魂,被提坦们分有,并通过他们分散到宇宙的各个部分。柏拉图在《克拉底鲁篇》里谈到这个神圣者说"他是葡萄酒的赐予者,而那葡萄酒可以非常恰当地称之为'oionous',因为它往往使那些原先有理智的人丧失理智。"对这些话普罗克洛在他对那篇对话的注释里解释如下:"年轻人克拉底鲁在询问关于我们至尊的主巴克斯的事时，就好像是在询问无足轻重的事，因此被苏格拉底驳得无言以对。①"他其实并不关注隐秘玄妙的神，只是关注神的最后的、世俗的进程。这位智慧者很尊敬这些神，尽管如他所说，他们是爱开玩笑者，由于[巴克斯和维纳斯]这两位神而成为爱开玩笑者。他在谈到其他神的进程末端时说，他们是可怕的，他们报复、惩罚，从而使灵魂得完全；比如，正义女神跟从朱庇特这位神圣法律的复仇者，她对那些行为端正，按理智生活的人是仁慈的，而对那些将自己的生命沉溺于傲慢、无知中的人则是毁灭性的，直到最终完全消灭他们，毁掉他们的房屋和城邑；同样，他尊敬巴克斯和维纳斯的末端，他们的末端产生了"甜美的情感"，处处净化我们关于神的概念，装备我们，使我们明白万物都朝向最佳的终点，不论这终点是什么。因为这些神圣者的末端使必朽者变软弱为坚强，减少物质的干扰，因此这些事物的原因即众神是嬉戏的爱好者。由此，人们在塑造众神的雕像时，使有些又笑又舞，显得轻松自如，有些严厉异常，令人吃惊，看起来可怕之极，与他们所分得的世俗区域相对应。

但神学家们根据巴克斯的最后一样恩赐，常常给他命名为"酒"，比如，奥菲斯说："将世上[即分配给世界的]'酒'的所有材料都拿来给我。"如果这位神被这样命名，那么他的第一、中间以及他的最后活动，都要被这样命名；苏格拉底已经留意到这一点，所以称这位神为"διδοινυας"，始于酒，就如我们所说的，这表明了巴克斯的全部权能。正如在《斐德若篇》里，苏格拉底也统称爱是"伟大的"，包括神圣的爱，和对身体的爱。同样对"酒"这个称号我们必须明白，部分性理智的特性一同向我们呈现出来。因为"象这样的"（such as）这个词不是别的，就是与总体性理智相分离的理智形式，并因此成为被分有的，"个别的"和"单独的"。一个全备的理智就是万物，按着一切事物以不变的同一展开活动，而部分性的、被分有的理智，确实也是万物，但这是按着一

---

① 苏格拉底告诉他，他询问的是"伟大的"事，由此暗示了这一点。

种形式说的，比如太阳的、月亮的或墨丘利的形式。这就是酒所暗示的，其特性是与其他东西分离的，表示一种"诸如此类"、"个别的"理智。

既然每个部分性创造都出于狄奥尼索斯或巴库斯的元一，这元一将被分有的世俗的理智与总体性理智（或者列为整体的理智）区分开来，将许多灵魂与一灵魂分开，所有可感知的形式与它们特有的整体性分开，因此，神学家们将这位神和他的所有造物都称为"酒"。因为所有这些都是理智的产物。有些事物以较远的距离分有理智的分配物，有些以较近的距离分有。酒在事物中的活动类似于它在它们中的实存；在形体中，以像的方式，根据一种虚假观点和幻想活动；在理智种类中，按照一种理智的活力和创造而活动。据说，巴克斯被提坦们撕裂之后，这位神的"心"是唯一保持完好的，这"心"即"不可分的理智本质。"

关于直接分有这个巴克斯理智的尘世的灵魂，柏拉图在《蒂迈欧篇》中极其准确的描述了它的构成，普洛克罗在他对那篇对话的注释里作了非常好的阐释。读者若要在这个话题上获得详尽的信息，应该去看这些作品；目前我们只能概括地指出，有五个存有的种，第一存有之后的所有事物都是由它们构成的；这五个种就是本质、不变、运动、同一、殊异。每个事物必然拥有"本质"，必然"停留"在自己的原因里，也必然从这原因"出来"，必然"回归"到这原因；它必然与自身和某些其他种类同一，同时与其他的殊异，与众不同。柏拉图出于篇幅的考虑，在构造尘世的灵魂时只采用了其中三个，即本质、同一和殊异；而其他两个必然与这三个相连接而存在。因此当柏拉图说"一个是不可分的、总是按存有的同一存在的本质，另一个是随形体而可分的本性，得穆革混合这两者造出本质的第三种形式，存在于这两者之间"时，他说的不可分的本质是指理智，随形体而可分的本性就是有形的生命。因此，尘世的灵魂是介于世俗理智和世界所分有的有形生命的整体之间的一个中介。然而，我们不可以为，当我们说灵魂是由这两者结合而成时，不可分的和可分的本性都在混合体中消耗了，就如有形物混合时那样；我们必须明白，灵魂具有这两者之间的中间本性,从而既与两者相异,又分有两者。总之,被灵魂分有的理智,柏拉图称为不可分的;而随形体可分的本性是从尘世的灵魂里出来的有形生命,是它的光辉。理智就好比是太阳;灵魂类似于从太阳发出的光;可分生命类似于从光发出的光辉。

普洛克罗注释以上引用的柏拉图的话说,它们与奥菲斯的传统一脉相承。他说[①]:"奥菲斯虽然没有论断每个可理知者或理智等级的不可分者,但按他的理解,有某些种类高于这个称呼,就如有其他种类高于其他名字一样。因为王和父亲并非适用于所有的神圣等级。那么根据奥菲斯,我们该从哪里开始考察不可分者,以便明白柏拉图的神圣概念?奥菲斯规定每种可分的创造都有一得穆革,类似于诞生总体创造的一位父,从他生出整个理智的世俗的多,灵魂的数以及各种形体结构。这位得穆革(即巴克斯)统一地生出所有这些东西;而围绕他的众神分别、分离他的创造物。奥菲斯说,他的其他造物都被具有分离本性的神分为部分,唯有他的心借着米纳娃的神意,始终不可分。因为他给予理智、灵魂和形体以实存,而灵魂和形体在自身中接受大量分类,分为部分,理智保持统一而不可分,合万物为一,在一理智活动中包含总体的可理知者;——果真如此,他说,唯有理智的本质和理智的数得到米纳娃的完整拯救。他说,"只留下理智的心",直接称它是理智的。

"如果不可分的心是理智的,那么显然它就会成为理智和一个理智的数;当然不是每个理智,而是世俗的理智;因为这是不可分的心,可分的神原来也是它的创造者。因而奥菲斯称巴克斯的不可分的本质为理智,同时认为那因身体,就是物理的、授精怀胎的身体而分的生命是神的生殖器。他说,掌管自然的整个生成并为自然的生产原理助产的黛安娜,提供这些生殖器,分配神多产的权能,一直分配到地下的种类。而巴克斯身体的剩余部分,他说,是灵魂本质,这部分也被分为七个部分。

---

① In Tim. p. 184.

这位神学家谈到提坦时说，他们分割了这男孩的七个部分，正如蒂迈欧把灵魂分为七个部分。或许蒂迈欧在说灵魂穿越整个世界时，会想起奥菲斯关于提坦们的分割所说的话，通过这种分割灵魂不仅像一条幕布环绕宇宙，还穿越整个宇宙。因而，柏拉图把在灵魂之上挨近它的本质称为不可分的本质，这是非常恰当的。总之，他跟从奥菲斯的神话，这样来命名灵魂所分有的理智，并希望成为——可以说——阐释奥秘里所说的话的解秘者。"关于巴克斯或者说世俗神的元一就谈到这里。

第三十四章

柏拉图在《巴门尼德篇》中是怎样描述尘世神的。

接下来我们要将注意力指向柏拉图的《巴门尼德篇》，看看他在那篇最富神学色彩的对话里是如何描述世俗神的特点的。在那篇对话的第一个假设里，所有神圣等级都被否定在"一"之外，巴门尼德用相等和不相等来描述尘世的神的特点："一既是这样的，它必然既不相等于自身或他者，也不不等于自身或他者。此话怎讲？如果它相等，那么它就会与相等的事物拥有同样的度量单位。没错。而那比与它相等的事物更大或更小的事物，必然比较小量的拥有更多的度量单位，比较大量的拥有较少的度量单位。当然。而那些与它不能比较、悬殊的，相对于一部分来说，它会小一些，相对于另一部分，它拥有更大的度量单位。岂不正是这样吗？那么不分有同一的事物，岂不既不可能具有相同的度量单位，也不可能接受在任何方面相同的事物？当然不可能。那么，它若不是由相同的度量单位组成，就既不相等于自身，也不相等于他者。看起来不会。如果它由更多或更少的度量单位组成，它就拥有与度量单位一样多的部分，这样一来，它又不再是一，而成了与它的度量单位一样多得多了。是的。如果它包含一个度量单位，它就成为与那个度量单位相等的，但是我们已经看到，'一'不可能相等于那个度量单位。看起来确实如此。这样，一既不分有一度量单位，也不分有众多或者一些度量单位；既然它在任何方面都不分有'同一'，所以显然，它根本不可能相等于自身或他者，也不可能大于或小于自身或他者。它在各方面都是如此。"

虽然普罗克洛对《巴门尼德篇》的第二个假设，就是关于"一"的相等和不相等的假设的注释已经佚失了，但我相信，他在这个注释里非常充分地阐明了世俗神的属性，所以我要呈现给读者以下段落，是从他对柏拉图的《巴门尼德篇》以上段落的注释中摘录出来的。尘世的神的特性就是相等和不相等，前者表示他们的完满，他们既不接受任何添加，也不接受任何减损（这就是那相等于自身的事物的特点，始终保持相同的界限）；后者表明他们的众多权能，以及他们所包含的过分和不足。根据古代神学家的看法，在这两者中，各种分别、权能的多样、进程的不同、相似性，以及通过相似的联结，专门获得一个位置。因此，蒂迈欧也通过相似来构造灵魂，它们的原因必然预先存在于直接掌管灵魂的神里面。因为所有相似性源于相等性，所以柏拉图非常恰当地用相等和不等来指示这些神圣者的特性。但他这里非常恰当地从"一和多"，而不是从"相似和不相似"——尽管他刚刚谈论过这些——来证明对相等和不相等的否定。每个尘世的神祇都出于得穆革的元一，以及他从"一"里剔除出去的第一个多。

对此，我们必须完全相信，构成证明的事物是关于巴门尼德讨论的具体事物的先在原因；所以，"相等"和"不相等"，就其出于"一"，且通过"同"和"多"存在来说，也通过这些从"一"剔除出去。因此，柏拉图这样开始对它们的讨论："既然它（即一）是这样的，"也就是说，不是如我们刚刚证明的，而是先前所表明的，它既不接受"同"，也不接受"异"，是"毫无多"的，——既然如此，它就既不相等于自身和其他事物，也不不相等于自身和其他事物。同样，这里也有两重结论，就如关于相似和不相似以及相同和不相同的推论一样。而"相等"和"不相等"是从神圣种类的两种协调配合中派生出来的，这一点并非晦暗不明。因为"相等"被排在"相似"、"相同"、"在他者中的实存"、"圆形"以及"整体"之列，而"不相等"排在"不相似"、"相异"、"在自身中的实存"、"直线"以及"对部分的拥有"之列。另外，这两者中，前者出于"界限"，后者出于无限。还可以说，柏拉图似乎通过某些对立面来展开这一讨论，以便表明"一"超越于所有这些对立。因为"一"不可能是两个对立面中的坏者，否则就是荒谬的；它也不可能是两者中的好者，否则它就不会成为万物的原因。因为对立面中好的一方不是坏的一方的原因，只是在某种意义上与它并列相等，而不是它特有的原因。同不是异存在的原因，不动也不是运动的原因；而是包含力和结合力从好的一方渗透到坏的一方。

如果说关于"相等"和"不相等"——也就是这里所说的尘世的神的符号——的证明，应当适用于物理上和数学上的相等，适用于灵魂理性上的相等，以及理智形式上的相等，这不足为奇。因为在所有这些否定中的证明必然从天上开始，必然渗透所有二级种类，从而表明众神的"一"独立于理智的、灵魂的、数学的和物理的形式。因此，所有这些关于相等和不相等的事物所采用的格言，必然适用于神的这个等级。它包含许多权能，有些彼此同等并列，并使自身回到自我完全者和至善，有些则彼此相异，或超然，或从属——必然说前者是以"相等"为特点的，后者以"不相等"为特点。"至善"是一切事物的尺度，因此，由同一个善联合起来的事物就是由同一个尺度度量的，是彼此相等的。而彼此不相称的事物是按不相等来创造各自的进程的。

然而，就不相等的事物来说，也有些相称，有些不相称，既然如此，那么这些也必然适用于神圣种类。相称必然归于那些神——通过他们，二级种类与那些先于自己的种类结合，分有较杰出存有的整体。因此，在相称的事物中，小的愿意与大的拥有共同的尺度，同样的事物度量各自的整体。而不相称必然归于那些神圣者——通过较优秀种类的独立超然性，使从属事物在某个方面分有它们，但由于从属事物的从属性，它们无法与优秀种类的整体结合。因为从第一种类进入部分性、多样性的种类的共契与后者不相称。如果"相等"和"不相等"确实是世俗神的符号，那么这里引入"相称"和"不相称"是非常恰当的。在无形的、非质料的事物中，这种对立没有立足之地，那里的一切都是可言喻的；而在有质料对象，有形式与无形式之物相混合的地方，就有相称的对立面存在。由于世俗神是灵魂和身体、形式和质料的直接连接者，所以从"相等"和"不相等"来看，他们中间有一种分别。

第三十五章

对柏拉图在《斐德若篇》中关于波瑞阿斯、俄里蒂亚、肯陶洛斯、喀迈拉、戈尔工、帕迦索斯、提丰、阿刻罗俄斯以及宁芙的论述的发挥。

按照讨论的科学顺序，讨论了世俗神之后，我们应当思考神圣灵魂，以及比人杰出的三个种类，即天使、精灵和英雄。不过，在此之前，为了尽我所能向读者展现柏拉图神论的整体面貌，我将呈现柏拉图提到的其他一些神圣者的本性的形成。但是，由于普罗克洛的第七卷已经佚失，真正的柏拉图主义者的其他神学作品也大多佚失，在这个时间相距遥远、材料又极其缺乏的时期，要对这种形成进行科学分类几乎不太可能。

首先，我要向读者呈现柏拉图在《斐德若篇》里谈到波瑞阿斯（Boreas）、俄里蒂亚（Orithya）、肯陶洛斯（Centaurs）、喀迈拉（Chimaeras）、戈尔工（Gorgons）、帕伽索斯（Pegasuses）、提丰（Typhons）、阿刻罗俄斯（Achelous）所说的话。"斐德罗：告诉我，苏格拉底，人们说波瑞阿斯从伊利苏斯（Ilissus）把俄里蒂亚抓起，是不是就是这个地方？苏格拉底：对，确实是这样传说的。斐德罗：可不就是这里吗？这里的河水看起来清澈见底，讨人喜欢，正适合姑娘们嬉水。苏格拉底：不是在这里，而是在再下去两三视距的地方，我们看到黛安娜的殿，就在那个地方有一座波瑞阿斯的祭坛。斐德罗：对此我不是很清楚。不过，苏格拉底，请指着朱庇特告诉我，你相信这难以置信的故事是真的吗？苏格拉底：如果我不相信它，就如智慧者那样，我就不会显得可笑了，然后，我就强词夺理地说，风神波瑞阿斯将正与法马西娅（Pharmacia）玩耍的俄里蒂亚从附近的岩石卷走，她就死了；于是人们就说她被波瑞阿斯抓走了，或者从马尔斯（Mars）山上抓走。还有另一种说法，她不是从这个地方抓走的，而是从那个地方抓走的。不过，斐德罗，在我看来，诸如此类的解释无疑是很诱人的，但同时也是一个极其好奇而勤奋、但并非完全快乐的人的职责；这不是出于别的原因，就是因为作了这样的解释之后，他就必须收集肯陶洛斯、喀迈拉的形象。此外，一大群戈尔工、帕伽索斯都向他扑面而来，需要作出这种解释，还有其他怪物，巨大而奇异的东西。如果有人不相信所有这些事物的字面含义，想要引出一种可能的意义，为此使用某种粗俗的智慧，那么他需要大量闲暇时间。就我自己来说，我没有时间从事这样的工作；这是因为我还不能做到德尔斐神谕所说的'认识你自己'。既然我对此还处于无知状态，要去思考在我自己的知识之外的事情，就显得我滑稽可笑了。因此，我不去操心这些事，而是相信我刚刚提到关于它们的观点，我不思考这些问题，而是思考我自己，思考我是否真的是一个比提丰更复杂、更狂暴、更凶猛的野兽；或者我是较为温和、单纯的生灵，自然地分有某种神圣而谦恭的态度。我的朋友，我们在讨论中岂不就到了我们的目的地？这不就是你领着我们来看的橡树吗？斐德罗：就是那棵树。苏格拉底：我指着朱诺说，这确实是个休闲的好地方。这棵梧桐枝叶繁茂如华盖，高大挺拔；杨柳亭亭玉立，密不透风，美不胜收，现在花开得正盛，周围香气扑鼻。涓涓溪流在梧桐树下流出清凉透彻的冷泉，流过我们的双脚就知道有多凉爽,点缀在它周围的圣女和雕像,显然是献给某些宁芙和阿刻罗俄斯的。"

对这段非常优美的话,赫尔墨斯注释如下:雅典人建立了一个乡村黛安娜(Rural Diana)的殿,因为这位女神审察保护一切乡村的事物,同时压制一切粗俗、野蛮的事物。不过,神的坛和殿都表示他们各自分得的辖地,比如你也可以说这个世俗的形体,或者可见的太阳球体就是太阳的坛和殿,以及太阳的灵魂的坛和殿。

关于这个神话,可以给出两个解释;一个是历史的解释,偏向伦理维度,另一个则使我们转向整体。前者是这样的:俄里蒂亚原是厄瑞克透斯(Erectheus)的女儿,波瑞阿斯的公主;因为每一种风都有一位主神,那是通灵术或与神圣奥秘相关的技艺虔敬培植的。这位神对俄里蒂亚非常垂爱,就派北风去保护这个国家的安全;此外,据说他还在雅典人的海战中帮助他们。于是,俄里蒂亚被她特有的神波瑞阿斯附体,变得热情洋溢,不再作为一个人发挥活力(因为生命体一旦被高级原因拥有,就不再按它们自己的特性发挥活力),在振奋人心的力量支配下死了,因而人们就说她被波瑞阿斯抓走了。这是关于这个神话更合乎伦理道德的解释。

而第二种解释,也就是把故事转向整体的解释,并不完全推翻前一种解释,因为神话在有益于整体的教训上常常使用历史事实。这种解释是这样的。他们说,厄瑞克透斯是统治三大元素气、水和土的神。然而,他有时候被认为只统治地,有时候是只负责阿提卡(Attic)的神。俄里蒂亚就是这位神的女儿。她是土的多产权能,这种权能与"厄瑞克透斯"这个词是共同演化的,就如她的名字翻译出来的含义所表明的。因为它的意思就是"按时节生发、复原的大地的多产权能"。而波瑞阿斯是从天上照亮二级种类的众神的神意;众神在世界里的神意就由波瑞阿斯表示,因为这位神圣者是从高处吹出来的。而众神提升的权能由南风表示,因为这种风从低处吹向高处;此外,朝向南方的事物是更神圣的。因而,众神的神意使大地或者阿提卡地的多产权能上升并进入可见者。

俄里蒂亚也被认为是追求上面之事的灵魂,[①] 出于 ορουω 和 θειω,按阿提卡的习惯,一个词的末尾要加上一个字母,这里所加的就是 ω。就是这样的一个灵魂,被波瑞阿斯从高处吹来的风抓走。但是如果俄里蒂亚是从一个悬崖卷走的,这也是适宜的。因为这样的灵魂经历的是哲学上的死,而不是身体上的死,同时她抛弃 proairetic,[②] 拥有一种自然的生命。而哲学,按照苏格拉底在《斐多篇》里的说法,不是别的,就是对死亡的一种冥想。

不过,按有些人的理解,苏格拉底在这里关于俄里蒂亚和波瑞阿斯所说的,并不包含对神话的这种解释。但是显然,他不时地接受并使用这些神话。事实上,他指责那些使神话成为仅仅是某种历史故事的解释,这样的解释只把神话展现为物质性的原因,气、土、风,而不是回到真正的存有,也不是与神圣问题相吻合。因此,这里苏格拉底说,如果要阐释这个神话,我就得重提物质性原因,得说风神波瑞阿斯猛烈地吹,当俄里蒂亚在玩耍时,把她吹下悬崖,她死后,人们就说她被波瑞阿斯抓走了,——但是我这样说岂不荒唐可笑吗?其实这种解释是"智者",就是那些忙于自然探索的人所采纳的,是干巴巴的,推测性的;因为它没有再现真存有,而是再现自然物,风、气、旋涡,如他在《斐多篇》中所说的。因而,他拒斥这些自然主义者,以及那些对这则神话作这种解释的人,认为他们陷入了不确定、无限的东西,没有再现灵魂、理智和众神。当苏格拉底说,他认为这样的解释是一个"非常好奇又勤奋,但并非完全快乐的人"的职责时,这些词暗示了与可感知的、物质性的事物打交通。而肯陶洛斯、喀迈拉、戈尔工、帕伽索斯,都是负责物质本性和地上区域的权能。

苏格拉底还说,他还无法认识自己,他的意思可能是说,他还不认识作为纯粹的灵魂本身的自己,但是作为身体中的存在物,他是认识自

---

① 这是根据对神话的属灵解释法而来的。
② 这是与她自己的意愿相关的生命因为灵魂在这里把自己交给神的旨意。

己的；或者是说，他不能象神认识他那样认识自己。如果有过认识自己的人，那苏格拉底自然也是认识自己的。

他又说"我不思考这些，而思考我自己"，这是因为认识自己的人就认识万物。由于灵魂是一个呈现各种形象的像，所以他能在自身里面看见一切事物。不过这里的提丰神，我们必须理解为掌管宇宙中混乱无序者的权能，或者说是负责事物最后程序的权能。因而，这里的"多种多样的"必然不适用于提丰神，而适用于他所掌管的事物，因为它们的本性以一种混乱无序、多种多样的方式运动。神话通常都把神意眷顾的对象的属性归于供应的权能本身。

再者，苏格拉底提到朱诺，说她创造并装备世俗造物的美；因而据说她从维纳斯接受了腰带（Cestus）。而阿刻罗俄斯是负责备受尊敬的水的权能的神。这位审察保护适于饮用的水的神就凭借这伟大的河流显现出来。宁芙是掌管重生的女神，协助塞墨勒（Semele）的孩子巴克斯。而这位巴克斯提供整个可感知世界的重生。

我只想再补充一点，根据塞尔维乌斯（Servius）论第一 AEneid 的记载，宁芙可以分为三类。不过，属于山岳的宁芙称为奥瑞亚德（Oreades）；属于树林的，称为德里亚德（Dryades）；那些与树木一起出生的，是哈马德里亚德（Hamadryades）；那些属于泉源的，是纳佩（Napae）或纳伊亚德（Naiades）；那些属于大海的，是奈莱德（Nereisdes）。

第三十六章

柏拉图关于潘、塔尔塔鲁斯、普罗米修斯、卡德摩斯和塞壬的论述所阐释的含义。

另外，柏拉图还在他作品的不同地方提到以下这些神圣者。首先，在《斐德若篇》提到潘；苏格拉底向这位神圣者发出以下这番可敬的祷告："亲爱的神潘啊，还有其他所有出没于此地的神啊，请赐给我内在美，好叫我不论拥有什么外在的事物，都能与我内在的事物友好相处！也请让我相信有智慧的人是富足的人；至于财产，请让我拥有一个明智的人能够承受或者完全掌控的那一部分就可以了！"在这段祷告中，对潘和其他神，我们必须理解为月亮之下的区域性神祇。而潘的名字似乎就是"全部"的意思，因为他在区域神的等级里拥有最充分的支配权。就如超越尘世的神归于朱庇特，天上的神归于巴库斯，同样，所有月下的地方神和精灵都归于潘。

其次，柏拉图在《斐多篇》里提到塔尔塔鲁斯是地上最大的深渊；他说，关于这个深渊，荷马如此说道[①]："在地下很远很远的地方，看到一个深渊，它深不可测，深不见底。"而奥林庇奥多鲁斯（Olympiodorus）说，塔尔塔鲁斯是宇宙的末端，存在于奥林庇斯山的对面。它也是一位神，保护每个等级里的最末者。因此，有一个天上的塔尔塔鲁斯，天神将自己的后代藏在里面；一个萨杜恩的塔尔塔鲁斯，萨杜恩也同样把自己的后代藏在那里；也有类似的朱庇特的塔尔塔鲁斯，就是得穆革的塔尔塔鲁斯。

再外，柏拉图在《高尔吉亚篇》中提到普罗米修斯，奥林庇奥多鲁斯在他对那篇对话的注释（MS.）里这样展现了这位神的典型特点。普罗米修斯是理性灵魂在下降过程中的保护神。因为发挥"神意的活力"就是使用理性灵魂，并且首先认识自己。非理性的事物靠打击来感知，在撞击之前一无所知；而理性本性在信息还没有发出之前就能知道什么是有用的。因而，"Epimetheus"是非理性灵魂的保护者，因为它要通过撞击获得认识，而不是在撞击之前就能知道。而普罗米修斯就是那负责理性灵魂下降的权能。"火"表示理性灵魂本身；因为就如火向上升腾，

[①]　Iliad lib. viii.

同样，理性灵魂也追求上面的事物。但是你会说，为何说火被盗走了呢？因为所谓被盗的，就是从它固有的处所转到异己的处所；而理性灵魂从它高处固有的处所被派到地上，就如来到了异己之地，因此就说火被盗了。那为何把它藏在芦苇里呢？因为芦苇从头至尾都是中空的，因而表示携带着灵魂的流动的身体。但是火被盗为何是违背朱庇特的旨意的？同样，神话说的只是一个寓言。因为普罗米修斯和朱庇特都愿意灵魂停留在高处；但由于它必须下降，神话就创造出适合于人的特点，说至高神，即朱庇特，不愿意，因为他希望灵魂始终停留在高处，而下级神，即普罗米修斯强迫她下降；于是，朱庇特命令造出潘多拉（Pandora）。所谓潘多拉不就是指"非理性灵魂"吗？它原本就包含某些女性特点。既然灵魂必须下坠到这些低级区域，而它又是无形的，神圣的，所以，她不可能毫无中介地与身体结合，于是，她通过非理性灵魂与它联合。但这非理性灵魂被称为潘多拉，是因为每位神都赋予了它某种独特的礼物。这表示地上种类所接受的光照是凭着天上的形体发生的。[①]

另外，在《斐多篇》里，柏拉图提到卡德摩斯（Cadmus），按奥林庇多鲁斯的观点，他就是月下的（地上的）世界，既是属于狄奥尼索斯的——由此，哈尔摩尼亚（Harmonia）或哈尔摩尼（Harmony）与这位神结合，也是四位巴克斯的父亲。他还告诉我们说，四大元素也是属于狄奥尼索斯的，火是塞墨勒；土是阿该维（Agave），把她自己的孩子撕成碎片；水是伊诺（Ino）；最后，气是奥托诺（Autonoe）。哈尔摩尼是维纳斯和战神马尔斯的女儿，她与卡德摩斯的结合完美无比。维纳斯，如我们前面所说的，是宇宙中一切和谐和相似的原因，优美地光照所有尘世事务的秩序和共契。而马尔斯激发宇宙里的对立面，使世界在它各部分的作用下完美而完整地存在。因而，这两位神的后代必然是"混乱

[①] 非理性灵魂是一个"非物质形体"，或者用另外的话说，是"有生命的广延"，比如我们在想象中设计的数学形体；天上的形体也属于这一类。

的协调者"，或者月下世界的"和谐"。

再者，柏拉图在《国家篇》第十卷和《克拉底鲁篇》里都提到的。普罗克洛在本书第六卷里对柏拉图在前一篇对话里关于她们所说的话作出了解释。而在 MS 版的《克拉底鲁篇》注释中说："圣柏拉图知道有三类塞壬；一类是天上的，在朱庇特的管理之下；一类是创造生灭界的，在尼普顿的管理之下；一类是净化的，在普鲁图的管理之下。而通过一种和谐运动使所有事物倾向于它们的支配神，则是她们全体的共性。因此，当灵魂住在天穹时，塞壬们渴望将它与活跃在那里的生命结合。不过，生活在生灭界的灵魂确实驶出了她们的控制范围，比如荷马笔下的尤利西斯（Ulysses），[①] 避免受到生灭界的吸引，其实大海就是比喻生灭界。当灵魂到了哈德斯（Hades）的冥府之后，塞壬们希望通过理智概念将它们与普鲁图结合。所以，柏拉图知道在哈德斯的王国里有众神、精灵和灵魂，可以说，他们受到住在那里的塞壬们的引诱，围着普鲁图跳舞。"

第三十七章

对柏拉图关于自然、命运和时运的神学思想的发挥。

接下来，我们要关注柏拉图关于自然（Nature）、命运（Fate）和时运（Fortune）的神学思想。从《蒂迈欧篇》看，柏拉图并不认为质料，或物质形式，或形体，或自然权能，配称为自然，尽管其他人是这样称呼的。他也不认为可以把自然称为灵魂；他把自然的本质确立在灵魂和有形权能之间，认为它随形体而分，又不能向自己回转，所以低于前者，但同时它包含生产性原理，生育可见世界的每一部分，赋予其生命，因

[①] 即荷马史诗《奥德赛》（Odyssey）里的主人公奥德修斯（Odyssus）——中译者注。

而又超越于后者。自然靠近形体，与它们起伏变动的领域不可分。但灵魂与形体相分离，确立在自身之中，既从她自身，又从他者获得存在；从他者，即从理智，是通过分有获得存在；从自身，是因为她不靠近形体，而是停留在自己的本质里，同时以某种二级生命光照质料的模糊本性。因而，自然是创造这有形的、可感知的世界的众原因中的最后一个；她限制无形本质的进程，充满理性和权能，并凭借这些管理尘世事务。她是被神化了的女神，当然不是指这个词的原初含义而言，因为神圣形体作为神的雕像或化身也被称为神。事实上，她靠自己的权能管理整个世界；通过她的顶端包容天穹，又通过天管理生灭界。她处处将部分性事物与整体和谐相连。

这样存在的自然，出于赋予生命的女神瑞亚；（迦勒底神谕说："广袤的自然出于女神的双肩"；）所有生命，包括理智性的，和与所管理的对象不可分的生命，都源于瑞亚。自然从那里出来之后，就毫无阻碍地渗透并激发万物。因此，就是几乎没有生命的存有也分有某种灵魂，可朽的种类持久地留在世上，被她所包含的形式因连接和容纳。有人说自然就是得穆革的艺术品，如果他们的意思是指停留在得穆革本身里面的自然，那么他们说得不对；如果他们的意思是指从他生发出来的自然，那么这种说法是确切的。我们可以把艺术品分为三种类型；一种不是艺术家创作的；第二种出于艺术家，但又回归于他；第三种已经造出来，并且存在于其他事物之中。这样说来，在得穆革里面的艺术品停留在他里面；理智灵魂是既停止不动，又向外发出的那类艺术品。而自然是完全迸发到不同于她自身的事物之中的艺术品。因此，她被认为是神的器官，不是丧失了生命，也不是完全他动的；由于她根据自身发挥活力，所以她在某一方面是自动的权能。众神的器官在有效的权能中表现出本质，是必不可少的，并与他们的活动相一致。这就是普洛克罗所阐释的柏拉图的自然概念。

接下来看看命运。在《政治家篇》的神话里，柏拉图说："当这个世界自认为是个有形之物，毫无理智神的时候，命运和内在的欲望就围着世界盘旋。"在《蒂迈欧篇》里他说，得穆革向灵魂展现宇宙的本性，并向它们宣告命运的法则。对此，普罗克洛有如下精妙的注释：我们不可像有些漫步学派（Peripatetics）的人，比如亚里士多德那样，断定命运是一个部分性的事物。因为这样的事物是软弱无能的，不是永久的；而我们从通常的概念预先推想命运的力量应是非常巨大而稳定的。我们也不可像亚里士多德那样说，它是尘世周期的次序，亚里士多德把与次序相反的增加为"preterfatal"，似乎次序和命运是同一回事。其实，次序的原因是一回事，次序本身是另一回事。命运也不是如塞奥多鲁说的存在于习性之中；因为整体中的这样一种生命形式不是原理。它不是如波菲利说的单纯的自然。事实上，许多超自然的事物，以及超出自然统治之外的事物，都是由命运产生的，比如高贵、名誉、财富。哪里能看到物理运动成为这些东西的原因的？它也不是宇宙的理智，这种错误观点又是亚里士多德在某处——如果《论世界》是他所作——说的。因为理智生出一切事物，是一次性同时生出的，根本不缺乏按事物的一定周期运行的持续而有序的管理。而许多原因的链条、次序以及周期性产生就构成了命运的特性。

如果要简练地囊括它的整个形式，我们必须说，它的臣民就是自然本身，当然是被认为神化了的，充满神圣的、理智的、灵魂的光照的自然。因为被称为命运之主宰的众神和比人更优秀的种类就终止于自然。这些种类从自身把各种权能分给自然的统一生命，创造整体的得穆革将所有这些礼物集中、联合起来，并表明它们是一个权能。若说可见的形体[即天上的形体]充满着神圣权能，那么自然就更是神圣的。若说整个可见世界是一，那么命运的整个本质就更是一，同时又从许多原因成全它的结构。它出于众神的安排，出于得穆革的良善，所以由神意联合，受其管理，是从生产性原理获得存在的一个生产性原理，一个多样性的权能，一个神圣的生命，一个具有先在安排的事物的次序。古人留意到它的这种多样性、多重性的本性,从而对它形成各不相同的观点。有些说它是一位女神,因为它里面有神圣性;有人说它是精灵,因为它的动作很有效,同时具有多样性;有人说它是理智,因为它对理智有一定的分有;有人说它是次序,因此凡是有某种排列的事物都不知不觉地被它包括在内。然而,唯有柏拉图看到它的本质,断言它就是自然,并且是从得穆革派生出来的自然。试想,得穆革若不是在自身中包含自然的原理,怎么可能把自然向灵魂显现呢?他若不是把自然构造为包含命运之法的一权能,怎么可能在向它们显现宇宙的自然之后,向它们宣告这些法则是呢?

再者,在《政治家篇》中,当管理宇宙的一精灵以及跟从这一精灵的众多精灵离开宇宙之后,柏拉图更加清楚地从命运引出宇宙的第二生命。他将所有这些权能的神意眷顾从宇宙脱离出去,完全把它交给命运去管理。其实,世界始终拥有这两者,但神话将第一者与第二者分开。他说:"命运和内在的欲望围着世界盘旋",正如迦勒底神谕说,"永不疲倦的自然掌管诸世界和众作品,并且向下移动,以便使天体奔跑在永恒的轨道上,使太阳、月亮、季节、昼夜的其他周期得以成就。"柏拉图也说,世界的第二周期是由命运推动的,它不是第一的、理智的周期,这几乎就是清楚地断言,命运是直接推动可感知世界的权能,出于众神的不可见的神意。柏拉图在《国家篇》里将命运之母必然性(Necessity)确立在这些之前,描述她在她的膝上旋转世界。如果需要表述我的观点,那么我得说,柏拉图将这三个原因,即阿得拉斯提娅、①必然和命运,按顺序排列;第一个是理智性的,第二个是超越尘世的,第三个是尘世的。因为就如奥菲斯所说,得穆革是由阿得拉斯提娅喂养的,但与必然结合,生出命运。就如阿得拉斯提娅包含神的制度,集合了各种各样的法律,同样,命运也包含所有世俗法律,就是得穆革刻在灵魂里的法律,

---

① 希腊神话里专司报应的复仇女神。——中译者注

这样他就可以协同整体一起引导它们，按照选中的不同生命来界定与它们相应的东西。由此，邪恶的生命倾向于那黑暗的、不敬神的东西，敬虔的生命则引导灵魂走向天穹，整体也引导她走向那里，因为这两种生命都充满命运之法；并且如普罗提诺所说，灵魂领着自己走向它们里面的法律所指示的地方。神意的特点就是内在地引导它所眷顾的对象。事实就是如此，没有什么可吃惊的，因为自然也在形体里加入物质的、有形的权能，凭借这些权能推动它们，比如借着重力推动土，借着浮力推动火；而神岂不在更大程度上借着他们分散在灵魂里的权能推动它们？因此，如果他们按着命运之法引领灵魂，那么这些法则也存在于灵魂之中。它们按理智方式预先存在于得穆革中，因为神圣之法是与他一同确立的。它们也存在于神圣灵魂里；因为这些灵魂按照这些法则管理宇宙。它们被部分性灵魂分有，这些灵魂通过这些法把自己引向适当之所，自己推动自己。一方面，通过慎重选择，它们行为正确，不会犯错；另一方面通过法律，它们分给自己一个与它们的前一行为相对应的等级。

　　最后，关于时运，必须注意，柏拉图没有像斯多亚主义那样宣称，高尚的人不需要这位神圣者的帮助；他的观点是，我们的推论能力的活动，从其外在进程看，混杂着有形活动，所以需要好的时运来激发，这样它们才可能兴旺，并有益于他者。因此，在《蒂迈欧篇》和《巴门尼德篇》里，对话里的人物被描述为是出于某种好的时运才汇聚在一起的。在《法律篇》中，他说，神以及神之后的时运和时间支配着一切人事。普洛克罗说，[①]"时运和她的礼物不是缺乏谋划、不确定的东西；她是一种集合许多分散原因的力量，装备混乱无序的事物，成全每个事物从宇宙所获得的分配物。"根据萨鲁斯特（Sallust）在他精美的作品《论众神与世界》（On the Gods and the World）中的说法，"必须认为时运是神的一种权能，为了慈善的目标，按彼此不同的方式安排事物，并按意料之外

[①] In Tim. p. 59.

的方式发生。"他又说,"因为每个城邑都是由各不相同的部分组成的,所以各城应当共同赞美这位女神。这位女神支配着月下事务,至于月上区域,是不存在任何偶然之事的。"

与此相一致,辛普利奇(Simplicius)也在他注释亚里士多德《物理学》的作品里对时运作了如下精妙的解释:"时运的力量特别以一种有序的方式安排宇宙的月下部分,这一部分存在着各种偶然,本质上是无序的,时运就协同其他原初原因,指导它,将它放在秩序中,管理它。因此她被描述为掌舵者,因为她指导事物航行在生灭界的大海中。她的舵固定在一个球体上,因为她引导生灭界中的不稳定者。她的另一只手上抓住阿马塞亚(Amalthea)的角,角上满是果子,因为她是获得一切神圣果子的原因。因此,我们敬重各城各家的运气,每个人的运气;因为我们离神圣合一非常遥远,随时都有可能丧失对它的分有,为了获得这种分有就需要时运女神的帮助,以及那些高于人的拥有这位神圣者的特点的种类的帮助。就好的事物来说,有些是优先的,有些具有惩罚或报复特点,这些我们习惯称为恶。因此我们谈到两种时运,一种我们称为好运,是我们获得优先好处的原因,另一种是厄运,训练我们接受惩罚或报复。"关于时运就谈到这里。

第三十八章

根据柏拉图的神学,时、日、夜、月、年是什么样的神。

接下来我们要思考,按照柏拉图神学,时间、昼夜、年月若都是神祇,那是什么样的神。非常幸运,普罗克洛对《蒂迈欧篇》的注释为我们提供了大量关于这些神圣者的本性有益信息。在这里思考时间必是非常恰当的,因为紧跟在神圣灵魂的讨论之后,自然而然地就是关于天使、精灵和英雄的讨论，而时间与他们的本质紧密相关，不可分地连接在一起。柏拉图在《蒂迈欧篇》里说，"得穆革在装备、分配宇宙的同时，又为停留在一里的永恒造出一个依数运行的永久的像，这个像我们就称为时间。此外，他又造出昼、夜、年、月，它们在宇宙被造之前并不存在，是与宇宙一起进入存在的。所有这些都是时间的固有部分。"普洛克罗在注释柏拉图这里关于时间的话时，表明它既不是属于运动的东西，也不是服侍灵魂活动的随从，总之，不是灵魂的产物，然后以如下这种可敬的方式考察它的本质：

"也许只说它是世俗种类的尺度是不够的，只列举由它产生的各种善也是不够的，我们应当尽我们所能努力领会它的特性。既然它的本质是灵魂里最杰出、最完全的，并且向一切事物显现，那么我们岂不可以说，它是一个不仅持久不变而且存在于运动之中的理智？停持久不变是从它内在的活动说的，这种活动使它成为真正永恒的；但从它向外发出活动来看，是运动的，由此它成为一切变化的界限。永恒是永久不变的，这既是因为它的内在活动，也依据它运用到永恒事物中的活动；就前一种活动来说，时间与它相似，但从后一种活动说，又与它分离，所以，时间既是不变的，又是运动的。关于灵魂的本质，我们说它是可理知的，又是被造的，既是可分的，又是不可分的，唯有以一定方式利用对立面，才能包含它的中间本性；而时间的本性有几分是不动的，有几分又是运动的，那么我们，毋宁说不是我们，而是先于我们的哲学家，通过'永恒'表明它停留在同中的理智性元一，又通过'运动'表明它向外发出的活动，就是被灵魂和整个世界分有的活动，这有什么可稀奇的呢？我们不可以为，'永恒'这个词只是表示时间是永恒的一个像；如果真是这样，那么柏拉图为何不直接说它是'像'，而要说它是永恒的'永久的像'？他原是希望指出这样一点，即时间具有一种永恒本性，但这不同于说生命体本身 [宇宙的范型] 是永恒的。因为那种永恒是指本质上和运动上都是恒久的；而时间只是部分性的永恒，由于它的外在天赋，另一部分是运动的。因此，法师们说它是永恒的，柏拉图则非常准确地说它不'只是'如此。一物若'只是'运动的，那它本质上如此，分有上也如此，'只是'运动的原因，如灵魂，因此它"只是"推动自己和他物；一物若'只是'不动，它就毫无变化地保存自己，是其他按同样方式恒久地存在的事物的原因，也是通过灵魂运动之事物的原因。因此，在这两极之间的中介必然是这样的东西，无论是按它自己的本性，还是按它分给他物的礼物，都既是固定不变的，又是运动变化的，它在本质上是不动的，但它的分有者是运动的。而这样的东西就是时间。

因此，时间就其在本身之中来说，是固定不动的，就其在它的分有者之中来说，是运动的，与分有者一起存在，将自己向它们展现。也就是说，它是永恒的，从它自己不变的活动来说，本质上是一个元一和中心；同时它又要迸发，要被万物分有，所以是持续的，是数和圆圈。因此，它是某种发出的理智，确立在永恒之中，因此说它是永恒的。它若不是本身先在地从更完全的范型出来，就不可能有助于促进世俗种类与更完全范型的相似。它发出并充沛地流入它所保卫的事物。我想，大法术师（the chief of theurgists）正是出于这样的原因才说时间是神，就如第七带的尤利安（Julian in the seventh of the Zones），并用那些名字来尊称它，通过那些名字把它展现在它的分有者中，使某些东西变老，某些东西变年轻，引导万物在一个圆圈里循环。因而，时间拥有某种理智性，按着数循环往复地引导灵魂和它的其他分有者。时间是永恒的，不只是在于它的本质，也在于它内在的活力；但就它被外在物分有来说，它是完全可变的，使它所分给的礼物与外在物共同伸展，和谐一致。但是每个灵魂从它的内在活动和外在活动来看，都是过渡性地运动的，同时凭借外在活动推动形体运动。在我看来，那些把时间称为 χρονος 的人对它的本性有这种思想，因而希望称它为一个按尺度运动的理智，似乎它是'χορευοντος νους'；但是也许是为了作些隐蔽，又把这个词分开，称它为 χρονος。当然他们给它取这个称呼也可能是因为它既停留不动，同时又按尺度运动；

551

它自身的一部分停滞不动，另一部分按一定尺度的运动发出。通过这两者结合，他们指明了这位神具有奇异的得穆革本性。显然，就如得穆革是理智性的，从理智开始装备宇宙，同样，时间本身是超世俗的，从灵魂开始传递完全。时间不只是世俗的，在更大程度上是超世俗的，这一点是显然的；就如永恒对生命体本身来说，是宇宙的范型，同样，时间之与世界来说也是范型，世界是由理智赋予生命，得以照亮的，整体上是生命体本身的一个像，就如时间是永恒本身的一个像一样。"关于时间的第一实存，以及它为何被视为神，就谈到这里。

关于昼夜，就它们较重要的实存来说，是时间的得穆革尺度，激动所有明显的和不明显的生命和运动，以及对恒星的有序分配，并使它们旋转。这些都是时间的真实部分，以同样的方式向万物显现，包含可见昼夜的原初原因；昼与夜在显现的时间中有不同的实存，蒂迈欧也注意到这一点，提醒我们注意时间是如何与世界一起产生的。他在说到"昼"与"夜"时，用的是复数形式，说到"年"和"月"时也同样。当然这些对所有人来说都是显而易见的。而这些东西的不明显的原因有一个统一的实存，先于多样化的事物，无限地循环往复。固定不动的事物也先于可动的事物存在，理智性的东西先于可感知的东西存在。这就是我们按照昼夜的第一实存关于它们的想法。

对于月，我们必须理解为环绕月球的真正神圣的时间尺度，也是围绕黄道带的循环运动的每个终点。而年就是那完善并连接整个中间造物的东西，从年来看，太阳拥有最大的力量，与时间一起度量一切事物。因为无论是昼夜，是年月，还是其他世俗本性，都不可能没有太阳。这里我不只是就事物外在的创造来说的，就这点而言，可见的太阳是这些度量单位的原因；我还是按着不明显的创造来说的。我们升得更高一点，就会发现更加真实的太阳[①]与时间一道度量一切事物，按迦勒底人关于它

[①] 即被认为存在于超世俗的神的等级里的太阳。

的神谕来说,其自身实际上就是时间的时间。柏拉图不仅知道时间的这些可见部分,还知道时间的那些神圣部分,这些部分与那些部分是同名的,这可以从他的《法律篇》第十卷看出来。他在那里论断说,我们认为时刻(Hours)和月份(Months)是神圣的,与宇宙一样有神圣的生命,有神圣的理智管理她们。不妨承认这些就是时间的部分,其中有些与固定不变的神相容,有些与围绕斜圈的两极旋转的神对应,有些与其他神,或者神的侍从,必朽的生命体,宇宙中或高贵或卑微的部分相对应。

再者,关于昼夜,柏拉图后来说:"通过这些,一个极其智慧的循环 [即恒星的循环] 周期被创造出来"。对此普洛克罗注释如下:"我们可以提出这样的疑问,柏拉图为何把昼夜称为这个球体循环的尺度。要知道,这个尺度无处不在,以神圣方式从宇宙的一可理知原因和第一范型产生;而在月下区域,它就是昼和夜的空间。在回答这个问题时,我们必须说,最初存在于恒星循环中的时间间隔和太阳光创造了'nycthemeron',或昼与夜的空间。因此,整个尺度是根据最末的事物,也就是我们所认识的事物来界定的。这'nycthemeron'是一回事,存在于不明显的时间中的东西是另一回事。前者是后者的像和最后的终点。因为昼夜有许多等级,可理知的、理智的、超越尘世的、天上的和月下的,如奥菲斯的神学教导我们的。其中有些先于创造,有些包含在创造之中,有些从创造中被造出来。有些是不明显的,有些是明显的。关于月和年也同样,有的等级是不明显的,度量、有机地包含并成全太阳和月亮的理智的、有形的周期;有的等级是明显的,终止太阳的循环,又是它的尺度。同样,在其他神中,不明显的萨杜恩的数是一回事,明显的数是另一回事。同样,不明显的和明显的马尔斯的数,朱庇特的数和墨丘利的数,都彼此相异。就月和年来说,从各自的周期看都是一,并且总是同一的,所以两者都是神,固定不变地规定着运动的尺度。试想,周期从哪里获得总是不变的同一,不就是从某个恒定不变的原因吗?它们为何以不同方式恢复各自的原始状态?不就是因为有各不相同的不变原因吗?还有,它们为何一次又一次，永不停息地走向无限？不就是出于它们所包含的无限权能吗？柏拉图认为这整个序列就是时间性的，将它安排在统一的第一个时间之下，这时间规定一个恒久循环的形体的周期，并且如我们前面所说的，是真正的数。不过，我们必须认为，可见的周期性时节就源于这些不可见的原因，按着被数算的事物从这些原因出来，因为这些原因既能数算它们，也能创造它们。在所有这些事上，天文学教给我们很多知识，按信念的方式包含每个事物周期性复原的总数；使各个周期彼此之间具有一定的比率关系，比如萨杜恩的周期等于朱庇特周期的两倍半，其他周期也有类似的比例关系；尽管他们的复原各不相同，但彼此之间有一定的比率。神圣传言也尊敬这些周期的隐匿原因，称颂昼和夜的圣名，也显示年和月的构造原因，对它们的求告，以及它们的自我显示。因此，这些传说不能从表象上去考察，而要认为它们在神圣 hyparxes 里占有一席之地。神圣的法律典章和阿波罗的神谕都吩咐我们要用神像和祭祀来崇拜、尊敬这些周期性的时节，如历史学家告诉我们的。当这些事物受到尊敬，人类就获得从季节和其他神圣者的周期产生的益处；而地上万物出现异常混乱的情形，则是对这些神不予敬拜、不加理睬的后果。柏的图也在《法律篇》里声称，所有这些东西，即季节、年月都是神，就如星辰和太阳是神一样；我们提出应当将我们的的注意力指向先于那些可见权能的这些不可见权能，这其实不是什么新鲜的话题。"关于时间、昼夜、年月就谈这里，从它们的第一实存来看，它们都是神。

第三十九章

对神圣灵魂等级的讨论，他们总是分有诸神，因而得以神化。

谈了神的等级之后，接下来得思考神圣灵魂的等级，它们由于总是分有神而成为神化的。这个等级,柏拉图在《巴门尼德篇》里将它从"一"排除出去,他说:"看起来,'一'岂不可以或者老些,或者年轻些,或者同龄?什么意思?如果它哪一方面同龄,或者是与其自身,或者是与其他事物同龄,它就会同等地分有时间和相似,而我们已经说过'一'不分有这些东西。我们确实说过。我们还说过,它既不分有不相似,也不分有不相等。没错。它既如此,怎么可能比任何事物年老些或年轻些,或者与什么事物同龄呢?绝不可能。所以,'一'既不会比其自身或比其他事物年老些、年轻些,也不会与自身或他物同龄。看起来不会。如果'一'正是这样,那么它岂不是根本不可能拥有时间?因为任何事物只要在时间里,就必然要变得比它自身老些。必然如此。变得老些的东西岂不总是比年轻的老些?那如何呢?也就是说,如果它要拥有那可能使它变得年老的东西,那变得比自己年老些的东西,同时变得比自己年轻些。为何这么说?我的意思是说:如果一物已经与他物相异,就不会'变得'与他物相异,两者现在、过去、将来都是相异的。但那正在变得相异的事物,就不能说已经、将要、现在相异,只能说它正在变得相异,此外不能说别的。当然。因此,那变得比自己老的,必然同时正在变得比自己年轻。看起来如此。同样,它不应在比自身更长的时间中'变',也不能在比自身短的时间中'变',只能在一个与它自身相等的时间内'正在变得'、'已经变得'、'将要变得'年老或年轻。必然如此。因而,很显然,在时间中的事物,分有这样一种特点的事物,每一个必然都与自身同龄,并且都既变得比自身年老些,也变得比自己年轻些。似乎如此。但是所有这些受动性都不属于'一'。没有一个属于。因此,时间不与它同在,它也不存在于任何时间之中。按理性的论断确实如此。"

普洛克罗说,柏拉图前面已经论述到世俗神,他在论述中总是通过中间的种,把属于结果的事物从"一"中剔除出去;说得更清楚一点,否定总是通过靠近"一"的事物,从整体的独立原因引出二级事物。现在他准备使"一"与神圣本质本身分开,这本质最先分有众神,将他们

555

的进程纳入世界；或者说得更准确一点，他现在准备从一切存有的不可言喻的源泉引出这个本质。就如凡是有存有的事物，都从存有的元一获得自己的实存，包括"真存有"和那与它相似的存有，后者本身不是存有，但因与真存有结合，故接受了存有的某种模糊的表象；同样，从每个神祇的一统一体——其特性就是按某种独立的、不可言喻的超然性神化一切事物，如果可以这样说的话——每个圣数获得存在，或者确切一点说从这统一体发出，每个神化等级的事物也从它发出。因而，如我们前面所说的，现在所说的话的目的是为了表明"一"独立于并因而造出这种本质。

这里，我们可以看到巴门尼德如何推翻那些满足于第一原因是灵魂或者其他诸如此类的观点的人的假设的，而做到这一点是通过表明"一"不分有时间。因为一个独立于时间的东西不可能是灵魂；每个灵魂都分有时间，使用由时间来度量的周期。"一"也比理智更高，在理智之外，因为每个理智既是运动的，又是持久不动的；而"一"被证明既不是静止不动的，也不是运动变化的。通过这些论述，作为原理的三个实在，即"一"、"理智"和"灵魂"，向我们显现出来。为证明"一"完全独立于时间之外，巴门尼德首先表明它既不比自身和其他任何事物年老些或年轻些，也不与自身和其他事物同龄。因为凡是分有时间的，必然分有这些，所以只要表明"一"隔绝于这些发生在每个分有时间的事物身上的东西，也就表明了"一"与时间没有任何关系。然而，在许多人看来，这是不可思议的，柏拉图之前的生理学家也是这样，以为所有事物都包含在时间里，如果有什么东西是永久的，那就是无限的时间，无论如何，没有什么东西是时间不能度量的。就如他们认为所有事物都在空间里，因为他们以为所有事物都是形体，没有东西是无形的，同样，他们认为所有事物都存在于时间之内，在运动之中，没有东西是固定不变的；因为形体的概念同时引入了位置，而运动同时引入时间。因而，就如已经证明"一"不在处所里，因为它不在他者中，所以是无形的；同样，通过这些论证也可以表明，它不在时间里，由此证明它不是灵魂，也不是其他需要并分有时间的东西，不论从本质还是从活力来说都如此。

这里，很值得我们注意的是，巴门尼德不再像在前一推论那样停留在二元上，而是三元地列举这一等级的特性，即"年老"、"年轻"、"同龄"，尽管他完全可以按二元的方式说，"同龄"和"不同龄"，就如"相等"和"不相等"一样。但是前面引入了二元之后，他对不相等的分类过渡到三元分法；这里他就从三一体开始。因为在那里，一先于多，整体先于部分，但是在这一等级的事物里，多已经非常明显，而分为部分的这种分，如蒂迈欧——巴门尼德这里所说的话是仿效他说的——所说的，始于三一体，一直进展到六一体。因为"年老"、"年轻"和"同龄"是双重的，分为与"它自身"的关系和与"他物"的关系。显然，三一体和六一体适用于这一等级。灵魂的三重性，由本质、同和异构成，它的三重权能，从驾驭者和两位英雄获得成全，如我们从《斐德若篇》中得知的，① 表明它与三一体的联合；它的本质是由这两者结合而成的，这表明它天生与六一体相连合。

还必须注意的是，由于讨论是关于因始终分有神而得神化的神圣灵魂，所以时间按其第一实存来说属于这些灵魂，——不是进展为可见者的灵魂，而是得了自由，没有任何习性的灵魂——这也是从"一"中排除出去的时间。灵魂的所有周期，它们围绕可理知者的和谐运动，它们的循环，都是由这个时间来度量的。它有一个超自然的源头，仿效永恒，连接、推进、完善每一运动，不论是生命的，是灵魂的，或者以任何其他可能的方式存在的运动。这时间本质上也是一个理智，如我们前面所说的；但它是神圣灵魂的原因，是它们围绕可理知者的和谐而无限的运

---

① 在这篇对话里，柏拉图将灵魂的私密形式比作带翼的由两匹马拉的马车和驾驭者，说："所有的马和马车都是善的，是由善的事物构成。"在这段话里，神的马车要理解为他们灵魂里所有内在的推论能力，这些能力追求一切事物的智能，能同时同等地沉思并供给低级造物。而马表示这些能力的效率和推动力。羽翼也就是提升力，特别属于马车驾驭者或理智。

动的原因，通过这时间，这些灵魂被引向"年老"和"同龄"。这体现在两个方面。这些灵魂中的"年老"是相对于它们自己来说的，就它们有更杰出的权能而言，它们在更大程度上享有时间的无限，更丰富地分有它。因为它们并非按着它们的所有权能从更神圣的本性充满同样的完全，而是有些分得多一些，有些分得少一些。那被认为年老些的，就是分有更多时间的。所谓年老些，就是这些神圣灵魂相对于其他事物年老些，因为有些灵魂接受整个时间尺度，以及它进展到灵魂的整个广延，有些由较为部分性的周期度量。因此，那些年老些的，其周期更为总体性，延伸到更长的时间。也可以说它们"相对于自己来说，既年老些，又年轻些"，因为在上面，可以说它们变得"年老些"，自我延伸到时间的整体权能，但"在下面"又变得年轻些，较为部分性地享有时间。而"相对于其他事物"，可以说它们因活力的减少而"既年老些又年轻些"。那让自己的循环由较小周期度量的，比那用更长的周期来度量其循环的，要年轻些。

另外，在同等并列的事物中，那与其他事物拥有同样的分有和同样的完全尺度的，可以说"与自身和其他事物同龄"。而每个神圣灵魂，虽然它自己的周期是由一个时间来度量的，从它悬挂下来的身体是按另一个时间度量，然而，它同等地恢复到同样的状态；它本身总是遵守它自己的时间，它的身体也遵守它的时间。因此，从相似性来说，它也与自身和它的身体同龄。从对"一"所说的话的这番解释来看，我们与柏拉图在《蒂迈欧篇》里的话是一致的，他在那里表明时间是每个过渡性生命的尺度，说灵魂是神圣而智慧的生命在整个时间中的起源。我们也与他在《斐德若篇》中的论断相一致，这论断就是灵魂通过时间看见真存有，因为它们是暂时地，而不是永恒地领会。

再者，柏拉图这里证明，"一"既不比自己年老或年轻些，也不比他物年老或年轻些。我们必须表明"一"超越于每个神圣灵魂，先于其他灵魂，就如它被证明先于真存有，是一切事物的原因一样。既然它是每个神圣灵魂的原因，它们的实存以及所有的存有都源于神圣统一体，那么我们更需要表明一超越于神化灵魂的等级。这些灵魂就其是理智性的来说，有理智作它们的原因；就它们是本质来说，源于存有；就它们有统一体的形式来说，源于"一"；就它们每一个都是由某些统一体组成的多，并以这些统一体为构成元素来说，它们是从这"一"接受它们的实存。

另外，分有时间的事物有两类，一类可以说作直线运动，始于一物，终于另一物；另一类作圆形运动，从一物开始再回到同一物，起点也就是终点，运动永不停止，它里面的一切既是开端又是终端。因此，作圆形活动的，周期性地分有时间；就它离开开端来说，变得年老，就它靠近终点来说，又变得年轻。因为它越是靠近终点，就越是靠近它原来的起点。而靠近自己的起点，就是变得年轻。因此，那按圆形靠近终点的，变得年轻，同样的道理又变得年老；那靠近自己终点的走向那年老的。因此，开端与终点不同的，年轻和年老也不同；那开端与终点相同的，既不是变得年老，也不是变得年轻，而是如柏拉图说的，同时既变得比自身年轻，又变得比自身年老。因而，凡是分有时间的事物，如果它变得既比自身年老，又比自身年轻，那就是按圆形运动的。神圣灵魂就是这样的事物，它们分有时间，它们特有的运动是周期性的。

第四十章

普洛克罗对爱神本性的阐述，摘自他对柏拉图《大希庇亚德篇》的 MS 版注释。

前几章我们从最真实可靠的原始资料向读者描述了目前所能获得的关于尘世神的所有信息，按着系统神学的顺序，接下来我们应当思考神的那些永久侍从，就是天使、精灵和英雄。所有这些协助力量都被不时地冠以一个名字，精灵，比如柏拉图把爱神称为一个伟大的精灵，在他自身中包含整个精灵系列的范型，所以我们在讨论精灵的特性之前应当先展示爱的本性。以下是普罗克洛这位所有真正哲学家中的领袖对这位伟大神圣者的可敬叙述，摘自他对柏拉图的《大希庇亚德篇》的 MS. 注释。

不同的神有不同的属性。有些是整体、存有之形式，以及它们的基本装饰的创造者。有些是生命的供应者，是它各个种类的源泉。有些保存事物不变的秩序，保卫事物不灭的联合。最后，还有些神获得一种别样的权能，通过他们的善行保存万物。同样，每个情爱的等级也是万物转向神圣之美的原因，它引转、结合并确立所有二级种类在美里面，从那里充满它们，以美的光的礼物照射它们。因此，柏拉图在《会饮篇》中说，爱神是一个伟大的精灵，因为爱神首先证明自己是这样的一种权能，是渴望的对象与渴望者之间的中介，是使后面的转向前面的本性的原因。整个情爱系列确立在美之原因的门廊前，呼召万物上升到这个原因，在爱的对象和爱所回忆的种类之间形成一个中介。因此，它在自身中预先确立整个精灵等级的范型，在众神中获得中间位置，就如精灵位于神圣种类与必朽种类之间。既然每个情爱系列都在众神中的拥有这种属性，我们必须认为它的统一而隐秘的顶端不可言喻地确立在第一等级的神中，与第一的可理知的美结合；它的中间进程以一种理智状态在超越尘世的神中发出；它的第三进程在自由神中拥有一种独立的权能；它的第四进程围绕世界出现各种各样的分别，从自身生出许多等级和权能，将这种礼物分给世界的各个不同部分。

继爱的统一、第一原理之后，继因这原理得完全的三重本质之后，各种各样的爱与神圣的光一起显现，天使合唱团从那里获得充沛的爱；精灵之队也充满这位神，侍候被召回到可理知之美的众神。另外，英雄之军与精灵和天使一起，也激动起来，带着神圣酒神节的热烈（divine bacchanalian fury）分有美。最后，所有事物都激动起来，在美的浇灌中振奋精神，手舞足蹈。而接受了这样一种激发的人，和本性上与这位神联合的人，他们的灵魂孜孜不倦地围绕美运动，然后坠入生成领域，以便有益于更加不完全的灵魂，为那些需要救赎的种类作预备。众神以及服侍众神的随从其实都停留在自己特有的习性里，同时使后面的所有种类受益，并使它们向他们自身回转；而人的灵魂下降，模仿神仁慈的神意，触及生灭界的边缘。因而，就如按另外某位神确立的灵魂带着纯洁坠入必朽区域，有益于在那里旋转的灵魂，有些凭借预言有益于较为不完全的灵魂，有些凭借神秘仪式，有些凭借神圣的医疗技艺；同样，选择了一种情爱生命的灵魂，围绕掌管美的种类的神运动，以便关照出生高雅的灵魂。它们被引导着从显现的美回到神圣的美，并与它们自身一起提升它们所爱的对象。这也是神圣的爱原初在可理知领域实现的。他将自身与爱的对象结合，将分有他的权能的分有者拉向它，在所有事物中加入一种纽带，一种彼此之间永不消失的友谊，以及与美本身的友谊。因而，拥有爱并分有爱所产生的激情的灵魂，由于使用一种纯洁无污的工具，所以被引导从外在的美走向可理知的美，使这一点成为它们活动的目标。同样，它们点燃不完全灵魂里的光，引导它们回到神圣种类，与它们一起在全美的源泉周围得到神的力量的激励。

而那些受到不正确教育的灵魂，偏离了源初的恩赐，只获得一种情爱本性；由于它们对真美一无所知，因而沉溺于物质的和可分的事物，也由于它们不了解自己所遭受的情欲，所以对这些东西大为惊奇。于是，它们抛弃一切神圣之物，渐渐地陷入不敬和质料的黑暗之中。它们看起来是急急地走向与美的合一，就像完全充满爱的灵魂那样，但它们对合一全然无知，倾向于生命的放荡状态，倾向于质料，柏拉图称之为不相似之海（the sea of dissimulitude）。它们甚至与基底（the base）本身，与缺乏形式的质料结合。试想，有哪个地方物质种类是彼此渗透的？又有哪里显现的美，纯洁、真正的美是与质料混合，充满对象的缺陷的？有些灵魂真正分有爱的礼物，有些则歪曲了这些礼物。就如普罗提诺所说，理智的缺乏导致狡诈，对智慧的不正确分有导致诡辩；同样，爱的光照如果遇到一个堕落的接受者，就产生一种暴虐、放纵的生活。

第四十一章

继续讨论同一个主题。

在同一篇可敬注释的另一部分，普罗克洛向我们呈现了一些关于爱的更加晦涩难懂的观点，如他自己所说的；这些观点如下：

爱既不能放在第一存有，也不能放在末后存有中。不在第一存有中，是因为爱的对象高于爱；也不在末后存有中，是因为爱人分有爱。因而，爱必然确立在爱的对象与爱人之间，它必然后于美，但先于赋有爱的每个种类。那么它最初存在于哪里呢？它如何将自己伸展到宇宙各处，带着哪些元一涌现出来？

可理知的、隐秘的神中有三种实在。第一种以"至善"为特征，理解"至善本身"，住在据神谕说父式元一所居留的地方。第二个实在以智慧为特点，是第一智能盛行的地方。第三个以美为特点，如蒂迈欧说的，是最美的可理知者居住的地方。与这些可理知的原因相对，有三个元一，统一地、按因果关系存在于可理知者中，但首先将自身显现于众神不可言喻的等级里①，这三个元一就是信、真和爱。信心将一切事物确立在善中；真理将一切知识显现在存有中；最后，爱使一切事物回转，将它们纳入美的本性之中。这个三一体贯穿于神的所有等级，通过它的光将与可理知者本身的合一传递给所有事物。它在不同的等级以不同的方式展现自己，处处都将自己的权能与神的特性结合。在有些地方，它的存在

---

① 即在被称为既可理知又理智的等级的顶端。

是不可言喻的，不可包含的，统一的；在另一些地方，作为连接和联合的原因存在；还有些地方，则赋有一种促进完全的、构成性的权能。另外，这里它按理智性的和父的方式存在，那里以完全可动的、鲜活的、有效的方式存在。这里，司管理和同化之职，那里，以自由的、纯洁无污的方式存在；另外地方以多种多样的、各有分别的方式存在。总之，爱高高地从可理知者下降到世俗种类，召唤万物上升到神圣的美。真理也穿越一切事物，以知识照亮一切事物。最后，信心穿越宇宙，将一切事物统一地确立地善里。因此，迦勒底神谕说，万物都由这三者管理，存在于它们里面。正因如此，他们要求法术师们通过这个三一体与神圣者结合。可理知者本身不需要爱作中介，因为它们有不可言喻的合一性。哪里有存有的合一和分离，哪里就有爱存在。因为它是将后于它自身与先于它自身的种类连接起来的调和者；又是使后面的转向前面的促进者，是不完全种类得到提升和完善的原因。

因此，迦勒底神谕说爱是连接者，存在于万物之中；如果它连接万物，它也将我们与精灵的管理结合起来。在《会饮篇》中，狄奥提玛称爱为一个伟大的精灵，因为它处处填满欲望与所欲求者之间的中介。爱的对象证明自己在第一等级，但爱的主体处在第三等级，而爱占据两者之间的中间位置，聚集、联合欲求者与欲求对象，使从属的为高级的种类充满。但在可理知的、隐秘的神中间，它通过某种比智能更高级的生命，将可理知的理智与第一的、神秘的美结合。因此，希腊神学家[奥菲斯]说这爱是盲目的；他说："他的胸膛里生出盲目的、冲动的爱。"而在后于可理知者的种类中，它藉过光照将不可分解的纽带赐予一切由它自身加以完善的事物；纽带就是某种合一，只是伴随着很大程度的分离。因此迦勒底神谕习惯于把这种爱的火称为连接者（copulator）。它从可理知的理智出来，将随后的种类全都彼此相连，并与它自身相连。由此，它将所有神与可理知的美结合，将精灵与神结合；使我们既与神结合，也与精灵结合。在神里，它有原初的实存；在精灵里，有从属的实存；在部分性灵魂里，有因着某种出于原理的第三进程的实存。另外，在神里，它存在于本质之上；因为每个神的种都是超本质的。在精灵里，它按本质存在；在灵魂里按光照存在。这三重等级似乎类似于理智的三重权能。一理智是不可分的，独立于所有部分性的种类；另一理智是被分有的，众神的灵魂也把它看作更好的种类分有；还有一个理智则出于这个内在于灵魂里的理智，也就是使灵魂得完全的理智。对理智的这三种分类，是蒂迈欧亲自提出的。因此，存在于神里面的爱必须被看作类似于不可分的理智；因为它独立于一切接受它的本性并被其照亮的存有。精灵的爱类似于被分有的理智；因为这种爱是本质性的，从它自身得完全，就如被分有的理智直接存在于灵魂里一样。第三种爱类似于作为习性存在的理智，在灵魂里加入一种光照。我们若是认为爱与这种理智的异并列，也并非不合理；在可理知的理智里，它拥有自己最初的、隐秘的实存。如果它从那里发出，它也就按原因确立在那里。在我看来，柏拉图因为发现可理知的理智被奥菲斯称为爱和一个伟大的精灵，所以他自己也乐于以同样的方式赞美爱。因而，狄奥提玛非常恰当地称它为伟大的精灵。苏格拉底将关于爱的讨论与关于精灵的讨论结合起来。就如每个属精灵的事物都从情爱的中介垂溢下来，同样，关于精灵种类的讨论与关于爱的讨论相关联，两者同属一个系列。爱是爱的对象与爱者之间的一个中介，而精灵是人与神圣者之间的一个中介。

第四十二章

更充分地展现精灵的本性。摘录普洛克罗的《大希庇亚德篇》注释中对这个主题的论述。

关于精灵，我们在讨论月下（地上）众神时，已经向读者显示了它们的一些非常重要的信息，但接下来我们要更详尽地阐明它们的本性。在有形种类中没有真空，同样在无形种类中也没有。因此，在最初的事物即神圣本质与部分性本质——比如我们的本质，其实也就是理性种类的最低劣部分——之间，必然有一个中间等级的存有，这样神圣者才可能与人相连接，事物的进程也才可能形成一个完全的整体，就象荷马的金链一样，从奥林匹斯山的顶端垂溢下来。这个中间等级的存有，按二分法来看，是由精灵和英雄组成的，后者靠近部分性灵魂，比如我们的灵魂，前者靠近神圣种类，正如气和水存在于火与土之间。因此，无论神里面有什么不可言喻的隐秘的东西，精灵和英雄都将它们表达和显示出来。它们还调和万物，是万物彼此之间和谐一致、共振共鸣的源泉。它们将神圣礼物传送给我们，又同等地将我们的礼物传给神圣者。只是神圣种类的特点是统一的，恒久不变的，是运动的固定不变的原因，超验的神意，与他们神意活动的对象没有任何共同之处。这些特点按着本质、权能和活力保存在他们里面。另一方面，部分灵魂的特点是向多和运动倾斜，与神结合，能从其他种类接受某些东西，能在自身中并通过自身将一切事物结合在一起。这些特点它们也是按本质、权能和活力拥有的。这就是这两个极端的特点，我们可以发现，精灵的特性是在自身中包含神圣种类的恩赐，诚然是以比神低级的方式包含，但是又根据神圣本质的理念包含从属种类的状态。换言之，凡是精灵所拥有的低级存有所特有的，神的特权以其强大的光加以突现并吸收。因此，精灵变成了多，但同时还是统一的；变成了混合的，但结果仍是未混合的占据主导；被推动了，仍保持稳定性。相反，英雄是在多、运动和混合的状况下拥有统一、同一、持久以及其他各种优点；也就是说，从属的特权在这里支配高级种类的特点，但还不至于中断围绕神圣者的活动，或者导致对神圣者的遗忘。总之，精灵和英雄是由两极——神和部分性灵魂——的属性组成；但在精灵里，更多的是神的属性，在英雄里更多的是人的属性。

作了这么多前提性论述之后，接下来我要将我从最名副其实的柏拉图主义者，尤其是普洛克罗关于这个中间等级的存有的本性所能收集到的全部信息呈现给读者。首先，关于这个主题的以下所述出于普洛克罗论《大希庇亚德篇》的 MS. 注释，在这段摘录中也展现了苏格拉底的精灵的本性，对此，智力平庸的人困惑不解，在解释上错误多多。

我们先来一般地谈谈精灵；然后谈那些共同分给我们的精灵；最后谈苏格拉底的精灵。因为证明通常都要求从更普遍的事物开始，然后进展到个体。这种进展模式是合乎自然的，也更适用于科学。精灵的第一实存出于赋予生命的女神[朱诺]，从那里流出，就如从源泉流出，获得一个以灵魂为特点的本质。这个本质在较高等级的精灵中较有理智性，从 hyparxis 看也更完全；在中级精灵中富有理性；在第三等级的精灵中，也就是在精灵等级的末端，就是多样性的，也更多非理性，更多质料性。因而，精灵拥有这样一种本质，获得一种协助神祇的权能，担当与众神协作的职责。一方面，它们从属于自由神，这些神是先于世界的整体的首领；另一方面，服从世俗神，这些神直接负责宇宙的各个部分。有一种分法是按十二位高天上的神分的，另一种分法是按世俗神的特性分的。每个尘世神都是某个精灵等级的首领，他直接将自己的权能传递给这个等级；即，如果它是一位得穆革神，就传给得穆革权能；如果是永恒不变的神，就分给纯洁无污的权能；如果是通秘仪的神，就给予促进完全的权能。在每个神圣者周围，都有一大群不可胜数的精灵，被尊为与它们的主神一样的名称。因此，它们很高兴被人称为朱庇特、阿波罗、赫耳墨斯等等，因为这些名称表达了它们特有的神祇的特性。必朽的种类也从这些精灵分有神性的注入。于是，动物和植物带有不同神的形像被造出来；精灵直接将它们首领的表象赋予这些事物。而神以独立的方式在天上管理精灵，通过这些末后的种类与那些最初的种类产生共鸣。因为最初者的表象显现在末后的种类之中；末后事物的原因包含在原初的存有之中。中间等级的精灵成全各个整体，把它们联合、连接成共同体；一方面分有神，另一方面被必朽的种类分有。因而，有人若是认为世界的造主将宇宙等级的中心确立在精灵里，肯定不会犯错，因为狄奥提玛也把这等级分配给它们，这个等级就是将神圣种类与必朽种类连接的等级，或者引出天上神圣河流，将所有二级种类提升到神，藉着中介的联结成全所有整体的等级。

有人说，精灵是改变了目前生活的人的灵魂，我们绝不可同意他们的理论。因为认为"按习性"称为精灵的事物等同于本质上是精灵的事物是不正确的；也不可认为所有尘世种类的恒久中介是由变化多端的生命构成的。事实上。精灵卫士始终保持同样的存在，连接世俗的整体。而灵魂并不总是滞留在自己的等级里，如苏格拉底在《国家篇》里说的，因为它在不同的时期选择不同的生命。我们也不赞同那些人把某些神看作精灵的观点，比如亚梅利乌（Amelius）认为不稳定的神[即行星]是精灵。但我们相信柏拉图，他把众神称为宇宙的统治者，把精灵之族交给他们管理。我们也要处处支持狄奥提玛的理论，她把整个神圣种类与必朽种类之间的中间等级分配给某种精灵本质。关于精灵等级的共同看法就谈到这里。

第四十三章

论被分派管理人类的精灵。

接下来我们要谈到的是监管人类的精灵。这些精灵，如我们所说的，属于中间等级，其中第一的、最高的是神圣的精灵，它们常常显现为神，在超然性上与神圣者相似。事实上，每个等级中的第一者保存着先于自身的种类的形式。因此，第一理智是神，最古老的灵魂是理智性的。同样，最高的精灵，因为靠近神，所以是统一的，神圣的。继这些精灵之后是那些分有理智性特点的精灵，它们负责灵魂的上升下降，将神的产品显现出来，传递给万物。第三位的是那些将神圣灵魂的产物分给二级种类，并将那些接受灵魂之流的种类联合起来的精灵。第四层次的精灵将整个种类的有效权能转送给被造的、朽坏的事物，激发部分性种类的生命、秩序、理性，以及必朽之物能够实现的各种正确活动。第五是有形的精灵，将形体里的两极联结起来。试想，若不是通过这个中介，永恒的形体怎么可能与必朽的形体一致，动因怎么与结果一致？正是这个最后的种类，统治着有形的善，规定着所有自然的特权。第六是那些围绕质料旋转的精灵，将从天上降下来的权能与地上的质料连接起来，永恒地看护这个质料，保卫它所包含的形式的影子般的表象。

因而，如狄奥提玛所说，精灵是多种多样的，最高的精灵将出于它们父的灵魂与它们的主神连接。每位神，如我们所说的，首先是精灵的首领，其次是部分性灵魂的首领。如蒂迈欧说的，得穆革将这些神分派到太阳、月亮和其他的时间工具中。这些神圣的精灵就是本质上分配给灵魂，并将灵魂与其固有的首领结合的精灵。每个灵魂虽然与自己的主神一起旋转，但仍需要这样的一个精灵。而第二等级的精灵负责灵魂的上升和下降；众多灵魂从这些精灵获得被神选中的机会。因为最完全的灵魂，就是以纯洁无污的方式与生灭界打交道的灵魂，选择了一种与自己的主神相适应的生命，所以它们按照一个神圣精灵生活，这精灵将它们与其住在高处时特有的神结合。因此，埃及祭司景仰普罗提诺，视之为有神圣精灵护佑的人。灵魂若是仿效那些不久就回到其出处，即可理知的世界的事物而生活，那么对它来说，天上的神就是在这里看顾它们的精灵。但对不完全的灵魂来说，最重要的并不等同于出生时就看顾它们的精灵。

如果这些话说得没错，我们就不可认同那些认为我们的理性灵魂是精灵的人。精灵不同于人，如狄奥提玛所说，她把精灵放在神与人之间；苏格拉底也这样表明，他把精灵种类与人类对立起来。他说："不是人，而是精灵的干涉阻止了我。"人乃是将身体作为器具的灵魂。因而，精灵不等同于理性灵魂。

这也可从柏拉图的《蒂迈欧篇》里表明,他说,理智与我们犹如精灵。但这只有在类似意义上才是正确的。按本质来说的精灵当然不同于类比意义上的精灵。在许多情形中,那些相对低级者来说存在于精灵等级里的直接主事者,被称为精灵。比如,在奥菲斯笔下,朱庇特称他的父亲萨杜恩是一个卓越的精灵;柏拉图在《蒂迈欧篇》里称那些直接管理、有序分配生成领域的神为精灵。他说:"谈论其他精灵,了解它们的起源,这超出了人性的能力范围。"类比意义上的精灵就是直接管理某些事物的精灵,其实它应当是神,或者是后于神的某个种类。与精灵相似的灵魂能比属于人的灵魂产生更令人吃惊的活力,它从精灵引出自己的生命整体,这样的精灵是从习性,即从相近性或联盟来说的精灵。因此,在我看来,苏格拉底在《国家篇》里把那些行为端正,并因此而转向更好的存有状态,转向更圣洁之处的人称为精灵。但是本质性的精灵既不是因倾向于二级种类的习性而被称为精灵,也不是凭借与某种不同于自身的东西的相似性而得称为精灵;而是从自身获得这种特性,是由某种 hyparxis 规定的,由适当的权能、不同模式的活动规定的。总之,理性灵魂在《蒂迈欧篇》里被称为生命体的精灵;但我们考察的是人的精灵,而不是生命体的精灵;它管理理性灵魂本身,而不是管理它的器具;在生命体分解之后,它引导灵魂走向自己的审判者,如苏格拉底在《斐多篇》里说的。也就是说,当生命体不复存在,灵魂在与身体结合时所分得的精灵就引导它走向它的审判者。如果灵魂还住在身体里时就拥有那个精灵,就是死后引导它走向审判的精灵,那么这精灵必然是人的精灵,而不只是生命体的精灵。对此我们可以补充说,它始于高处,管理着我们的整个结构。

另外,如果不考虑理性灵魂,我们就不可说精灵就是在灵魂里活动的东西,比如说,在那些按理性生活的人中,理性就是精灵;在那些按愤怒生活的人中,易怒部分就是精灵;在那些按欲望生活的人中,欲望部分就是精灵。我们也不可说直接管理活跃在我们生命中的事物的本性,就是精灵;比如说,理性是易怒者的精灵,愤怒是那些按欲望生活的人的精灵。因为首先，断言精灵是我们灵魂的组成部分，就是在不当程度上崇敬人的生命，与苏格拉底在《国家篇》里的论断相悖；他将英雄和人类放在众神和精灵之后，指责诗人在他们的诗歌里把英雄描绘得根本不比人更好，同样遭受人的情感。从这样的指责可以看出，苏格拉底绝不是认为精灵这种比英雄更高等级的事物应当列于灵魂的部分和权能之中。因为从这一理论可以推出，本质上更杰出的事物成全从属性的事物。其次，从这一假设可以看出，生命的变化也将引入精灵的各种变化。贪心人的生活往往会转变为一种雄心勃勃的生活，后者又转变为由正确观点构成的生活，这种生活又转变为科学的生活。因而精灵会根据这些变化而作相应变化，因为发挥活力的部分在不同时候会各不相同。如果这赋予活力的部分本身就是精灵，或者被安排在它之前的那个部分是精灵，那么精灵将与人类生活的变化一起变化，同一个人在一生中将有许多精灵；而这是一切事中最不可能的事。灵魂在一生中绝不会改变自己的管理精灵；管理我们的是始终是同一位精灵，直到我们被带到审判我们行为的法官面前，如苏格拉底在《斐多篇》里所论断的。

另外，那些认为部分性理智，或者存在于理智等级的末端的理智等同于分配给人的精灵的人，在我看来混淆了理智的特性与精灵的本质。因为所有精灵存在于灵魂领域，等级次于神圣灵魂。理智的等级不同于灵魂的等级，也不分有同样的本质、权能和活力。

再者，也可以说，灵魂唯有将自己转向理智，接受理智的光，将它们自己的活动与理智的活动结合时才享有理智；但它们一生最主要的是接受精灵的关怀，在出于命运和神意的一切事上都如此。正是精灵管理我们的整个生命，实现我们在生成之前所作的选择，以及命运的恩赐，那些管辖命运的神的恩赐。同样，也正是精灵根据神意供应并度量光照。作为灵魂，我们从理智垂溢下来，作为使用身体的灵魂，我们需要精灵的帮助。因此，柏拉图在《斐德若篇》里称理智为灵魂的管理者，但处处都称精灵为人类的审察看护者。人只要正当思考问题，就不会有谁在精灵之外去寻找另一个直接关心我们一切人事的东西。因为如我们说过的，理智被理性灵魂分有，不是被身体分有；而自然本性是被身体分有，不是被推理部分分有。再进一步，理性灵魂支配愤怒和欲望，但对偶然事件没有管辖权。唯有精灵推动、管理、有序地安排我们的所有事务。他成全理性，调节情绪，激励本性，连接身体，提供偶然的事物，贯彻命运的法令，给予神意的礼物。总之，他是我们里面及我们周围一切事物的王，是我们整个生命的舵手。关于我们所分得的精灵就谈到这里。

第四十四章

论苏格拉底的精灵。这位精灵的特性；它属于阿波罗序列。

接下来是关于苏格拉底的精灵，这三件事要分开思考。首先，他不仅列为精灵，还列为神。因为在《大希庇亚德篇》里，苏格拉底清楚地说："我长期以来都认为，神并没有引导我与你作任何交谈。"也就是说，他把同一权能既称为精灵，也称为神。在《申辩篇》里，他更清楚地表明，这精灵具有一种神圣的超验性，认为它位于精灵等级。我们以前说过，神圣灵魂的精灵，选择一种理智性的、上升的生活的人的精灵，是神圣的，超越于整个精灵的种，是最先分有神的。因为一个精灵在众神中间，一位神也在众精灵中间。不过，在神圣者中间，hyparxis 是神圣的；而在精灵中则相反，它们的本质特点是属精灵的，但是它们带有与神圣者的相似性，这表明它们的本质是似神的。由于它们相对于其他精灵具有超然性，所以它们时时显现为神。苏格拉底称他的精灵是一位具有伟大属性的神，因为他属于最先、最高的精灵。既然苏格拉底得到这样一个重要权能的管理，有这样一位首领和保护者引导他的生活，就自然是十分完美的人了。这是苏格拉底的精灵的卓越特性之一。第二个特性是，苏格拉底听到从他的精灵发出的一个声音。这是他自己在《泰阿泰德篇》和《斐德若篇》中说的。这个声音也是出于精灵的信号，这是他在《塞阿戈斯》（Theages）里说的。另外在《斐德若篇》里，当他准备渡河时，又看到他的精灵发出的惯常信号。那么苏格拉底的这些话究竟是什么意思，他所说的精灵为向他表明自己的意愿而发出的声音又是指什么呢？

首先，我们必须说，苏格拉底通过他的智力和他对事物的知识，享有他的精灵发出的启示，这精灵一直召唤他回到神圣的爱。其次，在生活事务中，苏格拉底按照神意以神圣方式关怀较不完全的灵魂。他根据他的精灵的活动，接受从那里发出的光，并非只是在他的智力部分接受，也不只是在他的信念中接受，还在他的精灵中接受，于是精灵的光照瞬间就充满了他的整个生命，并且又推动感觉本身。显然，理性、想象、感觉以不同方式享有同样的活力；我们的每个内在部分都以独特的方式顺从于精灵，并被它推动。因而，这种声音并非外在地、被动地作用于苏格拉底；相反，精灵的启示内在地渗透他的整个灵魂，弥漫到感觉器官，最后成为一种声音，这种声音与其说是感官听到的，不如说是良知认出的。事实上，这就是良善精灵和众神显现的启示。

第三，我们要思考苏格拉底的精灵的特性；它从来不是告诫他，而是永远地召回他。这必然也是指苏格拉底的生命。因为这不是我们所分得的精灵的共同属性，而是苏格拉底的守护者的特性。我们必须说，苏格拉底具有仁慈、博爱的秉性，他对善所传达的信息极其敏感，所以不需要精灵的劝告。他自我驱使，随时准备将最好的生活传授给所有人。但是由于来到他身边的人中有许多不适合于追求美德和整体的知识，所以他那良善的管理精灵就阻止他对这样的人给予神意关怀。正如好的驾驭者完全根据比赛的需要合乎自然本性地控制对马的刺激，而不是在自己激动情绪的支配下不断刺激它，所以他不需要马刺，只要缰绳就行了。苏格拉底既然非常乐意帮助那些来与他谈话的人，需要的就不是激励的精灵，而是将他召回的精灵。由于听众理解迟钝，那基本上不是人的聪明才智所能领会的东西，需要精灵的洞察；只有依靠这种洞察我们才能准确地获得关于有利机会的知识。苏格拉底既然本性向善，所以只需要将他从不适宜的冲动中召回即可。

再进一步，可以说，在精灵中，有些获得净化、纯洁无污的权能，有些获得促进完全的权能，有些获得得穆革权能。总之，它们按神独特的特性和分配给它们的权能分类。每一个按自己的 hyparxis，激励他按神意眷顾的对象走向幸福生活；有些推动我们关注低级事务，有些限制我们行动，阻止接近外在事物的活动。而苏格拉底的精灵似乎就分有这种特性，即净化性，是纯洁无污的生命的源泉，被安排在阿波罗的这种权能之下，统一地负责整个净化，也使苏格拉底避免过多地与庸俗之徒交往，免得生活本身扩散为多。这精灵引导他进入他灵魂的深处，进入未被二级种类玷污的活动。因此它从不劝告，而是永远地召回他。试想，所谓召回，不就是使他从外在的多撤回到内在的活动吗？这种召回的特性不就是净化吗？确实，在我看来，如奥菲斯将阿波罗的元一置于巴克斯王上面，将他从进入提坦的多的进程中召回，从对他王座的离弃中召回，同样，苏格拉底的精灵也引导他回到理智性的审察之所，限制他与多交往。这精灵类似于阿波罗，是他的侍从，而苏格拉底的理智类似于巴克斯；我们的理智就是这神圣者的权能产生的。

第四十五章

普洛克罗对柏拉图《克拉底鲁篇》的 MS 版注释里关于精灵的重要信息。也摘录奥林庇奥多鲁斯对柏拉图《斐多篇》的 MS 版注释里的论述。

我们还从普罗克洛对《克拉底鲁篇》的 MS. 注释中，摘出以下关于连接神性与人性的存有的等级的重要知识。在众神之后的种，也就是众神永久的侍从，协同他们一起从高处创造世俗造物，一直到最末的事物；在这些种中，有些显现生灭界，有些传送合一，有些传送权能，有些引出神的知识和理智性的本质。其中，有些被那些对精通神圣事务的人称为天使，因为它们按神的 hyparxis 本身确立，使那在它们本性中统一的东西与二级事物相称。因此，天使一族是"善的"，将神隐秘的"圣善"显现出来。还有的被神学家们称为精灵，将万物的中间者连接起来，分配神圣权能，一直将它提供给末后的事物。因为 δαισαι 就是 μερισαι。这个种拥有丰富的权能，是五花八门的，能使那些末后的物质性的精灵存在，这些精灵把灵魂往下拉，坠落到完全部分性、物质性的活动之中。还有的被他们称为英雄，这些英雄藉着爱引导人的灵魂向上，是理智生活的提供者，也提供重大的行动和卓绝的智慧。总之，它们被分配在一个回转的等级中，拥有神意，与神圣理智联合，使二级种类向这神圣理智回转。它们之所以获得这个称呼，就是因为能够将灵魂"提升"并"扩展"到神。

　　这三个后于神的种，始终是从神垂溢下来的，但是彼此相分别。有些在本质上是理智性的，有些本质上是理性灵魂；有些存在于非理性的、幻想的生命之中，即在以想象为特点的生活之中。同样显然的是，它们中那些理智性的，获得一种超越于人性的明智或智慧，永恒地与它们理智活动的对象结合。而那些理性的，按明智作推论性活动。那些非理性的则缺乏明智，因为它们住在质料和宇宙的最黑暗部分里。它们还将灵魂与造像的内心连接，扼住那些进入那个区域的，直到它们得到了应有的惩罚。这三个种都比我们优秀，苏格拉底这里都称之为精灵。关于普洛克罗对这三个种的论述就谈到这里。

　　另外，关于严格意义上的精灵，按柏拉图的神学有三类；第一类是完全理性的，最后一类是完全非理性的；中间一类是有几分理性，有几分非理性。另外，这三类中，第一类是完全的，仁慈的，另外两类中有许多对人类是有恶意的、有害的；不是本质上的恶意（因为宇宙是全然富足的朱庇特宽敞的住所，里面没有任何东西是本质上邪恶的），只是从它们注定要履行的职责来说如此。凡是按自然本性运作的，没有一个是对自身有恶意的。柏拉图主义者赫尔米亚斯在对《斐德若篇》的 MS. 注释里，论到柏拉图在其中所说的"除了这些之外还有其他恶，但是某个精灵立即将快乐与它们中的大多数混合起来"这一部分，关于精灵作出如下精妙的阐释："善恶的分配源于精灵的种。凡是超越于精灵的种，都统一地拥有善。而精灵的种中有些装备并管理世界的某些部分；有些装备并管理某类生命体。于是，审察看护生命的精灵催促灵魂进入他自己所分得的状况，比如，进入不义或放纵之中，并不断地将快乐混入它们之中，就如罗网把它们网住。但是还有些精灵超越这些东西，是灵魂的惩罚者，将它们转向更完全、更高尚的生命。对于第一类精灵，我们必然避免，对于第二类我们要说它们是有益的。此外还有其他精灵比这两类更杰出，以一种统一的方式分配善。"

另外，柏拉图在《斐多篇》里说："每个人的精灵，是在他活着时分配给他的，它们努力引导每个人走向某个地方，所有人必然都要被召到那个地方，受到审判之后，就与他们的首领一起走向冥府哈德斯，这位首领按命令引导他们从这里走向那里。他们在那里接受与各自情形相适应的分配物，停留一段必要的时间之后，另一位首领又将他们从那里带回来，在许多漫长的周期里轮回。"奥林庇奥多鲁斯在对这篇对话的 MS. 注释中对这段话作出如下评注：

"在宇宙中，有些事物在不同的时代以不同的方式存在，还有些种类与超本质的统一体结合，所以必然有某个中间的种，既不是直接从神祇垂溢下来，也不因时世的好坏而变换存在方式，而是始终保持完全，不离弃它固有的美德；诚然是固定不变的，但并不与超本质者结合。这整个种就是精灵的种。精灵也有不同的种类，但全都被安排在尘世的神之下。最高的精灵按众神的'一'存在，被称为统一而神圣的精灵。其次的是按从神祇挂下来的理智存在，被称为理智的精灵。第三类按灵魂

575

存在，被称为理性的。第四类按本性存在，被称为自然的。第五类按质料存在，被称为物质的。或者以另一方式可以说，有些是天上的，有些是以太的，有些是空中的，有些是水里的，有些是地上的，有些是地下的。显然，这种分法出于宇宙的各个部分。而非理性的精灵源于空中的管理者，因此 [迦勒底] 神谕也说，'是空中、地上和水里的狗的驾驭者。'我们的守护精灵则属于那个被安排在负责灵魂上升下降的神之下的精灵等级。"

奥林庇奥多鲁斯继而评注道："精灵努力引导灵魂，激发它的见解和想象，同时，服从灵魂的自动权能。在精灵的激发下，有的灵魂自愿跟从，有的激烈反抗，有的介于两者之间。还有的精灵引导灵魂从当下的生活走向它的审判者；有的是审判者的助手，可以说，使审判得以执行；还有的获得对生命的监护权。"

接下来是关于非理性精灵，我们要考察它们是如何存在的。如果它们的实存源于下级神，而这些神是必朽种类的父亲，那这些精灵为何是不朽的呢？如果是出于得穆革，它们又为何是非理性的呢？因为得穆革是与理智连接之事物的父亲。这个疑问被普洛克罗以完美的方式解答如下：非理性精灵的实存源于下级神，但并不因此就是必朽的，因为这些神中有些创造另一些。被造的神或许就是柏拉图在《蒂迈欧篇》里称为精灵的，因为那些真正的精灵就是下级神创造的。另一方面，它们也同样出于一得穆革。如蒂迈欧说的，他是一切不朽种类的原因。然而，如果得穆革将理智分给所有事物，那么在非理性精灵中也有理智特性的一种终极痕迹，事实上它们有一种想象的资质，这可以说就是理智的最后回音。因此，其他人把幻想称为被动的理智，这并非毫无道理。

最后，继本质的英雄之后是灵魂的等级，它们直接管理人的事务，按习性或联盟，而不是按本质来说，是属于精灵的。这些灵魂也是神的永恒侍从，但它们没有完全高于人的本质。这类灵魂中，如我们从普洛克罗对《克拉底鲁篇》的 MS. 注释里所得知的，有与水相通的宁芙，与羊蹄相通的潘[1]，以及诸如此类的。它们也不同于那些本质上具有精灵特点的权能，其区别在于，它们的形态变化多端（其他的都始终保持同一种形式），受制于各种情感，是欺骗人类的每一种诡计的原因。普洛克罗还说，如此频繁向尤利西斯（奥德修斯）和忒勒马科斯（Telemachus）[2]显现的米纳娃就属于这个等级的灵魂。

第四十六章

阐述具有英雄特点的那些人的灵魂的本性。柏拉图在《克拉底鲁篇》中怎样论述这些灵魂。普洛克罗对那篇对话的 MS 版注释里阐述的柏拉图的含义。

这三个种是神的永久侍从，它们之后是那些具有英雄特点的人的灵魂，虽然与生灭界相连，暂时离弃了它们固有的等级，但仍然是纯洁无污的。因为下降并与恶习同流合污的灵魂距离那些纯洁无瑕地停留在高处的灵魂是非常遥远的。两者之间的中介就是那些下降但未受污染的灵魂；因为相反的情形，即恶同流合污之后还留在高处，是不可能发生的。恶不存在于神里，只存在于必朽区域和质料性事物之中。因而，灵魂的第一个种是神圣的。任何地方，凡是接受神性的，都有一个支配性的、主导的等级，在本质里、理智里、灵魂里和形体里，莫不如此。灵魂的第二个种总是与神结合，以便由此使那些不时离开神的灵魂能够再次回到神里面。第三个种下降到生灭界，但带着纯洁性下降，用更神圣的生

---

[1] 潘，希腊神话里的山林、畜牧神，身子是人，腿和脚是羊，头上有角。——中译者注

[2] 希腊神话里奥德修斯和珀涅罗珀（Penelope）的儿子，帮助他的父亲杀死珀涅罗珀的求婚者。——中译者注

命与从属性的生命交换，但远离恶习，脱离情欲的统治。这个种连着那个始终停留在高处、始终纯洁无污的种存在。第四即最后的种就是大部分人的灵魂，浩浩荡荡地漫游，一直下降到塔尔塔卢斯，然后再从那里受到激发。它还推进各种形式的生命，使用大量方式，不同时代受到不同情欲的影响，采取不同的样式，比如精灵的、人的、非理性动物的。同时，它受到正义之神的纠正和修缮，重新从地上回到天上，从质料转回到理智，不过，要按照整体的某种有序的周期进行循环。

普罗提诺在他的《九章集》第五卷的第九篇作品里，非常优美地暗示了人类灵魂的这一纯洁的种。这篇作品谈论理智、理念和存有，说："由于所有人一出生，在还未使用理智之前就先使用感官，所以人必然首先与可感知对象交往，有些人终其一生就停留在这个领域，以为这些对象就是最初的和最末的事物，认为这些事物中凡是令有痛苦的就是恶的，凡是令人愉快的就是善的，因而主张只要追求后者，避免前者就足够了。他们中间那些假装比其他人有更多理性的人，把这种观点尊为智慧，这些人就类似于负荷越来越重的鸟，虽然自然赋予它们翅膀，使它们能够高飞，它们却从地上捡了许多东西，背负重压，无法往高处飞行。有些人则稍稍地脱离从属的事物得以提升，灵魂里较好的部分呼召它们抛弃快乐，走向更有价值的追求。然而，由于他们无法向高处仰望，不拥有其他任何能让他们安息的东西，所以他们以美德的名义去从事、选择低级的事物，尽管他们最初努力想要脱离这样的事物，提升自己，但只是徒劳无功。'第三层次的是圣人之族'，他们凭着更杰出的权能，以敏锐的眼睛深刻地看到神圣的光，这是他们将自己提升到这个低级世界的云层和黑暗之上才看见的景象，然后停留在那里，鄙弃这些感觉领域的一切事物；没有谁比经过几多流浪最终回到自己祖国的人更以他们自己的、真正的、固有的地土为乐了。"

这些纯洁无污的灵魂被《金色诗行》（the Golden Verses）的作者称为"地上的精灵"，因为就如海洛克勒斯（Hierocles）说的，它们本质上是人，但习性上是精灵，并拥有关于神圣者的科学知识。由于所有人都是地上的，属于第三层次的理性存有，但并非所有人都是灵巧而智慧的，所以诗行的作者非常恰当地综合起来说，智慧人既是地上的，又是精灵。并非所有人都是智慧的，也并非所有智慧的存有都是人。杰出的英雄[①]和不朽的神本性上比人更杰出，都是智慧和良善的。因而，诗文告诫我们要尊敬那些与神圣的种并列同等的人，那些（按习性）与天使和精灵同等的人，以及与杰出英雄相似的人。

柏拉图在《克拉底鲁篇》里称这些纯洁无污的灵魂为精灵和英雄，论到它们时说："苏格拉底：你难道不知道赫西奥德谈到的那些精灵是什么吗？赫谟根尼：我不知道。苏格拉底：你也不知道他说人的黄金之族是最先出现的？赫谟根尼：这个我知道。苏格拉底：他说，这个族类被命运掩藏之后，就化为神圣的、地上的、良善的精灵，驱赶邪恶，保护必朽的人。赫谟根尼：那又怎样呢？苏格拉底：我想，他把它称为黄金之族，其实并不是说它本质上是由黄金构成的，而是说它是美丽而良善的。因为他接下来把我们称为黑铁一族，我由此推导出这一点。赫谟根尼：你说得对。苏格拉底：你难道不认为，如果我们这个时代有哪个人看起来是善的，赫西奥德会说他属于黄金族类吗？赫谟根尼：很可能他会这么说。苏格拉底：而善人不就是[理智上]明智的人吗？赫谟根尼：没错。苏格拉底：因此，在我看来，他把他们而不是别的人称为精灵，是因为它们'明智而博学（δαημονες）'。在我们的古老方言里可以看到这个词。因此，他和其他许多诗人都说得非常恰当，他们说，一个好人死后就获得伟大的命运和名声，并成为一个'精灵'，这个称号就表示他审慎、聪明。因而我也认为，每个好人都是'博学'而'灵巧'的；无论是生前还是死后，都是属于精灵的；称他为精灵是非常恰当的。赫谟根尼：苏

[①] 诗行作者把比人更优秀的三个种，即天使、精灵和英雄都包括在"杰出英雄"这个称呼之内。

格拉底,在这一点上我也似乎完全同意你的观点。但是英雄这个名称表示什么意思呢?苏格拉底:这个一点也不难理解。因为这个名称的原意并没有发生多大变化,表示他们是爱情的结晶。赫谟根尼:怎么讲?苏格拉底:你难道不知道英雄就是半神吗?赫谟根尼:那又如何?苏格拉底:所有英雄都是神与凡人相爱的产物,要么是神与凡间少女的爱情产物,要么是凡间男子与女神的爱情产物。因而,你只要从古代阿提卡方言来思考这个问题,就会更加清楚地明白这个词的起源。因为你会清楚地看到,英雄这个词源于爱这个词,两者只是名称上有一点细微的变化。"①

关于柏拉图在这段话里表述的意思,以及地上英雄的独特属性,普罗克洛在对《克拉底鲁篇》的珍贵无比的 MS. 注释中有非常完美的阐释:"任何地方,在先等级的末端总是与在后等级的顶端相连。比如,我们的导师赫耳墨斯作为大天使的元一,被显现为神。柏拉图将神与人之间的整个范围称为精灵。它们确实是本性上的精灵。然而,这里提到的那些精灵,还有那些半神、英雄,不是本性上的精灵和英雄,因为他们并不总是跟从神;他们只是在习性上如此,本性上是将自己交给生灭界的灵魂,比如伟大的赫尔克勒斯(Hercules),以及其他诸如此类的。英雄的灵魂具有这样的特性,既从事重大、庄严和宏伟的工作。这样的英雄也必须予以尊敬,举行葬礼纪念他们,就如《法律篇》里的雅典客人所劝告的。这类英雄式的灵魂虽然并非总是跟从神,却是纯洁无污的,也比其他灵魂更富有理智性。它们其实是为了有益于人的生命而下降,分担向下倾斜的命运的;但自身具有更多高尚的本性,这一本性是完全脱离质料的。因此,这种灵魂很容易被引回到可理知世界,在那个世界生活许多个周期;另一方面,就较为非理性的灵魂来说,要么永远不能再引回来,要么要费尽九牛二虎之力才能回来,也可能只要经过一个极其暂时的周期就行。"

---

① 柏拉图《克拉底鲁篇》397E-398E。——中译者注

每位神确实完全独立于二级种类，最初的、也更总体性的精灵同样确立在这种习性之上。诚然，他们在创造某些人时要使用地上的、部分性的灵，但没有在物理意义上与必朽者混合，而是推动自然，完善它的权能，扩展生产的道路，剔除一切障碍物。因而，神话通过称呼上的相似性把事实本身掩藏起来。比如，这类灵也同样被称为神，其实神是它们序列的主导原因。因此神话里说，或者神与凡间女子结合，或者凡间男子与女神结合。但是，如果它们愿意说得清楚明白一点，就会说，维纳斯、马尔斯、西提斯（Thetis）和其他神圣者，创造出他们各自的序列，从高处开始，一直延伸到末端的事物；每一序列都在自身中包含彼此相异的许多本质，比如天使的、精灵的、英雄的、宁芙的，以及诸如此类的。这些等级中最低的权能与人类有很多交往；因为第一等级的末端与二级种类的顶端同时显现。它们有助于我们的其他自然运作，有助于生产我们的种类。因此时时可以看到，这些权能与人的结合就生出英雄，他们显然拥有高于人类的某种特权。然而，不仅这样一种精灵在身体上与人有共鸣，另外的精灵也与其他生物有通感，比如宁芙与树木，另外的与泉源，还有的与雄鹿，有的与蛇蝎。

那么为何有时候说神与凡间女子发生关系，有时候又说凡间女子与神相结合？我们回答说，男神与女神的结合使神或精灵永恒存在；而英雄的灵魂有两种生命样式，即"信念的"和"推理的"，前者柏拉图在《蒂迈欧篇》里称为"相异的圆圈"，后者，称为"相同的圆圈"，两者分别显示出"男性"和"女性"的属性。因此，这些灵魂有时候展现出神样的权能，按它们本性中的男性特权，或者"相同的圆圈"活动；有时候按它们本性中的女性特权，或"相异的圆圈"活动。但不论按哪一种，它们的这些活动都是正直的，没有让自己陷入身体的黑暗之中。它们还知道先于自己的种类，对低级事务给予神意眷顾，同时丝毫没有倾向于这些出现在人类整体中的事务之秉性。但是，灵魂若是错误地按照这两个圆圈的活动行事，或者用另外的话来说，既没有展现实践美德的准确样本,也没有展现理智美德的准确样本,那么这样的灵魂无论哪一方面都无异于"群居的"灵魂,或者成群的人,与它们一起,相同的圆圈就受到束缚,而相异的圆圈则变得四分五裂,扭曲变形。

这些英雄的灵魂不可能同时按着这两个圆圈以同等的精力和完全行事,因为这是比人更神圣的种类的职责,所以它们必然有时下降,主要按着它们的信念部分活动,有时主要按着它们更理智性的部分活动。也就是说,这两个圆圈中有一个必然按本性活动,另一个则受到阻碍,无法施展它固有的活力。英雄之所以被称为"半神",是因为他们的这两个圆圈只有一个被神照亮。而那些拥有未受束缚的"相同的圆圈"的灵魂,就受到激励去追求一种理智生活,并按着某种神化的活力围绕它旋转,可以说,这样的灵魂有神作它们的父亲,凡人作它们的母亲,在生命的信念样式方面有一定的不足。相反,那些按相异的圆圈毫无障碍地活动的灵魂,在实际事务中行为适当、正确,同时"充满热情",或者换言之,受到神圣者的启发,可以说,这样的灵魂有凡人作它们的父亲,女神作它们的母亲。总之,这两个圆圈中的正确活动都归于某个神圣的原因[①]。因此当相同的圆圈掌权时,就说光照的神圣原因是男性的,父亲的;当相异的圆圈占主导地位时,就说这原因是母性的。因此,荷马笔下的阿喀琉斯(Achilles)[②]在实际事务中行为正直,同时作为某位女神的儿子,表现出高尚、热烈、受神启示的活动的典范。甚至当他已在冥府的时候,还渴望与身体合一,以便能协助自己的父亲,这就显示了他对实践美德

---

① 必须非常仔细地注意,这一神圣原因以不受任何限制、不受任何影响的方式光照、考察并激发这些圆圈,完全没有破坏圆圈自身内的自由活动,也没有在光照的神里引起任何部分性的影响、通感或倾向。

② 荷马史诗《伊利亚特》中的英雄,是珀琉斯和西弥斯之子,杀害赫克托耳的人。——中译者注

的忠诚。另一方面,米诺斯(Mions)[①]和拉达曼图斯(Rhadamanthus)[②]是受到朱庇特启示的英雄,他们从生灭界上升到真存有,除非绝对必需,否则不轻易干涉世俗事务。

最后,普罗克洛补充说,说英雄是爱的结晶是非常恰当的,因为爱是一个伟大的精灵,英雄就是从精灵的合作中产生的。对此还可以补充说,爱源于丰富神(Plenty)这个更杰出的原因,也源于贫乏神(Poverty)这个接受者和较差的原因;类似地,英雄也同样出于不同的种。

柏拉图就是这些英雄或半神中的一位,在上面普罗克洛所解释的意义上是阿波罗的子孙,如奥林庇奥多鲁斯在他的"柏拉图生平"中告诉我们的。他说:"据说,阿波罗的幽灵与柏拉图的母亲佩里克提奥娜(Perictione)结合,晚上向柏拉图的父亲阿里斯通(Aristo)显现,吩咐他在佩里克提奥娜怀孕期间不可与她同房——阿里斯通服从了这个命令。"关于柏拉图属神的出生,阿普莱乌斯(Apuleius)在他论柏拉图的教义的论文中,普鲁塔克在他《论文集》(Symoposiacs)第八卷里都作了同样的叙述。埃庇梅尼德(Epimenides)、优多克斯(Eudoxus)和色诺克拉特(Xenocrates)断言,阿波罗与毕达哥拉斯的母亲帕尔塞尼斯(Parthenis)接触,使她怀胎,最后藉他的祭司预告毕达哥拉斯的出生。这些纯洁无污的灵魂,就是古人所说的地上的精灵、英雄和半神,他们为了有益于那些背叛灵魂这个仁慈目的而下降到凡人世界来,恩培多克勒非常风雅地称为"离开天穹、放弃光球的流浪者"。关于这样的灵魂就谈到这里。

[①] 希腊神话里的克里特岛之王,宙斯和欧罗巴(Europa)之子,死后成为冥府的三个法官之一。——中译者注

[②] 宙斯与欧罗巴之子,冥府的三法官之一,铁面无私。——中译者注

第四十七章

柏拉图在《巴门尼德篇》中如何表明作为诸神的永远侍从的三个种类。

这三个种作为神的永久侍从，前几章已经作了充分展现，而《巴门尼德篇》的第一个假设通过对时间的以下分法也显示了这三者。这种分法表明"一"是与世隔绝的："'过去是'、'已经是'、'已经变为'这些词岂不表明对过去的时间的分有吗？当然。'将是'、'可能变为'、'将被生成'，这些词岂不表示那将来时间中的事物？没错。而'现在是'、'现在变为'这些词岂不表示现在的时间？完全如此。既然'一'不分有任何时间，它就绝不会'过去是'、'已经是'和'已经变为'；也不会'现在生成'、'现在变成'、'现在是'；更不会'可能变为'、'将被生成'、'将来是'。完全属实。"

普罗克洛对这段话的注释如下："对时间的这种分法与神圣种的数量相一致，后者是从神圣灵魂悬挂下来的，即与天使、精灵和英雄相对应。首先，这种分法是从天上发展到这里的，按三分法，分为'现在'、'过去'和'将来'；然后，又按九分法把这三者的每一个进行三分。因为灵魂的元一是与时间的统一整体一致的，但在二级意义上又被灵魂的多分有。就这多来说，那些总体性地分有这个整体的灵魂，就按过去、现在、将来存在；那些部分性地分有这个整体的，就按这三者的差异表现其本质。每个整体都有一个多与之并列，这多将事物分为第一、中间和末后者。比如，某个多联合那根据'过去'而确立的东西一起存在，这东西的'顶端'取决于'过去是'，'中间'取决于'已经是'，'末端'取决于'已经成为'。另一个多结合那根据'现在'确立的东西存在，它的'首要'部分以'现在是'为标志，'中间者'以'现在生成'，'末端'以它'现在成为'为标志。还有一个三一体与那按'将来'存在的东西同在,这三一体的'最高尚'部分以'将来是'为标志,位于'中间'的以'可能变为','末端'以'将被生成'为标志。由此,就会有三个三一体就近从这三个整体(totalities)中悬挂下来,但是所有这些都是从它们的元一悬挂下来的。"

同样,所有这些按时间的过去部分划分的等级,都根据时间的整体发挥活力;这整体在自身中包含三种权能,一种促进整个运动的完全,第二种'连接'并'保卫'它所管理的事物,第三种将神圣种类'显现出来'。因为所有这些事物都不是永恒的,都在一个圆圈上环绕,时间的整体性或元一完善并连接它们的本质,向它们揭示永恒的统一无限,将存在于永恒种类中的压缩的多展现出来;由此就如蒂迈欧所说的,这可见的时间向我们展现出神圣周期的度量单位,完善可感知者,保卫按固有数目被造出来的事物。因而,时间依据与永恒的某种相似性,先于灵魂拥有三种权能,即促进完全的、连接性的和展现的。永恒在可理知者中拥有中间等级,'完善'后于它自身的等级,为其提供合一,同时'显现'先于它自身的等级,将它的不可言喻的合一引入多,'连接'可理知者的中间纽带,通过自己的权能不及物地(intransitively)保卫一切事物。因而,时间以神圣的方式接受永恒的三种权能,将它们分给灵魂。永恒是统一地拥有这三种权能;而时间既是统一地,又是分别地拥有;至于灵魂,只能是分别地拥有。因此,就灵魂来说,有些以时间的这一权能为特点,有些以时间的那一权能为特点;有些仿效它的'展现'权能,有些仿效它的'促进完全'权能,有些仿效它的'连接'权能。关于命运女神也是这样,有些适合于成全并完善事物,所以说她们歌唱过去,并且一直活动,一直歌唱,她们的歌唱就是理智活动,是围绕世界的创造性活动,因为过去是'成全'的源泉。有些适合于'连接''现在的'事物,因为她们看护这些事物的本质和形成。还有的适合于'展现将来',因为她们引导那还不是的东西进入本质,走向某个终点。"

我们还可以说,既然有一个比我们的灵魂更杰出的灵魂等级被分为第一的、中间的和末后的，那么这些灵魂在总体上都适合于"过去"。就如"过去"在自身中包含了现在和将来，同样，这些灵魂也在自身中包含其他的。中间等级的灵魂适合于"现在"，因为它曾经是"将来"，但还不是"过去"。因此，就如"现在"在自身中包含"将来"，同样，这些中间的灵魂包含那些后面的灵魂，同时被包含于那些先于它们的灵魂中。第三等级的灵魂对应于"将来"。因为"将来"没有经历"现在"，更没有成为"过去"，还完全只是"将来"；正如这些第三等级的灵魂自身是单独的，虽然坠入较为部分性的存在，但是并没有囊括其他两者。总之，它们按照后于神的三个种环绕界限。

第一个三一体的整体有"曾经"，这是"过去"的特性，也是成全的特性；同时它分为"过去是"、"已被生成"、"确实已变为"。同样，这三者中，"过去是"表示三一体的顶端，按照 hyparxix 本身来限制；而"已被生成"表示一种同时集中的（at-once-collected）完全；"确实已变为"表示在成全上的扩展范围。这些全都是对可理知者的仿效。"过去是"是仿效"存有"（是），"已被生成"仿效"永恒"，"确实已变为"仿效那"原初永恒的"。"存有"从这三者中的第一者进入一切事物；一种同时作为"全体"的实存和一个"整体"出于第二者；"扩展为多"出于第三者。

第四十八章

普洛克罗阐述柏拉图在《蒂迈欧篇》里关于世界的神性——就整个世界是一位神而言——的论述。

以上我们向读者展现了世俗神的等级和独特属性，以及永恒地从他们垂溢下来的三个种的等级和属性，接下来我要向读者呈现柏拉图在赞美世界这位神圣者时所说的话，世界是个伟大的元一，包含以上所有这些种类，以至于它的整体就是一位神，由源于万物之不可言喻的超本质统一体、神圣的理智、神圣的灵魂和神化了的身体构成。柏拉图在《蒂迈欧篇》里以如下方式阐述世界是一个神："那位永恒推论的神计划要造一位在某个时间内存在的神，他造出他的身体，把它造得光滑而均匀，从中心到各个边缘距离都相等，都是整体，由完全的形体构成，是完全的整体。同时他把灵魂放在世界的中心，使它扩散到整个世界，又使灵魂从外面包围宇宙的身体。他把天（即世界）造为一个圆球，唯一的、单独的圆球，使它作环形旋转，使它能够凭借美德与自身交往，不需要任何外在的事物就能充分地为它自身所知，并与它自己为友。根据所有这些考虑，他把这个世界造为一个有福的神。"这段摘录的第一部分，也就是到"完全的整体"这里，普罗克洛作了如下完美的阐述：

这里所论述的，模仿一个将整体的理智活动合而为一的理智，将万物集合为同一，再将有形体系的整个创造归于一顶端。因此，我们必须回忆已经说过的话。我们已经说过，各元素通过相似使万物彼此一致。宇宙被造为由诸整体构成的整体。它是球体的，光滑的，有自身关于自身的知识，自身之内的运动。因此显然，整个世界类似于 [它的范型] 全备的生命体。而根据它所包含的整体进行的有序分配类似于它的第二和第三原因。它的元素的数目，以及它们之间因相似而产生的统一纽带，对应于毫无颜色、毫无形状、毫无接触的本质[1]；因为数就存在于那个本质里。世界的第一整体不仅装备万物，也是由各元素的整体构成的，它类似于理智性的整体[2]。它的球体类似于理智的形状[3]。它的充足性、它的理智性运动，相同的旋转，类似于那个吞吃了自己的所有孩子的神[4]。它的活泼生气对应于赋予它生命的原因 [瑞亚]。它所拥有的理智类似于得

---

[1] 这种本质，如在第四卷所表明的，存在于可理知且理智的等级的顶端。
[2] 这形成以上提到的等级的中间者。
[3] 这形成那一等级的末端。
[4] 即类似于萨杜恩，他存在于理智等级的顶端。

穆革的理智；虽然万物都从这里产出，也从先于它的种类出来，但不同的事物类似于不同的原因。较杰出的种类是所有从二级原理出来的事物的原因；二级原理是导致不是那么众多、也不是那么杰出的结果产生的原因。关于得穆革本身，就他是"理智的"来说，创造出一切理智性的事物；就他是"存有"来说，是所有形体和一切无形之物的父亲；就他是一位神来说，又使质料本身得以存在。因而，柏拉图在这里所说的话，实际上是概括性地复述了宇宙从理智神所得的各样事物。关于整个理论就谈到这里。

然而，我们要更具体地考察这里所说的话的真理性。当柏拉图称得穆革为"永恒推论的神"时，就使他的本质以及他的理智活动——世界藉此而是恒久的——成为永恒的。同样，我们也要注意他如何将得穆革安排在始终存在的存有中，如何分配给他一个永恒的等级；这样他就不会成为灵魂。在《法律篇》里柏拉图说，灵魂诚然是不朽的，不可毁灭的，但不是永恒的。因此，看起来凡是幻想灵魂是得穆革的人，都没有意识到永恒与不灭之间的分别。而"推论性"表明分散的或分别的创造。"在某个时间内存在的"这句话并非如阿提库斯（Atticus）所以为的，是表示时间性的开端，而是表示与时间结合的本质。柏拉图在这篇对话里说，"时间是与宇宙同时产生的"，世界是时间性的，时间是世俗的。时间和世界是彼此同时存在，出于对事物的同一次创造。"时间性的永远"，如果与永恒相比，就可以说是"在一段时间内"，正如"生成的存有"若与"可理知的存有"相比，就是"非存有"。因此，虽然世界藉时间的整体而存在，但它的存有在于"成为是"，并且在过去的时间里。这就是柏拉图提到的"ποτε"，或"在某一段时间"，不是整个时间中的同时性存在，而是始终"在某个时间"内的存在。永恒者始终存在于永恒的整体里；而在某个时间里的存在总是在不同的时间具有不同的样式。因此，世界相对于一个永恒存在的神来说，被称为"在某个时间里"存在的神，是非常恰当的。后者是理智性的，相对于后者来说前者就是可感知的。可感知的东西是

"始终被造的",同时在某段时间里"存在"(是)。因为它部分性地拥有存在,永久地从那永是的东西进入存有。我们前面说过,它虽然从他者获得一个无限的存在权能,但它所拥有的是有限的;另一方面,它虽然被算在有限的事物之列,但由于它始终接受无限存在的能力,因而是永久的。既然如此,那么显然,它存在于某个时间内,但始终从"某个时间"拥有存在;由于传授给它的东西永不停止,所以它始终成为是。也就是说,就它自己的本性来说,它存在于某个时间,并且如柏拉图在《政治家篇》里说的,拥有一种更新了的不朽。它存在于升入存在的过程之中,它的整体并不是一次性地分有存有的整体,而是一次又一次地分有,它的存在并非毫无存有的扩展。除非"在某个时间"的话是指时间的"整体"。因为时间的展开相对于"永恒的无限"来说就是"某个时间"。时间的整体与永恒的关系,就如同时间的某一部分与时间的整体的关系。

如果你愿意,我们也可以从另外的角度说,柏拉图把世界称为"在某个时间内存在的神"。到现在为止,他已经造了一个形体,已经使理智存在,但还没有把实存给予灵魂,因为世界作为神也将在他的叙述过程中拥有存在。神造部分和整体是同时造的,但语言在描述时要将同时存在的事物分开,先创造非生的事物,再按时间分配永恒的种类。因而,会在某个时间存在的神,就是在柏拉图的叙述中被造出来,并因此有部分和结构的神。毕达哥拉斯主义者蒂迈欧也向那些能够明白他的人表明这一点,他在他的论著 [论世界的灵魂] 里说:"天(即世界)还未用话语创造出来之前,就有理念和质料,就有得穆革神。"他清楚地表明,他用话语创造了世界。

同样,当柏拉图说,得穆革把世界的身体造得光滑而均匀时,表明世界有一种包容性,它在分有神圣灵魂上具有卓绝的能力。而"从中心到各个边缘都相等"的话表明球形的特性,球体就是中心到各处距离相等的形状。"由完全的形体构成,是完全的整体"这话使世界类似于全备的生命体,因为在一切事物中的东西是完全的;也类似于得穆革本身。

就如得穆革是父亲的父亲，至高的统治者，同样，世界是完全种类中的最完全者，整体中最富整体性的。你还可以说，柏拉图称这世界是光滑的，它不需要任何推动的器官、接受营养的器官或者感觉器官，这是他在前面已经证明了的。他说，它从中心到各个方向的距离都相等，有一个圆球的形状。它是整体，是完全的、全备的，没有任何东西在它自身之外，因为它就是一个整体和完全者。它也是由完全的形体构成，由四大元素组成。但柏拉图以单数形式称它为一个形体，是独生的。由此，他从独生者开始，一直阐述到它的完全，然后通过以上所说的那些话重新回到独生者，模仿世界从自己的范型开始的进程，以及它向范型的完全回归。

第四十九章

进一步阐述普洛克罗对同一主题的讨论。

接下来，我们要把注意力转向以下的话："同时他把灵魂放在世界的中心，使它扩散到整个世界，又使灵魂从外面包围宇宙的身体。"普洛克罗说，神一次性地且永恒地创造一切事物。因为他依据自己的存有，依据整体永恒的理智活动，从他自身造出一切事物，包括超越尘世的和尘世的存有、理智、灵魂、自然、形体以及质料本身。确实，一个同时集中的实存与其说属于太阳的光照，不如说在更大程度上属于得穆革的后代，尽管就太阳来说，整体的光是与太阳同时显现的。但是显然，太阳虽然通过有形创造模仿宇宙的父，却是低于永恒的、不可见的创造。如我们所说的，一切事物都是从不可见的创造中一次性地、永恒地创造出来的，同时，结果的等级也一并保存下来。也就是说，一切事物都与各自固有的等级一起产生出来。在生产因中，原本也有一种永恒的理智活动，有先于被安排之事物的等级。因此，虽然一切事物都一次性从同一个原因出来，但是有些具有第一的尊严，有些具有次级的尊严。有些在更大的程度上，有些在较小的程度上生发出来。有些因合一性与得穆革并列，有些因接触，有些按分有与之并列。理智藉着合一性能够与理智同时显现，灵魂本性上适合与理智结合；而形体只能分有理智，正如在地深处的事物只能分有太阳的光辉。所有这些，即理智、灵魂和形体，都存在于世界里，都一次地且同时被创造出来，都有一个出于得穆革的等级，语言有时候按进程从天上开始，终于创造的界限，有时候按回归，从末后的事物中醒悟，重新回到宇宙的顶端，与事物自身一致。所有事物都从原因和原理出来，又回到同样的原因和原理；在这样的活动中展现某种得穆革的圆圈。

柏拉图在他前面讲的话里，就是论到得穆革把理智放在灵魂里，把灵魂放在身体里，从而造出宇宙的那段话里，按进程向我们讲述了世界的完全①的等级，而在这一段话里，他按回转向我们展现这个等级。首先，他设想宇宙中两个对立面，再加上两个中介，并通过相似性将它们结合起来。然后使世界成为由诸整体构成的一个整体，使它得以成全，在它周围环绕一个理智性的[即球体的]形状，赋予它分有神圣生命的权能，以及模仿理智的运动②。另外，他总是加上东西使世界变得更加完全，引入灵魂作为她特有的住所，使事物充满生命，并且使不同的事物拥有不同的生命。他还在灵魂里加入理智，藉此将她与她的源泉结合。宇宙的灵魂分有理智，与可理知者本身相连。最后他引出世界的世俗理智、灵魂和身体从中发出的原理。他对宇宙进行了三分，即分为理智、灵魂和身体，首先讨论从属的后两者，因为这是回转的模式。他最后讨论的虽然是世界的身体，展现了它的本质、形状和运动，但灵魂论是与身体论相连的，正如世界的身体本身就是从神圣的灵魂垂溢下来的。

---

① 不论是有形的整体，还是无形的整体，都被这样称呼。
② 即环形运动。

关于灵魂在宇宙中间的位置，柏拉图的不同阐释者有不同的解释。有些称地的中心为中间者，有些称月亮是中间者，说它是被造的神圣种类的连接部分。另外，有人说太阳是中间者，因为它确立在 [世界的] 心脏部位，有人说恒定不变的球体是中间者，有人说是赤道，因为它环绕着宇宙的宽度，还有说是黄道。有人把支配原理放在宇宙的中心，有人放在月亮，有人放在太阳，有人放在赤道，有人放在黄道上。中心的权能为第一个观点作见证，因为它连接每个循环；月亮的运动支持第二个观点，因为它以不同的方式改变生灭界；太阳热量能赋予生命，这一点为第三个观点作见证；赤道的灵活运动证明第四个观点有道理；支持第五个观点的是黄道周围星辰的循环。然而，波斐利和杨布利柯反对所有这些解释，指责它们从空间的角度来理解中心，把整个世界的灵魂禁闭在某个部分里，而这灵魂其实是无处不在的，统治者所有事物，通过它自己的运动引导万事万物。就这两个非凡的人来说，波斐利认为这灵魂应该指宇宙的灵魂，他按灵魂的本质来解释"中间者"，因为灵魂是可理知者和可感知者的中间者。不过，这种解释似乎并没有说出与柏拉图的话相关的内容。当然如果我们这样设想，宇宙从理智、灵魂和身体得成全，它是一个灵魂性的、理智性的生命体，那我们就会在这个体系里发现灵魂是中间者。柏拉图以前曾经这样论断过，现在他要说的似乎就是，世界的灵魂扩展到宇宙，在宇宙中获得一个中间等级。不过，哲学家杨布利柯认为，这里的"灵魂"我们应当理解为独立的、超越尘世的、自由的灵魂，它统治一切事物。因为在他看来，柏拉图这里并没有谈论尘世的灵魂，而是谈论未被身体分有的灵魂，就是被安排为超越于一切尘世的灵魂之上的元一。第一灵魂就是这样的灵魂，而中间者被认为是同等地向万物显现的灵魂，因为它不属于任何身体，没有任何形式的习性，所以同等地赋予万物生命，离万物的距离相同。它既然没有任何习性，就不会离有些事物近些，离另一些事物远些，而是与所有事物保持同样的距离。但是所有事物并非以同样的方式与它保持距离；因为在分有它时有多有少。

我们的领袖 [叙里亚努] 对柏拉图的话作了更为适当的解释。世界的灵魂其实具有那超越于世俗的、独立于宇宙的东西，这东西使它与理智结合，柏拉图在《斐德若篇》里，奥菲斯在关于"Ippa"①的诗行里将它称为灵魂的头或顶点。另外，还有其他大量的权能从这个元一生发出来，围绕世界分割，以适当的方式向宇宙的所有部分显现。这些权能以一种方式围绕中间者存在，以另一方式围绕地存在，以一种方式围绕太阳存在，以其他方式围绕每个球体存在。因而，我们的领袖说，所有这些都包含在柏拉图的这段话里，柏拉图通过这段话表明，世界的灵魂以一种方式赋予中间者生命，以另一方式赋予整个宇宙生命，至于另外某种先于这些权能、独立于宇宙之外的事物，它就弃之不顾。

我们不可对柏拉图这里所说的话漫不经心，而要对灵魂的权能提出一些令人信服的论证；我们必须说，灵魂在大得多的程度上比身体更是一个有生命的世界，既是一，又是数。既然是一，就比任何一种形式的习性更好；既然又是多，就统治宇宙的不同部分。它在自己的守护权能中包含着中心，从那里管理整个球体，也向那个中心集中。再者，世界中一切狂暴的事物都被赶到这个中心，所以需要一位杰出的卫士能够安排它们，使它们各自停留在自己固有的界限之内。因此，神学家也将至高神的进程终止在那个地方；毕达哥拉斯主义者称这中心为朱庇特的塔或牢。但是它在自己稳定同时又赋予生命的权能中，包含着地的球体；在它促进完全和生产性的权能中，包含着水的球体；在它连接性、推动性的权能中包含着气的球体；在它纯洁无污的权能中包含着火。在它理智性的权能中包含着整个天。在这些权能中，以一种方式包含月亮，另一方式包含太阳，再一种方式包含恒定球体。

这就是世界得赋生命，或者说世界分有灵魂。柏拉图如通常那样，

---

① 普洛克罗在这些注释的另外地方告诉我们说，奥菲斯把这世界的灵魂称为 Ippa。

按回转原理从末后的事物开始，首先把灵魂给予中心，其次把它给予宇宙，第三留下灵魂的某些东西在宇宙之外。就如他让身体先于灵魂存在，部分先于整体存在，同样，他把灵魂给予世界时也先从具有某种末端存在的事物开始。当柏拉图按照进程从天上开始讲述世界的完全的等级时，他是先把理智放入灵魂，再把灵魂放入身体。但这里他是按回转来讲述这个等级，所以先赋予中心生命，再赋予宇宙本身以生命。因为赋予生命的河流一直流到中心，如迦勒底神谕所说的，它们论到五个中心的中间者，就是从高处通过地的中心完全穿越对立部分的，说："第五个中心即火的中心，带着生命的火一直下降到物质性的河流。"也就是说，柏拉图从生命终止的事物开始，重新回到赋予生命的整体活动，并在此之前先考察灵魂的独立权能。因此，我们不可将灵魂的支配部分放在中心，因为这一部分是独立于宇宙的；而应把它的某种守护整个世界的权能放在中心。在宇宙中再没有别的东西像中心和中心的权能那样，具有完全颠覆事物整体的这种巨大力量，宇宙以有分寸的运动围绕这个中心和谐旋转。因此在我看来，柏拉图说得穆革把"灵魂"（soul）而不是"这灵魂"（the soul）放在宇宙的中心，是非常恰当的。这两者的含义非常不同，因为后者将整体灵魂确立在中心，而前者确立的是灵魂的某种权能，并且在不同的部分有不同的权能。

  哲学家本人在稍后谈到世界的生命本身时，说："这灵魂从宇宙的中心向各边缘伸展，从外面将它包围在一个圆圈里，通过时间的整体导致一种永久而智慧的生命以非凡的方式出现。"因为"从中心到每个方向"意思等同于"从宇宙的中心向各边缘"。在后者，灵魂本身藉她的权能从自身照亮宇宙的中心和它的整个球体；而在前者，得穆革是赋予生命的原因，他亲自将灵魂引入宇宙，就如引入她固有的住所。两者导致同样的结果，但原因是按得穆革的以及理智性的方式，灵魂是按自动的方式。不过，哲学家这里只是讲述从创造出来的联结。我们尤其将整体以及良善的事物归于神圣原因，同时认为部分性的种类以及不是良善的事物，与神圣创造不相配；我们为它们寻找另外的直接原因，尽管我们也常说，这些事物是从神获得存在的。其实神圣灵魂和部分灵魂都与身体交往，前者出于善意，没有离开可理知的进程，所以是神化的；而后者与身体结合是因为灵魂的翅膀脱落了，或者因为胆大妄为，或者因为逃跑，所以是不敬神的，但是前者混合自动的活动，后者伴随着神意的眷顾。在一者中，出于神的实存是靠神性的在场而显明的，在另一者中，出于灵魂的实存是由于出现偏差而显现的。

第五十章

普洛克罗阐明柏拉图的话"他把天（即世界）造为一个圆球，唯一的、单独的圆球，使圆球做圆形旋转"的含义。

接下来蒂迈欧，或者毋宁说柏拉图补充说："他把天（即世界）造为一个圆球，唯一的、单独的圆球，使圆球作圆形旋转。"对此，普洛克罗注释如下：哲学家波斐利对圆球作圆形旋转作了非常好的解释。他说，不是圆形的东西也可能作圆圈运动，比如，石头可以旋转成圆圈；同样圆圈也可以不按圆形运动，比如车轮向前直滚。而世界的特性是作为圆形作圆圈运动，围绕中心和谐旋转。不过，圣杨布利柯对这句话的意思作了更深一步的解释。他说，这里的圆圈有两个，一个是灵魂的，另一个是形体的，后者由前者推动。这与前面所说的相一致，与后面论断的也相吻合。因为柏拉图本人稍后就按灵魂的圆圈来推动形体，使这两种旋转类似于灵魂里的周期。

此外，要将世界的整个福祉囊括在三个称呼里，这最适合于那作为三重性原因而存在的东西，即终极的、范型的、得穆革的原因。就这些称呼本身来说，第一个即一，是根据终极原因来的；因为"一"等同于

"至善"。第二个即惟一的，是根据范型原因来的，因为独生者与惟一性（onlyness）先于宇宙存在于全备的生命体中。第三个，即单独的，出于得穆革原因。利用自身并通过自身管理世界的能力出于得穆革的良善。因而这世界就其是统一的来说，是一的，并转向"一"。就其分有可理知者，并在自身中囊括所有事物而言，是唯一的。就其类似于它的父亲，并能够拯救自己而言，是单独的。从这三个称呼可以看出，它是一个神。因为"一"、"完全"、"自足"这些就是神的元素。而世界既然接受了这些元素，其自身也就是一个神；按hyparxis说，它是一；就它的完全由所有可感知种类来成就而言，它是唯一的；又因它自我充足，故而是单独的。那些过着孤独生活的，因为转向自身，有望在自身中得救。这就是"单独"这个词的含义，这从柏拉图以下的话里可以看出："使它能够凭借美德与自身交往，不需要任何外在的事物就能充分地为它自身所知，并与它自己为友。"在这些话里，他清楚地表明他描述的世界的单独性是什么，他所说单独的存有是指：他朝向自己，朝向装备他的东西，朝向他自己固有的尺度。那些离群独居的人，就是自己的救主，只要不妨碍人的目标。同样，宇宙也是这样孤独的，自我充足，自我保存，不是通过减损，而是出于权能的丰富性，这里指的是自足性，并且如他所说，是凭借美德。在部分性生命体 [比如我们] 中，唯有拥有美德的，才能与自己交往，并爱己如父（love himself with parental affection）。而恶人朝向自己内心卑鄙的一面，恼怒于自身和自己的本质，而对外在之物惊奇不已，于是热衷于与他者结交，因为他无法掌握他自身。相反，高贵的人认识到自身是美的，因而欣喜而快乐，并在自身中创造美的概念，高高兴兴地与自身交往。我们本能地亲近美的东西，而对有缺陷的事物远远逃离，唯恐避之不及。因此，如果世界在它的理智性的和灵魂性的本质中，在它生命性的完全中拥有与自身相适应的美德，朝向自身，那么它就爱自身，与自身同在，并且是自足的。

因而，我们应当向那些把可理知者置于理智之外的人指出这些观点。

那倾向于他物，并因不足而需要外在之物的，怎么可能是有福的呢？既然这世界尚且凭借美德转向它自身，更何况理智呢？岂不是要在更大程度上如此？理智按理智的方式领会它自身。这一点在事物的数中明白可知。还有一点也值得注意，即柏拉图在赋予世界生命时，也把美德直接赋予了它。在按自然存在的存有中，分有灵魂直接伴随着美德的充满；因为众美德的一原因也与灵魂的源泉并列，这源泉的进程与灵魂的进程相连。就美德来说，一种是统一的、原初的、全备的，一种存在于支配性的超越尘世的神里，一种存在于自由神里，一种是尘世的，使整个世界拥有纯洁无污的智能、未偏离正道的生命、转向自身的活动以及未与它所包含的生命体混合的纯洁性。因此，世界通过这种美德渐渐地为它自身所知，并与它自身为友。知识先于亲近。

另外，宇宙是理智性的，是一个生命体，也是一个神。就它是理智性的而言，它渐渐为自身所认识；就它是一个神而言，他与自身为友。因为合一比知识更完全。宇宙既然为它自身所知，它就是理智性的，因为那原初为自身所知的东西就是理智。既然它与自身为友，它就是统一的。那统一的东西是神化的，因为"一"作为一个理智就是神。因此，你在世上拥有它的美德，关于它自身的知识，以及与它自身的友谊；第一者从灵魂进入世界；第二者从理智，第三者从神而来。因此，柏拉图非常恰当地补充说，因此这些东西，世界被得穆革造为一个有福的神；灵魂的出现，对理智的分有，对合一性的接受，使世界成为一个神。他现在提到的有福的神就是"将在某个时间里存在"的，赋有生命、赋有理智、统一的神。合一性是按相似的纽带与它一同显现的，但更多的是出于它所分有的一灵魂和一理智。通过这两者，更大的联结和更杰出的合一性进入了宇宙。在这些合一性之外，还有神圣的友谊和良善的供应，包含并连接整个世界。因为出于理智和灵魂的联结是非常强大的，奥菲斯也这么说；但金链[即神的序列]的合一更加强大，是所有事物更大的善的原因。

另外，宇宙的福祉也必须与宇宙相适应。既然它是从父亲的理智和事物的整体创造派生出来的，既然它根据这些原因而存在，那么它必然从它们获得幸福（ευδαιμων）。[1] 因为柏拉图在《政治家篇》里也称得穆革为精灵，奥菲斯称它为伟大的精灵，说"伟大的精灵，万物的主。"也就是说，凡是按父亲的旨意生活的，保存父亲固定不变地分给他的理智本性的，就是幸福快乐的。第一的、全备的福祉就是世界的福祉。第二的是世俗神的福祉，柏拉图在《斐德若篇》里称他们为跟从伟大的朱庇特的幸福的神。第三是高于我们的种 [即天使、精灵和英雄] 的福祉。天使有天使的美德，精灵有精灵的美德，英雄有英雄的美德；福祉的形式按每个种各不相同。第四种福祉是存在于纯洁无污的灵魂中的福祉，这些灵魂无可指责地下降 [到生灭界]，过着不可改变的、不可抑制的生活。第五种是部分性灵魂 [比如我们的灵魂] 的福祉，这种福祉是多样化的。服侍月亮的灵魂与出于太阳等级的灵魂并不同样地幸福；由于生命的样式不同，完善也由不同的尺度来规定。最后一种是显现在非理性生命体中的福祉。任何事物，只要能获得一种与自身的本性相适应的完善，都是幸福的。因为它们凭着各自特有的完全性，与其固有的精灵结合，分有他的神意关怀。福祉的形式是如此之多，但是第一且最高的福祉必然被放在世界里面，也就是这里柏拉图所提到的。至于他因世界分有灵魂而直接称它为一个神，我们不可对此有什么疑惑。因为任何事物都是凭着直接先于它的东西而被神化的；有形的世界凭着灵魂，灵魂藉着理智被神化，如雅典客人所说的；理智则藉"一"而被神化。因此，理智是神圣的，但不是神。而"一"不再凭着其他任何东西而成为神，它就是原初性的神；正如理智原初地就是灵智，灵魂原初地就是自动者，身体原初地就是占据空间一样。

---

[1] 即有一个良善的精灵。

第五十一章

柏拉图在《蒂迈欧篇》中关于世界的名称的讨论，普洛克罗的阐述。

最后，我要向读者显现柏拉图在《蒂迈欧篇》里关于这个世界的名称所说的话，并加上普洛克罗对这些话的阐释；这样，关于世俗神以及他们的伟大接受者宇宙就得到了充分的、而且我相信也是令人满意的讨论。柏拉图就这个话题说："我们要把宇宙命名为'天'或'世界'，或者它可能特别喜欢的某个名字。"普洛克罗说，这些名字古人理解得非常模糊，有些只把月下区域称为κοσμος，kosmos，世界，而把它上面的区域称为ουρανος，ouranos，天；有的说天是世界的一个部分。有些认为月亮是天的界限，有些说生灭界的顶端是天。荷马这样说："天在以太和云层中扩张，开始实施朱庇特的抽签"因此柏拉图非常恰当地在整个理论之前先明确地谈论这些名字，称呼宇宙为"天"和"世界"。他称它"天"是因为它领会上面的事物，沉思可理知者，分有理智本质；称它为"世界"是因为它总是被真存有充满和装备。他称它为"天"还因为它转向自己存有的原理；而称为"世界"则因为它从这些原理出来。它是由真存有创造的，并转向它们。然而，就如由神秘技艺所确立的雕像中，有些事物是明显可见的，有些是内在隐匿的，是神的显现的符号，只为制造它们的神秘的人认识；同样，宇宙作为可理知世界的雕像，从父亲得完全，其中有些事物是明显的，表示它的神圣性，有些是不明显的，是分有真存有的记号、印记或印象，是从成全它的父亲所接受的，为叫它凭着这些能够永恒地根植于真实本质之中。"天"和"世界"也是表明宇宙中可见权能的名字；后者是因为它们出自可理知者，前者是因为它们向它回转。

另外，我们必须知道，宇宙的持久不变之权能的神圣名字，也就是表示得穆革印记的符号，使宇宙也存在于与真存有的未展开的合一之中，这样的名字是不可言喻的，不可发声的，唯有众神自己才能知道。每个等级的事物都有适当的名字，在众神中是神圣的，在理性的推论权能的对象中是推论性的，在意见的对象中是属于信念的。柏拉图在《克拉底鲁篇》也指出这一点，他认同荷马把相同事物的一类名称放在众神里，另一类名称放在人类的意见里，比如荷马说"神称它赞索斯（Xanthus），而人叫它斯卡曼德（Scamander）。"以及"在那些出生在天上的神，它的名字是迦尔西斯（Chalcis），但地上的人叫它西敏底斯（Cymindis）。"其他许多名字也都如此。就如神的知识是一种，部分性灵魂的知识是另一种，同样，在前者中的名字不同于在后者中的名字。神圣名字展现所指事物的整个本质；而人所叫的名字只能部分性地实现这个目标。柏拉图知道这预先存在于世界里，因而，略而不提它的不同于显现名字的那个神圣而不可言喻的名字是什么，小心翼翼地说它是世界所包含的神圣印象的符号。因为"或者它可能特别喜欢的某个名字"这话赋予了这个尘世的名字一种不可言说的、神圣的本质，使它能与他所指明的那些名字同等并列，所以这是对它的隐性赞美。同样，法术师们也讲到神的世俗名字，他们说，有些是不可言喻的，有些是可言喻的；有些是世界中不明显权能的名字，有些是构成世界的完全的可见元素的名字。柏拉图这里讲到世界两类名称，明显的和不明显的，前者是从二分的角度讲的，后者是从单一的角度讲的，因为"或者……某个名字"这话表明一性（oneness）。宇宙的"不可言喻的名字"表明它停留在自己的父里。"世界"这个名字表明它的进程；"天"表明它的回归。通过这三名字，你就获得了最终的原因，由于这个原因，它充满善，一方面不可言喻地停留不动，另一方面又完完全全地发出，再回归到"至善"，就如回到先在的欲求目标。

译名对照表

A

Achelous，阿刻罗俄斯
Achilles，喀琉斯
Adrastia，阿德拉斯提娅
Agave，阿该维
Aglaia，阿格拉伊亚
Aglaophemus，阿格劳菲姆
Aigle，埃伊格
Amalthea，阿马塞亚
Amelius，亚梅利乌
Apuleius，阿普莱乌斯
Aristo，阿里斯通
Asinaean，亚细尼亚
Atlantics，大西岛人
Atlas，阿特拉斯
Atropos，阿特洛波斯
Attic，阿提卡的
Atticus，阿提库斯

Autonoe，奥托诺

B

Bacchus，酒神巴克斯
being，存有
Boreas，波瑞阿斯

C

Cadmus，卡德摩斯
Caeus，凯乌斯
Calliope，卡利俄珀
Cebes，克贝
Centaurs，肯陶洛斯
Ceres，塞丽斯
Chalcis，迦尔西斯
Chimera，喀迈拉
Clotho，克罗托

Corybantes，科里班忒
Craeus，克莱乌斯
Cretans，克里特人
Curetes，库里特
Curetic，库里特的
Cymindis，西敏底斯

D

daemons，精灵
Diana，黛安娜
Dione，狄奥涅
Dionysius，狄奥尼索斯
Dioscuri，狄奥斯库里
Diotima，狄奥提玛
divine genera，神圣种类
Dryades，德里亚德

E

Electra，伊莱克特拉
Eleusinian mysteries，厄琉西斯秘仪
Eleusis，厄琉西斯城
Empedocles，恩培多克勒
energy，活力
Epimenides，埃庇梅尼德
Erato，埃拉托

Erectheus，厄瑞克透斯
Ericapaeus，埃里卡帕乌斯
Esculapiuses，伊斯库拉庇乌斯
Ethonoe，伊托诺
Eudoxus，优多克斯
Eumonia，欧谟尼亚
Euphrosune，欧佛洛绪涅
Eurybia，优里比亚
Euthyphron，欧绪弗洛

G

Gorgon，戈尔工
Graces，格莱斯，即美惠三女神

H

Hades，哈德斯
Hamadryades，哈马德里亚德
Harmonia，哈尔摩尼亚
Hebe，赫柏
Hermogenes，赫谟根尼
Hercules，赫尔克勒斯
Hermeas，赫尔米亚斯
Hermes，赫尔墨斯
Hesiod，赫西奥德
Hesperian Erithya，西方的埃里特亚
Hierocles，海洛克勒斯

Horus，赫鲁斯
Hyperion，亥伯里翁
hypostasis，实在

I

Iamblichus，杨布利柯
Ibycus，伊彼库斯
Ilissus，伊利苏斯
image，形像
intellect，理智
intelligence，智能
Ino，伊诺
Irene，厄瑞涅
Isis，伊西斯
Ixion，伊克西翁

J

Japetus，雅伯图斯
Julian，尤利安
Juno，朱诺
Jupiter, Jove，朱庇特

L

Lachesis，拉刻西斯

M

Maia，玛伊亚
Mars，马尔斯
material，质料
Mercury，墨丘利
Metis，梅提斯
Minerva，米纳娃
Mions，米诺斯
Mnemosyne，尼摩西涅
Mnesmosyne，尼斯摩西涅
monad，元一
Musagetes，缪斯哥特斯

N

Naiades，那伊亚德
Napae，那佩
Neptune，尼普顿
Nereisdes，奈莱德
Nereus，涅柔斯
Night，尼克特
Numenius，努美尼乌斯
Nymphs，宁芙

603

O

Olympiodorus，奥林庇奥多鲁斯
Oreades，奥瑞亚德
Orithya，俄里蒂亚
Orpheus，俄耳浦斯
Orpheus，奥菲斯
Osiris，奥西里斯

P

Palaestrae，巴勒斯特拉
Pallas，帕勒斯
Pan，太阳神潘
Parcae，帕尔卡
Parthenis，帕尔塞尼斯
Pegasuse，帕伽索斯
Pericles，伯利克里
Perictione，佩里克提奥娜
Peripatetics，漫步学派
Phanes，法涅斯
Pharmacia，法马西娅
Pherephatta，福勒法塔
Philolaus，菲洛劳斯
Phoebe，菲比
Phoebus，福玻斯
Phoenicians，腓尼基人

Phorcus，福耳库斯
Plotinus，普罗提诺
Plutarch，普鲁塔克
Pluto，普路托
Porphyry，波菲利
Porus，波鲁斯
power，权能
projection，流溢
Prometheus，普罗米修斯
Proserpine，普罗塞比娜
Protogonus，普洛托格努斯
Pyrrhich arms，皮洛斯武装
Pythagoreans，毕达哥拉斯学派，毕达哥拉斯主义

R

Rhadamanthus，拉达曼图斯
Rhea，瑞亚

S

Sais，萨伊斯
Sallust，萨鲁斯特
Saturn，萨杜恩
Scamander，斯卡曼德
Semele，塞墨勒

Servius，塞尔维乌斯
Sibly，西比尔
Simplicius，辛普里丘
subcelestial arch，天下拱门
suspend from，垂溢
supercelestial place，天外之所
Syrianus，叙利亚努

T

Tartarus，塔尔塔卢斯
Telemachus，忒勒马科斯
Terpsichore，忒耳西科瑞
Tethys，忒提斯
Thalia，塔利亚
Thaumas，陶马斯
Thea，西娅
Themis，西弥斯
Theodorus，塞奥多鲁

theology，神学
Theophrastus，狄奥法拉斯图
Thetis，西提斯
Typhon，提丰
Titans，提坦
triad，三一体

U

Urania，乌拉尼亚
Ulysses，尤利西斯
Venus，维纳斯
Vesta，维斯塔
Vulcan，伍尔坎

X

Xanthus，赞索斯
Xenocrates，色诺克拉特